트라우마 상담과 치유

외상 심리학

강진령 저

TRAUMA PSYCHOLOGY

A PRACTICAL GUIDE TO TRAUMA COUNSELING AND HEALING

학지사

머리말

태초에 상처가 있었다. 각 사람 마음속에 크고 작은 상처는 사라지지 않고, 오늘날까지 연연히 이어지고 있다. 인류는 예술, 과학, 문화를 꽃피우며 행복과 번영을 추구해 왔으나, 전쟁, 폭력, 압제, 재난 등으로 씻기 힘든 상처를 겪어 왔고, 이런 현상은 현재도 끊임없이 일어나고 있다. 그러나 다른 한편으로, 이런 예기치 않은 사건들로 인한 고난은 오히려 어려운 순간을 능히 이겨 내게 하여 사람들을 더 강하게 만들고, 묻혀 있던 잠재력을 개발하게 하여 성장의 발판이 되곤 했다. 이런 가운데 마음의 상처, 즉 트라우마에 대한 선각자들의 관심은 이미 오래전부터 시작되었다.

트라우마에 대한 과학적 탐구는 심리학과 정신의학의 타 영역에 비해 그리 오래되지 않았다. 20세기에 발발한 두 차례의 세계대전을 비롯하여 세계 곳곳에서 벌어진 살육지변殺戮之變(사람을 마구 죽이는 변고)으로 인한 트라우마는 결국 1980년 '외상후 스트레스장애(PTSD)'라는 용어를 탄생시켰다. PTSD가 정신의학계의 공식적인 정신장애 진단명으로 등재된 이래, 트라우마와 그 치료와 회복을 위한 전문지식은 급속도로 심화 · 확대되었다. 국내의 경우, 일련의 트라우마성 사건 · 사고를 겪으면서 트라우마에 대한 국민적 관심이 높아졌다. 이런 시대적 분위기는 자연스럽게 트라우마 생존자들을 누가 어떻게 도와야 하는가에 대한 국민적 관심으로 이어졌다.

우리 사회는 치유뿐 아니라 예방을 위해서도 정신적 · 심리적 트라우마에 깊은 관심을 가져야 할 시점에 와 있다. 이에 이 책에서는 트라우마 예방 · 치유 · 회복에는 사회 구성원 모두의 참여가 절실함을 강조하고 있다. 트라우마는 누구에게나 예기치 않게 발생할 수 있기 때문이다. 이는 잘 사라지지 않고 사람을 무척 힘들게 한다. 이 책은 트라우마와 같은 삶의 위기로 인해 고통을 겪고 있는 사람들(이 책에서는 맥락에 따라 생존자, 피해자, 내담자라는 용어를 사용하고 있음)과 이들을 돕는 정신건강 전문가를 위해 집필되었다. 이런 점에서 이 책은 가볍게 읽을 책은 아니다.

『트라우마 상담과 치유: 외상 심리학』. 이 책에서는 애착의 질이 개인의 삶에 큰 영향을 미친다는 내용을 강조하고 있다. 이 책은 또한 정서적 유대가 트라우마 발생과 회복에 큰 역할을 한다는 누적된 과학적 증거를 제시하고 있다. 이처럼 애착에 관한 내용을 이 책의 디딤돌로 삼은 것은 트라우마의 이해를 돕기 위함뿐 아니라, 트라우마 상담이 상담자와 내담자의 안정애착 관계에 기반해야 함을 암시하기 위해서다.

저자는 이 책이 트라우마 치유에 관심 있는 이들에게 도움이 되기를 소망한다. 이에 구체적인 사례와 지침을 제시하는 한편, 표·그림·글상자·대화상자를 통해 필요한 정보를 제공함으로써, 가독성을 높이고자 했다. 그런데 만일 독자가 트라우마를 극복해야 하는 상황에 있다면, 이 책은 정서적으로 큰 도전이 될 수 있다. 모든 이들의 노력에도 트라우마는 사라지지 않을 것 같을 수 있기 때문이다. 트라우마는 종종 자기소외를 일으켜 개인을 스스로 고립시킨다. 이 경험은 지극히 인간적이며, 적잖은 사람이 보편적으로 공유한다. 이에 저자는 트라우마로 고통받는 사람들과 치료적 대화를 나눈다는 심정으로 집필에 임했다. 사건·사고에 대한 느낌이 주관적인 점을 고려한다면, 세상에 마음의 상처가 없는 사람은 아무도 없을 것이다.

끝으로, 이 책이 세상에 모습을 나타낼 수 있도록 애써 주신 분들께 지면을 통해 감사의 인사를 드리고 싶다. '트라우마 상담과 치유: 외상 심리학'이라는 제목으로 집필 의사를 밝혔을 때, 기꺼이 수락해 주신 김진환 사장님, 이모저모로 집필에 필요한 자료를 알아봐 주신 한승희 부장님, 특유의 온유함과 친절함으로 원고를 꼼꼼히 점검해 주신 편집부 유은정 과장님, 그리고 표지 디자인에 심혈을 기울여 주신 디자이너 선생님께 특별히 감사의 마음을 전한다. 이분들의 노고가 없었다면, 이 책은 세상에 모습을 드러낼 수 없었을 것이다. 모쪼록 이 작은 책이 독자들의 마음이 닿는 글귀마다 상처를 치유하는 씨앗으로 뿌려져 성장의 움을 틔울 수 있기를 소망하면서 이 글을 맺는다.

2025년 9월
저자

차례

● 머리말 3

PART 1 트라우마 상담의 디딤돌

Chapter 01 | 트라우마 탐구 / 13

01 트라우마의 정의 15
02 트라우마 연구의 역사 16
03 트라우마의 특징 21
04 트라우마의 유형 24
05 트라우마의 원인 26
06 트라우마 증상의 악화 요인 29
07 조기 개입의 의의 31

◇ 확인문제 33
◇ 학습활동 35

Chapter 02 | 트라우마의 신경과학적 이해 / 37

01 트라우마와 뇌의 정보처리시스템 39
02 트라우마와 기억 45
03 트라우마와 질병 52
04 뇌 건강 58
05 트라우마 상담을 위한 시사점 64

◇ 확인문제 67
◇ 학습활동 69

Chapter 03 | 아동 · 청소년기 트라우마 / 71

01 애착의 기초 ······ 74
02 애착의 기능 ······ 78
03 애착의 유형 ······ 80
04 애착 발달과 성장 ······ 84
05 애착 트라우마 ······ 86
06 애착 트라우마와 성격 발달 ······ 95
◇ 확인문제 ······ 102
◇ 학습활동 ······ 104

Chapter 04 | 트라우마 생존자의 이해 / 107

01 트라우마의 고통 ······ 109
02 트라우마와 생존자의 인지 ······ 113
03 트라우마와 생존자의 정서 ······ 115
04 트라우마와 생존자의 자기 ······ 128
05 트라우마와 생존자의 대인관계 ······ 137
06 성폭행 생존자의 트라우마 증상 ······ 147
◇ 확인문제 ······ 150
◇ 학습활동 ······ 152

Chapter 05 | 트라우마와 정신장애 / 155

01 우울장애 ······ 157
02 해리장애 ······ 163
03 경계성 성격장애 ······ 170
04 물질사용장애 ······ 174
05 섭식장애 ······ 176
06 자살행동장애 ······ 177
07 비자살성 자해장애 ······ 178

08 성기능부전 181
09 성적피학장애 182

◇ 확인문제 184
◇ 학습활동 186

Chapter 06 | 외상후 스트레스장애 / 189

01 PTSD의 특징 191
02 PTSD의 증상군 193
03 PTSD의 발병 원인 200
04 PTSD의 경과 203
05 PTSD의 예방 204
06 복합 PTSD 206

◇ 확인문제 208
◇ 학습활동 210

PART 2 임상 개입

Chapter 07 | 트라우마 평가 / 215

01 트라우마 평가의 기초 217
02 트라우마 평가면담 220
03 트라우마 영향 평가 대상 223
04 구조화된 면접 231
05 심리검사 234
06 트라우마 상담 사례개념화 235

◇ 확인문제 241
◇ 학습활동 243

<table>
<tr><td colspan="2">Chapter 08 트라우마 상담의 기초 / 247</td></tr>
<tr><td>01 트라우마 상담의 정의와 목표</td><td>249</td></tr>
<tr><td>02 트라우마 상담의 원칙</td><td>251</td></tr>
<tr><td>03 트라우마 상담의 치유 요인</td><td>256</td></tr>
<tr><td>04 트라우마 상담자의 역할</td><td>261</td></tr>
<tr><td>05 트라우마 상담의 단계</td><td>264</td></tr>
<tr><td>06 트라우마 생존자 집단상담</td><td>268</td></tr>
<tr><td>07 트라우마 생존자 가족상담</td><td>269</td></tr>
<tr><td>◇ 확인문제</td><td>274</td></tr>
<tr><td>◇ 학습활동</td><td>276</td></tr>
</table>

<table>
<tr><td colspan="2">Chapter 09 트라우마 기억처리 / 279</td></tr>
<tr><td>01 고통 감소와 정서조절</td><td>281</td></tr>
<tr><td>02 트라우마의 인지처리</td><td>288</td></tr>
<tr><td>03 트라우마의 정서처리</td><td>293</td></tr>
<tr><td>04 안구운동 민감소실 및 재처리</td><td>300</td></tr>
<tr><td>◇ 확인문제</td><td>306</td></tr>
<tr><td>◇ 학습활동</td><td>308</td></tr>
</table>

<table>
<tr><td colspan="2">Chapter 10 CBT 기반 트라우마 상담 / 311</td></tr>
<tr><td>01 CBT의 기초</td><td>313</td></tr>
<tr><td>02 심리교육</td><td>320</td></tr>
<tr><td>03 노출</td><td>326</td></tr>
<tr><td>04 인지재구성</td><td>340</td></tr>
<tr><td>05 트라우마 치유를 위한 새로운 시도</td><td>344</td></tr>
<tr><td>◇ 확인문제</td><td>345</td></tr>
<tr><td>◇ 학습활동</td><td>347</td></tr>
</table>

Chapter **11** | DBT 기반 트라우마 상담 / 351

01 DBT의 치료적 토대 ······ 353
02 DBT의 목표 ······ 362
03 DBT의 과정과 절차 ······ 364
04 DBT 상담자의 역할과 특성 ······ 369
05 DBT 처치 전략 ······ 374
06 BPD에 대한 DBT의 관점 ······ 381
07 DBT에 대한 평가 ······ 389
◇ 확인문제 ······ 390
◇ 학습활동 ······ 392

Chapter **12** | ACT 기반 트라우마 상담 / 395

01 ACT의 기초 개념 ······ 397
02 ACT의 원리 ······ 405
03 ACT의 기법과 과정 ······ 407
04 ACT의 원칙 ······ 418
05 ACT에 대한 평가 ······ 422
◇ 확인문제 ······ 423
◇ 학습활동 ······ 425

PART 3 트라우마 치유와 성장

Chapter **13** | 트라우마 후 성장 / 431

01 트라우마의 부정성 ······ 433
02 트라우마의 긍정성 ······ 437
03 트라우마의 실존적 의미 ······ 439

04 트라우마의 영적·종교적 의미 ······ 441
05 PTG의 촉진 요소 ······ 444
06 PTG 촉진을 위한 이야기 ······ 448
07 PTG와 영성 ······ 452

◇ 확인문제 ······ 457
◇ 학습활동 ······ 459

Chapter 14 | 트라우마 치유와 상담의 쟁점 / 461

01 트라우마 상담의 쟁점 ······ 463
02 상담자의 자기돌봄 ······ 471
03 상담자의 마음챙김 ······ 473
04 트라우마 상담 수퍼비전 ······ 475
05 상담자의 간접 PTG ······ 476
06 트라우마 상담과 약물치료 ······ 480
07 트라우마 상담과 병원치료 ······ 483
08 트라우마 상담의 다문화적 쟁점 ······ 485

◇ 확인문제 ······ 488
◇ 학습활동 ······ 490

● 확인문제 해답   493
● 참고문헌   497
● 찾아보기   513

PART 1

트라우마 상담의 디딤돌

Chapter 01 트라우마 탐구

Chapter 02 트라우마의 신경과학적 이해

Chapter 03 아동 · 청소년기 트라우마

Chapter 04 트라우마 생존자의 이해

Chapter 05 트라우마와 정신장애

Chapter 06 외상후 스트레스장애

Chapter **1**

트라우마 탐구

개요
01 트라우마의 정의
02 트라우마 연구의 역사
03 트라우마의 특징
04 트라우마의 유형
05 트라우마의 원인
06 트라우마 증상의 악화 요인
07 조기 개입의 의의
☐ 확인문제
☐ 학습활동

학습목표
1. 트라우마의 정의 및 주요 개념을 이해·설명할 수 있다.
2. 트라우마 연구의 역사를 이해할 수 있다.
3. 트라우마의 유형을 이해·설명할 수 있다.
4. 트라우마의 특징을 이해·설명할 수 있다.
5. 트라우마 생존자에 대한 조기 개입의 의의를 이해할 수 있다.

인류사 기록이 시작된 이래, 우리 인간은 어려운 가정환경, 빈곤, 이별, 상실, 재난, 전쟁 등 역경을 감당하며 고등동물로 진화해 왔다. 감당하기 힘든 예기치 않은 사건은 한순간 개인의 안전감을 무너뜨리고 정서조절을 어렵게 한다. 두려움과 무력감을 동시에 경험하게 하는 사건과 상황은 대개 안녕을 위협하는 무관심과 폭력성과 연관되어 있다. 게다가 한순간에 사랑하는 사람을 잃는 상실이 동반되기도 한다. 트라우마 사건은 종종 사람을 덫에 걸린 것처럼 그 안에 갇혀 살게 한다. 그러면서 마치 부서진 음반처럼 몇 번이고 반복해서 몸과 마음에 강렬한 감정을 불러일으키곤 한다. 악몽을 꾸거나 플래시백으로 사건이 재현되는 이 과정은 이런 위협적인 정보를 어떻게 해서든 스스로 처리하고자 하는 정신의 시도다. 과거의 고통은 미래에 대한 걱정을 심화시키곤 한다. 이에 이 장에서는 트라우마의 정의를 비롯해서 트라우마 연구의 역사, 트라우마의 유형·특징·원인, 그리고 조기개입의 의의에 관해 살펴보기로 한다.

01 트라우마의 정의

트라우마trauma는 감당하기 어려운 사건(심각한 손상, 고통, 혼란을 초래하는 신체 상해 또는 정서 충격)을 겪은 후에 발생하는 심신의 부적응 반응이다. 이 말은 본래 의학에서 다친 부위, 즉 몸의 겉에 생긴 상처를 통틀어 이르는 말이다('신체외상physical trauma' '외상外傷'으로도 불림). 반면, 정신의학에서는 '정신외상', 심리학에서는 '심리외상'이라는 용어가 사용되지만, 줄여서 '외상' 또는 '트라우마'로 불린다. 트라우마는 몸·마음·정신·영성에 영향을 주는 강렬한 정서 충격이다. 이는 종종 극심한 불안, 공포, 무력감, 또는 성격 분열을 초래하여 삶에 영향을 주고, 심지어 정신장애뿐 아니라 신체질환의 원인이 되곤 한다. 그러나 사람들은 유사한 사건에 서로 다르게 반응한다. 사소하게 보이는 사건으로 트라우마를 겪는 사람이 있는가 하면, 트라우마성 사건을 겪었음에도 이내 회복하는 사람도 있다.

트라우마는 흔히 충격적인 사건이 종래의 대처 능력을 초과할 때 발생한다. 극도의 가난이나 정서·신체 학대에 오랜 기간 노출되었을 때도 트라우마가 될 수 있다. 이런 사건은 한순간의 충격적인 경험 또는 반복되는 사건과 관련이 있고, 이는 개인의 대처 능력이나 경험 관련 생각과 감정 통합을 상실하게 한다. 상실된 감각은 몇 주, 몇 년, 몇십 년에 걸쳐 진행된다. 트라우마는 뇌 화학반응으로 생리적 변화를 유발하여 스트레스에 적절히 대처하는 능력을 크게 떨어뜨린다. 이로써 트라우마 생존자는 공허감, 두려움, 절망감에 빠지고, 모든 게 자신의 통제 범위를 벗어났다고 인식하며, 심지어 죽은 거나 다름없다고 호소하기도 한다. 트라우마는 종종 스트레스 사건을 뜻하는 용어로 사용된다. 미국정신의학회(American Psychiatric Association)에서 발간한 DSM-5-TR(APA, 2022)에 제시된 트라우마의 정의는 글상자 1-1과 같다.

글상자 1-1. DSM-5-TR 트라우마의 정의

> 실제적이거나 위협적인 죽음, 심각한 부상, 또는 성폭력에의 노출이 다음 중 1개 또는 그 이상에서 나타난다.
> 1. 트라우마 사건(들)을 직접 경험한다.
> 2. 타인에게 발생한 사건(들)을 직접 목격한다.
> 3. 트라우마 사건(들)이 가족, 가까운 친지, 또는 친한 친구에게 발생한 것을 알게 된다(단, 가족, 친척, 또는 친구에게 발생한 실제적/위협적 죽음은 폭력적 또는 갑작스럽게 발생한 것이어야 함).
> 4. 트라우마 사건의 혐오감을 일으키는 세부 사항에 반복적으로 지나치게 노출된다(예 변사체 처리의 최초 대처자, 아동학대의 세부 사항에 반복적으로 노출된 경찰관). ☞ 주의점: 노출이 업무 관련이 아닌 경우와 전자 미디어, TV, 영화, 사진을 통해 노출된 경우는 적용되지 않음

   글상자 1-1에 제시된 트라우마의 정의는 임상 장면에서 유용하다. 그러나 생명 위협 또는 부상을 초래한 사건이 아니더라도, 트라우마를 겪는 사람들이 많다는 이유로 이 정의는 거센 비판을 받았다. 트라우마는 극도의 혼란 초래, 일시적인 개인의 내적 자원 압도, 또는 지속적인 심리적 증상을 초래하는 속성을 뜻한다. 이런 속성을 고려한 트라우마의 정의는 심리적 통합에 심각한 위협을 겪은 사람도 부상이나 생명의 위협으로 트라우마를 경험하는 사람 못지않게 고통스러워하고, 트라우마 치유와 회복 과정에서 같은 효과를 얻을 수 있다는 관점에 기초한다. 그러면 트라우마는 언제부터 사람들의 관심을 받게 되었을까?

02 트라우마 연구의 역사

역사적으로 트라우마란 개념은 병사들의 참전에 따른 정신적 고통('전쟁공포증^{war phobia}')에 기원을 두고 있다. 적을 죽여야 자신이 살 수 있고, 자신도 언제든 죽을 수 있다는 공포 속에 나날을 보내야 하는 전쟁은 병사들의 생존 본능을 끊임없이 자극하여 극도의 스트레스를 유발한다. 이런 경험은 전쟁 기간은 물론, 사회로 복귀한 뒤에도 극복하기 힘든 후유증을 남긴다. 인류사에서 이런 문제에 관한 관심의 시작은 고대 그리스 시대에서 찾을 수 있다.

고대 그리스~나폴레옹 시대

고대 그리스 사학자 헤로도토스는 마라톤 전투에 참전한 병사가 부상을 입지 않았음에도 눈앞에서 병사가 죽을 때마다 눈이 머는 증상을 보였다고 기록했다. 그 후, 1700년대 나폴레옹 군대의 군의관 도미니크 라레이(Dominique Larrey, 1766~1842)는 부상병들을 치료하면서 오늘날의 PTSD와 유사한 증상에 관한 글을 남겼다. 그는 병사들이 ① 강한 흥분과 상상

단계, ② 열감과 소화기 증상 단계, ③ 좌절감과 우울 증상 단계로 정신적 고통을 호소한다는 기록을 남겼다.

성폭력과 히스테리

헤로도토스(Herodotos,
BC 484~BC 425)

1800년대 중반 신경과 의사 쟝 샤르코, 피에르 자네, 지그문트 프로이트는 성폭력과 근친상간 피해 경험이 여성에게 히스테리hysteria를 유발한다는 사실을 발견했다. 이들의 발견 내용은 다음과 같다.

샤르코의 관찰. 현대 신경의학의 창시자 쟝 샤르코는 히스테리 환자들의 신경학적 증상(마비, 경련, 감각상실, 기억상실 등)에 심리적 원인이 있음을 밝히고자 했다. 이전 시대에는 이런 증상을 설명할 신경학적 원인을 찾을 수 없어, 히스테리 환자들을 꾀병 또는 악령에 홀린 사람으로 간주했다. 그러나 그는 히스테리 증상을 객관적인 기술·분류 작업을 통해 과학적으로 규명하고자 했다.

쟝 샤르코(Jean-Martin
Charcot, 1825~1893)

자네의 관찰. 피에르 자네와 지그문트 프로이트는 히스테리 증상이 있는 여성들의 이야기에 귀 기울이며 증상의 원인을 탐구했다. 이들은 각자 작업했지만, 놀랍게도 비슷한 이야기를 들었다. 환자들은 반복적으로 어린 시절 가까운 사람에게 성학대/성폭행/강간당한 경험을 털어놓은 것이다. 이로써 두 사람은 견디기 힘든 심리적 트라우마가 의식의 변형을 일으켜 히스테리 증상을 유발한다는 결론을 내렸다.

피에르 자네(Pierre Janet,
1859~1947)

프로이트의 관찰. 1896년 지그문트 프로이트는 총 18개 사례연구로 이루어진 「히스테리의 원인」이라는 논문을 발표했다. 논문에 수록된 모든 사례에서 어린 시절의 성적 피해 경험이 히스테리 증상의 원인이었다. 100여 년이 지난 지금에도 논문 내용은 상당히 설득력이 있다. 그런데 프로이트는 주변 사람들의 냉담한 반응과 함께 사회적·학문적으로 고립되었다. 당시 사회 분위기는 도덕적·종교적으로 그의 주장을 받아들일 수 없었기 때문이었다. 그의 주장을 받아들

지그문트 프로이트
(Sigmund Freud,
1856~1939)

인다면, 사회 지도층에 속하는 히스테리 환자의 가정에서 성학대·성폭력·근친상간이 빈발하고 있음을 인정하는 것이었기 때문이었다.

마침내 프로이트는 자신의 주장을 서둘러 철회하는 한편, 히스테리 환자들이 호소하는 아동기 성학대를 비롯한 성적 피해 사건이 사실이 아니라 환상이었다고 수정했다. 이로써 히

스테리(성학대 트라우마) 연구는 역사의 뒤안길로 사라졌다. 당대의 사람들은 샤르코와 자네의 연구 역시 신뢰성을 의심했고, 결국 외면하기에 이르렀다. 이렇듯 당시의 사회분위기에서 성학대·성폭력·근친상간 문제를 다룬다는 건 쉽지 않았다. 결국, 아동과 여성 대상의 성 범죄 관련 트라우마 연구는 그 후 80년 이상 수면 아래로 가라앉았다.

그런데 한 가지 흥미로운 사실은 성 관련 트라우마가 히스테리의 원인임을 만천하에 알린 인물은 프로이트의 환자였던 '안나 오(Anna O)'였다. 그녀는 자신의 상처 극복을 위해 투쟁한 것이었다. 이후, 인류는 두 차례의 세계대전과 간헐적으로 국지전(한국, 베트남, 캄보디아, 아프가니스탄, 이라크, 이스라엘, 시리아, 레바논 등)을 치르면서 심리학적·정신의학적으로 파괴적인 트라우마의 결과에 직면하게 되었다.

제1차 세계대전: 포탄충격증

임상적·과학적 관점에서 병사들이 트라우마로 고통받는다는 것을 처음 알게 된 건 제1차 세계대전(1914~1918) 종전 후의 일이다. 『British Journal of Psychology』을 창간했고 제1차 세계대전 당시 심리학 지도원으로 종군했던 영국의 심리학자 찰스 마이어스(Charles Myers, 1873~1946)는 참전용사들에게 신경증 증상을 포탄이 폭발할 때의 충격으로 생긴 것으로 보고 '포탄충격증shell shock'이라고 명명했다. 그 후, 이 증상은 단순히 포탄의 폭발음에 놀라 생기는 게 아니라, 전쟁의 참상에의 노출로 인한 것임을 알았다.

그림 1-1. 포탄과 여인

그러나 용맹스러워야 하는 병사가 참혹한 전쟁의 죽음과 폭력 앞에서 무기력해져 히스테리 증상이 나타난다는 진단은 당시 전문가들에 의해 부정되었다. 대신, 이들은 포탄충격증을 보이는 병사들을 꾀병을 일삼는 비겁하고 나약한 인간으로 간주했고, 이들을 협박·위협·처벌하여 정신 차리게 해야 한다고 믿었다. 하지만 정신건강 전문의 에이브럼 카드너(Abraham Kardiner, 1941)는 저서 『전쟁 트라우마 신경증(The Traumatic Neuroses of War)』을 통해 전쟁의 참상이 심각한 트라우마를 남긴다는 사실을 알리기 시작했다.

제2차 세계대전: 전쟁신경증

제2차 세계대전(1939~1945)은 유럽을 비롯한 아시아, 아프리카 일대를 폐허로 만들었고, 5천만 명이 넘는 사람들이 목숨을 잃는 등 인류 역사상 가장 큰 피해를 남긴 전쟁이다. 이 전쟁으로 전쟁신경증combat neurosis('전투신경증' '전장신경증' '전투피로증combat fatigue'으로도 불림)이 발병하게 되면서 트라우마에 관한 연구가 재점화되었다. 이로써 정신의학자들은 누구든지 치열한 전쟁에 오랫동안 노출되면, 트라우마 신경증traumatic neurosis을 일으킨다는 사실을 알게 되었다.

미국의 정신의학자 아벨과 비비는 전쟁터에서 200일에서 240일을 지내게 되면, 아무리 용맹스럽고 정신적으로 강인한 병사라도 정신의학적 후유증이 생길 수 있다는 연구를 발표했다. 다른 정신의학자들 역시 참혹한 전쟁의 영향은 간단히 원 상태로 돌아갈 수 있는 칠판에 적힌 글씨 같은 게 아님을 강조하면서, 전쟁은 정신과 영혼에 영구적인 흔적을 남겨, 급격한 인격의 변화를 초래할 수 있음을 지적했다. 그러나 이런 정신의학자들의 주장과 제안은 여전히 대다수 전문가에게 받아들여지지 않았다. 그 후, 트라우마는 베트남 전쟁의 여파로 세인들의 주목을 받기 시작했다.

그림 1-2. 일본 히로시마에 투하된 원자폭탄의 폭발 장면

베트남전

베트남전^{Vietnam War}(1960~1975)은 1960년 결성된 남베트남민족해방전선(NLF)이 북베트남의 지원 아래 베트남의 완전한 독립과 통일을 위해 남베트남 정부와 이들을 지원한 미국과 벌인 전쟁이다. 이 전쟁이 고통스러웠던 이유는 명분 없는 전쟁 속에서 적국이 아닌 베트남 인민 전체와 비정규전을 치러야 했기 때문이다. 전쟁으로 인한 정신의학적 후유증에 관한 연구는 베트남전이 발발하면서 재개되었다.

그림 1-3. 베트남전에서 군사 작전을 펼치는 병사들

　흥미로운 사실은 이 주제에 관한 연구가 대부분 정신건강 전문가가 아니라, 참전용사들에 의해 이루어졌다는 것이다. 이들은 누구도 자신들의 고통에 관심을 기울여 주지 않자, 전쟁의 후유증으로 고통받는 자신과 동료들의 실상을 세상에 알리는 일에 발 벗고 나섰다. 이에 이들은 귀환 후에도 전쟁 후유증이 지속된다는 사실을 입증하기 위한 대규모 연구에 적극 참여함으로써 정신건강 전문가들의 관심을 집중시켰다. 그 결과, 미국정신의학회(APA)는 1980년 처음으로 전쟁신경증의 실체를 인정하는 한편, DSM-III에 외상후 스트레스장애^{Posttraumatic Stress Disorder}(PTSD)를 공식적인 진단명으로 채택하기에 이르렀다. 그러나 다양한 유형의 위기 사건과 상황이 정신장애를 유발할 수 있다는 사실을 인정하기까지는 꽤 오랜 시간이 걸렸다.

성학대

전쟁으로 트라우마에 관심이 집중되고 있는 동안 정신건강 전문가들은 애착과 아동학대에 관심을 보였다. 생애 초기 애착의 질은 그 후의 삶에서 마주할 어떤 고난이든 능히 극복할 수 있는 역량을 갖추는 데 중요한 역할을 한다는 사실을 알게 되었기 때문이다. 애착과 정서의 기능에 관한 경험적 지식이 축적되면서, 애착이 개인의 삶에 어떤 영향을 주는지가 훨씬 더 명확히 밝혀졌다. DSM-III(APA, 1980)에 PTSD 진단이 도입된 직후, 임상가들은 아동학대(성학대^{sexual abuse}), 강간, 폭행의 주된 희생자였던 여성에게 발생하는 정신의학적 장애에도 이 진단을 적용할 수 있음을 인식했다.

게다가 남아에게까지 성학대를 자행해 온 성직자들의 추문이 세상에 알려지게 되면서, 성학대는 남녀를 가리지 않는다는 인식이 널리 퍼졌다(Briere & Scott, 2013). 영국의 정신의학자 볼비(Bowlby, 1988)는 아동기 경험이 성인기의 관계를 특징짓는다고 믿었다. 그는 또 "환자의 설명은 충분히 믿을 만하므로, 임상가는 이를 진실에 근접한 것으로 받아들여야 하며, 그렇게 하지 않는 건 반치료적"(p. 149)이라는 견해를 밝혔다.

성폭력

성폭력sexual violence은 성을 매개로 신체적 · 언어적으로 가해지는 행위다. 역사적으로, 성폭력 피해자들의 고통은 오랫동안 묻혀 있었다. 역사 속에서 전쟁과 약탈이 있었다면, 성폭력은 다반사로 일어났을 것이고, 피해자들이 겪는 고통은 오래전부터 있었을 것이다. 오랜 역사 속에서 가해자 대부분은 남성이었고, 피해자는 아동과 여성이었다. 그러나 대부분의 국가와 문화권에서 남성이 여성을 소유할 수 있었다는 점에서 사회 약자인 피해자들의 고통이 역사와 사회의 전면에 나오기 쉽지 않았다(Briere & Scott, 2013). 결국 성폭력 문제는 여권 신장이 이루어지게 되면서 자연스럽게 역사의 표면 위에 떠올랐고, 관련 법령 제정의 촉매가 되었다. 국내에서도 성폭력 범죄를 방지하고 피해자 보호를 위한 「성폭력범죄의 처벌 및 피해자 보호 등에 관한 법률」이 제정되어 국가적 차원에서 성범죄 예방을 위한 대책들이 시행되고 있다.

9·11 테러

2001년 9월 11일 뉴욕의 세계무역센터World Trade Center(WTC)와 워싱턴 DC의 국무성 건물(펜타곤Pentagon)에 대한 민간항공기 동시다발 자살 테러 사건이 발생했다. 이 사건으로 당시 뉴욕의 랜드마크였던 110층짜리 빌딩 2개('쌍둥이 빌딩twin building'으로 불렸음)가 차례로 무너졌고, 4대의 항공기에 탑승한 승객 266명 전원 사망, 워싱턴 국무성 청사에서 사망 또는 실종자 125명, 세계무역센터에서 사상자가 3천

그림 1-4. 9·11 테러 장면

여 명에 달했다. 이에 9.11 테러는 미국민을 비롯한 전 세계 사람들에게 트라우마의 위력을 알리는 계기가 되었고, 트라우마 상담/치유 분야의 발전에도 한 획을 긋는 비극적인 사건으로 남았다. 이 사건은 대중의 트라우마에 관한 관심을 불러일으켰을 뿐 아니라, 정신건강 전문가들의 단기 트라우마 치료에 관한 연구가 급증하는 계기가 되었다.

국내의 사회적 재난

국내에서 발생한 비극적인 사회적 재난은 국가적으로 국민의 안전을 위한 긴급구조구난체

게 구축 및 트라우마와 치료에 대한 국민적 관심을 가지게 하는 계기가 되었다. 국내의 주요 사회적 재난의 예는 표 1-1과 같다.

표 1-1. 국내 사회적 재난의 예

사고	발생일	내용
1. 삼풍백화점 붕괴 사고	1995. 06.29.	○ 백화점(서울 서초구 · 동 위치)의 1개 동이 붕괴하면서 사망 502명, 부상 937명, 실종 6명이 발생했고, 119 중앙구조대 설치 및 「재난안전법」 제정의 계기가 됨
2. 대구 지하철 방화 사건	2003. 02.18.	○ 1호선 중앙로역에서 방화로 인한 화재가 발생, 사망 192명(신원 미확인 6명), 부상 148명이 발생함
3. 세월호 참사	2016. 04.16.	○ 여객선 세월호가 진도 인근 해상에서 침몰, 사망 299명, 실종 5명이 발생함
4. 이태원 참사	2022. 10.29.	○ 서울 용산구 이태원동의 한 골목에 핼러윈을 즐기려는 인파가 몰려 사망 159명(외국인 26명 포함), 부상 197명이 발생함
5. 오송 참사	2023. 07.15.	○ 충북 청주시 오송읍 '궁평 2 지하차도'가 폭우로 침수돼 사망 14명, 부상 16명이 발생함
6. 무안공항 참사	2024. 12.29.	○ 무안공항에 착륙하던 항공기가 활주로를 이탈하면서 사망 179명(승객 175명 전원, 승무원 4명), 승무원 2명만 생존함

03　트라우마의 특징

트라우마 사건은 예고 없이 시도 때도 없이 일어난다. 뉴스는 매일 트라우마 사건(교통사고, 지진, 테러, 전쟁, 화재, 성폭행/성추행, 폭력, 살인 등)에 관한 소식을 전한다. 언론에서 보도한 사건은 그날 일어난 트라우마 사건의 극히 일부에 불과하다. 보도되는 사건에는 폐쇄된 공간에서 비밀리에 일어나는 트라우마 사건(예 아동학대, 가정폭력)이 빠져 있다. 트라우마 사건(예 성추행)에의 노출과 그 결과로 인한 트라우마(예 대인 접촉 회피)는 구분될 필요가 있다.

　잠재적으로 트라우마가 되는 사건은 곳곳에서 발생한다. 여기서 기억해야 할 점은 이 충격적인 사건이 주관적인 경험이라는 것이다. 이는 똑같은 사고를 경험해도 트라우마 후 스트레스 반응을 보이는 사람이 있고, 비교적 쉽게 극복하는 사람들도 있다는 것이다. 같은 성격의 사건이 어떤 사람에게는 트라우마 사건이 되고, 어떤 사람에게는 그렇지 않다는 것이다. 그러면 왜 같은 사건이 어떤 사람에게는 트라우마가 되고, 다른 사람에게는 그렇지 않은가? 트라우마의 특징을 요약 · 정리하면, 글상자 1-2와 같다.

글상자 1-2. 트라우마의 특징

> 1. 예고 없이 우연히 일어난다('우연성').
> 2. 스트레스가 누적될수록 잠재적 손상의 정도도 크다('스트레스 누적').
> 3. 객관적인 사건, 상황 또는 사고에 대한 주관적 경험이 트라우마가 된다('주관성').
> 4. 생애 초기 경험의 영향을 받을 수 있다('재연').

우연성. 첫째, 트라우마는 예측할 수 없고 대비하기 힘들며 피할 수 없다('우연성'). 그래서 그때마다 느껴지는 두려움, 무력감, 공포감, 절망감은 더 크고, 삶에서 두 번 다시 겪고 싶지 않은 끔찍한 경험이 되곤 한다. 트라우마는 폭력에 의해 생겨난 상처 또는 지속적인 생리적·심리적 파급효과를 지닌 정서적 쇼크emotional shock라는 점에서 일상 스트레스와 다르다. 너무 두려운데 대항할 수 없고, 피하지 못하고 꼼짝없이 당하게 될 거라는 느낌. 이것이 바로 트라우마의 본질이다. 방어 수단을 사용할 수 없다면, 강렬한 불안, 공포, 무력감이 엄습한다. 그러면 위협에 대처하거나 도피할 수 없다면 어떻게 해야 하는가?

스트레스 누적. 둘째, 트라우마는 스트레스가 심할수록 손상 가능성도 커진다. 스트레스 누적stress pileup은 트라우마의 용량이 커질수록 잠재적 손상도 더 심각해지는 현상이다. 스트레스가 심할수록 PTSD 가능성은 커진다. 이는 술을 많이 마실수록 더 취하게 되는 이치와 같다('용량-반응 관계'). 아동학대에 관한 연구들에 의하면, 트라우마가 단독으로 발생하는 경우는 드물다. 다양한 종류의 학대가 서로 얽혀 있어, 아동학대의 영향을 분리해서 파악하기 쉽지 않다. 예컨대, 심리적 학대는 대체로 다른 불행한 사건과 함께 발생하고, 학대의 영향을 심화시킨다. 배우자 학대에서도 학대와 방임 효과가 나타난다. 이처럼 트라우마는 복합적인 요인이 충격의 심각도를 결정한다. 트라우마의 영향이 가장 광범위하고 최악인 경우의 경험 조건은 글상자 1-3과 같다(Allen, 2004).

글상자 1-3. 트라우마의 영향이 가장 광범위하고 최악인 경우의 경험 조건

> 1. 대인관계적이다.   4. 다면적이다.   7. 아동기에 발생했다.
> 2. 반복적이다.   5. 가학적이다.   8. 애착관계에서 발생했다.
> 3. 예측 불가능하다.   6. 악의적 의도가 있었다.

용량-반응 관계dose-response relationship는 트라우마 사건이 반복되는 경우뿐 아니라, 다양한 학대가 복합적으로 발생할 때도 나타난다. 특히, 아동기 애착 트라우마에서 학대와 방임은 흔히 결합 형태로 발생하는데, 흔히 두려움과 외로움을 초래한다(Allen, 2004). 따라서 트라우마 사건이 발생한 후에 아동이 안정감을 회복하고 그 경험을 이해할 수 있도록 돕는 애착 경험이 뒤따르지 않는다면, 그 경험을 견디기 쉽지 않다. 이런 회복 경험을 하지 못한 아동들

은 애착 트라우마에서 무엇이 트라우마인가를 극명하게 보여 주곤 한다. 이런 점에서 아동기 트라우마는 그 후의 삶에서도 트라우마에 노출될 위험이 매우 크다. 아동기에 학대 경험이 있는 사람은 성인이 되어서도 폭력적인 관계를 맺게 되는 것이 그 예다.

그 결과, 애착 트라우마가 있는 상태에서 부가적인 스트레스 사건(교통사고, 실직 등)이 발생하는 경우, 스트레스 누적 과정에서 최후의 일격이 될 수 있다. 그러므로 스트레스 누적 과정에서 트라우마 대처의 초점은 부가적인 트라우마에의 노출을 피하도록 돕는 것이다. 많은 경우, 트라우마는 운명에 따라 결정되고 피할 수 없다. 이에 피할 수 있는 스트레스는 줄이고, 피할 수 없는 스트레스에는 적절한 대처 방법을 학습해야 할 것이다.

주관성. 셋째, 트라우마는 객관적 요인('객관성^{objectivity}')과 주관적 요인('주관성^{subjectivity}')으로 구분된다. 객관적으로 트라우마 사건은 개인 또는 타인에게 죽음이나 심각한 부상의 위험성을 높인다. 이런 위협은 대체로 외부에서 비롯되지만, 항상 그렇지는 않다. 심각한 병에 걸렸다는 사실을 알게 되는 것 역시 트라우마가 될 수 있다. 트라우마라고 하면, 흔히 객관적인 사건(지진, 홍수, 화재, 전쟁, 강간, 폭행)에 초점을 둔다.

그러나 일반적으로 객관적인 사건에 대한 주관적 경험이 트라우마가 된다. 객관적인 사건은 종종 주관적으로 해석되기 때문이다. 사람에 따라 특정 사건이나 상황을 다른 강도^{intensity} 또는 심각도^{severity}로 경험한다. 즉, 객관성과 주관성이 항상 일치하는 것은 아니다. 이에 트라우마 증상은 심각도가 아니라, 정서적 고통^{distress}의 정도에 따라 결정된다. 심지어 장난감 총을 든 사람의 위협도 트라우마가 될 수 있다.

재연. 넷째, 재연^{reenactment}의 사전적 정의는 꺼졌던 불이 다시 발화되는 현상이다. 이는 생애 초기 관계에서 트라우마를 겪은 사람이 의식하지 못하는 상태에서 트라우마를 반복하는 관계를 맺거나 회피행동을 나타내는 현상을 뜻한다. 어린 시절 학대 피해 여성이 성인이 되어서도 학대 관계를 맺게 되는 게 그 예다. 이 경험은 성인기의 학대 피해 또는 학대 가해 가능성을 높인다. 이로써 학대는 세대를 통해 대물림된다. 학대 피해 아동·청소년의 자해행동은 재연의 한 형태다.

그렇다면 여러 해 동안 잘 기능해 오다가 왜 하필 특정 시점에 트라우마 기억이 재연되는가? 이는 현재의 스트레스 요인이 트라우마 증상을 활성화할 단서가 되었고, 현재 관계에서의 재연이 트라우마 활성화 유지에 영향을 주었기 때문이다.

그림 1-5. 정서적 회피 우회로

04 트라우마의 유형

트라우마를 유형별로 구분하는 건 트라우마 사건들이 서로 독립적이라는 오해를 낳을 수 있다. 한 가지 트라우마가 다른 트라우마를 겪게 할 가능성을 높이지는 않는다. 이는 비대인 트라우마의 경우에는 사실이지만, 대인 트라우마 생존자는 추가적인 대인 트라우마의 (재피해자화revictimization) 위험성이 높다(Rees et al., 2011). 즉, 아동학대 피해 아동은 청소년/성인이 되어, 또다시 학대 피해를 당할 가능성이 크다.

  삶에서 나타나는 증상과 고통의 원인은 복합적이다. 예컨대, 아동학대는 청소년기와 성인기에 다양한 증상과 학대 행동(물질 남용, 가출, 무분별한 성 행동, 애착 관련 문제, 해리 또는 부인을 통한 위험 인식 감소 등)을 초래한다. 이는 그 후의 대인관계에서 피해자가 될 가능성을 높인다(Dietrich, 2007). 이런 트라우마 사건들은 더 심각한 트라우마와 추후 더 복합적인 정신장애를 초래하는 행동과 반응을 부추기곤 한다. 아동기와 성인기 트라우마는 둘 다 심리적 어려움을 유발하는데, 성인 생존자들이 흔히 당면하는 징후는 글상자 1-4와 같다.

글상자 1-4. 성인 트라우마 생존자들이 흔히 당면하는 징후

> 1. 성인기까지 이어지는 아동기 트라우마의 영향
> 2. 가장 최근의 성적/신체적 폭력의 영향
> 3. 아동기 트라우마와 성인기 폭력의 부가적인 영향(예 아동기 트라우마에 대한 플래시백)
> 4. 성인기 트라우마에 대한 심각한 퇴행적, 해리적, 또는 자기 파괴적 반응 같은 성인기 폭력과 아동기 트라우마를 악화시키는 상호작용

  트라우마를 극복하거나 누군가의 트라우마 극복을 도우려면, 트라우마에 대해 좀 더 깊이 들여다볼 필요가 있다. 이를 위해 트라우마의 유형을 구분해 보면, 크게 ① 큰 트라우마, ② 작은 트라우마, ③ 단일 트라우마, ④ 복합 트라우마로 나눌 수 있다.

큰 트라우마

첫째, 큰 트라우마big trauma는 전쟁, 재난, 천재지변, 불의의 사고, 강간, 아동기 성폭행 등 일상을 넘어서는 대형 사건이 삶에 극적인 영향을 주는 경험을 말한다('빅 트라우마'로도 불림). 이 경험은 개인의 세상에 대한 가치와 관점을 뒤흔들어 놓는 엄청난 충격을 준다. 이에 큰 트라우마는 트라우마 후유증(악몽, 플래시백, 불안, 공포, 회피, 일상에서의 부적응)을 초래한다.

작은 트라우마

둘째, 작은 트라우마small trauma는 개인의 삶에서 자신감 또는 자존감을 잃게 하는 일상생활에

서의 경험 또는 사건을 말한다('스몰 트라우마'로도 불림). 어린 시절 또래들에게 놀림당한 경험, 급우들 앞에서 실수하거나 망신당한 경험, 왕따/괴롭힘 경험이 그 예다. 이런 경험은 자신에 대해 부정적·제한적인 믿음을 갖게 하여, 위축되고 불만족스러운 삶을 살게 한다. 여기서 '작다'는 말은 이런 경험이 일상생활 곳곳에 널려 있음을 설명하기 위한 것일 뿐, 생존자의 고통이 사소하다는 의미는 아니다. 규모에 상관없이 트라우마는 경험 당시의 이미지, 감각, 빛, 냄새, 소리, 생각까지 저장되어 시간이 지나도 그 상태로 신경망에 남아 있게 된다.

단일 트라우마

셋째, 단일 트라우마^{single trauma}는 일회성 사건 또는 상황으로 인해 심리적 문제를 겪는 상태를 말한다('일회성 트라우마'로도 불림). 이런 형태의 트라우마는 대개 충격의 강도가 큰, 큰 트라우마가 이에 해당하는 경우가 많다. 충격의 강도가 크기 때문에 단일 경험이어도 감정과 행동에 영향을 미친다. 대표적인 예로는 자연재해(예 홍수, 태풍, 지진 등) 같은 충격적 사건으로, 사람에 따라서는 반복될 수 있다. 자연재해를 겪은 사람들이 보고하는 증상의 심각도는 생명의 위협을 받은 정도에 따라 극소수에서 대다수 사람에 이르기까지 트라우마를 경험하거나, 그 영향으로 지속적인 고통을 겪을 수 있다.

　자연재해와 밀접한 관련이 있는 재해로는 기술재해가 있다. 기술재해^{technological disasters}는 화학물질 유출, 원자로 파괴, 항공기 추락, 댐/건물 붕괴 같은 사건을 말한다. 자연재해와 기술재해는 차이가 있다. 자연재해가 발생하면, 지역사회가 합심하여 서로 돕고 지지하지만, 기술재해는 사회를 분열시킬 수 있다. 서로의 잘잘못을 따지고, 책임소재 가리기에 관심이 집중되기 때문이다. 폭력 범죄 역시 단일 트라우마에 속한다(예 무차별 폭행, 강간, 살인, 강도, 절도 등). 이는 피해자에게 직접적인 충격을 줄 뿐 아니라, 사건 목격자들과 주변 사람들에게도 간접적인 영향을 준다. 불행히도, 피해자의 상당수는 범죄 사건에 1회 이상 노출된 경우가 많아 트라우마의 영향이 누적되는 경향이 있다(Allen, 2004).

복합 트라우마

넷째, 복합 트라우마^{complex trauma}는 반복적인 트라우마 사건 또는 상황으로 인해 복잡한 심리적 문제를 겪는 상태다('재발성 트라우마^{recurrent trauma}'로도 불림). 어린 시절의 학대 경험, 동네/학교에서의 괴롭힘 경험 등이 그 예다. 이런 증상이 악화·지속되면 성격적 성향으로도 나타난다. 사랑하는 사람을 잃는 것도 트라우마에 속한다. 애도와 트라우마 증상은 유사하다. 두 사건 모두 고통스러운 감정이 침습적으로 발생하고, 슬픔으로 인한 고통과 상실 부정, 감정 회피를 위한 노력이 뒤따른다. 따라서 모든 상실 경험은 트라우마의 잠재성이 있다.

　그러나 상실이 끔찍한 사건으로 인해 발생하는 경우, 종종 상실과 트라우마가 결합한다(예 가족의 폭력 피해, 자살, 타살 사건 또는 친구의 자살 목격). 이런 상실은 상당한 불안, 우울,

공포, 슬픔을 동반한다. 정신장애를 유발하는 트라우마는 대개 여러 해에 걸쳐 반복적으로 발생한다(⑩ 전쟁 포로, 정치적 구금, 고문, 폭력 등). 이 외에도, 아동학대 역시 아동기 전반에 걸쳐 발생하는 경향이 있다. 생애 초기에 시작된 학대가 성인기까지 이어지는 경우, 평생 트라우마로 자리 잡기도 한다.

05 트라우마의 원인

트라우마를 촉발하는 주원인은 재난이다. 재난^{disaster}은 예기치 않게 발생하여 인명과 재산 손실을 초래하는 사건이다('재해'로도 불림). 트라우마를 촉발하는 재난은 크게 ① 천재와 ② 인재로 구분된다(강진령, 2020).

천재

천재_{天災}는 상당수의 사람에게 피해를 초래하는 대규모 자연현상이다(⑩ 태풍, 홍수, 쓰나미, 지진, 가뭄, 화산폭발 등). 이들은 일시에 많은 사람의 생명과 재산을 앗아 간다는 특징이 있다. 자연재해 피해자들은 초기에 증상이 없었거나 빠르게 회복했다고 하더라도 높은 비율의 사람들은 장기적으로 심각한 고통을 받는다. 사람들에게 심각한 트라우마를 유발하는 사건으로는 심각한 신체 부상, 죽음에 대한 두려움, 사랑하는 이의 죽음, 재해로 인한 가옥 파손 등의 재산 손실이 꼽힌다.

인재

인재_{人災}는 사람에 의해 일어나는 재난이다(⑩ 화재, 선박 침몰, 항공기 추락, 댐 붕괴, 열차 탈선). 이는 천재보다 더 심각한 정서반응을 유발한다. 특히, 고의에 의한 사건(⑩ 폭력, 테러, 고문, 강간, 학대, 범죄) 경험이나 목격은 심리적 후유증이 더 만성화되는 경향이 있다(강진령, 2020). 재난은 흔히 심리적 응급상태를 초래하고, 일정 기간이 지나 생존자가 상실에 대처하고자 할 때, 심리적 위기가 발생할 수 있다. 인재는 ① 학대·폭력, ② 전쟁·범죄·테러·고문, ③ 사고, ④ 자살·타살 목격, ⑤ 치명적 질병 등이 있다.

학대·폭력. 첫째, 학대^{abuse}는 사람을 혹사하거나 소홀히 대하는 행동 또는 위협하는 행위다(⑩ 아동학대, 동반자 학대). 특히, 아동학대^{child abuse}는 성인(보호자 포함)이 아동의 건강 또는 복지를 해치거나 정상 발달을 저해할 신체적·정신적·성적 폭력이나 가혹행위 또는 유기나 방임(돌봄/관여 없이 방치함)하는 것이다(「아동복지법」 제3조 7항). 이는 아동에게 심각한 영향을 주고, 심리적 기능장해를 초래하고, 재피해자화^{revictimization}, 즉 성적 또는 신체적 학대를 당할 가능성을 높인다(Duckworth & Follette, 2011).

폭력^{violence}은 불법한 방법으로 행사되는 신체적 공격행위다(예 성폭행, 폭행). 특히, 강간^{rape}은 폭행(사람에 대한 유형력 행사), 협박(해악 통고), 신체적 강압, 또는 피해자가 동의할 수 없는 불능 상태(물질의 영향 또는 인지능력 저하 상태)에서 신체의 일부 또는 물건을 피해자의 구강, 질, 또는 항문에 삽입하는 행위다. 반면, 성폭행$^{sexual\ assault}$은 상대방의 동의 없이 성적 접촉 또는 성관계를 강요하는 행위로, 강간과 강간미수를 포함한다. 국내에서는 폭행 또는 협박으로 강간한 자는 3년 이상의 유기징역에 처한다. 이에 비해, 성희롱$^{sexual\ harassment}$은 성과 관련된 언동으로 불쾌하고 굴욕감을 느끼게 하거나 고용상의 불이익 등 유무형의 피해를 주는 행위다. 이 행위는 전형적인 트라우마 영역에는 포함되지 않지만, 심리, 건강, 직업 관련 문제 등에 영향을 줄 수 있다. 게다가, 성희롱 사실의 고발 과정과 법적 절차는 피해자에게 상당한 스트레스를 유발한다.

낯선 사람의 폭행은 모르는 사람에게 가해지는 폭력적인 행동(강도, 폭행, 흉기로 찌르기, 교살 시도, 총격 등)이다. 이런 공격행위의 동기는 강도 또는 분노다. 관계에서 폭력의 대부분은 여성을 대상으로 행해지나, 낯선 사람에 대한 폭력은 그렇지 않다(흔히 '묻지마 범죄'로 불림). 묻지마 범죄는 가해자와 피해자 사이의 관계를 찾아볼 수 없는 불특정 다수를 향한 범죄다(이 용어는 가해자를 옹호하는 뉘앙스가 있다는 점에서 '이상동기 범죄'로 불림). 일본의 경우, 길에서 다수 시민을 무차별 살해하는 범죄를 '도리마 범죄'라고 한다(도리마$_{通 \text{ㅓ} 魔}$는 '길거리의 악마'라는 뜻임).

전쟁 · 범죄 · 테러 · 고문.　둘째, 트라우마는 전쟁, 범죄, 테러, 고문으로 인해 발생한다. 전쟁^{war}은 국가 대 국가, 또는 교전 단체 사이의 무력 다툼이다. 전쟁에는 죽음과 부상 위험이 수반된다. 전쟁으로 인한 트라우마는 심각하고, 반복적이며, 지속적이다. 전쟁은 병사들을 극심한 상황(죽음의 위협, 외모 손상, 신체 부상, 전우의 죽음 · 부상 목격, 타인의 부상 · 살해)에 내몬다. 또한 잔혹 행위 참여/목격뿐 아니라, 전쟁 포로 경험(성폭행, 포로, 감금, 고문 등)을 수반한다. 전쟁으로 인한 트라우마는 두 차례의 세계대전을 비롯하여 한국, 베트남, 캄보디아, 이라크, 아프가니스탄, 보스니아, 북아일랜드 등지에서 발생한 전쟁에 참전한 병사들에 의해 그 피해의 심각성이 입증되었다.

범죄^{crime}는 법률로써 형벌을 가하도록 규정하고 있는 행위다. 범죄는 크게 ① 국가적 법익에 관한 죄(내란, 외환의 죄 등), ② 사회적 법익에 관한 죄(범죄단체조직죄, 소요죄, 폭발물, 방화, 실화 등), ③ 개인적 법익에 관한 죄(살인, 상해, 강간, 강제추행, 주거침입, 절도, 강도, 사기, 공갈, 횡령 등)로 나뉜다. 이들 범죄행위는 개인 또는 사회 집단에게 트라우마를 유발할 수 있다.

테러^{terror}는 특정 목적을 가진 개인 또는 단체가 살인, 납치, 유괴, 저격, 약탈 등 다양한 방법의 폭력을 행사하여 사회적 공포 상태를 일으키는 행위다. 테러는 크게 정치적 목적 달성을 위한 테러(예 9 · 11 테러)와 뚜렷한 목적 없이 불특정 다수에 대한 테러로 구분된다. 테러에 내재한 비예측성과 무자비성은 생존자들에게 더 끔찍하고 심각한 트라우마를 초래한다.

고문^torture은 자백 또는 정보를 얻기 위해 또는 개인에게 고의로 정신적 또는 신체적 고통을 가하는 행위다(㉑ 구타, 목 조르기, 전기충격, 성폭행, 뼈/관절 부러뜨리기, 물고문, 감각차단, 죽음/신체 절단 위협, 조롱, 타인의 죽음/부상에 책임감 강요, 수면박탈, 극도의 온/냉 상황에의 방치, 수치심 유발 행위 강요 등). 정치적 고문의 대부분은 연행 후 경찰/군에 의한 폭력 등이 있다.

사고. 셋째, 사고^accident는 개인과 그 가족에서 트라우마를 촉발한다(㉑ 교통사고, 수송사고, 화재). 교통사고^traffic accident는 도로에서 사람이 부상/사망하거나 차량이 파손되는 사건이다. 이는 흔히 심각한 심리적 증상을 초래한다. 특히, 사고가 심각한 부상 또는 타인의 죽음을 수반하는 경우, 그 영향은 더 크다. 수송사고^transprotation accident란 뜻밖의 항공기 추락, 선박 침몰, 열차 탈선으로 인해 상당수의 인명 피해를 유발하는 사건을 말한다. 이런 사고는 계속되는 공포심과 죽음에 대한 두려움이 장기간에 걸쳐 빈번히 발생한다는 점에서 생존자와 유가족들은 심각한 고통을 겪는다.

화재^fire는 불로 인한 재난이다. 화상은 높은 온도의 기체, 액체, 고체, 화염 따위에 데었을 때 발생하는 피부의 손상이다. 이는 주택화재, 교통사고, 산업시설 화재, 불꽃놀이, 바비큐 파티 도중의 사고, 고의적인 방화로 인해 일어난다. 심각한 화상에 의한 피해(장기간의 회복기, 여러 차례의 수술, 보기 흉한 흉터, 외모 손상, 기동성 감소)는 복구가 거의 불가능하다는 점에서 생존자와 가족에게 심각하고 만성적인 고통을 준다.

자살 · 타살 목격. 넷째, 자살이나 타살 목격 또는 그 이유와 과정을 알게 되는 것 역시 트라우마가 된다. 이 사건의 대상이 가까운 사람이거나 가해 행위가 고의적일 때, 고통과 증상은 더 심하다. 자살^suicide은 스스로 목숨을 끊는 행위다. 가족 또는 친한 친구의 자살을 목격 또는 직면하는 일은 극심한 트라우마를 초래할 수 있다. 특히, 아동 · 청소년이 부모의 자살을 목격하거나 동반자 또는 가족원이 자살한 경우에 그렇다(Ogara et al., 2011). 자살은 흔히 가까운 사람에게 상실에 따른 분노, 자살자를 향한 배신감, 자살을 막지 못했다는 죄책감, 자살을 막았을 가능성에 대한 집착을 초래한다.

살인^murder / homicide은 사람을 죽이는 행위다. 살인사건은 희생자의 가까운 사람에게 PTSD, 장기간의 비탄, 우울, 분노, 물질 사용 등 다양한 심리적인 영향을 미친다. 특히, 이들은 관계 상실로 인한 충격뿐 아니라, 끔찍한 미디어 보도 내용, 범죄의 잔인성, 살해당한 피해자의 처참한 모습, 끓어오르는 분노와 복수심, 법 집행과 재판의 장기적 참석, 법 또는 재판 결과에 대한 실망 등을 경험할 수 있다(Zinzow et al., 2009).

치명적 질병. 다섯째, 극심한 고통과 생명을 위협하는 치명적 질병^fatal illness과 치료 과정은 종종 심각한 트라우마를 초래한다(㉑ 암, HIV/AIDS, 심장마비, 뇌졸중 등). 트라우마가 될 수 있는 치료로는 심장 수술, 중환자실 치료, 심각한 화상 치료, 심각한 치과 수술, 심각한 고통/

공포를 유발하는 의료적 개입이 있다(O'Donnell et al., 2011). 또한 시신, 치명적인 부상, 절단, 함몰, 할복, 화상 등의 사건을 자주 접하는 응급실 종사자들 역시 트라우마를 겪을 수 있다. 게다가, 심각한 사건(예 변사체 신원 확인, 아동학대와 폭력 사건 조사 등)의 혐오스러운 세부 사항을 다뤄야 하는 일 역시 트라우마 촉발 요인으로 작용할 수 있다[소방관, 119 인명구조대원, 응급의학과 종사자, 변사체의 신원 확인·관리자, 위기개입 종사자, 법 집행자(경찰/강력계 형사) 등]. 더욱이, 트라우마 생존자를 돕는 정신건강 전문가 역시 대리 트라우마화[vicarious traumatization]를 경험할 가능성이 크다.

　이 외에도 수술 중 마취 상태에서 의식이 깨어나는 증상으로 인한 의료 트라우마[medical trauma]가 있다. 치명적인 질병이 있는 사람은 종종 외과수술을 받는다. 질병과 치료 중 어떤 것이 트라우마의 원인이 되는지는 분명치 않지만, 트라우마는 의학적 문제가 있는 사람들에게 적지 않다. 트라우마의 촉발 요인은 무엇이든 될 수 있다. 트라우마 사건을 연상시키는 시각 자극을 비롯하여 소리, 냄새, 맛, 열감, 감각 모두가 가능한 대상이다. 심지어 어둠, 밀폐된 장소, 특정 장소, 특정 연령대 사람, 말투, 억양, 신장, 체격, 몸동작, 혼자 남겨지는 상황 등 전혀 예상치 못한 것도 트라우마를 촉발할 수 있다. 삶에서 트라우마 촉발 요인을 완벽하게 피하기는 불가능하다. 트라우마를 능히 극복하려면, 고통스러운 자극에 기꺼이 직면하려는 용기가 필요하다. 혼자의 힘과 노력으로 힘들다면, 누군가와 그 고통을 이겨 내려는 지혜가 필요하다.

06　트라우마 증상의 악화 요인

트라우마 후, 개인이 나타내는 증상의 정도와 유형은 ① 생존자 변인, ② 스트레스 유발 요인, ③ 사회적 반응·지원·자원의 영향을 받는다.

생존자 변인

첫째, 생존자 변인[survivor variable]은 트라우마 이전부터 있었지만, 트라우마와 연관되는 특징을 의미한다. 이 변인은 기존의 사회적 소수 집단(성별, 인종, 민족, 빈곤 등)에 대한 차별 또는 소외와 연관된 위험 요인으로 작용한다. 또는 이전의 트라우마 경험 또는 학대로 인해 발현되기도 한다(이전의 심리적 문제, 부적절한 대처방식 등). 트라우마 사건에 취약한 위험 요인으로는 여성, 낮은 사회경제적 지위(SES), 비효과적인 대처방식, 정신장애 가족력, 과거의 트라우마 사건 노출, PTSD의 유전적 소인, 낮은 스트레스 감내력, 나이가 어리거나 나이 든 사람을 꼽을 수 있다(Briere & Scott, 2013).

트라우마 주변 고통. 트라우마 주변 고통[peritraumatic distress]은 트라우마 사건 외에 생존자에게 고통을 주는 요인으로, 분노, 수치심, 죄책감 등의 반응을 말한다. 이들 요인은 트라우마 발생 직후의 반응이 증가하며, 임상적으로 위험 요인으로 간주된다. 트라우마 당시에 높은 수준의 고통을 경험하던 생존자는 스트레스 감내와 정동 조절에서 이미 경험하고 있는 문제, 트라우마 경험, 생애 사건을 자신의 관리 능력 밖으로 보거나 잠재적 위협으로 여기는 인지 성향 등의 이유로 인해 트라우마 후 어려움에 대한 위험성이 더 높다(Briere & Scott, 2013).

성별과 인종. 여성과 인종·민족적 소수집단은 PTSD를 유발할 사건에 더 자주 노출된다(Rees et al., 2011). 이들은 스트레스 대처 능력이 부족해서가 아니라, 사회 요인(예 성 불평등, 인종차별)의 결과이고, 이 집단에 속한 개인은 타 집단보다 트라우마를 경험할 가능성이 더 크다. PTSD의 평생 발병률은 여성 10.4%, 남성 5.0%로, 여성이 남성보다 성학대와 강간 같은 사건에의 노출 가능성이 더 높다(Kessler et al., 1995).

아동학대. 성인기 트라우마는 극단적이고, 때로 심각한 심리적 문제를 유발하지만, 아동기 트라우마는 지속적인 심리사회적 문제로 이어진다. 아동기가 인간 발달에서 가장 취약한 시기이고, 학대와 연관이 있다는 점에서 다수의 피해 경험이 오랜 기간 지속될 가능성이 크기 때문이다. 즉, 아동학대는 인지왜곡, 트라우마 후 스트레스, 성인기 트라우마 생존자들에게서 나타나는 증상뿐 아니라, 타인과의 긍정적이고 지속적인 관계 형성 곤란, 정체성장애, 부모-자녀 애착 상실 등의 결과를 초래한다(Bureau et al., 2010).

아동기 트라우마는 청소년기·성인기에 추가 피해로 이어지는 위험 요인이다(Amstadter et al., 2011). 아동학대 피해자의 상당수는 생애 초기와 그 이후의 대인 간 폭력을 겪게 되어, 복합적인 임상적 결과를 초래한다. 이는 개인의 삶에 영향을 미치는 스트레스 누적뿐 아니라 초기 트라우마에 대한 경향성이 이후 트라우마의 후속 반응을 악화시킨다. 그러므로 트라우마 생존자가 겪었던 피해 상황을 중심으로, 최근의 트라우마 경험을 평가·치료할 필요가 있다. 복합적인 아동기·성인기 트라우마의 영향은 각기 다른 방향과 전략이 필요한 증상과 문제가 공존한다는 점에서 치료가 쉽지 않다(Allen, 2004).

스트레스 요인

둘째, 다수의 트라우마 사건의 특성은 트라우마 후 결과에 영향을 준다. 예컨대, 의도적 폭력, 생명을 위협하는 존재, 신체 부상, 전투에의 노출 정도, 끔찍한 죽음의 목격, 트라우마로 인한 연인 또는 친구의 사망, 생명을 위협하는 질병과 고통스러운 치료 과정 예측/통제 불능성, 성 피해자화, 지속적인 빈번한 트라우마 경험이 그것이다. 피해자 변인과 상관없이 성폭행 같은 트라우마 사건은 자연재해 같은 트라우마 사건보다 훨씬 더 PTSD를 유발할 가능성이 더 크다.

사회적 반응 · 지지 · 자원

셋째, 가족원, 친구, 그리고 타인에 의한 심리적 지지는 트라우마 사건 이후에 나타나는 영향의 강도를 감소시킨다. 심리적 지지는 트라우마 후의 수용적 반응, 따뜻한 돌봄과 양육을 포함한다. 사회적 지지는 트라우마에 가장 강력한 영향을 미치는 결정 요인의 하나다.

07 조기 개입의 의의

트라우마 생존자 중 다수는 자연 회복하고, 그 후유증은 시간이 지남에 따라 점차 감소한다. 하지만 압도되는 트라우마 경험은 전문적인 도움이 필요할 정도로 심각한 상태에 이르게 될 수 있다. 이와 관련된 사례는 글상자 1-5와 같다.

글상자 1-5. 생존자의 트라우마에 대한 반응의 예

> 어릴 적 술에 취해 집에 오면, 자는 아이들을 깨워 말을 시키고, 대답을 잘 안 하면 아이들에게 매를 대곤 했던 아버지에 대한 기억이 있던 여성은 결혼 후 남편이 술 마시고 귀가하는 날이면 안절부절못하다가 남편이 조금만 언성을 높이기라도 하면, 아이를 안고 집을 뛰쳐나갔다. 남편은 아내의 이런 행동을 이해할 수 없었다. 그도 그럴 것이 그는 아내에게 손찌검한 적이 단 한 번도 없었고, 언성을 크게 높인 적도 없었다. 그런데도, 자신이 술 마시고 귀가하는 날이면 아내는 과잉반응을 보였기 때문이다. 그렇지만 안타깝게도 어릴 적 트라우마 관련 기억이 신경망에 그대로 저장되어 있었던 그녀는 아무리 세월이 흘렀어도 그 기억을 자극하는 반응이 오면 강렬한 정서반응을 나타냈던 것이었다.

트라우마에는 누구도 면역되지 않는다. 트라우마는 매우 복잡한 스트레스 관련 상태다. 이를 이해하는 건 다른 스트레스 관련 상태의 이해에 도움을 준다. 트라우마의 조기 개입이 중요한 이유는 글상자 1-6과 같다(Allen, 2004).

글상자 1-6. 트라우마에 대한 조기 개입이 중요한 이유

> 1. 저절로 회복되지 않고 사건 발생 수십 년 후에도 고통을 받을 수 있다.
> 2. PTSD를 비롯한 다양한 부수적인 장애들이 동반 발생할 가능성이 높다.
> 3. 개입의 효과가 매우 높은 편이다.
> 4. 회복 후, 경과가 양호하여, 위기에 대해 준비가 더 잘 되어 있게 된다.

트라우마 상담에서는 내담자의 안정화와 증상 회복을 돕는다. 이 과정에서 트라우마 생존자는 증상을 직면 · 완화하며, 트라우마 기억을 적절히 처리하여 삶의 균형을 되찾는다. 이들은 자신이 망가졌다고 느끼며, 다시는 이전 상태로 회복될 수 없을 것으로 여길 수 있다.

그러나 조기에 적절한 정신건강 서비스를 받는다면, 회복될 가능성이 크다. 그러나 안타깝게도 많은 이들이 적절한 서비스를 받지 못하고, 긴 시간 동안 고통을 받는다. 이들은 서비스를 어디서 받아야 할지 모르거나 이런 서비스가 자신들의 경력 또는 평판을 망칠 것으로 생각한다. 또는 흔한 미신 또는 오해로 상담이나 치료를 거부하기도 한다. 트라우마 상담에 대한 미신과 오해는 글상자 1-7과 같다.

글상자 1-7. 트라우마 상담에 대한 미신과 오해

1. 도움받는 사람들은 약하고 의존적이다.
2. 트라우마 치유라는 힘든 싸움은 홀로 해 나가야 한다.
3. 감정을 표출하기 시작하면, 결국 통제력을 잃을 것이다.
4. 증상은 시간이 가면서 사라질 것이다.
5. 트라우마 기억에 관한 이야기는 트라우마 회복에 도움이 되지 않는다.
6. 트라우마 경험을 털어 놓는 건 문제를 더 악화시킬 것이다.
7. 감정으로부터 거리를 두거나 술 마시는 것이 도움이 된다.
8. 고통받지 않아야 하고, 노력한다고 해서 트라우마가 회복되지 않는다.
9. 모든 문제의 해결과 회복은 마음먹기에 달려 있다.

모든 증상이 트라우마에서 비롯된 것은 아니다. 구체적인 증거 없이 트라우마를 다양한 문제와 심리적 증상의 원인으로 간주하는 것은 바람직하지 않다. 우울, 불안, 물질 남용이 반드시 학대받은 증거는 아니다. 이는 사람들이 흔히 겪는 문제의 일부일 뿐이다. 의학적 상태, 유전, 초기 상실, 발달 요인, 심리적 갈등, 관계 스트레스 역시 이런 증상의 원인(병인)이 될 수 있다. 원인은 증상으로부터 추론되지 않는다. 스트레스 사건을 겪었다고 해서 다 정신장애로 이어지는 건 아니지만, 누구도 심각한 사건에서 아무런 상처 없이 빠져나올 수는 없다. 심각한 사건은 압도적이고 심리적으로 해롭다. 그러나 심각한 스트레스 사건에 노출되었더라도 장애 없이 회복하는 경우가 더 많다(Allen, 2004).

확인문제

다음 빈칸에 들어갈 말을 써 보세요.

1. __________(이)란 감당하기 어려운 사건을 겪은 후에 발생하는 심신의 부적응 반응을 말한다. 이 개념은 병사들의 참전에 따른 정신적 고통, 즉 __________에 기원을 두고 있다.

2. 1800년대 중반 신경과 의사 쟝 사르코, 피에르 자네, 지그문트 프로이트는 ______와/과 _______ 피해 경험이 여성에게 ________을/를 유발한다는 사실을 발견했다.

3. ______의 사전적 정의는 꺼졌던 불이 다시 발화되는 현상이다. 이 개념은 생애 초기 관계에서 트라우마를 겪은 사람이 인식하지 못하는 상태에서 트라우마를 반복하는 관계를 맺는 현싱을 의미한다.

4. 네 가지 트라우마 유형의 하나인 ___________은/는 전쟁, 재난, 천재지변, 불의의 사고, 강간, 아동기 성폭행 등 일상을 넘어서는 대형 사건이 삶에 극적인 영향을 주는 경험을 말하는 반면, ______________은/는 개인의 삶에서 자신감 또는 자존감을 잃게 하는 일상생활에서의 경험 또는 사건을 말한다.

5. 자연재해와 밀접한 관련이 있는 _______재해는 화학물질 유출, 원자로 파괴, 항공기 추락, 댐/건물 붕괴 같은 사건을 말한다.

6. ______ 트라우마는 반복적인 트라우마 사건으로 인해 복잡한 심리적 문제를 일으키는 상태로, _______ 트라우마라고도 한다. 어린 시절의 학대 경험, 동네나 학교에서의 괴롭힘 경험 등이 그 예다.

7. 트라우마를 촉발하는 주원인은 ______(이)다. 이는 예기치 않게 발생하여 인명과 재산 손실을 초래하는 사건이다. 이 사건은 크게 ______와/과 ______(으)로 구분된다.

8. __________은/는 성인(보호자 포함)이 아동의 건강 또는 복지를 해치거나 정상 발달을 저해할 신체적 · 정신적 · 성적 폭력이나 가혹행위 또는 유기나 방임(돌봄/관여 없이 방치함)하는 것이다. 이는 아동에게 심각한 영향을 주고, 심리적 기능 장해를 초래하고, __________, 즉 성적 또는 신체적 학대를 당할 가능성을 높인다.

9. _________은/는 상대방의 동의 없이 성적 접촉 또는 성관계를 강요하는 행위로, 강간과 __________을/를 포함한다. 국내에서는 폭행 또는 협박으로 강간한 자는 ___년 이상의 유기징역에 처한다. 이에 비해, _________은/는 성과 관련된 언동으로 불쾌하고 굴욕감을 느끼게 하거나 고용상의 불이익 등 유무형의 피해를 주는 행위로, 전형적인 트라우마 영역에는 포함되지 않지만, 심리, 건강, 직업 관련 문제 등에 영향을 줄 수 있다.

10. 트라우마 생존자를 돕는 정신건강 전문가를 비롯하여 소방관, 119 인명구조대원, 응급의학과 종사자, 변사체의 신원 확인·관리자, 위기개입 종사자, 법 집행자(경찰/강력계 형사) 등은 직무상 _____ 트라우마를 경험할 가능성이 크다.

학습활동

나의 트라우마 경험

※ 혹시 마음의 상처 또는 트라우마를 겪은 적이 있는가? 그 내용을 적어 보자. 누가, 언제, 무엇을, 어떻게 했는지 세세하게 기록할 필요는 없다. 오직 그 일에 대한 반응이 어땠는지를 적어 보자. 이렇게 적는 것을 정서적 글쓰기라고 한다. 경험의 깊숙이 자리 잡은 생각과 감정을 글로 써 보자. 트라우마 사건과 관련하여 무엇이 떠오르더라도 기꺼이 기록해 보자. 마음의 상처 또는 트라우마와 관련된 것은 어떤 거라도 좋다. 다만, 감정과 생각을 포함해야 한다는 사실을 기억하자. 정서적 글쓰기를 위한 지침은 다음과 같다.

1. 하루에 20분 정도 쓴다. ☛ 20분 이상 써도 좋지만, 이런 글쓰기가 처음이라면 40분을 넘지 않게 한다.
2. 첫 4일간은 매일 쓴다. ☛ 글 쓰는 시간과 분량이 중요한데, 이는 치유과정의 일부다.
3. 꾸준히 쓴다. ☛ 문법적으로 올바른지, 또는 말이 되는지에 신경 쓸 필요는 없다. 오직 글을 쓰는 게 목표다. 소재가 고갈되면, 전에 썼던 걸 반복해서 쓴다.
4. 오직 자신을 위해 쓴다. ☛ 글쓰기는 부치거나 전해 줄 필요 없는, 오직 자신을 위한 것이다. 충격의 정도가 약하거나 중간 정도 되는, 지금 기꺼이 재경험할 수 있는 수준의 상처부터 쓰기 시작한다.
5. 분량은 정해져 있지 않다. 다만, 별도의 종이에 적는 게 좋다. 원하면, 다 쓴 뒤에 찢어 버려도 되기 때문이다.
6. 오늘부터 쓰기 시작한다. ☛ 다 쓴 뒤에는 다음의 안내에 따라 작성한 글을 평가해 본다.

매일 글을 쓰고 난 뒤, 다른 종이에 다음 세 가지 질문에 대해 0~10점까지 점수를 매겨 보자 (0점＝전혀 아니다, 10점＝매우 그렇다).

1. 글에서 가장 깊숙한 생각과 감정을 얼마나 표현했는가? ＿＿
2. 글을 쓰면서 얼마나 강렬한 감정을 경험했는가? ＿＿
3. 오늘 글쓰기가 얼마나 유익하고 의미가 있었는가? ＿＿

소감

※ 이 활동을 통해 무엇을 알게 되었고, 무엇을 깨달았으며, 무엇을 느꼈고, 어떤 생각이 들었나
요? 잠시 생각하면서, 마음에 떠오르는 것을 자유롭게 글로 써 보고, 글의 제목을 붙여 보자.

Chapter 2

트라우마의 신경과학적 이해

개요 01 트라우마와 뇌의 정보처리시스템
02 트라우마와 기억
03 트라우마와 질병
04 뇌 건강
05 트라우마 상담을 위한 시사점
☐ 확인문제
☐ 학습활동

학습목표 1. 뇌의 정보처리시스템 구성요소와 영역별 기능을 이해 · 설명할 수 있다.
2. 트라우마와 뇌의 기능을 이해 · 설명할 수 있다.
3. 트라우마와 관련된 기억의 종류를 이해 · 설명할 수 있다.
4. 트라우마 상담을 위한 시사점을 이해 · 설명할 수 있다.
5. 트라우마와 질병의 관계를 이해 · 설명할 수 있다.
6. 뇌의 건강증진 방안을 이해 · 설명할 수 있다.

뇌! 인간의 뇌[brain]는 소우주[microcosm]로 불릴 만큼 매우 복잡한 구조로 되어 있다. 이는 두 부처럼 물렁물렁하고 호두 알맹이처럼 쭈글쭈글한 주름이 있는 분홍색 물질로, 무게는 체중의 2%에 불과하나 심장에서 분출되는 혈액의 15%를 소비하며, 인간이 호흡하는 산소의 20~25%를 사용한다. 이는 1천억 개 가량의 뉴런이 연결된 1천조 개의 시냅스로 이루어진 복잡한 통신망으로, 냉장고 조명을 켜는 정도의 에너지로 방대한 외부의 정보를 인식해 기억으로 저장·사고하며, 정체성을 결정한다(국가정신건강서비스포털, 2025. 01. 04.).

트라우마의 발생과 치유는 모두 뇌에서 일어나는 작용이다. 뇌의 상태는 개인의 건강과 트라우마 회복에 영향을 준다. 오늘날 뇌과학의 발달은 스트레스가 뇌에 미치는 영향을 더 잘 알게 해 주었다. 특히, 뇌에 가소성[plasticity](특정 환경 요인에 따라 특정 방향으로 구조와 기능이 변화하는 성질)이 있음의 발견은 트라우마 치유의 새 지평을 열었다. 즉, 뇌에는 새로운 뉴런을 생성하여 오래되었거나 스트레스로 손상된 뉴런을 대체하는 자생력이 있다는 것이다. 이로써 트라우마 생존자가 새로운 대처기술을 학습하는 경우, 뉴런이 새로운 신경회로를 생성하여 트라우마 회복을 촉진할 수 있다는 사실이 밝혀졌다.

신경계[nervous system]는 적응과 학습을 위해 설계되었다. 이에 대처기술이 익숙해질수록 신경망은 더 강하고 효율성이 높아지는 반면, 비효율적인 대처기술로 생성·강화된 부적응적인 신경망은 점차 약화될 것이다. 이에 이 장에서는 트라우마 사건이 뇌에 어떻게 처리·저장되고, 개인에게 끊임없이 영향을 미치는지를 이해하기 위해 뇌의 정보처리시스템을 비롯하여 뇌의 기능과 기억, 그리고 트라우마와 질병의 관계 등에 관해 살펴보기로 한다.

01 트라우마와 뇌의 정보처리시스템

뇌는 외부 자극의 위험성을 평가해서 피할 것인지, 접근하여 이익을 취할 것인지를 결정한다. 이 과정은 인류가 현존할 수 있게 해 준 중요한 메커니즘이다. 이 메커니즘이 없었다면, 인류는 약육강식[弱肉强食](강한 존재가 약한 존재를 희생시켜 번영하거나, 약한 존재가 강한 존재에게 끝내 멸망됨)의 생태계에서 생존하기 어려웠을 것이다. 그렇다면 뇌의 정보처리시스템의 핵심 영역에는 어떤 것이 있고, 트라우마가 그 핵심 영역에 어떤 영향을 미치는가에 관해 알아보자.

뇌의 정보처리시스템

스트레스 대처를 위한 생리적 과정은 매우 복잡하다. 이 과정에는 유기체가 즉각 행동할 수 있게 하는 뉴런에서 뉴런으로 신호를 보내는 순간적인 과정을 비롯하여, 혈류를 타고 흐르는 호르몬을 조절하여 여러 기관을 돕게 하는 신경내분비[neurosecretion] 과정이 포함된다. 이런 기능을 담당하는 핵심 기관은 뇌에 퍼져 있는 ① 대뇌피질, ② 전전두피질, ③ 청반, ④ 변연계(편도체, 해마), ⑤ HPA 축이 있다.

대뇌피질. 첫째, 대뇌피질^{cerebral cortex}은 뇌에서 가장 겉에 위치하는 신경세포들의 집합으로 고차원적 기능을 수행하는 부분이다. 이 부분은 신체의 모든 부분으로부터 끊임없이 정보를 받아들이고, 몸의 상태를 쉴 없

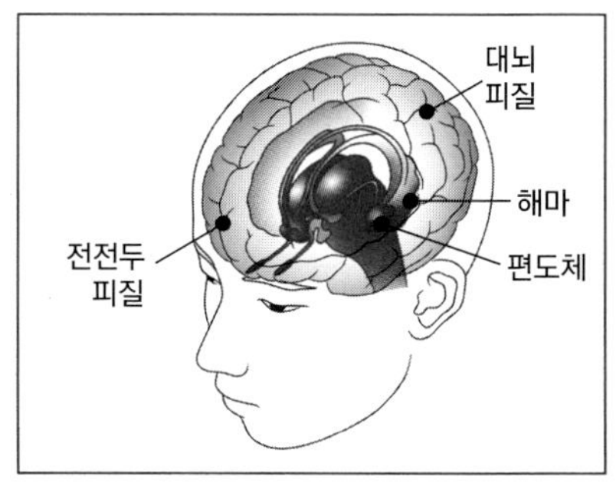

그림 2-1. 뇌의 정보처리시스템

이 파악·반응한다. 대뇌피질의 기능은 부위에 따라 다른데, 대체로 감각(시·청·후·미·촉각 등), 운동(자율 운동, 눈 운동 등), 고등(기억, 주의, 사고, 언어, 각성, 의식 등) 기능을 담당한다.

위협을 느끼는 상황에 직면하는 경우, 대뇌피질은 공포가 정당한 것인지, 어떤 대처전략이 최선인지 결정하기 위해 상황을 정교하고 신중한 재평가를 하는 기능을 한다. 이 기능은 사실상 편도체가 활성화되어 촉발된 행동에 제동을 건다. 대뇌피질의 기능 상태는 자기공명영상(MRI), 컴퓨터 단층촬영(CT), 양전자방출단층촬영(PET), 뇌혈관조영술, X선 촬영(X-ray), 초음파검사, 뇌파검사, 신경심리검사 등으로 확인할 수 있다.

전전두피질. 둘째, 전전두피질^{prefrontal cortex}(PFC)은 뇌에 저장된 기억과 주변에서 일어나는 일을 종합하고, 충동과 감정을 조절하여 심신 활동을 조직하고, 판단·예측·계획·행동을 개시하는 집행 기능을 한다. 뇌가 기업이라면, PFC는 대표이사(CEO)다. 트라우마로 인해 민감화되는 경우, 각성조절이 어려워지고, 너무 쉽게 투쟁/도피 반응으로 전환된다. 이때 PFC는 해마의 도움을 받아 편도체의 강렬한 감정을 억제·조절하고, 결정이 옳다고 느껴질 때(사실과 감정이 합쳐질 때)까지 의사결정을 유보하여 사려 깊고 이성적인 의사결정이 우세하게 만든다.

그러나 스트레스로 이 균형이 깨지면 뇌의 회복력은 급감한다. 스트레스를 받는 경우, 스테로이드 호르몬의 일종인 코르티솔^{cortisol}이 분비된다('스트레스 호르몬'으로 불림). 적당량의 코르티솔은 단기적으로 신체 에너지의 극대화를 돕지만, 극도의 각성은 신경화학적 전환을 일으켜 전전두피질(PFC)이 독자적으로 작동하게 한다. 그 결과, 자동적인 투쟁/도피 반응 패턴을 고착화하는 문제를 초래한다.

행동 통제에서 이런 전환은 자동반응이 필요한 위험 상황에서는 적응적이다. 그러나 실제로 불안해하는 경우는 대부분 신체적으로는 덜 위험하지만 복잡한 일과 씨름할 때다. 이 경우, 유연성과 창의성이 필요하지만, 이미 민감화로 인한 각성조절 능력 손상과 전환과정 역치 저하는 사소한 스트레스에도 쉽게 투쟁/도피 반응^{fight or flight response}(FFR, 긴박한 위험 앞에서 자동적으로 유발하는 생리적 각성 상태)으로 전환되어 과민해지거나 경직된 반응을 하게 된다

(Rauch, 2003).

따라서 사소한 갈등은 쉽게 논쟁 또는 다툼으로 번진다. 신경계의 민감화는 정서처리 작업을 더 열심히 해야 하는 이유가 된다. 더욱이, 트라우마나 만성 스트레스는 코르티솔의 과다 분비를 부추겨, 식욕 증가로 인한 지방 축적, 근육단백질의 과도한 분해로 인해 근조직 손상, 면역기능 약화 등의 문제를 유발한다. 코르티솔이 과다 분비되는 경우, 각성이 높아짐에 따라, 노르에피네프린과 도파민 수준도 증가하여 전전두피질과 하위 뇌 중추 사이의 통제 균형을 잃게 한다.

청반. 셋째, 청반^{locus coeruleus}은 뇌간의 작은 신경다발로, 행동조절에 영향을 주는 뇌의 트라우마 중추다. 이 작은 단백질 공장은 아드레날린 형태의 노르에피네프린^{norepinephrine}(뉴런 간 신호를 전달하고, 뇌의 광범위한 영역을 활성화하며, 불안과 기분을 조절하는 신경전달물질)을 생성한다. 도파민^{dopamine}(뇌신경 세포의 흥분을 전달하는 신경전달물질)과 세로토닌^{serotonin}(감정, 행동, 기분, 수면 조절에 관여하는 신경전달물질) 역시 유사한 방식으로 뇌 기능을 조절한다. 스트레스 반응 체계에서 청반과 노르에피네프린은 경계 기능을 함으로써, 수행하던 행동을 중단시키고, 우선순위가 높은 자극에 주의를 집중하게 하는 기능을 한다.

골목길에서 사나운 개가 갑자기 나타나 공격해 온다면, 무엇을 해야 할지 심사숙고하지 않는다. 청반-편도체 체계가 활성화되어 각성 수준이 올라가 불안해지고 위협에 즉각 반응할 수 있도록 경계하게 된다. 교감신경계는 청반-노르에피네프린 회로와 협력하여 활성화되고, 투쟁/도피 반응을 준비시킨다. 스트레스가 반복되면서 청반-노르에피네프린 회로가 민감해지면, 더 쉽고 과도하게 경계하게 되어 예기치 못한 자극에 과잉 반응한다. 뇌의 상층부에는 청반과 상호작용하는 또 다른 경보 중추인 변연계가 있다.

변연계. 넷째, 변연계^{limbic system}는 감정을 유발·조절하여 적절히 대처하게 하고, 기억시스템을 관장하는 사회감각기관^{social sensory organ}이다. 이 기관은 타인의 내면 상태를 감지하여 감정과 생리적 반응을 조절한다('변연계 공명'). 변연계 공명^{limbic resonance}은 흔히 부모와 자녀, 연인 또는 부부, 트라우마 생존자들 사이에서 일어난다. 인간은 홀로 살 수 없듯이 혼자 상처를 치유할 수 없다. 변연계는 관계에서 연주되는 협주곡이다. 변연계 공명을 통한 상호소통과 조절 경험은 교감(이해받는 느낌)과 동질감(함께한다는 느낌)을 느끼게 한다.

이 느낌은 새로운 신경회로가 열리게 하여, 과거 상처로 인한 오래된 신경회로에서 탈피하게 한다. 이런 점에서 변연계 공명은 삶의 근원적 힘이고, 마음의 상처로 생겨난 신경회로를 회복시키는 처방전이다. 변연계에는 외부 자극에 대해 감정을 느끼게 하여 적절한 대처를 돕는 2개의 정보처리시스템^{information processing systems}(IPS), 즉, ① 편도체와 ② 해마가 있다. 이 두 신경회로 시스템은 위험에 처할 때, 각기 다른 기능을 한다.

☐ **편도체.** 정서기억을 담당하는 편도체^amygdala(뇌의 측두엽의 하층부에 있는 구조로, 위협 자극을 신속히 파악하고, 조건화된 공포반응을 중재하는 기능을 함)는 순간적인 평가를 통해 즉각적으로 정서와 신체 반응을 일으킨다('급행 회로^express circuit'). 아몬드처럼 생긴 이 급행 회로는 외부 자극을 비언어 단서, 특히 부정 단서(표정, 자세, 목소리 톤, 감각, 생각)의 위험성을 즉각 평가하여 PFC에 알려 반사적이고 즉각적인 강렬한 감정을 동반한 신체 반응을 하게 한다('무의식적 정서 · 행동 · 신체 반응시스템'). 심지어 비슷한 감정 정보가 담긴 기억을 PFC에 보내 외부 자극에 대한 투쟁 또는 도피에 대한 의사결정을 지원한다. 이런 감정은 새로운 기억으로 엮어져 기억을 업데이트한다.

그러나 편도체가 제 기능을 하지 못하면, PFC의 의사결정이 중단된다. 스트레스 누적 또는 극심한 스트레스(트라우마)를 겪는 경우, 생존 위협을 감지한 편도체는 강한 감정을 유발하여 생존 가능성을 높인다. 이 반응은 반사적으로 일어나므로 유기체는 영문도 모른 채 두려움에 떨 수 있다. 트라우마는 편도체를 과잉 활성화하여 조건화된 공포반응을 유발하고, 해마의 손상을 초래하여, 두려움을 주는 사건의 환경적 맥락을 부호화하지 못하게 한다. 이 둘의 조합은 맥락에 부적절하게 반응(90/10 반응)하게 한다. 이로써 트라우마는 사소한 위험에 대해서도 공포반응을 활성화하여 고통을 초래한다. 따라서 개인은 두려운 상황에서 고민하기 전에 즉각 뛰어내리거나 도망칠 수 있다. 편도체는 감정과 신체 감정에 대해 알려준다. 예컨대, 위협적인 표정에 대한 반응으로 높은 수준의 활성화를 보인다.

편도체는 위험을 탐지하고, 공포반응을 조직하며, 위험과 연관된 단서 학습('공포조건화')에 중요한 역할을 한다. 공포조건화^fear conditioning는 본래 중립적이던 조건자극이 원래 유해한 무조건자극과 연합되어 공포반응을 보이는 현상이다. 예컨대, 술 냄새가 신체학대의 조건자극이 되는 현상이다. 이런 학습은 조건형성이 된 후에는 위험을 예견하고, 더 잘 피할 수 있도록 한다는 점에서 적응적이다. 그러나 이 조건반응 역시 고등한 뇌 중추가 매개하는 부가 학습을 통해 완화될 필요가 있다. 술 냄새는 특정 맥락에서만 신체학대를 당하는 것과 관련이 있다. 예컨대, 학교보다는 가정에 있을 때 신체학대를 당할 가능성이 크다는 것을 학습할 수 있다.

☐ **해마.** 해마^hippocampus는 편도체를 보완하여 균형을 유지하여 학습과 기억을 돕는 기억의 제조공장이다. 이 완행 회로^slow circuit는 입력 정보를 분류하여 필요한 것만 대뇌피질로 보내 저장하게 하고, 새로운 기억을 저장된 기억과 신념에 연결한다. 또한 외부 자극을 과거의 유사상황과 비교 검토하여 가장 적절하다고 판단되는 대응책을 의식적으로 실행하게 한다. 해마는 감정적으로 냉정하고 이성적으로 생각해서 언어로 표현할 수 있게 한다. 하지만 해마가 제 기능을 하지 못하면, 과거 사건을 언어로 회상하지 못하게 된다. 편도체가 강한 감정을 다루고 즉각 무의식 반응을 촉진한다면, 해마는 확실한 사실을 다루고, 냉철하고 합리적

인 사고를 촉진한다. 사나운 개를 만나면 편도체가 즉각 활성화되어 얼어붙게('동결') 하거나 얼른 피해 달아나게 할 것이다('도피'). 동시에 해마는 개에 대한 기억을 떠올려 PFC가 이 개가 과거에 봤던 동물과는 다름을 깨닫게 한다. 만일 안전하다고 여겨지면, 해마는 편도체가 촉발한 스트레스 반응을 완화한다.

☐ **편도체와 해마의 상호보완 기능.** 편도체와 해마는 외부의 위협 자극에 대해 상호보완을 통해 적절히 평가·대처한다. 그러나 동시에 작용하기 어렵다. 위기 상황에서는 위협/공격에 대해 즉각 반응해야 생존 가능성이 크다. 예컨대, 어두운 골목길을 걷던 중, 눈앞에 시커먼 물체가 나타난다면, 급행 회로(편도체)는 순간적으로 물체에 집중하게 하고, 놀라 몸을 움츠리게 한다. 반면, 완행 회로(해마)는 재확인하여 위험한 대상 여부를 알려 주어 놀란 가슴을 진정시킨다. 트라우마를 겪게 되면, 뇌의 정보처리시스템은 큰 혼란을 겪는다. 트라우마라는 압도적인 위협 자극은 편도체와 해마의 보완 기능을 분열시켜, 급행회로(편도체)만 활성화하고 완행회로(해마)는 얼어붙게 만든다.

　편도체가 계속해서 위협을 지각하는 경우, 해마의 기억저장시스템과 기억인출시스템이 닫혀, 자극을 차분하게 평가할 여유가 없어지고, 응급으로 신속히 반응하는 시스템만 작동하게 된다. 이로써 트라우마 상황에 대해 "생각·판단하지 말고, 오로지 반응·행동하라!"는 명령을 내리는 신경회로만 활성화된다. 이는 위협적인 상황에서 생존을 위한 적응반응이다. 기억 시스템의 붕괴는 트라우마 생존자가 정서적·신체적 고통을 생생하게 느끼지만, 트라우마의 기억을 새로운 기억으로 생성하지 못하게 만든다. 그 결과, 이들은 오랜 시간 고통 속에 정체된 상태로 지내게 된다.

HPA 축. 다섯째, 트라우마와 HPA(시상하부^{Hypothalamus}－뇌하수체$^{Pituitary\ gland}$－부신$^{Adrenal\ gland}$) 축은 밀접한 관련이 있다. 시상하부는 간뇌에 있는 자율신경계 중추로, 다양한 생명 활동 조절에 핵심 역할을 한다(섭식, 음수, 성, 체온, 수면, 호르몬 분비 등). 이 기관은 청반, 편도체와 함께 부신피질자극호르몬 방출인자(CRF)를 분비하여 불안을 일으킨다. CRF는 뇌하수체(시상하부 아래에 있으며, 시상하부의 지시에 따라 생명 유지에 필요한 호르몬을 분비함)를 활성화하여 부신피질자극호르몬(ACTH) 분비를 통해 부신피질$^{adrenal\ cortex}$(좌우 신장 위에 있고, 생명 유지에 필요한 한 쌍으로 된 내분비 기관)을 자극하여 코르티솔을 분비하게 한다.

　코르티솔은 스트레스가 발생할 때, 대처를 촉진하고(가용한 에너지 증가) 스트레스 반응을 차단한다('항스트레스 호르몬'으로 불림). 과도하게 분비된 코르티솔은 뉴런을 수축시켜 해마의 크기를 감소시킨다. 심한 우울과 불안은 스트레스 누적의 결과다. 우울증에 대한 일관된 생물학적 결과 중 하나는 코르티솔 수준 상승이다. 그러므로 지속적·반복적인 스트레스 후 신경계 소모의 중요한 원인은 HPA 축의 과잉 활동과 과잉반응이다. 코르티솔은 급성 스트레스 반응의 억제를 돕지만, 과도한 코르티솔은 스트레스 반응을 중단시키기 위해 코르티솔을 사용하는 해마를 손상한다. 스트레스와 관련된 해마의 뉴런 수축은 뉴런을 영구 손상할 수 있는 과도한 자극으로부터 뉴런을 보호한다. 동시에, 세포 소실도 초래하여 해마의 부피가 감소한다. 해마의 기능이 나빠지면 전반적인 외현기억, 특히 트라우마 기억에 문제를 초래한다.

트라우마와 뇌 기능

건강하고 회복력이 높은 뇌는 최적의 효율 상태에서 기억, 학습, 계획, 문제조절, 의사결정 실행, 지시 준수, 분위기 조절 등을 처리한다. 심지어 압박받는 상황에서도 과업을 신속히 수행하고, 신경세포는 다른 수천 개의 신경세포로부터 입력 정보를 받아 점화한다. 점화한다. 특정 패턴의 생리적 각성은 각각의 정서행동을 지원한다. 생리적 반응은 중추신경계(뇌와 척수로 구성됨)와 말초신경계(척수를 감각수용기, 근육, 내장과 연결하는 신경으로 이루어짐) 간의 협응을 수반한다. 말초신경계^{peripheral nervous system}(PNS)는 체성^{somatic}(감각과 운동)신경계와 자율신경계로 나뉜다. 자율신경계^{autonomous nervous system}(ANS)는 모든 내장 기관을 조절하여, 기관의 기능을 행동적 요구에 맞춘다. 심박률과 혈압을 높여 도피 반응을 지원하는 것이 그 예다.

　자율신경계는 교감^{sympathetic}신경계와 부교감^{parasympathetic}신경계로 나뉘는데, 이 두 신경계는 고도로 협응하는 방식으로 활성화되어 서로 다른 대처유형을 지원한다. 중추^{central}신경계와 자율신경계의 통합으로, 스트레스와 관련된 변화는 뇌에서뿐 아니라 심혈관계, 호흡계, 소화계, 생식계, 면역계를 비롯한 다른 신체 기관에서도 발생한다. 그러나 극심한 스트레스(트라우마)나 만성 스트레스는 뇌의 정보처리시스템을 위축시켜, ① 부정적 기억과 감정이 저장된 편도체를 활성화하고, ② 일상의 기억을 저장하는 해마의 기능을 억제하며, ③ 전전두피질(PFC) 기능을 무력화한다.

편도체의 과잉활성화.　첫째, 트라우마는 편도체를 과잉활성화할 수 있다. 편도체가 과잉활성화되면, 뇌는 학습능력이 떨어지고, 감정에 압도되며, 부정사고를 유발하여 과도한 불안을 유발한다. 이런 상태는 상세하지 않고, 과도하고 강렬한 감정과 함께 기억이 각인되게 한다. 이로써 고통스러운 기억을 회상하게 하는 위협은 과잉반응(공포 또는 동결)을 유발한다. 이에 트라우마 생존자의 편도체는 종종 트라우마 단서에 대해 과민반응을 보인다. 이는 트라우마 경험 재연에 따른 강한 감정적 충동에서 비롯된다. 이렇게 되면, 트라우마의 기억은 주로 우뇌의 편도체에 내재기억의 형태로 저장된다. 즉, 트라우마 기억은 강렬한 감각과 이미지, 그리고 정서로 분리되어 통합된 이야기 형태의 기억으로 전환되지 않은 채 저장된다.

　트라우마 기억이 시간이 지나도 생생하게 느껴지는 것은 시간 개념이 없는 내재기억의 형태로 저장되어 있기 때문이다. 이처럼 강렬한 감정을 동반한 트라우마 기억은 서술기억으로 전환하기 어렵다. 이런 이유로 트라우마 생존자는 고통스러운 기억을 타인에게 전달하는데 애를 먹는다. 게다가 트라우마 기억은 사소한 단서에 의해 기억이 생생하게 떠오르지만, 무엇이 기억을 자극했는지 알기 어려울 때가 많다. 이에 트라우마 상담에서는 감각, 감정, 이미지 등으로 분리된 내재기억을 외현기억으로 전환하는 작업이 필요하다. 정서기억, 감각기억을 새로운 서술기억으로 통합해 나가는 것이다. 이런 점에서 기억은 삶의 과정에서 계속해서 새롭게 써 가는 이야기다.

해마의 기능 제한. 둘째, 트라우마는 해마의 기능을 위축 또는 손상한다. 해마는 편도체의 반응을 제어하고, 과거의 경험을 떠올려 트라우마 기억을 통합·저장한다. 그러나 트라우마 사건이 발생하거나 스트레스가 누적되는 경우, 해마는 점차 제 기능을 하지 못하고 위축되며, 결국 기능이 손상된다.

전전두피질 기능 저해. 셋째, 트라우마는 전전두피질(PFC)의 기능을 저해하여 창의적(창조적) 사고력, 문제해결력, 정서조절력, 집중력, 주의전환 능력을 크게 떨어뜨린다. 트라우마가 어떻게 기억 저장을 방해하는지에 관한 예화는 글상자 2-1과 같다.

글상자 2-1. 트라우마가 기억 저장을 방해하는 과정에 관한 예화

> 　한 여성 내담자는 일본을 방문했다가 지진을 겪었다. 지진이 발생했을 때, 내담자는 극심한 공포를 겪었지만, 무사히 집에 돌아온 후로는 괜찮은 듯했다. 그러나 그 후 사소한 일에도 짜증을 잘 냈고, 일에 집중하기 힘들어했다. 1년도 채 지나지 않아 자신이 운영하던 가게에 재정적인 어려움이 생겨 상당한 스트레스를 호소했다. 그러던 어느 날, 퇴근길에 전철을 기다리던 중, 그녀는 열차의 우르릉거리는 소리에 가슴이 두근거리고 식은땀을 흘렸다. 상담과정에서 그녀는 별안간 지진에 대한 공포가 되살아나면서, 당시의 경험이 재연되고 있음을 알아차렸다.

트라우마의 핵심 정서는 두려움과 외로움이다. 글상자 2-1에 소개된 예화에서 내담자는 편도체가 과잉 활성화되면서 처음으로 극도의 감정기억의 부적절한 침습이 일어났고, 전철의 우르릉거리는 소리와 지진을 혼동했다. 만일 해마가 온전히 기능했다면, 그녀는 이번 일은 완전히 다른 시간, 장소, 사건이라고 여겼을 것이다.

⑩ 트라우마와 기억

삶에서 기억은 끊임없이 진행된다. 아침에 잠이 깨면, 자신이 어디에 있는지 기억해 내고, 침실 구조를 떠올려 주변의 사물을 확인한다. 또 전날에 있었던 일을 떠올리며 오늘 있을 일을 예상한다. 이런 일련의 과정은 정교한 기억망^{memory network}을 자극하여 행동과 생각을 안

내한다. 기억망은 감각·의미·정서 측면을 포함한다. 개인의 경험은 뇌신경 세포에 정보를 구분하여 기억 형태로 저장된다.

기억이 저장된 신경회로는 뇌 전역에 퍼져 있다. 어떤 회로에 어떤 기억이 저장되느냐는 기억의 종류에 따라 결정된다. 기억은 정서와 함께 저장된다. 이런 이유로, 트라우마의 침습 기억은 극도의 고통을 수반한다. 안녕감 역시 정서기억에 의존한다. 정서기억은 방향조종 기능이 있어서 이로운 것(보상을 주는 유쾌한 것)을 추구하고, 해로운 것(위협적이고 고통스러운 것)에서 멀어지게 한다.

트라우마 생존자 대부분은 트라우마 사건을 비교적 분명히 기억한다(Allen, 2004). 그러나 일부 사람은 오랫동안 잘 기억하지 못하다가 불현듯 트라우마를 암시하는 이미지를 떠올리기 시작한다. 이런 침습성 이미지는 초기 트라우마와 유사한, 새로운 트라우마로 촉발되기도 한다. 성폭행이 근친상간 피해 기억을 촉발하는 게 그 예다. 트라우마 기억은 스트레스 요인으로도 촉발된다. 극도의 무력감을 유발하는 생활사건(사고, 상실, 이사, 친밀관계에서의 갈등)은 트라우마 기억을 촉발한다.

트라우마는 발생 직후부터 사건에 대한 인상, 경험, 생각, 정서 등을 의식 속에 간직하거나 회상하게 하여 생존자를 압도한다. 트라우마 기억에 압도되면, 적응 과정은 차단된다. 이는 트라우마 사건이 발생하고 나서 한참 후까지 지속한다. 트라우마는 사건에 대한 기억이 떠오를 때마다 반복적으로 재경험된다. 이 기억에는 고통스러운 정서와 무력감이 동반된다. 이런 일련의 과정을 통해 과거 상처에 대한 기억은 새로운 상처를 낳는다. 기억은 크게 ① 암묵기억, ② 외현기억, ③ 정서기억, ④ 자전기억으로 구분된다.

암묵기억

첫째, 암묵기억^{implicit memory}은 출생 직후 활성화되어 발달하는 무의식적인 지각의 특성이 있으며, 현재 행동에 영향을 주는 기억이다('절차기억' '습관기억' '기술^{skill}기억' '내재기억'으로도 불림). 이 기억은 주로 편도체가 관여하는 비언어 기억(정서·감각·행동 기억)으로, 시간과 공간 개념이 없어 언제 어디서 경험했는지에 대한 정보가 없다는 특징이 있다(예 자전거 타기, 운전, 악기 연주 등). 암묵기억은 입력되면 의식적 노력 없이도 잘 잊히지 않고 나이의 영향을 적게 받는다. 또한 논리적인 언어로 표현하기 어렵지만 평생 동안 행동, 감정, 신념, 가치관에 영향을 준다. 외현기억을 통해 자전거를 처음 배우던 시기를 회상할 수 있지만, 자전거를 탈 때는 외현기억을 거의 사용하지 못하는 것이 그 예다.

해마가 완전히 발달하지 않은 3세까지의 기억은 우뇌의 편도체에 암묵기억으로 저장된다. 이에 이 시기의 기억은 언어로 회상되지 못하고, 암묵기억(신체/정서반응)의 형태로 떠올리게 된다. 이 시기에 경험한 엄마의 체취나 모유 냄새가 안정되고 편안한 느낌을 주는 것이 그 예다. 이유 없이 믿거나 거리를 두고 싶은 사람이 있는가 하면, 친밀감이 들고 다가가고 싶은 사람이 있는 것은 암묵기억으로 인한 것일 수 있다.

외현기억

둘째, 외현기억$^{explicit\ memory}$은 의식적인 회상 또는 인지가 가능한 기억으로, 암묵기억과 함께 장기기억에 속한다('서술기억$^{declarative\ memory}$'으로도 불림). 이 기억은 생후 2~3세경 언어습득을 통해 발달하고, 주로 해마가 관여하는 언어적 기억(① 말로 묘사할 수 있는 이야기 기억$^{narrative\ memory}$, ② 지난 삶에 대한 자전기억$^{autobiographical\ memory}$, ③ 경험의 기억, ④ 단어 의미의 기억)이다. 암묵기억과 달리, 외현기억은 시간과 공간 개념이 있어서 과거 · 현재 · 미래의 구분이 가능하고, 경험을 평가 · 분류하며, 전후 맥락을 파악하는 기능이 있다.

외현기억은 ① 일화기억과 ② 의미기억으로 나뉜다. 일화기억$^{episodic\ memory}$은 특정 사건 또는 경험에 대한 기억으로, 특정 사건과 연관이 있다("작년 생일에 무엇을 했는가?" "어제 누구와 무엇을 했는가?"). 이에 비해, 의미기억$^{semantic\ memory}$은 동식물의 종류, 수 개념같이 다양한 종류의 지식체계에 대한 기억으로, 의미를 지닌 대상에 대한 학습과 관계가 있다. 과거 일을 회상하는 경우, 경험의 세부 사항을 의도적으로 떠올리면서 언제, 어디서, 누구와 무엇을 했는지 등의 전반적인 맥락이 동시에 떠오르는 것이 바로 외현기억의 작용이다. 이로써, 외현기억은 정체성에 큰 영향을 준다("나는 누구인가?").

외현기억은 암묵기억과 상보적인 조절을 통해 개인이 더 성숙하고 배려하며, 합리적인 판단과 행동을 할 수 있게 한다. 기억의 신경과학적 관점에서 무의식의 의식화를 돕는 치료와 상담은 암묵기억과 외현기억 사이에 더 많은 신경회로의 연결을 돕는 작업이다. 외현기억은 4단계(① 부호화^{encoding}, ② 응고화^{consolidation}, ③ 저장^{storage}, ④ 인출^{retrieval})를 거치면서 서서히 형성된다. 외현기억의 처리단계에 관한 설명은 표 2-1과 같다.

표 2-1. 외현기억의 처리단계

단계	설명
1. 부호화	○ 감각(시각, 청각, 촉각 등)을 통해 입력되는 정보를 뇌에서 처리할 수 있는 기호 형태로 변환하는 정보처리 과정
2. 응고화	○ 부호화된 단기기억을 안정시켜 확고하게 형성하여 장기기억으로 전환하는 느린 신경생물학적 과정
3. 저장	○ 인출 또는 회상, 즉 기억을 의도적으로 재활성화하는 과정
4. 인출	○ 장기기억에서 정보를 찾아 작업기억으로 전달하는 과정

부호화 단계에서 감각을 외현적으로 기억하려면 주의를 기울이고, 이해하고, 언어화하고, 곰곰이 생각하고, 타인과의 논의가 필요하다. 이런 정교한 부호화는 복잡한 것을 회상하려고 할 때 분명해진다. 부호화와 응고화는 기억을 장기간 저장할 수 있게 한다. 그러나 뇌손

상은 응고화 과정을 방해하여 부호화된 사건이 더 이상 저장될 수 없게 한다. 저장과정에서 기억에 문제가 생길 수 있는데, 이로써 과거의 기억을 인출하지 못할 수 있다. 시험을 쳐 보면 알 수 있듯이 회상은 완전하지 않다.

정서기억

셋째, 정서기억emotional memory은 대체로 암묵기억이고, 상황과 정서반응 간의 자동 연합에 의해 구성된다. 이런 이유로, 정서반응의 근거를 외현적으로 기억하지 못할 수 있다. 사람들은 종종 원인을 알 수 없는 감정이 느껴질 수 있다('조건화된 정서반응'). 이는 상황에 의해 자동적이고 신속하게 무의식적으로 유발되는 조건화된 정서반응contioned emotional response(CER) 때문이다.

특정 느낌이 인식되면 그 근원에 대해 생각하고자 하는데, 이때 외현기억이 작동된다("아하, 왜 그 남자가 불편한지 알겠어! 그 남자는 내가 중학교 다닐 때 나를 괴롭히던 아이를 떠올리기 때문이야!"). 조건화된 정서반응(CER)이 트라우마 강도에 영향을 미치는 경우, 이 반응을 유발한 상황을 촉발요인trigger factor이라고 한다. 암묵적 정서기억이 촉발될 때, 느낌을 이해할 수 있게 하는 외현기억은 작동될 수도, 그렇지 않을 수도 있다.

정서기억에는 흔히 고통스러운 기억이 포함되어 있다. 과거의 실수 회상은 수치심 또는 당혹감으로 생존자를 고통스럽게 한다. 개인사건기억individual event memory(IEM)은 과거 사건에 대한 외현기억이다. 이 기억은 사건이 되살아나는 느낌이 들게 하고, 두려움이 엄습하거나 극도의 분노가 치밀게 한다('침습기억'). 침습기억intrusive memory은 달갑지 않고 원치 않으며 참기 힘들다는 특징이 있다. 교통사고, 화재. 지진, 전투, 또는 테러로 끔찍한 상해 또는 죽음을 목격한 사람은 당시의 광경, 냄새, 소리 같은 생생하고 섬뜩한 심상에 사로잡힌다.

침습기억이 불현듯 떠오르는 건 당혹스럽고 두려울 수 있다("이 일이 실제로 일어난 것일까?" "내가 그저 상상하고 있는 것은 아닐까?" "내가 실수로 지어낸 게 아닐까?"). 실제로 일어났던 일이라면, 믿을 수 없을 만큼 끔찍하기 때문이다. 스스로 지어낸 것이라면, 자신에게 정신적인 문제가 있는 게 확실하기 때문이다. 이런 상황에 놓이면, 마음이 갈팡질팡하게 되면서 혼돈에 빠진다. 어떤 때는 기억이 정확하다고 생각하다가도 순간적으로 단순히 착각이라고 결론을 내리기도 한다. 마찬가지로, 폭력 가정에서 자랐거나 가정폭력을 경험한 성인은 고함, 비명, 구타 사건과 관계된 심상을 주기적으로 경험할 수 있다. 이로써, 수많은 정서가 행동을 자극하여 고개를 돌리거나, 도망치거나, 공격 욕구를 자극하게 된다. 트라우마를 겪은 사람이 겁에 질려 방구석에 몸을 웅크리고 있는 모습은 그리 보기 드문 광경이 아니다.

자전기억

넷째, 자전기억autobiographical memory은 삶에 관한 사적인 기억으로, 개인의 역사적 사실과 경험적 사건에 관한 기억이다. 이 기억은 주관적 자기를 중심으로 구성된 도식이며, 개인의 생애사다. 사람들은 각자 뇌에서 자서전을 쓰는데, 이 창작 작업은 죽을 때까지 계속된다. 개인의 자서전은 항상 저술·재저술 중이고, 때로 대폭 개정하기도 한다. 이에 자전기억의 내용은 처음부터 끝까지 연결되지 않고, 다양한 시공간에서 띄엄띄엄 구성된 시집이나 삽화집 형태를 띤다.

삶의 과정에서 일어났던 일을 회상하는 과정은 개인의 자서전 집필 작업으로 볼 수 있지만, 이 작업에서 기억의 역할은 그리 간단하지 않다. 기억 속에 트라우마 경험이 들어 있는 경우에는 더더욱 그렇다. 트라우마 기억의 파편을 모아 서술하는 일은 자신과 타인에게 트라우마 경험을 토로할 기회가 되고, 자기이해를 촉진하며, 자전기억의 재구성을 돕는다. 자전기억은 자전서술과 다르다.

자전서술. 자전서술^{autobiographical description}은 개인이 자신의 과거에 대해 말하거나 글로 쓰는 작업으로, 개인사건기억(IEM)에 기반한다. IEM에는 특정 상황과 장소에 관한 상세한 감각 심상과 주변 환경에 관한 기억이 들어 있다. 즉, 과거 사건에 대한 진본 표상을 비롯한 생생한 기억이 담겨 있다. 사람들은 끊임없이 IEM을 자전서술의 내용으로 구성한다. 그 내용은 하루 일과에서부터 어린 시절 기억에 남는 이야기까지 다양하다. 그러나 IEM이 과거에 대한 믿음과 말하는 것에만 기반하진 않는다. 자전서술과 믿음은 타인(가족, 지인 등)에게서 듣고 믿게 된 것에도 기반한다(Schacter, 1999).

사람들은 기억/회상 보조를 위한 다수의 심상을 지니고 있다. 기억에는 부분부분 공백이 있다. 이 공백은 감각 심상과 함께 그럴듯한 생각(환상, 백일몽, 꿈 등)으로 메운다. 이런 이유로 이들은 종종 특정 사건이 실제로 일어났는지, 아니면 꿈을 꾼 것인지 상상의 결과인지 의구심을 갖는다. 기억이 확실치 않은 경우, 믿고 싶어 하는 내용이 기억에 영향을 준다. 오류 없는 자전기억은 존재하지 않는다. 자전서술은 대체로 믿을 만하지만, 오류가 있는 IEM에 기반하고 있다는 점에서 이 또한 오류를 피할 수 없다. 그 결과, 자전기억의 진위에 대한 논쟁은 가정, 학교, 직장, 법정 안팎에서 끊임없이 계속되고 있다.

기억구성 오류. 기억구성 오류^{fallacy of memory composition}는 왜 무고한 사람들이 범인으로 오인되곤 하는지를 이해하는 데 도움을 준다. 미국의 경우, DNA 검사로 무죄가 입증된 337명 중 71%가 잘못된 목격자 증언으로 유죄 판결을 받았다(Innocence Project, 2015). 최면술을 통한 범죄에 대한 기억 역시 종종 비슷한 오류를 유발한다. 이는 최면술사가 유도질문(예 "큰소리를 들었나요?")을 하는 경우, 증인이 거짓 정보를 사건기억에 짜 넣게 됨으로써 발생한다. 기억구성 오류는 아동기 학대 경험에 대한 기억을 회상하는 과정에서도 흔히 발생한다.

아동의 회상은 얼마나 정확할까? 아이들의 기억이 성학대의 유일한 증거라면 어떤 일이 일어날까? 아동의 기억 타당성 입증을 위한 연구(Ceci & Bruck, 1993, 1995)에서 연구자들은

3세 아이들에게 소아과 의사가 이들의 신체 어느 부위를 만졌는지 인형을 통해 보여 달라고 했다. 생식기 검사를 받지 않은 아이 중 55%가 생식기 또는 항문 부위를 가리켰다. 다른 실험(Bruck & Ceci, 1999, 2004)에서는 암시적 면접 효과가 입증되었다. 연구자들은 아이의 세부 진술이 전문가라도 거짓 정보와 실제를 구분하기가 거의 불가능할 것임을 입증했다.

  기억은 일반적으로 정확하지 않다(강진령, 2023). 왜냐하면 기억은 저장된 토막정보와 상상, 예측, 보고 들었던 것 등과 함께 과거를 추측하여 재구성한 결과물이기 때문이다(Gilbert, 2006). 즉, 기억은 계속해서 수정된 버전이 원래의 버전을 대체하는 과정('재응고화 reconsolidation')이 반복된 산물이다(Hardt et al., 2010). 이는 기억의 사용횟수가 적을수록 원상태가 더 잘 보존된다는 의미가 된다. 그러므로 모든 기억이 어느 정도는 거짓임을 암시한다(Bernstein & Loftus, 2009). 이로써 기억구성 오류는 다음과 같은 오류를 초래하곤 한다(① 오정보 효과 misinformation effect, ② 상상 효과 imagination effect, ③ 출처 기억상실 source amnesia, ④ 오기억 재인 allomnesia recognition, ⑤ 목격자 회상 오류 fallacy of witness recall). 이에 관한 설명은 표 2-2와 같다(강진령, 2023).

표 2-2. 기억구성 오류

기억구성 오류	설명
1. 오정보 효과	○ 잘못된 정보에 노출되면 잘못 기억하는 경향이 있음(☞ 손가락이 권총이 되고, 수염이 없는 남성이 수렴을 기른 남성으로 기억되어 무고한 사람이 범죄자 누명을 쓰게 됨)
2. 상상 효과	○ 가짜 행동과 사건을 반복해서 상상하기만 해도 잘못된 기억이 생기는 현상(☞ 실험에서 아이들이 상한 계란 샐러드를 먹은 후 병에 걸렸다고 거짓암시를 주자, 참여자들은 즉시, 그리고 4개월 후에도 계란 샐러드 샌드위치를 덜 먹었음)
3. 출처 기억상실	○ 누군가를 알아보았지만, 그를 어디서 만났는지 알지 못하는 현상(☞ 이전에 읽었거나 들었던 것을 자신의 창의적인 상상력에서 나온 것으로 생각함)
4. 오기억 재인	○ 추측한 내용이 실제 기억에 흡수되어 진짜처럼 느껴지는 현상(☞ 부정확한 기억을 확실한 기억으로 여김)
5. 목격자 회상 오류	○ 아동의 인지, 언어, 사고 특성으로 인해 목격한 사건의 회상에 오류가 나타나는 현상(☞ 아동의 증언과 진술의 신빙성에 대한 논란이 있음)

거짓기억. 트라우마는 심리적 · 정신의학적 증상의 병인으로 인정된다. 그렇다면 트라우마는 실제 기억인가 환상인가? 거짓기억 false memory은 너무도 진짜 같아 끈질기게 지속한다. 미국에서는 아동학대 혐의로 기소된 부모들이 거짓기억증후군 재단 False Memory Syndrome Foundation(FMSF)을 설립하면서 이런 논란은 더 커졌다. 이 재단은 아동학대의 폐해가 광범위하고 유해하다는 사실은 인정하지만, 모든 아동학대 신고를 사실로 받아들이는 것은 주의해야 한다고 주장한다. 동시에, 트라우마 치료나 상담 과정에서 오랫동안 잊고 있던 잘못된

기억을 떠올리게 하는 게 과연 정당한 일인가에 대해 깊은 우려와 함께 이의를 제기한다.

FMSF에서는 적절한 훈련을 받지 않은 정신건강 전문가들이 내담자/환자에게 잘못된 기억을 유도 또는 암시할 가능성이 있음을 경고한다. 특히, 기소된 부모들은 자녀가 정신건강 전문가의 잘못된 유도로 실제로 일어나지 않은 일을 기억해 내게 하고는 자신들과 연락도 끊고 화해의 희망까지도 차단하고 있다고 항변한다. 그렇다면 과연 이들의 주장은 정당한가? 만일 그럴 가능성이 있다면, 트라우마에 대한 자전기억과 회상을 방해하는 요인은 무엇일까?

정서적 사건은 대부분 생생하게 기억·회상된다. 이에 많은 이들은 트라우마 사건을 기억하지 못하는 것을 잘 이해하지 못한다. 이런 이유로 정신건강 전문가를 포함한 많은 사람은 기억이 적극적인 구성·재구성의 산물이 아니라, 마치 녹화 기록물처럼 정확한 것으로 오해한다(Loftus & Loftus, 1980). 특정 사건에 대한 외현기억은 빈약하고, 암묵적 정서기억은 과도하여 파편화된 심상에 시달리는 사람이 적지 않다. 이처럼 트라우마 사건에 대한 기억을 저해하는 요인은 다양하다. 이들 중, 핵심 요인은 표 2-3과 같다.

표 2-3. 트라우마 사건 회상의 저해 요인

저해요인	설명
1. 시간	○ 시간이 가면서 기억회상이 잦을수록 내용이 오염됨
2. 유아기 기억상실	○ 정교한 개인사전기억(IEM)을 구성하는 지적·사회적 능력 결여로 인해 발생함
3. 초기 기억	○ 사회적 맥락/분위기의 영향을 받음
4. 환상	○ 환상에 취약한 사람이 트라우마에 노출되면, 환상과 현실이 기억에서 뒤엉킴
5. 해리	○ 주의력을 방해함으로써, 개인사건기억(IEM)의 부호화를 차단함
6. 정서 각성	○ 극단적 정서 각성은 외현 트라우마 기억의 부호화·저장·인출을 저해함
7. 억압	○ 고통스러운 기억의 정교화를 억누르는 무의식 과정은 트라우마 기억의 회상을 저해함
8. 회피	○ 트라우마에서 벗어나려는 회피/주의전환 시도는 스트레스를 가중시켜 트라우마 증상 발생을 부추김
9. 강압적 회상	○ 작화증confabulation(공상을 실제 일처럼 말하면서 허위임을 인식 못 하는 정신병적 증상)의 발생위험을 높여 사건기억의 정확도를 떨어뜨림

트라우마 사건이 오래된 과거의 일인 경우, 트라우마에 대한 자전서술은 부정확하고 부분적 공백이 있을 수 있다. 그렇지만 트라우마 생존자들은 자신의 기억이 대부분 진실이라고 확신한다. 그런데 자전기억의 핵심 사항은 대부분 사실이지만, 기억에 대한 확신의 정도는 정확성과 무관하다(Barclay & Wellman, 1986). 기억의 정확성을 측정할 도구는 없기 때문이

다. 기억의 생생함 역시 정확성을 의미하지 않는다.

트라우마 기억 스펙트럼. 트라우마 생존자 대부분은 트라우마 사건을 명확히 기억한다 (Allen, 2004). 그러나 아동기에 광범위한 트라우마를 겪은 사람들은 흔히 기억의 상당 부분을 혼동한다. 암묵적 정서반응은 있으나, 이에 상응하는 외현적 개인사건기억(IEM)이 없기 때문이다. 트라우마 기억의 정확성 여부는 한쪽 끝의 '일관되고 확실한 기억'에서부터 다른 한쪽 끝의 '작화된 거짓기억'까지 연속적인 스펙트럼으로 이해할 수 있다. 트라우마 기억의 정확도 스펙트럼은 글상자 2-2와 같다.

글상자 2-2. 트라우마 기억의 정확도 스펙트럼

1. 연속적이고 명확히 회상되는 확증 있는 기억	5. 과장되고 왜곡된 기억
2. 지연되고 파편화됐으나 확증 있는 기억	6. 생존자가 구성한 거짓 기억
3. 연속적이고 명확히 회상되나 확증 없는 기억	7. 상담자가 암시한 거짓 기억
4. 지연되고 파편화된 확증 없는 기억	

자전서술은 정확도가 다양한 개인사건기억(IEM)을 포함하여 많은 정보원을 기초로 구성된다. 다양한 형태의 아동기 트라우마 생존자의 기억은 명확한 기억에서부터 모호하고 부정확한 기억에 이르기까지 이 연속선상에 위치할 것이다. 일부 기억은 생생하지만, 부정확할 가능성은 여전히 잠재해 있다.

03 트라우마와 질병

고대 그리스 의학에서는 심신의 균형을 최적의 건강 상태로 여겼다. 히포크라테스는 건강을 조화로운 상태, 질병을 조화가 깨진 상태로 보았다. 몸은 조화로운 상태를 유지하고자 한다. 그러나 내·외부의 변화는 조화를 깨뜨리기 쉽다. 몸은 이에 반응한 후에 다시 원래 상태로 돌아오고자 한다. 조화로운 상태를 깨뜨리려는 것은 스트레스 요인이고, 그 결과가 스트레스 반응이다.

조화상태 유지에는 호르몬 분비가 필요하고, 호르몬의 체내 이동은 혈액순환과 폐쇄적 순환기가 필요하다. 스트레스라는 개념과 항상성, 최적의 적응을 위한 시스템 구축과 발달이라는 개념을 처음 창안한 인물은 진화론을 창시한 다윈이다. 다윈은 자연에 생명체를 위협하고 변화를 추동하는 힘이 있고, 진화론적으로 자연환경에 가장 잘 적응하는 개체만 살아남는 적자생존의 법칙survival of the fitter에 따른 압력을 만들어 내는 것이 스트레스라고 믿었다.

트라우마는 질병 발생위험을 높인다(고혈압, 통증, 관절염, 소화계·호흡계·신경계·순환계·내분비계 질병, 암, 뇌졸중 등). 트라우마 생존자의 다수는 갖가지 질환을 겪는다. 의지력이 강해도 병으로부터 자유로운 사람은 없고, 질병의 경로 역시 쉽게 바꾸지 못한다. 한때 인류는 질병을 신의 벌 또는 저주로 여겼으나, 결국 스트레스 누적 또는 트라우마의 결과임을 알게 되었다. 이에 여기서는 위협에 대한 적응반응으로서의 스트레스에 관한 논의부터 살펴보기로 한다.

히포크라테스(Hippocrates, BC 460?~BC 377?)

위협에 대한 적응반응으로서의 스트레스

스트레스에 대한 반응은 진화의 관점에서 이해할 수 있다. 진화론적 관점에서 생존한 종species은 심각한 위험에 대해 적절한 대처방식을 발달시켜 생존을 이어 왔다. 생존 위협에 대한 인간의 기본 반응은 다른 포유동물의 것과 크게 다르지 않다. 진화생물학의 관점은 사람들이 극도의 스트레스로 트라우마를 겪을 수 있는 방식과 위협에 대한 반응의 이해에 도움을 준다. 진화생물학에 의하면, 포유동물은 진화를 통해 위협에 즉각 반응하게 되어 있다.

스트레스 연구의 선구자 월터 캐넌(Cannon, 1927/2016)은 생사를 건 싸움에서 감정의 강도와 반응의 신속성을 생존 가능성의 척도로 보았다. 교감신경계는 신체의 비상/경보시스템이다. 스트레스를 받으면, 뇌는 교감신경계를 흥분시켜 위기에 대비한다. 교감신경계가 흥분한다는 것은 맞서 싸우거나 도피하기 쉽게 몸 상태를 바꾸는 것, 즉 몸이 위기 상황에 맞게 변화된다. 인간은 여전히 원시인의 습성을 간직하고 있다. 교감신경계가 활성화되면, 뇌는 원시시대에 필

월터 캐넌(Walter Cannon, 1871~1945)

요했던 대처방식(맞서 싸우거나fight, 줄행랑을 치거나flight, 얼어붙거나freeze, 죽은 체 하기tonic immobility 중 하나를 택한다.

캐넌은 이런 상황에서 유기체가 투쟁/도피반응fight or flight response(FFR)을 한다고 보았다. 유기체가 투쟁(격노)하든 도피(공포)하든 생리적으로는 매우 유사하다. 진화론적 관점에서 포유동물이 포식자에 대한 반응 방식을 살펴보면, 위협에 대한 인간의 대처유형을 짐작할 수 있다. 포식자의 공격이 임박한 정도에 따른 포유동물의 단계별 대처유형은 표 2-4와 같다.

표 2-4. 위협의 특성에 따른 단계별 적응반응

위협의 특성	적응반응
1. 포식자가 가까이 있을 것 같음	○ 경계vigilance
2. 포식자가 가까이 있음을 알아차림	○ 동결freeze(☞ 발각될 가능성을 최소화하기 위해 정신을 바짝 차린 고도의 경계 상태)

3. 발각되어 직접적으로 위협을 당함	○ 방어^{defense}반응을 보이면서 도피하거나, 궁지에 몰리면 투쟁함
4. 붙잡혀서 죽은 체험	○ 긴장성 부동^{tonic immobility}(☞ 생기가 없어 포식자가 놓아 주면 달아남)
5. 장기적인 방어반응에도 피할 수 없는 상황	○ 패배^{defeat}반응(☞ 포기하여 우울증과 유사한 상태를 보임)

　스트레스 상황에서 사람은 동결반응에서 투쟁반응으로, 도피반응에서 동결반응으로 신속하게 전환할 수 있다. 정서 역시 공포에서 분노로 신속하게 전환되거나 뒤섞일 수 있다. 위협에 대한 이런 반응 패턴은 긴 세월에 걸쳐 진화해 왔고, 자동적이며, 숙고가 요구되지 않는다는 특징이 있다. 이러한 대처방식은 고도로 세련된 반응 패키지다. 트라우마 기억을 떠올릴 때, 사건 당시와 비슷한 감각을 느끼는 것은 활성화되었던 교감신경계의 상태를 뇌가 기억했다가 재연하기 때문이다. 이는 언어와 쌍벽을 이루는 인간의 엄청난 진화적 성취다.

스트레스와 각성

스트레스는 뇌의 적이면서 질병의 원인이다. 특히, 트라우마는 신경계를 과민하게 하여 트라우마를 떠올리는 자극에 과잉 반응하게 한다. 뇌가 위협을 감지하면 신체 변화를 유발한다. 이런 변화는 정신이 선명해져서 맞서 싸우거나 도망갈 수 있도록 준비시킨다('투쟁/도피 반응'). 각성^{arousal}은 근육 긴장, 혈압, 심박수, 호흡수, 혈당을 증가시켜 근육에 더 많은 에너지를 공급하는 현상이다. 스트레스 누적 또는 트라우마로 인해 각성조절에 문제가 생기면, 신체는 ① 과각성, ② 과잉반응성, 또는 ③ 저각성 상태가 된다.

과각성.　첫째, 과각성^{hyperarousal}은 정신적·생리적 긴장이 항진되어 심장박동과 호흡이 가쁘고 불규칙적이며, 근육이 지나치게 긴장되는 상태다. 이 상태는 동통, 불면증, 피로 등에 대한 인내성의 현저한 감소가 특징이다. 땀은 몸을 식히기 위해 분비되고, 생존에 집중하다 보니 논리와 언어 관련 뇌 영역은 차단되며, 대신 경보 센터가 지나치게 활성화된다. 그러고는 부정사고, 걱정과 염려, 집중력 저하가 발생한다. 트라우마 또는 감정의 격변은 대처 능력을 압도한다. 삶에서 이런 일은 예기치 않게 발생할 수 있고, 개인의 회복을 방해하여 개인의 삶을 파괴할 수 있다. 이로써 감각에 대한 인식을 잃게 되고, 심장 두근거림, 호흡 곤란, 고통 같은 강렬한 감각에 과도하게 민감해지거나 문제를 겪게 된다. 강렬한 감정(분노, 짜증, 불안, 공황), 수면장애, 악몽에 시달리게 되기도 한다. 과각성은 위기상황에서 보호 기능을 하지만, 각성 상태가 지속되면 문제가 된다.

과잉반응성.　둘째, 과잉반응성^{hyperresponsiveness}은 스트레스 요인에 대해 너무 높게 반응하는 성향으로, 보통 이상의 강렬한 놀람 반응으로 나타난다. 과각성이 공포 상태라면, 과잉반응성은 쉽게 놀라는 반응이다. 트라우마 생존자는 흔히 과각성과 과잉반응성으로 고통을 겪는다. 이 두 가지는 서로 관련이 있다. 만일 과각성 상태(공포)에 있다면, 과잉반응성(쉽게 놀람) 역시 높다. 아이가 격노하는 부모 앞에서 얼어붙거나, 성인이 직장 상사가 격분할 때 얼어붙다가 정신을 잃는 것이 그 예다. 그러나 이런 반응은 잘못된 게 아니다. 오랜 세월에 걸쳐 진화된 자연스러운 반응이다. 단지, 정상 반응이 잘못된 맥락에서 발생하는 것이다. 이처럼 맥락에 부적절한 반응을 90/10 반응(정서의 90%는 과거의 경험에서 비롯된 것이고, 나머지 10%는 현재의 경험에서 비롯된 것임)이라고 한다.

저각성. 셋째, 저각성^hypoarousal은 장기간 고도의 경계 상태가 지속되거나 투쟁/도피 같은 대응행동이 좌절되어 무감각, 탈진, 고착화, 붕괴된 상태다. 예컨대, 숲길을 걷다가 갑작스럽게 곰을 만나 미처 도망치지 못하는 상황이라면, 죽은 척하는 게 생존을 위한 좋은 방법일 수 있다. 저각성은 바로 죽은 척하는 상태('긴장성 부동')와 관련이 있다. 이런 무감각 상태는 일시적으로 강렬한 감정이나 신체적 고통에서 벗어날 수 있게 해 준다.

그러나 저각성에 고착되면, 자기 · 타인 · 신체와의 단절을 초래하여 똑바로 생각하거나 말할 수 없게 된다(풀이 죽은 자세, 아래를 향한 시선, 멍한 눈, 정상적인 방어력 붕괴, 정동 둔마^affect flattening, 우울한 표정 등). 더 심하면, 세상이 진짜가 아닌 느낌(비현실감) 또는 자신이 진짜가 아니라는 느낌(이인증)의 해리 상태로 이어진다. 각성 경보가 계속 켜져 있어 과각성(흥분, 분노, 고통, 과민성)과 저각성(우울, 붕괴, 무감각) 사이를 오가면, 결국 기진맥진하고 무기력해진다.

스트레스와 질병

극심한 스트레스(트라우마) 또는 스트레스 누적은 몸을 아프게 하다가 결국 병을 유발한다(대한신경정신의학회, 2017). 그렇다면 왜 위협에 대한 적응반응이 병을 일으킬까? 이는 보호반응이 오히려 신체를 공격하는 것이 되기 때문이다. 즉, 신체와 병원체 식별이 제대로 되지 않아 면역계가 신체를 공격하는 자가면역질환^autoimmune disease이 발생하는 것과 같다. 스트레스 대처반응은 일시적인 위협에 대처하기 위해 설계되었다. 이에 몸은 상황을 신속하게 감지하여 적절하게 각성한다.

생리현상은 행동 계획의 신속한 변화(예 동결반응에서 도피반응으로의 전환)뿐 아니라, 도피 행동을 지원함으로써 위협에 순간적으로 대처하게 한다(교감신경계 활성화). 이 상황이 지나고 안전해지면, 생리 기능은 정상화되고 각성도 감소한다(부교감신경계 활성화). 이처럼 적응반응은 급박한 위험에 대처하기 위한 것이어서, 장기적이고 반복적인 위협을 받는 상황(학대, 전쟁)에서는 늘 경계하게 되어 심신에 큰 부담을 준다. 이로써 신체가 소진되어 적응력을 급격히 떨어뜨린다.

상황에 부적절하게 보이는 반응(과잉반응성)을 보인 경우, 트라우마 생존자는 자신을 탓할 수 있다. 이는 신경계가 트라우마의 영향을 받아, 스트레스와 연관된 단서에 대한 반응을

변화시킨 결과다. 즉, 이런 상황에 신경계가 적응해 온 것이다. 이처럼 트라우마는 정서반
응성을 변화시켜 병(감기에서부터 악성종양까지)을 일으킨다. 그러나 회피행동은 이런 문제
를 해결해 주지 않는다. 장기적으로, 회피는 오히려 더 많은 스트레스를 초래하고, 다양한
부정적인 결과를 초래한다(표 2-5 참조).

표 2-5. 회피행동의 결과 예시

결과	설명
1. 면역력 약화	○ 코르티솔(스트레스 호르몬)이 면역체계를 약화시켜 질병에 취약하게 됨
2. 관계 손상	○ 불인정 또는 직면하지 않는 문제는 주변 사람들과의 관계를 악화시킴
3. 기능 저하	○ 문제해결이나 기능 수행에 필요한 인지·업무·운동 기능을 약화시킴
4. 정신장애 유발	○ 고통스러운 생각, 기억, 감정, 감각과의 접촉을 꺼림으로써 PTSD, 불안, 우울, 전반적인 괴로움과 연관된 장애 발생 가능성이 커짐

민감화. 의지만으로 트라우마를 극복할 수는 없다. 트라우마를 겪었다는 건 신경계가 스트
레스에 민감해졌음을 의미한다('민감화^sensitization'). 사람들은 종종 특정 스트레스 상황에 반복
노출됨으로써 둔감해진다. 여러 사람 앞에서 발표해 본 경험이 없어 불안할 때, 반복해서
연습하고 발표 경험을 긍정적인 것으로 경험하게 되면, 덜 불안해지는 것이 그 예다. 이 경
우, 스트레스 상황에의 점진적 접근을 통해 둔감하게 할 수 있다. 주변 환경의 반복적 소음
에 익숙해지는 것처럼 반복 노출에 익숙해지는 것이다. 처음에는 크게 들리던 시계바늘 소
리는 시간이 갈수록 의식하지 않게 되는 것과 같은 이치다.

　그러나 트라우마는 둔감화^desensitization 기회가 없다. 점진적이고 조절이 가능한 노출이 아니
라, 갑작스럽고 압도적이기 때문이다. 이로써 신경계가 민감해져, 시간이 갈수록 더 민감하
게 반응하게 된다. 즉, 스트레스가 누적되는 것이다. 신경계를 흥분하게 하는 스트레스 요
인을 겪으면, 다음에는 평소에 무난히 해결했던 사소한 좌절에도 폭발하게 된다. 신경계는
민감해지면, 자동으로 침소봉대針小棒大(작은 일을 크게 불리어 떠벌림)한다. 위협적인 표정에
대해 신경계는 0.1초 이하의 짧은 시간 이내에 공포반응을 보인다. 신경계가 민감해지면,
반응은 빠르고 강렬해진다(Allen, 2004).

스트레스로 유발된 무통각. 스트레스로 유발된 무통각^stress-induced analgesis(SIA)이란 스트레스로 인
한 통증에 대한 민감성 감소 또는 결여 상태를 말한다. 전장에서 심각한 부상에도 통증을
느끼지 못하는 병사처럼, 사람에게서도 스트레스가 통증을 감소시킨다는 증거가 그 예다.
스트레스 상황에 한창 대처 중인 경우, 고통을 느끼지 않고 계속 대처하는 것이 최선이라는
점에서 SIA는 적응 기능이 있다. 나중에 통증반응이 일어나면, 활동을 멈추게 함으로써 더
이상의 손상을 막고 상처를 돌볼 수 있게 된다. SIA는 부분적으로 신체의 내인성 아편제(자생

성 마약)로 매개된다. 트라우마는 이 아편제 반응을 높일 수 있는데, 이는 또 다른 형태의 민감화 과정이다. 이로써 트라우마가 있는 사람들은 때로 심한 통증을 견디거나, 자해행동(예 자기절단, 불로 지짐)을 하기도 한다. 이들의 대부분은 아편 체계가 민감해진 탓에 고통보다는 따뜻한 위로의 감각을 느끼게 된다.

유전적 원인. 유전적 개인차는 광범위한 정신장애에 대한 취약성에 영향을 미친다. 유전자는 신경계 발달과 기능에 중요한 역할을 한다. PTSD가 불안장애와 연관성이 있다는 점을 고려할 때, 공포에 대한 생래적 기질이 PTSD에 대한 취약성과 연관이 있다고 추정할 수 있다. 미국의 베트남 참전용사들 대상으로 수행된 일란성과 이란성 남자 쌍생아를 비교한 연구는 PTSD 발생 위험성에 유전적 영향이 있음을 입증했다(True et al., 1991). 유전적 요인은 또한 전쟁에 참여할 가능성에도 영향을 주었다. 이와 같이 유전적 요인은 두 가지 역할을 한다. 하나는 일부 사람이 트라우마 상황에 처하게 하고, 다른 하나는 트라우마 사건에 대한 이들의 반응에 영향을 미친다.

근육긴장 이완을 통한 스트레스 해소법. 스트레스는 신체(머리, 얼굴, 목, 어깨, 팔, 다리, 등, 허리, 다리, 발 등)의 근육을 긴장시킨다. 규칙적인 점진적 이완연습은 스트레스 완화뿐 아니라, 예방에도 효능이 있다. 점진적 이완 외에, 신체적 이완을 위한 기법으로는 ① 이완법, ② 마음챙김, ③ 요가, ④ 자율훈련, ⑤ 마사지, ⑥ 목욕, ⑦ 취미생활이 있는데, 이들에 관한 설명은 표 2-6과 같다.

표 2-6. 근육긴장 이완을 통한 스트레스 해소법

기법	설명
1. 이완법	○ 호흡 조절 및 근육 이완을 통해 근육을 이완시킴
2. 마음챙김	○ 생각을 객관적으로 주목하는 한편, 검열/편집하지 않는 상태로 세상을 조망함으로써, 무엇이 자신을 동기화시키는지에 대한 통찰을 얻음
3. 요가	○ 인도의 전통적인 심신 수련법의 하나로 신체, 마음, 정서 이완에 효과적임
4. 자율훈련	○ 자기최면을 통한 이완 기술로, 몸이 이완되어 따뜻해진다는 심상을 통해 몸과 마음을 편안해지게 함
5. 마사지	○ 근육긴장을 풀어 주고, 신체조직과 근육의 혈액순환에 효과가 있음
6. 목욕	○ 일과 후의 목욕은 스트레스 해소 및 근육 이완에 효과가 있음
7. 취미생활	○ 취미생활에의 몰두는 몸과 마음의 이완에 상당한 효과가 있음

일빙

일빙ill-being은 웰빙well-being과 상대되는 말로, 특정 질병으로 진단되진 않지만, 스트레스 관련 신체 증상(통증, 현기증)을 보이는 상태다. 신체 증상과 질병이 스트레스와 관련이 있음은 이미 잘 알려져 있다. 트라우마 관련 정신장애는 스트레스 수준에 따라 증감하는 경향이 있다. 트라우마 생존자의 다수는 다양한 질환에 따른 만성통증으로 보통 건강하지 못한 상태로 지내게 된다. 만성 스트레스는 면역체계의 기능을 떨어뜨린다. 그러나 신체는 스트레스에 대처하여 스스로 회복할 수 있게 설계되어 있다. 이로써, 만성 스트레스는 대체로 진단이 가능한 질병을 일으키지 않는다.

정신건강 전문의 와이너(Weiner, 1992)는 다양한 형태로 나타날 수 있는 스트레스 관련 신체 증상에 대해 일빙(좋지 않은 건강)이라고 명명했다. 아동기 트라우마와 관련된 좋지 않은 건강의 스트레스 관련 증상으로는 안면, 두통, 식욕 장해, 질식감, 호흡곤란, 가슴, 유방, 복부, 위장 통증, 등, 성기, 골반, 타박상, 배뇨 문제, 설사, 변비 등이 있다. PTSD 역시 광범위한 신체 증상의 원인이 된다.

스트레스로 인한 신체 증상은 실재한다. 이에 대한 완벽한 의학적 치료법은 없을지라도, 스트레스 관리와 상담, 그리고 정신건강 의학적 치료는 받을 수 있다. 일차진료에서 트라우마와 관련이 있는 신체 증상을 치료하려면, 정신건강 전문의의 민감성과 전문지식이 요구된다. 증상을 진지하게 받아들이고, 완화 치료를 제공하며, 신체 상태를 시간을 두고 모니터할 필요가 있다. 그렇지 않으면, 이는 생물학적 균형을 무너뜨리고, 잘못된 대처행동은 면역력을 약화시켜 다양한 장애(우울, 불안, 공황발작, PTSD, 물질사용장애, 분노조절장애 등)를 유발한다.

트라우마와 관련된 좋지 않은 건강의 또 다른 기여 요인으로는 건강 관련 행동(음주, 흡연, 섭식, 수면 습관, 운동)이 있다. 이 경우, 두 가지 중복되는 악순환과 싸우게 된다. 첫째, 만성 스트레스가 신경계와 다른 신체 기관을 소진하고, 이는 다시 후속하는 스트레스 적응력을 떨어뜨린다. 둘째, 스트레스는 건강과 회복력을 소모하는 행동(물질남용, 과식, 운동을 싫어하는 생활양식 등)을 부추기고, 나아가 이런 행동은 건강과 회복력을 떨어뜨린다. 이에 트라우마와 관련 있는 좋지 않은 건강에 대처하려면, 스트레스 관리와 함께, 건강증진 행동을 일상화해야 한다.

04 뇌 건강

트라우마 상담은 트라우마 경험의 인지·정서 처리를 비롯한 일련의 작업을 통해 내담자 삶의 질 개선을 도모한다. 그러나 이것만으론 충분치 않다. 내담자의 뇌 건강 유지를 위한 건강증진 행동(건강한 섭식과 수면, 음주와 흡연 자제, 규칙적인 운동, 지지적 관계 유지 등)에 대한 관심과 행동 실천을 위한 지식과 적극적인 옹호가 필요하다. 특히, 노화는 뇌의 최적화된 기능을 저해하는 요인이다. 인간의 뇌는 30세가 되면, 크기와 기능이 점차 저하된다. 노화가 진행되면서 해마에서 시작된 수축 현상은 점차 PFC로 확대된다. 알츠하이머병 역시 해마에서 시작되어 기억, 언어, 의사결정을 담당하는 영역을 수축·손상한다.

　　노화로 인한 뇌의 쇠퇴는 건강한 생활 습관으로 뇌의 기능을 최적화함으로써 늦출 수 있다. 이는 자연스럽게 알츠하이머병을 비롯한 노인성 질환의 발병 위험을 크게 낮춘다. 더욱이, 뇌에도 여러 세포로 분화할 수 있는 줄기세포가 있음이 밝혀지면서 뇌의 노화로 망가진 신경세포를 대체할 수 있는 길이 열렸다. 뇌의 건강을 증진하고 기능의 최적화 방안으로는 ① 규칙적인 운동, ② 건강한 영양 섭취, ③ 충분한 수면, ④ 물질사용 절제, ⑤ 스트레스와 질병 관리, ⑥ 유해물질에의 노출 최소화, ⑦ 즐거운 환경 조성과 새로운 도전 활동 참여가 있다(Schiraldi, 2017).

규칙적인 운동

첫째, 규칙적인 운동은 노화를 늦추는 뇌의 최상위 분자$^{master\ molecule}$를 생성한다. 이 분자는 뇌로 가는 혈류량을 높여 뇌세포에 더 많은 영양과 산소를 공급하여 뇌 기능을 향상한다. 이는 전두엽과 해마의 발달을 촉진하여 긴장, 불안, 우울을 완화하고, 수면의 질을 향상하며, 에너지 수준을 높인다. 또한 뇌 신경망을 만드는 뇌 유리 신경성장요인$^{Brain\ Derived\ Neurotrophic}$ ^{Factor}(BDNF)의 생성도 촉진하여 심지어 늙은 신경세포 간에 새로운 연결망도 만든다. 꾸준한 운동은 천연 항우울제이면서 항스트레스제$^{anti\text{-}stressant}$다. 이는 나이와 관계 없이 뉴런을 강화·성장·증가시키고, 뉴런의 새로운 대처 기술의 습득을 촉진하며, 항산화물질을 늘려 뇌의 기능을 예리하게 한다.

　　적당한 강도의 규칙적인 운동은 관절을 강화하고, 고통을 완화하며, PTSD 증상을 완화한다. 특히 유산소 운동은 기분이 좋아지게 하고, 뇌 기능을 높이며, 스트레스를 줄여 준다. 운동은 소뇌(몸의 평형 유지 담당)가 시상하부(호르몬 중추)를 통해 변연계(감정중추)에 영향을 미치고, 감정 균형을 촉진하여 우울증 면역 기능을 향상한다. 뇌에는 가소성이 있고, 심장의 건강은 뇌의 건강과 직결되어 있다(Gardener et al., 2016). 신체를 건강하게 하는 일은 뇌와 심장을 건강하게 한다. 신체 건강 유지를 위한 지침은 글상자 2–3과 같다.

글상자 2–3. 신체건강 유지를 위한 지침

> 1. 날씬한 몸매를 유지한다(☞ 복부 지방은 위험하고, 과체중은 치매 발생 위험을 2배 높임).
> 2. 혈압, 혈당, 총콜레스테롤과 트라이글리세라이드(혈중 지방의 일종)를 낮게 유지한다.
> 3. 좋은 콜레스테롤(HDL)의 높은 수준을 유지한다.

건강한 영양 섭취

둘째, 뇌 건강에 좋은 영양 섭취는 뇌 기능을 강화한다. 특히 과일, 야채, 생선, 통곡물, 건과

류/씨앗, 콩류, 올리브유, 가금류, 계란, 저지방 유제품 등의 식재료는 뇌 건강에 유익한 반면, 붉은 살코기, 가공된 육류(소고기, 양고기, 돼지고기, 핫도그, 소시지, 살라미, 햄), 버터, 마가린, 치즈, 페이스트리, 당류, 튀김, 패스트푸드는 지양한다. 뇌 건강에 좋은 영양분 섭취를 위한 지침은 글상자 2-4와 같다.

글상자 2-4. 뇌 건강에 좋은 영양분 섭취를 위한 지침

1. 항산화물질 섭취를 극대화한다[☞ 다양한 과일과 채소(베리류, 토마토, 사과, 오렌지, 칸탈로프, 멜론 등), 백색 식물(흰콩, 청포도, 콜리플라워, 대두), 곡물, 향신료(강황, 계피, 오레가노, 생강, 고추, 마늘), 초콜릿에 함유된 것으로 스트레스와 노화로 인한 손상으로부터 뉴런을 보호함].
2. 생선을 매주 2~3회 이상 230g 이상 먹는다(☞ 생선에 함유된 오메가-3 지방산은 뉴런의 중요한 구성요소로, 뇌 건강과 기능을 향상하고 우울과 스트레스를 줄여 줌).
3. 좋은 탄수화물을 섭취한다[☞ 뇌는 혈당이 꾸준히 유지될 때 최상으로 기능함. 가공하지 않은 곡류는 섬유질을 함유하는데, 이는 당 흡수를 느리게 하며, 당을 꾸준히 공급하나, 가공된 탄수화물(밀가루, 당류, 탄산음료, 백미, 가공된 시리얼)은 혈당을 치솟게 하고, 그 후 급격히 떨어뜨림].
4. 좋은 지방을 섭취한다[☞ 정제된 탄수화물과 함께 섭취하는 포화지방은 뇌 건강과 기능을 저해하므로, 곡물에 함유된 건강한 지방(올리브유, 아보카도, 견과류, 카놀라유)으로 대체할 것].
5. 수분을 공급한다(☞ 뉴런은 대부분 물이다. 수분 부족은 기분과 정신 기능을 손상함).
6. 충분히 먹되 과식하지 않는다(☞ 영양을 섭취하되, 적당량의 식단은 뉴런의 휴식과 회복을 도움).
7. 소금과 설탕 섭취를 최소화한다.

물은 하루 내내 마신다. 식사 30분 전의 물 2잔은 날씬한 체형 유지에 도움을 준다. 항산화물질이 함유되어 있는 적당량의 무가당 과일 주스를 마셔도 좋다(적당량은 하루에 반 잔 정도). 하루의 첫 소변이 옅은 노란색이면, 충분한 수분을 섭취했음을 의미한다.

충분한 수면

셋째, 수면은 뇌에 동력을 공급하고 뇌를 활성화한다. 숙면은 산화 스트레스를 감소시키고, 뇌에 누적된 독소를 제거한다. 수면은 약간만 부족해도 정신건강 또는 수행을 저해한다. 성인의 경우, 최상의 상태를 유지하고 수행하려면 하루에 7~8시간 정도의 수면이 요구된다. 수면 시간이 이보다 적은 경우, 기분과 기능 수준이 저하된다. 1일 수면 시간이 6시간 이하이면 발생하는 문제는 표 2-7과 같다.

표 2-7. 1일 수면 시간이 6시간 이하이면 발생하는 문제

영향	설명
1. 뇌 수축	○ 수면 부족은 코르티솔 분비를 자극하여 해마의 기능을 저해함

2. 능력 저하	○ 기억, 의사결정, 문제해결, 스트레스 처리, 속도와 정확성을 요구하는 과제 처리를 저해함
3. 스트레스 관련 장애	○ 우울, 불안, 물질사용장애, PTSD 발생 가능성이 커짐
4. 의학적 문제	○ 뇌 기능의 저해 요소(체중 증가, 심혈관계 질환, 당뇨, 궤양, 자가면역 질환 등) 발생 가능성이 커짐

　숙면을 위한 요건은 ① 적절한 수면량, ② 규칙적인 수면 패턴, ③ 높은 수면의 질이다. 즉, 하루에 7~8시간 또는 그 이상 자고(적절한 수면량), 늘 같은 시간에 잠들었다가 일어남(규칙적인 수면패턴)으로써, 수면의 질을 극대화하는 것이다. 수면의 질 극대화를 위한 지침은 글상자 2-5와 같다.

글상자 2-5. 수면의 질 극대화를 위한 지침

1. 잠들기 1시간 전부터 빛을 차단하고, 긴장을 이완할 수 있는 시간을 갖는다.
2. 수면이 부족하면 20~120분 정도의 낮잠으로 보완한다(☞ 단, 낮잠이 야간 숙면을 방해하지 않는 범위 내에서).
3. 잠들기 4시간 전부터 과식/음료 섭취를 피한다(☞ 소화는 뇌가 잠드는 것을 방해하고, 과도한 음료 섭취는 수면 중 배뇨를 위해 잠이 깨게 함).
4. 새벽운동은 수면리듬 조절에 도움을 준다(☞ 단, 잠들기 2시간 이내에 운동은 피해야 함).
5. 카페인, 니코틴, 알코올 사용을 자제한다(☞ 카페인과 니코틴은 각성효과, 알코올은 이완효과가 있지만, 잠든 후에 각성 효과를 보임).
6. 교대근무를 피한다(☞ 피할 수 없는 경우, 이른 근무시간보다는 늦은 근무시간을 택하고, 근무시간을 최대한 오래 유지함으로써, 뇌가 수면리듬을 조절할 수 있게 함).
7. 각성을 일으키는 생각을 내려놓는다(☞ 침대에 누운 지 20분이 지나도록 잠들지 못한다면, 일어나서 편안해지는 활동을 하고, 잠이 올 때 침대에 누움).
8. 수면제 사용을 피하고, 수면장애와 정신장애(우울, 불안, PTSD)는 전문가를 찾는다.

물질사용 절제

넷째, 물질사용은 뇌 건강을 해친다. 오늘날 의과학적 테크놀로지의 발달은 뇌의 핵자기공명영상$^{NMR\ image}$을 통해 중독성 물질(마리화나) 사용이 뇌에 어떤 영향을 미치는지 명확히 보여 준다. 그림 2-2는 중독성 물질을 사용하지 않은 16세 청소년의 건강한 뇌다. 반면, 그림 2-3은 2년간 마리화나를 남용한 16세 청소년의 뇌다. 이처럼 수년간 중독성 물질[알코올, 니코틴, 흡입제, 코카인, 메스암페타민(필로폰) 등] 사용은 뇌를 눌리거나 구멍 난 치즈 같은 모양으로 변형시킨다. 중독성 물질 사용의 폐해는 표 2-8과 같다.

중독성 물질사용이 뇌에 미치는 영향

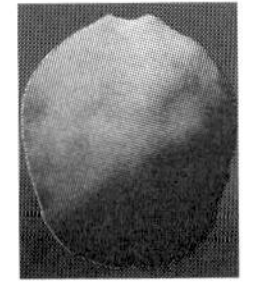

그림 2-2. 건강한 16세 뇌

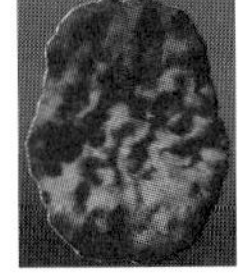

그림 2-3. 마리화나 남용 16세 뇌

표 2-8. 중독성 물질 사용의 폐해

물질	폐해
1. 니코틴 · 마리화나	○ 뇌로 가는 혈류를 막아 우울, 불안, 공황발작의 위험성을 높임 ○ 기억력 손상 및 치매 위험성을 높임
2. 알코올	○ 회복력과 부적 상관이 있음 ○ 정기적인 소량/보통 정도의 음주도 뇌 수축을 유발함
3. 카페인	○ 뇌로 가는 혈류를 막아 뇌 기능 저하 및 불면, 불안, 과각성을 유발함 ○ 성인의 경우, 400mg(커피 4잔 정도)까지는 안전한 것으로 보고됨

이 외에도, 항콜린제[anticholinergic]는 아세틸콜린[acetylcholine](뇌의 중요한 화학 메신저)을 막아 뇌 수축, 기억 관련 영역의 기능 저하, 치매 등을 일으킬 수 있다(Nelson, 2008). 대표적인 항콜린제로는 항히스타민제, 수면제, 수면 유도제(처방전 없이 구매 가능), 진정제, 근이완제, 궤양 치료제, 삼환계 항우울제 등이 있다.

스트레스와 질병 관리

다섯째, 스트레스와 질병은 뇌의 건강과 기능에 부정적인 영향을 미친다. 트라우마 또는 만성 스트레스는 뇌의 건강과 기능을 해친다. 이는 삶의 에너지와 즐거움을 잃게 만든다. 스트레스로 인해 발병하여 뇌의 건강과 기능을 해치는 질병은 표 2-9와 같다.

표 2-9. 뇌의 건강과 기능에 악영향을 주는 질병

질병	뇌에 미치는 악영향
1. 수면 무호흡증	○ 자는 동안 기도가 닫히면서 뇌로 공급되는 산소의 흐름을 차단하여 잠과 산소가 부족한 상태로 일어나고, 정신적으로 둔한 느낌과 피로를 경험함
2. 높은 콜레스테롤	○ 우울증의 원인이 됨(☞ 운동, 적절한 식습관, 식습관 관리, 약물치료가 도움이 됨)
3. 갑상선 질환	○ 스트레스 관련 질환(불안, 우울, PTSD)과 관련 증상(피로, 수면장애, 체중 증가)을 야기 또는 악화함
4. 고혈압	○ 미세한 뇌병변을 일으킴(☞ 건강한 식습관, 운동, 수면, 약물을 통해 혈압 조절이 가능함)
5. 제2형 당뇨병	○ 인지 손상, 치매, 심혈관계 질환, 해마 수축 위험을 증가시킴
6. 잇몸 질환	○ 혈관을 침투하는 독소를 생성하고, 염증과 뇌 손상을 일으킴

유해 물질에의 노출 최소화

여섯째, 유해 물질(예 살충제, 방부제, 대기오염 물질 등)은 뇌의 뉴런에 해롭다. 살충제는 농작물에서, 방부제는 식품에서 흔히 발견된다. 살충제나 방부제 섭취를 줄이기 위해서는 농작물을 직접 재배하거나, 농작물을 깨끗이 씻어 먹거나, 유기농을 구매하거나, 가공식품 섭취를 줄인다. 대기오염 물질에의 접촉을 최소화하려면 담배 연기를 피하고, 차량 내 공기를 자주 순환시키고, 가정용 보일러 필터를 자주 교환한다. 뇌 건강 증진 방안의 기대효과는 글상자 2-6과 같다.

글상자 2-6. 뇌 건강 증진 방안의 기대효과

1. 뇌의 부피와 신경세포 수 증가
2. 뉴런의 건강과 기능 향상
3. 뇌손상을 일으키는 염증과 산화 스트레스 감소
4. 알츠하이머병에서 발견되는 유해 단백질 제거 또는 감소
5. 독소 및 염증성 물질로부터 뇌를 보호하는 혈액뇌장벽 강화
6. 기분 증진
7. 인지 기능 향상(집중력, 학습, 기억, 이성, 창의력, 생산성, 사고 속도, 초점 전환 능력)

즐거운 환경 조성과 새로운 도전 활동 참여

일곱째, 즐거운 환경과 신선한 자극은 뇌의 발달 촉진제이지만, 스트레스는 뇌의 적이다. 특정 자극 또는 좋은 경험은 뇌의 신경세포를 근육처럼 커지게 한다. 용불용설theory of use and disuse(자주 쓰면 발달하고, 쓰지 않으면 퇴화함), 즉 풍족한 환경에서는 해마(기억중추)의 줄기세포 수가 증가하지만, 스트레스는 이를 감소시킨다. 재미있고 신선한 자극은 뇌의 발달에 긍정적 영향을 주지만, 스트레스는 치매 발병을 배 이상 앞당길 수 있다(80세에 생기는 치매를 40세에 생기게 할 수 있다는 뜻).

젊게 살고 새로운 자극을 주면 뇌도 젊어진다. 신경세포의 성장은 주로 나뭇가지처럼 뻗어 나온 수상돌기 가지에서 일어난다. 즉, 자극에 의해 수상돌기 가지가 두터워진다. 신경세포의 가지가 증가하고 두께가 두꺼워지면 뇌가 커진다. 반면, 자주 사용하지 않으면 수상돌기 가지는 위축된다. 그러나 뇌를 새롭고 창조적인 방법으로 적절히 사용한다면, 돌기의 연결점 시냅스 회로가 활성화되면서 정보가 지나갈 수 있게 통로를 넓히고, 새 회로를 만들어 흥분전도를 원활하게 만든다.

다양한 운동 외에도, 평소 잘 쓰지 않던 손으로 이를 닦는 등 일상적인 행동에 변화를 주거나 새로운 도전(예 외국어 공부, 악기 연주, 독서, 퍼즐 맞추기, 여행, 미술 활동 등)을 하면 뇌에 더 많은 돌기가 생겨나 뇌의 기능을 강화한다. 또한 수수께끼나 문제 풀이는 새로운 수상돌기를 만들어 내는 의식적 노력으로, 잠자는 정보의 통로를 강화한다. 누구든 마음에 활기를 갖는 것은 건강의 필수 요소다.

운동하지 않고 사물에 대한 호기심을 갖지 않는 선택은 노화의 지름길이다. "이 나이에 무슨"이라는 생각을 버리고, 용기를 내어 규칙적인 운동과 기꺼이 새로운 학습에 도전하는 선

택은 뇌에 신선한 바람을 불어넣어 젊음을 유지하는 지름길이다. 물리적인 나이가 들어도 젊은 분위기(사고방식, 놀이, 옷차림, 환경 등)를 유지한다면, 뇌세포는 더욱 성장하여 삶의 효율성을 높여 준다.

05 트라우마 상담을 위한 시사점

트라우마 생존자는 상담과정에서 더 많은 가슴 아픈 사건을 기억해 내기도 한다. 이에 상담의 효용성을 높이려면 ① 트라우마 회상의 가치를 고려하고, ② 서술적 진실과 역사적 진실의 차이를 이해하며, ③ 상담자의 역할을 명료화하고, ④ 망각의 가치를 이해할 필요가 있다.

트라우마 회상의 가치

상담에서 트라우마 기억 탐색이 필요한 경우는 다음 두 가지다. 하나는 침습기억으로 고통을 겪는 경우이고, 다른 하나는 트라우마 사건을 행동으로 재연하는 경우다(van der Kolk, 1989). 트라우마 상담의 목적은 트라우마 기억의 제거가 아니라, 그 기억을 의미 있고 정서적으로 견딜 만한 것으로 변환하는 것이다. 일부 임상가들은 트라우마 기억을 카타르시스로 해소하기 위해 최면을 사용하기도 한다. 그러나 플래시백이 트라우마가 될 수 있듯이, 카타르시스 역시 또 다른 형태의 트라우마가 될 수 있다. 이에 극단적 정서를 수반하는 카타르시스를 유발하는 작업보다는 정서조절과 숙달을 촉진하고, 트라우마의 이해를 돕는 작업이 선행되어야 한다(Allen, 2004).

트라우마 기억은 견딜 수 없을 정도로 고통스럽다는 점에서 대부분 차단 또는 구획화 compartmentalization되어 있고, 자전기억은 공백 상태일 수 있다. 이로써 감정, 행동, 증상의 이유가 불분명할 수 있다. 침습 경험은 과거에 도달하기 힘들었던 통합과 일체감의 기회를 제공한다. 침습기억의 해소에는 두려움과 당혹감이 수반되고, 재구성 과정은 자기이해를 촉진한다. 트라우마 회상은 경험을 언어화하고, 기억의 파편을 모아 일관된 자전기억으로 조직화하여 이해할 수 없던 증상을 설명할 수 있게 해 준다.

트라우마의 핵심은 두려움과 외로움이다. 누군가에게 위로받고 사건에 대해 이해할 기회를 잃는 것은 트라우마로 가는 지름길이다. 트라우마에 관해 이야기하는 것은 비밀스러웠던 경험을 개방하고, 타인에게 증인이 되게 하는 일이다. 이 작업은 더 이상 트라우마 때문에 외롭지 않고, 이해 · 지지 · 위안을 얻게 한다. 안정애착 관계에서 트라우마에 관해 이야기하는 것은 그 경험을 이해하고 고통스러운 정서를 견딜 만한 것으로 만들며, 치유의 가능성을 열어 주고 충실한 삶을 영위할 수 있게 해 준다(Allen, 2004). 이 과정은 자기를 이해하고 타인의 이해를 받는 경험 이상의 가치가 있다. 사적인 경험을 이해받는 과정에서 자기연민을 발전시킬 수 있기 때문이다. 자기연민은 타인의 연민에서 시작될 수 있다. 그러나 궁극적으로는 자기만이 자신이 겪은 트라우마의 진실을 알 수 있고, 완전한 연민은 자신의 내면에서 시작된다.

서술적 진실 vs. 역사적 진실

트라우마를 딛고 일어서려면, 자신에게 일어난 일을 바로 알고 이해할 수 있어야 한다. 그러나 아동기 트라우마의 경우, 사건에 대한 기억이 분명치 않을 수 있다. 트라우마를 겪은 사람이 진실을 알고 싶어 하는 건 자연스러운 일이다. 그러나 트라우마 치료나 상담은 과거사의 진실을 밝히기 위한 게 아니다. 다만, 서술적 진실 탐색을 통해 현재 경험을 이해하고, 과거에 대해 일관된 관점을 갖도록 돕기 위한 것이다. 역사적 진실을 찾아내려는 트라우마 생존자는 기억 확증을 위해 다른 증거를 찾는 작업이 필요하다. 기억 확증은 정보원(예 가족원)의 이용 가능성과 생존자에 대한 이들의 수용성에 따라 달라진다. 개인적 사건기억(IEM)은 자전적 서술의 한 요소일 뿐, 정확성은 미지수다.

상담자의 역할

트라우마 상담에서 상담자는 내담자 기억의 진실 여부에 집착하지 않아야 한다. 이는 내담자의 안도감과 신뢰감을 저해하기 때문이다. 누구라도 회의감 또는 불신감을 나타내는 사람과 마주하고 싶지 않을 것이다. 다행히도 정신건강 전문가 대부분은 내담자의 이야기를 신뢰한다(Loftus, 1993). 설령 트라우마 생존자의 기억이 과장 또는 왜곡된 것처럼 보이더라도, 이들의 트라우마가 전적으로 잘못된 기억으로 인해 발생했다고 보기는 어렵다. 정확한 기억 내용과 뒤섞여 있는 잘못된 기억이 무엇이든 간에, 이는 기억의 공백을 메우거나 트라우마에서 도피하려는 욕망 때문에 생성된 것으로 볼 수 있다("나한테 뭔가 끔찍한 일이 일어난 것이 틀림없어!").

망각의 가치

트라우마는 발달을 저해할 수 있다. 이는 나이를 가리지 않는다. 트라우마 상담의 가치는 생존자의 삶을 제 궤도에 올려놓는 데 있다. 그렇다면 상담에서 얼마나 많은 기억을 다뤄야 하는가? 트라우마 생존자는 대부분 트라우마 사건을 명확하게 기억한다. 이에 이들에게 어떤 일이 있었다는 것에 대해선 의심의 여지가 없다. 그러나 트라우마를 겪은 사람이 모든 경험을 회상하는 건 극심한 고통을 유발할 수 있으므로, 회상 자체가 상담의 목적이 되지 않아야 한다. 회상은 치유, 회복, 그리고 삶을 온전히 영위할 수 있을 정도로 하는 게 최선이다. 회상 작업은 더 이상 침습기억에 시달리지 않고, 삶이 이해되고 자전기억이 분명해졌을 때 완결된다(Allen, 2004). 그렇다면 트라우마를 아예 망각^{oblivion} 속에 파묻고 잊어버리는 건

어떨까? 토마스(Thomas, 1983)는 이단아 같은 충고를 우리에게 던진다(글상자 2-7 참조).

글상자 2-7. 트라우마 치유에 대한 루이스 토마스의 충고

결국, 뇌에서 무의식적인 마음이 생겨났다. 이게 진실처럼 보인다면, 그 목적이 무엇이든 이를 정상구조로 간주해야 한다. 나는 그 구조가 무얼 담도록 만들어졌는지에 대한 확신은 없지만, 모든 살아 있는 존재는 유용하다는 사실에 감명받은 생물학자로서, 이것이 유용하고 없어선 안 될 사고기관이라고 생각한다. 그걸 가지고 있는 게 나쁜 건 아니라고 본다. 나는 이와 유사하게 신비한 기관인 간을 정화하겠다는 생각을 더 이상 하지 않기도 했다. 의학의 다른 영역에서 배운 바에 따르면, 우리가 더 많은 걸 알게 될 때까진 간섭하지 않고, 있는 그대로 놔두는 게 현명한 것 같다. 정신건강 전문가 동료들에게 제안하고 싶다. "오히려 더 비축하고 더 많은 걸 주입하고, 그럴 수 있다는 사실을 잘 활용하라. 잊고 싶은 건 무엇이든 잊어라."

확인문제

다음 빈칸에 들어갈 말을 써 보세요.

1. 오늘날 뇌과학의 발달은 스트레스가 뇌에 미치는 영향을 더 잘 알게 해 주었다. 특히, 뇌에 ________, 즉 특정 환경 요인에 따라 특정 방향으로 구조와 기능이 변화하는 성질이 있음의 발견은 트라우마 치유의 새 지평을 열었다.

2. 뇌가 기업이라면, PFC는 대표이사인 ___________은/는 뇌에 저장된 기억과 주변에서 일어나는 일을 종합하고, 충동과 감정을 조절하여 심신 활동을 조직하고, 판단 · 예측 · 계획 · 행동을 개시하는 집행 기능을 한다.

3. _________은/는 감정을 유발 · 조절하여 적절히 대처하게 하고, 기억시스템을 관장하는 사회적 감각기관^{social sensory organ}이다. 이 기관은 타인의 내면 상태를 감지하여 감정과 생리적 반응을 조절하는 기능을 하는데, 이를 ____________(이)라고 한다.

4. 외부 자극에 대해 감정을 느끼게 하여 적절한 대처를 돕는 ________은/는 부정 단서(표정, 자세, 목소리 톤, 감각, 생각)의 위험성을 즉각 평가하여 PFC에 알려 강렬한 감정과 신체 변화를 일으키게 한다. 반면, ________은/는 감정적으로 냉정하고 이성적으로 생각해서 언어로 표현할 수 있게 한다.

5. _____기억은 출생 직후 활성화되어 발달하는 무의식적인 지각의 특성이 있으며, 현재 행동에 영향을 주는 기억이다. 반면, ____기억은 의식적인 회상 또는 인지가 가능한 기억이다. 이 기억은 특정 사건 또는 경험에 대한 기억인 _____기억과 동식물의 종류, 수 개념같이 다양한 종류의 지식체계에 대한 기억인 _____기억으로 나뉜다.

6. 외현기억의 처리 과정은 감각을 통해 입력되는 정보를 기호 형태로 변환하는 ________와/과 단기기억을 안정시켜 확고하게 형성하여 장기기억으로 전환하는 _________이/가 포함된다.

7. 진화론적 관점에서 포유동물은 포식자가 가까이 있을 것 같은 상황에서는 _____ 반응을 보이는데, 포식자가 가까이 있음을 알아차리는 경우, _____ 반응을 나타낸다. 만일 포식자에게 발각되어 직접적으로 위협을 당하게 되면, _____ 반응을 보이다가, 붙잡히면 죽은 체하는 _________ 상태가 된다.

8. 삶에 관한 사적인 기억, 즉 개인의 역사적 사실과 경험적 사건에 대한 기억을 _____기억이라고 한다면, 개인이 자신의 과거에 대해 말하거나 글로 쓰는 것을 __________(이)라고 한다.

9. 스트레스는 근육 긴장, 혈압, 심박수, 호흡수, 혈당을 증가시켜 근육에 더 많은 에너지를 공급하게 하는데, 이런 현상을 ______(이)라고 한다. 이에 비해 심장박동과 호흡이 빠르고 불규칙적이며, 근육이 지나치게 긴장되는 상태를 _______(이)라고 하고, 스트레스 요인에 대해 너무 높게 반응하는 성향으로, 보통 이상의 강렬한 놀람 반응으로 나타나는 현상을 __________(이)라고 한다.

10. 잠을 자는 동안 기도가 닫히면서 뇌로 공급되는 산소의 흐름을 차단하여 잠과 산소가 부족한 상태로 일어나고, 정신적으로 둔한 느낌과 피로를 겪는 증상을 _____________(이)라고 한다.

학습활동

호흡연습

※ 스트레스를 받으면, 싸움 또는 도피 준비를 위해 근육(목, 어깨, 가슴, 복부)이 조여지고, 호흡이 빨라진다. 호흡의 미세한 변화는 혈액 산도를 변화시키고, 뇌, 심장, 팔다리로 보내지는 산소를 저해할 수 있다. 스트레스로 인한 심리적 변화는 피로, 두통, 불면, 우울, 불안, 공황, 심지어 이인증, 비현실감 같은 증상을 유발한다. 이는 기본적으로 호흡에서 시작되는 것으로, 호흡이 안정되면 생각, 기억, 발화, 수행력 등의 개선으로 이어질 수 있다. 흔들리는 물은 잠잠해지면 맑아진다. 마음이 호흡과 함께 가라앉도록 잠시 들숨과 날숨에 주의를 기울여 마음이 맑아지는 것을 느껴 보자.

1. 의자에 편하게 똑바로 앉은 상태에서 발을 바닥에 붙이고, 손은 꽉 쥐지 않은 상태로 무릎에 얹는다. 눈을 감는 게 편하면 감고, 그렇지 않으면 시선을 45도 정도 아래로 향하게 하여 바닥을 바라본다.
2. 호흡을 의식한다. 들숨·날숨을 따라가면서 숨을 들이쉴 때 몸이 어떻게 변하는지 느껴 보자. 들숨에는 가슴이 확장되어 힘이 느껴지고 몸이 가벼워진다. 날숨에는 안정감과 편안함이 느껴진다.
3. 잡념(생각, 걱정, 계획, 반추)이 떠오르면 판단하지 말고, 부드럽게 호흡과 감각으로 마음을 되돌려 나의 세포 하나하나가 나, 타인, 세상, 우주와 연결되어 있음을 느껴 보자.

소감

※ 이 활동을 통해 무엇을 알게 되었고, 무엇을 깨달았으며, 무엇을 느꼈고, 어떤 생각이 들었나
요? 잠시 생각하면서, 마음에 떠오르는 것을 자유롭게 글로 써 보고, 글의 제목을 붙여 보자.

Chapter **3**

아동 · 청소년기 트라우마

개요

01 애착의 기초
02 애착의 기능
03 애착의 유형
04 애착 발달과 성장
05 애착 트라우마
06 애착 트라우마와 성격 발달
☐ 확인문제
☐ 학습활동

학습목표
1. 트라우마와 관련된 애착의 기초 개념을 이해 · 설명할 수 있다.
2. 애착의 기능을 트라우마와 연결하여 이해 · 설명할 수 있다.
3. 애착의 유형을 이해하고, 이를 토대로 애착 트라우마의 발생 원인을
   이해 · 설명할 수 있다.
4. 애착 트라우마와 그 영향을 이해 · 설명할 수 있다.
5. 애착의 발달 과정과 성장의 관계를 이해 · 설명할 수 있다.

나비효과!

나비효과[butterfly effect]란 '나비의 약한 날갯짓이 다음날 지구 반대편에서 예상치 못한 엄청난 태풍을 일으킨다'는 뜻이다. 이 말은 어린 시절의 작은 상처가 장차 성인기의 삶에 큰 영향을 줄 수 있다는 의미도 된다. 이 말에는 작은 일이 큰 변화를 유발한다는 의미가 담겨 있다. 어른들은 대수롭지 않게 여길 수 있지만, 아이에게는 어른의 사소한 행동과 무관심이 평생 마음의 상처로 남기도 한다. 세월이 흐르면서 좋은 기억이 생겨 아팠던 기억은 점차 흐려지지만, 어떤 기억은 성인이 된 뒤에도 여전히 신경회로 어딘가에 그대로 남아, 사소해 보이는 일에도 그때의 감정이 갑자기 채화되어 원인도 모른 채 괴로움에 시달리곤 한다.

개인의 정신·심리 발달의 주요 경로는 자기[self] 발달과 타인과의 관계[relationship] 발달이다. 이 두 가지 측면의 발달은 상호의존적이다. 양육자는 자녀의 성장에 이모저모로 영향을 준다. 아이는 모방 대상을 통해 다양한 삶을 대리 체험함으로써 자기, 타인, 세상에 대한 인식을 확립해 나간다. 태어날 때 갖춰진 안정된 생물학적 체계는 양육자의 행동으로 다듬어진다. 만일 적절한 양육 행동이 제공되지 않는다면, 이 체계는 점차 불안정해 질 수 있다. 어린 시절 경험하는 부모의 부재, 가정폭력, 학대, 성폭력 같은 사건은 아이에게 회복하기 힘든 상처를 남길 수 있다. 이처럼 표면적으로 드러나는 사건이 없더라도, 성장에 필요한 경험이 박탈된다면, 이 역시 트라우마가 될 수 있다.

게다가, 사소해 보이는 일조차 아이들에게는 마음의 상처로 남는 경우가 많다. 어린 시절엔 아이 나름대로 심각한 걱정거리가 있기 마련이다("난 왜 이렇게 공부를 못할까?" "내 키는 왜 이리 작을까?" "난 왜 얼굴이 못생겼을까?" "내 몸은 왜 이렇게 뚱뚱할까?" "난 왜 친구가 없지?" "엄마 아빠는 왜 저리 다툴까?"). 생명을 위협할 정도로 위험하지는 않더라도 사소해 보이는 일이 평생 자존감에 부정적인 영향을 미치는 마음의 상처로 남을 수 있다. 어린아이에게 이런 일은 두렵고 수치심을 느끼게 할 수 있다. 물들인 종이에 다시 물들이기는 백지장에 물들이기보다 더 힘들다.

하지만 상처를 받는다고 해서 모두 트라우마 되는 건 아니다. 가정이 보호막 역할을 해 주기 때문이다. 트라우마 대처 능력은 애착관계 발달력에 달려 있다(Coates et al., 2003). 안전하게 쉴 수 있고 안정을 취할 수 있는 가정, 지지와 위로를 받을 수 있는 양육자가 있다면, 아이의 상처가 심각한 트라우마로 이어지지는 않을 것이다. 그러나 양육자가 아이를 학대하거나, 아이의 고민/갈등에 무관심하거나, 아이를 사랑하되 편애한다면, 상황은 달라질 수 있다. 이에 이 장에서는 양육자와의 애착관계가 개인의 트라우마 및 회복과 어떤 관계가 있는지 살펴보기로 한다.

01 애착의 기초

애착attachment이란 양육자 또는 특정한 사회적 인물과의 친밀한 정서적 유대를 말한다. 이 말의 원형은 엄마와 아이 사이에 형성된 정서적 유대다. 생애 초기에 형성된 애착관계는 아이의 건강한 성장과 위기 대처에 핵심 역할을 한다. 이 관계를 통해 개인은 자기, 타인, 세상에 대한 안전감과 안정감을 느낀다.

애착관계

애착관계는 개인의 전 생애 과정에 필요하다. 애착 욕구가 충분히 표현되고 받아들여지는 대상은 대개 엄마다. 어미와 떨어지면 새끼는 고통스러운 소리를 낸다. 어미는 그 소리를 듣고 새끼에게 돌아오면서 근접성이 회복된다. 새끼 역시 성장 과정에서 어미와 떨어져 있다가도 다시 어미에게 돌아오는 방법을 터득한다. 이 과정은 양방향으로 작용한다. 포유동물은 비교적 오래 어미에게 의존한다. 특히, 인간의 양육 기간은 포유동물 중 가장 길다. 양육은 트라우마 극복을 위한 핵심 완충제이지만, 동시에 트라우마의 원천이다. 안정된 애착관계는 아이가 발달 과정에서 아이는 안정 기반으로부터 점차 더 오랜 시간, 더 멀리 떨어지는 모험을 할 수 있게 한다. 이에 안정 기반이 없다면, 아이는 자신감을 얻지 못해 세상 탐색과 학습을 할 수 없을 것이다.

삶의 위기는 예기치 않게 찾아와 개인의 안전감 · 안정감을 위협한다. 위기 극복은 안정감 회복이 필요한데, 이는 종종 애착관계가 형성된 사람의 도움으로 가능하다. 물론 타인의 도움 없이 자신을 위로하고 진정시키는 방법을 터득할 수 있지만, 정서조절력 역시 애착관계를 통해 학습된다. 위기상황에 대처하는 방식은 대체로 개인의 성격적 특성과 애착관계의 질에 따라 다를 수 있는데, 그 예는 글상자 3–1과 같다.

글상자 3–1. 위기상황에 대처하는 서로 다른 방식의 예

홀로 사는 여성의 집에 강도가 들었다. 퇴근 후 현관문을 열고 들어온 여성은 집 안을 뒤지던 강도와 정면으로 맞닥뜨렸다. 강도는 품속에서 흉기를 꺼내 그녀를 위협했다. 그녀는 반사적으로 현관문을 박차고 나가며 "도둑이야!"라고 고함을 질렀다. 이에 당황한 강도는 이내 줄행랑을 쳤다. 다행히 그녀는 잃은 물건이 없었고 다친 데도 없었다. 그러나 왠지 마음이 진정되지 않았고, 온몸이 부들부들 떨렸다. 심리적으로 크게 동요되었던 것이었다.

☛ 여성 A는 감정을 말로 잘 표현하는 편이다. 이 사건 발생 후, 그녀는 친밀한 관계에 있던 사람들에게 전화로 이 사실을 알린다. 이들은 그녀의 목소리를 듣고는 이내 힘든 일이 있었음을 직감한다. 곧바로 그녀의 집을 찾아온 그들은 그녀를 소파에 앉혀 진정시키고는, 무슨 일이 있었는지 차분히 말해 보라고 한다. 이들은 그녀의 이야기를 공감적으로 경청한다. 그녀의 이야기가 끝나

자, 그녀를 안아 주면서 이제는 안전하다고 안심시킨다.

☛ 여성 B는 사회적으로 고립된 삶을 살고 있다. 빈집으로 돌아온 그녀는 이 모든 일에 혼자 대처하고자 한다. 전화를 걸 사람도, 찾아와 줄 사람도 없다. 그녀는 아무 생각도 할 수 없고, 마음을 진정시키기 위해 뭘 해야 할지 딱히 떠오르지도 않는다. 그녀는 결국 마음을 안정시키기 위해 평소 잘 마시지 않던 술병을 찾았다. 술이라도 마시지 않으면, 두근거리는 마음이 좀처럼 진정될 것 같지 않았기 때문이다.

글상자 3-1에 소개된 두 가지 서로 다른 상황은 트라우마 치유에서 애착의 본질에 대한 이해가 왜 필요한지를 잘 보여 준다. 트라우마 이해와 회복에 애착이 중요한 이유를 요약·정리하면 글상자 3-2와 같다.

글상자 3-2. 트라우마 이해와 회복에 애착이 중요한 이유

1. 안정된 애착관계는 트라우마 치유에 중요한 역할을 한다.
2. 많은 트라우마가 본질적으로 애착관계 맥락에서 발생한다.
3. 트라우마 사건은 종종 애착관계의 활용 능력을 저해 또는 손상한다.
4. 생애 초기의 애착 트라우마는 이후에 발생하는 트라우마에 더 취약하게 한다.

애착욕구

아이들은 안정감을 느끼고, 신체적·정서적으로 최적의 상태를 유지하며, 성장을 위해 중요한 타인(부모 또는 양육자)의 도움이 필요하다. 특히, 불안정해진 정서 안정을 위해 안정감을 주는 대상과 함께 있고 싶어 하는 성향을 애착욕구라고 한다. 애착욕구는 태어날 때부터 가지고 있는 기본 생존욕구다. 인간은 평생 애착관계를 경험하며 살아간다. 어린 시절은 양육자와의 관계, 청년 시절은 연인과의 관계, 성인기에는 배우자·자녀와의 관계를 통해 애착관계를 형성한다. 나이와 관계없이 안정애착의 대상이 존재하는 건 삶의 든든한 안식처가 있는 것과 같다.

안정애착은 신체적 편안함과 정서적 안정감을 제공한다는 점에서 생활 스트레스에도 적절히 대처하고 문제를 해결해 나갈 수 있게 한다. 그러나 사람들은 타인과의 애착 형성·유지 과정에서 고슴도치 딜레마에 빠지곤 한다. 고슴도치 딜레마^{hedgehog's dilemma}란 대인관계를 통한 친밀감, 자율성, 그리고 상처받지 않는 상태에 대한 욕구가 양립할 수 없음을 의미한다. 이는 독일의 철학자 쇼펜하우어가 저서 『소품과 단편집(Parerga und Paralipomena)』에서 소개한 개념이다. 이 개념은 고슴도치들이 추운 날씨에 온기를 나누고자 모여들지만, 서

아우트르 쇼펜하우어
(Arthur Schopenhauer,
1788~1860)

로의 날카로운 가시로 인해 상처 입지 않기 위해서는 일정한 거리를 둬야 하는 딜레마를 통해 애착 형성의 어려움을 빗대어 표현한 것이다.

애착상처

애착상처^{attachment injury}란 아이가 유대관계가 형성된 대상을 잃게 되어 겪는 고통스러운 상태를 말한다. 어린 시절 애착상처로 인한 정서 불안은 혼자만의 힘으로 감내하기 쉽지 않다. 정서 안정의 기본은 안정애착에 기반한 상호작용이다. 중요한 인물, 사랑하는 사람과의 관계에서 일어나는 정서적 공명을 체험할 때, 애착상처는 비로소 서서히 치유된다. 애착관계는 트라우마를 유발하기도 하고, 치유하기도 한다.

존 볼비(John Bowlby, 1907~1990)

애착 연구의 선구자 영국의 정신의학자 볼비(Bowlby, 1982)는 자신의 어린 시절 경험을 토대로, 생애 초기의 애착 형성이 본성의 기본이 되고, 애착 형성이 되지 않으면 아동기에서부터 성인기의 갖가지 정신질환의 원인이 될 수 있다는 애착이론^{attachment theory}을 정립했다. 이 이론에 따르면, 아동의 정신건강은 양육자와의 일관성 있는 긍정적인 관계 경험에 좌우된다.

애착은 아이가 엄마에게 가까이 가고, 엄마 역시 아이와의 근접성에 의해 형성한다. 볼비는 엄마와 가까이 있음이 안전에 확신을 주어 애착이 발달한다고 보았다. 진화론적 관점에서는 어미 곁에 있는 새끼는 포식자로부터 보호받을 수 있다. 아이 역시 양육자와의 애착 형성이 생물학적으로 준비되어 있고, 양육자 역시 아이와의 유대^{bond} 형성이 생물학적으로 준비되어 있다. 아이는 근접성을 유지하고, 엄마는 아이를 보호한다. 엄마로부터 격리되어 위험에 처한 아이뿐 아니라, 아이를 보호하지 못하게 된 엄마는 심한 고통을 느끼게 된다.

이처럼 애착은 양방향으로 작용한다. 아이의 애착은 엄마와의 양육행동과 밀접한 관련이 있다. 양육자에게도 필요한 애착관계는 이들의 양육행동을 지지해 주는 안전한 피난처와 정서적 안정을 제공한다. 애착행동과 정서적 유대는 양육행동과 결합하여 발달한다. 이는 인간에게 필요한 양육 기간이 포유류 중 가장 길다는 점과 관련이 있다. 이처럼 긴 시간이 요구되는 부모의 양육은 아이의 마음과 뇌 발달에 영향을 주고, 후속적인 발달의 기반이 된다.

애착단절

애착단절은 개인의 존재감을 일시에 뒤흔들어 놓는 트라우마가 될 수 있다(예 사랑하는 사람과의 이별, 사별, 거부, 배신, 유기). 이는 안전한 안식처에서 한순간 찬 바람이 휘몰아치는 벌판으로 내던져지는 것과 같다. 애착단절을 겪는 아이는 슬픔의 고통은 물론이고, 보살펴 주는 어른(특히, 엄마)이 더 이상 곁에 없다는 두려움, 무력감, 절망감에 압도될 수 있다. 더욱이, 이런 경험으로 인해 아이는 삶의 과정에서 누군가를 절실하게 필요해도 아무도 자신을 거들떠보지 않는 경험을 반복할 가능성이 크다. 이에 아이는 세상에 홀로 남겨졌다는 두려움과 외로움을 극복하기 힘들어할 수 있다.

애착단절로 인한 스트레스와 고립감은 성격 형성에 영향을 주고, 평생 스트레스 대처 · 처리 능력에도 상당한 영향을 준다(Bowlby, 1988). 애착단절은 신체리듬을 혼란에 빠지게 하고, 정서조절 능력을 약화시켜 극도의 무력감과 절망감을 느끼게 한다. 애착이 회복되지 않고 단절 상태가 계속된다면, 고통으로 인해 종종 회피행동을 초래한다. 이처럼 애착단절은 개인에게 견디기 힘든 불안, 우울, 외로움, 고립감, 상실감 등을 남긴다. 애착단절의 예화는 글상자 3-3과 같다.

글상자 3-3. 애착단절의 예화

> 내담자 B씨는 4세 때 부모의 이혼 후 줄곧 엄마와 함께 살았다. 생계를 책임져야 했던 엄마는 B씨를 시골 외조모에게 맡겼다. 그러나 외조모가 건강 악화로 자주 병원에 입원하는 바람에, 그녀는 다른 친척 집에 맡겨졌다. 초등학교에 입학하면서 B씨는 재혼한 엄마와 다시 함께 살게 되었다. 그러나 엄마는 여전히 일하러 가야 해서 B씨를 옆집에 자주 맡겼다. 엄마가 늦은 시간까지 귀가하지 않을 때가 잦아, B씨는 몹시 불안했지만, 엄마에게 투정 부리지는 않았다. 엄마가 다시 자기를 버릴 것 같았기 때문이었다.
>
> 그 후, B씨는 무사히 대학을 졸업했고, 직장에 다니다가 한 남성을 만나 결혼했다. 그런데 결혼한 지 1년도 채 지나지 않아 두 사람 사이에 갈등이 생기기 시작했다. 남편이 휴대전화를 받지 않거나 귀가가 늦어지거나 하면, B씨는 불안해서 잠을 못 이루었고, 때로 남편이 휴대전화를 받을 때까지 수없이 전화를 걸어 댔다. 게다가, 사과하는 남편에게 화를 내며 비난했고, 심지어 폭언을 퍼붓기도 했다.
>
> 아내를 잘 받아 주던 남편도 서서히 지쳐 갔다. 자신이 아내에게 좋은 남편이 아니라는 생각에 남편도 우울감, 무력감, 절망감에 아내와 거리를 두고자 했다. 그럴수록 B씨의 불안과 두려움은 점점 더 커져만 갔다. 아이라도 가져 보려고 했지만, 남편은 아직 때가 아닌 것 같다며 거부했다. 그러자 B씨의 감정 상태는 극도로 불안정해졌다. 남편이 언제라도 떠날 수 있다는 생각에 불안해서 잠시도 가만히 있지 못하는 상태가 되었다. 그동안 잊고 있었던 어린 시절의 애착단절로 인한 상처가 재발한 것이었다.

애착단절을 겪은 아이는 성인이 되어 사랑하는 사람과의 이별과 상실을 두려워하게 되어 관계에 집착하게 될 수 있다. 이들은 사랑하는 사람의 무관심에 과민하게 반응하고, 수시로 관심과 애정을 입증하고 싶어지게 된다. 홀로 남겨지는 상황에 취약하기 때문이다. 애착상처의 생존자는 사랑하는 사람이 이별을 통보하거나, 갑자기 세상을 떠나거나, 다른 이성(또는 동성)에게 가게 되는 등의 상황이 벌어지는 경우, 어린 시절의 경험이 되살아나 세상에 홀로 남겨졌다는 두려움, 절망감, 허무감에 쉽게 압도된다.

세상에 홀로 남겨졌다는 느낌은 흔히 옴짝달싹할 수 없는 신체적 무기력, 전반적인 무관심, 음식에 대한 혐오감, 누구와도 접촉하기 싫은 고립 충동('무력감')을 유발한다(Allen, 2004). 감정뿐 아니라 신체 리듬 역시 혼란에 빠질 수 있다. 즉, 심리적 고통을 잊기 위해 물질을 남용하거나, 일에 중독되거나, 때로 불특정 다수와의 관계(성관계 포함)에 몰입하기도 한다. 그러나 이들은 아무도 날 사랑하지 않고 필요한 사람이 자신의 곁에 없다는 외로움, 무력감, 절망감, 버려진 느낌은 쉽게 사그라지지 않는다.

02 애착의 기능

애착의 보호 기능이 없었다면, 인간은 개체로 생존 · 진화할 수 없었을 것이다. 애착은 신체 보호를 넘어 마음 발달에 핵심 역할을 한다. 애착의 이런 기능은 트라우마와도 직접적으로 관련되어 있다. 위협적인 상황/트라우마는 애착욕구를 강하게 불러일으킨다. 애착은 ① 안전한 피난처를 제공하고, ② 안정감의 기반이 되며, ③ 개인의 생리적 각성을 조절하고, ④ 정신화 발달을 촉진한다.

안전한 피난처 제공

첫째, 안정된 애착관계는 개인에게 안전한 피난처를 제공한다. 인간에게는 신체적 안전감과 정서적 안정감이 필요하다. 트라우마 경험은 이 모두를 훼손하지만, 치유적 애착관계는 이 모두를 회복시킨다. 고통, 부상, 위험, 통증을 겪을 때, 사람들은 안전한 피난처를 찾는다. 이는 생존에 중요하고, 이것이 가능할 때 정서적 안녕감을 누릴 수 있기 때문이다.

안정감의 기반

둘째, 애착은 개인의 세상 탐색과 자율성 발달을 촉진하는 안정감의 기반이다. 아이가 호기심 어린 눈빛으로 놀이터에서 놀다가도 부모의 존재를 슬쩍슬쩍 확인하는 것이 바로 그 이유다. 개인은 평생 애착이라는 안정 기반이 필요하다. 볼비(Bowlby, 1988)는 애착의 관점에서 안정 기반을 가장 중요한 개념으로 꼽았다. 안정 기반은 개인이 기꺼이 독립을 시도할 수 있게 하는 출발점이다. 삶은 안정 기반에서 잠시 떠났다가 되돌아오기를 반복하는 여정이다. 안정 기반에서 아이는 자유롭게 세상을 탐색하면서도 안정감을 느낀다(에릭슨의 심리사회발달이론에서 '기본 신뢰'와 유사함).

　안정애착은 좋은 일이 생겼을 때 자신감 있고 흥겨운 탐색을 촉진하고, 그렇지 않은 일이 생겼을 때도 문제해결을 위한 방안(도움 요청 포함)을 적극 탐색할 수 있게 한다(Groossmann et al., 1999). 이에 안정감을 붕괴시키는 애착 트라우마는 개인의 탐색, 주도성, 자율성을 훼손한다. 애착 트라우마가 있는 아이는 건강한 발달에 필수적인 풍부한 환경(특히, 사회환경)

을 충분히 활용하지 못할 수 있다.

생리적 각성 조절

셋째, 애착은 엄마의 촉감적 접촉(안아 주기, 앞뒤로 흔들어 주기, 따뜻하게 해 주기 등의 풍부한 감각적 자극)을 통해 생리적·내분비적·신경화학적 기능을 촉진한다. 양육자의 민감한 반응을 통해 생리적 기능을 외부적으로 조절하던 아이는 점차 내면화하여 스스로 조절할 수 있게 된다. 양육자로부터 적절한 정서적 피드백을 받게 되면, 아이는 생리적 각성을 진정할 수 있게 되고, 점차 자기조절 능력을 발달시킨다. 그러나 트라우마는 생리적 각성조절 기능을 손상한다. 이는 잦은 교감신경계 활성화와 생리적 각성을 초래하여 모든 중요한 신체 기관에 부정적인 영향을 미친다.

안정애착은 유기체의 안정감을 촉진하여, 생리적 각성을 진정시키는 효과가 있다. 달래기는 엄마와 아이의 유대관계에서 중요한 부분으로, 두 사람 사이의 정서를 조율한다. 고통을 느끼는 아이는 위안을 얻기 위해 엄마를 찾고, 접촉을 통해 진정된다. 아이가 엄마와 떨어지는 것은 고통과 생리적 각성의 주요 원인으로 작용한다. 엄마와의 재회는 아이를 진정시키고 생리적 평형 상태도 회복시킨다. 이처럼 애착은 필요한 자극 제공을 통해 우울감도 완화한다. 또한 각성 상태를 최적화하여 균형을 유지할 수 있게 한다.

정신화 발달 촉진

넷째, 안정애착은 정신화 능력 발달을 촉진한다(Fonagy et al., 2002). 이는 외부 세계뿐 아니라 마음의 세계, 즉 자신의 마음과 타인의 마음 탐색을 촉진한다. 정신화[mentalizing]는 자기 또는 타인의 마음 상태(감정)와 과정을 헤아리는 뇌의 기능이다(정서, 필요, 욕구, 동기, 의도, 목표, 희망, 생각, 신념, 태도, 환상, 꿈 등). 자신의 감정을 헤아려 보거나, 타인의 생각이나 감정을 추정해 보는 것이 그 예다. 정신화는 언어와 함께 인간을 만물의 영장으로 끌어올린 엄청난 진화적 성취다.

정신화는 트라우마 치유의 핵심 요소이기도 하다. 트라우마 상담에서 정신화는 내담자와의 안정된 관계에서 트라우마 경험을 되짚어 보고 이해하며, 감정에 집중하여 행동 동기의 이해를 돕는 과정이다. 트라우마 치유는 신뢰할 만한 동반자와 함께 고통스러운 감정 탐색에서 시작되는데, 이 과정에서 정신화가 필요하다. 상담자는 아이에게 안정 기반을 제공해 주는 엄마 역할[mothering]을 해야 한다(Bowlby, 1988). 볼비는 내담자의 통찰을 위한 기초 작업을 위한 방안을 다음과 같이 제안했다(글상자 3-4 참조).

글상자 3-4. 통찰을 위한 기초 작업에 대한 볼비의 제안

> 통찰을 위한 기초 작업은 환자에게 삶에서 겪은 불행했거나 고통스러웠던 경험의 다양한 측면을 탐색할 수 있는 안정 기반을 제공하는 것입니다. 이 작업은 심리적 지지, 격려, 동정심, 그리고 때로 지도해 줄 수 있는 믿을 만한 동반자가 없이는 불가능합니다.

생애 초기의 안정애착은 건강한 관계와 정신화를 촉진한다. 사람들은 언어를 습득하는 것처럼 자연스럽게 정신화 방법을 습득한다. 정신화는 언어처럼 관계를 통해 발달한다. 생애 초기, 아이는 애착관계를 기반으로 엄마의 사회적 피드백social feedback 과정을 통해 감정을 학습한다(Gergely & Watson, 1999). 아이는 자신의 정서 상태가 엄마의 얼굴에 반영된 것을 보고, 목소리에 반영된 것을 듣고, 피부의 접촉을 통해 느낀다.

정신화는 아이가 자신이 어떤 느낌이 드는지를 명확히 알아차릴 수 있게 되면서 발달한다. 인간은 평생 느낌을 더 잘 알아차리기 위해 사회적 피드백에 의지한다. 고통을 느낄 때, 사랑하는 사람이 마음을 헤아려 주고 있음('타인의 정신화')을 느끼는 것은 진정 효과(안심과 위로)가 있다. 이는 생각과 감정을 어떻게 해석해야 할지를 알게 해 준다. 이처럼 안정애착 관계는 개인이 정신화를 가장 잘 배울 수 있게 해 준다(Fonagy et al., 1997). 반면, 불안정한 애착은 정신화 발달을 저해한다(Dunn, 1996).

정신화는 자기인식과 건강한 관계의 초석이다. 자신이 미움을 받는다고 느끼는 아동은 부모의 마음 자각을 회피하고, 자신의 고통스러운 정서 자각도 차단한다(Fonagy & Target, 1997). 정신화를 위해서는 최적의 각성 상태(주의집중으로 인한 약간의 긴장이 수반되지만, 마음이 편한 상태)가 선행되어야 한다. 그러나 트라우마로 인한 과각성은 정신화를 방해한다(Allen, 2004). 이처럼 안전한 관계에서 부정적 경험을 이해하고 인정받는 경험의 부재는 정신화를 저해한다. 정신화의 실패는 경험의 재트라우마화retraumatization를 초래할 수 있다.

03 애착의 유형

미국 출신 캐나다 발달심리학자 메리 에인스워스(Ainsworth et al., 1978)는 '낯선 상황strange situation 실험'으로 불리는 연구를 통해 볼비의 애착이론을 확장했다. 그녀는 일방경을 통해 아이의 행동(① 활동 수준, 놀이에 대한 몰입 수준, ② 울음과 기타 불편 정도, ③ 엄마와의 근접성과 기꺼이 상호작용하려는 정도)을 관찰했다. 이 절차는 아이를 주로 돌보는 사람이 방을 떠났다가 되돌아올 때 아이의 반응을 관찰하는 에피소드로 구성된다. 낯선 상황 실험 절차의 에피소드는 글상자 3-5와 같다.

메리 에인스워스(Mary Ainswirth, 1913~1999)

글상자 3-5. 에인스워스의 '낯선 상황 실험' 절차

1. 엄마와 아이가 방으로 들어온다. 엄마는 아이를 장난감이 놓여 있는 마루에 내려놓고 방의 맞은편 끝에 가서 앉는다.
2. 낯선 여성이 방으로 들어온다. 잠시 조용히 앉아 있다가 엄마와 이야기를 나눈다. 장난감을 갖고 노는 아이와 어울리려고 시도한다.
3. 엄마는 눈에 띄지 않게 방을 나간다. 아이가 당황해하지 않으면, 낯선 여성은 조용히 자리로 돌아와 앉는다. 아이가 당황해하면 낯선 여성은 아이를 달랜다.
4. 엄마가 돌아와 놀고 있는 아이와 어울린다. 그사이 낯선 여성은 방을 빠져나간다.
5. 엄마가 다시 방을 떠난다. 아이는 방에 혼자 있게 된다.
6. 낯선 여성이 다시 돌아온다. 아이가 당황해하면 낯선 여성은 아이를 달랜다.
7. 엄마가 다시 돌아온다. 낯선 여성은 방을 빠져나간다.

에인스워스의 연구 방법은 전 세계적으로 낯선 상황 패러다임을 적용한 연구의 도화선이 되었다. 그 결과, 적절한 양육이 어떻게 안정애착을 촉진하고, 부적절한 양육이 어떻게 불안정애착(회피애착, 저항애착)을 형성하는지가 밝혀졌다. 이후, 이 세 유형에 혼돈형이 추가되면서 애착유형은 ① 안정^{secure}애착, ② 회피^{avoidant}애착, ③ 저항^{resistant}애착, ④ 혼돈^{disorganized}애착으로 분류되었는데, 애착의 유형별 특징은 표 3-1과 같다.

표 3-1. 애착의 네 가지 유형

유형	특성
1. 안정애착 (안정형)	○ 회기 내내 엄마에게 몰두하여 엄마가 떠날 때 강한 불편을 보임 ○ 엄마가 돌아왔을 때 장난감을 갖고 놀면서도 좋아하고, 엄마와 신체접촉을 통해 상호작용을 추구함 ○ 양육자가 언제든 도울 수 있고, 정서반응을 보일 것을 확인함('기본신뢰')
2. 회피애착 (불안-회피형)	○ 엄마가 방에 있을 때 관심을 보이지 않고, 떠나도 별로 불편해하지 않으며, 엄마와 다시 만났을 때 엄마와의 상호작용을 피하고 엄마를 외면함 ○ 유아가 불편을 느끼더라도 엄마나 낯선 여성 모두가 쉽게 달랠 수 있음 ○ 거부를 예상하고, 고통스러울 때 애착 대상과의 접촉을 회피함
3. 저항애착 (불안-양가형)	○ 엄마가 돌아오면 엄마를 보고 울지만 엄마에게 오지 않고, 엄마가 다가오면 저항을 보이는 동시에 신체적 접촉을 추구하면서도 거부함(예 안아 주면 울다가 내려놓으면 화난 듯 소리를 지름) ○ 고통스러울 때 위안 추구를 못 하고 좌절함('차고 매달리는$^{kick\ and\ cling}$' 유형)
4. 혼돈애착 (혼돈형)	○ 엄마를 쳐다보지 않으면서 다가가고, 다가가서는 회피해 버리며, 안정되었다가도 울음을 터트리는 등의 모순행동을 보임 ○ 혼란감, 정서반응 부재, 우울해 보임(학대 피해 또는 부모가 정신장애가 있는 아이가 이 범주에 속할 가능성이 큼) ○ 애착 대상과의 관계 형성을 위한 안정된 책략이 부재함('해결책 없는 공포')

안정애착

첫째, 안정애착에 속하는 아이들은 엄마의 존재에 민감해서 엄마가 방을 떠나는 것을 바로 알아챈다. 단, 낯선 사람과 홀로 남겨졌을 때 고통을 느끼는 정도는 기질에 따라 다르다. 이 유형의 아이들은 엄마가 떠나면 저항하거나 엄마를 쫓아가고자 하며, 엄마와의 관계를 통해 위안을 얻는다. 이에 엄마가 돌아오면 즉시 엄마 곁으로 가서 시선을 맞추고 반기며 이내 진정된다. 또한 엄마와의 접촉 추구와 탐색 행동을 번갈아 한다. 아이들은 특히 위협이나 고통을 느낄 때 엄마와의 접촉을 통해 위안을 얻고 안정을 되찾는다. 안정을 되찾으면, 이내 자신 있게 놀이 환경에 복귀하여 탐색을 계속한다.

안정애착의 2개 요소는 ① 엄마의 접근가능성^{accessibility}과 ② 아이의 애착욕구 민감성이다. 자녀와 안정애착을 형성하는 엄마들은 아이의 관점에서 사물을 보고, 아이의 욕구에 조율하며, 아이의 신호를 정확하게 지각하고, 신속하게 반응한다. 또한 아이의 욕구에 기초하여 반응하고, 긍정 · 부정 감정 모두에 반응한다. 이들은 완벽한 엄마 역할을 추구하기보다 단지 충분히 잘하고자 한다('충분히 좋은 엄마').

영국의 정신분석가 위니콧이 창안한 '충분히 좋은 엄마$^{good\ enough}$ ^{mother}' 개념은 육아에 자연스럽게 몰두하고, 충분히 아이를 끌어안으며(접촉), 아이가 성장함에 따라 적절한 시기에 독립시키는 엄마를 가리킨다. 특히, 인간 발달을 3단계로 나눈 그가 창안한 '잡아주기^{holding}' 개념은 아이가 절대적 의존기(1단계)와 상대적 의존기(2단계)를 거쳐 독립기(3단계)로 나아가기에 앞서 엄마가 신뢰를 바탕으로 아이를 안전하고 안정되게 돌보는 행위를 의미한다. 그는 반사회적 행동을 어린 시절 겪은 불안전에 대한 감정과 '잡아주기' 환경 박탈

도널드 위니콧(Donald Winnicott, 1896~1971)

의 결과로 보았다. 안정애착 아이와 마찬가지로, 안정애착 성인들 역시 고통을 느낄 때 타인을 찾아 접촉과 위안을 구함으로써, 애착 대상이 접근 가능하고 정서적으로 반응할 것으로 확신하는 특징이 있다. 이는 정서적 · 생리적 진정과 회복 기능을 한다. 이런 점에서 안정애착은 트라우마의 해독제다.

회피애착

둘째, 회피애착$^{avoidant\ attachment}$을 보이는 아이는 낯선 상황에서 엄마의 존재에 대해 관심을 없고 엄마의 부재에도 고통을 느끼지 않는 것처럼 보이며, 탐색과 놀이에 집중한다. 엄마가 돌아오면 아이는 무관심하게 돌아서고, 엄마가 안아 주면 자신을 내려놔 주기를 바라는 것처럼 보인다. 이들이 겉으로 나타내는 무관심, 즉 회피는 일종의 방어기제임을 시사한다.

저항애착

셋째, 저항애착resistant attachment 아이는 탐색/놀이의 관심을 억제하며 애착에 집착한다. 이들은 장난감보다 엄마에게 더 집중한다(독립심보다는 안정 추구). 또한 회피애착 아이들과는 대조적으로 위험에 대해 경계 태도를 보이고, 격리에 지나치게 민감하며, 엄마가 떠나면 심한 고통을 느끼지만, 엄마가 돌아오면 쉽게 진정된다. 이들의 애착행동은 양가감정과 분노가 섞여 있다. 이들은 애착대상에게 다가가지만, 달래 주면 화를 내며 저항한다. 회피애착 아이들은 애착욕구를 거절하는 반면, 저항애착 아이들은 강한 애착욕구를 보인다. 그러나 이들의 고조된 애착욕구는 양육자와의 상호작용에서 갈등만 초래하게 된다.

저항애착은 비일관적 양육에 대한 반응이다. 저항애착 아이의 엄마들은 아이의 욕구에 민감하지 않고, 아이를 귀찮게 여기며, 아이에 대한 반응이 늦고, 시선을 주지 않으며, 불충분한 자극을 제공한다. 이에 아이가 애착행동을 극대화하려는 경향을 보이는 것은 비반응적·비일관적 양육자의 관심을 끌기 위한 적응적 시도다. 그렇지만 엄마가 다가올 때마다 아이는 양가감정을 보임으로써 위로받지 못하게 된다. 회피애착과 저항애착은 스트레스가 많고 문제가 많은 엄마와 아이의 관계를 다루는 대조적인 적응전략이다.

혼돈애착

넷째, 혼돈애착disorganized attachment은 애착유형이 안정적·회피적·저항적이지 않으며, 분류할 수 없는 최악의 애착유형이다. 엄마의 거부와 비일관적 행동은 아이에게 고립감과 양가감정을 일으킨다. 이 유형의 아이들은 뚜렷한 목표가 없고, 모순적인 행동(엄마에게 다가가는 행동, 회피, 저항 행동)을 번갈아 한다. 또 재회 이후 엄마와 신체접촉을 원하는 것처럼 접근하다가 갑자기 돌아서기를 반복한다.

이런 상반된 행동은 아이가 엄마에게 접근 또는 회피할 때 더 극적으로 표현되는데, 이때 애착행동은 억제된다. 즉, 아이는 고개를 돌린 상태에서 뒷걸음으로 엄마에게 다가가거나 엄마의 무릎을 파고들다가 멍한 표정을 짓거나 고개를 떨구거나 다른 곳을 응시한다. 아이는 두려움으로 고통스러워하지만, 엄마를 찾는 노력은 하지 않고, 심지어 엄마를 두려워한다. 게다가 아이는 심리적으로 마비된 것처럼 한동안 얼어붙기도 하고, 극심하게 냉담해 보이기도 한다.

혼돈애착 유아의 엄마들은 아이에게 두려움을 주거나, 오히려 아이를 두려워하는 경향이 있다(Main & Hesse, 1990). 즉, 아이를 놀라게 하는 행동 또는 자신이 놀란 행동은 유아의 공간을 침입하여 유아의 마음을 압도하고, 유아와의 관계를 두려워하거나 겁을 먹고 유아와 심리적 게임을 하거나 유아의 거부에 극도로 민감한 경향이 있다. 엄마의 이런 행동은 어린 시절의 상실, 학대, 또는 트라우마로 인한 것일 수 있다.

아이의 애착욕구는 엄마의 과거 상처를 떠올려 아이를 놀라게 한다(Allen, 2001). 이로써 엄마는 아이를 견디기 힘든 긴장 상황(안전한 피난처를 불안하게 하는 상황)에 빠지게 한다. 혼돈애착 유아는 이런 딜레마에 빠져 있고, 효과적인 적응 수단을 가지고 있지 않다. 이로써 유아는 혼돈, 모순, 혼란스러운 행동을 나타내고, 성인으로서도 애착관계에 적용할 책략이 없어, 심한 불안에 시달리고, 애착관계에 매몰될 수 있다.

04 애착 발달과 성장

엄마와 아이의 상호작용으로 형성되는 애착 유형은 대상과의 관계 특성에 따라 달라진다. 엄마와 아빠에 대한 아이의 상호작용이 각기 다르다면, 아이는 부와 모에 대한 서로 다른 애착 유형을 보일 것이다. 애착의 발달과 성장에 관한 쟁점은 ① 애착과 엄마, ② 애착과 회복력, ③ 애착과 반려동물, ④ 애착과 장소, ⑤ 애착의 안정성과 유동성으로 구분하여 살펴보기로 한다.

애착과 엄마

애착이론에서는 엄마와 아이의 애착을 애착관계의 원형^{prototype} 또는 전형^{model}으로 본다. 그 이유는 엄마와의 애착이 아이의 성장·발달에 유의미한 영향을 주기 때문이다(Main, 1999). 애착은 성인기로 넘어가는 동안 기념비적인 변화가 일어난다. 생애 초기에 애착은 엄마와 아이의 상호작용에 달려 있다. 그러나 점차 관계를 마음에 담아 두는 능력(포용, 즉 애착 대상과 상호작용한 기억으로부터 위안을 얻는 능력)의 발달로, 두 사람은 오랫동안 떨어져 있어도 애착관계를 유지할 수 있다. 게다가 애착 대상의 범위는 평생 극적으로 확장된다. 물론 아이의 애착 범위는 가족 구성과 양육 조건에 달려 있다. 그렇지만 애착의 범위는 부모 외에도 형제/자매, 친구, 동료, 이웃에게까지 점차 더 확장된다.

애착과 회복력

인간은 생물학적으로 안정애착을 형성하도록 구조화된 상태로 태어난다. 애착 체계는 회복력^{resilience}(스트레스로 인한 고통을 예방하고 역경을 이겨내게 하는 선천적·후천적 정신 역량)을 지니고 있다. 사람들은 보통 안정된 애착관계를 추구하는데, 이는 생애 초기에 시작된다. 아이가 폭력/학대가 만연한 가정에 태어나 생활하고 있다고 해도, 이들은 안정감을 주는 오아시스(예 조부모, 친구, 이웃, 코치, 종교 지도자)를 찾아내어 안정애착을 형성하기도 한다(Ainsworth, 1989). 이에 안정애착 형성 능력을 지니지 못한 채 성인이 되는 경우는 거의 없다(Allen, 2004).

애착과 반려동물

애착은 대인관계에서만 형성되는 건 아니다. 집단 또는 기관과의 유대가 애착과 안정의 주요 원천이 되기도 한다. 유대감은 가족 단위에서 발달하여 다른 집단으로 확장된다. 집단과의 유대 역시 고통 경감과 자존감 유지를 돕는다. 이를 고려할 때, 집단이 트라우마를 겪은 사람들에게 얼마나 유용한 치료수단인지 새삼 강조할 필요는 없다. 애착의 대상은 동물이나 식물(원예)도 될 수 있다. 예컨대, 반려동물(예 강아지, 고양이, 토끼)이 정서적 구원자가 되기도 한다. 이들 역시 인간과 비슷한 애착 역량을 지니고 있다. 이런 점에서 이들과 정서적 유대를 형성하는 것은 그리 놀라운 일이 아니다. 더욱이, 이들 동물은 털이 있어서 위안에 필요한 촉감을 제공한다. 반려동물과의 유대는 타인과의 유대를 대치하지 않는다면 권장할 만하다.

애착과 장소

애착 대상은 익숙한 장소같은 비생물체도 될 수 있다. 장소 애착$^{site\ attachment}$이란 장소에 대해 애착을 형성하는 현상을 말한다. 트라우마에 대처하는 아동은 대개 주변 환경 중에서 방, 벽장, 숲속의 특정 장소 같은 안전한 곳을 찾는다. 아동뿐 아니라 성인도 익숙한 비생물체(인형, 베개, 담요 등)에 의지한다. 애착 대상은 현실에 존재하는 방문 가능한 장소는 물론, 상상 속에서 쉼터를 찾는 것도 가능하다. 긴장이완법 또는 최면을 통해 이런 장소를 그려 보는 것은 강력한 효과가 있다. 안전한 장소에 있음을 상상하는 것은 자기 위안의 주요 요소다.

애착의 안정성과 변동성

발달 과정에서 애착은 유동적이다. 즉, 안정성과 변동성 둘 다 있다(Thompson, 1999). 애착관계의 질이 안정될수록 애착은 더 안정되지만, 가족의 스트레스로 한순간에 무너질 수도 있다. 반면, 민감하게 반응해 주는 대상과의 친밀관계는 종전의 불안정애착을 안정애착으로 변화시키기도 한다(Howes, 1999). 개인은 상호작용의 질에 따라 시기마다 다른 애착관계를 형성하고, 같은 시기에 여러 사람과 각기 다른 애착관계를 형성하기도 한다.

인간은 적응적 존재이지만 한계도 있다. 새로운 환경은 새로운 학습 기회를 조성한다. 세상에는 악순환과 선순환이 공존한다. 진정된 상태에서 세상은 더 안전한 곳으로 여겨진다. 세상을 안전한 곳으로 인식하면 긴장을 줄일 수 있고 더 편해진다. 한 사람에 대한 신뢰를 배우면, 타인도 신뢰할 수 있게 된다. 자신을 위해 당당하게 나서고 타인이 자신을 이용하지 못하게 하면, 자신에게 더 좋은 느낌이 들게 된다. 자존감 증진은 자신을 위해 당당히 설 수 있게 한다. 애착 트라우마를 넘어서서 발달과 성장을 계속하는 것은 과거나 미래가 아니라 현재 해결해야 할 과제다.

05　애착 트라우마

애착 트라우마$^{attachment\ trauma}$란 애착관계에서 발생하는 충격적인 사건 또는 경험에 의한 심리적 손상을 말한다('애착 외상'으로도 불림). 이 말은 트라우마를 경험한 청소년에 대한 경험적 연구 과정에서 창안되었다(Adam et al., 1995). 애착 트라우마는 정서적으로 매우 긴밀하게 연결되어 있고, 의존도가 높은 관계에서 발생한다.

애착 트라우마의 영향

애착 트라우마는 개인의 안정 기반과 기본 신뢰는 물론, 생물학적 조절력도 무너뜨린다. 개인의 불행은 종종 여기서 시작된다. 애착관계에서의 초기 트라우마 경험은 아이에게 정신적 상처가 되고, 각성 상태에서 방치됨으로써 과각성(공포, 공황, 고통)을 초래한다. 이 상태에서 진정과 위안을 받을 수 없는 상황이 더해지면, 트라우마는 대뇌의 다른 경로로 발달하게 한다. 이는 스트레스가 심한 사회에 적응할 수 있게는 하지만, 스트레스에 과민하게 만든다(Teicher et al., 2003).

생애 초기 또는 아동기의 애착 트라우마가 개인에게 미치는 문제는 이중 부담$^{dual\ liability}$이다. 하나는 트라우마 자체로 극심한 고통을 겪는 것이고, 다른 하나는 고통스러운 일이 있을 때 정서조절 능력을 발달시키지 못하는 것이다. 그러나 이후의 안정애착 관계는 이 능력을 기를 수 있는 토대가 된다. 아동기의 안정애착은 개인에게 안전한 피난처와 안정된 기반을 제공한다. 이는 생리적 각성을 조절하고 관계 형성의 기초가 되며, 스트레스 회복력을 강화한다.

정서조절$^{emotional\ regulation}$은 자신과 타인의 감정을 이해 · 고려하여 사회적 적응 방식으로 유연하게 반응 · 대처하는 상태다. 이 상태와 능력은 생애 초기 애착관계를 통해 발달한다. 생후 1년까지 영유아는 울음이나 미소로 감정을 표출하여 타인의 행동을 유발하거나 주변의 물건을 조작하면서 정서를 조절한다. 2~3세에는 부정 사고나 감정에서 다른 곳으로 주의를 돌리거나 유쾌한 생각을 하는 등 더 만족스러운 방식으로 부정 정서에 대처한다.

4~6세가 되면 타인의 표정, 상황, 성향 등의 복합 요인을 통합하여 정서를 변별할 수 있게 된다. 또한 특정 상황에서 경험한 자신의 정서가 같은 상황에서 경험한 타인의 정서를 이해할 수 있는 상황적 추론이 가능해지며, 내적으로 경험한 정서와 외적으로 표출하는 정서를 적절히 관리할 수 있게 된다. 정서조절 능력의 발달은 개인차, 부모의 성격과 양육방식, 부모와의 상호작용 등의 영향을 받는다(강진령, 2023).

애착 트라우마는 정서조절 능력의 발달을 방해하여 스트레스에 효과적으로 대처할 수 없게 한다. 이 경우, 스트레스와 정서 해소를 위해 자기파괴$^{self\text{-}destructive}$ 행동(자해, 자살, 물질남용, 도박 등)에 의존하게 될 수 있다. 자살을 제외하면, 이런 행동은 압도적이고 견디기 힘든 정서 상태에서 안도감을 제공한다는 점에서 자기보존적self-preservative이다. 그러나 장기적으로는 효과적인 대처 방법의 습득을 저해하고 대인관계를 손상한다는 점에서 자기파괴적이다. 이에 도전 과제는 자기파괴적이지 않으면서 자기보존적인 정서조절 방법을 발견하는 것이다. 이런 점에서 자기파괴 행동은 임상적으로 단순히 타인의 관심을 끌거나 도움을 청하기 위한 게 아니라, 견디기 힘든 정서 상태에 종지부를 찍고자 하는 시도다. 애착 트라우마의 주원인은 아동학대다(Bowlby, 1988).

아동학대

아동학대child abuse는 보호자를 포함한 성인이 아동의 복지를 해치거나 정상 발달을 저해하는 신체적 · 정신적 · 성적 가혹행위 또는 방임 행위다. 이 행위는 부모의 절대적인 힘과 권한이 곧 정의라는 걸 자녀에게 증명해 보이려는 시도에서 발생한다. 흔히 훈육을 구실로 양육자에 의해 자행되는 아동학대는 아이의 심리생물학적 발달(자의식 등)을 저해하고, 방어를 발달시키며, 다양한 부작용과 후유증을 초래한다.

　오늘날 부모들의 아동학대에 대한 인식이 크게 나아졌다고는 하나, 얼마나 많은 아동이 여전히 부모로부터 고통을 당하고 있는지는 구체적으로 밝혀진 바는 없다. 부모 중에는 어릴 적 부모로부터 두들겨 맞거나, 화상을 입거나, 뺨을 맞거나, 매를 맞거나, 던져지거나, 차이거나, 심지어 성학대를 당한 부모들이 있다. 이로써 무정하고, 가학적이며, 잔인하고, 자신의 어린 시절부터 품어온 원한으로 가득 차 있는 부모들도 있다. 더 심각한 상황은 버림받거나, 돌봄을 받지 못하거나, 제대로 배우지 못하거나, 반복된 거짓말에 속거나, 잘못된 정보를 수집하게 되는 것이다. 이런 아동학대는 크게 ① 학대(신체, 정서, 성)와 ② 방임(신체, 심리사회)으로 구분된다.

신체학대.　첫째, 신체학대physical abuse란 폭행, 구타, 체벌, 감금 등으로 물리적으로 가혹하게 대하여 신체에 해를 입히는 행위를 말한다. 국내에서는 「아동복지법」 17조 3항에 아동에 대한 신체학대 예시를 명시하고 있는데, 그 내용은 표 3-2와 같다.

표 3-2. 아동 신체학대 예시

방식	설명
1. 직접 가해	○ 손으로 때리거나 발로 차거나 꼬집고 물어뜯거나 조르고 비틀거나 할퀴는 행위
2. 도구 사용	○ 도구로 때리거나, 흉기 및 뾰족한 도구로 찌르는 행위
3. 완력 사용	○ 강하게 뒤흔들거나, 신체부위를 묶거나, 벽에 밀어붙이거나, 떠밀고 잡거나, 아동을 집어던지거나, 거꾸로 매달거나, 물에 빠뜨리는 행위
4. 유해물질 사용	○ 화학물질 혹은 약물 등으로 신체에 상해를 입히는 행위

아동에 대한 신체학대의 신체 · 행동 징후는 표 3-3과 같다.

표 3-3. 아동 신체학대의 신체 · 행동 징후

유형	징후	
1. 신체 징후	○ 설명하기 어려운 신체 상흔 ○ 비슷한 크기의 반복적으로 긁힌 상처 ○ 복부 또는 흉부 상처	○ 겨드랑이, 팔뚝 안쪽, 허벅지 안쪽 등 다치기 어려운 부위의 상처
2. 행동 징후	○ 성인과의 접촉 회피 ○ 공격적이거나 위축된 극단적 행동	○ 부모에 대한 두려움 ○ 귀가에 대한 두려움

정서학대. 둘째, 정서학대^{emotional abuse}란 개인의 정신건강과 발달을 저해하는 언어적 모욕, 정서적 위협, 감금, 억제 등의 행위를 말한다. 언어적 모욕은 비난, 욕설, 무시하는 말로 심리적 고통을 가하는 행위다. 정서학대 피해자들은 종종 매 맞기보다 언어폭력을 감당하기 힘들어한다("넌 태어나지 않았어야 했어." "차라리 나가 죽어!"). 정서학대의 예는 글상자 3-6과 같다.

글상자 3-6. 정서학대의 예

1. 가족 내에서 따돌리거나 소외시키는 행위
2. 원망 · 거부 · 적대 · 경멸적 언어폭력
3. 형제나 친구 등과 비교 · 차별 · 편애하는 행위
4. 기본욕구(수면, 섭식, 인정)를 박탈하는 행위
5. 시설 또는 타인에게 보내겠다거나 흉기로 위협하는 행위
6. 심한 수치감을 주고 깎아내리는 행위(◉ 짐을 싸서 집 밖으로 내쫓음)
7. 아끼는 대상(사랑하는 사람으로부터 받은 유품, 반려동물)을 빼앗거나 부수는 행위
8. 극도의 공포 또는 불편함을 주는 행위(◉ 완력으로 싫어하는 음식을 억지로 먹임)
9. 공갈 협박(◉ 학대 사실을 유출하면 가족원을 해치겠다는 위협)
10. 부정한 일을 시키는 행위(◉ 아동에게 물질사용, 절도, 매춘 강요)

정서학대는 가장 심각한 형태의 트라우마가 고의로 저질러질 수 있음을 보여 준다. 사전에 계산된 잔인성은 충동성 폭력보다 아동에게 더 심각한 트라우마를 남긴다. 극단적 형태의 정서학대는 가학적 학대^{sadistic abuse}다. 가학적 학대 가해자는 피해자로부터 절대적 통제력을 얻기 위해 상대방을 공포에 질리게 한다. 가학적 학대는 폭발적, 전제적, 강압적, 또는 줏대가 없는 등 다양한 유형이 있다. 정서학대는 다양한 심리적 문제와 증상(수치심, 낮은 자존감, 우울, 자해 · 자살, 불안, 해리 등)을 유발한다. 되풀이되는 정서학대는 흔히 다른 유형의 학대와 함께 발생하여, 그 영향을 다른 것과 분리하기 어렵게 된다. 아동에 대한 정서학대의 신체 · 행동 징후는 표 3-4와 같다.

표 3-4. 아동 정서학대의 신체 · 행동 징후

유형	징후	
1. 신체 징후	○ 신체 발달 저하	○ 발달 지연 및 성장 장해
2. 행동 징후	○ 반사회적/파괴적 행동 장해	○ 히스테리, 강박, 공포
	○ 실수에 대한 과잉반응	○ 언어 장해

성학대.   셋째, 성학대[sexual abuse]란 개인에게 성적 행위나 성적 폭력을 가하는 행위를 말한다 (애무에서부터 성교까지 다양함). 아동 성학대는 아동이 양육자의 인정과 접촉을 갈망하는 상황에서 일어난다는 점에서 피해 아동에게 극심한 혼란과 갈등을 유발한다. 이는 전형적으로 가족 문제와 함께 발생한다는 점에서 성학대의 영향을 이와 결부된 불행한 사건과 분리하기 어렵다. 애착관계에서 발생하는 성학대는 신뢰를 악용한다는 점에서 배반 트라우마[betrayal trauma]로도 불린다(Freyd, 1996). 이로써 자연스럽고 건강한 접촉 욕구는 죄책감을 불러일으키고, 자연스러운 성적 흥분은 극도의 역겨움[disgust]을 유발한다.

성학대 피해 아동은 가해자가 세상을 떠났음에도, 그의 경멸적인 목소리를 뚜렷하게 듣곤 한다. 게다가, 가해자가 퍼부었던 성적 낙인이 삶에 엄청난 영향을 미쳤다는 사실을 알게 된다. 무력감의 한가운데서 피해 아동은 성적 접촉에서 자연스럽게 발생하는 성적 흥분으로 놀라고 공포에 휩싸이게 된다. 이런 갈등은 이웃 또는 성직자의 성학대를 비롯하여 어떤 관계에서도 문제가 된다. 성학대의 예는 글상자 3-7과 같다.

글상자 3-7. 성학대의 예

---

1. 개인의 성적 만족을 위해 아동을 관찰하거나 아동에게 성적인 노출을 강요하는 행위
   (관음 행위, 성관계 장면 노출, 자위행위 노출 강요 등)
2. 아동과 유사성행위 또는 성교하는 행위
3. 아동에게 성매매를 강요 또는 매개하는 행위

성학대는 주로 밀폐된 공간에서 일어나고, 다양한 스트레스를 동반하며, 가족 내에서 발생한다. 이는 공중보건의 문제이고, 다양한 심리적 증상과 정신장애(PTSD, 우울장애, 성행동 장해 등)로 나타나는 트라우마를 수반한다. 성학대는 심리적 문제와 정신의학적 증상 발생위험을 크게 높이고, 학대 정도가 심할수록 심리적 트라우마도 심각해진다. 성학대 영향 평가는 ① 나이의 부적절성, ② 성행위로 인한 스트레스 수준, ③ 학대 행위의 위험 정도, ④ 강제성 정도, ⑤ 힘/권위와 신뢰 남용, ⑥ 가해자와의 관계를 고려한다. 성학대 결과의 정도가 더 심각한 경우는 글상자 3-8과 같다(Kendall-Tackett et al., 1993).

글상자 3-8. 성학대 결과가 더 심각한 경우

1. 장기간 지속할 때	5. 부상 또는 죽음의 공포가 동반될 때
2. 무력이 행사될 때	6. 가해자가 애착 대상일 때
3. 삽입이 있을 때	7. 지원이 없거나 부족할 때
4. 무력감을 경험할 때	8. 피해 사실을 외부에 알린 후, 부정적인 결과가 뒤따를 때

성학대 피해자의 대다수는 여성이고, 가해자의 대다수는 남성이다. 그러나 여아들 못지않게 남아 대상의 성학대 역시 적지 않고, 때로 심각한 트라우마를 초래한다. 이 역시 가해자의 대다수는 남성이다(Herman, 1981). 아동에 대한 성학대의 신체 · 행동 징후는 표 3-5와 같다.

표 3-5. 아동 성학대의 신체 · 행동 징후

유형	징후
1. 신체 징후	○ 아동의 성병 감염 또는 임신 ○ 생식기, 항문, 구강 손상/찰과상
2. 행동 징후	○ 나이에 맞지 않는 성적 행동 ○ 명백한 성적 이미지를 그림으로 묘사함 ○ 타인, 동물, 장난감을 대상으로 성적 상호작용을 행동으로 나타냄 ○ 특정 유형의 사람 또는 성에 대한 두려움을 보임 ○ 비행, 가출, 일탈 행위를 보임

아동기 성학대 생존자들은 흔히 경계성 성격장애(BPD) 또는 PTSD 증상을 나타낸다. 아동기 성학대 후유증을 요약 · 정리하면 표 3-6과 같다.

표 3-6. 아동기 성학대 후유증

영역	설명
1. 인지	○ 플래시백, 침습 기억, 학대 관련 악몽, 해리, 비현실감, 이인증, 신체 이탈 경험, 인지 이탈, 멍해짐, 만성 위험 지각, 현실검증력 손상
2. 정서	○ 죄책감, 수치심, 만성 우울, 무능감, 절망감, 불안 발작, 공포증
3. 행동	○ 성 문제, 수면 · 집중력 저하, 지나치게 극적인 행동양식, 강박적 성행위, 적대, 조종, 행동화 · 내재화, 유사 자살 행동, 물질남용
4. 감각	○ 부정적 특이성(마술적 힘에 가까운 감각), 높은 회피 · 부인 · 억압 능력, 과잉 경계, 신체화
5. 기억	○ 기억손상(현재 사건 또는 상호작용으로 초기 학대 기억 또는 정서가 자극됨)
6. 자기	○ 부정적 자기평가, 자기 비타당화, 자기혐오
7. 관계	○ 타인 불신 · 타인지향성 · 사회적 위축, 대인관계 이상화/실망

방임. 넷째, 방임^{neglect}이란 아동에 대한 보호와 감독 책임이 있는 성인(부모/보호자)이 아동에게 적절한 보호, 돌봄, 감독을 하지 않거나, 의식주를 포함한 기본 보호, 양육, 치료, 교육을 소홀히 하는 행위를 말한다(① 충분한 음식, 의복, 거처, 또는 관리 불이행, ② 강력한 추천 또는 처방된 의학적 정신건강 치료 지연 또는 불이행, ③ 만성 무단결석에 대한 교육적 필요 소홀, ④ 물질사용 허용 또는 묵인 등). 방임의 정의는 학자, 국가, 기관에 따라 다르다. 국내에서는 방임을 ① 보호자의 태만 또는 거부로서의 유기(기아), ② 건강 상태를 손상하는 의식주 또는 위생 상태 방치(영양실조, 극단적 불결 상태, 태만/거부에 의한 질병 발생), ③ 등교시키지 않는 것으로 본다.

방임에 대한 정의의 공통점은 양육 책임자(부모, 보호자)가 피양육자(아동, 장애인, 노인)의 기본욕구 충족을 계속해서 이행하지 않는 행위다. 이렇게 방치된 아동들은 대체로 공격적 · 충동적이고, 자존감이 낮으며, 일탈행동(비행, 범죄)과 함께 폭력에 쉽게 접근하고, 쉽게 억울한 감정에 사로잡히며, 물질 남용과 학교 부적응을 보이는 특징이 있다. 학대가 권한 이상의 행위라면, 방임은 의무 이하의 행위다.

가정은 인격 형성의 중요한 장이다. 부모가 무관심 · 무시 · 방치로 자녀에게 적절한 정서 반응을 보이지 않고, 필요한 돌봄과 보호를 해 주지 않으면, 꼭 있어야 할 것이 없는 상태, 즉 보이지 않는 트라우마^{unseen trauma}가 된다. 이 경우, 아이는 부모가 제공해 주지 못하는 돌봄과 보호를 스스로 자신에게 제공해야 한다. 아이답지 않게 스스로 알아서 자기 소임을 다하는 '착한 아이'로 성장하지만, 아이로서는 과도한 에너지를 소모해야 하므로, 균형 있는 인격 발달이 어려워진다(Egeland, 1997).

부모는 자녀를 먹여 주고 입혀 주고 재워 주고 학교에 보내 주는 등 실질적인 양육을 제공한다. 게다가, 세상을 배워 가고 알아 가는 자녀의 내면을 헤아려 주고 반응해 준다. 일상생활에서 놀라거나 기뻐하거나 무서워하거나 슬퍼하기도 하는 아이의 내면세계에 대해 부모는 거울처럼 반영적으로 공감해 준다('미러링^{mirroring}'). 이를 통해 아이는 자신에 대해 긍정적으로 생각할 수 있게 되고, 스스로 다독이는 능력을 터득한다.

부모의 무관심과 방임은 아이의 정신 성장에 필요한 요소를 제공하지 않는 것이다. 미러링해 주는 어른이 없다는 건 아이에게는 아무리 힘들어도 이를 알아 주는 사람이 존재하지 않는다는 걸 의미한다. 이로써 아이의 내면은 허전하고, 쓸쓸하고, 외로우며, 결국 외부의 스트레스에 취약하게 된다. 아이에게 스트레스를 주는 부끄러운 경험은 중화되지 못하고, 스몰 트라우마로 오랫동안 남게 된다. 갈등을 초래하는 욕망과 이 욕망의 억제와 싸우는 것 역시 높은 스트레스를 유발한다. 아이는 아이일 뿐, 부모의 돌봄 없이 스스로 안정적으로 건강하게 자라는 것은 아이의 능력으로 가능한 일이 아니다. 이는 아이가 아이다운 게 얼마나 건강하고 중요한 것인지에 대한 부모의 무지로 인한 것일 수 있다('모성 결핍^{deficiency of motherhood}'). 방임은 ① 물리적 방임, ② 교육적 방임, ③ 의료적 방임, ④ 유기로 구분된다(표 3-7 참조).

표 3-7. 방임의 유형

유형	설명
1. 물리적 방임	○ 의식주를 제공하지 않거나, 불결한/위험한 상태에 아동을 방치하는 행위(물질 사용 허용 또는 묵인 등)
2. 교육적 방임	○ 특별한 사유 없이 학교에 보내지 않거나 무단결석을 방치하는 행위
3. 의료적 방임	○ 아동에게 추천 또는 처방된 의료적 처치를 지연하거나 불이행하는 행위
4. 유기	○ 아동을 보호시설 또는 타인의 집 앞에 놔두는 행위

방임은 ① 신체적 방임과 ② 심리사회적 방임으로도 구분된다. 신체적 방임은 기본욕구(의식주, 건강 유지) 충족을 위한 돌봄을 제공하지 않는 것 및/또는 피양육자를 위험한 상황에 처하지 않도록 감독하지 않는 행위다. 이에 비해, 심리사회적 방임은 ① 정서적 방임, ② 인지적 방임, ③ 사회적 방임으로 구분되는데, 그 내용은 표 3-8과 같다.

표 3-8. 심리사회적 방임의 구분

구분	정의
1. 정서적 방임	○ 아동의 정서에 관심을 보이지 않거나 반응하지 않는 행위
2. 인지적 방임	○ 아동의 인지적 · 교육적 발달 지원을 하지 않는 행위
3. 사회적 방임	○ 아동의 사회적 · 대인 관계적 발달에 관심을 기울이지 않는 행위

지난 수십 년간 아동학대에 대한 사회의 관심이 높아졌지만, 방임은 비교적 소홀히 다뤄졌다. 방임의 파급효과는 학대와 크게 다르지 않다. 아동에 대한 방임의 신체 · 행동 징후는 표 3-9와 같다.

표 3-9. 아동에 대한 방임의 신체 · 행동 징후

유형	징후	
1. 신체 징후	○ 아동의 발달 지연과 성장 장해 ○ 비위생적인 신체 상태(악취 포함)	○ 건강 상태 불량
2. 행동 징후	○ 계절감 없는 부적절한 옷차림 ○ 음식을 구걸하거나 훔침(도벽)	○ 지속적인 피로/불안정감 호소 ○ 잦은 결석

방임의 또 다른 형태로는 심리적 부재가 있다. 심리적 부재$^{psychological\ unavailability}$란 양육자가 아동의 신호, 특히 포근함과 위로에 대한 요구에 반응하지 않는 것을 말한다(Egeland, 1997). 트라우마 관련 문제로 고통받는 사람 중에는 정서적으로 방임되었던 경험이 있고, 정서적 박탈감으로 어려움을 겪는다. 신체적으로 방임된 아동들은 정서적으로도 방임되는 경우가 많다. 그러나 신체적으로는 적절한 보살핌이 제공되지만, 심리적으로는 부재인 경우가 생

길 수 있다. 이러한 심리적 부재 역시 애착 트라우마를 초래하곤 하는데, 이런 정서적 방임은 또래 관계뿐 아니라, 애착관계에서도 문제를 일으킨다. 이런 점에서 심리적 부재는 미묘하면서도 심각한 형태의 학대다. 아동학대를 비롯한 아동기 트라우마 생존자들이 흔히 나타내는 주요 증상은 글상자 3-9와 같다.

글상자 3-9. 아동기 트라우마 생존자의 주요 증상

1. 물질 남용	6. 만성통증
2. 자해	7. 만성피로
3. 자살 사고	8. 해리 증상(감정이 없거나 아주 조금 있음)
4. 섭식장애	9. 어린 시절에 대한 부분적 또는 소량의 기억
5. 다양한 건강 문제	10. 정신장애(경계성 성격장애, 해리성 정체성장애 등) 진단

　아동기 트라우마 생존자들은 전형적으로 물질 남용, 우울, 정신건강 문제, 법 집행 관련 문제를 수반한다. 그런데 정작 이들의 대부분은 자신의 트라우마 과거력을 인지하지 못하는 경우가 많다. 트라우마가 있음에도 불구하고, 이를 인지하지 못함은 이들에 대한 치료 효과를 방해한다. 애착 트라우마를 유발하는 원인으로 가정폭력을 빼놓을 수 없다.

가정폭력

가정폭력^{domestic violence}은 가정 내에서 가족원 간에 일어나는 신체, 정신, 또는 재산상 피해를 주는 행위다. 이는 자녀에 대한 부모의 폭력, 부모에 대한 자녀의 폭력, 부부 사이의 폭력 등을 포함한다. 가정폭력이 발생하면, 가정은 더 이상 안식처 또는 피난처가 아니라 세상에서 가장 위험한 장소가 된다(Rose, 1993). 애착 트라우마는 부모-자녀 관계뿐 아니라, 성인 관계에도 적용된다.

　특히, 배우자/동반자 폭력은 흔히 3단계(① 점진적 긴장 고조, ② 심한 폭행 사건 발생, ③ 뉘우치는 행동)로 진행되고 반복되며 악순환된다(Walker, 1979). 이런 유형의 폭력에서 여성도 남성만큼 공격성을 보일 수 있지만, 남성의 공격성이 훨씬 더 폭력적이고 해롭다. 전형적으로, 남성의 공격성은 여성을 지배·통제하기 위한 것이지만, 여성의 경우는 자기방어와 보복을 위한 것이기 때문이다(Black et al., 2011).

　심한 내적 갈등은 흔히 모순적인 애착관계에 은폐되어 있다. 연속감^{sense of continuity}과 응집감^{sense of cohesion}은 타인과의 관계를 통해 경험한 적절한 연속성과 통합성의 영향을 받는다. 사람들은 다양한 관계에 따라 행동을 조절하고 다르게 행동한다. 다양한 관계가 조화를 이루고 경험과 행동의 변화가 도를 넘지 않는 한, 연속감과 통합감^{sense of integration}은 유지된다. 그러나 반복적인 학대관계는 생존자의 연속감과 통합감을 훼손한다. 피해자는 사랑과 보호를 받다가도 폭력적으로 처벌받거나 방임된다. 학대 또는 폭행을 당한 후, 사과의 의미로 선물을 받을 수도 있다. 트라우마 생존자가 사랑과 학대를 번갈아 받는 극적인 모순관계는 흔히 생존자의 내면 갈등과 자기분열$^{self-splitting}$을 초래한다.

근친상간.   근친상간^{incest}이란 혈연관계에 있는 가족 또는 가까운 친척관계에 있는 사람끼리의 성관계 혹은 이에 준하는 성적 행위를 말한다. 이 행위는 가장 심한 형태의 성학대다. 아이가 부모와의 관계에서 자녀와 연인이라는 이중역할을 해야 한다면, 아이는 모순된 정체성 측면을 통합하기 어렵게 된다. 이 같은 배반 트라우마는 자기 응집성$^{self-cohesion}$을 분열시킨다. 학대 사실을 의식적으로 아는 것(학대 관계에서 자기를 자기정체성의 일부로 고려하는 것)은 견디기 힘든 일이다. 이로써 부모의 연인이라는 자기의 일부는 통합 · 응집되지 않고, 분리되어 구획화^{compartmentalization} 및 파편화^{fragmentation}된다(Allen, 2001). 이는 애착(배반) 트라우마를 수반하는 친부모(생물학적 부모)의 성학대로, 피해 아동에게 극심한 트라우마를 초래한다(글상자 3-10 참조).

글상자 3-10. 근친상간을 겪은 생존자의 고백

> 자꾸 그때 기억들이 올라온다. –〈 중략 〉– 단 한 번도 성에 대해 배워 본 적이 없는 아동은 이것이 무슨 행위인지 알지 못할 뿐더러 단지 이상하고 나쁜 짓인 것 같다는 느낌이 들 뿐이다. 그런 아동에게 아동 성범죄자들은 성이란 누군가 내 몸을 침범하는 것이라고 알려 주는 꼴이다.
> –〈장화 외, 2021, 죽고 싶지만 살고 싶어서〉 중에서

근친상간 과거력이 있는 여성들을 대상으로 성행위의 주관적 경험을 규명한 연구(Westlund, 1992)에 의하면, 이들의 대다수는 성적 흥분에 어려움이 있었고, 성적 흥분과 쾌감 후에 수치심과 죄책감을 느꼈다. 극치감에 도달하지 못하는 여성은 드물었으나, 일부 여성은 흥분/쾌감 없이 극치감을 느꼈다. 또한 극치감은 취약감과 통제 불능감과 연관이 있었다. 그리고 성적 흥분과 정서적 애착의 분리가 빈번했고, 친밀감이 없을 때만 성적 흥분을 경험했다. 그러나 공통점은 자기비난이 성적 적응에 큰 영향을 미치는 것인데, 그 내용은 표 3-10과 같다.

표 3-10. 근친상간이 피해 여성의 성적 적응에 미치는 영향

영향	내용
1. 부정적 신체 지각	○ 자기 몸이 더럽고, 나쁘며, 통제할 수 없다는 인식과 신체가 각성되면 배신감을 느낌
2. 생식 관련 문제	○ 결혼 · 임신 · 출산에 대한 염려, 출산 · 수유 관련 트라우마 재각성
3. 성적 공상에 대한 죄책감	○ 가해자와 관련된 공상뿐 아니라 폭력, 무력, 굴욕, 고통에 관한 공상

연구에 참여한 일부 여성들은 성행위에 대한 극도의 부정 감정(불쾌감, 혐오감, 회피, 두려움, 분노 등)을 경험했다. 다수의 여성이 억제를 보고했고, 한동안 독신으로 지내기도 했다. 일부는 강박적 성행위를 했고(청소년기 또는 성인기 초기 동안), 일시적으로 난잡한 성행위도 흔했다(매춘 포함). 강박적 성행위는 종종 힘과 통제에 대한 욕구와 관련이 있었고, 가해자와 자기를 향한 분노를 표출하는 수단으로 사용되었다. 억제가 강박행동보다 더 빈번했고, 시간이 지나면서 점차 생활양식이 변화되었다(Westlund, 1992).

근친상간 경험은 피해자의 성행동에 다양한 영향을 미친다. 근친상간을 경험한 여성의 상당수는 강간 피해를 겪었는데, 그 비율은 근친상간을 겪지 않은 여성보다 현저하게 높았다(Russell, 1986). 그러나 근친상간이 건강한 성생활을 불가능하게 한다고 추론해서는 안 된다. 다양한 문제에도 불구하고, 성적으로 적극적인 참여자의 대다수는 성행위에 만족한다고 보고했다. 이들은 운동과 체력 훈련을 통해 자신의 성 경험과 기능 향상을 위해 노력했고, 상당 부분 신체에 대한 통제감을 회복할 수 있었다. 성기능부전이 있는 근친상간 생존자를 위한 다양한 치료법도 개발되었다(개인치료, 집단치료, 심리교육 등).

부부강간. 애착 트라우마를 초래할 모든 종류의 학대는 성인기 학대의 특징이다. 또 성인들 간의 관계에서 발생하는 애착 트라우마는 정신의학적 증상과 장애와 결부되어 있다. 부부강간marital rape은 폭력·협박으로 가지는 부부 사이의 성관계다. 이는 낯선 사람에게 당하는 것보다 더 흔하고 폭력적이며, 장기간 반복 발생한다는 특징이 있다. 적대감과 심리적 학대 역시 폭력이 자주 발생하는 부부관계의 특징이다.

정서(언어적)학대 피해 여성은 신체폭력 피해 여성과 마찬가지로 PTSD 발생 가능성이 크다. 최악의 경우, 가정폭력 피해 여성들은 가학적 학대 상황에 갇히거나 강제적인 통제를 받기도 한다. 이 경우, 가해 남편은 아내뿐 아니라 자녀에게도 폭력을 행사하겠다고 위협하기도 한다. 이처럼 마땅히 돌봄을 받아야 하는 대상로부터의 폭력과 위협은 피해자를 트라우마성 애착관계에 더 의지하게 한다(Black et al., 2011). 이에 가정폭력의 악순환에서 벗어나려면, 효과적인 지원과 개입 방법이 필요하다.

06 애착 트라우마와 성격 발달

"지금 나 비웃은 거야?"

"네? 제가요?"

"조금 전에 나보고 피식 웃었잖아."

"그런 적 없는데요. 아, 친구가 보낸 문자 보고 웃은 건데요."

"지난번에도 나보고 웃었잖아! 너 내가 그렇게 우습고 만만해 보여?"

오고 가다가 살짝 미소 지었을 뿐인데, 자기를 비웃은 것이라 굳게 믿고 폭발적인 분노를 감추지 못하는 사람들이 있다. 이 사람은 누군가 자기를 비난하지 않는지 촉각을 곤두세운다. 주변 사람들은 사사건건 의심이 많고 자기중심적 해석만 하는 이 사람을 너무 힘들어한다. 그러나 정작 본인은 자신이 아주 합리적인 사람이라면서 전혀 힘들어하지 않는다. 가족과 친구 관계에서도 의도를 의심하고 꼬치꼬치 캐물어 자신이 원하는 답을 얻어야 안심한다. 도대체 이 사람은 왜 그러는 걸까?

애착 트라우마와 관계 문제

아동학대 같은 애착 트라우마는 생존자에게 다양한 영향을 준다. 일례로, 관계 문제는 생애 초기의 학습에서 비롯된다. 이는 성인기의 만성 트라우마에 기인할 수 있지만, 아동학대 상황에서 훨씬 더 자주 나타난다(Pearlman & Courtois, 2005). 사람들은 과거 기억을 토대로 생각하고 행동한다. 이런 형태의 예측과 추정은 생애 초기(언어 사용 이전 시기)에 부호화된다. 예컨대, 생애 초기 학습에 기초하여 타인이 자기를 좋아하지 않고 매력적이지 않게 본다고 생각하거나 타인을 신뢰할 수 없다고 믿는 사람은 타인의 말에 기초하여 개인의 가치가 평가되거나 의지할 수 있다는 견해를 쉽게 바꾸지 못한다.

이런 핵심 도식의 질과 가치는 이후에 타인과의 의미 있는 유대 및 애착 관계를 형성 · 유지하는 능력에 영향을 준다(Bowlby, 1988). 그 결과, 아동학대를 겪은 사람들은 이후의 삶에서 종종 대립/혼돈 관계를 형성하게 되고, 성인애착 형성에 어려움을 겪으며, 친밀관계를 저해/위협하는 행동을 나타낸다. 생애 초기의 부모 · 자녀의 애착 관계가 형성되는 시기에 아동이 습득한 학습 내용은 트라우마를 겪은 청소년과 성인의 역기능적 관계 행동과 연관이 있다(Allen, 2001).

아동학대는 피해 아동의 자기와 타인에 대한 내적 표상에 부정적인 영향을 준다. 피해 아동이 자신을 약하고, 무기력하며, 부적합하고, 벌 받을 만하며, 무시당할 만하고, 받아들여질 수 없는 나쁜 사람으로 정의하는 것이 그 예다. 자신에 대한 부정사고는 타인을 위험하고 가까이할 수 없는 존재로 여기게 된다. 이들은 종종 생애 초기에 형성된 자기와 타인에 대한 예측과 추정을 이후의 대인관계에도 적용한다. 개인의 정신적 고통(우울, 불안, 공포, 분노 등), 자기 · 타인 · 세상에 대한 부정적이고 왜곡된 인식, 공격적 · 파괴적 행동은 전형적인 아동학대의 부작용이다. 게다가, 아동학대는 지적 능력 발달 저하, 언어 발달 지체 등의 문제를 초래하기도 한다.

애착과 성격 발달

트라우마는 애착, 자존감, 대인관계, 심지어 성격 발달에 깊은 영향을 미친다. 태아는 엄마 품에서 엄마의 미소를 보며 세상은 안전하고 믿을 만하다고 생각하고, 사랑받고 보호받고 있다는 느낌을 누리며, 가치 있는 존재라는 긍정적인 자기감을 형성한다. 생애 초기에 습득한 기본 신뢰는 평생 유지되고, 기본 감정(사랑, 우정, 공동체 의식, 정의, 질서, 영성 등)의 바탕이 된다. 이런 가치가 쌓이면, 사람과 세상, 그리고 삶의 의미에 대한 긍정적인 믿음이 생겨난다. 이런 믿음은 큰 스트레스나 위기에 직면할 때, 이를 극복할 원동력이 된다. 생애 초기에 형성된 기본 신뢰는 전 생애에 걸쳐 성격 형성에 영향을 준다(Erikson, 1963).

성격. 성격personality은 개인을 특징짓는 지속적이고 일관된(일관성consistency), 독특한(독특성uniqueness) 정서 · 사고 · 행동의 경향성tendency이다. 이는 개인의 일관되고 광범위하며 자연스러운 판단, 행동, 정서 반응의 합이다. 성격은 타고난 기질을 기반으로 형성되고, 시간과 상황에 걸쳐 안정적으로 지속되며, 잘 변하지 않는다. 성격은 대개 어린 시절부터 서서히 발달하기 시작하여 청소년기 또는 초기 성인기에 굳어진다.

기질. 기질temperament은 생물학적으로 형성된 타고난 성향으로, 생애 초기에 뚜렷하며 오래 지속되는 특징이 있다. 예컨대, 불안과 긴장 수준이 높은 아기는 나이가 든 뒤에도 이런 성향을 보이는 경향이 있다. 기질은 생애 초기에 분명히 나타나고, 부분적으로 타고난 특성이다. 사람들은 누구나 인간의 본성을 공유하지만, 동시에 개인적 본성(기질)을 가지고 있다. 기질은 트라우마에 대한 반응을 형성하고, 트라우마로 변화된다.

　장기간 누적된 스트레스는 신경계에 지속적으로 영향을 미친다. 이에 기질적으로 차분한 아동은 반복적인 트라우마의 결과, 성격적으로 더 고통스러워하고 위축될 수 있다. 기질과 특질trait(타인과 구별되는 개인의 일관적인 심리적 경향성)의 차이는 기질이 특질보다 더 정서와 연관성이 있다는 점이다. 즉, 기질은 정서적 특징(불안, 긴장, 차분함 등)과 관련이 있어서, 흔히 일반적인 기분 또는 기분 패턴을 묘사하는 말로 사용된다.

　트라우마 사건이 개인에게 미치는 영향에는 기질이 중요한 역할을 한다. 기질은 정서장애에 대한 생물학적 취약성의 일부다. 불안 기질은 공포 군집의 일부로, 트라우마와 깊은 관련이 있다. 기질은 크게 ① 억제inhibited형(아동의 20% 정도)과 ② 비억제uninhibited형(아동의 약 40%)으로 구분된다(Kagan, 2003). 행동억제체계Behavioral Inhibition System(BIS) 회로는 개인을 잠시 멈추고 둘러보고 귀 기울이게 하는 기능이 있다. 불안 기질은 사람, 상황, 사물, 또는 사건에 친숙하지 않은 것에 대해 억제하는 특징이 있다.

　억제형 아동의 행동체계는 회피, 괴로움, 또는 감정을 억제한다. 예컨대, 유치원 등원 첫날, 억제형 아동은 혼자 구석에 조심스럽게 앉아 있을 가능성이 높지만, 비억제형 아동은 곧바로 다른 아이들과 놀기 시작할 것이다. 억제형 아동의 행동억제체계는 새롭고 친숙하지 않은, 스트레스를 유발하는 상황에서 쉽게 가동된다. 이런 각성 경향은 부분적으로 유전적 요인 때문이다.

　유아기에 억제형 아동은 이후 삶에서 자신의 억제된 기질을 극복하는 법을 습득함으로

써, 이런 성향을 계속 유지하지 않을 수 있다. 그렇지만 초기에 억제형이었던 아동은 보통 수준에 이를 수는 있으나, 비억제형으로 바뀌진 않는다(Allen, 2004). 이처럼 기질적으로 억제된 아동은 스트레스 상황에 노출되면, 억제되고 불안한 상태로 남아 있을 가능성이 크다(Kagan, 2003). 더욱이 억제형 아동이 좌절과 불안을 겪지 않도록 하기 위한 어머니의 과잉보호는 아동의 대처기제 발달을 저해하여 상황을 악화시킬 수 있다. 이처럼 말이 없고 유순한 사람들은 기질적으로 에너지 넘치고 주도적인 사람들보다 더 두려워하고 이용당할 가능성이 크다.

습관. 습관^{habit}은 특정 행위를 오래 되풀이하는 과정에서 익혀진 행동 방식이다. 이는 성격 형성에 큰 역할을 한다. 특정 행동이 시행되면 일종의 소질이 생긴다. 행동은 다음에 같은 것을 수행하면 조금 더 쉽게 할 수 있으나, 다른 것을 수행하면 어려워진다. 일정한 대상에 대해 동일 시행을 반복하면, 점차 그 행동이 쉬워져 나중에는 노력하지 않아도 거의 기계적으로 행하게 된다. 이처럼 습관은 조건화 과정을 통해 후천적으로 획득된다. 습관은 제2의 본능이라고 할 정도로 강력한 힘이 있다. 좋은 습관 형성은 좋은 성격으로 이어지고, 나쁜 습관 형성은 나쁜 성격 형성의 본질이 된다. 물론 이 과정에는 기질이라는 개인차가 있다. 기질은 선천적으로 결정된 정서과 인지적 경향성이다. 그런데 애착관계의 맥락에서 발생한 트라우마는 성격 전반에 영향을 준다.

애착 트라우마와 성격장애

트라우마는 세상이 안전하고 믿을 만하며 올바른 질서와 의미가 존재한다는 기본 신뢰감을 한순간에 파괴할 수 있다. 트라우마 사건 자체가 특수하기 때문이다. 특수하다는 것은 평범한 인간이 적응할 수 있는 능력을 압도한다는 의미다. 트라우마에 의해 기본 신뢰감이 무너지면 성격에 급격한 변화를 겪게 되면서 극도의 혼란과 정신적 방황을 초래한다. 본래의 자신, 믿어 왔던 세상, 자연의 질서, 신과의 관계가 단절된다. 가족, 우정, 사랑, 공동체에 대한 애착이 한순간에 깨지면서 최종적으로는 기본적인 가치관과 도덕관마저 붕괴한다. 이런 가치관이나 믿음의 변화는 결국 생존자의 성격을 변화시킨다. 무엇보다 끔찍한 사실은 트라우마로 손상된 성격은 원래 상태로 돌아가기 어렵다는 것이다.

성격장애. 성격장애$^{personality\ disorder}$란 개인이 속한 문화에서의 기대와 규범에서 현저히 편향된 내적 경험과 행동 패턴이 지속되는 상태를 말한다. 이 상태는 사회적 기능에 심각한 손상이 있거나 상당한 주관적 고통을 일으키는 경직된 성격 특질로 인해 자신뿐 아니라 주변에 피해를 주고, 관계·직장·일상생활에서 전반적인 부적응을 초래한다. 성격장애는 청소년기 또는 성인기 초기에 발병하고, 시간이 지나면서 안정, 만연, 경직되며, 고통 또는 장애를 초래한다.

이 장애가 있는 사람(성격으로 인해 자기, 타인, 사회에 고통을 주는 사람)은 흔히 자신의 고통이 타인 때문이라고 믿으면서, 자신에게 책임이 있음을 인식하지 못한다. 이들은 타인과의 관계에서 문제를 일으키면서도 자신이 원인을 제공하고 있다는 사실을 잘 알아차리지 못한다. 오히려 이들은 성격 차원에서 문제가 되는 부분은 자신을 구성하는 본질의 일부이기에 불편하게 여기지 않고 오히려 자아에 잘 어울린다고 여긴다. 즉, 자신이 타인에게 문제를 일으킨다고 생각하지도, 불편해하지도 않는다. 당연히 치료를 통해 변해야겠다고 생각조차 하지 않는다(하지현, 2015).

이런 점에서 성격장애는 '입안의 마늘garlic in the mouth'이다. 마늘을 좋아해서 먹었는데, 말할 때마다 마늘 냄새가 진동해서 주변 사람들을 고통스럽게 한다는 뜻이다. 반면, 우울 또는 불안장애가 있는 사람은 문제를 인정하고 삶에 문제가 생길 수 있음을 이해한다. 이들은 자신의 증상을 '본질적 나'의 구성과 다르다고 인식하며, 그 문제 자체가 괴로움의 원인이 된다. 이런 점에서 불안 또는 우울은 '신발 속의 자갈pebble in the shoe'이다. 겉으론 멀쩡해 보이지만, 신발 속의 돌 때문에 걸을 때마다 통증을 느끼기 때문이다.

DSM-5의 성격장애 대안 모델에서는 병리적 성격 특질을 다섯 가지 광범위한 영역으로 구성하고 있다(① 부정적 정동성negative affectivity, ② 애착상실detachment, ③ 적대성antagonism, ④ 탈억제disinhibition, ⑤ 정신병적 경향성psychoticism). 이 모델에서는 성격 정신병리의 핵심을 자기와 대인관계 기능장해로 보면서 성격 기능의 요소를 4개(① 정체성identity, ② 자기주도성self-direction, ③ 공감empathy, ④ 친밀감intimacy)로 구분한다(표 3-11 참조).

표 3-11. 성격 기능의 요소

요소	설명
□ 자기	
1. 정체성	① 자기와 타인의 명확한 경계를 유지함, ② 자기를 고유한 존재로 경험함, ③ 안정된 자존감과 자기평가가 정확함, ④ 다양한 정서 경험을 조절·수용함
2. 자기주도성	① 일관성 있고 의미 있는 장단기 목표 추구, ② 행동의 건설적·친사회적인 내적 기준 활용, ③ 생산적인 자기성찰 능력이 있음
□ 대인관계	
3. 공감	① 타인의 경험과 동기를 이해·인식함, ② 관점 차이에 대해 포용력이 있음, ③ 자기 행동이 타인에게 미치는 영향을 이해함
4. 친밀감	① 타인과 깊은 관계를 오래 지속할 수 있음, ② 친밀관계에 대한 욕구와 능력이 있음, ③ 대인관계 행동에 반영되는 상호성이 있음

심리도식. 심리도식psychological schema이란 정보를 체계화·해석하는 인지적 틀(현실과 경험을 받아들이는 사고 패턴)이다. 이는 개인의 사고, 감정, 행동, 경험을 영속화하거나 치유하는 기능

이 있다. 개인의 부적응 행동, 증상, 문제는 대부분 그 이유가 있다. 생물학적 취약성 외에 심리학적 관점에서는 고통에 대한 방어 및/또는 고통 감내를 위한 정신작용으로 간주한다. 심리도식은 새로운 정보를 지각·조직화하는 시스템으로 작동하는데, 대개 생애 초기에 처한 환경 또는 경험을 기초로 형성된다. 이 도식은 새로운 지식을 흡수하고, 기존의 도식을 바탕으로 새로운 지식을 정리하거나 지식의 예외성을 확인하여 지속적으로 수정된다. 심리 도식은 삶의 과정에서 끊임없이 정교화되고, 기억, 감정, 인지, 감각으로 구성되어 행동, 사고, 느낌, 대인관계에 영향을 미친다.

심리도식은 일단 형성되면, 생각을 자동으로 정리하도록 도움으로써 자신·타인·세상 이해에 도움을 준다. 그러나 도식에 맞는 정보를 선호하는 경향이 있어서, 시각이 왜곡되었더라도 쉽게 변하지 않는 특성이 있다. 심리도식은 긍정적인 면과 부정적인 면이 있다. 부정 심리도식은 어린 시절 경험해야 하는 정서욕구^{emotional needs}(타인과의 안정감, 돌봄받는 애착 경험, 자율성·정체감 형성, 기본 욕구와 감정 표현, 현실적 한계와 자기통제 경험 등)가 박탈되거나 충족되지 않았을 때 형성된다. 부정 심리도식이 형성되는 이유는 표 3-12와 같다.

표 3-12. 부정 심리도식 형성의 원인

원인	설명
1. 심각한 욕구좌절	○ 정서적 결핍, 유기 도식이 발달함 ○ 아무도 자신을 보호, 돌봄, 사랑하지 않고, 버림받았다는 사고 패턴이 형성함
2. 아동기 상처	○ 불신, 학대, 결핍, 수치심 등의 부정 심리도식이 발달함
3. 과잉보호	○ 의존성, 무능감, 특권의식 같은 부정 심리도식이 형성되기 쉬움 ○ 타인의 도움 없이는 어떤 일도 잘 해낼 수 없다는 사고 패턴이 형성함
4. 선택적 동일시	○ 중요한 인물의 생각, 느낌, 행동을 선택적으로 동일시 또는 내면화함

심리도식 개념은 만성 성격장애 치료를 위해 창안되었다. 만성 성격장애의 치료는 많은 시간과 노력이 요구된다. 심리도식 개념은 트라우마 생존자의 고통과 문제의 근본을 이해하는 데 도움을 준다. 트라우마 상담에서 상담자는 생존자의 현재 문제를 심리도식과 연결하여 파악함으로써, 생존자가 자신의 심리도식의 형태와 원인의 이해를 돕는 한편, 생존자가 자신의 문제를 깊이 이해하여, 현실에 적응할 수 있도록 도울 수 있다.

관계도식. 관계도식은 일반적으로 암시적이고, 비언어 수준에서 부호화되며, 안전과 애착 욕구에 기반한다(도식^{schema}은 피아제가 인지구조의 단위를 기술하기 위해 창안한 용어로, 환경 조작과 적응에 관련된 지식과 기술을 의미함, 행동주의적 관점에서 습관^{habit}의 의미가 있음). 이에 이 도식은 성격장애가 있는 사람이 관계 위협을 학대(거부, 유지, 비난, 신체 위협)와 유사한 것으로 인식하게 한다. 이런 인식은 부정 정서와 관계의 어려움을 촉발한다(Simpson & Rholes, 1994).

예컨대, 생애 초기에 분리 또는 유기를 겪은 사람은 거부, 무시, 또는 버림받을 것 같은 상황이 일어나기 전까지는 직업 또는 친밀관계에서 잘 기능한다. 그러나 이렇게 인식된 경험은 친근감을 확인하고 관계 유지를 꾀하지만, 원시적(유아기적) 반응과 욕구를 갖는 경향 때문에 지나치게 감정적이어서 관계를 손상하는 행동을 야기한다. 이처럼 만성 관계 트라우마 활성화의 극적인 예는 경계성 성격장애^{Borderline Personality Disorder}(BPD)다.

확인문제

다음 빈칸에 들어갈 말을 써 보세요.

1. 양육자 또는 특정한 사회적 인물과의 친밀한 정서적 유대는 _____(이)라고 하고, 불안정해진 정서 안정을 위해 안정감을 주는 대상과 함께 있고 싶어 하는 성향은 ________(이)라고 한다.

2. ________(이)란 아이가 유대관계가 형성된 대상을 잃게 되어 겪게 되는 고통스러운 상태를 말한다. 애착 연구의 선구자 _____은/는 자신의 어린 시절 경험을 토대로, 생애 초기의 애착 형성이 본성의 기본이 되고, 애착 형성이 되지 않으면 아동기에서부터 성인기의 갖가지 정신질환의 원인이 될 수 있다는 애착이론을 정립했다.

3. 애착 연구자 ___________은/는 '________ 실험'으로 불리는 연구를 통해 적절한 양육이 어떻게 _____애착을 촉진하고, 부적절한 양육이 어떻게 ______애착을 형성하는지를 밝혀냈다.

4. 애착의 네 가지 유형에서 ______애착에 기여하는 엄마의 핵심 요소는 ___________와/과 아이의 애착욕구에의 민감한 반응이다. 이 애착유형에 속하는 엄마들은 완벽한 엄마 역할을 추구하기보다 단지 충분히 잘하고자 한다. 영국의 정신분석가 위니콧(D. Winnicott)은 이런 특징을 ______________(이)라고 명명했다.

5. 애착에 관한 실험에서 ____애착을 아이는 낯선 상황에서 엄마의 존재에 대해 관심을 없고 엄마의 부재에도 고통을 느끼지 않는 것처럼 보이며, 탐색과 놀이에 집중했다. 반면, ____애착에 속하는 아이는 탐색 또는 놀이의 관심을 억제하며 애착에 집착했다.

6. ____애착은 애착유형이 안정적 · 회피적 · 저항적이지 않으며, 분류할 수 없는 최악의 애착유형으로, 엄마의 거부와 ______ 행동은 아이에게 고립감과 ____감정을 일으킨다.

7. 보호자를 포함한 성인이 아동의 복지를 해치거나 정상 발달을 저해하는 신체적 · 정신적 · 성적 가혹행위 또는 방임 행위를 ________(이)라고 한다. 특히, ________은/는 폭행, 구타, 체벌, 감금 등으로 물리적으로 가혹하게 대하여 신체에 해를 입히는 것으로, 이에 관해서는 「아동복지법」___조 ___항에 명시되어 있다.

8. 아동의 정신건강과 발달을 저해하는 언어적 모욕, 정서적 위협, 감금 또는 억제 등의 행위를 ________(이)라고 한다. 이런 행위의 가장 극단적 형태는 __________(으)로 가해자는 피해

자로부터 절대적 통제력을 얻기 위해 상대방을 공포에 질리게 하는 측징이 있다.

9. ______은/는 아동에게 성적 행위나 성적 폭력을 가하는 행위를 말한다. 이는 애무에서부터 성교까지 다양하다. 이런 행위가 애착관계에서 발생하는 경우, 신뢰를 악용한다는 점에서 ______ 트라우마로도 불린다.

10. 개인적 특성으로 인해 자신뿐 아니라 주변에 피해를 주고, 관계, 직장, 일상생활에서 전반적인 부적응이 초래되는 상태를 ______장애라고 한다. 이 장애가 있는 사람은 자신이 타인에게 문제를 일으킨다고 생각하지도 않고 불편해하지도 않는 경향이 있다. 이런 점에서 이들은 '입안의 ______'(으)로 비유된다. 반면, 불안 또는 ______은/는 '신발 속의 ______'(으)로 비유된다.

학습활동

초기 트라우마 검사

※ 다음 문항을 읽고 자신에게 해당하는 진술이면 '예', 해당하지 않는 진술이면 '아니요'에 ✓표 하시오.

문항	예	아니요
1. [신체학대] 18세 이전에 부모님/어른이 다치게 하거나 멍, 베인 상처, 긁힌 자국이 남도록 체벌하거나 피를 흘리게 한 적이 있나요? (예＝신체학대)		
a. ☛ '예'라고 답했다면, 이 일로 극심한 두려움/무력감을 느꼈나요?		
b. 다치거나 죽을 수도 있다고 생각한 적이 있나요?		
2. [성학대] 18세 이전에 당신보다 5세 이상 연상인 사람이 강제로 성적인 행위를 한 적이 있나요? (예＝삽입을 동반한 성학대)		
a. ☛ '예'라고 답했다면, 그 사람이 성기, 손가락, 또는 물건을 당신의 성기/항문에 넣은 적이 있나요?		
b. 이 일이 당신의 의지에 반하거나 당신이 방어할 수 없을 때(예 수면 중 또는 약물이나 술에 취해 있을 때) 일어났나요?		
c. 이 일로 상당한 두려움, 공포심, 또는 무력감을 느꼈나요?		
d. 다치거나 죽을 수도 있다고 생각한 적이 있나요?		
3. [또래 성폭력] 18세 이전에 당신보다 5세 이하의 사람이 당신의 의지에 반하는 성적 행위를 하거나, 당신이 방어할 수 없을 때(예 수면 중 또는 약물/술에 취해 있을 때), 당신에게 성적인 행위를 한 적이 있나요? (예＝또래 성폭력)		
a. ☛ '예'라고 답했다면, 그 사람이 성기, 손가락, 또는 물건을 당신의 성기 또는 항문에 넣거나 성기를 당신의 입에 넣은 적이 있나요? (예＝삽입을 동반한 성학대)		
b. 이 일로 상당한 두려움, 공포심, 또는 무력감을 느꼈나요?		
c. 다치거나 죽을 수도 있다고 생각한 적이 있나요?		
4. [재난] 18세 이전에 심각한 화재, 지진, 홍수, 또는 기타 재난을 겪은 적이 있나요? (예＝아동기 재난 노출)		
a. ☛ '예'라고 답했다면, 이 일로 상당한 두려움, 공포심, 또는 무력감을 느꼈나요?		

b. 다치거나 죽을 수도 있다고 생각한 적이 있나요?		
5. [교통사고] 18세 이전에 심각한 교통사고를 겪은 적이 있나요?		
a. 이 일로 상당한 두려움, 공포심, 또는 무력감을 느꼈나요?		
b. 다치거나 죽을 수도 있다고 생각한 적이 있었나요?		
6. [트라우마 목격] 18세 이전에 누군가가 살해되거나 심하게 다치는 것을 본 적이 있나요? (예＝아동기 트라우마 목격)		
a. 이 일로 상당한 두려움, 공포심, 또는 무력감을 느꼈나요?		
b. 다치거나 죽을 수도 있다고 생각한 적이 있나요?		

소감

※ 이 활동을 통해 무엇을 알게 되었고, 무엇을 깨달았으며, 무엇을 느꼈고, 어떤 생각이 들었나
요? 잠시 생각하면서, 마음에 떠오르는 것을 자유롭게 글로 써 보고, 글의 제목을 붙여 보자.

Chapter **4**

트라우마 생존자의 이해

개요
01 트라우마의 고통
02 트라우마와 생존자의 인지
03 트라우마와 생존자의 정서
04 트라우마와 생존자의 자기
05 트라우마와 생존자의 대인관계
06 성폭행 생존자의 트라우마 증상
☐ 확인문제
☐ 학습활동

학습목표
1. 트라우마의 고통과 괴로움 역설을 이해 · 설명할 수 있다.
2. 트라우마가 생존자의 정서에 미치는 영향을 이해 · 설명할 수 있다.
3. 트라우마가 생존자의 자기에 미치는 영향을 이해 · 설명할 수 있다.
4. 트라우마가 생존자의 대인관계에 미치는 영향 이해 · 설명할 수 있다.

트라우마!

트라우마는 감당하기 힘든 충격적인 사건을 겪은 후에 일어나는 심신의 부적응 반응이다. 이런 경험은 종종 개인의 안정을 해치고, 한순간에 자기와 타인과 세상에 대한 신뢰를 무너뜨린다. 또한 압도적인 감정을 불러일으켜 감당할 수 없게 만들고, 이성적 사고를 마비시켜 몸과 마음이 뜻대로 움직이지 않게 만든다. 트라우마는 이처럼 예기치 못한 상태에서 피해자, 희생자, 생존자를 만들어 내는 무거운 경험이다. 견디기 힘든 만큼 고통스럽고 두려운 경험이기에, 트라우마를 겪게 되면 사람들은 자기·타인·세상에 대해 부정적으로 변하기 쉽다. 한데, 이런 경험은 온전히 주관적이어서, 같은 사고를 겪어도 트라우마에 시달리는 사람이 있는가 하면, 이내 회복되는 사람도 있다.

몸의 상처가 자연 치유되는 것처럼, 마음의 상처 역시 뇌의 정보처리시스템 작동으로 치유된다. 이 시스템이 있어서 스트레스가 쌓여도 시간이 지나면, 스트레스 사건/상황에 관한 생각이나 감정이 순화되어 마음의 안정을 되찾는다. 그러나 심각한 정도의 트라우마는 뇌의 정보처리시스템을 붕괴시켜 마음의 상처가 시간이 지나도 회복되지 않는다. 트라우마 사건 당시의 생생한 이미지, 강렬하고 압도하는 감정, 아프거나 긴장되었던 신체감각, 심각할 정도의 부정 사고는 시간이 지나도 뇌에서 정보처리를 하지 못해 고스란히 남는다. 이로써 시도 때도 없이 트라우마 관련 기억이 생생히 재현되곤 한다.

트라우마는 종종 몸과 마음에 후유증을 남긴다(원인 모를 통증, 반복되는 불면과 악몽, 식욕 부진, 불안, 공포, 우울, 기억상실, 집중력 저하, 무력감, 이명, 대인기피 등). 이는 심신미약으로 인한 게 아니라, 트라우마의 전형적인 증상이다. 안타까운 사실은 이런 트라우마 후유증에 대해 의학적으로 고통을 줄여 줄 수 없는 경우가 많다는 것이다. 진통제, 항우울제, 항불안제를 투여해도 신체 증상 감소에 부분적으로 도움을 줄 뿐, 트라우마 회복과 치유에는 별 도움이 되지 못하기도 한다. 이 경우, 생존자는 트라우마 후유증에 시달리게 되고, 후유증이 또 다른 트라우마를 생성하기도 한다. 이에 이 장에서는 트라우마 생존자의 이해 차원에서 이들이 흔히 겪을 수 있는 고통과 어려움에 관해 살펴보기로 한다.

01 트라우마의 고통

사람들은 흔히 트라우마 생존자가 비합리적이고 부정적인 생각에 매여 있는 걸로 보여, 보다 못해 충고를 던지곤 한다("다 지난 일이니 이젠 잊어버리세요!" "죽은 사람이 살아 돌아올 리 없잖아요? 산 사람이라도 잘 살아야죠!"). 하지만 섣부른 충고나 조언은 생존자의 고통을 줄여 주지 못한다. 오히려 부정 감정과 비관적인 생각을 떨쳐 버리지 못하는 자기를 비난하게 되는 빌미가 되기도 한다. 시간이 흐른다고 해서 저절로 자신에 대한 부정적인 생각과 느낌이 긍정적으로 변하게 되는 건 아니다. 트라우마로 인한 고통은 시간이 흘러도 뇌리에 깊이 박혀 떠나지 않을 수 있다. 이에 관한 사례는 글상자 4-1과 같다.

글상자 4-1. 트라우마로 인한 고통에 관한 사례 예시

> 초등학교 4학년 아들을 혈액암(백혈병)으로 잃은 지 2년이 된 부부가 있었다. 이들은 아들이 좋아했던 음식을 볼 때마다 아들 생각에 죄책감과 수치감으로 눈물을 짓는다("아들 생각만 하면 배도 고프지 않고, 억지로라도 먹으려고 해도 밥이 넘어가지 않아요."). 유독 축구를 좋아했던 아들이 축구화를 생일 선물로 받고 펄쩍펄쩍 뛰면서 좋아했던 모습이 떠오를 때와 아들 사진을 볼 때마다 아들이 너무너무 보고 싶다고 한다. 학교 운동장에서 뛰노는 아들 또래의 아이들만 봐도 아들이 당장이라도 뛰어와 안길 것 같은데, 이젠 더 이상 함께할 수 없다는 사실이 여전히 믿을 수 없다고 한다.

자책성 반추

트라우마 생존자들은 종종 삶을 '지옥'으로 몰고 가는 트라우마의 그림자 속에서 생활한다. 이들은 자신의 선택을 자책하는 말을 떠올리곤 한다("내가 그 시간에 그곳을 지나가지만 않았다면." "내가 그 친구에게 함께 가자고만 하지 않았더라도." "시계를 거꾸로 돌릴 수만 있다면!"). 이들은 가해자에게 분노하고 원망하는 건 아무 소용 없는 짓이라는 생각도 들고, 그래 봐야 주변에서 좋은 소리 들을 것 같지 않아 스스로 자책 모드에 빠진다. 그러면서 선택을 똑바로 했다면 트라우마 사건을 피할 수 있었을 텐데, 선택을 잘못해서 한순간의 저주와도 같은 일에 휘말리게 되었다고 믿게 된다. 시간이 흐를수록, 기대했던 삶의 모습에서 멀어질수록, 자책하는 마음은 더욱 커진다.

다른 관점에서 보면, 이런 마음은 향후 비슷한 일이 생기면 대처를 잘해야 한다는 걸 강조하기 위한 반복 학습repetitive learning을 위한 시도로 볼 수 있다. 그러나 이미 지난 선택에 대해 수없이 반추하고 자책하는 건 허공에 주먹질하는 것과 다를 바 없다. 트라우마는 대개 개인의 선택과는 무관하게 선택 범위 밖에서 갑작스럽게 일어나는, 운명적인 사건인 경우가 대부분이기 때문이다. 개인의 의지나 선택과는 상관없이 한순간에 삶의 방향을 송두리째 바꾸어 놓을 수 있는 트라우마 앞에서 인간은 그저 작고 나약한 존재일 뿐이다.

착각을 통한 부정적 자기평가

트라우마 생존자는 착각을 통해 자기비하와 무력감에 빠질 수 있다. 자신에 관한 생각은 개인의 중요한 조종 기능이고, 자신의 느낌과 행동을 구체화하는 기능이 있다. 즉, 객관적 자기objective self는 주관적 자기subjective self에 영향을 미친다. 이로써 자기혐오에 기초하여 규정된 객관적 자기는 주관적 자기를 손상한다. 자기에 대한 부정사고/신념(자기비난 · 비방 · 꾸짖음 ·

경멸 · 비하) 같은 자기학대는 타인에게 받는 학대와 마찬가지로 절망감과 무력감을 부추긴다.

트라우마 생존자들은 종종 자신이 좋은 사람이 아니고, 무가치하며, 완전히 실패작이라고 단언하기 쉽고, 심지어 형용할 수 없을 정도로 사악하다고 생각하기 쉽다(Allen, 2001). 이들은 이런 부정적인 자기평가를 불변의 사실로 여길 수 있다. 정신화[mentalization]는 이처럼 의심 없이 확신하고 있는 생각을 해체 · 재구성하여 그 생각에서 벗어나게 하고, 새로운 관점을 갖게 해 준다(Allen, 2004). 이는 시간, 노력, 집중력이 필요한 작업이다.

그러나 자신을 비방하고 싶을 때마다 알아차릴 수 있다면, 한발 물러서서 조망할 능력도 발달시킬 수 있다. 이 과정은 자신에 대한 새로운 조망의 적절성을 살펴볼 수 있게 해 준다. 이미 굳어진 패턴을 한순간에 바꾸기는 쉽지 않다. 그럼에도 못마땅한 느낌이 든다면, 변화를 위한 결단과 연습이 필요하다. 장기적인 안목에서 변화는 가능할 뿐 아니라, 자기를 더 나은 방향으로 이끌어 준다.

피해자 vs. 생존자

'사람들에게는 나쁜 점보다 좋은 점이 더 많다'는 카밧-진의 주장처럼, 트라우마를 겪은 사람들의 강점은 희생자/피해자[victim]라는 용어보다 생존자[survivor]라는 용어에 함축되어 있다. 용어 선택은 트라우마적 현실에 대해 다른 관점으로 조망하게 한다. 트라우마 생존자는 피해자/희생자로서의 자전적 이야기(실패 측면)를 구성할 수 있고, 생존자로서의 이야기(성공 측면)를 구성할 수 있다. 이 두 편의 이야기는 둘 다 진실이다.

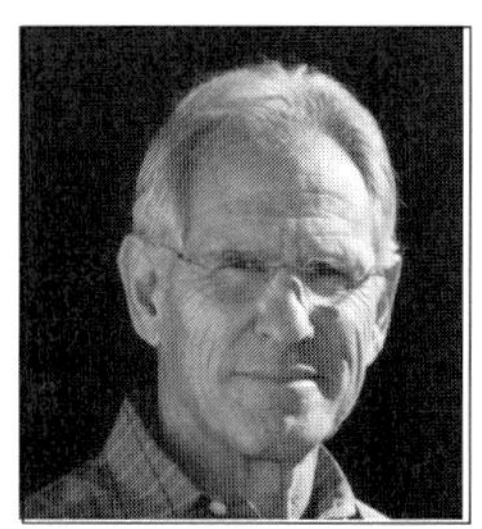

존 카밧-진(Jon Kabat-Zinn, 1944~현재)

그러나 생존자의 모습은 끈기, 용기, 활기, 지성, 창의성, 개방성, 공감성이 주를 이룬다. 이런 긍정성 영역을 조망하는 것은 자기가치감을 높인다. 이 작업에는 주위 사람들의 지지와 격려가 필요하다. 자기가치감은 순간순간의 초점에 따라 달라진다. 현실(진실)은 다면적이어서 생존자는 정신화를 통해 개인의 자기가치감을 높이는 관점을 취할 수 있다. 생각은 비교적 잘 통제된다는 점에서 생존자는 자신에 대한 사고 변화를 통해 감정과 행동 변화를 초래함으로써, 트라우마로부터의 회복을 앞당길 수 있다.

침습 · 경계 침해

트라우마의 부정적인 결과는 과거의 사건이 현재의 삶에 반복적으로 침습[intrusion]하는 것과 경계 침해[boundary violence]를 수반하는 것이다. 이는 트라우마 생존자들이 겪는 가장 심각한 문제 중 하나다. 특히, 관계 트라우마(학대, 폭행, 폭력 등)를 겪은 사람은 관계의 경계와 관련된 어려움을 겪는다. 가장 극단적인 경계 침해는 학대 과정에서 흔히 발생하는 세뇌[brainwashing], 가

스라이팅gaslighting(타인의 심리나 상황을 교묘하게 조작하여 스스로 의심하게 만듦으로써 지배력을 강화하는 행위), 전체주의적 통제다. 경계 침해는 경계에 극도로 민감해지게 만든다. 이 경우, 생존자는 타인을 멀리하거나, 타인에게 전화, 방문, 또는 도움을 요청하지 않을 수 있다.

광범위한 경계 침해를 겪은 사람은 관계에서 경계를 설정하는 방법을 습득하지 못할 수 있다. 이들은 사생활 존중 의식의 결핍으로, 타인의 사생활을 함부로 침해할 수 있다(예 사전 허락 없이 룸메이트의 소유물 사용, 밤늦은 시간에 전화 걸기, 불합리한 요구). 또는 타인이 오히려 이들의 사생활 침해 또는 역이용을 방관할 수 있다. 이에 트라우마 상담에서 치료적 경계 설정과 유지는 내담자들에게 중요하다. 재양육reparenting은 경계가 유지되지 않는 상태에서 성취될 수 없기 때문이다. 이들은 극도의 박탈감을 느끼고, 진작에 누렸어야 할 신체접촉과 위안을 갈구할 수 있다. 이런 바람은 자연스럽고 충족할 만한 가치가 있지만, 상담에서의 접촉은 문제가 될 수 있다.

트라우마 생존자들은 흔히 고통을 유발하는 기억과 플래시백flashback, 악몽, 사건/사고 당시 겪었던 강렬한 감정에 끊임없이 압도된다. 게다가 트라우마로부터 자기보호를 위해 학습한 방략을 반복적·지속적으로 사용하게 되면서 정신장애 및 다양한 트라우마 주변 증상(불신, 냉소, 미움, 원한, 소외감, 복수심, 무망감, 무력감 등) 발생에 취약해진다. 이런 상태는 일어나지 않았어야 할 끔찍한 사건으로 트라우마가 생겼을 때 나타난다.

트라우마 극복은 과거를 현재와 분리하고, 트라우마로 인해 발생한 자기보호적인 방어와 고통스러운 감정을 조절할 수 있게 됨을 뜻한다. 트라우마로 고통을 겪는 사람들은 종종 주변 사람들로부터 다양한 충고를 듣는다("과거는 잊어버려!" "이젠 털어 버려야지!" "새 삶을 살아야지!"). 그러나 트라우마 극복은 말처럼 쉽지 않다. 문제는 '어떻게 털어 버리고 새 삶을 살 것인가'다.

괴로움 역설

괴로움 역설suffering paradox이란 트라우마 생존자가 고통을 줄이기 위해 무심코 괴로움을 늘리는 행동을 하는 현상을 말한다. 자신(또는 사랑하는 사람)에게 심각한 피해를 준 대상에게 복수하고 싶은 욕구를 느끼는 것은 지극히 인간적인 반응이다. 가슴에 감정의 응어리가 남아 있는 한, 생존자는 긍정 감정을 느끼거나 합리적인 생각을 하기 어렵다. 이들에게 필요한 건 고통을 이해해 주고, 함께 이야기로 풀어낼 수 있는 사람과 긴밀하게 연결되어 있다는 유대감bond이다.

마음의 상처를 딛고 일어서기까지 얼마나 많은 시간이 필요할지는 알 수 없다. 그렇지만 가까운 사람과 서로를 보듬는 유대관계가 유지·강화되는 한, 삶에서 돌이키기 힘든 뭔가가 파괴된 것 같은 상처는 서서히 아물 것이다. 트라우마로 인한 부정 감정을 해소하려면, 이를 억제하거나 회피하지 않아야 한다. 처리되지 않은 감정은 장기간에 걸쳐 생존자에게 좋지 않은 영향을 줄 가능성이 크므로, 이런 상태에 빠지지 않아야 행복감을 되찾을 수 있다(Dalai Lama & Goleman, 2003). 이에 분노나 증오가 다른 트라우마 관련 정서 현상과 동일한 방식이면서도 분명히 타인에게 피해를 주지 않는 방식으로 경험·수용·처리되어야 한다. 괴로움 역설은 흔히 사회문화적 영향으로 인해 일어나는데, 그 요소는 글상자 4-2와 같다.

글상자 4-2. 고통 감소 과정에 영향을 주는 사회문화적 요소

> 1. 지인의 충고("고통은 참아야 해!" "죽은 사람이 다시 살아올 리 없잖아! 산 사람이라도 참고 살아야지!")
> 2. 물질(술, 담배, 불법물질 등)남용("과거는 과거일 뿐, 그냥 마시고 털어 버려!")
> 3. 그럴듯한 시나리오로 충동구매를 부추기는 미디어(온라인 쇼핑)
> 4. 고통, 괴로움, 불만족은 나쁘다는 메시지를 전달하는 매스컴 광고
> 5. 고통 극복에는 물질이 탁월한 선택임을 직간접적으로 보여 주는 드라마/영화

괴로움 역설, 즉 회피행동(물질남용, 해리, 억압 등)은 오히려 고통을 지속/악화시킨다. 반면, 고통에의 직면은 고통을 감소/소거한다. 역설적이게도, 트라우마 경험을 마음에서 몰아내면 그 경험을 매듭지을 수 없다(Allen, 2004). 고통은 수용하지 않으면 처리할 수 없고, 처리할 수 없으면 재구성할 수 없고, 재구성할 수 없으면, 트라우마를 치유할 수 없다. 이에 트라우마 경험에 대한 주관적 지각과 고통을 현실로 받아들이고 직면하여 이런 패턴이 재연하지 않도록 처리하여 매듭지어야 한다. 이런 점에서 고통, 슬픔, 불안, 플래시백은 트라우마 치유의 필수 요소다. 자신에게 상처가 있음을 인정하게 하고, 이야기로 표출하도록 돕는 일은 트라우마를 더 잘 극복할 수 있게 한다. 이것이 괴로움 역설의 핵심이다.

 ## 트라우마와 생존자의 인지

인지^{cognition}는 지식 습득, 판단, 기억, 학습, 사고, 문제해결 과정에서의 인식과 관련된 정신·의식 과정이다. 인지구조$^{cognitive\ structure}$는 경험에 대처하거나 경험의 설명에 사용되는 구조화된 사고 또는 행동 패턴이다. 생존자가 트라우마를 경험할 때 갖게 된 부정사고는 대체로 비합리적이고 자기비난의 경향이 있다. 트라우마 사건이 일어났던 그 순간에는 이런 생각이 어느 정도는 타당성이 있을 수 있다. 그러나 현재는 그 생각이 잘못된 것임이 명백한데도 생존자들은 자기에 대한 부정 사고를 유지하고자 한다. 이런 태도는 현실에서 계속해서 잘못된 선택/판단을 초래하여, 현실 적응을 더 어렵게 한다. 게다가, 트라우마와 연관된 강렬한 감정/이미지를 떠올리는 악순환을 되풀이한다. 트라우마 생존자들의 부정 사고/신념은 크게 3개 영역(① 책임/결함, ② 안전/취약성, ③ 통제)으로 나뉜다.

책임 / 결함

첫째, 자신에게 어떤 문제/결함이 있어서 트라우마 사건이 일어났다고 믿는 경향성이다. 트라우마 사건을 겪은 사람들은 책임을 다하지 못한 자신을 비하하고, 자신은 벌을 받아 마땅하다고 믿는다. 예컨대, 성추행 피해자가 부모가 가지 말라고 한 곳에 갔다가 당했기 때문에 자신은 불행한 게 당연하다고 믿는 것이다. 그러나 가지 말라고 한 곳을 간 것 또는 부모의 말에 순종하지 않은 것은 잘못일 수는 있으나, 그렇다고 해서 지금 자신이 불행한 게 당연하다고 믿을 필요는 없다.

특히, 아동학대 피해자는 학대의 책임이 자신이라고 믿는 경향이 있다("내가 뭔가 모자라서" "내가 부족해서" "내가 엄마 아빠를 속상하게 해서" "내가 잘못을 많이 해서"). 이런 사고/신념으로 인해 이들은 관계에서 과도하게 책임을 지려는 성향을 나타내게 된다('착한 아들/딸' '좋은 친구' '선한 이웃' '착한 배우자' '좋은 생존자/환자'). 책임감/결함 관련 부정적인 생각 또는 믿음의 예는 글상자 4-3과 같다.

글상자 4-3. 트라우마 생존자들의 부정적인 생각/믿음의 예

○ "나는 나쁜 사람이다."	○ "다 내 잘못이다."
○ "나는 무가치한 사람이다."	○ "내가 하지 말았어야 했다."
○ "나는 쓸모없는 사람이다."	○ "난 수치스러운 존재다."
○ "나 자신이 몹시 실망스럽다."	○ "내가 불행한 것은 당연하다."
○ "내 인생은 뭔가 잘못됐다."	○ "내가 그렇게 하지 않았어야 했다."

안전 / 취약성

둘째, 현재 환경에서 지속적으로 위협을 느끼며, 안전하지 않고 자신을 보호할 수 없다는 생각/믿음을 가지고 있다. 그래서 이들은 어디에 있는지, 누구와 함께 있든지 안전하다고 생각하지 않는다. 예컨대, 성폭력 피해자는 사람이 많은 장소에서 남성이 자신을 쳐다보기만 해도 위험하다는 생각에 사로잡혀 얼어붙곤 한다. 의식적 또는 무의식적으로 무술을 하는 남자 친구를 골라서 사귀어도, 늘 자신은 안전하지 않고, 언제 또 성폭행범이 나타나 자신에게 해를 입힐지 모른다는 생각에 늘 불안해한다. 안전/취약성과 관련된 부정사고/신념의 예는 글상자 4-4와 같다.

글상자 4-4. 트라우마 생존자들의 부정사고/신념의 예

○ "나는 안전하지 않다."	○ "나는 아무도 믿을 수 없다."
○ "나는 위험에 처해 있다."	○ "나는 그때 그 일을 지워 버릴 수 없다."
○ "나는 스스로 나 자신을 보호할 수 없다."	

통제

셋째, 통제 관련 부정사고/신념을 가지고 있다. 트라우마 사건 당시, 생존자는 자기 몸, 가해자의 행위, 자기가 처한 상황에 적절히 대처하지 못하고 꼼짝없이 당한 경험으로 인해 무력감을 느끼게 된다. 특히, 아동학대 생존자들은 이런 무력감에 관한 부정 신념을 성인기까지 보유한다. 이런 부정사고/신념에 빠지게 되면, 생존자들은 자신을 어떤 상황에서도 무기력하게 당할 수밖에 없는 희생자라는 느낌에 사로잡히게 된다. 심지어 성인이 되어 자신의 생활에서 힘이 생겼음에도 불구하고, 자신은 어떤 선택이나 조절도 할 수 없다고 믿는다. 이젠 얼마든지 스스로 새로운 선택·조절할 수 있지만, 여전히 자신은 자신의 삶을 통제할 수 없다는 무기력한 생각을 고수하게 된다. 통제와 관련된 부정사고/신념의 예는 글상자 4-5와 같다.

글상자 4-5. 조절/선택 관련 부정사고/신념의 예

○ "나는 힘이 없다."	○ "아무리 노력해도 내가 원하는 걸 얻을 수 없다."
○ "나는 연약한 존재다."	
○ "나는 견딜 수 없다."	○ "나는 나를 통제/조절할 수 없다."

인지재구성은 생존자로 하여금 트라우마 사건이 자신의 잘못이 아니고, 이미 지난 일이며, 현재 그는 안전하고 자신을 보호할 수 있고, 자신을 조절하여 원하는 것을 성취해 나갈 수 있다는 긍정사고/신념을 받아들이도록 돕는 과정이다.

03 트라우마와 생존자의 정서

정서emotion는 신체의 주관적인 적응반응으로, 감각과 함께 생존을 지원한다(강진령, 2023). 진화론evolution theory(현존하는 생물의 종은 처음부터 존재한 게 아니라, 원시 생명체가 장구한 세월 동안 대를 이어 간단한 존재에서 복잡한 존재로, 저급한 존재에서 고급 존재로 변화·발달한다는 이론)을 발표한 다윈은 저서 『종의 기원(The Origin of Species)』에서 정서의 생존적 가치를 강조한 바 있다. 생존과 직결된 상황에 직면할 때, 정서는 주의를 집중시키고 행동에 활력을 제공한다(심장박동을 빠르게 하고, 감각의 경계수준을 높이며, 민첩한 행동을 준비시킴).

찰스 다윈(Charles Darwin, 1809~1882)

지금까지 모든 정서의 능숙한 표현에 완벽히 성공한 배우는 없다. 그만큼 정서는 의지로 조절할 수 없는 생리적 반응이기 때문이다. 따라서 정서는 복잡 미묘하여, 효과적으로 표현하려면 다양한 어휘가 필요하다. 하지만 언어는 세세한 정서를 정확하게 표현할 만큼 어휘가 충분하지 않다. 이런 이유로 사람들은 느낌에 관한 질문에 모호한 말로 답하곤 한다("잘 모르겠어요." "기분이 좋아요/나빠요!" "그저 그래요." "덤덤해요." "아무런 느낌이 없어요.").

뭔가 느낌은 있지만, 그게 뭔지 잘 모르거나 적절한 말이 떠오르지 않는 것이다. 정서는 회피 또는 억압하기보다 포용하여 계발하는 게 이롭다. 이는 정서에 주의를 기울여 느끼는 동시에 느낌에 대해 생각함('정서적 정신화')으로써, 정서를 유용하게 활용할 수 있다는 의미다. 정서적 사건이 대부분 관계에 대한 것이므로, 타인의 정서에 대한 정신화, 즉 공감은 연속적 평정 과정에서 중요한 역할을 한다. 현재 자신에게 어떤 일이 일어나고 있는지 이해하려면 느낌을 정리하여 말로 표현(언어화)하면 된다. 이 작업은 느낌의 안내를 잘 활용하기 위해 정서의 수수께끼를 푸는 것과 같다. 정서와의 조화는 정서조절을 돕는다. 높은 수준의 정서적 알아차림은 행복감을 배가시키고, 불행한 감정폭발을 방지한다. 하지만 부정 정서의 장기 지속은 건강을 해친다.

정서의 기능

정서는 ① 적응성, ② 복합성, ③ 정보제공, ④ 과정성, ⑤ 방향성, ⑥ 보편성, ⑦ 사회성과 관련된 기능을 한다.

적응성. 첫째, 정서는 세상을 조망하고 판단한다. 정서적 판단은 정보를 제공하고 동기를 부여한다. 정서의 안내가 없다면, 행동은 비합리적이고 무모해지기 쉽다. 게다가 공포나 분노 같은 정서는 보호기능이 있다. 위협에 직면할 때, 정서는 몸이 신속하고 격하게 반응할 수 있게 에너지를 충전하고, 상황에 따라 도피하거나 반격하게 한다. 이런 반응은 이성적 논리로는 불가능하다. 이런 점에서 정서는 생존 이상의 기능을 한다. 목표와 계획이 어느 수준에 있는지 판단하여, 생존과 성장에 관여한다(적응성^{adaptability}).

정서는 생존과 성장을 위해 우선순위 결정과 행동 조직화에 관여한다(예 목표성취에 방해 받으면 화가 남). 또한 화난 표정을 짓고, 혈압을 상승시키며, 근육을 긴장시켜, 방해물을 없애기 위해 준비시킨다(이 경우, 트라우마 생존자는 갑작스러운 분노폭발을 두려워할 수도 있음). 이런 복잡한 정서반응은 순간적으로 생각보다 빠르게 적절히 조치하게 한다. 특히, 직감^{intuition}은 끊임없이 행동을 안내한다. 만일 뇌손상으로 직감이 차단되면, 최상의 이익을 위한 행동 능력이 소실된다. 술(알코올)은 뇌손상과 유사한 작용을 하여 공포심을 중화시켜 위험에 둔감해지게 한다. 이에 술에 취하면, 근거 없는 자신감으로 잠재적으로 해로운 행동(예 음주운전, 과잉행동)을 하게 된다.

통합성. 둘째, 정서는 생리적 반응, 표현, 행동, 생각, 느낌으로 구성되어 통합적으로 기능한다(통합성^{integration}). 예컨대, 분노는 위협/방해 요소에 강하게 반응하도록 힘을 결집하고,

격한 행동은 정교한 생리적 활성화(0.5초 이내에 발생하는 모든 작용)로 유지된다. 뇌는 자율신경계 교감신경의 활동 패턴을 조직한다. 혈압과 심박수를 상승시켜 대근육, 심장, 뇌에 에너지를 공급하고, 소화기관의 혈류를 감소시켜 필요한 부분에 에너지를 집중시킨다. 신체 기관이 활성화되면, 정서 표현에 변화가 생긴다(얼굴과 목소리에 가장 뚜렷한 변화가 생김). 이런 순간적인 과정을 통해 정서 상태는 타인에게 전달됨으로써, 그들의 행동에 영향을 준다. 이런 점에서 정서의 사회적 · 소통적 기능 역시 적응적이다.

　정서는 목표지향적 행동 또는 행동 경향성을 유발한다. 화가 나면 주먹을 휘두르고 싶은 느낌이 들고, 실제로 그렇게 하기도 한다. 이런 생리적 반응, 소통적 표현, 정서행동은 생각할 틈 없이 순간적으로 일어난다. 그럼에도 정서는 생각을 유발한다. 화가 나면 상대의 행동에 부당하거나 비난받을 점이 있는지 생각한다("어떻게 나한테 그렇게 할 수 있지?"). 정서는 생각을 유발하고, 생각은 정서를 유발한다. 정서는 외부 사건뿐 아니라, 생각이나 기억 같은 내재적 사건으로도 유발한다.

정보제공. 셋째, 정서는 생존과 확장(번영)에 필요한 정보를 제공한다(정보제공$^{information\text{-}giving}$). 느낌과 정서는 다른 개념이다. 느낌^{feeling}은 정서의 구성요소로, 정서 상태에 대한 의식적 경험이다. 즉, 정서가 신체와 뇌를 변화시킨 복합적인 정신적 심상이다. 생리적 각성, 행동반응, 행동 경향성에는 표정에서 비롯되는 감각 피드백이 포함된다. 느낌은 목표와 계획에 대한 평가적 정보를 제공한다. 즉, 행동 신호("방해받는 느낌이 드는군!")이자, 안내자("맞서 싸워야 해!")로 기능한다.

　느낌은 정서의 일부로, 느끼지 않고도 정서를 경험할 수 있다. 즉, 알아차리지 못하지만 화날 수 있고, 상대방은 화가 났음을 인식하지 못하지만, 표정이나 목소리 톤으로 그가 화가 났음을 알 수 있다. 분노에 주의를 기울이면, 그 감정을 느낄 수 있다. 그러나 분노를 두려워하면, 누군가 분노로 주의를 끌지 않는 한, 그 감정을 느끼지 못한다. 그렇지만 느끼기 전에 이미 화가 나 있을 수 있다. 정서는 정신 심상을 형성하기도 전에 이미 결집 상태로 있었기 때문이다.

과정성. 넷째, 정서는 순간적이고 순차적으로 전개되는 복잡한 과정이다(과정성^{process}). 기본 정서(공포, 분노 등)의 반응은 1~2초 이내에 일어난다. 정서폭발은 때로 신속히 진정된다. 누군가 자신을 밀치면, 순간적으로 화가 난다. 그러나 단순 실수였음을 알게 되면, 이내 누그러진다. 분노를 자극하는 사건이 지속되면, 정서도 지속된다. 적개심이나 격정을 유발하는 생각은 정서를 지속시킨다. 정서는 몇 초에서 몇 분간 짧게 지속하지만, 기분이나 기질은 더 지속된다. 특히 기분^{mood}은 몇 시간에서 며칠간 지속된다. 우울 증상이 2주 이상 지속되면, 기분장애$^{mood\ disorder}$를 의심해 볼 수 있다.

　기분은 경험을 채색한다. 정서가 밝은색이라면, 기분은 파스텔색이다. 기분은 정서로 반응할 준비를 하는데, 과민 상태에서는 분노가 쉽게 표출된다. 기질temperament은 생물학적으로 결정된 성격적 성향이다. 사람들은 공통적인 인간성을 공유하면서도 각자의 개성character이 있다. 부분적으로 유전 요인의 영향을 받기 때문이다. 기질은 다분히 정서적이지만, 모든 측면이 정서와 관계있는 것은 아니다. 기질은 생물학적 요인의 영향을 받고, 기질적 특성은 유아기 초기에 나타난다. 기분과 마찬가지로, 기질은 정서 유발에 영향을 준다.

방향성. 다섯째, 정서는 접근-회피approach-avoidance 행동을 안내하고 동기화한다(방향성 directionality). 정서는 이득이 되는 쪽으로 나아가고, 해가 되는 쪽을 멀리하도록 진화되었다. 정서의 전반적 경향성(보상을 추구하고 해를 피함)은 사람마다 다르다. 이런 개인차는 부분적으로 기질 요인에 의한 것이다. 이는 유아기 초기부터 행동/자율신경계 각성에 관련된 뇌 기능 패턴에서 관찰된다. 정서는 흔히 ① 긍정 정서와 ② 부정 정서로 구분된다. 긍정 정서는 좋은 것, 부정 정서는 나쁜 것으로 양분하기보다 둘 다 생존과 번영을 위한 필수 요소로 간주하는 것은 정서 이해를 촉진한다.

☐ **긍정 정서.** 긍정 정서positive emotion는 도움이 될 것으로 인식되는 것에 접근하도록 동기화한다(기쁨, 쾌감, 즐거움, 행복감 등). 이는 접근행동을 촉진하여, 어떤 일에 관여하게 하고, 보상받는 느낌을 준다. 긍정 정서가 삶의 바탕이 되는 사람은 기질과 경험을 통해 긍정 정서성 positive emotionality이라는 성격적 축복을 누린다. 이들은 유쾌하고, 낙천적이며, 외향적이어서, 주변 환경(사람, 사회, 세상)과 적극 교류한다.

☐ **부정 정서.** 부정 정서negative emotion는 해가 될 걸로 인식되는 것으로부터 회피하도록 동기화한다(슬픔, 두려움, 역겨움 등). 부정 정서가 삶의 바탕이 되는 사람은 그 굴레에서 힘든 삶을 영위한다. 특히, 우울 기분은 낮은 수준의 부정 정서로, 쉽게 즐거움을 얻지 못하게 한다. 그러나 분노anger는 회피뿐 아니라, 공격적 접근 또는 개입을 촉진한다. 부정 정서는 어감 때문에 편견을 갖기 쉽지만, 그 자체가 나쁜 것은 아니다. 슬픔에서 기쁨(향수)을, 분노 속에서 만족감(권능감)을 느끼기도 하기 때문이다. 생존에 필요한 정서가 꼭 유쾌할 필요는 없다. 자기보호에 필요하다는 점에서 부정 정서는 오히려 계발되어야 한다. 부정 정서성negative emotionality이 지배적인 사람은 조심성의 지배를 받는다. 이들은 대체로 억제되고, 회피적이며, 예상되는 위협·비판·처벌에 민감하고, 행동보다는 내면에 초점을 맞추고 반추하는 경향이 있다.

보편성. 여섯째, 정서는 보편적이다(보편성universality). 특히, 기본 정서basic emotions는 범문화적이고 선천적인 것으로, 현재 경험하는 상황에 의한 직접적이고 반응적인 감정이다('일차 정서first emotions'로도 불림). 이 감정은 적응과 대처를 위해 진화되었고, 접근-회피 갈등approach-avoidance conflict 개념에서 발전되었다(기쁨/즐거움, 슬픔, 분노, 두려움/놀람, 역겨움/혐오감 등). 기본 정서는 여러 정서가 결합한 형태를 띤다(분노는 짜증에서 격노로, 두려움은 걱정에서 공포에 이르는 스펙트럼 형태를 띰). 기본 정서는 조절하지 않으면, 이에 지배당해 적응력을 잃을 수 있다.

예컨대, 시간에 쫓겨 힘든 과제를 마무리하던 중, 친구가 도움을 청하는 바람에 하던 과제를 멈췄다면, 핵심 감정이 과제 중단에 반응하여 순간 짜증이 날 수 있다. 그러나 통제 메커니즘이 작동하여 친구의 청을 들어주는 데 몇 분밖에 걸리지 않는다는 걸 인식하면, 이내 마음의 안정을 찾게 된다. 핵심 정서 메커니즘에 따라, 위험/위협에는 두려움, 방해/불공정에는 분노, 상실에는 슬픔 등 전형적인 상황에서 적응반응이 일어난다. 이처럼 전형적인 상황을 인식하면, 핵심 정서 메커니즘이 신속히 작동한다. 특정 상황에서는 참아야 한다고 학습한 것을 떠올리면, 통제 메커니즘이 즉각 작동한다.

사람들은 흔히 두 가지 방법으로 통제 학습을 한다. 하나는 상황 재평가를 통해 핵심 정서 메커니즘의 입력^{input} 내용(분노 자극) 수정, 즉 한 번 더 생각하면 상황을 쉽게 다룰 수 있음을 알게 된다. 다른 하나는 출력^{output} 억제, 즉 행동 경향성(상대를 비난하거나 공격하고 싶은 느낌)에서 행동(상대 비난/공격행위)으로 가는 경로를 차단하는 것이다. 그러나 출력 억제는 상당한 노력이 요구된다. 이는 높은 수준의 생리적 각성(예 심박수와 혈압 상승)과 근육긴장(예 주먹을 불끈 쥐거나 이를 악무는 것)에서도 드러난다. 인류는 생존 관련 촉발 요인에 기본 정서로 반응하도록 진화되었다(예 높은 곳에 올라서면, 두려움으로 반응함). 동시에, '빙판은 미끄러지기 쉽다' 같은 새로운 촉발 요인을 계속해서 학습한다. 이에 탈학습$^{de-learning}$은 흔히 학습보다 더 어렵다. 특히, 트라우마 사건을 겪은 사람은 정서적 촉발 요인을 쉽게 학습한다. 그러나 학습한 것을 없애기(탈학습)는 쉽지 않다.

사회성. 일곱째, 정서는 타인과의 관계 형성을 안내한다(사회성^{sociality}). 정서의 안내 기능이 없다면, 관계 형성 능력은 이내 소실된다(예 자폐증). 기본 정서가 생물학적으로 타고난 것이라면, 사회정서$^{social\ emotion}$는 문화적으로 형성된다. 기본 정서의 표현은 문화의 영향을 강하게 받는다. 사람들은 분노, 슬픔, 두려움 표출을 억제하는 법을 습득한다. 정서 학습은 흔히 사회관계(특히 애착 관계)의 맥락에서 이루어진다.

다른 관점에서 보면, 사회정서 역시 생물학적이다. 몸(뇌)이 없다면, 정서를 인식·경험·표현할 수 없기 때문이다. 그러나 이 작업은 특정 뇌 회로, 자율신경계 활동, 행동에 국한되지 않는다. 전형적인 사회정서(당혹감, 수치심, 죄책감, 자부심 등)는 생후 2년경부터 발달한다. 이 시기부터 자기 행동에 대한 타인의 반응에 민감해진다('자의식 정서$^{self-conscious\ emotions}$'로 불림). 동정심^{sympathy}과 공감^{empathy}은 타인의 정서에 대한 정서적 반응이다. 이 반응은 도움 제공 행동을 촉진한다는 점에서 적응적이다. 사회정서에는 도덕정서$^{moral\ emotion}$(타인 또는 사회 전체의 안녕과 관련된 정서)가 포함된다. 기본 정서와 사회정서가 중복되는 범주에 관한 설명은 표 4-1과 같다(Haidt, 2003).

표 4-1. 기본 정서와 사회정서가 중복되는 범주에 관한 설명

정서 범주	해당 정서
1. 타인-비난 정서	○ 분노, 역겨움, 경멸감
2. 자기-비난 정서	○ 수치심, 난처함, 죄책감
3. 타인-고통 정서	○ 동정심, 타인의 아픔 위로
4. 타인-칭찬 정서	○ 감사, 경외감, 존경심(타인의 훌륭한 행동에 깊이 감동받음)

표 4-1에 제시된 정서 외에, 사회 · 도덕 정서 영역은 고소해하기[schadenfreude](타인이 응분의 대가를 받았다는 느낌), 질투심[jealousy], 부러움[envy]을 포함한다. 트라우마를 겪는 사람은 고통스럽고 어려운 문제와 씨름하지 않아도 되는 타인들을 부러워하고, 그런 감정에 대해 수치심을 느끼는 경우가 잦다.

트라우마 생존자의 정서적 특징

트라우마 생존자를 고통스럽게 하고 심지어 질병을 유발하기까지 하는 대표적인 정서로는 ① 슬픔, ② 분노, ③ 두려움, ④ 수치심 · 죄책감, ⑤ 역겨움이 있다.

슬픔. 첫째, 슬픔[sorrow]은 이별과 상실에 대한 애착 관련 정서의 항의다. 애착은 영구 상실(죽음)과 일시적 상실(이별)에 대해 슬픔을 촉발한다. 슬픔에서 비롯된 울음은 재회 유도를 위한 진화의 결과다. 울음은 양육자에게 자신이 힘들고 어디에 있는지 알리고, 성가심을 유발하여 피양육자(아이)를 돌보게 한다. 그러나 슬픔이 해소되지 않고 오래 이어지면, 우울의 절망감으로 변한다. 트라우마를 겪은 다수의 사람은 슬픔으로 괴로워한다. 트라우마의 핵심은 위험에 처한 느낌(두려움)과 단절된 느낌(외로움)이다. 슬픔은 기억에 남아 있다가 트라우마를 떠올리는 실망, 거부, 버림받음, 고립 경험 등으로 인해 다시 수면 위로 떠오른다.

상실[loss]은 트라우마가 될 수 있다. 생애 초기 애착관계에서 상처가 있는 사람은 아이로 지낼 기회 또는 유년기 꿈을 상실한 느낌이 들 수 있다. 트라우마는 건강과 기능 상실을 초래하곤 하는데, 이는 종종 이차 상실[secondary loss](관계, 경력, 고용 기회 상실 등)로 이어진다. 슬픔은 고통스럽지만, 적응 기능이 있다. 슬픔은 비탄[grief]을 촉발하고, 상실 기억을 떠올리게 한다. 떠난 사람의 빈자리는 크다. 슬픔은 회상과 애도를 통해 그를 놓아 보낼 수 있게 해 준다. 또 소중히 여기는 것과 연결되게 하고, 이를 마음속에 간직하게 한다. 시간이 흐르면, 슬픔은 새로운 애착 형성에 동기를 부여한다.

분노. 둘째, 분노[anger]는 몹시 성을 내는 상태다. 이 상태는 공포와 밀접한 관계가 있다('투쟁/도피 반응'). 분노는 자기 보호를 위해 진화된 주요 방어반응으로, 방해물을 극복할 힘을 생성하여 생존을 돕는다는 점에서 적응적이다. 일이 계획대로 잘 풀리지 않을 때 느끼는 짜증/분노는 더 적극적으로 직면하여 자신을 지킬 수 있게 생리적으로 준비시켜 준다. 이 상태는 자기주장을 옹호하고, 대처력을 높여 원하는 걸 얻게 한다. 스트레스 상황에서 도피가 어려울 때 자기 보호를 위해 싸우고자 하는 분노행동이 공격성aggression이다.

분노 유발의 주제는 좌절frustration(목표 달성의 지연/실패)이다. 부당함 또는 불공정에서 비롯된 좌절, 그리고 고통과 불쾌감을 일으키는 상황(예 통증, 더위, 소음)은 분노와 공격성을 유발한다. 좌절에 대한 책임이 다른 대상에 있다고 생각하면, 분노는 그 대상에게 해를 입히고 싶은 욕구를 유발한다. 간접 대상(지위가 낮고 힘이 없는 존재)에 대한 공격은 전형적인 전치된 공격성displaced aggression이다. 직장에서 스트레스받은 사람의 가정폭력이 그 예다.

분노와 공격성은 흔히 또 다른 분노와 공격성을 낳는다(예 부부/연인/교우 갈등, 테러, 전쟁). 아동학대는 아동·청소년기와 성인기의 공격성을 부추긴다. 이는 종종 공격행동을 하는 모델을 학습할 뿐 아니라 공격성을 자극한다('이중 불행double whammy'). 학대 피해자는 흔히 분노 표현에 어려움을 겪는다. 분노에 대한 두려움 때문이다. 분노 표현과 공격성은 오히려 이들의 고통을 악화시키므로, 이들은 분노 표현을 억제하고, 애써 분노 경험조차 피하고자 한다. 더욱이, 분노를 느끼거나 표출할 때마다 죄책감과 수치심으로 고통스러워한다. 트라우마 치유는 분노를 더 편안하게 느끼도록 돕는 과정이다. 이 과정은 공격성 조절에 도움을 준다.

분노는 연속 개념이다. 한쪽 끝에는 무해 분노가 있고, 다른 한쪽 끝에는 유해 분노가 있다. 짜증(분노의 시작)과 중간 수준의 분노는 유용하고 자기보호적이지만, 다른 한쪽 끝에는 유해 분노(① 적대감, ② 증오, ③ 격노)가 있다. 분노가 격노에 이르면, 제어/조절이 어려워 파괴 행동으로 이어지기 쉽다. 파괴적 분노는 주변의 물건을 부수거나, 타인 위협을 통해 만족감을 느끼게 한다. 이처럼 분노는 다양한 파생된 감정, 즉 ① 분개, ② 격노, ③ 원한으로 구분된다.

☐ **분개.** 분개outrage는 몹시 분하게 여기는 상태다. 이 상태는 부당함을 인식하게 하여 관계뿐 아니라 사회를 변화시킨다. 이에 분개는 '의분righteous indignation'(불의에 대한 분노)으로도 불린다. 분개는 강렬한 원한 감정의 건강한 형태지만, 파괴적이고 해로운, 통제되지 않는 공격성(예 복수, 잔혹 행위, 가학 행위 등)으로 이어지기도 한다.

☐ **격노.** 격노rage는 몹시 분하고 노여운 감정이 북받쳐 오르는 상태다. 이 상태에는 정서 폭발의 요소가 담겨 있다. 격노에는 마음속에 누적되는 적대감과 증오심이 있다. 적대감hostility은 혐오 상황에 대한 일시적 반응 이상의 것으로, 대인관계에 영향을 준다. 적대감은 상대가 화를 돋우는 행동을 하지 않더라도 관계에 반감을 느끼게 한다. 게다가, 증오심으로 이어져 격분하게 하여 관계를 해친다.

증오심hatred은 가슴에 사무치게 미워하는 마음이다. 이 마음은 증오 대상과 거리를 두게 함으로써 자기를 보호하는 기능이 있다. 증오와 권력은 양날의 칼이다. 증오심이 미워할 수 없는 대상에 대해 생기면 극심한 갈등을 초래한다. 어린 시절 아버지의 권위에 무력감을 느껴온 아이는 타인 위협·공격·괴롭힘에 흥미를 느끼게 된다. 공격성^{aggression}은 단숨에 원하는 것을 얻는 데 효과적일 수 있다. 타인을 괴롭히거나 위협함으로써 자신이 원하는 대로 할 수 있기 때문이다.

이런 점에서 파괴적 공격성은 보상(권능감)을 제공한다. 권능감$^{sense\ of\ power}$은 무력감에서 벗어나게 하고, 공격성에 중독되게 만들 수 있다. 파괴적 행동은 즉각적인 만족감과 고양감^{elevation}(정신/기분이 상승하는 느낌)을 유발할 수 있지만, 죄책감, 수치심, 자기혐오$^{self-loathing}$의 여파가 남게 한다. 즉, 파괴적 행동은 자기혐오를 유발하고, 자기혐오가 다시 파괴성을 유발하는 악순환으로 이어진다. 이와 유사한 의미의 감정으로는 원한이 있다.

□ **원한.** 원한^{resentment}은 마음에 쌓이는 분노다. 원한은 복수심^{revenge}(앙갚음)을 잉태하고, 복수는 문제를 악화시킨다. 원한은 고의적 행위(폭행, 학대)/과실(음주 운전)로 발생한 트라우마의 자연스러운 반응이다. 트라우마 후유증 역시 원한을 유발한다(예 계속되는 심리적 상처로 인한 삶의 질 저하). 원한으로 점철된 삶은 트라우마로 인한 최악의 결과다. 사람들은 흔히 원한은 악덕^{vice}으로, 용서는 미덕^{virtue}으로 여긴다. 원한은 복수심과 분노폭발로 이어지나, 용서는 화해와 관계 회복으로 이어진다고 여기기 때문이다.

용서^{forgiveness}는 지은 죄 또는 잘못에 대해 꾸짖거나 벌하지 않고 덮어 주는 것이다. 이는 때로 영적 논쟁을 유발한다. 용서 후에 비로소 원한의 굴레에서 벗어났다고 말하는 사람들이 있는가 하면, 용서란 말은 입 밖에 꺼내지도 말라는 이들도 있다. 용서에는 보편적인 처방전은 없다. 용서는 상처에 대한 강박적 되새김(반추)을 놓아 버리는 동시에, 보복하고 싶은 욕망(앙심^{grudge})도 내려놓는 것이다. 이렇게 내려놓는 과정을 치유라 할 수 있지만, 이렇게 되기까지는 고통스러운 심리 작업이 수반된다.

용서는 일회성이 아니라 장기 과제다. 삶에서 어려움이 생기면, 원한은 재차 표면에 떠오를 수 있기 때문이다. 그러나 용서를 위해 원한을 너무 빨리 내려놓지 않아야 한다. 분명 용서의 이점이 있으나, 너무 쉽게 용서하는 건 상대의 잘못을 묵인하는 것과 같기 때문이다. 학대 피해 여성이 가해자를 쉽게 용서하고 그에게 되돌아감으로써 자기 존중과 보호에 실패하는 것이 그 예다.

잘못된 일에 대한 반응으로서의 원한은 자존과 품위를 유지하고, 자기보호를 촉진하며, 도덕적 질서 존중을 강화한다. 특히, 범법자나 가해자에 대한 용서에는 여러 측면(적대감 포기, 상대의 뉘우침 수용, 처벌 대신 개선 기회 제공, 관계 재개 등)이 있다. 사악한 행위 또는 범죄의 맥락에서 특정 행동은 용서할 수 없다는 견해를 진지하게 받아들이고, 용서에 조심스럽게 접근해야 한다. 이 경우, 부분 용서$^{partial\ forgiveness}$가 한 가지 대안이 될 수 있다. 즉, 가해자에 대한 원한/적대감은 내려놓지만, 그와 관계를 재개하지 않는 것이다.

☐ **대처방법.** 분노에의 대처방법은 다음과 같다. 학대 피해 경험 또는 적대감과 씨름하는 사람은 자신이 분노로 가득 차 있다고 여긴다. 분노에 찬 경험을 반복할수록, 분노는 점점 더 커지고 누적되는 느낌이 들게 된다. 그러나 이런 생각은 해로운 착각일 수 있다. 분노는 몸의 어느 부분에 쌓여 있는 걸까? 분노가 가득 차 있다는 느낌이 드는 경우, 해결책은 분노를 제거하는 게 우선이라고 생각할 수 있다. 이런 이유로 상담과 심리치료에서 분노 표출을 통해 카타르시스(감정 해소)를 추구했던 적이 있었고, 현재도 추구하기도 한다.

그러나 분노를 표출한다고 해서 적대감/원한이 줄어들진 않는다. 오히려 적대감과 분노의 역치를 낮출 뿐이다. 분노 표출은 긴장 완화 효과가 있어서 일시적으로 기분이 나아지게 할 수는 있다. 그렇지만 죄책감으로 인한 긴장감이 높아지므로, 장기적으로는 좋은 방법이 아닐 수 있다. 게다가, 반복적인 분노 표출은 연습효과를 유발하여 습관화^{habituation}로 이어지게 할 수도 있다. 그렇다면 분노조절을 위한 대안은 무엇일까? 분노를 건설적으로 다루려면, 자신이 분노로 가득 차 있는 게 아니라, 분노에 대한 역치가 낮아 민감하게 보일 뿐이라고 생각할 필요가 있다.

분노 완화를 위해서는 분노가 자극하지 않도록 촉발 요인을 효과적으로 다룰 필요가 있다. 분노와 적대반응은 상황을 어떻게 평가·해석하는지에 따라 달라진다. 이에 트라우마를 다양하게 해석할 여유가 없는 생존자는 극심한 분노와 고통을 다루기 힘들어한다. 90/10 반응, 즉 현재의 반응은 90%가 과거의 정서에서 비롯되고, 10%만이 현재에서 비롯된다는 사실을 인식하려면, 트라우마 경험에 대한 재평가를 통해 쓸모 있는 선택이 필요하다.

두려움. 셋째, 두려움은 위협 또는 위험을 느껴 불안하고 조심스러운 느낌이다. 이 느낌은 크게 불안과 공포로 구분된다. 불안이 명백한 위협/위험이 없는 상태에서 겪는 두려움이라면, 공포는 명백한 대상에 대한 두려움이다.

☐ **불안.** 불안^{anxiety}은 미래의 위험에 대한 예상에서 비롯되는 모호한 상태로, 다음에 어떤 일이 벌어질지 알아보는 동안 모든 걸 삼가라는 신호다. 불안할 때는 위협/위험 징후가 있는 상황에 주의를 기울이게 된다. 불안은 새로움, 비예측성, 통제력 상실, 그리고 효과가 있었던 것이 더 이상 효과가 없다고 판단이 들 때 발생한다. 이에 불안은 스스로 발달하는 경향이 있다(보이지 않는 위협/위험의 상상).

불안은 예견과 관련이 있어서 마치 자가 발전하는 것처럼 보인다. 일의 결과는 단순히 생각만으로도 예측할 수 있다('머릿속 시뮬레이션'). 진화는 인간에게 다양한 축복을 주었다. 그러나 머릿속 시뮬레이션으로 온갖 종류의 무서운 상황을 예상함으로써, 불안을 부채질하기도 한다. 이 과정은 여러 편의 공포영화를 관람하는 것과 같다. 이런 시뮬레이션은 패배감에 사로잡히게 한다. 시뮬레이션 능력은 건설적인 목적으로 미리 계획을 수립하는 일에 사용하는 것이 바람직하다.

뇌에는 불안과 공포를 담당하는 행동억제체계^{Behavioral Inhibition System}(BIS) 회로가 있다. 이 회로는 일이 계획대로 잘 진행되고 있는지 끊임없이 살핀다. 그렇지 않으면, 이 체계가 작동하여 중지 신호를 보낸다("잠깐! 행동하기 전에 주위를 둘러봐!"). 이 회로는 진행 상황을 점검하다가 일이 계획대로 진행되지 않는다고 판단되면, 이내 불안을 느끼게 한다. 불안은 보통 환경과 상황이 기대하고 바라는 대로 펼쳐지는 장면(예측 가능성, 통제감, 자신감, 친숙성)을 떠올림으로써 극복할 수 있다. 즉, 불안에서 벗어나려면 능숙한 일에 몰두하면 된다.

BIS가 유기체의 비효율적인 행동을 중지시키고, 더 나은 해결책을 바로 찾게 하는 한, 불안은 적응적이다. 그러나 불안해지면 경계 태세에 돌입하여 위험을 찾아 대처할 준비를 하지만, 어떻게 대처해야 할지 모르면 무력감을 느껴 불편감에 집중하기 쉽다. 그러면 주의가 분산되어, 직면해야 할 외부 문제보다 불안 통제에 집착하게 된다. 일시적 불안은 적응적이지만, 만성 불안은 그렇지 않다. 과거의 트라우마와 결합한 단서가 불안을 촉발할 수 있기 때문이다. 어떤 일이 잘못되었다는 것, 위험이 가까이 있다는 것은 순간적·무의식적으로 느낀다. 최악의 경우, 만성적으로 불안한 걱정 상태에 빠지게 될 수도 있다. 이 경우, 어떤 것도 안심되지 않고, 완전히 안전하다고 느끼지 못하게 된다.

□ **공포.** 공포^{fear}는 임박한 신체적/심리적 위협에 대한 반응이다. 이는 도피, 억제, 반격할 수 없는 두려움 이상의 정서다. 무시무시한 공포에 사로잡히는 순간, 이 상황에서 벗어날 수 있게 해 주는 건 아무것도 없어 보인다. 빠져나갈 길이 없다는 생각이 드는 순간, 공포가 엄습한다. 공포의 촉발 요인으로는 뭔가의 공격, 갑작스러운 지지 상실, 신체적 고통의 위협 등이 있다. 중립자극이 공포 사건과 연합하는 공포조건화^{fear conditioning}는 트라우마 재경험을 유발한다(예 술 냄새가 분노 유발 사건과 연합하여 공포반응을 촉발하는 조건자극이 됨). 조건화된 공포반응은 매우 빠르다.

공포가 적응 기능을 하려면 안전과 위험 상황을 구분하는 학습('맥락조건화^{contextual conditioning}')을 통해 '맥락 적절 반응^{context-appropriate responding}'을 할 수 있어야 한다. 그러나 트라우마는 이 복잡한 변별반응 기능을 붕괴시켜 적절한 반응을 할 수 없게 만든다('맥락 부적절 반응^{context-inappropriate responding}'). 즉, 반응에는 문제가 없지만 잘못된 상황에서 일어나는 것이다[예 트라우마를 떠올리는 단서(술, 고함소리)가 공포반응을 유발함]. 맥락 부적절 반응은 흔히 90/10 반응(90%의 정서는 과거 트라우마에서 비롯된 것이고, 10%만이 현재에서 비롯됨)으로 불린다(Allen, 2004).

□ **대처방법.** 불안과 공포에의 대처방법은 두 가지가 있다. 하나는 기법(이완, 운동 등)을 통해 불안을 낮추려는 노력이고, 다른 하나는 안전한 환경에서 불안을 유발하는 상황에 의도적으로 노출하는 것이다. 두 방법의 공통점은 정서를 억압하기보다 계발한다는 점이다. 불

안과 공포의 문제는 불안 민감성$^{anxiety\ sensitivity}$(불안에 대한 두려움으로 불안을 심화하는 현상으로, 불안 내성$^{anxiety\ tolerance}$의 반대 개념)이다. 이는 불안이 심각한 결과를 초래할 것에 관한 걱정이다. 즉, 걱정은 불안을 눈덩이처럼 커지게 한다. 심박률 증가에 대한 공포가 공황발작으로 이어지는 게 그 예다. 트라우마를 극복하려면, 불안·공포는 불쾌하지만 위험하진 않다는 인식의 전환이 필요하다.

수치심 · 죄책감.　넷째, 수치심과 죄책감은 사회규칙과 도덕규범 준수와 관련된 자의식적 정서로, 신념/믿음의 영향을 받는다. 이들 정서는 자의식이 생기고 타인의 반응에 예민해지는 생후 2세경부터 발달하는데, 사건 처리에 대한 의지와 능력에 영향을 준다. 이 시기에 죄책감이 들어 자기 잘못을 바로잡으려는 경향이 발달한다. 수치심과 죄책감은 적응적 속성이 있다. 이는 자기 감시, 약점에 대한 공정한 평가, 자기 향상을 촉진한다. 수치심은 개인에게 고통스러울 수 있지만, 실수를 돌아보게 함으로써 재발 방지를 돕는다. 반면, 죄책감은 가까운 사람에게 해를 입히는 행동을 제어한다. 이는 보상행동(자백, 사과, 속죄)을 동기화한다는 점에서 적응적이다.

　수치심^{shame}이 만연한 결함에 대한 느낌이라면, 죄책감^{guilt}은 타인에게 상처를 준 행동에서 비롯되는 정서다. 그러나 트라우마가 유발하는 수치심과 죄책감은 견디기 힘들고, 해로우며, 회피를 촉진하여 곤경에 빠뜨린다는 특징이 있다. 예컨대, 사람들은 흔히 성폭행 사건에 대해 불편해하는데, 이는 성폭행 피해자가 피해 경험을 드러내기 어렵게 한다. 설령 이 사실을 외부에 알린다고 해도, 사건의 세부 내용은 감추고 말하게 된다. 타인의 싸늘한 반응은 피해자의 트라우마에 대한 수치심을 높인다. 사건 폭로에 따른 불신, 비난, 부정 반응은 피해자에게 2차 트라우마가 된다. 사회 환경이 성폭력 사건의 폭로를 지지해 주지 않을 때, 생존자는 사건과 관련된 생각을 점점 더 회피하게 되고, 그만큼 사회적 트라우마 처리는 아득히 멀어진다.

☐ **수치심.**　수치심^{shame}은 타인을 볼 낯이 없거나, 스스로 떳떳하지 못한 마음 상태다. 이 상태는 결핍과 취약성이 핵심인 공적 정서로, 규칙 위반 또는 자신/타인의 기대(이상)를 충족하지 못했음을 타인이 알 거라는 믿음에서 비롯된다. 이 느낌은 개인을 위축시키고, 얼굴을 숨기고 싶은 충동을 유발하며, 자기가 나쁘다는 느낌이 들게 한다. 원초적 수치심은 통제 결여 또는 불완전성을 견디지 못하는 것에서 비롯된다.

　트라우마는 자기감, 유능감, 숙달감을 해치는데, 가장 수치심을 유발하는 요인은 학대다. 형태와 장소에 상관없이 학대는 개인의 자존과 품위를 해친다(생존자가 수치스러운 행위를 한 후, 굴욕감을 느꼈을 때 더 심함). 심리적 학대(고의적 위협, 굴욕감 주기)는 수치심을 느끼게 한다. 학대 피해자는 흔히 무력감·무가치감, 자기 증오, 역겨움, 그리고 하찮은 존재라는 느낌이 지배적이다("나는 참 더럽고 초라하고 사악한 암적인 존재야!"). 적정 수준의 수치심은 적응적이지만, 학대는 견디기 힘든 수치심을 유발하고, 수치심을 회피하려는 시도는 또 다른 문제를 야기한다. 수치심으로 인한 도피 경로는 표 4-2와 같다(Nathanson, 1992).

표 4-2. 수치심으로 인한 도피 경로

도피 경로	설명
1. 위축 유발	○ 노출을 회피하게 되면서 스스로를 고립시킴
2. 회피 촉진	○ 회피행동(예 음주, 불법물질)을 통한 수치심 차단, 거짓된 자기상 형성, 거만과 자기도취 의지, 비현실적인 긍정 자기상을 꾸며 내어 수치심 관련 자기상 은폐
3. 자기 공격	○ 분노를 자기파괴행동의 형태로 만듦
4. 타인 공격	○ 압도된 느낌과 부끄러움을 느껴, 수치심을 파괴적 공격성으로 전환함으로써 타인을 굴복시켜 수치심이 들게 하여 제압하고자 함

표 4-2에서 공격행동은 수치심에 대처하는 위험한 방법이다. 공격행동의 결과는 잠재적으로 해롭고, 수치심-격노 악순환$^{shame-rage\ spiral}$에 빠질 수 있다. 특히, 분노폭발은 통제불능감이 들게 한다. 이는 굴욕적이고 수치심과 분노를 자극하며, 두 정서가 뒤섞이면서 학대를 유발하기도 한다. 수치심에서 벗어나려면, 자신의 의존성/취약성과 화해하고, 자기가치감(자긍심^{pride})을 발달시켜야 한다. 자긍심은 건강한 노력, 성공, 성취감에 의해 발달하고, 타인이 자신을 알아보고 칭송해 주기를 바라는 욕구를 유발한다.

☐ **죄책감.** 죄책감^{guilt}은 타인에게 고통, 상실, 괴로움을 준 것에 대한 책임감에서 비롯된다. 또는 도덕적으로 잘못되었다고 느끼는 행동을 저질렀다는 생각에서 기인한다. 이런 점에서 죄책감은 수치심보다 다소 현실적이다. 그러나 책임감 또는 가해 정도에 대한 지각이 과장되는 경우, 죄책감은 비현실적인 것으로 변질된다. 학대 피해자들은 수치심뿐 아니라 죄책감을 느낀다. 이들은 자신이 가치에 반하는 행동을 했다고 여기고 책임감을 느낀다. 성폭행 피해 여성이 가해자가 흉기를 들이대고 있었음에도 자신이 벌받을 짓을 했다고 느끼는 것(죄책감)이 그 예다. 학대 피해 아동은 양육자의 감정을 자극하지 않기 위해 애쓴다. 이런 노력이 효과가 없는 경우, 자신이 양육자에게 고통을 주었으므로, 양육자의 분노가 자기 행동 때문이므로 학대받아 마땅하다고 여기게 된다.

아이가 양육자의 학대에 죄책감을 느끼는 것은 자신이 사랑하는 또는 사랑해야 하는 부모의 이미지를 보호하기 위해서다(Nathanson, 1992). 이는 양육자가 자신에게 애정을 주고 보호할 능력이 없다고 믿기보다는 차라리 죄책감을 택하는 것이다. 심지어 자신이 더 나은 사람이 되면, 학대를 막을 수 있다는 통제 착각$^{illusion\ of\ control}$[순전히 운에 의해 결정되는 사건(예 도박, 주사위 던지기, 복권 당첨)을 자신이 제어하고 있다는 지각 또는 생각]을 하게 만든다. 이런 착각은 무력감에 맞설 수 있게 하지만, 수치감과 죄책감이라는 대가를 치르게 한다. 죄책감은 친밀관계에 영향을 준다. 사랑하는 사람에게 상처를 준 경우, 어쩔 수 없는 상황이었더라도 큰 죄책감을 느끼게 된다. 이런 비현실적 죄책감^{unrealistic guilt}은 애착관계(학대 포함)에서 특히 강렬하다. 학대를 당하고 있더라도 사랑하는 감정이 훼손되지는 않기 때문이다. 이런 이유로 아동은 종종 자신이 사랑하는 양육자를 화나게 한 데 대해 죄책감을 느낀다.

트라우마와 연관된 죄책감은 자기희생적·처벌적 행동을 유발한다는 점에서 파괴적이다. 수치심과 죄책감은 대부분 과거를 현재의 눈으로 보는 데서 비롯된다. 상처를 준 사람을 용서함으로써 원한과 적대감을 극복할 수 있듯이, 상처를 준 것에 대해서도 자기용서^{self-forgiveness}가 필요하다. 그러나 타인용서 못지않게 자기용서 역시 쉽지 않다. 이는 자신에 대한 적대감을 단념하는 한편, 자신에 대한 연민이 필요하기 때문이다. 사람들은 대부분 어느 정도의 죄책감이 있다. 그러나 트라우마 생존자(특히, 학대 피해)는 종종 현실적 죄책감(실제로 잘못한 것에 대한 죄책감)보다 더 무거운 감정을 느낀다. 이에 자기경멸을 내려놓고, 연민의 감정으로 트라우마를 있는 그대로 볼 필요가 있다.

역겨움. 다섯째, 역겨움^{disgust}은 상한 음식을 입에 넣은 상태와 같은 극도의 불쾌감이다('혐오감^{hatred}'으로도 불림). 이는 속이 메스껍고 불편함을 동반하는 본능적 정서다(강진령, 2023). 역겨움은 대개 동물, 인간, 또는 그 부산물(혈액, 배설물, 토사물, 점액 등)을 대상으로 한다. 다른 감각을 통해 받아들이는 대상 또는 장면도 이 범주에 포함된다(불쾌한 냄새, 섬뜩한 상처 등). 역겨움은 오염 물질을 피하고 구토로 배출하게 한다는 점에서 적응적이다. 이는 청결 유지 행동(목욕, 청소 등)을 유발하여 위생을 관리하고 주변 환경을 청결하게 한다. 아이에게 싫어하는 음식을 강제로 먹이는 행위처럼, 심리적 학대는 역겨움을 유발한다. 구강 성행위(펠라치오) 강요 같은 성학대 경험은 더더욱 그렇다. 입을 통한 체내화와의 연관성으로 인해 트라우마 관련 역겨움은 종종 섭식장애^{eating disorder}를 촉발한다.

역겨움은 수치심/죄책감보다 늦게 발달하고, 사회적 교육의 영향을 받는다. 트라우마는 역겨움에 민감하게 하고, 관계의 역겨움은 확장된다. 역겨움의 대상은 낯설거나, 불건전하거나, 도덕적으로 문제가 있는 것 같은 사람 또는 집단이다. 수치심으로 인한 자기혐오는 종종 타인에게 투사되어 그 사람을 경멸하게 만든다. 자기혐오는 개인의 자연스러운 인간성과 본능을 거부하게 하여 수치심과 파괴적인 투사에 취약해지게 한다. 이런 경계확장은 타인에 대한 경멸과 역겨움을 부추기고, 타인에 대한 공감, 연민, 인내할 능력을 잃게 하기도 한다.

정서 억압의 영향

정서는 일시적으로 일어나며, 적응에 도움을 준다. 그러나 정서(특히 부정 정서)를 계속 억제 또는 차단하면, 다양한 역기능적 결과를 초래한다. 즉, ① 정서를 유발하는 문제 상황을 방치하게 하고, ② 정서 회피를 증폭시키며, ③ 부적절한 행동을 유발하여 원치 않는 다른 정서를 촉발한다.

문제상황 방치. 첫째, 지속적인 부정 정서의 억제는 문제 상황을 방치하게 한다. 예컨대, 불의 또는 불공정한 대우에 분노가 느껴지지 않는 사람은 이런 상황을 잘 기억하지 못하게 된다. 위험한 상황에서 두려움이 느껴지지 않는다면, 실제로 위험한 상황조차 피하지 않게 될 것이다. 관계 안에서 영향을 미치기도 전에 죄책감/수치심을 미리 차단한다면, 전혀 사과하지 않고, 관계도 회복하지 못한 채 남겨질 것이다.

정서 회피 증가. 둘째, 정서 회피가 증가한다. 만일 부정 정서에 대한 2차 정서 반응을 학습했다면, 원래 정서는 억제되고 재학습 기회는 사라진다. 이는 탈출학습 패러다임과 유사하다. 만일 동물이 실험상자에 들어설 때마다 발에 전기충격을 가해 동물을 상자로부터 탈출하도록 학습시켰다면, 이 동물은 상자에 들어서는 행동을 회피할 것이다. 그 후, 전기충격 장치를 끈 상태에서도 동물은 이 새로운 결과를 학습할 수 없다. 동물이 새로운 학습을 성취하려면, 상자에 발을 들여놓아야 한다. 부정 정서를 경험하지 않고서는 스스로 감정을 감내할 수 없고, 감정 표현 뒤에 처벌이 따르지 않는다는 것도 배우지 못하게 된다.

원치 않는 정서 촉발. 셋째, 정서 억제와 단절의 장기적인 결과에 대해서는 알려진 바가 없지만, 정서 체험과 카타르시스가 부정 정서의 스트레스를 줄인다는 증거는 있다. 그러나 정서 경험에 따른 부적절한 행동은 정서성^{emotionality}을 높이고, 원치 않는 다른 정서를 촉발한다. 삶은 외부 목표를 향해 조율하는 행동을 토대로 앞으로 나아간다. 이런 행동은 긍정 정서를 높이는 장기적인 잠재력이 있고, 스트레스를 감소시키며, 정서 취약성을 완화한다. 또한 감정에 따른 행동에 반대되는 행동으로 자신을 다르게 느낄 수 있게 한다. 이에 정서자극에 대한 접촉을 조절하려면 주의를 통제해야 한다.

긍정 자극으로 주의를 돌리면, 긍정 각성과 정서를 높이거나 유지할 수 있고, 부정 정서로부터 주의를 전환하면 부정 정서를 낮추거나 감당하게 될 수 있다. 이처럼 주의집중과 전환을 잘 통제하는 사람은 정서반응을 더 잘 조절한다. 주의통제에 관한 개인차는 생애 초기부터 두드러지고, 성인기에도 안정적인 기질 특성으로 나타난다. 우울 기분에 대한 반추는 우울을 악화시키는 우울한 해석을 유발하고, 미래 과제에 무력감을 증대시킨다. 반면, 주의 전환 행동을 더 많이 할수록 우울 기분을 상쇄시킬 수 있다.

04 트라우마와 생존자의 자기

트라우마는 종종 압도적인 힘으로 생존자의 자기 구조(신체 이미지, 내면화된 타인의 이미지,

목표와 일관성을 갖게 하는 가치와 이상)를 공격하여 무너뜨린다. 이에 트라우마 회복은 자기self의 치유가 전제된다. 생애 초기 자기의 발달은 양육자와의 애착관계 형성과 병행된다. 양육자와의 관계는 애착, 돌봄, 친밀감, 사랑, 유대, 협력 발달을 촉진한다. 이 과정에서 분리/개별성, 자율성, 주도성, 책임감, 성취감이 촉매 기능을 한다. 자기는 애착관계에서 발달한다. 이런 점에서 자기와 관계 발달은 상보적이다. 자기에 대한 인식은 타인과의 관계를 규정한다. 이에 자기는 주변인과의 관계와 분리해서 생각할 수 없다. 트라우마가 생존자의 자기에 어떤 영향을 미치는지는 자기와 자기 경험으로 구분하여 살펴볼 수 있다.

자기

첫째, 자기self는 정신과 신체조직을 아우르는 인격의 핵심 부분을 의미하는 심리학적 개념이다. 이는 유전과 환경의 상호작용을 통해 하나의 응집성cohesion과 통합성integration을 지닌 단일체다. 자기는 주도성의 핵심, 인상의 주체, 개인의 이상·재능·야망·기술의 저장고다. 이들은 개인에게 삶의 목적·의미·가치를 제공하고, 독립된 존재라는 느낌이 들게 한다. 자기는 반사성reflectivity이 있다. 행위 주체로서의 자기는 자기 존재에 대해 생각하고, 느끼며, 객체로서의 자기를 창조하여 이야기로 묘사된다. 자기는 이 이야기의 중심에 있다. 개인에게 가장 중요한 이야기('자전적 개요autobiographical overview')는 자기 자신에 관한 생각이다. 자기는 ① 주관적 자기 vs. 객관적 자기, ② 공적 자기 vs. 사적 자기로 구분된다.

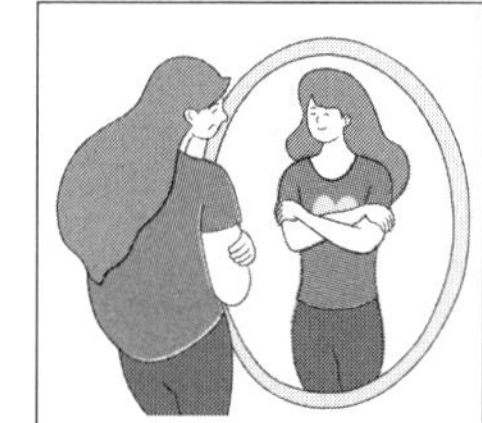

그림 4-1. 거울에 비친 자기

주관적 자기. 주관적 자기subjective self는 경험을 능동적으로 시작·조직·선택·해석하는 행위자로서의 자기로, 자기효능감(욕구를 충족시키고 목표를 성취할 수 있다는 인식)을 지닌다. 또 효과성 있는 행위자로서 자기는 연속성·일관성·연속성·통합성 느낌을 지닌다. 동시에, 주관적 자기는 객관적 자기(자신에 관해 구성한 이야기)의 영향을 받는다. 객체로서의 자기(이야기)는 이야기하는 사람을 구체화한다. 자신을 무기력하다고 생각하면 더 무기력해질 것이고, 쾌활하다고 생각하면 더 쾌활해질 것이다.

객관적 자기. 객관적 자기objective self는 외부에서 보는 자기다. 이는 객체(대상)로서 드러나는 존재를 의미하는 사회 구성개념이다. 이 개념은 자기가치 또는 자기개념과 관련이 있다. 객관적 사기는 관계에서 형성되고 타인의 영향을 받는다. 타인의 피드백은 거울을 들여다보는 것과 같다. 개인이 자기를 어떻게 보는지는 자신이 타인에게 어떻게 비치고 있고, 타인이 자신을 어떻게 대하며, 타인과의 관계에서 어떤 감정을 느끼는지가 반영된다. 객관적 자기의 좋지 않은 느낌은 흔히 수줍음 또는 당혹감을 유발하고, 심한 경우 편집증paranoia으로 이어진다.

특정인에 대한 군중의 비난은 직접 경험에 기인한 것이 아닐 수 있다. 마찬가지로 트라우마 생존자의 부정적인 자기대화self-talk 속에는 단순히 상상과 추론에 의한 내용이 들어 있다. 자기에 대한 부정적인 착각은 물론, 타인에 대한 단정적인 편견과 태도는 쉽게 변하지 않는다. 심지어 긍정 피드백 역시 무시되곤 한다. 트라우마 생존자들은 종종 분노를 은폐하는 법을 학습한다. 이의 제기 또는 자연스러운 분노를 드러내고자 할 때마다 더 심한 벌로 상처를 입었기 때문이다.

객관적 자기를 침해하는 자동사고의 처리 방법은 건강한 관계를 형성하여 건강한 피드백을 주고받는 것이다. 자기는 ① 공적 자기와 ② 사적 자기로도 구분된다. 공적 자기와 사적 자기는 시간이 흘러도 안정적인 성격 특성이지만 서로 무관하다. 트라우마는 자기가치감에 부정적인 영향을 준다. 이에 트라우마 상담에서 중요한 측면은 낮은 자기가치감의 바탕을 이해하는 것이다(Harter, 1999).

공적 자기. 공적 자기public self는 타인에게 알려진 자기(자신이 타인에게 투사한 자기의 이미지)다. 이는 자기의 외적 측면으로, 타인으로부터 반영되는 객관적 자기 인식의 기초가 된다. 공적 자기의 인식은 자기 모니터링self-monitoring을 유발한다. 이미지 관리에 관심이 큰 사람은 공적 자기의 보강에 힘쓴다. 그러나 지나치면, 사회불안social anxiety의 원인이 된다.

사적 자기. 사적 자기private self는 타인에게 절대 노출할 수 없는 홀로 겪는 경험으로 구성된 내적 핵심이다. 개인은 사적 자기와 관계를 맺고, 이 관계는 평생 유지된다. 이런 점에서 사적 자기는 가장 신뢰할 수 있고, 소중히 간직해야 할 관계다. 중요한 타인과의 애착관계처럼, 개인은 사적 자기를 지지·격려하고, 양육하며, 사랑할 필요가 있다. 사적 자기와의 호의적이고 자비로운 관계는 위기상황을 슬기롭게 견딜 수 있게 한다. 사적 자기에 대한 유연한 사고는 안정적인 관계 형성을 위한 디딤돌이다. 트라우마로 인해 자신에 대해 부정적 사고에 갇혀 있다면, 이는 사적 자기와 학대적 관계를 맺는 것과 같다.

사적 자기와의 복잡한 관계는 때로 자기혐오self-hatred 또는 자기연민self-compassion으로 나타난다. 트라우마 생존자, 특히 학대 경험자들은 안전감을 느끼고 위안을 얻을 수 있는 관계를 열망한다. 이들은 안전한 피난처와 안정 기반을 추구한다. 안전한 관계를 맺는 것은 치유와 회복의 초석이 된다. 그러나 더 중요한 것은 사적 자기와 안전한 관계를 형성·유지하는 것이다. 이 관계는 타인과 맺는 관계와 유사하다. 사람들은 흔히 자기대화self-talk를 하고, 사적 자기에 대해 감정을 느낀다. 타인과의 관계처럼 자신과의 관계 역시 다면적이어서, 자신에게 우호적이거나 잔인할 수도 있다. 그러므로 무엇보다도 사적 자기와 건강한 관계를 발달시킬 필요가 있다.

자기 경험

둘째, 트라우마 생존자들은 주변인들로부터 긍정 피드백을 받을 때, 종종 자기 내면의 추악성을 알게 되면 자신을 혐오할 거라는 생각의 함정에 자신을 가둔다("저들이 날 좋아한다는 사실은 내가 혐오스러운 위선자라는 사실에 대한 반증이야!"). 이들은 타인이 자신을 긍정적으로 바라보면, 오히려 자기를 깎아내리며 자신을 괴롭힌다. 이런 현상이 발생하는 이유는 생존자들이 트라우마 경험으로 인해 자기에 대해 부정적인 영향을 받았기 때문이다. 트라우마로부터 부정적인 영향을 받는 자기 경험으로는 ① 자기가치감, ② 자기효능감, ③ 자기연속성이 있다.

자기가치감. 자기가치감$^{\text{sense of self-worth}}$은 자기 자신에 대해 중요하게 생각하고 느끼는 정도다. 자신에 관한 생각과 느낌은 발달 성취에 따른 것으로 자기에게 단어를 붙이기 시작하는 2세 후반부터 발달한다. 3~4세 경이 되면, 자전기억이 형성되면서 이야기를 토대로 자기 발달이 시작된다. 학대만 없다면, 아이들은 대체로 긍정 자기개념$^{\text{self-concept}}$(자기에 관한 생각과 느낌)을 형성한다. 자기개념은 아동기 중기에서 후기에 이르기까지 점차 복잡해진다. 자기와 타인을 비교할 수 있게 되면서, 자기비판 능력이 발달하기 때문이다. 게다가, 현실자기$^{\text{real self}}$와 이상자기$^{\text{ideal self}}$를 비교할 수 있게 되면서 수치심과 자부심을 느끼는 능력이 발달한다.

　청소년기를 거쳐 성인기에 진입하면서 자기개념은 점차 분화된다. 생애 초기의 관계에서부터 형성되는 객관적 자기는 안정적인 총체적 자기가치감과 연결된다. 총체적 자기가치감$^{\text{whole sense of self-worth}}$에는 2개 요인이 관여한다. 하나는 다양한 영역에서의 자질(학업성취, 운동능력, 호감도, 품행, 외모)이고, 다른 하나는 중요한 타인(부모, 형제/자매, 또래, 권위적 인물)의 인정 수준이다. 다양한 영역의 중요도 부여에는 가치관 차이에 따른 개인차가 있다. 단, 외모는 잘 변하지 않는 요소로 나이, 성별, 국적과 관계없이 가장 중시되는 영역이다.

☐ **관계적 자기가치감.** 관계적 자기가치감$^{\text{relational sense of self-worth}}$은 청소년기에 특히 민감해진다. 자기에 대한 느낌은 종종 관계에 좌우된다. 자기가치감은 개인이 중시하는 지적·학업·관계에서의 유능성과 중요 인물(교사, 상사, 연인, 친구 등)과의 연대감의 영향을 받는다. 사람들은 대부분 자신에 대해 긍정적으로 지각하려고 노력한다. 때로 자신의 특정 특성에 대해 부정 피드백을 받는 경우, 사람들은 굳이 그 피드백을 부정하지 않는다. 대신, 다른 방법으로 자기 가치를 강조함으로써 자기 이미지를 긍정적으로 강화하고자 한다. 이런 과정을 통해 사람들은 전반적으로 자신이 도덕적이고 유능한 사람이라고 느끼고 싶어 한다.

　자기가치감은 유능감을 느끼는 요소들과 연결되어 있다. 이에 유능감을 느끼게 하는 영역에 선별적 주의를 기울임으로써 자기가치감을 높일 수 있다(Harter, 1999). 즉, 자기가치감을 높이는 관계에 시간과 에너지를 집중하는 반면, 자기가치감을 떨어뜨리는 관계와의 접촉은 최소화하는 것이다. 이처럼 치유·회복 관계는 자기가치감뿐 아니라 자기효능감을 높인다.

관계를 통한 자기치유의 핵심 요소로는 흔히 합의적 타당화[consensual validation], 타인의 지지, 자기수용이 있다.

이처럼 친밀하고 신뢰 있는 관계 속에서 자기를 적극 표현하고, 타인들로부터 이해를 받으며, 타인들이 자신의 마음을 알아 주고 있음을 인식하는 것은 트라우마 생존자의 치유와 회복을 촉진하는 요소다. 이 외에도, 자기치유를 촉진하는 방법으로는 자신에게 권한을 부여하고('권한부여[empowerment]'), 파급효과가 큰 정신화에 주목하는 방법들이 있다(학위수여, 승진, 임금 인상, 학점 취득, 봉사활동, 성악/악기 레슨, 운동 등).

☐ **트라우마와 자기가치감.** 학대는 피해 시기 및 정도와 관계없이 피해자의 자기가치감을 떨어뜨리고 관계에서 역겨움을 느끼게 한다(Allen, 2004). 관계 트라우마를 겪은 사람은 대부분 자기를 비난한다. 학대 피해자는 자기가 학대 상황을 유발했고, 학대받을 만하다고 여기며, 학대를 방지, 중단, 또는 최소화했어야 한다고 생각하는 경향이 있다. 이처럼 자기에게 학대의 책임을 돌리는 것은 통제감 유지를 위한 최후의 방어 노력이다. 이는 무력감보다는 비난받을 만하다는 느낌이 더 낫다고 여김으로써, 무력감으로부터의 자기보호 노력은 칭찬받을 만하다는 무의식적 욕구의 발현이다.

주관적 자기에게 최악의 상태는 무력감[helplessness]이다. 이 상태에 놓이면, 객관적 자기는 자기가치감 저하라는 대가를 치른다. 실추된 자기가치감은 주관적 자기를 더 무력하게 만든다. 트라우마를 겪은 사람들은 이미 손상된 자존감에 비난받아 마땅하다는 느낌까지 더해져, 더 심한 상처를 입는다("내가 좀 더 강한 사람이었더라면, 이 모든 증상과 문제를 겪지 않았을 텐데.").

☐ **현실적 자기가치감.** 자기가치감은 현실적이어야 한다. 이는 자기의 장단점을 인정하고, 이 둘을 통합하여 균형을 이루며, 현실적 자존감을 획득함으로써 가능해진다. 정신건강은 정확한 자기평가에 기반한다. 예컨대, 또래들이 싫어하는 아이가 팽창된 자기개념을 가지고 있다면, 갈등이 일어날 가능성이 크다. 사람들은 흔히 자신에 대해 지나치게 긍정적이고 자신의 미래에 대해 너무 낙관적인 견해를 가지고 있다.

어느 정도의 긍정적 착각은 적응적이고 정신건강에 이롭다. 이는 유쾌함과 만족감을 주고, 효과적인 행동을 촉진한다. 유쾌함은 타인에 대해 긍정적인 태도를 북돋아 준다. 자기능력에 대한 낙관적인 태도는 동기를 부여하고, 끈기를 갖게 하며, 높은 생산성과 성취에 도움을 준다. 성공을 확신한다면, 열심히 일할 것이고, 성공할 가능성이 커진다. 반면, 자신감을 상실한다면, 주저하거나 포기하거나 실패할 가능성이 커진다. 즉, 객관적 자기가 주관적 자기에게 부정적인 영향을 미치게 된다.

자기에 대한 긍정적 착각은 대개 아동기에 두드러지지만, 나이가 들면서 환상에서 깨어나면서 점차 감소한다. 그러나 성인기에서 이런 긍정적 편향이 남아 있는 사람들은 자신을 타인에게 보이는 모습보다 더 치켜세우는 경향이 있다. 예컨대, 두 사람이 팀 프로젝트를 완수한 후 개인별 기여도를 평정하게 하면, 보통 그 합은 100이 넘고, 자동차 운전자의 90%는 타인들보다 자신이 운전을 더 잘한다고 생각한다. 자신이 아프고 희망이 없다고 느끼는지에 관계없이 숨 쉬고 있는 한은 단점(나쁜 일)보다는 장점(좋은 일)이 더 많다(Kabat-Zinn, 1990).

사람들은 긍정 자기개념을 가질 자격이 있다. 적절히 자기의 긍정적인 면에 초점을 두고 부정적인 면을 경시하는 것은 적응적이고 자기를 성장시킨다. 그렇지만 자기개념은 합리적이고 정확해야 한다. 사람은 매우 복잡하고, 개인이 타인에 대해 가지고 있는 개념은 그 사람을 얼마나 잘 알고 있는지와 관계없이 불완전하고, 부분적이며, 부정확하다. 어떤 부분에서는 사람들은 자신에 대한 왜곡된 견해를 가질 수 있고, 타인의 견해가 더 현실적일 수도 있다.

자기효능감. 자기효능감^{self-efficacy}은 자신이 어떤 일을 성공적으로 수행할 능력이 있다고 믿는 기대와 믿음이다. 이는 관계와 유능감 발달, 그리고 자기가치감의 토대가 된다. 자기효능감의 핵심은 세상에 영향을 미칠 수 있는 능력이다.

☐ **트라우마와 자기효능감.** 트라우마는 종종 생존자를 압도적인 힘으로 무력하게 만든다. 이로써 트라우마는 생존자에게 자신이 타인에게 아무런 영향을 미칠 수 없다는 믿음을 심어 준다. 트라우마에의 반복적 노출로 통제 불능 경험을 반복하면, 생존자는 무력감을 학습하고 자기효능감을 잃는다. 트라우마로 인한 침습기억은 마음에 대한 통제력을 상실했다는 느낌이 들게 하여 무력감을 부추긴다. 재난, 사고, 약탈, 강간, 테러 상황에서 가해자에게 제압당하는 경험은 피해자에게 무력감을 초래한다.

가장 심각한 무력감은 심리적/정신적 학대로 인해 경험된다. 일부 가해자는 학대 과정에서 무력감을 가학적으로 강요하기도 한다(신체적 제압, 궁지/함정에 빠뜨림, 심리적 위협으로 얼어붙게 함). 통제감이 예측 가능성에 좌우된다는 사실을 고려하면, 학대는 예기치 않게 발생하고 무력감을 증대시킨다. 예측 가능성과 통제력 상실은 자기효능감을 짓누른다. 해결방법은 친밀관계에서의 권한부여^{empowerment}다.

자기연속성. 자기연속성^{self-continuity}은 자기의 응집성, 불변성, 통합성, 전체성, 정체성의 느낌을 의미하는 주관적 자기 존재감의 핵심이다. 주관적 자기는 시간과 공간에 상관없는 안정적인 '나'라는 느낌이다. '나'라는 존재는 순간순간 자기가 자기 자신임을 느낀다. 자기는 가정, 학교, 직장에 있든, 계속해서 자기 자신이다. 즉, 자기는 다른 시간과 다른 장소에 존재하지만, 계속해서 자기로 존재한다. 자기연속성과 응집성은 타인과 구별되는 ① 독특성^{uniqueness}, ② 개별성^{individuality}, ③ 독자성^{originality}의 느낌을 보유한다. 이런 연속감^{sense of continuity}은 자기능동성과 자기효능감을 함께 느낄 수 있게 한다.

☐ **자기능동성.** 자기능동성^self-agency은 자기 행동에 스스로 주체(주인)가 되는 것을 말한다. 이는 자기 행동을 이해하기 위해 개인이 생성한 이야기를 통해 발달한다. 유아는 행동에 내재한 정신적 요인을 이해하게 되면서, 목표지향 행동을 욕구나 신념 같은 정신 상태에서 파생되는 의도적인 것으로 해석할 수 있게 된다. 자기와 타인을 정신의 행위자로 해석하는 능력은 이런 이야기 능력으로 보강된다. 이렇게 발달하는 자기능동성은 자기효능감(자신에게 힘과 영향력이 있다는 느낌 또는 의도된 결과를 가져오는 능력이 있다는 지각)과 연관이 있다.

자기능동성은 정서적으로 민감한 양육자와의 상호작용을 통해 발달한다. 유아의 정서 표현은 사회적 피드백을 유발하여 자기감^sense of self 발달을 촉진한다. 안정애착 관계는 유아에게 타인과 세상을 자신 있게 탐색할 수 있게 하는 기반을 제공한다. 양육자와의 안정적인 관계는 자신이 자기 마음을 헤아려 주는 타인과의 관계 형성을 위한 정신적 동인(특정 상황의 조성/변화에 작용하는 직접적인 원인/주체)으로 인식하게 한다. 동시에, 개인은 자기가 누구인지 알고 있고, 또 계속해서 자기 자신으로 존재한다. 시간과 장소에 따른 차이에도 불구하고, 자기는 자기 자신이다. 자기능동성의 발달은 3단계(① 신체^physical 능동성, ② 사회^social 능동성, ③ 목적^teleological 능동성)를 거치는데, 단계별 발달 내용은 표 4−3과 같다(Stern, 1985).

표 4-3. 자기능동성의 발달 경과

단계	내용
1. 신체 능동성	○ 자기 팔다리와 외부 사물을 움직일 수 있게 됨
2. 사회 능동성	○ 엄마를 미소 짓게 할 수 있게 됨
3. 목적 능동성	○ 목표지향적 행동(신체적 한계 내에서 목표를 달성하기 위해 효율적이라고 해석되는 행동)을 이해하게 됨

☐ **트라우마와 자기연속성.** 트라우마는 자기가치감 또는 자기효능감과 마찬가지로 자기연속성을 해친다. 의식의 급격한 변화('해리')는 연속감을 심각하게 분열시킨다. 이로써 발생하는 심각한 ① 내적 갈등과 ② 모순관계는 자기연속성을 파괴한다.

첫째, 정신분석에 따르면, 본능적인 성·공격 추동^drive(행동을 유발하는 동기 상태로, '욕동'이라고도 함)은 도덕·신경증·현실 불안과 내적 갈등을 유발하여, 개인을 압도한다. 추동의 표출은 개인에게 거절, 보복, 처벌, 사랑의 상실에 대한 두려움을 유발하여, 추동의 자각을 막기 위해 에너지를 소모하게 만든다. 분노와 공격성은 위협과 상처에 대한 자연스러운 반응이다.

그러나 아동기 성학대로 인한 애착 관계에서의 분노는 안전과 돌봄을 제공하는 대상과의 관계와 피해자의 생존을 위협함으로써 극도의 불안과 갈등을 유발한다. 성학대가 심리적 위안을 주는 접촉을 갈망하는 상황에서 일어난다는 사실은 비극이다. 애정 어린 접촉 욕구는 성적 접촉에 대한 혐오와 갈등을 유발한다('배반 트라우마' '배반외상'). 이로써 자연스러운 접촉의 욕구는 죄책감을 유발하고, 성적 흥분은 피해 아동에게 끔찍하고 역겨운 게 된다. 배반 트라우마^{betrayal trauma}는 자기의 응집성을 분열시키고 자기연속성을 파괴한다.

둘째, 모순관계^{inconsistent relationship}란 개인의 연속감^{sense of continuity}과 통합감^{sense of integration}을 파괴하는 지속적이고 반복적으로 급변하는 학대관계를 말한다(일관성 없는 관계). 연속감과 응집감^{sense of cohesion}은 타인과의 관계에서 경험한 적절한 연속성과 통합성으로부터 형성된다. 사람들은 다양한 관계에 맞춰 행동을 조절하고, 사람에 따라 다르게 행동한다. 다양한 관계가 조화를 이루고, 경험과 행동의 변화가 정도를 넘지 않는 한, 연속감과 통합감은 유지된다. 그러나 모순관계는 개인의 연속감과 통합감에 위협을 준다.

자녀를 돌보다가 폭력을 가하거나, 애정을 주다가 심하게 아이를 방치하는 양육자와 아이의 관계, 심한 폭행 후 꽃다발 또는 선물을 건네는 가해자와 피해자의 관계는 전형적인 모순관계의 예다. 모순관계의 이면에는 흔히 물질사용이 관련되어 있을 수 있다. 이런 모순관계는 피해자의 자기를 분열시키고 자기연속성을 파괴할 수 있다. 자기연속성을 높이는 방법은 안전하고 안정된 애착관계다.

트라우마 생존자의 자의식 형성 촉진 방안

일관성 있고 긍정적인 자의식^{self-consciousness}을 형성하려면, 긍정적인 태도를 가진 타인과의 상호작용이 필요하다. 즉, 자애롭고 반응적인(시의적절히 반응해 주는) 양육자(부모/보호자)가 아동의 경험 또는 느낌을 반영해 주고(아기가 웃을 때 함께 미소를 짓고, 아이가 울 때, 염려하는 표정을 지어 주며 관심을 보여 줌), 아동이 합리적으로 강화될 수 있게 아동의 욕구에 반응해 주고, 아동의 긍정적인 특성 또는 강점을 드러내 주는 방식으로 교류할 때 건강한 자의식이 형성한다.

아동이 청소년기를 거쳐 성인으로 성장하는 과정에서 사회 환경과 자신과의 상호작용은 점차 복잡해지고, 자의식은 더 다양한 타인들과의 교류를 통해 거듭 발달한다. 반면, 어린 시절 긍정적인 양육을 받지 못한 사람들에게는 일관성 있는 정체성 향상의 가능성은 작다. 자의식 발달은 대부분 타인과의 상호작용으로 이루어진다. 이런 점에서 상담관계는 내담자의 정체성 발달을 위한 의미 있는 환경이 될 수 있다. 이런 상황에서 상담자는 ① 안전한 환경을 마련하고, ② 내담자의 자기타당성을 지지하며, ③ 자기탐색을 격려한다.

안전 제공. 트라우마 생존자의 긍정적인 자의식 형성 또는 재건을 돕기 위한 첫 번째 개입방법은 안전한 환경과 분위기를 조성하는 것이다. 자기성찰^{introspection}(내면 또는 마음을 돌아보고 반성하며 살피는 행위로, '내성'이라고도 함)은 궁극적으로 외부 환경이 과각성을 유발하지 않는 상황에서 가능하다. 이는 자신의 감정을 잘 인식하고, 행동을 잘 조절하며, 자신에 대한 심층적 이해의 토대가 된다. 자기성찰 수준이 높은 사람은 자신의 감정 상태와 변화, 행동의 목적과 의도를 명료하게 평가할 수 있고, 독립적으로 문제를 해결하며, 적절한 자기제어가 가능하다는 특징이 있다.

트라우마 생존 내담자는 상담 과정에서 신체적·심리적 안전감을 경험해야 한다. 상담자는 내담자의 심리적 경계를 침범하지 않고 개인적 영역을 존중하고, 사적인 이야기를 털어놓을 수 있을 만큼 충분한 신뢰를 구축해야 한다. 이는 상담자와의 긍정/안정 애착 형성을 위한 최적의 조건이다. 이런 요건이 충족될 때, 내담자는 비로소 자신의 내밀한 생각, 느낌, 경험을 탐색할 수 있게 된다. 그러나 심한 아동기 또는 성인기 트라우마 생존자들은 치료 회기에서 안전과 안정을 정확히 인식하기까지 시간이 걸릴 수 있다. 게다가, 이들의 안전감과 안정감은 치료 회기에 따라 증감이 반복되기도 한다.

자기타당성 지지. 둘째, 내담자의 욕구와 인식을 본질적으로 타당한 것으로 인정해 준다. 이는 대인관계에서 내담자가 당연히 누려야 할 기본 권리에 관한 대화를 통해 실천될 수 있다. 이 과정에서 내담자의 부정적인 자기인식과 인지왜곡에 대한 도전이 필요할 수 있다. 이 작업은 내담자의 인지오류에 대해 논쟁하는 게 아니다. 대신, 현재의 관계 경험을 토대로 잘못된 생각을 바로잡고, 부정확한 가정을 알아차리게 하는 작업에 함께 참여하는 것이다. 상담자는 내담자의 자기거부(예 타인에게 존중/돌봄 받을 자격이 없다는 신념)를 인정하기보다는 이런 생각과 모순되는 치료적 경험을 제공한다.

설령 내담자가 자신에게 자기결정권이 없다고 믿고 있더라도, 상담자의 강화가 없다면 이런 인식은 점차 소거된다. 대신, 자기타당성과 관련된 진술에 대한 상담자의 인정반응이 내담자에게 반복적으로 전달되는 경우, 내담자는 점차 자신에게 자기결정권이 있음을 받아들이게 된다. 내담자의 권리에 초점을 맞추는 경우, 생존자는 학대/방임 상황에서 학습한 타인 지향성 발전에 도움을 줄 수 있다. 아동학대와 방임은 아동의 주의를 학대자의 욕구 및/또는 폭력 발생 가능성에 집중하게 함으로써, 학대자의 현실에 대한 관점으로 향하게 한다. 이런 환경에서 내담자는 내면 상태, 인식, 욕구를 더 잘 확인할 수 있고, 의미 있는 타인(상담자)과 함께하면서, 자신에 대한 부정적인 신념이 어떻게 유지되는지에 대한 통찰을 얻을 수 있다. 상담자는 내담자가 자신의 느낌과 욕구를 확인·명명화하게 함으로써, 내담자가 긍정적 자기 모델 형성을 돕는다.

자기탐색 격려. 셋째, 자기탐색을 촉진하여 내담자가 내면에 대해 더 많은 감각을 얻도록 돕는다. 자의식은 반복적인 내적 경험의 탐색을 통해 증진된다. 내담자의 탐색이 필요한 내적 경험의 예는 글상자 4-6과 같다.

글상자 4-6. 내담자의 탐색이 필요한 내적 경험의 예

1. 트라우마 경험	4. 치료에 대한 견해
2. 사건에 대한 반응과 감정	5. 트라우마와 관련된 생각과 느낌
3. 초기 인식과 경험	6. 현실에 대한 생각과 느낌

글상자 4-3에 제시된 내적 경험의 예 외에, 상담자는 내담자가 부당한 괴롭힘으로부터의 생존에 필요한 타인 지향성으로 인해 가로막혔던 관심사(예 자신이 좋아하는 것과 싫어하는 것, 자신과 타인에 대한 견해, 치료적 지지와 수용)에 대한 탐색을 격려한다. 내담자의 자기성찰, 자기탐색, 자아정체성에 대한 상담자의 일관적이고 지속적인 지지는 내담자의 자의식 발달을 촉진한다. 또한 상담자는 내담자의 자기결정 촉진에 중점을 두고, 지지적인 애착관계를 형성한다.

05 트라우마와 생존자의 대인관계

대인관계^{interpersonal relationship}는 삶에 만족감을 주는 원천이면서 불행의 씨앗이 되기도 한다. 특히, 애착관계는 자존감 발달과 고통 조절의 필수요건이지만, 상처의 근원이 되어 평생 개인을 괴롭히기도 한다. 사람은 사랑할 때만큼 고통에 속수무책이었던 적이 없고, 사랑하는 대상을 상실할 때만큼 무력했던 적이 없기 때문이다(Freud, 1929/1961). 위협을 느끼거나 마음이 아플 때, 사람들은 애착관계라는 안전한 피난처에서 안정을 취하고 싶어 한다. 그래서 애착관계와 관련된 트라우마는 생존자를 견디기 힘들게 한다. 이 관계가 안전감을 제공해야 하는 상황에서는 더욱 그렇다.

관계모델

사람들은 순간순간 직면하는 상황이 어떤 것이든 과거 경험의 기억과 연결하면서 감정, 욕구, 안전과 관련된 현재 경험을 범주화한다. 즉, 순간적으로 '좋다' '나쁘다' '무섭다' '사랑스럽다' 같이 범주에 명칭을 부여하면서 신속하고 무의식적으로 범주화한다. 위협적인 표정에 0.1초의 속도로 공포반응을 하는 것이 그 예다(Ohman & Wiens, 2003). 사람들은 무생물에 대해 범주화하는 것과 마찬가지로, 이전의 유형을 근거로 타인과의 관계 역시 범주화한다. 또 어려서부터 반복적인 상호작용 패턴을 토대로 관계모델^{relation model}을 개발한다(예 아이가 목표를 성취할 때 아버지가 밝게 웃으며 자랑스러워함, 아이가 울 때 어머니가 꼭 안아 줌). 시간이 흐를수록 이 모델은 점차 복잡해진다. 이 과정에서 관계모델은 새로운 경험에 기초하여 수정되고, 수정된 모델은 이후의 관계에 적용(일반화)된다. 이 모델은 관계에 대한 경험뿐 아

니라, 타인을 향한 행동에도 영향을 준다. 이에 학대가 예측되면 거리를 두고, 점차 타인의 행동을 자기 모델과 일치시킨다.

관계모델에는 자기와 타인이 존재한다. 자기가 괴로우면 타인은 편안하다. 자기가 그리워하면 타인은 무관심하다. 타인이 공격하면 자기는 고통 속에 있다. 이 양자 모델은 관계에 유연성을 주어 즉각적으로 역할을 바꿀 수 있다. 엄마가 아이를 위로하기도 하고, 아이가 엄마를 위로하기도 한다. 학대관계에서는 가해자와 피해자 역할이 학습된다. 학대받은 사람은 이후 타인학대 관계를 맺는 것이 그 예다. 이 모델은 자기와의 관계에도 적용된다. 즉, 생각과 행동으로 자기를 공격하는 것이다. 개인의 관계모델에는 고유의 내적작동모델이 있다.

내적작동모델. 내적작동모델^internal working model (IWM)은 자기와 타인(애착인물)에 대한 심상에 기반하여 형성되는 관계의 내적 표상이다(Bowlby, 1973). 안정애착은 유아에게 양육자와의 접촉이 위로를 줄 거라는 기대("기분이 나쁠 때, 엄마가 안아 주면 기분이 좋아질 거야!")를 발달시킨다는 점에서 관계모델의 기초가 된다. 발달이 진행되고 타인과의 접촉 기회가 늘면서, 관계모델은 점차 다른 중요한 타인(아버지, 형제자매, 조부모, 교사 등)과의 관계에 일반화된다. 이런 작동모델들은 타인에 대한 개인의 기대와 행동을 형성하는데, 그 내용은 글상자 4-7과 같다(Bowlby, 1973).

글상자 4-7. 볼비의 내적작동모델에 관한 설명

> 부모가 원치 않았던 아이는 스스로 부모가 원치 않는 존재로 느낄 뿐 아니라, 자신이 매력적인 존재가 아니고, 누구도 원치 않는 존재라고 믿는다. 반면, 많은 사랑을 받은 아이는 부모의 애정을 확신할 뿐 아니라, 다른 모든 사람 역시 자신을 사랑스럽게 느낄 거라고 확신한다.

내적작동모델(IWM)은 개인이 양육자에게 어떤 대우를 받아 왔는지를 정확하게 반영한다. 아이는 양육자의 행동을 능동적이고 자의적으로 해석하여, 자신의 지각과 반응을 토대로 모델을 구성한다. 아이의 행동과 기질은 양육자의 행동조성^shaping 과정을 통해 모델 발달에 중요한 역할을 한다. 예컨대, 과잉행동을 하는 아이는 비난받을 가능성이 크다. 이런 과정을 통해 사람들은 각자의 특성이 반영된 모델을 지니고 있다.

관계 트라우마

사랑하는 사람(양육자 포함)으로부터의 배반, 악의적 의도, 심각한 트라우마에 직면하는 경우, 파괴적인 관계모델이 구성된다. 배우자의 외도, 갑작스러운 이별 통보 등 분리 상실을 겪는 일은 애착 트라우마가 될 수 있다. 나이와 관계없이 자신 있게 위협과 스트레스 상황에 직면할 때 필요한 것은 애착대상으로부터 제공되는 안전감과 안정감이다(Bowlby, 1973).

애착관계에서 발생하는 분리는 흔히 트라우마로 경험되고, 심리적 부적응을 일으킨다. 사랑하는 사람과 헤어지는 일은 삶의 과정에서 종종 있는 일이다. 그러나 성인기 애착관계에서 사랑의 상실은 극적인 트라우마로 경험되고, 갖가지 후유증을 겪게 한다(Bowlby, 1973).

　친밀관계에서 트라우마를 겪은 사람은 그 사건을 재경험하고, 플래시백으로 고통을 겪으며, 사건을 상기시키는 자극과 단서를 회피하고, 두려움, 무력감, 분노, 정서적 망연자실 등의 트라우마를 겪게 된다. 관계 트라우마에는 애착관계에 포함된 두 사람의 아동기 경험, 관계도식, 애착 패턴 등이 관련된다. 이들은 사랑하는 사람의 배신으로 분리를 경험하게 되고, 아이가 엄마로부터의 분리에 분노하는 것처럼, 신뢰를 저버린 상대를 향해 분노와 적개심을 갖게 된다. 하지만 이런 감정은 자신뿐 아니라 가족에게도 피해를 줄 수 있다.

관계 트라우마의 결과. 관계 트라우마는 종종 ① 고립, ② 갈망, ③ 두려움, ④ 의존, ⑤ 피해자, ⑥ 통제, ⑦ 공격성을 초래한다(Allen, 2004).

☐ **고립.** 첫째, 고립^{isolation}은 타인과 어울리지 않거나, 타인의 도움을 거부하며, 떨어져 지내면서 신체적 · 정서적 거리를 두려는 경향성이다. 관계 트라우마를 겪은 사람은 종종 혼자 하는 활동을 선호하거나, 타인과 피상적으로 상호작용하거나, 공상을 통해 안식을 취하고자 한다. 특히, 일관되게 거부당한 아이는 회피형 애착으로 발달할 가능성이 크다. 학대관계는 흔히 비자발적 고립을 수반한다. 생존자의 고립과 회피는 어느 정도 효과가 있어 보인다. 그러나 정신적 고통이 심해지거나 위기 상황이 발생하는 경우, 고립은 그 효과를 상실한다. 이들은 고립 속에서 안전을 추구하지만, 안정애착의 안전감과 안정감을 누리지 못함으로 인해 장기적으로는 더 취약하게 된다.

☐ **갈망.** 둘째, 관계 트라우마는 역설적으로 고립을 부추기는 동시에 애착 욕구(접촉 갈망$^{craving\ for\ contact}$)을 불러일으킨다. 방 안에만 틀어박혀 지내는 행복한 수행자는 존재하지 않는다. 고립은 유기불안 또는 우울을 조장하는 경향이 있기 때문이다. 비록 학대적이고 지배적인 부모/배우자의 강요가 없었더라도, 고립은 수치심 은폐와 비밀유지를 위한 시도로, 타인과의 접촉 갈망을 일으킨다. 고립은 돌봄, 친밀, 친교에 대한 갈망과 번갈아 나타난다.

☐ **두려움.** 셋째, 접촉 갈망은 트라우마 생존자를 관계로 되돌아가도록 만든다. 그러나 친밀 또는 친교는 두려움을 유발한다. 과거 경험에 근거하여 다수의 내적작동모델이 모든 종류의 위험을 검토하게 되면, 생존자의 마음에 친밀관계에 대한 불신으로 가득 차게 될 수 있다. 두려움은 과거의 트라우마를 반영한 결과다(상해, 착취, 굴욕감, 압도감, 통제, 속임수의 덫, 질식, 위협, 배신감, 유기/버림받음 등).

☐ **의존.** 넷째, 트라우마가 애착관계로부터 발생했다고 하더라도, 생존자가 평생 고립, 갈망, 두려움 속에서 살아가야 할 운명은 아니다. 다수의 사람이 오히려 접촉 갈망에서 동력

을 얻고, 과거의 상처에 좌절하지 않음으로써, 새로운 친밀관계를 발전시킨다. 물론 관계에서 신뢰와 친밀관계 형성에는 시간이 필요하다. 그러나 일단 신뢰가 쌓이면, 새로운 애착관계는 점차 서로에게 안전한 안식처로 자리 잡는다. 타인의존은 애착과 안녕감에 필수다(MacIntyre, 1999). 단, 의존이 지나치면 안정성을 해친다. 제2, 제3의 상처를 입을 수 있다는 두려움은 점차 관계가 끝나 버릴 것 같은 두려움으로 바뀌고, 자신의 강한 의존욕구가 상대에게 부담을 주고 있다는 느낌으로 이어져, 안전한 안식처와 안정 기반이 그렇게 안전하지도, 안정적이지도 않다고 느끼게 될 수 있다.

☐ **피해자.** 다섯째, 위안을 주는 관계에서 자연스럽게 발달하는 의존은 트라우마에 더 취약하게 하여 쉽게 반복되게 할 수 있다. 버림받을 것 같은 두려움('유기불안')은 착취 또는 상처를 입는 고통보다 더 클 수 있다. 피해를 당한 사람은 흔히 '피해자^{victim}'로 인식된다. 그러나 이런 명칭은 이제 "당신은 항상 피해자처럼 행동해야 한다"는 인식을 줄 수 있다. 이런 인식은 은연중에 누구나가 피해자가 될 수 있음을 부정할 수 있다. 그러나 관계에서 피해자 작동모델$^{victim\ working\ model}$은 피해를 당한 자에게 힘과 통제력을 포기하고, 피해자로 남게 하는 수동적 태도를 발달시킬 수 있다. 자기를 수동적 피해자로 인식하는 것은 객관적 자기가 주관적 자기를 손상하여 자기효능감을 떨어뜨린다는 점에서 해롭다. 이에 트라우마를 겪은 사람은 내외적으로 생존자^{survivor}로 여겨질 필요가 있다.

☐ **통제.** 여섯째, 트라우마 최악의 결과는 무력감, 즉 통제 불능감과 타인에게 좌지우지되는 느낌이 들게 하는 것이다. 이로써 생존자는 통제하지 못할 것 같은 상호작용을 극도로 혐오하게 된다. 이는 협력이 위험하거나 해롭지 않은 경우에도, 타인 욕구에의 동조나 수용을 어렵게 한다. 이로써 생존자는 자기 마음대로 하거나 권위자와의 투쟁이 절대적으로 필요한 것처럼 보일 수 있다. 이 경우, 통제당하는 상황의 회피만으로는 충분치 않고, 타인을 통제할 수 있을 때 안전감과 안정감을 느끼게 된다. 이런 작동모델은 갈등과 트라우마 발생 가능성을 높일 수 있다는 점에서 역기능적이다.

☐ **공격성.** 일곱째, 학대 피해자가 가해자가 되는 경우, 상황은 극적으로 역전될 수 있다(Freud, A., 1946). 이는 위협을 당한 사람이 타인을 위협하는 사람으로 바뀌는 방어기제다('공격자와의 동일시'). 관계모델은 자기와 타인, 두 요소가 학습되는 것이다. 이는 피해자와 가해자뿐 아니라, 위로하는 사람과 받는 사람에게도 적용된다. 사람들은 위로받음으로써 위로하는 법을 배운다. 가해자 역할은 권력감과 통제감에 연결되어 있어, 나약함과 무력감을 없애 준다는 점에서 위협을 당해 온 사람에게 매력적으로 느껴진다.

　폭력은 모델을 제공하고 분노를 동반한다. 분노는 타인에게 고통을 주고 싶게 한다. 이런 점에서, 공격적인 아이의 행동 감소를 위한 체벌은 오히려 아이를 화나게 하고, 화가 날 땐 어떻게 공격행동을 해야 하는지 시범을 보이는 것과 같다. 어려서부터 학대를 받은 사람은 성인이 되어 자녀를 학대하는 경향이 있다. 이로써 아동학대는 종종 세대에서 세대로 전수된다(Lewis, 1992). 학대의 세대 간 대물림은 피할 수 있음에도 흔히 발생한다. 이 경우, 학대피해 아동이 이 경험을 부인하면서 학대 부모와 동일시한다면, 학대 부모가 될 가능성이 크다. 반면, 정신화를 통한 과거 경험에의 직면은 학대 대물림을 예방할 수 있다(Oliver, 1993).

관계 트라우마 치유.   오트먼(Ortman, 2009)은 친밀관계 트라우마를 극복하고, 유사 경험을 반복하지 않도록 돕기 위해 친밀관계 트라우마 대처를 위한 6단계 과정('사랑의 상처 치유를 위한 6단계 프로그램')을 제안했다(표 4-4 참조).

표 4-4. 친밀관계 트라우마에 대처하기 위한 6단계 과정

단계	설명
1단계	○ 친밀관계에 이상이 생겼음을 발견한 후, 감정 폭풍을 진정시킬 방법을 안내한다.
2단계	○ 친밀관계에 이상이 생긴 이유를 이해하도록 돕는다.
3단계	○ 내담자 자신이 어떤 사람인지 이해할 수 있도록 돕는다.
4단계	○ 관계를 유지할 것인지, 끝낼 것인지 현명한 결정을 내릴 수 있도록 돕는다.
5단계	○ 내담자가 자기비난보다는 수용할 방법을 찾도록 돕는다.
6단계	○ 신뢰를 저버린 파트너를 용서하는 것에 초점을 둔다.

표 4-4의 2단계에서 내담자는 친밀관계에 이상이 생긴 이유를 이해함으로써, 마음의 안정을 되찾을 수 있게 된다. 감정 폭풍에 휘말리면, 잘못된 결정을 내릴 가능성이 커진다. 이에 상담자는 내담자에게 최상의 이익을 줄 수 있는 결정을 내릴 수 있도록 안내한다. 3단계에서는 파트너 이해를 위한 노력을 넘어, 내담자 자신이 어떤 사람인지 이해할 수 있도록 돕는다.

4단계에서 감정의 폭풍이 가라앉지 않는다면, 내담자는 잘못된 결정을 내릴 가능성이 크다. 잘못된 결정이 재정문제로까지 번지는 경우, 내담자가 겪게 될 역경은 배가 될 수 있다. 이에 상담자는 내담자에게 최선의 결정을 할 수 있도록 돕는다. 5단계의 경우, 내담자는 자기 잘못으로 이런 일이 생겼다거나, 자신이 쓸모없다고 자기를 비난한다. 그러나 내담자는 이런 비난을 받아야 할 이유는 없다.

6단계에서는 신뢰를 저버린 파트너를 용서하도록 내담자를 돕는다. 용서라는 말은 내담자를 격분하게 할 수 있다. 그러나 파트너를 용서하지 않고, 분노를 가슴에 담고 산다면, 그 분노는 내담자를 괴로움에서 벗어나지 못하게 한다. 그러기에 용서는 내담자를 위한 선택이다. 용서는 용기와 결단력 있고 자비를 베풀 줄 알며, 인간적인 사람이 될 수 있게 한다. 사랑하는 이를 잃게 됨으로써 겪게 되는 역경은 오히려 새로운 성장의 기회가 될 수 있다.

관계 문제의 악순환

안정애착에 기반한 유연한 관계모델에서는 자기-타인 구조가 역할 교류에 도움을 준다. 누군가를 양육할 수도 있고 양육을 받을 수도 있고, 의존할 수도 있고 누군가 의존하게 할 수도 있다. 반면, 학대할 수도 있고 학대당할 수도 있으며, 누군가를 버릴 수도 있고 버림받을 수도 있다. 그런데 애착 트라우마 생존자의 관계는 180도로 급변하곤 한다. 이런 변화는 자기 연속성을 손상할 뿐 아니라, 내적작동모델을 극적으로 변화하게 함으로써, 다음과 같이 극적인 관계를 형성하게 한다(Herman, 1992a; 글상자 4-8 참조).

글상자 4-8. 애착 트라우마 생존자의 관계 형성의 특성에 대한 허먼의 설명

> 애착 트라우마 생존자는 강한 애착과 겁에 질려 움츠러드는 것 사이에서 갈팡질팡한다. 이들은 모든 관계에 생사가 걸린 문제인 양 접근한다. 구원자로 인식된 사람에게는 필사적으로 매달리고, 가해자나 공범자로 의심되는 사람으로부터는 갑자기 도망치며, 협력자로 인식되는 사람에게는 충성과 헌신을 보이고, 무관심한 방관자로 보이는 사람에게는 격노와 경멸을 쌓아 가다 분노를 폭발한다. 이들이 타인에게 부여하는 역할은 사소한 실수나 실망의 결과로 급변할 수 있는데, 이는 타인에 대한 내적 표상이 더 이상 안전하지 않기 때문이다.

허먼(Herman, 1992b)에 따르면, 이런 일련의 과정은 새롭게 생겨난 게 아니라, 생애 초기의 역기능적 관계에서 양극단에 있던 희망과 환멸이 반복된 결과다. 애착 트라우마로 인한 역기능적 관계의 재연[reenactment]은 각각 능동적 및 수동적 역할(① 구원-피구원, ② 학대-피학대, ③ 방임-피방임)로 나타난다(Davies & Frawley, 1994). 재연과 연관된 사람들은 모든 역할을 순환하는 경향이 있다. 학대당한다고 느끼면서도 구원을 기대하고, 외롭고 방임을 당한다고 느끼면서 고독 안으로 숨어드는 게 그 예다. 애착 유형에 따른 관계모델은 아동기와 청소년기를 거쳐 성인기의 연인관계에도 영향을 미친다. 연인관계에서 사랑과 애정에 관한 상처는 다양한 방식으로 일어난다. 사랑의 상처를 낮은 수준에서 높은 수준으로 구분하면 표 4-5와 같다.

표 4-5. 성인기 연인관계에서 일어나는 상처의 3수준

수준	특징
1수준	○ 교제 또는 결혼생활에서 동반자의 욕구 또는 바람을 간헐적으로 소홀히 함
2수준	○ 동반자의 친밀감 욕구를 무시하거나, 친밀감을 애정관계 밖의 우정관계에서 추구함
3수준	○ 동반자를 속이고, 다른 동반자와 관계를 형성·유지함

표 4-5에 제시된 행동은 수준과 관계없이 파트너에게 상처가 될 수 있다. 미혼이든 기혼이든 사랑의 믿음이 깨지면, 파트너는 상처의 후유증을 겪게 된다. 후유증은 동성애 관계에

서도 크게 다르지 않다. 친밀관계 트라우마를 겪은 사람 역시 그 사건을 재경험하고, 플래시백으로 고통을 겪으며, 사건을 떠올리는 자극과 단서를 회피하고, 부정 감정(불안, 공포, 분노, 무력감 등)을 경험한다(Allen, 2004). 친밀관계 트라우마를 겪은 사람은 사랑하는 사람의 배신(변심)으로 분리를 경험하고, 신뢰를 저버린 동반자를 향한 분노와 적개심을 느낀다. 이런 감정은 자신에게 해로울 뿐 아니라, 주위 사람들에게까지 부정적인 영향을 미친다. 친밀관계 트라우마는 애착관계에 포함된 두 사람의 아동기 경험, 관계 도식, 애착 패턴 등이 관련되어 있다. 이에 상담에서는 트라우마 사건에 대한 내담자의 주관적 지각과 후유증을 다룸으로써, 관계 문제 악순환의 고리를 선순환으로 전환하도록 돕는다.

반복강박

반복강박compulsion to repeat이란 생애 초기의 파괴적인 학대를 반복하려는 욕구를 말한다(Freud, 1920/1964). 이는 무의식적으로 타인에게 자신을 공격하도록 자극/허용함으로써 자신을 공격하는 것이다. 이런 행동은 고통에서 쾌감을 추구하는 피학증masochism으로 설명할 수 있다. 자기를 피학증자masochist로 여기는 것은 피해자 또는 희생자로 여기는 것과 마찬가지로 자기효능감을 손상한다. 트라우마는 심한 갈등과 고통스러운 정서를 유발한다. 생존자는 무의식적으로 다양한 이유를 들면서 고통을 영속시킨다. 고통은 처벌 욕구, 쾌감 억제, 양육 유도, 그리고 수동적으로 고통을 겪기보다는 능동적으로 고통을 가함으로써 통제하려는 노력에서 비롯된다(Millon, 1996). 이에 양육자 학대 피해자는 학대를 일삼는 배우자를 택하게 되거나, 상해/착취 위험이 큰 관계에 휘말리는 경우가 흔하다('반복강박'). 이처럼 트라우마 치유에서 가장 문제 되는 건 트라우마가 강렬히 재연되는 관계다.

　반복강박은 관계를 맺으려는 강박의 한 형태다. 사람들은 생애 초기 관계에서 학습한 것을 반복한다. 즉, 익숙한 관계를 재창조하고, 관계모델을 발달·적용한다. 트라우마는 마음속에 해결되지 않은 문제가 되고, 해결되지 않은 문제는 해결을 강요한다. 알코올중독자 아버지에게 압도되었던 여아('성인 아이adult child')는 성인이 되어 폭음과 학대를 일삼는 알코올중독자와 결혼하여 그가 술을 멀리하게 하려고 노력할 것이다('미해결 과제 해결 시도'). 여성이 학대를 일삼는 남편에게 계속 돌아갈 때, 사람들은 분개하며 그녀가 결코 배우지 못할 것으로 생각할 수 있다. 그러나 그녀는 오히려 학습한 것을 잘 재연하는 것이다. 어린 시절의 미해결 과제를 해결하려는 노력은 오히려 더 큰 고통을 초래한다.

트라우마성 유대

트라우마성 유대traumatic bonding는 학대관계에서 형성되는 파괴적 애착이다. 이런 형태의 유대는 불안정한 가정에서 자주 발생하고, 유괴/인질 상황 또는 사이비 종교에서 극적으로 나타난다. 아이가 어떻게 자신을 학대하는 부모를 사랑하고 심지어 우상화할 수 있을까? 가정폭력 피해 여성이 어떻게 폭력을 일삼는 남편을 사랑하고 돌볼 수 있을까? 상식적으로, 반복적으로 학대당하고 상처받는 사람은 가해자로부터 도피하기 위해 모든 수단과 방법을 동원해야 한다. 그러나 실제로는 종종 역기능적 관계에 갇혀 헤어나지 못한다.

학대 피해자 역시 가해자에게서 벗어나려고 하지만, 거듭 학대관계로 회귀한다. 학대나 괴롭힘도 유대를 강화하기 때문이다(Scott, 1987). 학대를 당하고 있음에도, 관계가 유지되는 이유는 관계를 끊는 것보다는 낫기 때문이다. 이 과정에는 모든 증거를 무시하고 다시는 그러지 않겠다는 가해자의 공언을 믿고 싶어 하는 부인denial이 작용한다. 이렇듯 트라우마성 유대의 본질, 즉 학대받고 위협당할수록 피해자는 가해자에게 더 집요하게 매달리게 된다. 이러한 트라우마성 유대의 역설을 이해하려면 학대관계의 사회적 맥락을 이해할 필요가 있다. 여기에는 두 가지 요인이 작용하는데, 그 내용은 글상자 4-9와 같다.

글상자 4-9. 학대관계에서 작용하는 2개 요인

> 1. 소유욕으로 인해 강요되는 사회적 고립은 안정애착의 다른 원천을 배제한다.
> 2. 관계에서 힘의 불균형은 힘없이 학대당하는 피해자를 점차 무력하고 무능하게 만들고, 힘 있는 가해자에게 더 의지하게 만든다.

학대 가해자의 통제행동은 나약한 느낌, 의존감, 버림받음에 대한 두려움을 은폐하고, 질투심과 소유욕을 부추긴다. ① 힘의 불균형, ② 사회적 고립, ③ 애착욕구의 조합은 트라우마성 유대를 촉진한다(Allen, 2004). 학대 또는 위협 상태에 있는 사람은 가해자에게 완전히 의존하고 있다고 느낀다. 이에 애착 인물과의 폐쇄적 관계에서 발생하는 학대는 감내하기 힘든 갈등을 유발한다. 안정 기반이 동시에 위험의 근원이기 때문이다. 트라우마성 유대는 이런 갈등을 고조시킨다. 상처와 위협을 당할수록 보호와 위안을 받고자 하는 욕구는 더욱 강해진다.

고통과 안심이 교차하는 경험이 반복되면, 트라우마성 유대는 점차 견고해진다. 약간의 애정과 위안, 고통과 위협이 유예되는 것만으로도 유대는 군건해진다(Walker, 1979). 이 과정에서 간헐적인 친절은 트라우마성 유대의 강력한 강화 요인으로 작용한다. 훨씬 더 혹독한 고통을 당할 수 있었던 것을 면하게 해 준 것만으로도 유대가 강화되는 것이다('부적 강화'). 신체 상해(살해 포함)에 대한 위협 역시 심리적 학대를 유지하게 한다. 가해와 위협의 일시적 중단, 그리고 생존을 허용해 준 사실은 피해자에게 엄청난 고마움을 불러일으킨다('스톡홀름 증후군Stockholm syndrome'; Strentz, 1982). 즉, 가해자perpetrator가 구원자rescuer로 탈바꿈하는 것이다. 이로써, 손상이 심해지고 위협이 커질수록 안전에 대한 욕구는 더 강해지고, 유대는 더 단단해진다. 이런 관계의 단절은 매우 어렵다. 보통 애착의 강도로 인해 이 관계를 벗어나는 과정은 길고도 어렵다. 이런 이유로, 이 관계를 벗어났던 많은 사람이 되돌아오고,

악순환은 계속된다.

트라우마 생존자의 관계 증진 방안

트라우마 생존자들에게 안정애착 관계에 대한 욕구는 강하면서도 지속적이다. 이에 양육적 관계는 트라우마로 인한 상처의 회복력이 크다. 양육적 관계에 대한 갈망은 파괴적인 관계를 벗어날 동력으로 작용하고, 새로운 삶의 모델 구성에 필요한 학습을 앞당긴다. 새로운 모델의 학습과 일반화는 옛 모델을 대체할 수 있다. 그렇다면 새 모델은 어떻게 구성하고 학습해야 하는가? 새 모델은 다른 건강한 사람들과의 관계 형성과 상호작용을 통해 체감·체득된다. 트라우마 생존자의 관계 증진을 위한 새 모델, 즉 방안으로는 ① 긍정모델 개발과 ② 관계 네트워크 구축이 있다.

긍정모델 개발. 트라우마 생존자들의 관계 증진을 위한 첫 번째 방안은 긍정모델positive model을 개발하는 것이다. 사람들은 자기 모델의 틀대로 상대를 조망·조형하려는 경향이 있다. 학대적 모델abusive model은 관계와 상호작용에서 학습되는데, 양육적 모델nurturing model도 이와 같다. 타인을 신뢰할 수 있으려면, 우호적이고 믿을 수 있는 모델을 찾아야 한다. 학대적 관계에서 피해자는 학대당할수록 자신을 더욱 평가절하하게 되고, 학대를 참아낼수록 스스로 학대받을 만하다고 느끼게 되는 악순환vicious cycle의 고리가 만들어진다.

　반면, 양육적 관계는 악순환vicious cycle의 고리를 끊고 선순환virtuous cicle의 고리를 형성하게 한다. 따스하고 존중받는 경험을 할수록 생존자는 자신감과 가치감을 느끼게 되고, 적절한 방식으로 욕구를 표현함으로써, 이에 상응하는 대우를 받게 된다. 아이가 건강하게 자라려면, 완벽한 어머니가 아니라, '충분히 좋은 엄마good enough mother'(유아의 심리적 성장과 발달의 요구를 적절히 수용·반응해 주는 양육자)가 필요하다(Winnicott, 1958). 또한 충분히 좋은 친구, 배우자, 동료, 치유자가 필요하다. 양육적 관계 형성의 중요성은 아무리 강조해도 지나침이 없다. 양육적 관계의 구성요소에 관한 설명은 표 4-6과 같다.

표 4-6. 양육적 관계의 구성요소

구성요소	설명
1. 관계	○ 의사소통, 수용, 긍정, 공감, 인정/타당화
2. 친밀감	○ 사랑, 애정, 다정하게 대하기, 신뢰
3. 협동	○ 돕기, 가르치기, 지지, 격려, 협력, 공유, 기부, 함께 일하기
4. 협의	○ 동의, 직면, 도전, 논의, 주장, 설득

관계 네트워크 확장. 트라우마 생존자들의 관계 능력 증진을 위한 두 번째 방안은 관계 네트워크relationship network를 구축하는 것이다. 어려서부터 고립된 삶을 이어 온 사람들에게는 친밀

관계 형성은 부담스러울 수 있다. 그러나 심각한 트라우마를 겪은 사람도 지속적인 지지와 격려가 뒷받침되면, 관계 네트워크를 발달시킬 수 있다. 이를 위해 건강한 성인의 기능평가를 토대로 개발된 관계 네트워크의 6개 영역(① 사회적 접촉, ② 교우관계, ③ 연인관계, ④ 가족관계, ⑤ 직장/학교에서의 관계, ⑥ 전문가와의 관계)에 관한 설명은 다음과 같다(Stein et al., 2003).

☐ **사회적 접촉.** 첫째, 사회적 접촉social contact은 이웃과의 만남, 자녀의 학교 학부모 모임, 스포츠 클럽 모임, 종교단체 모임, 미용실 손님들과의 잡담 같이 특정한 상황에 국한된다는 특징이 있다. 이는 보통 가벼운 대화로 이루어지는데, 가벼운 대화는 중요한 사회기술이다. 사회적 접촉은 유쾌함과 성취감을 느끼게 한다는 점에서 항우울제 작용을 한다. 이는 소속감을 주고, 고립감에서 벗어나게 하며, 세상에 대한 안전감과 친근감을 준다. 더 중요한 것은 사교적 접촉이 깊은 관계 형성으로 가는 통로로 기능한다는 점이다.

☐ **교우관계.** 둘째, 교우관계friendship는 공유된 상황과 관심사를 기반으로 형성되고, 관계가 진전됨에 따라 다양한 상황에서 협조할 수 있는 관계다. 이런 관계는 독점적이지 않고, 갈등에서 비교적 자유롭다는 특징이 있다. 교우관계는 때로 상당한 정도의 신뢰를 내포하고, 다양한 욕구 외에도 애착욕구를 충족시켜 주는 기능이 있다. 이 관계가 깨지지 않게 하려면, 유지를 위한 노력과 호혜성reciprocity이 요구된다. 이것이 없거나 부족하면, 관계가 깨질 가능성이 커진다. 다른 관계와 달리, 교우관계는 그 잠재적 안정성, 정서적 지지, 그리고 실제적 도움을 받을 수 있다는 이점이 있다.

☐ **연인관계.** 셋째, 연인관계romantic relationship는 둘 이상의 사람 사이에 형성되는 사랑과 성적 애정이 깃든 관계다. 이 관계는 일반적으로 독점적이어서, 그렇지 않을 때는 갈등이 일어날 가능성이 크다. 우정과 마찬가지로, 연인관계는 애착 이외의 관계욕구를 충족시켜 준다. 그러나 다수의 사람에게 연인관계는 일차적인 애착관계다. 즉, 친밀감과 함께 갈등이 수반된다는 점에서 타협과 갈등 해결이 중시된다. 한 사람의 혐오스러운 행동에 상대가 부정적으로 반응하는 경우, 친밀관계의 부정성이 증가한다. 그러므로 안정된 연인관계를 유지하려면, 상대의 행동에 건설적으로 반응할 필요가 있다(동화, 순응). 즉, 언제 잠자코 있어야 하고, 언제 말해야 하는지 알고 있어야 한다.

☐ **가족관계.** 넷째, 가족관계family relationship는 원가족의 대가족에서부터 결혼을 통해 형성된 친인척과 자녀와의 관계를 말한다. 원가족을 선택할 수는 없다. 인척(혼인으로 맺어진 친척)을 제외한 가족원들은 역사와 유전자를 공유한다. 가족관계는 일반적으로 연인관계 이상으로 가깝다. 함께 살아간다는 이유로 가족관계는 때로 심각한 갈등을 일으키지만, 만족감을 선사하기도 한다. 가족관계의 잠재적인 문제에도 불구하고, 가족은 최적의 지지 네트워크다.

□ **직장/학교에서의 관계.** 다섯째, 직장/학교에서의 관계는 특정 상황에 국한되어 있다는 점에서 사회적 접촉과 유사하다. 이 관계는 경계가 모호해지면 문제가 발생할 수 있음에도, 교우관계 또는 연인관계로 발전하기도 한다. 직장/학교에서의 관계 밀접성과 접촉량은 사교적 접촉보다 높다는 점에서 사회적 지지의 원천이다. 이런 점에서 혼자 일하거나 공부하는 사람들은 결핍감을 느낄 수 있다. 직장/학교에서의 관계는 동료/또래와의 경쟁, 상사/교사와의 권위 문제 같은 갈등의 원인이 되기도 한다. 이런 점에서 관계 기술은 잠재적 문제(예 직장 따돌림, 학교폭력) 예방과 직업적·학업적 성공에 크게 작용한다.

□ **전문가와의 관계.** 여섯째, 전문가와의 관계는 트라우마 생존자들에게 지지와 지원의 원천을 제공한다(상담자, 의사, 성직자 등). 전문가와의 관계는 경계와 계약적 특성으로 인해 생존자에게 좌절과 혼란을 줄 수 있지만, 이들에게 필요한 안전감과 예측 가능성을 제공한다. 상처를 입고 배신당한 사람들에게 이런 보호장치는 자신감과 신뢰감을 준다. 다른 애착관계와 마찬가지로, 상담 역시 의존성을 촉진한다. 이처럼 전문가와의 관계는 또 다른 친밀관계로 나아가는 다리 역할을 한다.

06 성폭행 생존자의 트라우마 증상

성폭행$^{sexual\ assault}$은 상대방의 동의 없이 강요된 성관계다('강간^{rape}'으로도 불림). 이는 성추행, 성희롱과 함께 성폭력의 범주에 속한다. 성폭행은 개인의 신체, 정신, 경제, 통합성을 침해하여 고통을 준다는 점에서 국가 차원에서 중죄로 다스리고 있다. 그러나 성폭행 피해자의 신고율은 극히 저조한 걸로 보고되고 있다. 이는 여전히 성폭력 피해 여성 또는 아동은 자신이 겪은 트라우마를 다른 사람에게 알려 도움을 받고, 가해자를 처벌할 수 있음을 믿지 못하고 있음을 암시한다.

폭력에 의해 강제적으로 성행위가 이루어짐으로 인한 트라우마는 그 어떤 트라우마보다도 인격에 치명적인 영향을 줄 수 있다. 성폭행은 신체의 경계를 일방적인 폭력에 의해 침범당하는 것을 의미한다. 다른 트라우마 사건 생존자와 마찬가지로, 성폭행 생존자는 정서적으로 우울하고, 늘 불안해하며, 자주 악몽을 꾸고, 불면증을 호소한다. 자신의 몸이 더럽혀졌고, 무가치한 존재라고 느껴서 더 이상 살 희망이 없다고 생각하면서 심한 무기력 상태에 빠지게 된다.

성폭행(상대방의 동의 없이 강요된 성관계)으로 인한 트라우마의 가장 큰 특징은 ① 과잉각성, ② 과소각성의 교차와 반복이다. 과잉각성^{hyperarousal}은 정상보다 민감하게 반응하여 불안, 공포, 분노 감정에 압도되고, 심장박동과 호흡이 빨라지는 현상이다. 반면, 과소각성^{hypoarousal}은 정상적으로 있어야 할 반응이 없어지거나 둔감해지는 것으로, 감정의 기복이 없고 심장박동 또는 호흡이 밋밋한 현상이다. 즉, 감정의 기복이 심하다는 뜻이다(글상자 4-10 참조).

글상자 4-10. 성폭행 생존자의 증언

> "낮에는 멍하게 밋밋하게 지내는데, 그 일을 당한 저녁 9시 무렵이 되면 갑자기 가슴이 뛰고, 불안해지고, 쉽게 흥분하게 돼요. 아주 신경이 예민해져서 밤늦도록 잠도 못 자고, 겨우 잠들라치면 악몽에 시달리다가 아침에 일어나면 다시 멍한 상태가 되곤 한답니다. 낮과 밤의 감정 상태가 아주 극단적으로 변하는 거지요."

성폭행은 피해자뿐 아니라, 가족을 비롯한 가까운 지인들까지 고통받게 된다. 특히, 후자에 속하는 사람들의 고통에는 피해자를 지켜 주지 못한 죄책감이 포함되어 있다. 성폭행 생존자들은 전형적인 왜곡된 생각을 하는 경향이 있다. 이들은 이런 생각에서 벗어나지 못해 고통을 악화시키는 경우가 비일비재하다. 성폭행 생존자의 전형적인 왜곡 사고의 예는 글상자 4-11과 같다.

글상자 4-11. 성폭행 생존자의 전형적인 왜곡 사고

○ "성 피해를 당한 건 내 책임이다."
○ "가해자가 날 사랑해서 성관계를 가진 것이지, 날 성폭행한 것은 아니다."
○ "남자는 모두 도둑놈이다. 남자는 모두 믿을 수 없다."
○ "난 순결을 잃었으니 살 가치가 없다."
○ "이 세상에는 아무도 날 도와주는 사람이 없다."

성폭행 생존자들은 결혼 후에도 성 혐오 반응과 회피행동을 보이거나 불감증, 성행위에서의 고통 호소 등의 문제를 겪는다. 이들은 고통 완화를 위해 폭식, 폭음, 약물남용을 하기도 한다. 이들은 누구에게도 고통을 알리지 않은 채, 우울과 절망에 빠져 살아간다. 사회가 이들의 고통을 외면하는 건 결국 가해자가 잘못을 은폐하는 것과 같다. 편견을 버리고 피해자에 대한 인식을 바꿔 나가려는 노력이 필요하다. 성폭행 생존자는 공포스러웠던 순간의 플래시백에 시달리거나, 폐쇄된 공간에서는 두려움을 느끼기도 한다. 또 길을 걸을 때는 뒤에서 누군가가 쫓아오는 것 같은 피해의식에 시달리게 되어, 집 안에서만 지내면서 불면증에 시달리기도 한다. 누군가 집 안으로 침입할 것 같은 불안감에 과민해진다.

성폭행 생존자의 딜레마. 성폭행은 피해자에게 큰 상처를 남긴다. 특히, 어린 시절에 성폭행을 당한 경우는 그 피해가 훨씬 더 심하고, 장기적인 영향을 미치게 된다. 한동안 남자를 극도로 두려워하여 이성 친구 사귀는 것을 피하게 되고, 성적 피해 장면을 연상시키는 장면에 놀라거나 불쾌해하는 민감한 반응을 보이기도 한다. 하루에도 몇 번씩 몸을 씻는 강박행동을 보이고, 심지어 피해자임에도 불구하고 자신이 부주의해서 그런 일을 당했다고 자책하며 죄책감과 수치심에 시달린다. 이로써, 자신이 당한 일을 가까운 사람에게도 말하지 못하고 숨기는 경우가 많다.

용기를 내어 자신이 당한 일을 말했다가 오히려 주변 사람들에게 야단맞거나 비난받아 이차적으로 더 심각한 상처를 받기도 한다. 그런데 이보다 더 큰 상처는 생존자를 안전하게 보호해 주고 따뜻하게 위로해 주어야 할 주위의 은폐와 침묵, 그리고 차갑고 냉랭한 태도다. 더 아이러니한 상황은 성폭행 피해 여성의 부모가 피해의 책임을 생존자에게 돌리는 듯한 반응을 보이는 경우다("이미 지난 일인데 어쩌겠니?" "네가 용서해라! 너도 잘한 건 없잖니?"). 이런 반응은 생존자에게는 상처를 더 견딜 수 없을 만큼 아프게 한다. 이런 반응을 보이는 이유는 갑작스러운 충격적인 사건 앞에서 어떻게 대처해야 할지 모르고 극도로 당혹스러움 때문일 것이다. 이로 인해 부모는 딸의 상처, 그리고 자신이 받은 충격을 애써 외면하고 덮으려고 시도하게 된다.

그러나 부모의 이런 태도는 성폭행이라는 트라우마로 인해 두려움과 공포에 휩싸인 생존자의 영혼을 완전히 산산조각나게 하는 2차 트라우마가 되는 경우가 많다. 가장 절실히 도움이 필요할 때, 부모가 외면하는 것이다. 최악의 경우는 성폭행 생존자가 고민 끝에 경찰서를 찾지만, 지나치게 사무적이거나 권위적인 경찰관에게 조사받거나, 병원에서 비호의적인 의학적 검사를 받은 다음, 비판적이고 적대적인 재판에 참석하는 것이다. 이처럼 생존자가 겪은 끔찍한 사건이 매일 발생하는 수많은 사건·사고 중 하나일 뿐, 그 누구의 관심사가 되지 못한다면, 성폭행 생존자는 세상에서 완전히 혼자가 된 듯한 절대적 고독감과 단절감을 느끼게 될 것이다.

확인문제

다음 빈칸에 들어갈 말을 써 보세요.

1. 트라우마 생존자들은 종종 고통을 줄이기 위해 무심코 고통을 늘리는 행동, 즉 _____ 행동을 함으로써 오히려 고통을 지속 또는 악화시키는데, 이런 현상을 _________(이)라고 한다.

2. ______은/는 신체의 주관적인 적응반응으로, 감각과 함께 생존을 지원하는 기능을 한다. 일례로, ________은/는 상한 음식을 입에 넣은 상태와 같은 극도의 불쾌감으로, _______으로도 불린다.

3. ______은/는 이별과 상실에 대한 애착 관련 정서의 항이다. 반면, ______은/는 공포와 밀접한 관계가 있는 주요 방어반응이다. 스트레스 상황에서 도피가 어려울 땐 자기 보호를 위해 싸워야 하는데, 이런 행동은 _______이다.

4. ________ 반응이란 반응에는 문제가 없지만, 잘못된 상황에서 일어나는 것을 말한다. 이런 반응은 흔히 ______ 반응으로도 불리는데, 이 말에는 90%의 정서가 과거 트라우마에서 비롯된 것이고, 10%만이 현재에서 비롯된다는 의미가 담겨 있다.

5. _______이/가 만연한 결함에 대한 느낌이라면, _______은/는 타인에게 상처를 준 행동에서 비롯되는 정서다. 이 두 가지 정서는 _______이/가 생기고, 타인의 반응에 의해 예민해지는 생후 ___세경부터 발달하는데, 사건 처리에 대한 의지와 능력에 영향을 준다.

6. _______ 자기는 경험을 능동적으로 시작 · 조직 · 선택 · 해석하는 행위자로서의 자기로, 자기효능감(욕구를 충족시키고 목표를 성취할 수 있다는 인식)이 있는 반면, _______ 자기는 외부에서 보는 자기, 즉 객체(대상)로서 그 자체로 드러나는 존재로, 일종의 사회적 구성개념이다.

7. 자신에 대해 중요하게 생각하고 느끼는 정도를 _________(이)라고 하는데, 이는 발달 성취에 따른 것으로, 아동기에서 비롯된다. 이에 비해, 자신이 어떤 일을 성공적으로 수행할 능력이 있다고 믿는 기대와 믿음을 _________(이)라고 하는데, 이는 관계와 유능감 발달, 그리고 _________의 토대가 된다.

8. _________은/는 자기의 응집성, 불변성, 통합성, 전체성, 정체성의 느낌을 의미하는 주관적 자기 존재감의 핵심이다. 이런 ________은/는 자기능동성과 자기효능감을 함께 느낄 수 있게 하는데, 특히 ________은/는 자기 행동에 스스로 주인이 되는 것을 말한다.

9. ________(이)란 생애 초기의 파괴적인 학대를 반복하려는 욕구를 말한다. 이는 무의식적으로 타인에게 자신을 공격하도록 자극/허용함으로써 자신을 공격하는 것이다. 이런 행동은 고통에서 쾌감을 추구하는 ______(으)로 설명할 수 있다.

10. 학대관계에서 형성되는 파괴적 애착을 ____________(이)라고 한다. 학대를 당하고 있음에도, 관계가 유지되는 과정에는 모든 증거를 무시하고 다신 그러지 않겠다는 가해자의 공언을 믿고 싶어 하는 방어기제, _____이/가 작용한다.

학습활동

나의 정서 이해

※ 이 활동은 정서의 구성요소를 이해하고 더 잘 알아차릴 수 있도록 돕기 위한 것이다. 예시를 참조하여 각 정서를 어떤 식으로 경험하는 기록해 보자.

예시

0. 흥분감
   - 행동: 말이 많아지고, '신난다'고 말함
   - 사고: '너무 신나고 매사가 잘될 거야'라고 생각함
   - 감각: 심장박동이 빨라지고, 기운이 남
   - 신체: 동공이 커지고, 활동량이 많아짐

---

1. 기쁨
   - 행동: ______________________
   - 사고: ______________________
   - 감각: ______________________
   - 신체: ______________________

2. 사랑
   - 행동: ______________________
   - 사고: ______________________
   - 감각: ______________________
   - 신체: ______________________

3. 슬픔
   - 행동: ______________________
   - 사고: ______________________
   - 감각: ______________________
   - 신체: ______________________

4. 분노
  ○ 행동: _______________________________________
  ○ 사고: _______________________________________
  ○ 감각: _______________________________________
  ○ 신체: _______________________________________

5. 두려움
  ○ 행동: _______________________________________
  ○ 사고: _______________________________________
  ○ 감각: _______________________________________
  ○ 신체: _______________________________________

6. 역겨움
  ○ 행동: _______________________________________
  ○ 사고: _______________________________________
  ○ 감각: _______________________________________
  ○ 신체: _______________________________________

7. 실망감
  ○ 행동: _______________________________________
  ○ 사고: _______________________________________
  ○ 감각: _______________________________________
  ○ 신체: _______________________________________

8. 당혹감
  ○ 행동: _______________________________________
  ○ 사고: _______________________________________
  ○ 감각: _______________________________________
  ○ 신체: _______________________________________

소감

※ 이 활동을 통해 무엇을 알게 되었고, 무엇을 깨달았으며, 무엇을 느꼈고, 어떤 생각이 들었나요? 잠시 생각하면서, 마음에 떠오르는 것을 자유롭게 글로 써 보고, 글의 제목을 붙여 보자.

Chapter **5**

트라우마와 정신장애

개요

01 우울장애
02 해리장애
03 경계성 성격장애
04 물질사용장애
05 섭식장애
06 자살행동장애
07 비자살성 자해장애
08 성기능부전
09 성적피학장애
☐ 확인문제
☐ 학습활동

학습목표

1. 트라우마가 다양한 정서·행동 관련 정신장애, 즉 우울장애, 해리장애, 경계성 성격장애의 발병에 미치는 영향을 이해·설명할 수 있다.
2. 트라우마가 성 행동 관련 정신장애, 즉 성기능부전, 성적피학장애의 발병에 미치는 영향을 이해·설명할 수 있다.
3. 트라우마가 자기파괴행동 관련 정신장애, 즉 물질사용장애, 섭식장애, 자살행동장애, 비자살성 자해장애의 발생에 미치는 영향을 이해·설명할 수 있다.

정신장애!

정신장애는 극심한 스트레스 사건(트라우마), 스트레스 누적, 그리고 이로 인한 고통에서 벗어나기 위한 일련의 회피행동의 결과로 발생한다. 트라우마 생존자들은 견디기 힘든 고통을 유발하는 기억, 플래시백, 악몽, 사건/사고 당시 겪었던 강렬한 감정에 끊임없이 압도되곤 한다. 삶의 무의미성, 홀로 내버려졌다는 느낌, 죽음의 실재, 영성과 도덕성의 연결성 소실, 무망감, 자기·타인·세상에 대한 불신감, 또는 돌봄 능력 상실 등으로 이들은 종종 고통스러운 삶을 이어 간다. 이들은 좀처럼 해소되지 않는 트라우마 후유증과 스트레스 누적으로 인해 다양한 심리적 상태(불신, 냉소, 미움, 원한, 소외감, 복수심, 무망감, 무력감 등)를 겪게 된다. 게다가 고통으로부터 자기보호를 위해 사용하는 역기능적인 방략(예 회피행동)은 종종 정신장애의 원인이 된다.

트라우마 생존자가 트라우마의 생물심리사회적biopsychosocial 영향이 극심하여 현저한 고통distress과 사회적·직업적 기능 이상dysfunction을 겪는다면, 이는 정신장애를 의심해 볼 수 있다(APA, 2022). 이에 이 장에서는 트라우마 생존자를 이해하고 치유의 효과성을 극대화하기 위해 트라우마 생존자들에게 흔히 PTSD와 동반 발생하는 정신장애에 관해 살펴보기로 한다. 단, 주로 급성 트라우마로 인해 발생하는 외상후 스트레스장애(PTSD)는 분리하여 제6장에서 다루기로 한다.

01 우울장애

우울장애depressive disorders는 슬픔, 공허감, 과민한 기분이 개인의 기능 수행 능력을 해치는 변화가 특징인 정신장애 군이다[① 파괴적 기분조절부전장애Destructive Mood Dysregulation Disorder(DMDD, 6~18세), ② 주요우울장애Major Depressive Disorder(MDD), ③ 지속성 우울장애Persistent Depressive Disorder(PDD), ④ 월경전불쾌감장애Pyemenstrual Dysphoric Disorder(PMDD) 등]. 트라우마로 인한 우울은 회복에 딜레마를 초래하곤 하는 문제다. 종전에 우울장애는 양극성장애Bipolar Disorder와 함께 기분장애Mood Disorder로 분류되었다. 우울depression은 정적 감정이 없는 상태이고, 불안anxiety은 부적 감정이 있는 상태다. 이 두 상태는 흔히 동반되어 나타난다는 점에서 쌍둥이로 비유된다. 우울한 사람의 특징은 글상자 5-1과 같다.

글상자 5-1. 우울한 사람들의 행동 특징

1. 시선 접촉을 피한다.	6. 부정신념 재확인을 위해 비판을 요구한다.
2. 무표정하고 잘 웃지 않는다.	7. 부정사고와 반추로 괴로워한다.
3. 타인들에게 무관심하다.	8. 안심 받기 추구/거부 반복으로 타인을 성가시게 한다.
4. 말수가 적다.	9. 말의 속도, 행동, 반응이 느리다.
5. 타인을 멀리한다.	

　　여기서 우울증depression은 사람들이 때로 느끼는 우울감이 아니라, 심한 정도의 심리적 질환을 가리킨다. 우울증은 표면적으로는 비활성화 상태(폐쇄shutting down)로 보이지만, 실제로는 고도의 스트레스 상태(초조)다. 트라우마 사건 경험은 광범위한 우울 증상을 야기한다. 특히, 트라우마성 상실과 관련된 비탄grief은 종종 주요우울장애(MDD)로 이어진다. 주요우울장애(MDD)의 주요 증상은 글상자 5-2와 같다(APA, 2022).

글상자 5-2. 주요우울장애(MDD)의 주요 증상

> 1. 하루 중 대부분, 거의 매일 지속되는 우울 기분이 주관적 보고 또는 타인에 의해 관찰됨
> 2. 거의 매일, 하루 중 대부분, 거의 또는 모든 일상 활동에 대한 흥미/즐거움의 현저한 감소
> 3. 체중조절을 하고 있지 않은 상태에서 현저한 체중 감소 또는 증가
> 4. 거의 매일 나타나는 식욕 감소 또는 증가, 불면/과다수면, 정신운동 초조 또는 지연, 피로 또는 는 활력 상실, 무가치감 또는 과도하거나 부적절한 죄책감, 사고력/집중력 감소 또는 우유부단
> 5. 죽음에 대한 반복적인 생각

　　우울장애군에 속하는 정신장애의 진단을 위한 증상 심각도와 기간은 다양하다. 또 이 장애의 일부 증상(불면, 정신운동 초조, 이전에 즐기던 활동에 대한 흥미 상실, 집중력 저하 등)은 PTSD 증상과 중복된다. 이는 때로 정신장애 진단을 복잡하게 만든다. 게다가 일부 내담자는 상담 초기에 트라우마에의 노출 과거력을 보고하지 않고, 주로 우울 기분만을 호소하기도 한다. 이에 상담자는 내담자의 증상을 확인할 필요가 있다.

　　우울증은 일종의 질병이다. 우울증으로 고통받는 사람들은 흔히 딜레마에 빠진다. 한쪽에서는 '우울증은 그리 심각한 병이 아니니 틀림없이 회복할 수 있다'는 것이고, 다른 한쪽에서는 '중병에 걸렸으니 회복할 방법이 없다'는 것이다. 트라우마를 겪은 후, 우울증으로 고통받는 사람들 역시 같은 딜레마에 빠진다. 질병의 심각성을 과소평가하고, 우울 상태에서 속히 벗어나고 싶지만 달리 방도가 없어, 결국 무력하다거나 의지가 약하다는 등의 말로 자신을 비난하게 된다. 이 경우, 반대쪽이 더 희망적이고, 더 현실적이다. 즉, 회복은 가능하지만, 시간이 오래 걸리고 쉽지 않다는 것이다. 전자를 택하는 경우, 쉽게 회복되지 않는 것으로 인해 자신을 비난하게 되어 회복을 저해한다. 트라우마가 질병을 일으킨다는 사실은 이미 많은 연구를 통해 밝혀졌다.

트라우마와 우울장애의 연관성

우울증은 흔히 지속적이고 해결되지 않은 스트레스 누적cumulative stress으로 인해 발생한다(Thase et al., 2002). 스트레스 누적은 민감화sensitization(반사 반응을 유발하는 자극에 노출되면 이후의 반응 강도나 확률이 증가하는 현상으로, 둔감화desensitization와 반대되는 개념)를 촉진하여 이후의 스트레스 사건에 더 민감하고 강하게 반응하게 한다. 스트레스 민감화는 흔히 생애 초기

에 시작되어 평생 지속된다. 스트레스 대처력(회복력[resilience]) 역시 평생 발달한다. 민감화는 스트레스 유발 사건에 대한 두려움, 과민성, 반응 증가의 형태로 나타난다. 스트레스에 대한 민감화는 흔히 우울증의 형태로 나타난다(Post, 1992). 누적된 스트레스는 우울장애 외에도 다양한 심리적 문제를 유발한다(글상자 5-3 참조).

글상자 5-3. 누적된 스트레스가 흔히 유발하는 심리적 문제

1. 불안장애	4. 섭식장애	7. 관계 문제
2. 해리장애	5. 수면장애	8. 외상후 스트레스장애
3. 만성 분노조절장애	6. 물질사용장애	9. 자살 사고와 행동

트라우마 후유증으로 인한 우울 상태는 종종 두려움, 불안, 고도의 반응성이 혼재되어 있고, 부정 사고와 자기가치감 저하를 초래하며, 신체 증상(섭식, 수면 등)을 동반한다. 우울증을 유발하는 일반적인 스트레스 요인으로는 ① 아동기 우울증, ② 청소년기 우울증, ③ 성인기 트라우마, ④ 스트레스 누적, ⑤ 분노 억압, ⑥ 트라우성 비탄이 있다.

아동기 우울증. 첫째, 애착 트라우마의 불행한 유산은 자기와 가혹한 관계를 맺게 하여 아동기 우울증을 유발하는 것이다. 지속적인 자기 비난과 책망은 양육자로부터 받는 심리적 학대와 크게 다를 바 없다. 오히려 자신에게서 벗어날 수 없다는 점에서 더 좋지 않을 수 있다. 애착관계에서의 트라우마는 흔히 아동기 내내 영향을 미치고 청소년기를 거쳐 성인기로 이어진다. 이와 같은 초기 스트레스(혐오, 신체학대, 성학대, 정서 학대, 방임)는 생리적 변화를 일으켜 이후의 스트레스에 더 취약하게 만듦으로써 청소년기와 성인기 우울장애 발생위험을 높인다(Bernet & Stein, 1999).

청소년기 우울증. 둘째, 청소년기 우울증 역시 애착 트라우마와 깊은 관련이 있다. 트라우마에 관한 최악의 시나리오는 애착 트라우마가 아동기 내내 생존자의 발달을 저해하고, 청소년기 우울증을 촉발하며, 성인기에 PTSD를 비롯한 정신장애에 시달리는 것이다. 우울증은 발달 시기와 상관없이 극심한 스트레스(트라우마)와 스트레스 누적의 결과이자 요인이다. 아동기에 촉발된 트라우마는 청소년기 우울증으로 이어져, 다양한 방식으로 발달에 지장을 준다. 설사 우울증에서 회복하더라도 광범위한 어려움(낮은 교육과 고용수준, 사회적 지지 결여, 높은 출산율, 고위험 스트레스를 유발하는 생활사건, 낮은 자존감 등)을 보인다(Lewinsohn & Essau, 2002). 더욱이, 청소년기 우울 증상은 스트레스 요인으로 작용하여 성인기 우울증과 기타 정신장애를 유발할 위험성을 높인다(Allen, 2004).

성인기 트라우마. 셋째, 성인기 트라우마(성폭력/강간, 전쟁, 학대관계 등)는 우울장애 발달에 주된 역할을 한다. 트라우마 경험으로 인한 두려움(불안, 공포)은 생존자를 소심하게 만들고,

PTSD는 반복되는 공포 경험을 수반한다. 성인기 트라우마는 종종 우울장애 유발에 최후의 결정타[last straw]('마지막 지푸라기가 낙타의 등을 부러뜨린다'는 영어 속담으로, 낙타의 등에 짐을 계속해서 싣다 보면 마지막 지푸라기 한 개를 올려놓았을 뿐인데 낙타가 이를 버티지 못하고 주저앉아 버린다는 '스트레스 누적'의 비유적 표현으로 '최후의 한방'으로도 불림)로 작용하고, 트라우마 재경험 증상이 함께 나타난다(Allen, 2001). 더욱이 상실과 고립 외에, 생애 초기의 트라우마 증상이 이 시기에 처음 나타날 수 있다.

스트레스 누적. 넷째, 트라우마 후유증은 종종 마음의 내면에서 은밀히 계속된다('스트레스 누적'). 트라우마 침습기억에 놀라거나 불안, 공포, 공황을 반복 표출하는 것이 그 예다. 그런가 하면, 어떤 생존자는 혼란스러운 환경 등 아동기 트라우마에 대처하기 위해 완벽주의적인 기준을 세운다. 완벽주의자[perfectionist]는 끊임없이 비평하고, 만족하지 않으며, 성공할 때마다 더 높은 기준을 세운다(Flett et al., 2002). 내적 갈등 역시 스트레스 누적 요인이다. 예컨대, 학대 트라우마를 겪은 아동은 안전 욕구와 양육자에 대한 공포 사이에서 옴짝달싹하지 못한다('해결책 없는 공포[fright without solution]').

친밀관계에서의 갈등은 종종 성인기로 이어져, 강한 접촉(성관계 포함) 욕구와 혐오감을 동시에 유발한다. 이는 애정 깊은 접촉을 막기 위해 성관계는 미루는 방식으로 타협할 수 있다. 그러나 내적 갈등과 싸우며 타협점을 찾는 일은 스트레스를 심화시킨다. 분노에 대한 갈등 역시 스트레스 누적을 촉진한다. 분노는 위협받을 때 촉발되는 자연스러운 정서다. 두려움을 느껴 도피할 수 있듯이, 분노를 느낄 수 있어야 권리를 주장할 수 있다.

그러나 트라우마 생존자들은 분노로 위협받는 상황에서 트라우마를 입었기에 분노 표출을 두려워한다. 분노를 표출했을 때 더 큰 상처를 입은 경험이 있기 때문이다. 이들은 분노 표출을 피하도록 학습되어, 분노 인식조차 억압하게 된다. 더욱이, 애착 관계에서는 분노와 공격적 충동/환상에 대한 죄책감이 발생한다. 이런 감정은 애착대상을 향한 충성심과 보호가 갈등을 일으킨다. 그러나 분노 억압을 위해 애쓰다 보면 스트레스를 유발하고 신경계가 소진된다. 이에 관계에서의 갈등을 직면·해소하려면, 분노를 효과적으로 표현하는 법을 습득해야 하는데, 이는 스트레스 완화에 중요한 기술이다.

분노 억압. 다섯째, 공포는 위험을 피하게 하고, 분노는 장애물에 직면하게 하며, 죄책감은 배상하게 하고, 흥분은 보상을 찾게 해 준다. 두보프스키(Dubovsky, 1997)의 '보존-철수[conservation-withdrawal] 가설'에 따르면, 우울증은 스트레스 상황에서 철수하게 하여 에너지와 자원을 보존하고, 분노를 표출하지 못하게 하여 위험으로부터 보호해 준다. 이에 비해, 셀리그먼(Seligman, 1975)의 '학습된 무기력[learned helplessness]' 연구에서는 통제/도피할 수 없는 상황(전기충격)에 있던 동물이 우울하고 무력해져서 충격을 피할 수 있는 상황임에도 도피 시도조차 하지 않았다. 이는 우울증이 내부로 향한 분노, 즉 분노와 공격성을 억압해야 하는 관계에서 일어난다는 사실을 반영한다.

우울증을 포유동물에게서 압도당하는 데 대한 반응으로 진화된 것으로 보는 견해도 있다 (Gilbert, 1992). 위험 상황에서 도피할 수 없을 땐 투쟁[fight]이 대안이다. 그러나 압도당하고 있는 사람들에게 투쟁은 적절한 선택지가 아니다. 더 강한 상대와 싸우는 건 생존을 위협하기 때문이다. 이런 점에서 우울증은 복종·퇴각하게 하여, 더 큰 위험에 놓이게 할 수 있는 분노/공격성을 표출하지 못하게 막아 주는 무의식적인 복종 전략이다. 이런 패배반응은 위험에 부딪치지 않게 하여 유기체를 보호한다.

그러나 보존-철수 가설처럼 패배반응 역시 실패한 적응에 속한다. 분노는 공포와 마찬가지로 사람을 우울하게 하고, 관계에서 낮은 위치에 있게 한다. 분노 억압은 종종 학대관계에서 나타난다. 그러나 스트레스 누적 역시 억압적이고 패배반응을 유발한다. 이는 신체적·심리적으로 피할 수 없는 상황에 갇혔다는 느낌이 들게 한다. 게다가, 침습 증상(고통스러운 기억과 강렬한 감정) 역시 억압감에 영향을 미칠 수 있다. 이런 증상은 학습된 무기력 연구에서 밝혀진 피할 수 없는 전기충격과 유사하다. 그뿐 아니라 심각할 정도로 비난을 받았던 생애 초기의 억압적 관계로 인해 자신과도 억압적인 관계를 형성할 가능성이 있다. 그러면서 자기를 향해 패배적이고 분개하는 위치에서 스스로 분노, 비난, 요구의 표적을 자처하게 된다.

트라우마성 비탄. 여섯째, 트라우마성 비탄[traumatic grief]은 급성 스트레스 상황(살인, 자살, 재난, 사고 등)에서 발생한 잇따른 죽음으로 인한 극심한 슬픔 또는 탄식을 의미한다. 이는 1990년 후반에 제안된 사별관련장애[bereavement-related disorder]의 후속 용어로, 상실에 대한 정상반응이다. 비탄은 종종 시간이 지나면서 자연스럽게 해소된다. 그러나 상실이 갑작스럽거나, 잔인한 죽음, 또는 개인 생활의 붕괴를 포함한 경우, 그 반응은 복합적이고 지속적인 정신건강 문제의 원인이 된다. 특히, 트라우마성 상실은 주요우울장애, PTSD, 물질사용, 치명적인 질병을 일으킨다(Shear & Smith-Caroff, 2002).

우울장애 극복 방안

우울장애에서 벗어나는 길은 자기효능감을 되찾고 자신에게 권한을 부여[empowerment]하는 것이다. 분노는 자기보호와 자기긍정에 적절한 방식으로 사용될 때 힘의 원천이 된다. 만일 내면에 분노가 인식되면, 자기학대에 저항하고, 그 분노를 다른 방향으로 돌릴 수 있다. 이는 패배반응에서 벗어나 내적 학대에 대한 분노를 참고 견디기를 그만둘 수 있게 한다. 이 과정은 자신과의 건전한 관계 유지에 중요하다. 설령, 우울증이 장애로 이어져 개인을 무력하고 절망하게 한다면, 전문가의 도움을 청할 필요가 있다.

우울 증상 완화를 위한 항우울제 투약은 때로 우울증을 마치 단기간에 쉽게 회복될 수 있는 질환쯤으로 여기게 한다. 그러나 우울증의 회복 속도는 느린 편이다. 한 종단연구 (Solomon et al., 1997)에 따르면, 우울증 회복까지의 평균 기간(환자의 50%가 회복하는 기간)은 5개월이었지만, 1~2년 이상 걸리는 환자들도 있었다. 우울증에서 회복하려면 희망을 가져야 하지만, 절망감은 우울증의 주요 증상이다. "그냥 밖에 나가서 즐겁게 보내!"라는 충고는 우울장애를 겪는 사람이 즐거움을 느낄 수 없는 상태에 있다는 사실을 망각한 것이다. 더욱이, 이들은 우울증 회복을 저해하는 공포와 불안과도 싸워야 한다. 가장 적절한 우울증 치료법은 현실적인 단기 목표를 세우고 작은 성취/진전에 만족하며, 일시적 후퇴가 올 수 있음을 인식하는 것이다.

우울증을 호소하는 많은 사람은 끊임없이 활동하기도 한다. 이런 과잉활동은 일종의 방어 메커니즘이다. 이들은 끊임없이 자신을 바쁘게 함으로써, 트라우마 관련 문제에 대해 생각하지 않을 수 있다. 이와 같은 주의전환은 고통에 대처하는 수단의 하나다. 그러나 이런 형태의 주의전환은 대가가 따른다. 이는 스트레스 축적과 신체 소모의 주요소가 되어, 우울에 취약하게 만든다. 우울에서 벗어나 건강한 삶을 영위하려면, 되찾기 위해서는 감당할 정도로 스트레스 수준을 낮추는 것이다. 우울증 극복을 위해 필수 요인으로는 ① 신체건강, ② 즐거움(행동치료), ③ 사고(인지치료)이 있다.

신체건강.   우울증은 몸이 좋지 않을 때 나타나는 일련의 증상이다. 건강한 정신은 건강한 신체에서 온다. 신체건강을 떠받치는 세 기둥은 ① 좋은 영양, ② 적절한 수면, ③ 건강한 체력이다. 우울증 관련 스트레스 호르몬 수치가 만성적으로 높으면, 이 3요소에 지장을 초래하여 식욕, 수면, 기력에 문제가 생긴다. 이들 요소는 우울 증상이자 우울증의 원인이다. 우울증은 불안과 함께 섭식과 수면을 방해한다. 그리고 섭식과 수면장애는 우울증을 심화시켜 스트레스를 누적시킨다.

우울증으로 인한 수면장애는 대부분 불면증insomnia이다(Allen, 2004). 그러나 부족한 수면을 보상받기 위해 너무 많이 자기도 한다('과다수면hypersomnolence'). 우울증 회복에는 충분한 휴식이 필요하다. 잠을 잘 자려면 우울증에서 벗어나야 한다. 우울증은 식욕 저하, 체중 감소, 영양결핍으로 인한 전반적인 건강과 기력 저하가 특징이다. 우울증이 있는 사람은 억지로라도 잘 먹어 좋은 영양상태를 유지해야 한다. 일단 먹기 시작하면 식욕이 생기고, 더 먹게 될 수 있다.

만성 질환의 기능장해 양상에 관한 연구(Solomon et al., 1997)에 따르면, 우울증은 입원 일수, 신체통증의 정도, 기능장해 면에서 여러 질병(고혈압, 당뇨병, 심장병, 관절염, 폐질환)과 전반적으로 동일하거나 오히려 능가했다. 이 결과는 우울 삽화의 전형적인 정도와 지속 기간을 반영한다. 그렇다면 우울증 회복이 왜 그렇게 어려운가? 우울증에서 회복하려는 사람들이 겪는 어려움은 증상이 회복을 방해하기 때문이다. 예컨대, 우울증에서 벗어나려면 희망이 필요한데, 우울증의 대명사 절망감despair이 이를 가로막는다. 게다가, 심각한 불안과 공포와도 싸워야 한다. 우울증 회복의 촉진 요소와 저해 요소에 관한 설명은 표 5-1과 같다.

표 5-1. 우울증 회복의 촉진 요소와 저해 요소

회복 요소	저해 요소	회복 요소	저해 요소
1. 섭식	○ 식욕 저하/과식	5. 대인관계	○ 사회적 위축
2. 수면	○ 불면/과다수면	6. 합리사고	○ 부정 · 비합리 사고 · 신념
3. 운동	○ 만성피로	7. 적극사고	○ 반추 성향
4. 즐거움	○ 흥미 · 즐거움 상실/무감각	8. 회복희망	○ 절망감

즐거움. 우울증의 전형적인 증상은 뇌에 즐거움을 주는 회로가 잘 작동하지 않는 것이다. 즐거운 일이 있다면, 그렇게 우울하진 않을 것이다. 우울할 때, 할 수 있는 좋은 방법은 즐거움을 주는 활동을 파악하고, 활동 참여와 기분의 관계를 기록하여 기분이 나아지는 활동을 점차 늘리는 것이다. 적어도 활동에 참여하는 동안은 고통을 잊게 될 것이다. 우울증 회복은 점진적으로 이루어진다. 즐거움이 돌아오고 있음을 알리는 미묘한 느낌 또는 순간적인 흥미라도 주의를 기울일 필요가 있다.

사고. 사고^{thinking}는 사물을 헤아리고 판단하거나 마음먹는 작용이다. 우울감은 개인을 부정 사고의 수렁에 빠지게 한다. 이때, 가장 먼저 해야 할 일은 긍정사고가 아니라 현실사고를 하는 것이다(Beck et al., 1979). 그렇다고 해서 우울한 사람의 부정사고가 다 비현실적이거나 왜곡된 건 아니다(Brown, 1998). 실제로 좋지 않은 일이 일어나서 우울할 수 있다. 그러나 우울증에는 스트레스 유발 사건의 의미가 중요한 역할을 한다. 자신이 무력하고, 갇혀 있으며, 실패자이고, 가치가 없는 사람이라는 생각이 좋지 않은 상황을 더 악화시키는 게 그 예다. 부정사고의 반추는 우울증의 주요인이다(Lyubomirsky & Nolen-Hoeksema, 1993). 긍정사고는 개인이 그것을 할 수 있다면 확실히 도움이 될 수 있지만, 우울할 때는 부정사고를 다듬는 게 더 나을 수 있다("시험 준비를 좀 더 여유 있게 시작해 보자!").

02　해리장애

해리장애^{dissociative disorders}는 의식, 기억, 정체성, 정서, 지각, 신체표현, 운동조절, 행동의 정상적 통합의 와해 또는 비연속성이 특징 정신장애군이다[① 해리성 정체성장애^{Dissociative Identity Disorder}(DID), ② 해리성 기억상실^{Dissociative Amnesia}, ③ 이인성/비현실감 장애^{Depersonalization Derealization Disorder}(DDD) 등]. 이 장애들은 모두 다양한 심리적 트라우마 이후에 관찰된다(APA, 2022). 해리성 기억상실의 명시자 해리성 둔주^{Dissociative Fugue}는 중요한 자전기억(정체성)을 기억해 낼 수 없고, 집에서 멀리 떨어진 곳에서 방황하면서도, 적절한 기능을 유지하는 상태를 말한다. 둔주는 기억상실 범위를 넘어서는 상태로, 과거를 기억하지 못해 정체성 혼돈을 겪고, 새로운 정체성을 갖게 되는 현상이다. 둔주로 인한 여행 기간은 짧을 수도 있고, 몇 개월 동안 먼 거리를 방황할 수도 있다. 해리성 기억상실과 마찬가지로, 해리성 둔주 역시 트라우마/스트레스로 유발한다(Cardena & Spiegel, 1996).

해리dissociation는 극도로 고통스러운 현실 또는 위험한 상황에 압도당할 때, 이에 대한 지각 둔화 또는 기억하지 못하거나 무의식적으로 인격이 분리되는 현상이다('탈출구가 없어 보일 때의 탈출구'). 이는 신체적 도피가 불가능할 때 나타나는 정신적 도피로, 기억을 통해 과거사를 변경시키려는 무의식의 발버둥이다. 이런 증상은 흔히 감당하기 어려울 정도의 트라우마 사건에 직면할 때, 자신의 영혼이 몸에서 분리되어 자신을 바라보고 있는 느낌이 들거나(이인증), 의식이 멍해지고 비현실적인 느낌이 들거나(비현실감), 심한 경우 다른 인격으로 나타난다.

현재 겪고 있는 고통이 차라리 꿈이었으면 좋겠다는 생각이 든 적이 있는가?("시계를 되돌려 놨으면 좋겠어!") 현실을 받아들이기 힘들 만큼의 충격을 받을 때, 사람들은 종종 현실을 부정하고 싶어 한다. 이런 경우, 뇌에서는 현실을 부정하는 메커니즘이 작동한다. 트라우마 경험의 아픔을 잠시라도 잊게 해 주기 위해 뇌 안의 마약(엔도르핀endorphin)이 분비된다. 엔도르핀은 고통에 둔감하게 하는 기능을 통해 의식을 다소 몽롱하게 만들고, 감정의 격렬한 반응을 줄여 주며, 현실에 무감각해지도록 돕는다.

그러나 과잉 분비되면, 자신이 아닌 것 같고, 현실이 아닌 것 같은 착각에 빠진다. 그래도 고통이 계속되면, 뇌는 차라리 의식이 사라지도록 순간적으로 정신을 잃거나, 기억을 잃는 상태를 만든다. 이런 기억상실이 바로 해리다. 이는 극심한 트라우마, 강력한 충격에 대한 뇌의 자동방어시스템이다. 특히 어린 시절 심각한 트라우마 사건이 반복되는 경우, 아이는 다량의 엔도르핀을 분비하는 메커니즘을 발달시켜 해리가 자주 발생하게 된다.

신체적 도피가 불가능할 때, 정신적 도피를 할 수 있음은 축복이다. 한적한 숲길을 산책한다는 상상은 트라우마 경험에 몰입하는 것보단 낫다. 이런 점에서 해리는 위협에 대한 적응반응이자 기술이다. 진화의 관점에서 해리는 위험에 처한 동물이 보이는 두 가지 형태의 방어와 연관되어 있다(Nijenhuis et al., 1998). 하나는 고도로 경계하고 있는 상태인 동결(얼어붙기)freeze로, 동물이 포식자에게 눈을 떼지 않은 채, 발견되지 않으려고 꼼짝하지 않는 것이다. 다른 하나는, 죽은 것처럼 반응하는 긴장성 부동tonic immobility으로, 해리성 분리와 유사하다. 여기에는 스트레스가 유발한 무통 관련 마비가 포함된다. 긴장성 부동 상태는 동물이 물리적으로 속박당하거나 덫에 걸리거나 마구가 채워지거나 감금되었을 때 관찰된다.

해리는 자기보호에 유익하고 분리는 위험 상황에 적응적일 수 있지만, 잠재적으로는 자기파괴적이다. 자동조절장치에 따라 움직이고, 무통으로 통증이 차단되는 것은 공포로 무기력해지거나 얼어붙는 상태가 되는 것보다 더 적응적이다. 그러나 지남력 상실을 초래할 정도로 분열이 일어난다면, 트라우마에 대처할 수 없게 된다. 더욱이, 반복적으로 트라우마를 겪은 사람은 사소한 스트레스로도 해리 상태에 빠진다. 이런 분리는 특정 상황에 대한 대처뿐 아니라, 새로운 학습을 방해하여 악순환된다. 대처방법을 배우지 못하면, 불안이 지속되고 해리성 방어에만 의존하게 된다. 스트레스 상황에서 해리 상태로 도피하는 경우, 해리는 트라우마 처리를 막고 PTSD 발생 가능성을 높이는데, 이것은 저주다.

트라우마와 해리장애의 연관성

1879년 프랑스 정신의학자 피에르 자네(p. 17의 사진 참조)는 고통스러운 트라우마 기억으로 인한 압도적인 두려움, 공포, 불안을 의식에 떠오르지 않게 하는 심리적 메커니즘을 설명하기 위해 '해리'라는 개념을 창안했다. 그는 해리를 트라우마 기억을 재경험하려는 인격구조가 분리되면서 일어나는 현상으로 보았다. 또 성폭행 피해 여성들에게서 사건을 정확하게 기억하지 못하면서 이유를 알 수 없는 불안, 설명할 수 없는 마비 증상, 이해하기 힘든 회피행동을 관찰했다. 그 후, 자네는 트라우마로 인한 해리로 고통받는 사람들에게 트라우마 기억과 감정을 떠올리게 하면 증상이 사라지는 것을 발견했다.

분열

분열^{splitting}은 수용과 부인이 자아 내에 병존하는 현상이다(예 말하는 존재로서의 주체와 말하는 내용으로서의 주체로 나뉨). 해리는 트라우마 경험에 대한 방어기전인 동시에 후유증을 지속시키는 요인이다. 견디기 힘든 트라우마를 경험하면, 인격은 보통 2개의 인격으로 분리된다. 하나는 필사적으로 정상적인 삶을 유지하려는 '외관상 정상 인격$^{apparently\ normal\ personality}$'이고, 다른 하나는 트라우마 기억을 간직하며, 사소한 자극에도 트라우마와 연관된 감정을 느끼게 하는 '정서 인격$^{emotional\ personality}$'이다. 트라우마로 인해 해리를 경험한 생존자의 증언은 글상자 5-4와 같다.

글상자 5-4. 트라우마로 인해 해리를 경험한 생존자의 증언

> "참으로 놀라운 일이다. 무감각하면서도 명확하다. 내 안에 다른 누군가가 있는 것 같다. 잠시도 쉬지 않고, 그 누군가가 계속 걷고, 계속 먹고, 계속 살아 있다. 다른 내가 계속 살아 있는 것이다."

글상자 5-4에 제시된 생존자의 내면에서는 도대체 어떤 변화가 일어난 것일까? 끔찍한 트라우마는 생존자의 자아를 분열시켰다(① 주변을 두려워하고 상실을 아파하는 자아, ② 세상에 대한 분노로 가득 차 세상을 응징하려는 자아). 낮에는 평상시처럼 일하고, 밤에는 총들고 나가 범죄자를 처단하는 그의 삶은 완전히 상반된 모습으로 흘러간다. 트라우마로 인한 상실감과 공포심이 너무 커서 선하게 살던 예전의 나약한 인격 대신, 악이 들끓는 세상을 향해

복수해 줄 새로운 인격이 필요했던 것이다.

　이처럼 해리된 2개의 인격(① 일상생활을 하는 인격, ② 잔혹한 살인을 하는 인격)은 시간과 상황에 따라 각각의 역할을 하지만, 통합된 것이 아니므로 여전히 불안정하다. 그래서 자기가 자신이 아닌 것 같은 느낌(이인증)과 현실이 현실 같지 않은 느낌(비현실감)이 늘 따라다닌다. 이런 해리 현상은 극심한 트라우마로 인해 생긴 불안, 공포, 두려움, 분노의 감정에 압도될 때 발생한다.

　스코틀랜드 소설가 로버트 스티븐슨의 단편소설 『지킬 박사와 하이드 씨의 기이한 사례(Strange Case of Dr. Jekyll and Mr. Hyde)』(1886)의 주인공처럼 지킬 박사와 하이드라는 완전히 다른 2개의 인격('이중인격')으로 분열된 뒤, 다른 인격이 저지른 행동을 전혀 기억하지 못하는 상태[해리성 정체성장애(DID)]를 그림으로써 인간이 선과 악의 본능을 동시에 지니고 있다는 자신의 가설을 증명하고자 했다(줄여서 '지킬 박사와 하이드 씨'로도 불림). DID는 가장 극단적인 해리 상태다. 생존자의 정신세계는 시간의 흐름이 멈춰져 있어, 시간이 지나도 사건 발생 시점의 어린 인격이 존재한다. 이렇게 트라우마로 인해 변해 버린 삶의 굴곡은 다음 세대까지 영향을 줄 수 있다.

그림 5-1. '지킬 박사와 하이드의 기이한 사례' 표지

로버트 스티븐슨(Robert Louis Stevenson, 1850~1894)

분리

분리^{detachment}는 해리의 가장 흔한 형태로, 트라우마 주변 경험에서 현저하게 나타난다(Allen, 2004). 분리 증상으로는 멍하고, 둔하고, 조종당하는 느낌, 몸 밖에서 자신을 지켜보는 것 같은 느낌 등이 있다. 분리는 흔히 ① 명료한 의식(분리가 없는 상태), ② 몰입(경도), ③ 이인화·비현실감(중등도), ④ 무반응성(고도) 순으로 진행한다.

명료한 의식. 첫째, 명료한 의식은 의식의 정상적인 상태로, 유연하다는 특징이 있다. 의식은 지식과 자원을 동원하여 새로운 것, 예측하지 못한 것, 친숙하지 않은 것을 다루고자 한다(Baars, 1988). 명료한 의식 상태는 현실에 기초를 두고, 단지 외부와 내면세계에서 일어나는 일에 대해 현실적인 지각을 한다. 그리고 필요한 경우, 유연하게 외부와 내부 세계에 주의를 기울인다. 이런 점에서 의식은 통합적인 반면, 해리는 비통합적이다.

몰입. 둘째, 몰입^{flow}은 무언가에 흠뻑 빠져 심취해 있는 무아지경의 상태다. 만일 사건의 외부와 내부 세계(느낌, 감각 등)를 완전히 인식하는 것이 견딜 수 없을 정도의 고통을 수반한다면, 의식은 이를 지우고자 한다('정신도피'). 몰입은 분리의 첫 단계이자, 가장 흔히 발생한다(예 게임, 영화, 백일몽, 스포츠 활동 등에 푹 빠짐). 포괄적 시각에서 몰입은 병리적이지 않다. 오히려 창조 활동의 필수요소다(Waller et al., 1996). 한 가지 활동에의 참여는 다른 활동들로부터의 분리를 의미한다. 어려움을 초래하는 것은 몰입이 아니라 분리다. 백일몽은 일시적 도피인 동시에 즐거움의 원천일 수 있다. 그러나 지나친 분리는 환상 속의 은둔처가 현실을 대체하게 되어 문제가 생긴다. 외부 세계와의 접촉을 포기하고 내면 세계로 도피하는 것은 내부 세계의 트라우마(침습기억)에 압도되기 쉬워진다(Allen, 2004).

이인증·비현실감. 셋째, 분리가 진행되면 실재하지 않는 느낌의 이인증과 비현실감이 나타난다. 이인증^{depersonalization}은 자기, 신체, 또는 행동에 대한 낯선 느낌 또는 자신과 분리된 느낌으로, 자기지각에 이상이 생긴 상태다. 즉, 꿈을 꾸고 있거나, 연극을 하고 있거나, 신체와 단절되어 자동조종장치에 따라 움직이는 느낌이 드는 것이다. 반면, 비현실감^{derealization}은 외부 세계가 비현실적이고, 이상하며, 이전의 모습과 같지 않다는 느낌이다. 즉, 주변 사람들이 연극 속의 배우처럼 느껴지거나, 터널을 통해 세계를 바라보는 것 같거나, 멍하고 안개 낀 듯 희미하고 둥둥 떠다니는 느낌이 드는 것이다. 이인증과 비현실감은 고통스러운 현실로부터 도피할 수 있게 하지만, 오히려 트라우마 기억에 더 취약하고 무지하게 하며 소외감이 들게 한다. 이인증과 비현실감에 관한 사례는 글상자 5-5와 같다.

글상자 5-5. 이인증과 비현실감 사례

> 34세 남성이 감정조절이 어렵다면서 상담자를 찾았다. 그는 때로 긴장감이 들었고, 과민했으며, 때로 아무런 이유도 없이 울음을 터뜨리곤 했다. 그는 이런 감정이 어린 시절 가정폭력을 목격했고, 어머니에게서 버림받은 경험 때문이라고 여겼으며, 종종 예고 없이 발생하는 플래시백으로 고통스러워하다가 상담을 신청하게 되었다. 더욱이, 자신이 자신의 느낌과 행동으로부터 분리되고 있다는 느낌이 계속해서 든다고 했다. 그는 자신의 삶을 사는 게 아니라, 자신과 거리감이 있고 텅 빈 듯한 느낌이 들며, 마치 남의 일처럼 바라보고 있는 느낌이 든다고 했다.
>
> 상담과정에서 내담자는 몹시 불안해하면서 울음을 터뜨리곤 했지만, 정서적으로는 차분했다. 그는 한때 여성들과 친밀관계를 형성하고 싶어 했고, 성적 접촉을 추구했으나, 그가 간절히 바랐던 친밀감을 느끼진 못했다. 그는 허구한 날 방안에 꼼짝하지 않고 앉은 채 많은 시간을 보냈다. 그러던 중, 분리로부터 도피할 방법을 발견했다. 그는 재능 있는 화가였고, 그림을 그릴 때마다 자신이 살아 있다는 느낌이 들었고, 완전히 몰입함으로써, 주변 환경과 시간의 흐름도 알아차리지 못했다.

무반응성. 넷째, 무반응성^{unresponsiveness}이란 분리의 가장 심한 상태로, 그냥 멍한 상태를 말한다. 심각한 해리 상태에서는 몇 시간 동안 그저 먼 곳을 응시하기도 한다. 이 단계에서 사람들은 공허 또는 암흑 속에 들어왔다거나 빠져 버린 것 같다는 느낌을 호소한다. 이들은 마치 무의식에서 헤매는 것처럼, 외부 세계와 떨어져 있어서 단지 이름을 부르는 것으로는 정신을 차리게 할 수 없다. 대신, 혼돈 또는 멍한 상태로 있다가도 외부의 자극에 상관없이 정신이 들게 되는데, 심지어 몇 시간이 걸리기도 한다. 의식이 완전히 회복된 후에는 마치 시간이 사라진 것 같은 느낌이 들기도 한다.

구획화

구획화^{compartmentalization}는 견딜 수 없이 고통스러운 경험을 마음의 칸막이 안에 넣고 봉인(차단)하여 서로 영향을 미치지 않도록 구분해 놓는 정신 현상이다. 생존자들은 흔히 트라우마 기억을 완전히 지워 버리고 싶어 한다. 그러나 이는 불가능하다. 그래서 차선책으로 이런 기억을 한 곳에 넣어 봉인하고 싶어 한다. 해리성 방어기제는 이처럼 트라우마 기억을 한 곳에 넣어 밀봉하는 것과 유사하다. 이처럼 전체적인 경험 영역이 의식에서 배제되는 과정을 분해^{disaggregation}라고 한다(Janet, 1907). 의식은 통합적이어서 시간이 흘러도 일관된 자기감^{sense of self}이 유지된다. 반면, 의식이 견딜 수 없을 정도로 고통스러워 트라우마 경험을 지니고 있기 어렵다고 인식하는 경우, 해리를 통해 구획화하여 트라우마 경험을 차단한다.

그러나 해리성 구획화는 안정적·영구적인 해결책이 아니어서 통합되지 않은 경험이 플래시백 형태로 침습하곤 한다(Brewin & Andrews, 1998). 일례로, 애착 트라우마는 생존자의 견딜 수 없는 접근-회피 갈등^{approach-avoidance conflict}을 마음 한구석으로 밀어 넣게 한다. 그에게 애착 트라우마는 너무 위협적이어서 애착의 안전한 피난처를 찾고 싶어 하게 하기 때문이다. 관계의 위협을 차단하는 것은 애착을 확보하는 한 가지 방법이다. 이로써 관계의 학대적 측면은 의식 밖으로 밀려나 구획화되어 해리된다. 해리성 구획화^{dissociative compartmentalization}는 ① 해리성 정체성장애[2개 이상의 현저한 정체성 또는 성격 상태가 발현되는 상태('다중성격장애')], ② 해리성 기억상실(스트레스로 중요한 자전적 정보를 회상하지 못하는 상태), ③ 이인성/비현실감 장애(외부 세계와의 분리 및 현실 같지 않은 감각 상태가 특징인 정신장애)로 나타난다.

해리장애의 극복 방안

해리장애의 극복은 큰 도전이다. 이는 대개 심하고 반복되는 트라우마 경험과 관련되어 있고, 전형적으로 다른 정신장애나 증상과 뒤엉켜 있기 때문이다(특히 해리성 정체성장애). 해리는 트라우마 기억에 대한 완벽한 회피/외면으로, 자기보호 기능이 있지만 진정한 회복은 아니다. 트라우마 사건에 완전히 압도되어 어떤 대처도 불가능할 때 미성숙한 방어 메커니즘은 다양한 형태로 의식을 변성시켜 트라우마를 정신적으로나마 외면하고자 한다(멍한 느낌, 비현실감, 이인증, 급격한 정체성 이동, 기억상실, 시간상실 경험 등).

그러나 인격을 분리해 아무 일도 없었던 것처럼 해 보지만, 트라우마 사건에 관한 기억은 쉽게 정리되지 않는다. 트라우마에 관한 기억의 조각들은 흔히 시간이 흘러도 퇴색되지 않은 채 남아 있다. 이런 이유로 평소에 잘 지내는 것 같다가도 트라우마를 연상시키는 자극을 받게 되면, 쉽게 흥분하거나 불안정해지는 인격이 전면에 나타난다. 그러다가 시간이 지나면, 다시금 평범한 인격으로 전환되는 현상이 반복된다. 해리장애의 극복 방안으로는 ① 해리에 책임지기, ② 접지, ③ 통합이 있다(Allen, 2004).

해리에 책임지기. 첫째, 해리행동에 책임을 지게 하는 것이다. 즉, 정신장애에 대한 자기 비난이나 비판보다 책임을 지게 함으로써, 자신에게 주도권이 있다는 의식을 갖게 하는 것이다. 그러나 이렇게 하는 건 쉽지 않다. 몸에 병이 생기면, 통제할 수 없는 느낌이 들기 때문이다. 이런 이유로, 병에 걸린 사람은 자기 의지만으로 병에서 헤어 나오지 못한다. 이런 경향은 해리장애에서 더욱 그렇다. 해리 상태에서는 자신이 누구이고, 무슨 말을 했으며, 어떤 행동을 했는지 기억하지 못하므로 당혹스러워진다. 심지어 해리상태에서는 원치 않는 행동을 하기도 한다. 이에 자신이 성적 및/또는 공격적 행동 또는 어린아이 같은 행동을 했다는 이야기를 타인에게서 듣고 부당하게 비난받는다고 여겨 억울해할 수 있다.

그럼에도 해리 상태에서의 행동은 본인이 책임져야 한다. 만일 본인이 책임지지 않는다면, 치료는 불가능하다(Ruzek et al., 1998). 생존자에게 행동에 대한 책임 수용이 위협적인 느낌을 줄 수 있지만, 책임 거부는 훨씬 더 위협적이다. 행동에 책임질 수 없다는 것은 더 심각한 무력감과 타인 의존을 초래한다(Beahrs, 1994). 치료 과정의 목표는 통제감과 책임감 회복을 포함한다. 행동에 책임지도록 돕는 것은 해리장애 치료의 필수요건인 동시에 치료 과정을 촉진한다.

책임 수용은 경험의 연속성과 통합을 위해 중요하고, 통제감 획득의 증거다. 치료에의 전념은 통제감에 대한 수용을 의미한다. 자기 행동에 대한 책임 수용은 전환[conversion] 과정 통제 훈련과 변성된 의식 상태에서 파괴적 행동의 통제를 연습할 수 있게 한다. 이는 해리장애가 있는 사람에게는 쉬운 일이 아니므로, 치료자는 이들에게 책임의 중요성을 강조하면서도 이들의 무력감에 대해 연민을 가져야 할 것이다(Kluft, 1993). 전체 치료 과정의 목표는 통제감과 책임감 회복이다.

접지. 둘째, 접지[grounding]는 개인의 의식을 현재로 향하게 하여 현실감각의 회복을 돕는 기법이다('현실감각' 기법으로도 불림). 이 기법에서는 해리를 일으키는 불안 또는 과민성 같은 감정 상태가 발달하는 것을 알아차리고, 분리에 대한 욕망 또는 몰입의 초기 단계를 알아차린다면, 수렁에 빠져 들어가는 것(해리)을 멈출 수 있다는 가정에 기반한다. 그러나 난제는 무엇이 일어나는지 알기를 원치 않을 때, 해리성 방어기제가 작동하는 것이다. 왜냐하면 이것이 스트레스를 주어 과거의 기억을 회상시키기 때문이다. 이를 위해 정신화를 통해 감정과 주변 상황을 더 잘 인식하고, 물러서고자 하는 욕구도 물리칠 수 있도록 도울 필요가 있다.

통합. 셋째, 해리를 겪는 사람은 흔히 주어진 과제 또는 관계에 집중하고, 감정과 갈등에 신경 쓰지 않기 위해 기억을 구획화한다. 트라우마는 다른 상태와 그 상태에서 자신이 한 일에 대해 의식적 접근이 차단될 정도로 각각의 상태를 극단적으로 구분하게 한다. 이 경우, 마음의 여러 상태를 통합할 필요가 있다. 매일매일의 경험 속에서 불연속성을 완화하고, 의식적 통제력을 강화하기 위한 치료적 작업은 두려운 상태에 유연하게 접근할 수 있게 한다. 이런 통합 과정은 감정에 대한 인식과 내성을 키운다. 치유로 가는 길은 더 나은 통합으로 가는 길이다. 이는 정서조절 기술 증진, 안전한 애착관계 형성, 폭넓은 지지망을 구축하는 것을 통해 가능해진다.

03 경계성 성격장애

21세 남성 A 씨는 중학교 3학년 때부터 자해행동을 반복해 왔다. 삶이 공허하고 항상 희생양이 되어 사람들에게 이용당해 왔다며 그 고통을 처리하기 위해 칼로 손목을 긋게 된다고 하였다. 초등학교 때 부모가 이혼했고 어머니와 살게 된 그는 아버지가 떠난 것에 대해 어머니가 자신을 탓한다고 여기며 자주 우울해했다. 부모님의 이혼 후, 어머니의 남자친구가 어머니를 신체적 · 정서적 · 성적으로 학대했지만, 어머니는 이 사실을 외부에 알리지 못하게 했다.

사춘기를 거치며, 그는 잦은 감정 변화를 경험했고, 사소한 일에도 분노를 조절하지 못하고 물건을 부수거나 창문을 주먹으로 쳐서 크게 다치는 일도 있었다. 그는 대학 입학 후 한 여대생과 사귀던 중 상대의 마음이 멀어지고 곧 이별 통보를 하게 될 거라고 느끼는 순간, 자해행동을 하거나 칼로 위협하는 등 여자친구에게 집착했다. 결국, 여자친구가 이별을 통보하자, 그는 그녀에게 자살을 암시하는 문자메시지를 수차례 보냈지만, 아무런 연락이 없자 모아 두었던 수면제를 한꺼번에 입에 털어 넣었다.

경계성 성격장애[Borderline Personality Disorder](BPD)는 대인관계, 자기상, 정서에 전반적인 불안정한 패턴이 있고, 성인기 초기에 심각한 충동성이 시작되며, 다양한 상황에서 만성적 장해가 있는 성격장애다. BPD가 있는 사람들은 정신건강 전문가들을 힘들게 하고, 감정적으로 과민하며, 타인을 조종하는 특징이 있다. 이 장애의 특징은 주로 트라우마 후에 나타난다는 것이다. BPD의 발달에 관한 이론들은 개인의 생애 초기 수년간 역기능적인 부모(주로 엄마)의 행동에 기인한다고 본다. 즉, 트라우마 생존자는 밀착된 의존의 보상을 받고, 홀로 감당하게 하는 처벌(방임)을 받는다. BPD는 보통 심각하고 장기적인 아동기 트라우마(특히, 성학대) 또는 방임이 주원인으로 알려져 있다(van Dijke et al., 2012). BPD로 진단받은 사람 중 지역사회 표본의 33%, 입원 환자 표본의 58%가 PTSD로 진단되었다(Zanarini et al., 2004). BPD는 PTSD와 함께 DSM-III(APA, 1980)에 수록되면서 정신의학계에 공식적인 진단명으로 소개되었다.

경계성 성향은 트라우마 후유증과 밀접한 관련이 있다. BPD의 증상은 트라우마 후유증(특히, 아동기 성학대)과 상당 부분 중복되고, 개인에 대해 편견을 갖게 한다는 점에서, 이 장애의 진단명에 이의를 제기하는 정신건강 전문가들이 있다. 이들은 BPD 증상이 버림받을 것에 대한 극단적 두려움 때문으로 설명하면서 복합 외상후 스트레스장애Complex Posttraumatic Stress Disorder(CPTSD) 또는 복합 외상후 스트레스증후군Complex Posttraumatic Stress Syndrome(CPTSS)'로 부르기도 한다. 이런 인식 전환과 진단명 대체는 BPD로 진단되는 사람들의 극단적 행동, 파괴적 충동성이 타인을 불편하게 하는 부적절한 것이지만, 어린 시절 생존을 위해 생겨난 것으로 이해하는 데 도움이 된다. 이들을 트라우마 생존자로 이해하는 마음이 상담자와 중요한 타인들에게 생겨날 때, 비로소 이들의 마음 치유가 시작될 것이다. BPD 또는 CPTSD 사람들의 특징은 표 5-2와 같다(APA, 2022).

표 5-2. 경계성 성격장애(BPD)의 진단적 특징

증상	특징
1. 대인관계 불안정성	○ 실제/상상 속에서 버림받지 않기 위해 필사적으로 노력하고, 이상화와 평가절하의 극단 사이를 오가는, 불안정하고 열정적인 대인관계 패턴
2. 현저한 충동성	○ 자신이 손상될 가능성이 있는 2개 이상 영역에서의 충동성(예 소비, 성적 일탈 행위, 물질남용, 난폭운전, 폭식)
3. 극단적인 감정변화	○ 감정의 불안정성(예 격정적인 불쾌감 삽화, 성마름, 또는 불안이 보통 수시간 지속되며, 아주 드물게는 수일간 지속됨)
4. 만성 공허감	○ 일시적인 스트레스 관련 편집성 사고 또는 심각한 해리 증상
5. 정체성 혼란	○ 정체성 장해(현저하게 지속되는 불안정한 자기상 또는 자기감)
6. 분노조절 곤란	○ 부적절하고 격렬한 분노 표출 또는 분노조절 곤란(예 자주 성질을 부리거나, 늘 화를 내거나, 몸싸움을 반복함)
7. 자살 시도	○ 반복적 자살 행동, 자살 제스처, 자살 위협, 또는 자해행동

표 5-2에 제시된 행동과 증상의 상당 부분은 감소한 정서조절 능력 상황에서 생애 초기의 학대, 유기(버려짐), 거부, 또는 부모의 무관심으로 연상되는 조건화된 정서반응(CERs), 연관된 기억을 떠올린다. BPD로 진단받은 사람은 성인의 관계 상황에 자극되어 촉발된 학대 기억으로 인해 물질남용, 부적절한 친밀관계 추구(유기 방지 시도) 같은 행동과 연관된 고통 회피를 시도하거나, 긴장감소행동Tension Reduction Behavior(TRB)을 나타내기도 한다.

이런 특징은 마치 청소년기의 질풍노도 증후군Strum und Drang syndrome처럼 보인다. BPD라는 진단명에는 다루기 어렵고, 상담에 협조가 잘 되지 않으며, 늘 주변에 화를 잘 내고, 주변 사람을 질리게 하는 '미성숙한 성격의 소유자'란 뜻이 담겨 있다. 치료자에게 무리한 요구를 하거나 경계를 침범하여 피곤하게 난처한 상황을 만들곤 한다는 점에서 치료자들은 지레 경계하여 처음부터 치료적 한계를 명확히 긋고자 한다. 이처럼 적당히 거리를 두려는 치료자의 의도는 은연중에 내담자에게 전달된다. 내담자도 이런 태도에 실망하여 치료자를 더욱 불신하게 되어 치료를 중도에 포기하게 되는 일이 잦다.

　서울대학교병원(2025. 01. 20.)에 따르면, BPD는 일반 인구의 약 2% 정도가 갖고 있는 것으로 추산된다. 전체 성격장애로 진단받은 사람 중 30~60% 정도가 경계성 성격장애에 해당할 만큼 성격장애 중에서 차지하는 비중이 꽤 높다. 남성보다 여성에서 더 자주 관찰되며, 대부분이 청소년기나 성인기 초기에 어려움이 시작된다. 경계성 성격장애로 인한 개인적 기능 손상과 자살의 위험성은 20대에 가장 커지고 나이가 들면서 이러한 위험성은 약해진다.

원인

경계성 성격장애(BPD)는 ① 생물학적 불균형(유전적 경향, 기질 등)과 ② 사회환경적 요인(아동기 트라우마, 부적절하고 일관성 없는 양육)의 상호작용으로 인해 발생한다. BPD의 양상은 정서조절장애의 결과이자 원인이다. 특히, 성학대와 이로 인한 중요한 타인들의 비타당화 invalidation와 무시는 평생 씻을 수 없는 후유증을 남긴다. 학대가해자에 대한 분노와 적개심은 불특정 타인에 대한 불신과 경계심으로 확장되고, 학대가 되풀이되면 거기서 벗어날 수 없다는 무력감이 자기감에 심각한 상처를 입힌다.

　또한 가정의 비타당화 환경은 정서조절장애 발달의 직접적인 원인이 된다. 이런 환경은 아이에게 정서에 대한 명명, 고통감내, 조절방법, 그리고 정서반응을 사건에 대한 타당한 해석의 결과물로 신뢰할 방법을 가르쳐 주지 못한다. 심지어, 성인이 되어서도 이들은 비타당화 환경의 특징을 받아들여, 정서 경험을 타당하지 않게 여기고, 외부 현실의 지각을 타인에게 의지하며, 삶의 문제해결 노력을 과잉 단순화하는 성향을 발달시킨다.

치료적 개입

종전에 경계성 성격장애(BPD)는 정신건강 전문가들 사이에 가장 치료하기 어려운 정신장애 중 하나로 꼽혔다. 그 이유로는 BPD는 주로 아동기 학대 경험에서 발달한다는 점에서 이 장애로 진단된 사람들과 치료자의 협력적인 치료관계 형성이 매우 어려웠기 때문이었다. 건강하지 않은 관계가 개인의 삶을 엉망으로 만들었다면, 이를 치유할 좋은 관계가 필요하다. 정신건강 전문가와 생존자의 따뜻하고 신뢰할 수 있는 관계가 좋은 예다. 이런 점에서 라포는 BPD로 진단된 사람들을 위한 직접적이고 구체적인 치유법이다. 치료적 관계는 관계 치유의 강력한 자원이다. 치료자와 내담자의 관계 증진을 통한 안정된 애착관계는 아동기의 애착 경험에 대한 암시적(비언어적, 감각적, 경험적) 기억을 점진적으로 촉발한다. 경계성 성향을 파악하기 위한 진단 면담의 구성요소는 표 5-3과 같다.

표 5-3. 경계성 성향 파악을 위한 진단면담의 구성요소

진단 영역	면담 요소	
1. 정동	① 만성 또는 주요우울	④ 만성 불안
	② 만성 무력감/무망감/무가치감/죄책감	⑤ 만성 외로움/지루함/공허감
	③ 만성 분노 또는 잦은 분노 행동	
2. 인지	① 괴이한 사고 또는 비일상적인 지각 경험	③ 유사 정신증 경험
	② 비망상성 편집증 경험	
3. 충동행동	① 물질남용 또는 의존	④ 조종적 자살 시도
	② 성적 일탈 행동	⑤ 기타 충동 양상
	③ 자해 행동	
4. 대인관계	① 외로움에 대한 감내력 결여	⑥ 평가절하, 조종, 가학성
	② 유기, 함입^{engulfment}, 소멸 염려	⑦ 요구성/권한부여^{entitlement}
	③ 역의존/도움 또는 돌봄에 대한 심각한 갈등	⑧ 치료 퇴행
	④ 험악한 관계	⑨ 역전이 문제/'특별한' 치료관계
	⑤ 의존 또는 피학성	

생애 초기의 애착 기억은 치료 과정에서 학대 관련 생각과 느낌으로 재경험할 수 있는 학대와 방임을 포함한다. 갑작스럽게 발생하는 암묵적인 관계 플래시백은 과거를 표상하는 상황 정보를 포함하지 않는다는 점에서 치료자와 내담자의 관계와 관련된 느낌으로 오인되곤 한다. 이런 인식과 감정이 활성화되고 표출되면, 긍정적인 치료적 관계와 관련되어 안전하고, 위로받으며, 지지적인 상황에서 논의·처리될 수 있다.

BPD 진단명에 관한 논의

경계성 성격장애(BPD)에서 '경계성^{borderline}'이란 말은 본래 정신분석에서 치료에 진전이 없거나, 신경증 또는 정신증 범주에 해당하지 않는 외래환자 집단을 기술하던 용어였다(Stern, 1938). 이 용어는 정신질환을 신경증^{neorosis}과 정신증^{psychosis}으로 구분하던 시기에 이 두 경계를 넘나드는 특징이 있다고 해서 붙여진 명칭이다(우리나라 「정신건강복지법」 제3조에 의하면, 정신질환자는 망상, 환각, 사고나 기분의 장애 등으로 인해 독립적으로 기능하기 어려운 사람을 말함).

이후로, BPD는 신경증과 정신증 사이, 조현병과 비조현병 사이, 정상과 비정상 사이에 있는 것으로 간주되었다. 이 장애는 초기에 조현병 같은 정신병의 변형으로 여겨졌으나, 신경증의 범주로 분류하여 비전형적 기분장애$^{atypical\ mood\ disorder}$로 불렸다. 그 후, 다수의 연구를 통해 독립된 정신장애로서의 타당성을 인정받았다. 특히, 밀란(Millon, 1987)은 생물사회학습이론에 근거하여 '경계성 성격' 대신 '순환형 성격'이라는 용어 제안을 통해 행동과 기분의 불안정성을 이 장애의 핵심 특징임을 강조했다.

　　그러나 특유의 복잡하고 이해하기 힘든 증상으로 인해 진단 기준의 유용성과 타당성에 대한 논란은 여전히 끊이지 않고 있다. 이 논의의 중심에는 사람을 '경계성'이라는 진단 꼬리표를 붙이는 것에 대해 항의와 반발이 있다. 이 말에는 개인을 향한 비난/비판의 의미가 들어 있으므로, 다른 명칭으로 대체해야 한다는 의견이 주를 이루었다. BPD 진단은 개인을 특징짓기 위한 게 아니지만, 트라우마 생존자에게는 위협이 될 수 있다. 이 진단명은 이들의 성격적 강점보다는 단지 특정 영역의 어려움만을 부각하여 오용될 수 있기 때문이다.

　　일부 전문가들은 이 진단이 아동기 성학대와 깊은 관련이 있다면서 '외상 및 스트레스 관련 장애'에 수록해야 한다고 주장하기도 했다. 그 이유는 문제행동이 피해 당사자보다는 학대의 결과라는 점을 진단명으로 보여 준다면, 일반인들의 편견을 줄일 수 있다는 생각에서였다. 실제로 BPD 환자의 80% 이상에서 아동기의 심각한 트라우마의 흔적이 발견되었다. 생애 초기, 부모의 학대/방임이 아이의 감정 뇌에 영향을 미쳐 BPD 증상을 일으킨다는 것이었다. 이런 문제를 해소하기 위해 복합 외상후 스트레스장애^{complex posttraumatic stress disorder}(이하 CPTSD)라는 진단명이 제안되었다(Herman, 1992b). CPTSD란 자신과 타인으로부터 상해/상처받는 성향, 정서조절문제, 정체성, 관계 장해를 비롯한 트라우마로 인한 고통과 기능 이상이 특징인 정신장애다.

　　다른 한편에서는 '경계성'이란 용어가 썩 만족스럽진 않지만, 단지 명칭을 바꾼다고 해서 경계성 성향이 있는 사람들에 대한 편견이 줄어들진 않을 거라는 주장도 있다. 대신, 과학에 기반한 이론 발달, 그리고 '경계성'이라는 문제행동의 기저를 역기능적 생물·심리·환경 사건에 대한 정상 반응이라고 가정한다면, 해결책이 있을 거라는 의견을 제시하기도 했다. 이들이 일반인들과 다르다는 시각을 갖는다면, 이들에 대한 경멸과 비하하는 시선은 끊이지 않을 것이다. 그러나 정상 행동에 영향을 주는 행동심리학 원리가 경계성 행동을 조성하는 원리와 같다는 사실을 깨닫게 된다면, 이들이 나타내는 어려움을 더 잘 공감하고 연민으로 반응할 수 있을 것이다.

04　물질사용장애

트라우마 생존자가 스스로 부정 정서를 감소시키고, 긍정 정서를 높이기는 쉽지 않다. 이런 상황에서 종종 추구하는 해결책이 물질(술, 담배, 불법물질 등)을 사용하는 자기파괴 행동이다. 자기파괴행동^{self-destructive behavior}은 강한 정서적 고통으로부터의 도피를 위한 일련의 행동이다. 이런 행동은 친밀관계뿐 아니라 수치심과 굴욕감을 증폭시켜 오히려 자기손상을 초래하는 악순환의 고리를 형성하기 쉽다. 이는 점차 고통의 늪에서 헤어날 수 없게 만든다.

　　자기파괴행동으로 인한 대표적인 정신장애는 물질사용장애다. 물질사용장애^{Substance Use}

Disorder(SUD)는 강박적이고 습관적으로 물질을 사용하는 행위를 의미하는 진단 용어다. 유사 용어인 물질남용substance abuse은 특정한 보상을 얻기 위한 목적으로, 비의학적 목적으로 물질을 사용하는 행위다. 트라우마로 인한 자기파괴 행동으로는 물질남용 외에도 강박행동, 난잡한 성 행동, 폭식·구토, 자해·자살, 공격성·충동 조절 문제 등이 있다(Briere et al., 2010).

트라우마와 물질사용장애의 연관성

정서와 기분은 뉴런 간 신호를 촉진하는 신경전달물질에 의해 조절된다. 뉴런은 신경전달물질을 방출함으로써 다른 뉴런의 활동을 자극/억제한다. 다양한 물질은 신경전달물질과 유사한 자극을 유발하고, 신경전달물질의 작용을 차단하기도 한다. 이렇게 정서와 기분에 영향을 미치는 물질의 공통점은 중독성이 있다는 것이다. 이런 물질은 두 가지 강화를 제공한다. 하나는 부정 정서 감소 및 긍정 정서 증가이고, 다른 하나는 고통 완화 및 쾌감 유발이다. 그러나 이런 특성은 단기적이면서 부작용이 있다. 부작용이 없다면, 이런 물질은 이미 트라우마로 고통을 겪는 생존자들에게 기적의 명약이 되었을 것이다.

중독성 물질은 일시적으론 이득이 있으나, 장기적으론 손실이 더 크다. 예컨대, 진정제sedative(예 헤로인)는 일시적으로 부정 정서를 감소시키지만, 금단 증상이 부정 정서와 반동성 불안rebound anxiety을 증폭시킨다. 반면, 자극제stimulant(예 암페타민, 코카인)는 긍정 정서를 높이지만, 중단하면 긍정 정서 감소와 우울을 유발한다. 게다가 교감신경계를 각성시켜 민감화를 촉진한다. 사람들은 정서 경험과 표현을 위해 술을 마신다. 술에 취한 상태에서는 억압된 좌절과 분노 표현이 더 쉽기 때문이다.

트라우마와 물질남용의 관계는 양방향적이다. 물질에 취한 상태는 새로운 트라우마 피해 가능성을 높인다. 음주 운전이 교통사고의 가능성을 높이고, 트라우마가 교통사고로 인해 발생하는 것이 그 예다. 불법물질을 사용하거나 판매하는 경우, 폭력을 목격하거나 신체적 공격에 노출되는 상황에 놓이기 쉽다. 또한 성폭행 피해 여성의 일부는 사건 발생 전 술을 마신 것으로 조사되었다(Resnick et al., 1997). 물질에 취하면, 판단력 저하, 위협에 대한 자각 둔화, 자기보호 능력 약화, 성관계 표적으로 지각될 가능성 상승 등의 이유로 성적 공격에 취약해진다.

트라우마와 물질남용은 악순환 고리를 형성한다. 트라우마로 고통받는 사람은 증상 감소를 위해 물질을 사용한다. 그러나 물질남용은 증상을 악화시키고, 트라우마 사건에의 노출 위험을 증가시킨다. 물질남용과 우울관계 역시 마찬가지다. 물질 사용자들은 물질에 대한 신체적·심리적 의존 증상을 보이게 된다. 물질의 과용 또는 반복적 사용은 종종 해로운 결과(예 폭행, 학업/직무 수행력 저하, 대인관계 문제, 신체적 피해 등)를 초래한다. 이들은 특정 장애가 다른 장애에 선행한다면, 촉발 장애의 치료만으로 충분하다고 생각하기 쉽다.

예컨대, 우울증 또는 트라우마가 물질사용에 선행하는 경우, 선행하는 장애를 치료하면 물질 사용은 자연히 해결될 것으로 생각하는 것이다. 이와는 반대로, 물질사용이 우울증 또는 트라우마에 선행한다면, 물질사용 중단이 우울증 또는 트라우마 해결의 열쇠라고 믿는 것이다. 그러나 일단 장애가 발생하면, 그 순서와 관계없이 각 장애에 대한 치료가 요구된다. 더욱이, 각 장애는 서로의 치료를 복잡하게 만든다. 일례로, 자극제 금단 또는 진정제 사용은 우울증 치료를 방해한다. 반면, 우울증은 비관주의 유발, 동기 저하, 자가 처방 욕구 증가 등으로 물질사용에 대한 치료를 저해한다(Allen, 2004).

05 섭식장애

섭식장애^{Eating Disorders}는 먹는 양을 극도로 제한하거나, 폭식 후 고의로 구토를 유도하거나, 하제(변비약)를 오용하기도 하는 등, 섭식행동에 심각한 문제가 있는 일련의 정신장애다. 트라우마 관련 정서(불안, 혐오, 우울 등)는 식욕과 섭식을 저해할 수 있다(Zerbe, 1993). 섭식장애는 여성에게서 9배나 더 흔하다(Zerbe, 1999). 이는 성인기의 성적·신체적 공격 외에 다른 형태의 학대와 연관이 있다(Fallon & Wonderlich, 1997). 성학대 피해 여성이 애착과 사회적 지지 문제를 동반하는 경우, 섭식장애 발생 가능성은 더 커진다(Mallinckrodt et al., 1995).

트라우마와 애착 문제는 섭식장애 발생의 잠재적 경로다. 섭식장애는 물질사용과 유사한 장애로 간주된다. 섭식장애 증상은 트라우마와 관련된 정서적 고통을 조절하려는 시도로 볼 수 있기 때문이다. 게다가, 트라우마 후유증뿐 아니라, 트라우마 사건 역시 통제력 상실감을 유발한다. 이런 상황에서 스스로 굶는 행동이 시작되는 것은 그리 놀랄 만한 일이 아니다. 이 역시 일종의 강력한 자기통제 방법이기 때문이다.

폭식^{binge-eating}은 물질사용과 마찬가지로 고통스러운 자기인식으로부터의 도피를 촉진한다. 이는 강력한 기분 전환 방법이다. 관심이 온통 음식에 집중되기 때문이다. 폭식과 제거^{purging}는 정서적 고통 감소를 촉진하고 현실감각을 재확립함으로써, 해리에의 대처방법인 것처럼 보이기도 한다. 그러나 이 방법 역시 효과는 단기적이다. 폭식은 마음을 진정시키거나 해리성 분리를 촉진하여 정서적 고통을 완화하지만 죄책감, 수치심, 혐오감, 자기 증오와 혐오를 유발하고, 다시 제거로 이어지기 때문이다. 제거는 통제감을 회복하고, 안도감과 위로감을 준다. 그러나 폭식-제거의 악순환 고리에서 부적 감정은 습관성 패턴을 영속화한다.

섭식장애는 신체에 해를 주어 스트레스로 인한 생리적 소모를 촉진한다. 그러므로 섭식장애에 관한 관심은 트라우마 치유와 회복에 중요하다. 트라우마는 섭식장애 치료를 복잡하게 만들기도 하고, 그 반대의 경우가 발생하기도 한다. 트라우마 처리는 고통을 유발한다. 섭식장애행동은 고통을 일시적으로 완화하지만, 트라우마 관련 문제가 더 두드러지게 표출되게 한다. 임상 장면에서 자기파괴적 섭식장애행동에는 자기보호 의도가 담겨 있다는 점에서, 섭식장애 치료에는 더 효율적인 자기보존 방법이 제시될 필요가 있다. 트라우마와 섭식장애가 연관이 있는 경우, 상담과 의학적 치료에서 이 두 문제는 함께 다루어져야 한다.

06　자살행동장애

자살[suicide]은 행위자가 죽음을 초래할 의도를 가지고 자신의 생명을 끊는 행위다. 이는 죽기를 갈구하여 의식상태 제거를 목적으로 단번에 고통으로부터 도피하는 행위다. 자살은 현재 삶의 문제를 견디기 힘든 상태에서 고통스러운 자기인식으로부터 도피하고자 하는 소망이 반영된 행위다(Baumeister, 1990). 비자살성 자해와 자살에 영향을 미치는 요인으로는 ① 아동학대, ② 정신의학적 장애, ③ 생화학적·유전적 취약성, ④ 자살 가족력, ⑤ 부적응적 성격 특성(완벽주의, 충동성, 고립 등), ⑥ 사회적 지지 결여, ⑦ 혼돈스러운 가정생활이 있다(Bifulco & Moran, 1997).

　트라우마 생존자들은 흔히 일시적으로 자살시도를 한다(Allen, 2004). 자살에 영향을 미치는 요인들은 굴욕적인 삶의 경험에 취약성을 제공한다. 굴욕감은 흔히 친밀관계에 실망하거나 배신감에서 초래된다. 경로에 상관없이 자살 상태의 핵심은 무망감[hopelessness], 즉 유일한 탈출구는 '죽음을 통한 도피'라는 느낌이다(Soloff et al., 2000). 자살에 영향을 미치는 요소들이 상호작용(① 무망감과 충동적·폭력적 행동 소인과의 결합, ② 알코올 남용으로 인한 무망감 촉발, ③ 치명적인 방법에의 접근)하면, 자살 가능성이 급상승한다(Mann et al., 1997). 이때, 자살예방의 첫 단계는 즉각적인 행동의 기회를 차단하는 일이다(예 집 안의 흉기 또는 물질 제거).

자살행동장애의 임상적 의미

자살행동장애[Suicidal Behavior Disorder](SBD)란 지난 24개월 이내에 자살 시도를 한 적이 있는 사람에게 적용하기 위해 미국정신의학회(APA, 2013)에서 창안한 연구용 진단명이다(DSM-5-TR에서는 삭제됨). 여기서는 자살시도[suicide attempt]를 '행동 개시 시점(특정한 방법으로 행위가 일어난 시점)에 개인이 수행하여 자신을 죽음에 이르게 할 수 있는 자발적인 일련의 행동'으로 정의한다. DSM-5에서는 자살행동을 ① 방법의 폭력성[폭력적인 방법(예 투신, 총기 사용) vs. 비폭력적인 방법(예 처방약물 또는 불법물질 과용)], ② 행동의 의학적 결과(치명적인 시도는 응급실 방문 이후에 의료적 입원이 요구되는 경우로 정의됨), ③ 자살시도의 계획성(계획적 vs. 충동적)에 따라 구분한다.

비자살성 자해장애와의 비교

자살행동장애 진단을 내리려면, 자살행동이 비자살성 자해장애(부정 감정 또는 인지 상태로부터 안도감을 얻기 위해, 또는 긍정 기분을 얻기 위해 신체 표면에 자해하는 행동)의 진단 기준을 충족하지 않아야 하며, 정치/종교 목적으로 수행된 게 아니어야 한다. 임상 장면에서는 자살과 비자살성 자해를 구분하고 있으나, 이 두 상태에는 중복되는 부분이 있다. 자해가 고통을 해소하지 못하거나, 치명적인 자해는 자살로 이어지기 때문이다. 일부 사람들은 일시적 도피와 영구적 도피를 구분하지 않고, 겉으로는 죽을 수 있는 가능성을 의식하지 않은 채, 단순히 자신을 잠들게 하려는 의도로 물질을 과다 투여하기도 한다(Dubo et al., 1997).

비자살성 자해와 자살의 공통 주제는 고통의 울부짖음^{cry of pain}이다(Williams, 1997). 이는 압도당하는 느낌, 덫에 걸린 느낌, 그리고 무기력한 자신에 대한 수치심과 굴욕감의 표출이다. 이런 복합적인 감정은 타인과의 접촉과 도움 추구를 가로막는다. 즉, 초기 항변의 울부짖음은 자해로, 무망감의 울부짖음은 자살행동으로 표출된다. 이는 덫에 걸려 고통스럽게 울부짖는 동물의 행동과 유사하다. 이들의 울부짖음은 타인의 귀에 들어가야 도움을 받을 수 있다. 이런 점에서 고통의 울부짖음은 간접적 의사소통 기능이 있다. 이들은 강렬한 정서적 고통을 표현할 수 없어 행동으로 표출하는 것일 수 있다.

통제할 수 없는 스트레스라는 덫에 걸려 무력감과 굴욕감을 느끼는 상황은 트라우마 경험과 흡사하다. 고통의 울부짖음은 거부, 배반, 상실의 맥락에서 발생한다. 이는 트라우마 사건의 본질이 압도된 느낌과 외로움이라는 사실과 일치한다. 과거의 고통이 현재의 고통을 증폭시키는 경우, 대처 방법(예 도움 추구)은 잘 보이지 않게 된다. 위기는 과거와 현재에 뿌리를 둔 정신 상태의 표현이다. 그러므로 현재는 대처를 위한 대안이 이용 가능함을 인식할 필요가 있다.

07 비자살성 자해장애

어린 시절 신체적 학대와 정서적 방임을 겪은 한 청년은 친밀관계를 극도로 회피했고, 고등학교를 자퇴한 이후부터는 줄곧 은둔생활을 했다. 직장생활에서도 그는 타인과의 접촉이 드문 야간 업무를 자처했다. 그는 자신의 고립 생활에 만족하지 못했고, 외로움이 사무치곤 했다. 그의 외로움에는 자기비판과 증오가 뒤섞여 있었다. 고통이 감당할 수 없을 정도로 심각한 상태가 될 때, 그는 면도칼로 팔뚝을 긋곤 했다. 팔뚝에서 피가 스며 나오기 시작하면, 비로소 안도감을 느꼈고, 고통은 느껴지지 않았다. 오히려 온몸에서 기분 좋은, 온기가 느껴지곤 했다. 이 강렬한 감각은 그가 따뜻한 위로의 손길을 경험하는 유일한 방법이 되었다(Allen, 2004, p. 319).

비자살성 자해장애$^{Nonsuicidal Self-Injury Disorder}$(NSID)란 지난 1년간, 5일 또는 그 이상, 자살의도가 없고, 단지 경도 또는 중등도의 신체적 손상을 유발할 수 있는 자해행동을 하려는 의도에 의해 발생하는 장애를 말한다(APA, 2022). 이 장애는 자살의도에 기반한 것은 아니지만, 참기 힘든 정서 상태로부터 피하기 위한 목적으로 신체 표면에 고의로 출혈, 상처, 고통을 유발하는 행위(예 칼로 긋기, 불로 지지기, 찌르기, 과도하게 문지르기)가 특징이다('고의성 자해$^{deliberate self-injury}$'로도 불림).

비자살성^{nonsuicidal}이라는 말은 자살의도가 없음이 보고된 적이 있거나, 반복적 자해가 죽음에 이르게 하지는 않을 거라는 점을 개인이 이미 알고 있었거나, 도중에 알게 되었음을 의미한다. 비자살성 자해와 자살 시도는 그 의도에서 확연히 구분된다. 자살의도$^{suicidal intention}$는 죽음을 통해 고통으로부터 영구적으로 도피하려는 것이지만, 자해$^{self-injury}$는 정서적 고통 또는 긴장의 극적 완화라는 강력한 보상을 제공한다는 점에서 중독성이 있다. 이 행위는 다른 형태의 충동적 · 공격적 행동뿐 아니라, 고통 경감을 위한 다른 중독 양상(물질사용, 섭식장애 등)과 뒤섞여 나타난다.

비자살성 자해는 광범위한 아동기 트라우마와 관련이 있는데, 이 중 두드러진 것은 성학대$^{sexual abuse}$다. 이와 관련한 불안정 애착은 물질사용 또는 섭식장애 같은 고의적 자해로 이어지기도 한다. 애착 관계가 회복될 기미를 보이지 않으면, 무력감, 무망감, 자살 생각 · 시도가 뒤를 잇는다. 악순환에서 벗어나려면 자신의 감정, 관계 패턴, 그리고 그 기원을 인식할 필요가 있다. 이는 관계에서 정서조절 방법을 학습하는 것으로, 안전하고 안정적인 애착 관계 형성과 유지에 도움을 준다.

자해는 성인기 트라우마(예 전쟁, 성폭행)와도 관련이 있다. 트라우마 후 방임을 재경험하는 고통을 기억한다면, 거부, 이별, 유기되는 느낌은 종종 자해의 촉발 요인으로 작용한다. 특히, 유기되는 느낌은 초기 트라우마, 즉 생존에 위협이 되는 경험의 맥락에서 방임되고 홀로 남는 느낌을 재경험하는 90/10 반응을 유발할 수 있다. 트라우마로 장기 치료를 받는 환자 중 부모의 돌봄을 받지 못한 사람들은 지속적인 자해로 큰 어려움을 겪는다. 이들은 안정애착 유지가 어려워 계속해서 자해하게 된다(van der Kolk et al., 1991). 비자살성 자해의 악순환 이해를 위한 흐름도는 그림 5-2와 같다.

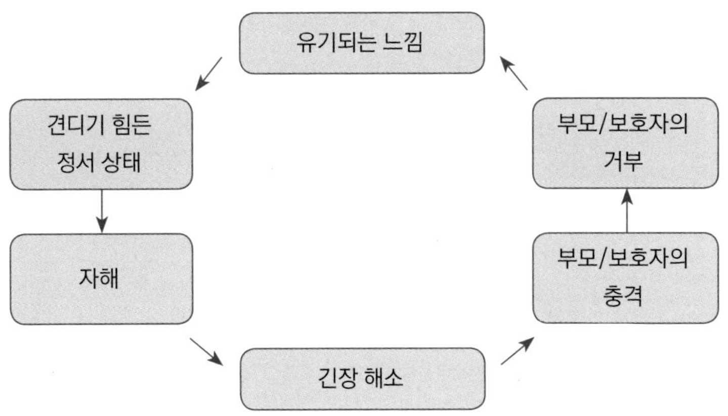

그림 5-2. 비자살성 자해의 악순환 흐름도

비자살성 자해는 다음 중 1개 또는 그 이상의 기대하에 시도된다(① 부정 감정 또는 인지 상태로부터의 안도감, ② 대인관계 어려움 해결, ③ 긍정 기분 상태 유도). 비자살성 자해를 일삼는 트라우마 생존자들은 원했던 반응이나 안도감을 자해행동 도중에 또는 직후에 경험하게 되고, 반복적인 자해행동에 대한 의존성을 시사하는 행동 양상을 보일 수 있다. 비자살성 자해는 특정 상황과 연관되어 시도되는데, 이에 해당하는 상황은 글상자 5-6과 같다.

글상자 5-6. 비자살성 자해와 연관된 상황

> 1. 자해 직전, 부정 감정(우울, 불안, 긴장, 분노, 고통 등)을 느끼거나 자기패배 사고(자기비하 등)의 생각을 한다.
> 2. 자해에 앞서, 의도한 행동에 몰두하는 기간이 있고, 이를 통제하기 어려워한다.
> 3. 자해를 하지 않을 때도 자해 생각이 빈번하다.

비자살성 자해를 일삼는 사람들은 자해행동을 통해 고통보다는 쾌감과 안도감을 느낀다. 자해가 어떻게 긴장을 완화하는지는 상상조차 쉽지 않다. 이런 점에서 비자살성 자해는 주변인들에게 적잖은 충격을 준다. 이런 형태의 고통 둔감화는 통각상실증analgesia('무통각증'으로도 불림)의 일종으로 정서마비 및 해리와 연관이 있다(Kemperman et al., 1997). 자해로 인한 감각적 고통이 오히려 안도감을 주는 현상이 발생하는 이유는 깊이를 알 수 없고 통제할 수 없는 정서적 고통으로부터 구체적이면서 통제 가능한 신체적 고통으로 주의를 전환할 수 있기 때문이다. 자해는 개인을 해리성 분리 상태에 머물게 함으로써, 정서적 고통으로부터의 도피 방법으로 활용된다. 그러나 분리와 마비는 두려운 소외감과 비현실감을 야기한다. 자해는 고통스러운 해리 상태에서 벗어나도록 자극한다('자기자극self-stimulation'). 이런 점에서 자해는 일종의 접지(현실감각)grounding 현상이다.

비자발성 자해는 참을 수 없는 정서 상태로부터 일시적 위안을 얻는 방법이다. 자해는 불안, 절망, 공허감, 외로움, 당혹스러운 멍한 느낌으로부터 도피처를 제공한다. 그러나 분노에는 특별한 주의를 기울일 필요가 있다. 자해는 자신을 향한 공격성의 표현이기 때문이다. 자해는 자기증오와 죄책감의 표현으로, 자기처벌에 대한 욕구를 자극한다(Osuch et al., 1999). 자기증오와 분노는 방임/유기되는 느낌과 함께 경험되는데, 이는 자해의 촉발 요인이기도 하다. 애착관계에서 다수의 트라우마 생존자는 분노를 자신에게 표출하면서 안도감을 느끼는데, 이런 행동은 사랑하는 사람과 멀어지게 한다.

사람들은 흔히 놀라면 화를 낸다. 위험한 행동을 하려는 아이를 향해 엄마가 화를 내며 꾸짖는 것이 그 예다. 자해를 관심 집중을 위해 타인 조종의 시도라는 비난성 해석에는 분노가 담겨 있다. 그러나 타인의 관심을 원하고, 타인의 관심을 끌어 도움을 청하는 것은 잘못이 아니다. 사람들은 지지와 관심을 통해 안전감과 안정감을 회복한다. 타인의 관심 추구는 지지와 격려받을 일이지 비판받을 일은 아니다. 단, 계속해서 관심을 집중시킬 방법이 필요하다. 그러므로 애착관계에서 분노를 효과적으로 표현하는 법을 습득하도록 돕는 것은 자해에서 벗어나게 하는 좋은 방법이다(Allen, 2004).

08　성기능부전

성기능부전Sexual Dysfunctions은 기질적 이상이 없고, 정상적인 성적 자극에도 불구하고 흥분기에 생리적 반응이 없거나, 성적 각성(흥분 또는 쾌감)이 정상적으로 이루어지지 않거나 극치감에 도달할 수 없는 상태다(APA, 2022). 이 장애는 성반응주기(① 흥분기excitement phase, ② 고조기plateau phase, ③ 절정기orgasmic phase, ④ 해소기resolution phase)에 따라 주어지는 성적 자극에 대한 반응이 원활하지 않아 정상적인 성관계 진행이 어렵다는 특징이 있다. 트라우마는 모든 신체 기관에 영향을 미친다. 성기능부전 역시 트라우마의 생리적 결과로 발생한다.

성적 각성은 자율신경계가 담당한다. 자율신경계의 교감신경계와 부교감신경계는 길항작용antagonism(동시에 작용하면서 서로 효과를 억제하는 현상)을 한다. 즉, 하나가 활성화되면 다른 하나는 비활성화된다. 교감신경계는 투쟁/도피 반응을, 부교감신경계는 성적 반응을 매개한다. 이런 이유로, 신경계는 투쟁/도피 준비와 성적 반응을 동시에 하지 못한다. 성적 반응은 이완과 안전감이 요구된다. 성적 반응과 투쟁/도피 준비는 양립할 수 없다는 점에서 트라우마는 성욕을 감퇴시키고 성행위를 방해한다. 설령 성과 무관한 트라우마가 재연되는 경우에도 과잉각성hypervigilance은 성적 반응과 행위를 저해하고 우울, 무감각, 또는 해리 증상을 초래한다. 성적 만족은 적극적인 참여와 조화, 그리고 현재 상태의 충분한 인식이 뒷받침되어야 한다. 그러나 단절감은 연대감뿐 아니라 성행위의 감각 인식도 차단한다.

성적 반응에는 점진적 각성이 포함된다. 어느 시점에서든 우울, 불안, 고통, 수치감, 분노, 침습기억은 성적 각성을 방해할 수 있다. 성기능부전은 성반응주기의 어떤 시점에서 방해

받는가를 근거로 진단된다. 최악의 경우, 무감각은 성에 대한 욕구 또는 관심 결여, 또는 성적 접촉에 대한 혐오나 회피와 연관될 수 있다. 예컨대, 여성은 윤활 상태에 도달/유지 실패로, 남성은 발기부전으로 나타날 수 있다. 그런가 하면, 성적 반응의 방해를 받아 성적으로 홍분은 하지만, 오르가슴에 도달하지 못하기도 한다.

성적 트라우마(예 성학대, 성폭행/강간)는 성적 각성과 쾌감을 직접적으로 방해한다. 성적 접촉(성행위를 상상하는 것조차)은 과거의 트라우마와 유사하다는 점에서 불안, 공포, 침습 기억, 플래시백을 유발할 수 있다. 더욱이, 성적 트라우마를 겪은 일부 사람은 성관계 상황에서 트라우마를 재경험하기도 한다(예 성관계 중 가해자의 얼굴이 떠오름). 성폭행의 빈도와 잠재적 트라우마 효과를 고려하여 개발된 강간 관련 트라우마 치료법(Foa & Rothbaum, 1998)은 환자들의 성적 어려움 해소에 효과가 높은 것으로 입증되었다. 아동기 성학대는 성인기의 성기능을 저해할 수 있다.

09 성적피학장애

성적피학장애^{Sexual Masochism Disorder}(SMD)는 피학증^{masochism}(굴욕, 매질, 묶임 등의 방식으로 고통을 당하는 행위를 통해 반복적이고 강렬한 성적 홍분이 성적 공상, 충동, 또는 행동으로 발현되는 증상)이 중요한 기능 영역에서 현저한 고통/손상을 초래하는 변태성욕장애^{paraphilic disorder}다. 피학증^{masochism}은 신체적 · 정신적으로 상처받는 방법을 찾으려는 경향으로, 위협 및 손상을 입는 상태에서 성적으로 홍분하는 증상이다. 이 증상은 고통 또는 괴로움과 결합된 쾌감이다. 이로써 학대적 관계의 재연에 사로잡혀 있는 사람은 피학증자^{masochistic}로 분류된다.

이들은 스스로 고통을 원하거나 좋아하는 게 아니라, 힘들어도 자신에 대해 고통을 덜 느끼기를 바란다. 사람들은 때로 자신은 처벌받아 마땅하고, 기쁨이나 행복을 느껴서는 안 되며, 약간의 기쁨이라도 경험했다면, 고통의 대가를 치러야 한다면서 스스로 고통을 받고자 할 때가 있다. 이런 성향은 흔히 트라우마성 관계에서 싹튼다. 학대 피해 아동은 학대에 앞서 통제할 수 없는 고통을 겪게 된다는 걸 학습한다. 그러나 고통을 스스로에게 부과하면 통제가 가능해지고, 이는 스스로에게 위안이 된다. 이런 상황에서 고통에서 벗어나거나 긍정 감정 경험은 불안을 유발한다. 이런 점에서 피학증은 고통을 즐기고 있는 게 아니라, 고통 수준을 조절 · 통제하기 위한 잔인한 타협이다.

잔인한 타협은 트라우마성 관계 대처에 도움은 되지만, 다른 관계는 그르치게 할 수 있다. 피학적 행동이 종종 비판, 거부, 유기를 초래하듯이, 자기 영속화된 고통은 중요한 타인을 떠나보내기 때문이다. 그 결과, 자기혐오와 고통의 악순환이 점차 가속화된다. 피학증, 우울증, 해리는 모두 복종과 은둔의 수동적 대처법이고, 이면에는 분노와 적개심이 잠재해 있다는 공통점이 있다(Allen, 2001). 수동적 대처는 자기파괴 행동과 결합되어 무력감과 피해의식을 유발하고, 학습된 무기력^{learned helplessness}(반복되는 통제 불능의 스트레스에 대한 반응, 즉 무력해지는 것을 학습하여 피할 수 있는 상황에서도 스트레스 요인을 피하지 못하게 되는 현상)을 영속시킨다.

　트라우마성 관계에서는 분노와 공격성 표출보다 항복하는 게 더 안전한 전략일 수 있다. 그러나 트라우마 상황을 벗어나려면, 자신을 괴롭히기보다는 분노를 활용하여 더 효과적으로 자기주장을 통해 자신을 보호해야 한다('적극적 대처'). 이에 트라우마 생존자는 자신의 강점을 인식하고, 수동적 피해자가 아니라 진정한 생존자로 인식할 수 있도록 지지와 격려를 받을 필요가 있다.

확인문제

다음 빈칸에 들어갈 말을 써 보세요.

1. DSM-5-TR에 따르면, 트라우마 생존자가 트라우마의 __________적 영향이 극심하여 현저한 ______와/과 사회적 · 직업적 ________을/를 겪는다면, 이는 정신장애가 발생한 것이다.

2. ________은/는 슬픔, 공허감, 과민한 기분이 개인의 기능 수행 능력을 해치는 변화가 특징인 정신장애 군으로, 이 장애군에는 6세에서 18세 연령집단 대상의 ______________________장애를 비롯하여 주요우울장애, 지속성 우울장애, 월경전불쾌감장애 등이 포함되어 있다.

3. ______은/는 정적 감정이 없는 상태이고, ______은/는 부적 감정이 있는 상태다. 특히, 트라우마성 상실과 관련된 ______은/는 종종 주요우울장애로 이어진다.

4. 두보프스키(Dubovsky, 1997)의 __________ 가설에 따르면, _____은/는 스트레스 상황에서 철수하게 하여 에너지와 자원을 보존하고, 분노를 표출하지 못하게 하여 위험으로부터 보호해 준다.

5. __________________(이)란 이란 급성 스트레스 상황에서 발생한 잇따른 죽음으로 인한 극심한 슬픔을 의미한다. 이는 1990년 후반에 제안된 ________장애의 후속 용어로, 상실에 대한 정상반응이다.

6. ________은/는 의식, 기억, 정체성, 정서, 지각, 신체 표현, 운동조절, 행동의 정상적 통합의 와해 또는 비연속성이 특징 정신장애 군으로, 종전에는 다중성격장애로 불렸던 __________장애를 포함하고 있다.

7. 견딜 수 없이 고통스러운 경험을 마음의 칸막이 안에 넣고 봉인(차단)하여 서로 영향을 미치지 않도록 구분해 놓는 현상을 ________(이)라고 한다. 이처럼 전체적인 경험 영역이 의식에서 배제되는 과정을 ______(이)라고 한다.

8. 알코올 같은 ______은/는 일시적으로 부정 정서를 감소시키지만, 금단 증상이 부정 정서와 반동성 ____을/를 증폭시킨다. 반면, 암페타민이나 코카인 같은 ______은/는 긍정 정서를 높이지만, 중단하면 긍정 정서 감소와 ______을/를 유발한다.

9. DSM-5-TR에 의하면, 지난 1년간, 5일 또는 그 이상, 자살의도가 없고, 단지 경도 또는 중등도의 신체적 손상을 유발할 수 있는 자해행동을 하려는 의도에 의해 발생하는 장애를 __________장애라고 한다. 이는 _________(으)로도 불린다.

10. 대인관계, 자기상, 정서에 전반적인 불안정한 패턴이 있고, 성인기 초기에 심각한 충동성이 시작되며, 다양한 상황에서 만성적 장해가 있는 장애를 _______ 성격장애라고 한다. 이 장애의 양상은 __________의 결과이자 원인으로, 특히 아동기 _____와/과 중요한 타인들의 ______와/과 무시가 부분적으로 원인을 제공하는 것으로 알려져 있다.

학습활동

정서 경험 회피

※ 정서 경험 회피는 스트레스와 관련된 상황에서 흔히 나타나는 현상이다. 고통스러운 정서, 기억, 또는 상황에서 회피는 자연스러운 반응이다. 그러나 회피의 문제점은 변화가 수반되지 않는다는 것이다. 게다가 고통 회피를 위한 행동은 문제를 유발한다. 다음은 사람들이 흔히 회피하는 방식을 열거한 것이다. 이들 중 당신의 스트레스에 대한 전형적인 반응을 묘사하는 항목에 ✓표 해 보자.

____ 1. 고통스러운 생각, 정서, 상황, 기억을 고쳐 보려고 하지 않는다.

____ 2. 뭔가 잘못되었음을 부정하거나 고통을 과소평가한다.

____ 3. 감정을 느끼지 못한다.

____ 4. 신체 고통/증상을 겪는다.

____ 5. 괴로움을 유발하는 사람, 장소, 상황을 외면한다.

____ 6. 감정을 스스로 간직하면서 타인에게는 내면의 감정을 말하지 않는다.

____ 7. 고통스러운 기억을 모두 지우고 싶다.

____ 8. 부정 정서를 막거나 벗어나기 위해 다음과 같은 시도를 한다.

    ____ 물질사용   ____ 일중독

    ____ 주지화   ____ 과한 유머 사용

    ____ 과도한 자신감/성취   ____ 강박적 도박 · 쇼핑 · 섹스

소감

※ 이 활동을 통해 무엇을 알게 되었고, 무엇을 깨달았으며, 무엇을 느꼈고, 어떤 생각이 들었나요? 잠시 생각하면서, 마음에 떠오르는 것을 자유롭게 글로 써 보고, 글의 제목을 붙여 보자.

뚝바로 본다고 해서
모든 게 변하는 건 아니다.
그러나 뚝바로 보지 않는다면
아무것도 바꿀 수 없다.

-제임스 볼드윈 (James Baldwin)

Chapter **6**

외상후 스트레스장애

개요
01 PTSD의 특징
02 PTSD의 증상군
03 PTSD의 발병 원인
04 PTSD의 경과
05 PTSD의 예방
06 복합 PTSD
☐ 확인문제
☐ 학습활동

학습목표
1. PTSD의 정의와 진단적 특징을 이해 · 설명할 수 있다.
2. PTSD의 주요 증상군을 이해 · 설명할 수 있다.
3. PTSD 발병에서 유전적 요인, 발달적 요인, 트라우마 후 요인, 회복력의 영향을 이해 · 설명할 수 있다.
4. PTSD의 경과와 예방을 위한 방안을 이해 · 설명할 수 있다.
5. 복합 PTSD를 이해 · 설명할 수 있다.

PTSD

$PTSD$는 '외상후 스트레스장애(posttraumatic stress disorder)'의 약자다. 이 장애는 DSM-5-TR에 수록된 '트라우마 및 스트레스 요인 관련 장애Trauma and Stressor-Related Disorders' 범주의 대표적인 정신장애다(DSM-5-TR 번역서에는 '외상 및 스트레스 관련 장애'로 번역됨). PTSD는 불안이 두드러진 역할을 한다는 점에서 종전에는 불안장애로 분류되었다. 그러나 DSM-5에서는 현저한 트라우마 과거력을 강조함으로써 독립된 장애 군으로 배정되었다.

DSM-5-TR에서는 PTSD를 "일반적인 인간 경험의 범주를 넘어서는 충격적인 트라우마 사건(전쟁, 재난, 참사 등)을 겪은 후에 나타나는 일련의 후유증"으로 정의하고 있다. 그러나 스트레스 감내력은 개인차가 있다는 점에서 스트레스 요인stressor은 '개인의 적응 능력을 압도하는 특정한 사건'으로 정의하는 게 더 정확할 것이다. 이 정의는 트라우마의 범위를 전쟁, 재난 외에도 교통사고, 강간, 중요한 타인의 죽음, 이별, 수치스러운 경험, 심한 좌절, 심각한 질병/신체장애, 심한 불안, 고문, 유괴, 가정 학대 등의 경험까지도 확대될 수 있다.

트라우마는 사람에 따라 다른 주관적 반향을 일으킨다. 이런 점에서 PTSD 진단 시, 트라우마 사건은 객관적 및 주관적 측면을 고려해야 한다(APA, 2022). 객관적 측면에서 트라우마는 개인이 죽음 관련 사건, 심각한 상해 또는 자신/타인의 신체적 통합에 위협이 되는 사건에 노출되는 것이다. 반면, 주관적 측면에서 트라우마는 이런 사건에 노출된 사람이 두려움, 무력감, 공포심 등으로 반응하는 현상이다. 그러므로 가벼운 교통사고로 운전을 회피하는 사람이 있는가 하면, 심각한 지진 피해를 겪었음에도 일상생활을 잘하는 사람도 있다. 이에 이 장에서는 트라우마로 유발되는 대표적인 정신장애로 알려진 외상후 스트레스장애(PTSD)에 관해 살펴보기로 한다.

01 PTSD의 특징

트라우마 또는 스트레스 사건에의 노출에 의한 심리적 · 정신적 · 신체적 고통은 사람에 따라 다양하게 나타난다. 그렇지만 분명한 사실은 이런 극심한 사건에 노출된 다수는 불안 또는 공포를 수반하는 증상보다 무쾌감, 불쾌감, 화/분노, 공격성의 외현화(공격행동), 해리 증상 등이 두드러지게 나타난다는 점이다(APA, 2022). 특히, 트라우마 사건은 위험성과 관련된 경험을 한다는 점에서 흔히 불안 증상(① 범불안, ② 공황발작, ③ 공포 불안)을 수반한다.

범불안generalized anxiety은 트라우마 경험에 대한 전형적인 반응으로, 트라우마로 인한 스트레스와 트라우마 노출 상황에 따른 증상을 악화시키는 위험 요인이다. 그러나 트라우마 사건 이후 범불안(일반화된 불안) 증상은 빙산의 일각일 수 있다. 트라우마 기억과 연결되지 않고도 과각성 증상이 발생할 수 있기 때문이다. 이로써 트라우마는 반복적으로 예상치 못한 상태에서 공황발작을 초래하기도 한다(APA, 2022).

공황발작[panic attack]은 극심한 공포와 고통이 갑작스럽게 발생하여 몇 분 내에 최고조에 이른다(트라우마의 맥락에서는 테러발작[terror attack]이라는 용어가 사용되기도 함). 이는 내부의 생리적 요인(숨 가쁨, 두근거림)과 트라우마와 관련된 환경 요인에 의해 흔히 의식적인 이유 없이 순식간에 발생한다. 공황장애로 진단되기 위해서는 글상자 6-1에 제시된 증상 중 네 가지가 나타나야 한다. 갑작스러운 증상의 발생은 차분한 상태나 불안한 상태에서 모두 나타날 수 있다(APA, 2022).

글상자 6-1. 공황발작 증상 목록

1. 심계항진. 가슴 두근거림 또는 심박수 증가
2. 발한
3. 몸이 떨리거나 후들거림
4. 숨이 가쁘거나 답답한 느낌
5. 질식할 것 같은 느낌
6. 흉통 또는 가슴 불편감
7. 메스꺼움 또는 복부 불편감
8. 어지럽거나 불안정하거나 멍한 느낌이 들거나 쓰러질 것 같은 느낌
9. 춥거나 화끈거리는 느낌
10. 감각 이상(감각이 둔해지거나 따끔거리는 느낌)
11. 비현실감(현실이 아닌 것 같은 느낌) 혹은 이인증(나에게서 분리된 느낌)
12. 스스로 통제할 수 없거나 미칠 것 같은 두려움
13. 죽을 것 같은 공포

공황발작은 야간에 발생하여 수면을 방해하기도 한다('야간공황[nocturnal panic]'). 야간공황 발생의 원인은 스트레스 누적 또는 트라우마와 깊은 관련이 있다. 이에 트라우마 생존자는 공황발작 발생 가능성이 높다. 트라우마 상황에서 겪은 심각한 공포 상태는 명확하지 않은 이유로 예고 없이 갑작스럽게 발생할 수 있다. 이처럼 불안장애[anxiety disorders]는 과도한 공포, 불안, 그리고 이와 관련된 행동 장해가 특징인 일련의 정신장애다(분리불안장애, 사회불안장애, 공황장애, 범불안장애 등). 그러나 PTSD는 비극적 또는 혐오스러운 사건에의 노출에 따르는 고통을 다양한 방식으로 표출하는 것이 특징이라는 점에서 불안장애군이 아니라, 외상 및 스트레스 관련 장애로 분류된다(APA, 2022). PTSD는 트라우마 사건에 노출된 사실을 요구하는 유일한 장애다. 개인의 생애에서 이 같은 경험은 드물지 않다. PTSD의 진단적 특징은 글상자 6-2와 같다.

글상자 6-2. 외상후 스트레스장애(PTSD)의 진단적 특징

1. 실제적/위협적인 죽음, 부상, 또는 성폭력의 직접 경험, 목격, 또는 이런 사건이 가족, 친척, 친구에게 일어난 것을 알게 됨
2. 트라우마 관련 침습 증상(고통스러운 기억, 악몽, 플래시백, 심리적 고통, 생리적 반응)
3. 트라우마 관련 자극에 대한 지속적인 회피[고통스러운 기억, 생각, 감정, 또는 이를 불러일으키는 외부의 암시(사람, 장소, 대화, 행동, 사물, 상황 등)]
4. 트라우마 관련 인지와 기분의 부정적 변화
5. 트라우마 관련 각성과 반응성의 현저한 변화[민감한 행동, 분노폭발, 무모한/자기파괴 행동, 과각성, 과장된 놀람, 집중력 감소, 수면장해(수면 개시/유지 곤란, 수면 불안정)]
6. 장해가 1개월 이상 지속되고, 사회적, 직업적, 또는 다른 중요한 기능 영역에서 현저한 고통 또는 손상을 초래함

글상자 6-2에 제시된 것처럼, PTSD의 진단적 특징에는 트라우마 사건의 혐오스러운 세부 사항에 반복 노출된 응급처치 종사자(변사체 처리의 최초 대처자, 아동학대의 세부 사항에 반복 노출되는 경찰관 등)도 포함된다. 트라우마를 겪은 사람에게 충격으로 인한 공포증이 발생하는 일은 흔하다. 어려서 개에게 물린 적이 있는 아이는 개(다른 반려동물 포함)와 연관된 공포증이 생기는 것이 그 예다. 또 교통사고를 경험한 사람은 운전에 대한 공포가 생길 수 있는데, 이는 트라우마성 단순 공포증^{traumatic simple phobia}으로 간주된다.

02 PTSD의 증상군

외상후 스트레스장애(PTSD)의 핵심 증상은 극도의 흥분 상태(과각성, 재경험)와 마비 증상(회피, 둔감화)의 반복적 발현이다. 이처럼 상반된 극단적 상태로의 전환은 시간이 가면서 변할 수 있지만, 사라지지 않고 거의 평생 계속되기도 한다(Kulka et al., 1990). 장기간 스스로 자신의 상태를 조절할 수 없다는 무력감이 점차 삶을 지배하게 되면, 사람들은 종종 우울, 물질남용, 폭식, 자살시도 등의 증상을 나타내며, 사회와 단절된 삶을 살게 된다. PTSD 진단은 성인뿐 아니라 6세 이하의 아이들에게도 적용된다. 트라우마를 겪은 아이들 역시 수면 문제(불면, 악몽), 과각성, 침습기억 등의 증상을 나타낸다.

PTSD는 학대뿐 아니라, 전쟁, 범죄, 상해, 사고 같은 트라우마에 노출된 아동·청소년들에게서도 흔하다. 트라우마 경험의 범위는 한계가 없고, 사건 유형, 심각도, 기간에 따라 PTSD의 임상 양상은 달라진다. 그럼에도 공통 반응이 있어서 DSM-5-TR(APA, 2022)에서는 이런 반응을 5개 증상군(① 트라우마 사건에의 노출, ② 침습 증상, ③ 회피 증상, ④ 인지와 기분의 부정적 변화, ⑤ 각성과 반응성의 현저한 변화)으로 분류하고 있다. 이에 여기서는 크게 3개

증상군(① 재경험, ② 과경계, ③ 회피)으로 구분하여 살펴보기로 한다.

재경험

첫째, 재경험$^{re-experience}$이란 트라우마 경험이 마치 현재 그 사건이 일어나는 것처럼 강렬하게 겪는 것을 말한다. "자라 보고 놀란 가슴 솥뚜껑 보고 놀란다"라는 속담은 재경험 증상을 잘 설명한다. 트라우마 사건을 경험하고 한참 시간이 지났음에도 불구하고, 생존자들은 마치 현재 그 트라우마 사건이 계속해서 일어나고 있는 것 같은 강렬한 경험을 하게 된다. 이들은 사건에 대한 반복적이고 괴로운 꿈, 트라우마 사건이 재발한 것 같은 행동이나 느낌, 사건과 연관된 지각, 착각, 환각, 해리성 플래시백, 트라우마 사건과 유사하거나, 이를 상징하는 내적 또는 외적 단서에 노출되었을 때의 생리적 재반응 등으로 트라우마를 재경험하게 된다(APA, 2022).

재경험은 원래의 트라우마 기억과 비슷한 자극을 받을 때마다 반복해서 일어난다(예 비 오는 날, 폭행 강간 피해자는 비 오는 소리만 들어도 당시의 기억이 떠올라 몹시 고통스럽고, 가해자와 비슷한 옷을 입은 남자만 봐도 공포에 질리게 됨). 주변의 사소한 자극에도 트라우마 사건 때 받은 위협적인 자극과 똑같이 받아들이고 경험하게 된다. 이런 트라우마 기억의 재경험은 강렬한 정서적 고통을 유발한다는 점에서 생존자는 계속해서 공포심, 무력감, 분노에 반복해서 시달리게 된다. 이에 트라우마 사건을 경험한 사람들은 이런 고통을 피하고 자신을 보호하려고 한다.

트라우마 생존자의 기억은 일반인들의 것과는 다르다. 특히, 성인의 기억은 보통 삶의 이야기 속에 일련의 이야기로 저장되어 회상된다. 그러나 트라우마 기억은 종종 이런 이야기와 끊겨 있고, 대신 생생한 감각과 이미지 형태로 이루어져 있다. 이런 형태의 기억은 쉽게 자극되고, 부지불식간에 유발된다. 예컨대, 플래시백^{flashback}은 원래 경험과 다양한 측면에서 일치하는 생생한 형태의 트라우마 경험의 재구성물이다. 이는 순간적으로 트라우마 상황으로 이동한 것 같은 생생한 감각적 경험이다. 이에 플래시백에서는 환시, 지각 왜곡(착각), 사건과 연관된 냄새, 고통스러운 감각을 경험한다. 감각 이미지만이 두드러지는 경우, 플래시백은 과거 경험의 일부라는 자각조차 들지 않을 수 있다. 트라우마 재경험 사례는 글상자 6-3과 같다.

글상자 6-3. 트라우마 재경험의 실례

> 지하철 안에서 한 남자가 눈을 뜬다. 객실 안을 걸어 다니지만, 누구도 관심을 보이지 않는다. 열차에서 내리던 그는 이상한 환영을 본다. 시끌벅적한 클럽에서 음악에 취해 있던 그는 이번에도 끔찍한 환영을 보고 공포에 휩싸여 쓰러진다. 평범한 청년이던 그는 귀가 중 괴한의 칼에 찔려 크게 다친 후, 줄곧 누군가로부터 흉기로 공격을 당하는 반복적인 악몽과 플래시백 등의 정신적 후유증을 겪고 있었다.

글상자 6-3에 소개된 남성에게 과거의 악몽과 환영을 통해 피습 장면이 재현되는 것은 전형적인 플래시백이다. 스트레스가 누적되고 트라우마를 떠올리게 하는 것들이 증가하면, 오랫동안 잊고 있었던 기억들이 의식 밖에서 점차 활성화될 수 있다. 이런 회상이 충분히 활성화되면, 침습 기억과 플래시백의 형태로 의식 속으로 밀려 들어온다. 발화^{kindling}에 비유될 점진적 점화 과정은 지연성 PTSD의 발병을 잘 설명한다. PTSD를 촉발하는 스트레스 요인은 정서와 기억의 연결망을 역치 이상으로 압박하는 '최후의 결정타'로 작용할 수 있다. 스트레스 요인이 축적되어 민감화되는 과정은 종종 어린 시절로 거슬러 올라간다. 반복적이고 침습적인 재경험은 흔히 ① 수면 문제, ② 방임 재경험, ③ 90/10 반응을 유발한다.

수면 문제. 트라우마 생존자는 수면을 통해 트라우마 기억으로부터의 휴식을 취하지 못한다. PTSD의 재경험 증상에는 반복적이고 고통스러운 악몽이 포함된다. 플래시백과 마찬가지로, 악몽^{nigthmare}은 트라우마 경험의 직접적인 반복일 수 있다. 그러나 악몽은 트라우마 사건에 대한 있는 그대로의 재생이 아니라, 이 사건의 정서적 영향이 은유적으로 표현된 형태를 띤다(Hartmann, 1998). 게다가, 과각성 증상은 높은 불안을 유발하여 수면을 방해한다.

더욱이, 수면 중 비정상적인 움직임 양상을 나타낸다. 이들이 잠에서 깼을 때 주변이 부서져 있거나 침대 커버가 엉망이 된 걸 발견하게 되는 것이 그 예다. 악몽이 PTSD의 진단적 특징이라면, 트라우마는 다른 방식으로 수면을 방해한다. 수면 문제는 우울장애 핵심 증상의 하나다. 우울증은 수면 개시/유지를 저해한다. 그러나 트라우마 관련 수면 문제는 수면을 방해하는 불안과 공포로부터 초래된다. 이는 우울증의 수면박탈 효과를 악화시킬 수 있다.

수면에 대한 공포심은 불면증의 원인이 된다. 악몽에 대한 염려는 잠드는 것을 두렵게 한다. 성폭행 피해자가 밤잠을 못 이루고 공포반응을 보이거나, 아예 이불을 덮지 못하고 침대보 위에서 옷을 입은 채 잠을 청하는 게 그 예다. 과각성과 공포증은 악몽과 공황의 가능성을 높이는 불안을 유발한다. 그 결과, 불면증은 불안과 침습 증상을 촉진한다. 그러므로 트라우마 생존자에게는 수면의 질을 높이는 작업이 우선시되어야 한다. 악몽 증상 해소에 도움이 되는 기법으로는 심상 시연$^{imagery\ rehearsal}$이 있다. 이 기법의 진행 절차는 다음과 같다(① 괴롭히는 꿈의 내용을 적는다. ② 원하는 방식으로 꿈의 내용을 바꾼다. ③ 새로운 꿈을 반복해서 정신적으로 시연한다.).

방임 재경험. 트라우마 재경험 탐색에서는 트라우마 사건의 위협적인 측면에 초점을 둔다. 트라우마의 핵심은 두려움과 외로움(혼자라는 느낌)이다(Allen, 2001). 트라우마의 맥락에서 혼자라는 느낌은 극심한 고통의 원인이 된다. 학대 피해 경험이 있는 사람은 버림받을 것에 대한 두려움('유기불안')과 씨름하게 된다. 이 과정에서 이들은 방임에 대한 느낌을 재경험한다. 방임의 재경험은 이 생각을 떠올리게 하는 단서(예 이별/상실, 역기능적 의사소통, 공감 결여, 무시당하는 느낌 등)로 인해 촉발된다.

90/10 반응. 90/10 반응은 트라우마로 겪게 되는 감정이 과거 사건에서 비롯된 감정이 90%, 현재 상황에서 비롯된 감정이 10%라는 가설적 설명이다(Allen, 2004). 트라우마의 재경험은 과거 트라우마 사건을 떠올리는 현재 사건에 의해 촉발된다(예 기대에 어긋난 결과, 무시하는 듯한 발언, 부모가 아이를 꾸짖는 광경 목격). 단서는 사소해 보이는 스트레스 사건일 수 있다. 이처럼 해가 없는 것처럼 보이는 사건으로 인해 트라우마를 재경험하는 경우, 트라우마 생존자는 흔히 '과잉반응'에 대해 비난받기 쉽다. 90/10 반응의 원인은 극심하고 통제할 수 없는 스트레스에 반복적으로 노출됨으로써 민감화된 신경계에서 찾을 수 있다. 90/10 반응은 상황에 부적절한 반응이다. 그러나 정서반응은 오히려 공포 회로가 적절히 작동된 것이다. 다만, 이는 적절한 환경적 맥락에서 발생한 것이 아닐 뿐이다.

자기돌봄. 위협에 대한 과잉반응은 외부 자극이 자신에게 영향을 주었는지 인식하기도 전에 두려움부터 느끼게 한다. 이는 적절한 반응을 저해하고, 강한 정서반응에 대처해야 하는 상황에 놓이게 된다. 이런 상황이 반복된다면, 그 영향의 심각성은 더욱 커진다. 그러나 정서는 유연하게 반응하도록 설계되어 있다는 점에서 상황이 절망적이지는 않다. 정서적으로 동요하게 되면, 유기체는 상황을 재평가하여 최초 반응이 얼마나 적절한지 알고자 하고, 대처 가능성을 판단한다. 어쩔 수 없는 반응을 한 것에 관해 자신을 너무 비난할 필요는 없다. 생각할 시간을 가지면, 반응을 조정할 수 있다. 트라우마 사건 당시에는 자신을 보호할 수 없었지만, 이젠 보호할 수 있다.

초기 애착관계에서 누적된 트라우마는 높은 수준의 정서적·생리적 각성에도 불구하고 위안받지 못해서 문제가 된다. 애착 관련 안정감은 정서적·생리적 각성 상태 조절법 습득에 중요한 역할을 한다. 자기조절에 능숙해지면, 정서적 고통과 과잉반응을 낮출 수 있다. 신경계는 유연성과 학습에 적합하게 설계되었다. 신경계뿐 아니라, 다른 신체기관 역시 돌봄이 필요하다. 스트레스에 취약한 재발성 질병은 특별한 돌봄이 필요하다. 트라우마 생존자의 스트레스 감소를 위한 행동 습관(과식, 과음, 흡연, 수면시간 단축 등)은 오히려 스트레스로 인한 소진을 가속하여, 스트레스에 대한 생리적 회복력 손상을 자초한다. 적당히 먹고, 잘 자고, 물질 남용을 삼가고, 규칙적으로 운동하고, 지지적 관계를 유지하는 등의 행동은 트라우마 대처의 필수 요소다.

과경계

둘째, 과경계^{hypervigilance}는 주변에 대한 경계 수준이 극도로 높은 상태다. 위험에 처했거나 스트레스를 받을 때, 외부 자극에 대응하기 위해 교감신경계가 활성화된다. 위험이 사라지거나 스트레스가 줄면, 교감신경계는 다시 안정된 상태가 된다. 그러나 몸과 마음이 너무 놀라면, 교감신경계는 계속 활성화되어 과경계 상태에 놓인다. 이 상태가 계속되면, 신경이 날카로워져 주위 사람들에게 신경질적이고 공격적인 반응을 보이는 과경계 증상이 나타난다. 과경계 증상으로는 수면 개시/유지 곤란, 과민성, 분노폭발, 집중 곤란, 과장된 놀람반응 등이 있다(APA, 2022).

과경계와 과잉반응은 위협에 대한 반응이다. 충격적인 사건을 겪게 되면, 언제 또 그런 일이 닥칠지 모른다는 불안과 두려움으로 위험에 대한 경계 상태를 풀지 않게 된다. 이로써 사소한 자극에도 과민 반응을 보이고, 예상치 못한 자극에 대해 과도하게 놀라게 된다. 그러다 보니 늘 초조·불안하고, 걱정이 많으며, 집중이 안 되고, 죽음에 대한 두려움도 커진다. 과민성과 분노 폭발은 신경계가 민감화되어 있다는 징후다. 두려움과 분노는 생리적 반응을 수반하고, PTSD 증상은 여러 신체 기관을 통해 표현된다(표 6-1 참조).

표 6-1. 신체 기관을 통해 표현되는 PTSD 증상

신체 기관	반응
1. 신경심리학적 반응	○ 어지러움, 시야 흐려짐, 의식 변화
2. 순환계	○ 심박수 증가, 불규칙적 심장박동, 가슴 두근거림
3. 신경근육계	○ 떨림, 통증, 두통, 허약
4. 소화계	○ 메스꺼움, 구토, 복통, 설사, 삼키기 어려움
5. 호흡계	○ 호흡곤란, 불규칙한 호흡, 과호흡
6. 기타 기관	○ 급박뇨(참기 어려운 소변), 발한, 체온 상승

불안한 사람은 잠재적으로 위협적인 상황에서 과경계, 즉 과도하게 주의를 기울인다. 침습적 기억에의 몰입은 과경계의 원인이 된다. 공황발작과 마찬가지로, PTSD가 있는 사람 역시 불안 민감성 수준이 높다. 여기서 불안은 예고 없이 발생할 극심한 결과를 두려워하는 것이다("나한테 플래시백이나 공황발작이 일어나면 어떡하지?"). 이런 공포에 대한 공포는 일반적인 스트레스 요인에 대한 불안 증가로 이어진다. 이에 트라우마 상담/치료는 불안에 대한 내성을 길러 줘서 공포에 대한 공포를 감소시키고, 과각성[hyperarousal]과 과경계[hypervigilance] 경감을 목표로 정한다. 트라우마 생존자의 자기보호 시도는 흔히 회피와 둔감화로 나타난다.

회피

셋째, 회피[avoidance]는 트라우마 사건 또는 경험을 떠올리는 것을 지속적으로 피하거나, 반응을 차단하거나 마비시키려는 시도다(APA, 2022). 압도적인 위협에 대해 무기력해지고 두려움에 휩싸이게 되면, 사람들은 흔히 적극 저항하기보다 차라리 의식 상태를 변형시켜 방어한다. 압도적인 위험 앞에서 얼어붙어 꿈을 꾸듯 멍해지는 것이다. 이렇게 되면 현실 감각이 둔화/상실되고, 시간 감각이 변형된다('비현실감^{derealization}'). 이로써 현실이 아련한 꿈처럼 느껴지고, 트라우마도 남의 일처럼 여겨진다. 당시 경험을 떠올리는 순간, 엄청난 고통이 밀려오기 때문이다.

게다가 때로 몸에서 의식이 분리되어, 자기 몸을 관찰하는 상태를 경험하기도 한다('이인증 ^{depersonalization}'). 이렇게 되면, 몸이 느끼는 두려움, 놀람, 아픔 등을 느끼지 못하는 상태가 된다 ('분리'). 분리된 의식은 그저 멍하게 트라우마 사건/상황을 남의 일처럼 지켜보게 되고, 트라우마 사건 자체를 기억하지 못하기도 한다. 기억의 둔감화 이상의 기억상실이 일어나는 것이다. 이런 둔감화는 해리 증상과 밀접한 관련이 있다.

의식 변형(해리)은 견딜 수 없을 만큼 고통스러운 두려움과 무력감으로부터 자신을 보호하기 위한 최후의 방어기제다. 이는 의식을 완전히 잃게 되기 전에 변형하여, 주변 자극에 둔감하게 하는 적응기제다. 문제는 트라우마의 위협이 사라진 뒤에도, 의식의 변형이 오래 지속된다는 것이다. 트라우마 생존자는 종종 주변의 자극에 대해 동요하지 않기 위해 제한적이고 수동적으로 살아간다. 이들은 삶의 주도성, 적극성, 계획성, 의미 부여 등을 포기하고, 마치 아무것도 추구/성취하지 않고 느끼지 않으려는 것 같은 삶을 살아가게 된다.

또한 마음의 한 부분이 죽어 있는 사람처럼 보이기도 한다. 이런 자기보호 반응은 트라우마와 연관된 자극을 피하고, 일반적인 반응을 마비시키는 자연스러운 현상이다. 트라우마 생존자들은 트라우마 경험을 재연할 단서를 두려워함으로써, 어떻게 해야 공황 또는 격분이 일어나지 않는지 알게 된다. 트라우마 경험에 대해 말하고 생각하는 것뿐 아니라, 트라우마 사건을 떠올리는 상황조차 피하게 된다. 여기에 해당하는 증상은 글상자 6-4와 같다.

글상자 6-4. 자기보호 반응 관련 증상

1. 트라우마 관련 사고, 느낌, 대화를 피하려는 노력
2. 트라우마를 떠올리는 활동, 장소, 사람을 피하려는 노력
3. 트라우마의 주요 측면에 대한 회상 불능
4. 특정 활동에 대해 현저히 저하된 흥미 또는 참여
5. 타인과 분리된 느낌 또는 소원한 느낌
6. 제한된 정서(예 사랑하는 감정을 느낄 수 없음)
7. 미래가 단축된 느낌(예 취업, 결혼, 임신/출산, 제 명대로 살지 못할 거라는 기대)

트라우마가 만성화될수록 삶은 점차 제한·위축된다. 전형적인 예는 관계 트라우마로 인한 사회적 고립이다. 애착 트라우마 생존자는 친밀관계 형성을 두려워할 수 있다. 그 이유는 상처받을 것에 대한 두려움뿐 아니라, 방임에 대한 트라우마 기억을 떠올리는 거절과 버림받을 것이 예상되기 때문이다. 이로써 트라우마는 생존자를 물질남용으로 어려움을 겪게 만든다. 물질(알코올, 대마초, 마취제, 항불안제 등) 사용은 트라우마와 관련된 감정(불안, 우울,

분노 등)을 둔화시켜 준다는 점에서 전형적인 회피 증상이다(APA, 2022). 일반적으로, 두려운 경험의 회피는 적응적이고, 플래시백과 공황 증상의 회피는 자기방어 행동이다.

　그러나 회피는 장기적으로 문제가 된다. 트라우마를 극복하고 앞으로 나아갈 수 없게 만들기 때문이다. 이는 활동을 위축시키고, 관계를 제한하며, 트라우마와 화해할 처리 과정을 저해한다. 이는 침습 기억과 회피를 교대로 경험하게 함으로써, 그 상태에 고착되게 할 수 있다. 더욱이 침습 증상을 차단한다고 해도, 회피는 다른 트라우마 기억에 취약하게 만들고, 정신장애 증상(우울)을 유발할 수 있다(Menninger, 1963).

마비. 정서반응의 마비^{numbing}는 회피보다 더 자동화된 과정으로, 과각성을 중화시킨다. 신경생물학적으로 마비는 스트레스가 유발한 무통 상태로, 통증 완화를 위한 내인성 아편제^{opioid}(엔도르핀)의 마취 작용이다(Southwick et al., 1995). 게다가 우울, 물질남용, 해리성 분리는 정서반응을 둔화시킨다. 침습 증상과 회피가 번갈아 일어나는 것과 함께, 과각성과 마비의 조합은 극과 극의 정서성을 초래한다. 트라우마 생존자들은 종종 정서적으로 냉담 · 고립 · 차단 · 무반응 상태가 되고, 90/10 반응에서처럼 사소하게 보이는 스트레스 요인에 대해 공황 또는 분노로 반응한다. 그렇다고 해서 트라우마 생존자 모두가 일반화된 마비 증상을 보이는 것은 아니다(Allen, 2004). 트라우마 경험을 떠올리는 단서는 강렬한 정서적 고통을 유발한다. 이에 생존자들은 높은 수준의 긍정자극이 필요한 즐거운 감정을 느끼는 것을 매우 어려워한다.

재연. 재연^{reenactment}은 꺼졌던 불이 다시 발화되는 현상이다. 초기 관계 트라우마를 겪은 사람은 삶에서 의식하지 못하는 사이에 다시 관계 트라우마를 겪는다(van der Kolk, 1989). 어린 시절 학대피해 여성이 성인이 되어서도 학대관계를 맺게 되는 것이 그 예다. 이 경험은 성인기에 학대 피해 또는 타인 학대 가능성을 높인다(Nishith et al., 2000). 이로써 학대는 세대를 통해 대물림된다. 학대 피해자의 자해행동은 재연의 한 형태다. 이런 점에서 이들에게 다시 트라우마에 노출되는 일이 일어나지 않아야 한다.

　트라우마 치유의 일차 초점은 재연에 대한 인식을 높이는 것이다(Glodich et al., 2002). 그렇다면 오랫동안 잘 지내다가 증상이 발병한 트라우마 생존자는 왜 갑자기 트라우마 증상을 나타내는가? 이는 현재의 스트레스 요인이 트라우마 증상 활성화의 단서가 되었고, 현재 관계에서의 재연이 증상 활성화 유지에 영향을 주었기 때문이다. 이에 트라우마 상담의 초점은 내담자가 관계 갈등을 해결하고, 현재의 애착 관계에서 안전감을 높이는 방법을 모색하여 실행을 돕는 것에 맞춰져야 할 것이다.

03 PTSD의 발병 원인

무엇이 외상후 스트레스장애(PTSD)를 일으키는가? 바로 스트레스 누적 또는 트라우마 사건이다. 트라우마를 겪은 사람들 대부분은 PTSD로 이어지지 않는다. 오히려 트라우마 사건에 못 미치는 스트레스를 경험한 사람이 트라우마를 겪기도 한다(Allen, 2004). 트라우마가 PTSD를 유발하는 핵심 요소이지만, 유일한 요소는 아니다. 물론 예외가 있지만, 일반적으로 트라우마가 심할수록 PTSD 발병과 증상에 압도될 가능성이 커진다. PTSD 발병에 영향을 주는 요인은 ① 유전적 요인, ② 발달적 요인, ③ 트라우마 후 요인, ④ 회복력이다.

유전적 요인

첫째, 유전자^{gene}는 신체의 발달을 조직하고, 신경계 발달과 작동에 중요한 역할을 한다. 유전자의 단백질 합성은 생애 내내 생리적 활동을 조절하는 등 트라우마에 대한 반응에 중요한 역할을 한다(Morange, 2001). 그럼에도 유전적 요인이 PTSD 발병에 주된 역할을 한다고 예상하지 못하는 이유는 이 장애가 트라우마 사건(환경적 요인)으로 인해 발생하기 때문이다. 유전적 요인은 스트레스 극복 여부를 결정한다(Kagan, 2003). 유전에 의한 불안과 우울 성향은 스트레스 사건의 결과로 인한 PTSD 발병 위험성을 높인다(Davidson et al., 1998). 유전적 요인은 성격의 개인차에 영향을 주고, 성격은 스트레스 노출에 영향을 준다. 예컨대, 어떤 사람들은 지나치게 활동적이어서 위험하거나 무모한 행동을 할 가능성이 크다. 이런 성향은 부분적으로 유전적 요인에 의한 성격차에서 기인한다. 이에 유전적 요인은 트라우마에의 노출 가능성과 이로 인한 장애 발생 가능성에 영향을 준다.

발달적 요인

둘째, 발달적 요인(예 조기 이별)은 스트레스에 취약하게 하여 PTSD를 유발하는 소인으로 작용한다(Breslau et al., 1991). 개인 또는 가족의 불안 병력, 물질남용, 광범위한 정신장애, 행동과 품성, 성격장애 병력은 PTSD에 취약하게 만든다(Davidson, 1993). 게다가, 트라우마 사건에 대한 반응은 누적된다. 아동기 트라우마에의 노출은 성인기에 트라우마 경험 후, PTSD의 위험을 높일 수 있다. 베트남전 참전 퇴역군인 대상의 연구에 의하면, 아동학대 피해 경험이 있는 사람들에게서 전쟁에의 노출 후 PTSD 발병률이 더 높았다(Bremner et al., 1993). 베트남전에서 잔혹 또는 학대 행위 참여는 PTSD 발병 위험을 증가시키는데, 군대 입대 전에 성격/행동 문제가 있었던 경우, 전쟁 중 이런 행위를 더 쉽게 수행했다(Boman, 1990).

트라우마 후 요인

셋째, 트라우마 사건(무력한 느낌을 주거나, 겁에 질리게 하거나, 정서적 고립감을 유발하는 극도로 위협적인 사건) 후 PTSD 발병 가능성은 이어 발생하는 스트레스의 정도에 달려 있다(Allen, 2004). 트라우마 사건은 개인이 겪는 트라우마의 직접적인 영향일 수 있으나, 그렇지 않을 수도 있다. 만일 조기에 정신건강 전문가가 중재한다면, 피해 사건 후의 스트레스를 완화할 수 있다(Campbell et al., 1999). 반면, 부적절한 대처(예 물질남용, 과식/폭식)는 신체의 적응력을 떨어뜨리고, 기대와 다른 결과를 초래하며, PTSD 발병 가능성을 높인다(McEwen, 2002). 또한 사회적 지지와 활용 여부는 생존자들에게 PTSD 발병 가능성에 영향을 미친다(Foy et al., 1987). 그리고 관계 트라우마 경험으로 인한 사회적 고립은 PTSD 증상 경감에 필요한 사회적 지지 활용 능력을 떨어뜨린다.

회복력

넷째, 회복력^{resilience}은 심각한 삶의 국면에서 좌절하지 않고 기존보다 더 나은 방식으로 재기할 수 있는 고유한 성질이다('회복탄력성' '탄력성'으로도 불림). 이는 스트레스 상황에서 신속하고 온전하게 회복하고, 삶의 다양한 영역에서 정신건강과 기능을 최적화한다. 회복력은 누구나 지니는 생존을 위한 필수 요소다. 몸에 면역력이 있다면, 마음엔 회복력이 있다. 회복력은 과정이면서 수준이다. 누구나 어느 정도의 회복력이 있지만, 예기치 않게 심각한 위기 상황이 닥친다면 압도당하기 마련이다. 일하고, 놀고, 사랑하고, 환경에서의 적절한 기능은 회복력에 영향을 준다. 회복력이 삶에 중요한 이유는 글상자 6-5와 같다.

글상자 6-5. 높은 회복력의 중요성

> 1. 스트레스로 인한 심리적 문제에 능히 대처할 수 있게 해 준다.
> 2. 잠재적인 의료·기능상의 문제를 해결해 준다.
> 3. 삶의 위기 극복을 도와 정신·정서·신체·사회·영적 성장의 계기가 되게 한다.

　높은 수준의 회복력은 생존과 성장에 필수적이다. 사람들은 다양한 방식으로 스트레스에 반응한다. 특히, 심각한 스트레스 사건 또는 누적은 흔히 심리적 문제를 초래한다. 스트레스를 유발하는 상황은 종종 사람들에게 건강하지 않은 자기상, 미해결 감정, 신체 질환 등의 원인으로 작용한다. 트라우마 회복에 유익한 보호 요인은 글상자 6-6과 같다.

글상자 6-6. 트라우마 회복의 보호 요인

1. 자율성	8. 의미와 목표	15. 생활 균형
2. 평정심	9. 유머	16. 사회성
3. 합리적 사고/신념	10. 이타성	17. 적응력
4. 자기존중감	11. 사랑	18. 종교적 신념
5. 낙관성	12. 연민	19. 건강 습관
6. 행복감	13. 성격	20. 호기심
7. 정서 지능	14. 호기심	

불안 성향, 정신장애, 성격 특성 같은 요인들은 스트레스 사건에 대처하는 개인의 방식뿐 아니라, 그 여파(후유증)를 다루는 능력에 영향을 준다. 신체질환 또는 정신장애에의 대처방식은 개인차가 있다. 트라우마에 대처를 잘하는 사람들은 사건 직후 다른 사람들에게 감정을 표현할 수 있었고, 자신이 겪은 정서적 충격에 대한 통찰이 있었다(Flach, 1990). 동일한 트라우마 사건을 겪어도 왜 일부 사람들에게만 병이 생기는가? 이는 회복력과 관련이 있는데, 회복력의 구성요소에 관한 설명은 글상자 6-7과 같다(Flach, 1990).

글상자 6-7. 회복력의 구성요소

1. 자신과 타인에 대한 통찰력	7. 개인적 수양
2. 높은 자존감	8. 창의성
3. 경험으로부터 배우는 능력	9. 통합성
4. 고통에 대한 강인한 인내력	10. 유머 감각
5. 열린 마음	11. 삶의 의미와 희망을 주는 철학
6. 용기	

글상자 6-7에 제시된 회복력의 구성요소에 의하면, 기질처럼 타고난 요소뿐 아니라, 생애 초기 경험이 스트레스에 대한 개인의 취약성 또는 저항력에 영향을 준다는 사실이 분명해진다. 또한 어린 시절의 지속적인 트라우마 경험은 회복력의 구성요소에 치명적인 영향을 줄 수 있음을 알 수 있다. 복합 외상후 스트레스장애(CPTSD)에 대처하는 것은 이처럼 특별한 도전을 내포한다. 일찍이 '좋은 것^{good}보다 더 좋아지는 것^{better}'의 개념을 제안한 메닝거(Menninger, 1963)에 의하면, 병은 새로운 대처방식과 더 많은 회복력을 길러 줄 기회를 동반한 위기로, 어렵긴 하지만 불가능하진 않다.

04 PTSD의 경과

대부분의 의학적 질환이 그렇듯이, 외상후 스트레스장애(PTSD)의 경과 역시 호전과 악화를 반복한다(Allen, 2004). 트라우마 사건 경험 직후에 나타날 수도 있고, 며칠, 몇 주, 몇 개월, 또는 몇 년이 지난 후에 증상이 나타나기도 한다. 생존자 대부분은 트라우마 사건을 경험한 후, 그 후유증으로 고통받게 되는데, 이런 증상이 1개월 이상 지속되면 PTSD로 진단된다(APA, 2022). PTSD의 경과는 잠복 기간이 있고, 호전과 악화를 반복하며, 일정 기간 후 스트레스 누적 또는 극도의 스트레스 요인에 의해 재발한다. 따라서 스트레스를 잘 대처하여 최소화하는 것이 PTSD 발병 또는 악화를 막는 열쇠다.

PTSD 증상은 촉발 사건에 노출되면 언제든지 나타날 수 있다. 특히, 트라우마 주변peritraumatic 증상(트라우마 사건 도중 또는 직후에 나타나는 증상)은 트라우마 사건이 일어나는 동안과 사건 직후에 발생한다. 이런 증상은 애도, 교통사고, 지진, 재난 생존자 응급치료, 테러, 전쟁, 강간 등의 범죄에서 흔히 관찰된다(Allen, 2004). 트라우마 주변 증상은 글상자 6-8과 같다.

글상자 6-8. 트라우마 주변 증상

1. 멍한 상태	7. 주변 환경에 대한 비현실감
2. 어리둥절한 느낌	8. 꿈을 꾸거나 영화를 보는 듯한 느낌
3. 허공을 멍하니 쳐다보는 행동	9. 몸으로부터 분리 또는 단절된 느낌
4. 무감각한 느낌	10. 특정 장면 위로 둥둥 떠다니는 느낌
5. 자동 조종을 당하는 느낌	11. 의식이 흐려지거나 멍해지는 느낌
6. 구경꾼이 된 느낌	12. 사건의 내용을 떠올릴 수 없음

트라우마 주변 증상이 현저한 고통과 기능 이상을 초래하고, 2일에서 1개월간 지속되는 경우, 급성 스트레스장애Acute Stress Disorder(ASD)로 진단한다(APA, 2022). 이 장애의 증상으로는 PTSD 증상 외에도 해리성 혼돈 상태가 포함된다. 트라우마 후 증상과 장해의 과정은 표 6-2와 같다.

표 6-2. 트라우마 후 증상과 장해의 과정

증상/장해	증상 발현 시기
1. 트라우마 주변 증상	○ 트라우마 사건 도중 및 직후
2. 급성 스트레스장애(ASD)	○ 트라우마 사건 발생 후 2일~1개월
3. 급성 외상후 스트레스장애	○ 트라우마 사건 발생 후 1~3개월

4. 만성 외상후 스트레스장애	○ 트라우마 사건 발생 후 3개월 이상
5. 지연성 외상후 스트레스장애	○ 트라우마 사건 발생 후 6개월 이후

　급성 PTSD는 증상이 1~3개월, 만성 PTSD는 3개월 이상 지속되는 경우에 진단된다(APA, 2022). 이로써, 트라우마 주변 증상은 종종 ASD로, ASD는 급성 PTSD로, 급성 PTSD는 만성 PTSD로 이어진다. 이런 진단적 구분은 PTSD의 경과 예측에 유용하다. 트라우마 사건이 발생한 지 6개월 이상 지난 후 증상이 나타나는 경우, 지연성 PTSD로 진단한다. 증상은 트라우마 사건이 있은 지 수년 또는 수십 년 후에 나타날 수도 있다. 이는 특히 민감화와 스트레스 누적으로 신체 소진이나 손상 또는 신경계 소모 상태에서 발생한다.

　PTSD는 예측할 수 없는 사건·사고가 많은 현대 사회에 자주 등장한다. PTSD 진단 기준은 보통 단일 트라우마를 경험한 생존자가 나타내는 증상에 기초한다. 보통 자연재해, 재난사고, 전쟁, 유괴, 교통사고, 강간 등 충격적인 1개 사건 또는 사고를 겪고 난 뒤에 나타나는 증상들을 근거로 진단을 내린다(APA, 2022). 그러나 지속적이고 반복적인 트라우마 생존자에게 나타나는 증상들은 이보다 훨씬 더 복잡하고 광범위한 양상을 나타낸다.

　이에 이런 반복적인 트라우마에서 비롯된 다양한 증상군과 이로 인해 생겨난 뿌리 깊은 인격 형성 왜곡을 PTSD로 설명하기에는 한계가 있다. 심한 트라우마는 애착, 자존감, 관계, 그리고 심지어 성격 전반에 깊은 영향을 미친다. DSM-5-TR에는 트라우마와 관련하여 발생할 수 있는 사건으로 학대, 구타, 감금, 고문 등이 수록되었으나, 이 장애는 포함되지 않았다. 이 외에도 의미체계 손상, 신념 변화로 절망/낙망에 이르게 하는 실존 트라우마[existential trauma]가 있다.

05　PTSD의 예방

외상후 스트레스장애(PTSD)는 트라우마 사건을 근절함으로써 가장 잘 예방할 수 있다. 좋은 출발점은 폭력의 원천인 빈곤, 불평등, 편협성 등을 근절하는 것이다. 인류사는 종종 참담하고 안타까운 흑역사로 점철되어 있다. 한때 첨단 과학의 발달이 자연재해를 통제할 걸로 생각했으나, 인류는 일찍이 지구 전체를 파괴하고도 남을 가공할 만한 핵무기를 만들어 냈다. 이는 인간의 의지에 반하여 자연을 파괴·전복시키는 데 사용될 수도 있다. 트라우마 사건을 예방하는 차선책은 즉시 개입하여 PTSD의 발병 위험을 최소화하는 것이다. 그러나 이렇게 할 능력의 범위와 이를 위한 최선의 방책은 명백하지가 않다(Shalev, 2002).

　재난 여파에 대한 위기 개입은 생존자들이 고통스러운 경험에 관해 이야기하도록 독려하고 이들의 반응을 정상화하는 방식으로 트라우마에 관해 교육하는 것을 포함한다. 그러나 여러 연구는 PTSD 발생 감소에 고통스러운 경험 공유 활동이 오히려 일부 생존자들에게는 해로울 수 있다고 지적하고 있다(Rose & Bisson, 1998). 그러므로 도움제공 방식은 개개인의 요구에 맞춰져야 할 것이다. 제2차 세계대전이 한창일 때, 카디너(Kardiner, 1941)는 자신의 전쟁신경증에 관한 저서에서 전쟁 트라우마 치료는 즉시 시작해야 함을 강조하면서, '무슨 일이 일어났나요?'라는 질문을 불쑥 던져야 한다고 제안했다. 그가 제안한 전쟁 트라우마 치료의 목표는 글상자 6-9와 같다.

글상자 6-9. 카디너가 제안한 전쟁 트라우마 치료의 목표

> 1. 이런 반응이 적절한 방어기제라는 것을 알게 함
> 2. 세상은 더 이상 적대적이지 않다는 것을 알게 함
> 3. 이런 것을 통달할 힘이 점점 생긴다는 것을 환자에게 보여 줌

특정 개입방법을 지지하는 체계적인 연구가 없는 상황에서 카디너의 치료목표는 여전히 유효하다. 트라우마의 핵심반응은 두려움과 외로움(혼자라는 느낌)임을 고려할 때, 자연적인 사회적 지지체계(친구, 친척, 사회구성원 등)의 동원은 초기 개입에 중요하다(Raphael et al., 1996). 이로써 트라우마 생존자에게 이야기하도록 지지·격려하는 것은 고립감을 극복하고, 삶의 의미를 되찾을 수 있는 발판이 된다. PTSD는 재경험, 과각성, 회피 같은 증상군으로 정의된다. 그러나 일부 임상가들은 각각 아동(Terr, 1991)과 성인(Goodwin, 1991)에게서 이 세 영역을 넘어서는 더 극심한 트라우마 증후군에 관해 기술했다. 이들은 이른바 '복합 외상후 스트레스장애(CPTSD)'라는 증후군이 애착 트라우마를 비롯하여 성격 전반에 영향을 미칠 수 있다고 주장했다.

PTSD 조기 치료의 중요성

압도되는 트라우마 경험을 하게 되면, 일부 사람들은 전문적인 도움이 필요할 정도로 심각한 정신상태에 이르게 된다. PTSD를 비롯한 스트레스와 관련된 정신장애에는 누구도 면역되지 않는다. PTSD는 가장 복잡한 스트레스 관련 정신장애다. PTSD를 이해하는 것은 다른 스트레스 관련 정신장애의 이해에 도움을 준다. PTSD의 조기 치료가 중요한 이유는 글상자 6-10과 같다.

글상자 6-10. PTSD의 조기 치료가 중요한 이유

> 1. 시간이 지남에 따라 저절로 회복되는 것이 아니고, 위기 사건이 발생하고 수십 년 후에도 고통을 받을 수 있다.
> 2. PTSD는 다른 장애와 동반되는 비율이 높다.
> 3. PTSD 치료는 매우 효과적이다.
> 4. 회복 이후, 다음에 닥칠 위기에 대해 준비가 더 잘 되어 있을 것이다.

06 복합 PTSD

복합 외상후 스트레스장애^{Complex Posttraumatic Stress Disorder}(CPTSD)란 자신과 타인으로부터 상처와 피해를 경험하는 성향을 비롯하여 정서조절, 정체성, 관계 영역에서 트라우마로 인한 고통과 기능이상이 특징적으로 나타나는 정신장애다(Herman, 1992a). 이 장애는 생애 초기에 시작되는 심각하고, 지속적이며, 반복적인 트라우마로 인해 유발되는 극도의 스트레스 상태를 말한다('달리 명시되지 않는 극도 스트레스장애^{disorder of extreme stress not otherwise specified}'로도 불림). 복합^{complex}이라는 말은 트라우마로 인해 발생하는 신체 및 해리성 문제뿐 아니라 정체성, 대인관계, 정서조절의 만성적인 어려움을 포함한다. 이 정신장애의 명칭은 학계에서 공식적으로 인정받은 진단명은 아니지만, 최근 다수의 트라우마 전문가 사이에서 통용되고 있다.

CPTSD는 주로 어린 시절부터 반복적·지속적 학대를 당한 생존자들에게서 나타난다. 여기서 학대^{abuse}는 부모로부터의 정서적·신체적·언어적 학대에서부터 낯선 사람으로부터의 성폭력, 그리고 아동기·청년기에 걸친 근친상간까지를 포함한다. 이런 형태의 학대는 아동의 뇌에 영향을 미쳐, 아이는 성장 과정에서 다양한 증상을 나타낸다. 성인기에 들어서면, 이런 증상들은 아주 견고해져 마치 인격의 특성처럼 보이기도 한다. 예컨대, 정서조절 기술의 결여는 트라우마를 경험한 개인이 고통 감소를 위해 특정 행동('긴장이완행동')에 의존하게 될 수 있다(⑩ 물질남용, 섭식장애, 자해/자살, 공격성, 충동행동, 난잡한 성행동 등). 이와 같은 부적절한 정서조절행동은 역기능적인 회피행동으로 이어질 수 있고, 경계가 줄어들 수 있어서 더 심각한 트라우마 사건과 부정적인 사건으로 이어질 수 있다(Acierno et al., 1999).

CPTSD에 포함된 관계 및 정체성 혼란은 무질서하고 부적응적인 관계에 쉽게 연루되는 경향이 있고, 대인 경계 설정 곤란, 타인에 대한 요구에서의 권리 또는 필요에 대한 인식 감소를 수반한다. 이러한 문제의 원인은 부적절하거나 와해된 부모-자녀 애착관계, 그리고 전형적으로 아동학대 또는 방임에서 기인한다. CPTSD에는 플래시백, 회피, 과각성 증상이 나타나지 않는다는 특징이 있다. CPTSD의 진단적 특징은 표 6-3과 같다.

표 6-3. 복합 외상후 스트레스장애(CPTSD)의 진단적 특징

특징	설명
1. 정서조절 변화	○ 지속적 우울 및 만성 자살사고 또는 자해시도 ○ 지나친 감정 억제 및 강한 분노폭발 양상
2. 의식상태 변화	○ 트라우마 사건에 대한 기억상실 및 일시적 해리 증상 ○ 비현실감(현실이 현실 같지 않음) 또는 이인증(자신이 자신 같지 않음)

3. 지각 변화	○ 잦은 무력감 · 수치심 · 죄책감 및 심한 자기비난과 고립감
	○ 가해자에 대한 복수에의 관심 집중 또는 가해자 이상화 및 자신과의 동일시 (가해자가 부모인 경우, 복수와 수용 감정이 번갈아 나타나기도 함)
4. 관계 변화	○ 타인에 대한 깊은 불신감으로 인한 친밀관계 형성 곤란 및 사회적 고립
	○ 겉으로는 많은 사람 속에서 지내는 것처럼 보이지만, 속으로는 쉽게 마음의 문을 열지 못하고 홀로 살아감
5. 신체증상 변화	○ 원인이 모호한 신체 증상(두통, 소화불량, 폭식, 불면 등) 호소
6. 의미체계 변화	○ 삶의 신념 또는 가치관의 부정적 변화
	○ 신념 상실 및 허무 · 냉소주의로 가득 찬 가치관으로 인한 절망적인 삶 영위

　표 6-3에 제시된 변화들은 대부분 트라우마로 인해 생겨난 것이지만, 생존자는 이런 변화가 언제부터 생겼고, 왜 생겨났는지 잘 모르는 경우가 많다. 트라우마 때문이 아니라, 본래 자신의 체질 또는 속성에 결함이 있어서 그렇다고 믿는 것이 그 예다. 정신건강 전문가들조차 이런 변화가 트라우마로 인한 것인지 알아차리기 쉽지 않다. 그 결과, 증상에 따라 진단을 내리고, 이에 대한 부분 치료만 하게 될 수 있다(우울, 불안, 조울, 경계성 성격장애 등).

　그러나 이런 접근방식은 생존자의 트라우마에 초점을 둔 치료보다는 생존자의 문제점만을 다루는 데 중점을 둔 치료에 그치고 말 것이다. 이 경우, 치료자는 생존자의 증상 또는 문제가 반복적인 트라우마의 영향이기보다 이들의 취약성 또는 결함에 의해 발생한 것으로 인식하게 될 것이다. 이로써 생존자는 트라우마는 점차 지난 일로 여기게 되고, 현재 상황에서의 부작용만 크게 부각될 것이다.

　반복적이고 지속적인 학대의 영향력이 얼마나 큰지에 대한 관심과 이해가 부족한 경우, 사람들은 종종 여러 가지 생각이 떠오르게 된다("다 지나간 일인데, 왜 홀홀 털어 버리지 못할까?" "왜 이리 마음이 약할까?" "이제 적당히 좀 하지!"). 이런 생각은 트라우마 생존자들에게 누구도 자신을 이해하지 못한다는 절망감과 고립감을 안겨 주게 된다. 그러나 이와는 달리, 생존자들이 나타내는 증상과 과거 반복된 트라우마의 연결고리를 폭넓고 깊이 있게 이해하며, 이를 바탕으로 과학적인 진단을 내리고, 생존자들의 상태를 존중 · 이해하려고 노력한다면, 진정한 치유를 위한 작업이 시작될 것이다.

확인문제

다음 빈칸에 들어갈 말을 써 보세요.

1. 트라우마 사건은 위험성과 관련된 경험을 한다는 점에서 흔히 _____ 증상을 수반한다. 이는 트라우마 경험에 대한 전형적인 반응으로, 트라우마로 인한 스트레스와 트라우마 노출 상황에 따른 증상을 악화시키는 _______와/과 극심한 공포와 고통이 갑작스럽게 발생하여 몇 분 내에 최고조에 이르는 ________을/를 포함한다.

2. 트라우마를 겪은 사람에게 충격으로 인한 공포증이 발생하는 일은 흔하다. 예컨대, 교통사고를 경험한 사람은 운전에 대한 공포가 생길 수 있는데, 이런 현상을 _____________________(이)라고 한다.

3. PTSD의 3개 증상군에는 트라우마 경험이 마치 현재 그 사건이 일어나는 것처럼 강렬하게 겪는 현상인 _________와/과 트라우마 사건 또는 경험을 떠올리는 것을 지속적으로 피하거나, 반응을 차단 또는 마비시키려는 시도를 의미하는 _______이/가 포함되어 있다.

4. 정서반응의 _______은/는 회피보다 더 자동화된 과정으로, _______을/를 중화시키는 역할을 한다. 이런 증상의 신경생물학적 메커니즘은 스트레스가 유발한 _____ 상태로, 내인성 아편제. 즉_________이/가 마취 작용을 하여 통증을 완화하는 것이다.

5. 초기 관계 트라우마를 겪은 사람이 삶의 과정에서 의식하지 못하는 상태에서 다시 관계 트라우마를 겪게 되는 현상을 _______(이)라고 한다. 예컨대, 성인기에 학대 피해 또는 학대 관계를 맺게 되는 것이다.

6. ________은/는 심각한 삶의 국면에서 좌절하지 않고 기존보다 더 나은 방식으로 재기할 수 있는 고유한 성질이다. 이는 스트레스 상황에서 신속하고 온전하게 회복하고, 삶의 다양한 영역에서 정신건강과 기능을 최적화한다. 이런 점에서 이는 몸의 _______에 비유된다.

7. _________ 증상은 트라우마 사건 동안 또는 직후에 나타나는 상태로, 이런 증상은 애도, 교통사고, 지진, 재난 생존자 응급치료, 테러, 전쟁, 강간 등의 범죄에서 흔히 관찰된다.

8. 트라우마 후 증상은 사건 발생 후 2일에서 1개월까지는 __________장애, 사건 발생 후 1~3개월까지는 _____________장애, 사건 발생 후 3개월 또는 그 이상은 만성 외상후 스트레스

장애, 그리고 사건 발생 후 최소 6개월 이후는 _______________장애로 진단한다.

9. DSM-5-TR에 의하면, 트라우마 주변 증상이 현저한 고통과 기능 이상을 초래하고, 2일에서 1개월간 지속되는 경우, _______________장애로 진단한다. 이 장애의 증상에는 PTSD 증상 외에도 해리성 _______ 상태가 포함된다.

10. 자신과 타인으로부터 상처와 피해를 경험하는 성향을 비롯하여 정서조절, 정체성, 관계 영역에서 트라우마로 인한 고통과 기능 이상이 특징적으로 나타나는 정신장애를 _______________장애라고 한다. 이 장애는 생애 초기에 시작되는 심각하고, 지속적이며, 반복적인 트라우마로 인해 유발되는 극도의 스트레스 상태로, _______________________장애로도 불린다.

학습활동

역경에 대한 감사

※ 감사 실천은 예의를 갖추는 것 이상을 의미한다. 이는 삶에서 좋은 것을 인식하고 가슴 깊은 존중과 경외심을 느끼는 것이다. 의도적인 감사 실천은 직업과 관계 만족, 수면, 건강(고통, 피로, 염증, 우울 증상 감소)을 증진하고(Emmons & McCullough, 2003), 고통스러운 기억이 덜 괴롭히고 의식으로 덜 침범한다(Watkins et al., 2008). 삶에서 좋은 것에 관심을 돌리는 것은 문제에 집착하는 경향을 상쇄하고 기분을 고양할 강력한 방법이다. 감사를 실천할수록 더 많은 것을 즐길 수 있다. 이 습관은 호기심과 낙관주의로 하루를 시작하는 것에 기반한다. 사람들과 좋은 시간을 공유하고 이들에게서 감사하는 특성을 기억할 때, 사람들과의 관계에 대한 느낌이 증가한다. 감사 실천은 뇌와 심장 기능에 유익한 변화를 일으킨다(McCraty & Childre, 2004).

> 세계적인 테니스 스타 미국 최초의 흑인 선수 아서 애쉬(Arthur Ashe)는 심장 수술 중 수혈을 통해 에이즈(AIDS)에 감염됐다. 그 후, 그는 심장병과 에이즈로 극심한 고통을 받으면서도, "'왜 하필 나야?'라고 묻는다면, 나는 그것들을 누릴 수 있는 내 권리와 축복에 대해 '왜 하필 나야?'라고 물어야 할 것입니다."라고 말했다(Ashe & Rampersad, 1993, p. 326).

나는 (　)에 감사합니다.	(　)이 내 삶을 풍성하게 해 주었기 때문입니다.	(　)이 없었다면, 내 삶은 [　]게 달라졌을 겁니다.
1.		
2.		
3.		
4.		
5.		
6.		
7.		
8.		
9.		
10.		

소감

※ 이 활동을 통해 무엇을 알게 되었고, 무엇을 깨달았으며, 무엇을 느꼈고, 어떤 생각이 들었나
요? 잠시 생각하면서, 마음에 떠오르는 것을 자유롭게 글로 써 보고, 글의 제목을 붙여 보자.

PART 2

임상 개입

Chapter 07 트라우마 평가

Chapter 08 트라우마 상담의 기초

Chapter 09 트라우마 기억처리

Chapter 10 CBT 기반 트라우마 상담

Chapter 11 DBT 기반 트라우마 상담

Chapter 12 ACT 기반 트라우마 상담

Chapter **7**

트라우마 평가

개요

01 트라우마 평가의 기초
02 트라우마 평가면담
03 트라우마 영향 평가 대상
04 구조화된 면접
05 심리검사
06 트라우마 상담 사례개념화
☐ 확인문제
☐ 학습활동

학습목표

1. 트라우마 평가의 개념, 목표, 영역, 탐색방법, 의뢰를 이해 · 설명할 수 있다.
2. 트라우마 평가면담을 이해 · 설명할 수 있다.
3. 트라우마 영향 평가에서 과정반응과 증상반응을 이해 · 설명할 수 있다.
4. 트라우마 평가를 위한 구조화된 면접을 이해 · 설명할 수 있다.
5. 트라우마 평가에 흔히 사용되는 심리검사를 이해 · 설명할 수 있다.

평가! 트라우마 상담에서는 면밀하고 지속적인 평가가 필요하다. 평가의 목적은 증거기반실천^{evidence-based practice}(EBP)에 입각한 사례개념화^{case comceptualization} 또는 사례공식화^{case formulation}를 하는 것이다. 이를 위해 트라우마 평가에는 구조화된 진단 면접과 경험적으로 타당화된 평가도구 사용이 적극 권장된다. 그러나 임상 장면에서의 평가와 진단은 주로 비공식적인 맥락에서 이루어지고, 생존자와 상담자 사이에 비구조화된 상호작용이 이루어진다(Briere & Scott, 2013). 내담자의 반응 관찰은 주관적일수록 임상적 판단과 해석에 오류가 생길 가능성이 크지만, 상담과 치료의 단서를 제공한다는 점에서 트라우마 평가의 가장 기본적인 도구다.

트라우마 평가는 생존자의 필요에 어떤 치료적 접근이 가장 적합한지 판단하기 위한 목적도 있다. 그러나 트라우마 상담에서는 생존자의 긴급한 안전 수준, 심리적 안정, 추후의 평가와 치료를 위한 준비에 관한 평가가 더 중요하다. 이에 이 장에서는 트라우마 평가의 기본 개념을 비롯하여 평가면담 방법, 트라우마 영향 평가 방법, 그리고 다양한 트라우마 평가를 위한 다양한 심리검사에 관해 살펴보기로 한다.

01 트라우마 평가의 기초

트라우마 평가에서 평가자/상담자는 생존자의 이야기를 구성하고, 문제를 명명하며, 경험을 타당화^{validation}(언어화를 통한 인정)한다. 트라우마 평가의 어려운 점은 증상에 수반되는 양상의 복잡성이다. 이에 상담자는 개별 생존자에 따라 구조화된 상담모델을 개발할 필요가 있다. 이를 위해 생존자의 문제를 요약·분류·유목화하여 포괄적으로 평가하고, 트라우마 치유를 위한 모델을 생존자의 개별 정보와 통합하기 위한 체계를 구축한다. 이렇게 구축한 모델과 체계는 트라우마 평가의 목표와 밀접한 관계가 있다.

트라우마 평가의 목표

트라우마에 대한 반응은 개인차가 있을 뿐, 일반적이고 보편적인 반응은 없다. 충격을 덜 받은 것처럼 보이는 사람이 있는가 하면, 극적이고 극단적인 반응(예 격노, 눈물, 변덕스러운 행동, 긴장감소행동)을 보이는 생존자도 있다. 겉보기에 증상이 없는 것 같은 반응은 쉽게 간과될 수 있지만, 무감각한 모습은 해리, 둔감화, 심각한 내적 고통을 반영하는 것일 수 있다. 이에 상담자는 트라우마 후유증을 잘 조절하고 있는 것처럼 보이거나, 평정 상태를 유지하는 것 같은 생존자가 잘 대처하고 있을 것으로 생각하는 실수를 범하지 않아야 한다. 트라우마 평가의 목표는 일반적으로 네 가지로 압축되는데, 그 내용은 글상자 7-1과 같다.

글상자 7-1. 트라우마 평가의 목표

> 1. 생존자와의 라포 형성
> 2. 트라우마와 연합된 문제에 대한 포괄적 평가를 통해 문제목록 구성
> 3. 문제에 대한 생존자의 지각 결정 및 타당화
> 4. 유용하지 않은 정보에 압도당하지 않기

트라우마 평가 영역과 탐색

트라우마 평가 결과에 기반한 사례개념화는 상담목표 성취를 위한 로드맵이다. 이 안내 지도에는 상담신청서, 접수면접, 행동 관찰, 심리검사, 질문지 등을 통해 수집된 정보를 비롯하여 평가 및 상담과정에서 상담자가 파악한 내담자의 행동·사고·정서, 대인관계, 정서·행동 문제의 원인, 촉발·유지 요인 등에 관한 기술적·처방적 가설을 포함한다. 상담 초기에 사례개념화는 비교적 단순한 정보와 자료에 기반한 초안으로 시작하지만, 상담과정에서 점차 관찰 자료와 세부 사항이 계속 추가된다. 이로써 상담자는 점차 구체적으로 설정된 가설에 따라 목표, 계획, 개입방법을 정교화할 수 있게 된다.

　상담자는 내담자가 트라우마 경험을 편안하게 이야기하도록 안전한 분위기를 조성한다. 이를 위해 내담자는 평가 과정에서 자신이 원하는 만큼만 이야기하도록 허용되어야 한다. 이에 내담자에게 트라우마 경험에 관해 더 구체적으로 말하기를 강요하거나, 내담자가 꺼릴 때 더 말하도록 권유하는 일은 삼간다. 물론 사안에 따라서는 급성기 평가에 중요하고, 거슬릴 수 있는 질문이 필요할 때가 있다. 이런 경우, 상담자는 위협적이지 않은 태도로, 필요한 정보를 수집하는 일과 온화한 공감적 이해의 균형을 유지한다. 트라우마 평가 영역별 확인사항은 표 7-1과 같다.

표 7-1. 트라우마 생존자 평가 영역별 확인사항

영역	탐색 질문
1. 신체 안전	○ 의료적 치료가 필요한 부상이 있는가? ○ 쉼터, 의류, 음식에 충분히 접근이 가능한가? ○ 성폭력 피해자에게 가해자가 접근할 수 없는 안전한 피난처가 있는가?
2. 자살 충동성	○ 자살 생각 또는 자살 충동을 초래하는 사망 사건, 압도적인 수치심, 애착 대상의 배신, 심각한 기능이상, 신체 손상이 있는가? ○ 자살계획 또는 사용 가능한 자살 수단(약물, 칼, 총)이 있는가?
3. 타해 가능성	○ 트라우마가 복수나 처벌로서 공격적 행동 가능성을 촉진했는가? ○ 피해자가 사용 가능한 타해 수단(총, 칼, 약물, 다른 무기)이 있는가? ○ 심각한 정도로 위협하고 있는가? ○ 폭력행동의 과거력이 있는가?

4. 정신병적 증상	○ 트라우마가 정신병적 증상을 초래했는가? 그렇다면, 증상이 인지 기능과 목적 지향성을 손상함으로써, 자원에의 접근을 방해하는가? ○ 증상이 판단력/이해력을 손상하여 추가적인 손상 위험에 처하게 하는가?
5. 신경쇠약	○ 피해자가 심각한 우울, 불안, 해리를 겪고 있어 적절하고 목표지향적으로 행동하는 능력에 손상이 있는가? ○ 극도의 정서적 고통 또는 매우 높은 수준의 침습적 PTSD 증상 또는 고통을 겪음으로써, 압도되거나 극적인 불안정성을 겪고 있는가?
6. 인지 증상	○ 주의력, 기억력 및/또는 집행 기능의 손상 증거가 있는가? [전두측두엽 뇌 기능 결함 관련 손상은 급성 스트레스장애(ASD)를 겪는 사람들에게서 찾아볼 수 있고, 치료 과정에 방해될 수 있음]
7. 사회적 지지	○ 생존자에게 트라우마 후 급성기에 활용 가능한 관계 또는 사회적 자원이 있는가?
8. 트라우마 상태	○ 트라우마는 끝났는가? 아니면 여전히 가해자와 피해자가 접촉하는가? ○ 피해자가 가해자에게 정서적으로 연결되어 있어, 가해자가 피해자에게 접근할 수 있는 상황인가? ○ 가해자가 수감되었다면, 얼마 동안 구금 상태로 있을 예정인가?

의뢰

트라우마 생존자에 대한 즉각적인 개입의 적절성은 생존자에 따라 다를 수 있다. 상담자의 임무는 평가 결과에 따른 의뢰 서비스를 포함한다. 생존자가 심리적, 의학적, 또는 심리사회적 문제를 나타내는 경우, 상담자는 생존자별로 적절한 자원 탐색을 위한 평가를 한다. 이에 관한 예시는 글상자 7-2와 같다.

글상자 7-2. 적절한 자원 의뢰에 필요한 생존자 분류를 위한 평가 예시

1. 부상 또는 의학적 문제가 있는 경우, 의료기관에 즉각적인 의료적 처치 또는 가까운 응급의학과로 후송 요청한다.
2. 쉼터, 의류, 또는 음식이 필요한 사람은 사회복지 관련 기관에 관한 정보를 제공하고, 사회복지 담당자에게 생존자의 필요에 주의를 기울이게 한다.
3. 성폭력(강간 포함) 또는 가정폭력 피해자는 지역 응급실, 위기센터, 쉼터, 또는 적절한 사회 서비스 기관에 의뢰한다.
4. 자신을 돌볼 수 없는 정신병 증상을 보이는 사람이 자해/타해 위험이 있는 경우, 정신건강의학과 의뢰의 필요성에 관해 전문의에게 자문을 구한다.
5. 비밀보장 원칙의 제한 범위 내에서 트라우마를 겪는 사람을 지지할 수 있는 가족 및/또는 친구들과의 접촉을 시도한다.

02 트라우마 평가면담

트라우마 생존자에 대한 평가면담에서는 내담자의 필요와 적절한 개입 방법의 결정을 위해 구체적인 정보를 수집한다. 이 과정에서 내담자의 스트레스 수준, 신체적 안전 수준과 심리적 안정 상태, 그리고 추후 평가와 치료를 위한 준비 상태를 평가한다.

내담자의 안전 확인

트라우마 평가면담은 내담자의 신체적 안전, 심리적 안정, 그리고 트라우마 경험에 대해 논의할 능력 확인을 포함한다. 이에 내담자의 임박한 생명 손상, 신체적 보전, 타해 위험에 관한 평가가 선행된다(Boland & Verduin, 2024). 이 평가는 직면한 트라우마(사건, 사고, 재해 등)로 인해 내담자가 심리적·신체적(의학적)으로 안전한지에 대한 평가를 포함한다. 예컨대, 지속적인 관계 폭력 사례에서 내담자가 타인으로부터 피해 위험이 있는지 파악하는 것이다. 내담자의 안전 확인은 ① 신체적 안전과 ② 심리적 안정으로 구분된다.

신체적 안전. 첫째, 생존자의 신체적 안전 수준 평가는 임박한 자해/자살 또는 타해/타살 가능성에 대해 다양한 각도에서 확인하는 일련의 작업이다. 특히, 사고·재해·폭행 관련 사례에 대해서는 의학적 안정성 평가가 포함된다. 트라우마 생존자의 신체적 안전(생명 위협) 수준 평가에서 우선시되어야 할 사항은 내담자 자신과 타인의 안전을 공고히 하는 것이다. 트라우마 생존자의 신체적 안전 수준 탐색을 위한 확인 사항은 글상자 7-3과 같다.

글상자 7-3. 트라우마 생존자의 신체적 안전 수준 탐색을 위한 확인 사항

> 1. 생존자 주변의 심리사회적 환경이 안전한가?
> 2. 생존자가 심각한 자살 충동을 느끼고 있는가?
> 3. 생존자가 자신의 안전에 주의를 기울일 수 없는 상태인가?
> 4. 생존자가 흉기 사용이 가능할 때, 타인에게 위협이 될 수 있는가?
> 5. 임박한 죽음 또는 신체기능 상실의 위협(출혈, 상해, 독소 감염, 약품 등)이 있는가?

트라우마 생존자의 안전 수준 평가는 주로 내담자에 대한 타 전문기관 의뢰, 응급의료서비스, 정신건강 서비스 분류, 또는 사회복지서비스 등을 통해 이루어진다. 만성관계 폭력 사례의 경우, 내담자의 피해 가능성, 피해 정도, 그리고 안전 수준을 평가한다. 트라우마 평가면담에서 우선시되는 확인 사항은 글상자 7-4와 같다(Ahmad, 2024).

글상자 7-4. 트라우마 평가면담에서 우선시되는 확인 사항

1. 임박한 죽음의 위험, 사지, 또는 다른 중요한 신체기능 상실의 위험이 있는가? (예 출혈, 내부 상해, 독극물, 감염 물질)
2. 내담자가 자신의 안전을 돌볼 수 없는 상태인가? (예 중독, 뇌손상, 섬망, 치매, 심각한 정신병, 노숙인 등)
3. 내담자가 심각할 정도로 자살 충동을 느끼는가?
4. 내담자가 도구(칼, 총기 등) 사용이 가능할 때, 타인에게 위협이 되는가? (예 자해 또는 타해의 실제 위험)
5. 내담자 주변의 심리사회적 환경이 안전한가? (예 타인의 잔혹 행위 또는 착취)

심리적 안정. 둘째, 생존자의 심리적 안정 역시 매우 중요하다. 트라우마 사건은 종종 생존자를 위기에 빠뜨린다. 이 경우, 내담자는 상담자의 질문이나 개입에 대해 반응하기는커녕, 현 상황을 이해하지 못할 정도로 심리적으로 와해된 상태에 놓이기도 한다. 이에 상담자는 평가과정에서 내담자가 심리적으로 안정을 취할 수 있도록 돕는다(예 안심시키기, 심리적 지지, 주변 자극 최소화). 생존자는 트라우마 사건 후 표면적으로 안정된 상태에 있는 것처럼 보일 수 있다. 그러나 갑작스러운 극심한 고통, 심한 불안감, 침습 증상을 보이거나, 트라우마에 관한 질문에 분노로 반응할 수 있다('반응 활성화'). 반응 활성화response activation란 트라우마 사건을 상기시킴으로써 유발되는 강도 높고, 침습적이며, 트라우마의 특정한 심리 상태를 말한다.

　트라우마 생존자에게 고통조절 능력이 부족한 경우, 심리적 어려움을 겪을 수 있다. 그러므로 상담자는 내담자가 트라우마에 압도되지 않은 상태에서 이야기할 수 있을 정도로 균형 잡힌 평가면담을 진행할 필요가 있다. 만일 반응 활성화가 과도하다고 판단된다면, 상담자는 트라우마 내용에 관한 심도 있는 질문 또는 논의를 한시적으로 유보한다. 트라우마 경험에 관한 이야기는 보통 내담자에게 도움이 되지만, 논의의 유보 여부는 내담자와 결정한다. 플래시백의 위험성을 고려할 때, 평가 요소에 관한 탐색은 내담자의 즉각적 안전, 심리적 안정, 트라우마 내용에 관한 논의를 감당할 수 있는지 확인 후에 시작한다.

트라우마 노출 수준 평가

생존자의 신체적 안전과 심리적 안정이 확보되었다면, 세부적인 트라우마 노출과 반응 수준을 탐색한다. 즉, 트라우마의 성격 또는 정도(예 심각도, 지속 기간, 빈도, 생명 위협의 정도)를 비롯하여 트라우마 사건의 영향에 관해 탐색한다. 예컨대, 성폭행 피해자에 대한 평가는 사건에 대한 세부 진술보다는 내담자의 정서 기능과 증상에 중점을 둔다. 반면, 내담자가 트라우마를 겪은 지 오래되었고 현재는 심각한 고통을 겪고 있지 않다면, 트라우마 과거력에 대한 평가로 시작한다.

그러나 이들의 당혹감, 트라우마 기억의 활성화 회피, 질문에 대한 답변 회피는 트라우마 경험에 관해 이야기를 가로막을 수 있다. 특히, 유년기 성학대 경험은 자살 충동, 물질사용, 복합성 정신질환, 경계성 성격장애 등 광범위한 문제의 원인으로 작용할 수 있다. 또한 우울, 자해/자살 충동, 범불안, 공황발작 등의 증상을 호소할 수 있다. 이 경우, 과거에 내담자가 전문가의 도움을 찾게 한 증상을 탐색한다. 이는 내담자와의 신뢰관계 형성에 도움을 준다. 반면, 정신건강 전문가에게 평가받은 적이 없는 사람은 트라우마(아동학대, 관계피해 유형 등)에 관한 질문에 당혹스러워하거나 방어적으로 반응할 수 있다("그걸 왜 말해야 하죠?"). 주 호소 문제가 심각하거나 트라우마 사건과 관련된 내담자는 과거에 관한 질문에 답하기를 주저할 수 있다. 이에 트라우마 생존자 평가면담을 위한 기본 지침은 글상자 7-5와 같다.

글상자 7-5. 트라우마 생존자 평가면담을 위한 기본 지침

> 1. 공감적이고 비판단적인 태도로 적극적 경청을 통해 신뢰관계 구축을 촉진한다.
> 2. 상담 서비스를 찾은 이유를 탐색한다.
> 3. 답하기 곤란한 내용(예 성학대, 성폭행 경험) 탐색 시, 안전한 분위기를 조성한다.
>   ☞ 관계 트라우마 생존자는 상담자의 비언어적 행동의 미묘한 차이에 민감할 수 있음
> 4. 행동적 정의를 사용한다.
> 5. 트라우마 경험은 매우 사적이어서, 내담자가 낙인을 두려워할 수 있음을 염두에 둔다.
>   ☞ 누구에게도 말하지 않은 이야기를 털어놓는 경우, 상담자의 정서적 지지가 필요함
> 6. 트라우마 경험의 개방은 강렬한 감정(수치심, 당혹감, 분노)을 일으킬 수 있음에 유의한다.
> 7. 필요한 경우, 평가를 반복한다. ☞ 내담자가 상담자와 상담과정에 대해 편안해지면서, 초기 평가에서는 말하지 않았던 정보를 제공할 수 있기 때문임

상담자가 내담자에게 "당신은 강간당했나요?"라고 묻는 경우는 거의 없을 것이다. 대신, "누군가가 당신에게 원치 않는 성적 행동을 했나요?"라고 물을 수는 있다. 내담자의 트라우마 경험에 대한 평가에서 상담자는 공감적이고 비판단적이며 지지적인 분위기를 조성한다. 이를 위한 진술의 예는 글상자 7-6과 같다.

글상자 7-6. 안전한 평가 분위기 조성을 위한 상담자의 진술 예시

> ○ "과거 경험에 관해 몇 가지 질문을 드리겠어요. 이 질문은 모든 내담자분에게 드리는 것이고, 현재 겪고 계신 어려움에 대해 더 잘 이해하기 위한 것이에요."
> ○ "○○ 님이 과거에 겪었던 경험에 대해 몇 가지 질문을 드리려고 해요. 혹시 불편한 느낌이 든다면, 언제든지 말씀해 주세요. 동의하시나요?"
> ○ "과거에 겪은 일은 종종 현재 감정에 영향을 주기도 해요. 괜찮으시다면, ○○ 님이 겪었을 수 있는 일에 대해 몇 가지 질문을 드리려고 하는데, 괜찮을까요?"

　　상담자에 따라서는 내담자에 대한 트라우마 과거력 평가를 초기 상담에서 하기도 한다. 특히, 대인관계에 관한 정보제공을 꺼리는 생존자의 트라우마 과거력은 의학력 평가를 통해 정보를 수집한다. 이 작업은 위협적이지 않고 구조화된 일련의 탐색 질문을 통해 수행한다. 이를 위한 탐색 질문의 예는 글상자 7-7과 같다.

글상자 7-7. 의학력 평가를 위한 질문의 예

1. 의학적인 문제가 있나요? 현재 신체적으로 불편한 데가 있나요?
2. 현재 복용하시는 처방 약이 있나요?
3. 교통사고를 당한 적이 있나요? 사고로 다쳤었나요? 치료를 받으셨나요?
4. 재난(화재, 지진, 홍수)을 겪은 적이 있나요? 다치신 데가 있었나요? 치료를 받으셨나요?
5. 혹시 뇌를 다치신 적이 있나요? 의식을 잃었었나요? 치료를 받으셨나요?
6. 폭력 사건(예 구타, 총격)을 목격한 적이 있으셨나요?
7. 폭행당한 적이 있나요? 몇 살 때였나요? 다치신 데가 있었나요? 치료를 받으셨나요?
8. 의지와 무관하게 성행위를 강요당한 적이 있으셨나요? 누군가가 성적으로 접촉한 적이 있나요? 이 문제로 치료를 받으셨나요?
9. 성인이 되었을 때, 폭행당한 적이 있나요? 당시 몇 살이었나요? 많이 다치셨나요? 그 사건으로 어떤 치료를 받았었나요?

　　이어 아동기 트라우마 노출 상황에 관한 질문을 한다. 이 경우, 가족과 친척에 관해 논의하려는 생존자에게 탐색 질문을 한다(글상자 7-8 참조). 아동기 트라우마 경험 탐색을 위한 질문을 마치면, 이어 성인기 트라우마 경험에 관한 질문을 한다.

글상자 7-8. 아동기 의학력 평가를 위한 탐색 질문의 예

1. 어디에서 태어나, 자랐나요?
2. 어린 시절의 삶은 어떠셨나요?
3. 주로 누구와 시간을 보내셨나요?
4. 가정환경은 어땠나요?
5. 가정에서 폭력을 목격한 적이 있나요?
6. 학대받은 적이 있나요?
7. 부모님 두 분 모두 함께 생활하셨나요?
8. 벌받은 적이 있나요? 어떤 벌을 받았나요?
9. 누군가 성적 행위를 한 적이 있었나요?
10. 성적 행위를 강요당한 적이 있었나요?

03　트라우마 영향 평가 대상

트라우마 영향 평가는 주로 ① 과정반응과 ② 증상반응에 대해 수행된다(Briere & Scott, 2013).

과정반응

과정반응$^{process\ response}$이란 평가과정에서 수집되는 내담자의 행동 특성을 말한다. 행동 관찰을 통해 수집되는 정보는 심리검사로 발견하기 어려운 것일 수 있다는 점에서 이점으로 작동하지만, 상담자의 경험과 주관성의 영향을 받을 수 있다는 점에서 표준화 검사보다 타당성이 떨어질 수 있다는 한계가 있다. 과정반응 정보는 보통 ① 활성반응, ② 회피반응, ③ 정서조절 문제, ④ 관계 문제로 구분된다.

활성반응. 첫째, 활성반응$^{activation\ reaction}$이란 유발 자극에 반응하여 갑작스럽게 나타나는 트라우마로 인한 감정, 기억, 의식을 말한다. 이는 트라우마로 인한 감각 재경험으로, 고통스러운 감정(공포, 불안) 형태로 나타난다. 이에 상담자는 초기면접에서 강렬한 활성반응이 발현되지 않도록 유의한다. 이를 위해 트라우마 경험에 관해 질문한 후, 생존자의 언어(반응 내용)·비언어 반응(표정, 시선, 목소리 톤, 호흡 등)을 주의 깊게 관찰한다.

특히, 유년기 성학대 생존자의 경우, 트라우마 경험에 관해 이야기하는 동안 감정, 자세, 시선, 표현의 논리성 등의 변화를 관찰한다. 최근에 트라우마를 겪은 내담자가 보통 수준의 활성반응을 나타내는 것은 좋은 징후다. 이는 트라우마 경험을 회피하지 않고 직면·처리하려는 의지가 있음을 암시하기 때문이다. 반면, 쉽게 유발되고 강도 높게 경험되는 활성반응은 심각한 트라우마 후유증으로, 침습 증상이 광범위한 환경 자극으로 인해 유발될 수 있음을 암시한다.

이에 비해, 만성 트라우마 상태에서 쉽게 유발되는 활성반응은 처리 과정이 부적절했음을 나타낸다. 복합적이지 않은 단일 트라우마는 흔히 시간이 지나면서 자연스럽게 해소된다. 이에 상담자는 트라우마 징후에 대한 내담자의 감정, 진술, 동작반응에 대한 세심한 관찰을 통해 ① 트라우마 후유증 수준, ② 해리 또는 회피반응을 통해 차단된 트라우마 재경험 수준에 관한 정보를 습득할 필요가 있다.

회피반응. 둘째, 회피반응$^{avoidance\ reaction}$은 자극의 방향에서 벗어나려는 시도로, 음성(예상된 활성보다 낮은) 증상에 속한다. 성폭행 피해 여성이 감정적 재반응이 없거나 적은 경우가 그 예다. 상담자는 내담자의 해리, 물질사용의 증거, 의도적 회피(예 사고 후 운전 기피) 등에 관한 정보를 수집할 필요가 있다. 낮은 수준의 활성화(저활성화)는 다양한 방어기제(① 감정 둔감화, ② 해리성 이탈, ③ 사고 억제, ④ 부인, ⑤ 중독 증상을 동반하지 않는 불안 완화제 사용)로 인해 발생할 수 있는데, 그 내용은 표 7-2와 같다(Briere & Scott, 2013).

표 7-2. 저활성화의 원인

방어기제	설명
1. 감정 둔감화	○ 심각한 트라우마 후유증의 결과로 트라우마 촉발 요인에 대해 낮은 감정반응을 보임
2. 해리성 이탈	○ 잠재적으로 심란하게 하는 자극으로부터 모호한 인지와 감정 분리 또는 이탈과 연관되지만, 현저한 해리 징후는 보이지 않음
3. 사고 억제	○ 감정적으로 혼란스러운 사고나 기억을 의식적으로 차단/억압함으로써, 대화 중 실수 또는 기억 결여를 보고함
4. 부인	○ 트라우마 사건은 인정하지만, 트라우마를 연상시키는 지각된 위협 또는 심각도를 낮추는 견해를 나타냄
5. 불안 완화제	○ 평가/상담 기간 동안 분명치 않지만, 상담 시간 전에 트라우마 촉발 요인에 대한 불안을 감소시키는 물질(예 알코올, 벤조디아제핀)을 사용함

　　저활성화가 특정한 메커니즘으로 인한 것임을 입증하기는 쉽지 않다. 예컨대, 트라우마 내담자가 정황상 나타낼 수 있는 수준의 심란함보다 낮은 경우, 스트레스 감내력이 높기 때문일 수 있다. 회피는 내담자가 트라우마 후유증으로부터 심리적 안정 확보를 위한 대처 반응이다. 이는 트라우마 초기에 침습 경험을 암시하는 증상으로, 증상 탐색에 유용하다. 그러나 정서 회피는 종종 극심한 트라우마 후유증, 트라우마의 만성화, 의학적 치료/상담 곤란 등의 문제를 초래한다. 숙련된 상담자는 미묘한 회피 기제에 대한 민감성을 통해 다양한 방어적 회피 전략을 구별할 수 있다. 이처럼 회피 징후는 관찰이 가능하다(표 7-3 참조).

표 7-3. 회피 징후

기제	설명
1. 해리	○ 멍한 상태로 한곳 응시, 일관성 없는 행동, 다른 정체성 상태인 것처럼 보임 ○ 이인증(예 유체 이탈 경험) 또는 비현실감(예 꿈속에 있는 것 같은 느낌)
2. 중독	○ 눈에 띌 정도로 물질에 취한 상태로 상담 시간에 나타남
3. 의도적 회피	○ 트라우마 증상의 의도적 회피군(침습사고/고통을 유발하는 사람, 장소, 상황 회피)과 일치하는 행동 ☞ 트라우마에 관한 논의 회피는 명백한 증거임

정서조절 문제. 셋째, 트라우마 생존자는 대체로 정서조절에 현저한 어려움을 나타낸다. 정서조절은 해리 또는 기타 회피에 의존하지 않는 고통을 내면적으로 감내하는 개인의 능력이다. 정서조절 문제는 초기 또는 극심한 트라우마 재경험 시에 발생하고, 고통 회피 증상(물질남용, 자살/자해 경향성, 충동행동, 성격장애 등)으로 이어질 수 있다. 이에 내담자는 트라우마 기억에 압도될 위험성이 있으므로, 상담자는 내담자의 정서조절 문제를 진지하게 받아들여야 한다. 평가과정에서 확인할 정서조절 문제는 글상자 7-9와 같다.

글상자 7-9. 평가 또는 상담과정에서 확인할 수 있는 정서조절 문제

> 1. 장기적인 물질 사용 또는 의존
> 2. 강렬한 정서적 상황에서의 갑작스러운 해리반응
> 3. 양극성 장애 또는 순환성 장애에 기인하지 않는 기분 변화
> 4. 매우 짧지만(매시간 측정됨), 자연스럽게 해결될 것으로 보이는 우울 삽화
> 5. 행동화, 자해/자살, 공격성, 혼란스럽거나 괴로울 때 보이는 갑작스러운 긴장감소행동(TRB)
> 6. 안정화 또는 긍정 정서로의 전환에 명백한 어려움을 보이는 갑작스럽고 극심한 정서적 고통

글상자 7-9에 제시된 징후가 정서조절 문제를 암시하는 경우, 상담자는 내담자의 ① 생애 초기의 심각한 아동학대 경험, ② 정서 불안이 특징인 경계성 성격장애 가능성을 평가한다. 치료적 개입은 고통스러운 감정을 조절하는 내담자의 능력에 따라 수행한다.

관계 문제. 넷째, 관계 문제에 관한 정보는 초기면접에서 상담 환경에 대한 내담자의 반응을 기초로 수집한다. 이런 정보는 내담자의 중요한 타인에 관한 이야기를 통해서도 수집할 수 있다. 일반적으로, 관계 문제에 관한 정보는 내담자의 대인표상을 비롯하여 관계의 인지 도식, 추측, 신념(관련 정서)의 기저에 있다. 이때 직면하는 관계 문제의 요소로는 ① 관계 위험성에 대한 경계, ② 유기불안, ③ 관계통제를 통한 자기보호 욕구, ④ 치료관계 형성·유지 능력이 있다.

☐ **관계 위험성에 대한 경계.** 첫째, 트라우마 생존자는 상처, 배반, 학대를 통해 신체·정서 위험성에 과민하게 반응할 수 있다. 심한 경우, 편집증적 반응으로 나타날 수 있는데, 그 예는 글상자 7-10과 같다.

글상자 7-10. 관계 위험성에 대한 경계의 예

> ○ 폭력 피해자는 상담자가 가해자와 연락하는 것에 민감할 수 있다.
> ○ 강간 피해자는 타인이 숨어 있을 만한 공간을 은밀히 점검할 수 있다.
> ○ 스토킹 피해자는 상담 후 누군가 자신을 따라올 것을 불안해할 수 있다.
> ○ 고문 피해자는 상담실에 고문 기구 또는 무기가 숨겨져 있는지 살필 수 있다.
> ○ 참전용사는 유사시 밖으로 탈출할 수 있게 출입문 가까이에 앉고자 할 수 있다.
> ○ 독재정권 국가의 난민은 상담과정이 통치 체제와 공모된 것인지 살필 수 있다.
> ○ 보이스피싱 피해자는 전화벨 소리에 민감해하거나 전화 통화를 두려워할 수 있다.

글상자 7-10에 제시된 관계 위험성에 대한 경계의 예는 트라우마 생존자의 임상적 표현은 아니다. 그렇지만 심각한 영향을 받지 않은 내담자라도 공격, 폭력, 부당한 비판 등의 잠재적 위험성에 과도하게 경계할 수 있다. 이런 태도는 상담자 질문의 의도, 적합성, 관련성,

또는 회기에서 수집한 정보의 사용 의도에 관한 질문으로 이어질 수 있다. 성 관련 트라우마와 인신매매 피해자는 남자 상담자의 부정 평가 가능성에 과민한 반응을 보일 수 있다.

☐ **유기불안.**　둘째, 유기불안[fear of abandonment]은 중요한 타인이 자신을 버리거나 떠날 것에 대한 두려움이다. 유년기에 방임/거부 경험이 있는 내담자는 평가면담에서 상담자에 대한 반응과 중요한 타인에 대한 묘사에서 버려짐 또는 거부에 민감한 반응을 보일 수 있다. 이들은 관계의 필요성 또는 건강 상태와 상관없이 유기 공포의 예측, 관계 상실, 거부 경험에 집착할 수 있다. 이들이 흔히 나타내는 유기불안의 단서는 글상자 7-11과 같다.

글상자 7-11. 유년기에 방임/거부 경험이 있는 트라우마 생존자의 유기불안 단서

1. 상담자에게 '들러붙거나' '의존/집착하는' 등의 애착을 보인다.
2. 상담 종결을 또 다른 형태의 버려짐으로 여겨 저항하거나 지레 거부한다.
3. 상담자의 불충분한 돌봄/지지 또는 상담 시간이 짧은 것에 분노/좌절감을 표출한다.
4. 자신의 어려움과 고통에 충분히 공감해 주지 않는다며 불만을 토로한다.
5. 상담자를 만날 수 없는 상황(例 개인적 응급상황, 휴가, 출장)이 생기는 경우, 유기 도식을 촉발하여 분노하거나 낙담한다.

　내담자의 유기불안 탐지는 쉽지 않다. 관계, 유기, 거부에 대한 회피는 주로 상담 후기에 감지된다. 이런 현상은 흔히 생애 초기의 학대(방임 포함) 경험이 있는 내담자들에게서 나타난다. 이들은 상담에서 한계에 직면할 때, 고통의 잠재적 원인을 반영하곤 하는데, 이런 근원적인 역기능적 도식은 정신의학적 치료나 심리상담의 중요한 목표가 된다.

☐ **관계통제를 위한 자기보호 욕구.**　셋째, 관계 상처로 무력감을 경험한 사람은 이후의 관계에서 상대방을 통제하려는 욕구 충족을 위해 애쓴다. 이는 종종 자율성에 대한 집착으로 나타난다. 즉, 자기 안전과 결정 확보를 위해 타인과의 상호작용에서 사소한 것까지 통제하려는 경향, 타인에 의한 통제, 인식 조작, 또는 영향에 대한 부정적인 반응을 보인다. 이런 경향성은 흔히 내담자를 통제하려는 권위 있는 인물과의 갈등을 유발한다. 통제욕구가 강한 내담자는 상담자와의 상호작용에서 자율성을 과잉 극대화하는 행동을 나타낸다. 끊임없는 말로 상담 회기를 지배/통제함으로써, 상담자가 언어적으로 자신에게 영향을 미치려는 시도를 원천적으로 차단하려는 시도가 그 예다.

　이 과정에서 내담자는 상담자의 중재를 무시하거나 자주 화나 짜증을 내기도 한다. 게다가 과거력에 관한 정보를 수집하려는 상담자의 정당한 시도를 자율성을 능가하려는 시도로 간주하여 질문의 핵심에서 벗어나는 답변을 하기도 한다. 이런 행동은 타인에 의해 재피해자화[revictimization]될 수 있음에 대한 두려움에서 벗어나고, 관계의 경직성과 강박적인 자기보호로 이어지는 감춰진 관계 불안을 반영한다. 잠재적 증거로 고려할 필요가 있는 관계통제 욕구

의 징후 과거력은 글상자 7-12와 같다.

글상자 7-12. 잠재적 증거로 고려해야 할 관계통제 욕구의 징후 과거력

> 1. 극도로 통제적 · 침습적 · 학대적인 양육자 과거력
> 2. 혼란스러운 아동기 환경과 연관된 생애 초기의 정서적 방임
> 3. 고문 또는 강제 감금 같은 지속적인 무기력이 특징인 후기 트라우마 경험

통제욕구가 강한 생존자를 평가면담과 상담으로 이끄는 것은 쉽지 않을 수 있다. 이 경우, 내담자의 관계통제 욕구를 다루기보다는 언어 · 비언어적으로 친근한 방식의 확인 작업이 오히려 더 효과적일 수 있다. 그러나 이 작업에는 상담자의 상당한 인내와 끈기가 요구된다.

☐ **치료적 관계 형성 · 유지 능력.** 넷째, 평가에는 내담자와 상담자의 치료적 관계가 요구된다. 관계 트라우마(아동학대, 강간, 고문, 동반자 폭력) 생존자는 아무리 안전하다고 여겨지는 사람이라도, 권위 있는 인물과의 친밀관계를 잠재적 위험으로 인식할 수 있다. 왜냐하면 상담자는 의도치 않게 내담자의 플래시백 또는 위협 관련 인식 또는 공포를 활성화할 수 있기 때문이다. 이런 이유로, 상담자는 내담자의 관계문제를 유발하는 요인과 전반적인 관계 형성 능력을 판별할 필요가 있다.

내담자의 관계 능력이 손상된 경우, 상담자는 트라우마 관련 내용이 더 명시적으로 진행되기 전에 다뤄야 할 신뢰, 경계, 안전에 대한 잠재적 어려움에 주의를 기울일 필요가 있다. 내담자의 회피, 공포, 분노 같은 반응은 트라우마 경험의 활성화를 초래하여 치료관계를 저해할 수 있다. 설령 학대 관련 과각성, 불신, 트라우마 재경험이 평가를 통해 설명되지 않더라도, 상담자는 판단보다는 존중, 안전, 자유를 촉진하고, 소통을 위해 노력해야 한다. 이를 위해 상담자에게 필요한 태도는 글상자 7-13과 같다.

글상자 7-13. 트라우마 생존자와의 치료관계 형성과 유지를 위한 상담자의 태도

> 1. 긍정적이고 비침습적 태도   4. 평가 목적과 과정에 대한 명확한 설명
> 2. 신뢰관계 형성과 유지   5. 평가 질문의 제한적 사용
> 3. 고통과 상황에 대한 공감적 이해   6. 비밀유지에 대한 명확한 경계 설정

글상자 7-13에 제시된 상담자의 태도 외에, 상담자는 전문가의 품위를 손상하거나 캐묻는 느낌이 들게 하는 질문 사용을 지양하는 한편, 적절한 속도감으로 내담자의 자기개방을 돕는다. 평가과정에서 내담자의 상황을 인정 · 존중하고 있음을 소통할 수 있을 때, 내담자는 불안/공포를 유발하는 트라우마 경험과 증상에 더 잘 준비할 수 있게 된다.

증상반응

증상반응^{symptom response}이란 평가과정에서 내담자가 나타내는 신체 문제 또는 정신장애의 특징적 상태를 말한다. 트라우마 평가의 목표는 내담자의 정신 상태와 심리적 기능 수준을 측정하고, 트라우마 경험 관련 증상을 탐색·확인하는 것이다. 트라우마 생존자 평가 과정에서 상담자가 평가해야 할 사항은 글상자 7-14와 같다.

글상자 7-14. 트라우마 생존자에 대한 평가 요소

1. 자기돌봄 능력 저하 상태	5. 물질 남용 또는 중독
2. 자해/자살 충동과 행동	6. 성격장애 여부
3. 타인에 대한 잠재적 위협	7. 변성된 의식/정신 기능(치매, 섬망, 혼돈, 의식손상 등)
4. 기분장애 증상(우울, 불안, 분노 등)	8. 정신병 증상(환각, 망상, 극심한 사고장해, 극도로 와해된 행동, 음성 증상)

다양한 출처(내담자, 중요한 타인, 외부 기관, 양육자)로부터의 정보를 비롯하여, 접수면접 정보는 진단과 치료적 개입의 기초가 된다. 그러나 현재 내담자의 문제가 트라우마를 잠재적으로 포함하는 경우, 전형적인 정신상태와 증상 검토만으로는 중요한 정보를 놓치기 쉽다. 심각한 트라우마를 겪은 사람들(특히, 폭력 피해자)은 직접 질문을 하지 않는다면, 트라우마 과거력 또는 후유증에 관해 개방하지 않을 수 있다. 이에 이 영역에 관한 구체적이고 세밀한 면접이 수행되어야 한다. 트라우마 관련 장애 발생 가능성이 있는 경우, 평가 면접에서 고려해야 할 포괄적인 탐색 요소는 표 7-4와 같다.

표 7-4. 트라우마 관련 증상에 대한 평가 면접에서 고려해야 할 탐색 요소

영역	탐색 요소
1. 트라우마 후 스트레스 증상	○ 플래시백, 악몽, 침습적 재경험(침습 사고, 기억 등), 회피 증상(트라우마 경험을 떠올리는 자극 회피행동 또는 인지적 시도) 또는 정서적 마비 ○ 불면 또는 수면시간 감소, 근육긴장, 과민성, 불안, 변덕스러움, 과각성 증상(주의집중 곤란)
2. 해리반응	○ 이인증 또는 비현실감, 해리성 둔주, 멍한 상태 또는 인지·정서 이탈, 기억상실 또는 시간 상실, 정체성 변화 또는 혼란
3. 물질남용	○ 알코올을 비롯한 기타 불법 물질
4. 신체화장애	○ 전환반응(마비, 무감각증, 시력/청각 소실), 신체화 증상(신체증상장애에 대한 과몰입), 심인성 통증(골반 통증, 또는 의학적으로 설명되지 않는 만성통증)
5. 성 문제	○ 성적 고통(성기능부전 또는 고통), 성적 두려움 및 갈등

6. 인지 문제	○ 낮은 자존감, 무력감, 무망감, 과도한/부적절한 죄책감, 수치심, 환경의 위험 수준에 대한 과대평가 ○ 가해자에 대한 이상화 또는 가해자의 행동에 대한 부적절한 합리화/정당화
7. 긴장 감소 활동	○ 자해, 폭식/구토, 과도한/부적절한 성행동, 강박적 도벽, 충동적 공격성
8. 정신병적 반응	○ 트라우마로 인한 인지 저하/연상 이완, 환각(트라우마 사건과 일치), (편집증적) 망상(트라우마 사건과 일치)
9. 문화특이적 반응	○ 불안, 신경 발작, 다른 국가/문화권에 속하는 개인의 평가에서 적용됨

　표 7-4에 제시된 요소는 만성 트라우마(예 아동학대/고문 생존자)에 적합하더라도, 특정 트라우마 증상(예 교통사고 생존자) 진단에 필요한 것보다 더 포괄적이다. 트라우마로 인한 해리 증상과 재경험에 대한 평가는 증상이 기괴하거나 심지어 정신병적 증상으로 보일 수 있다. 재경험과 해리는 의식 수준과 주변에 대한 인식 수준의 변화를 포함하고, 언어적으로 설명하기 어렵다는 특징이 있다. 임상 면담에서 이런 증상의 탐색을 위한 질문의 예는 표 7-5와 같다.

표 7-5. 임상 면담에서 증상별 탐색질문의 예

증상	탐색질문
1. 악몽	○ 기분이 나빠지거나 놀라는 꿈을 꾸곤 하나요? 어떤 꿈을 꾸나요? ○ 당신에게 일어난 좋지 않은 일에 대한 꿈을 꾼 적이 있나요?
2. 플래시백	○ 트라우마 이미지가 갑자기 머릿속에 떠오른 적이 있나요? ○ 과거에 겪었던 일이 머릿속에 떠오른 적이 있나요? ○ 트라우마 사건이 여전히 일어나고 있다는 느낌이 든 적이 있나요? ○ 트라우마 사건을 재경험하는 것 같은 느낌이 든 적이 있나요? ○ 그 일이 일어난 이후, 가해자의 목소리가 들린 적이 있나요? ○ 트라우마 사건과 관련된 소리가 들린 적이 있나요?
3. 침습사고	○ 트라우마 사건에 관한 생각이 자주 떠오르나요? ○ 머릿속으로 트라우마 사건이 떠오르지 않는 때가 자주 있나요? ○ 그 일에 관한 생각 때문에 다른 일에 집중하기 힘든가요? ○ [불면증 관련] 밤에 잠들기 힘들게 하는 생각이 있나요?
4. 이인증	○ 자신이 몸 밖에 존재하는 것 같은 느낌이 든 적이 있나요? ○ 몸의 일부를 인식할 수 없거나 크기나 모양이 바뀐 것 같은 느낌이 든 적이 있나요? ○ 몸 밖에서 당신에게 일어나는 일을 지켜보고 있는 것 같은 느낌이 든 적이 있나요?
5. 비현실감	○ 마치 꿈 또는 영화 속에 살고 있는 느낌이 든 적이 있나요? ○ 주변 사람 또는 물건이 진짜가 아닌 것 같은 느낌이 든 적이 있나요?
6. 둔주	○ 멀리 떨어진 곳에 있음을 깨닫고, 어떻게 그곳에 왔는지 몰라 당황한 적이 있나요? ○ 의식하지 못한 채, 집에서 멀리 떨어진 곳에 있었던 적이 있나요?

7. 인지 · 정서 이탈	○ 가정/직장에서 '멍한 상태'로 무엇을 하고 있는지 잊어버린 적이 있나요? ○ 당신이 멀리 떨어져 있는 것 같다는 말을 다른 사람에게서 들은 적이 있나요?
8. 기억상실/ 시간감각 상실	○ 삶에서 거의 또는 전혀 기억나지 않는 중요한 일들이 있나요? ○ 짧은 몇 분 동안 '마음이 딴 곳에 가 있는' 상태를 겪고 나서 상당히 시간이 지난 것을 깨달은 적이 있나요?
9. 정체성 변화	○ 다른 사람들이 때로 당신이 다른 사람처럼 행동하거나 다른 이름을 사용한 적이 있다는 말을 들은 적이 있나요? ○ 당신 안에 다른 사람(들)이 있는 것 같은 느낌이 든 적이 있나요?

표 7-5의 악몽 증상에서 내담자는 자신의 트라우마 경험과 직접적으로 관련이 없는 악몽을 보고하지 않을 수 있다. 이런 점에서 해당 사건에 관한 악몽을 꾸는지를 묻는 것만으로는 탐색이 충분하지 않을 수 있다. 예컨대, 성폭행 피해자는 사건에 대한 악몽을 꾸지 않지만, 어두운 골목길에서 쫓기거나 동물이나 귀신에게 공격당하는 꿈을 꿀 수 있다. 또한 플래시백의 경우, 이 개념의 의미를 잘 알지 못하는 내담자가 있을 수 있으므로, 표 7-5에 제시된 것 같은 구체적인 질문이 필요하다. 그리고 일부 내담자는 특정 생각에 사로잡히게 하는 주된 원인 또는 예기치 않은 자아이질적$^{ego-dystonic}$ 사고나 침습사고를 보고한다는 점에서 인지 증상 탐색이 필요하다. 해리는 생존자가 타인에게 표현하기 어려울 수 있는 내면과정이라는 점에서 표 7-5에 제시된 해리 경험에 관해 탐색할 필요가 있다.

04 구조화된 면접

내담자에 대한 정확한 평가는 상담의 방향 설정에 필수적이다. 더욱이, 구조화된 면담은 평가의 정확성을 높일 수 있다. ADIS-5 또는 CAPS 같은 검사는 내담자에 관한 정보수집에 한계가 있는 경우에 유용하다. 이런 도구 사용 시, 질문의 어투가 편안할수록 내담자와의 신뢰 형성과 감정 공유가 더 쉬워진다. 구조화된 평가는 내담자의 증상 파악을 위한 확실한 근거 수집에 유용하다. 그러므로 사전에 내담자에게 평가도구를 사용할 거라고 안내한다. 이는 내담자가 평가를 신뢰하고, 상담자에 대한 신뢰 형성에 도움을 준다.

트라우마 관련 정보수집(병력 포함)은 상담자의 핵심 과업이다. 상담 시작 전에 너무 깊게 들어가 트라우마 기억이 과도하게 노출되지 않도록 유의하되, 내담자의 트라우마 경험을 이해할 충분한 정보를 수집한다. 이는 치료계획 수립과 방향 설정에 도움을 준다. 특히 DSM 진단 기준의 충족 여부를 판단하는 것은 전형적인 트라우마를 겪었거나 DSM 기준을 충족하지 않는 사건을 겪은 내담자가 겪는 고통에 차이가 있다는 점에서 중요하다.

그러나 트라우마 사건에 대한 평가만으론 충분치 않고, 내담자의 증상이 진단 기준을 충족하는지에 대한 임상적 판단이 필요하다. 특히, PTSD 진단 기준을 충족하는 내담자에 대한 치료적 접근은 그렇지 않은 내담자와 다를 수 있기 때문이다. 트라우마 상담에서 내담자의 신체 상태에 대한 평가는 필수다. 흔한 건강 문제로는 두통, 과민성 장 증후군, 만성통증 등이 있다. 이런 문제는 불안과 상호작용하거나 기저의 불안이 영향을 주고 있을 수 있다("상담을 통해 고통이 사라진다면, 이는 고통이 '모두 내 뇌에서 비롯된다'는 걸 의미한다.").

트라우마 상담의 필요성 평가

상담자는 생존자가 경험한 트라우마가 과거에 있었던 것이기 때문에 계속되는 위협이 없다고 가정할 수 있다. 그러나 대인 폭력은 흔히 생존자의 생존반응을 초래함으로써, 치유를 어렵게 할 수 있다. 트라우마 상담의 필요성은 생존자에 따라 다양하다. 그 이유는 글상자 7-15와 같다.

글상자 7-15. 트라우마 상담/의학적 치료의 필요가 생존자마다 다양한 이유

> 1. 사건 발생 후, 인지적 적응과 통합 과정을 거쳐 정서 반응과 증상이 호전될 수 있지만, 부적절한 시기의 상담은 회복의 흐름을 저해할 수 있다.
> 2. 트라우마 사건을 겪은 사람의 상당수는 후유증을 겪지 않는데, 설령 후유증이 있더라도 상담을 받아야 할 정도로 심각하지 않을 수 있다.
> 3. 신체 부상이 있는 생존자에게는 의료적 처치가 우선되어야 한다.
> 4. 적절한 쉼터, 의류, 음식은 재난 생존자들에게 우선되어야 한다.
> 5. 가정폭력 피해자는 가해자로부터 안전하게 지낼 장소 확보가 우선되어야 할 수 있다.

급성 스트레스 상황에서 시기적으로 너무 이른 치료는 침습적이고 더 긴급한 문제에 대한 주의를 흐려, 생존에 반하는 것으로 보일 수 있다. 예컨대, 2001년에 발생한 9·11 테러사건 이후의 일화적 보고에 의하면, 피해자와 가족들이 가장 직접적으로 고마움을 느낀 서비스는 생존자와 그 가족들을 찾아와 전하는 위로의 말 한마디, 사회기관에의 의뢰, 정서적 격려, 도넛, 커피, 담요, 재난 현장 지원 등 사람의 접촉과 따뜻함이었다(Briere & Scott, 2013).

그런가 하면, 치료적 개입이 필요하지 않다거나 원치 않는다고 하는데도, 상담자들이 생존자들에게 트라우마 관련 자료를 전달하고, 트라우마 처리를 강요한 것에 대한 불만의 목소리도 있었다. 이 경우, 개입의 효과를 더 부정적으로 평가했다(Briere & Scott, 2013). 이러한 사례를 고려하건대, 정신건강 전문가들은 급성 스트레스 생존자들에게 '치료적' 서비스 제공에 집착하지 않아야 한다. 오히려 이들에게 제공되어야 할 기본적인 서비스는 가족·지인과의 접촉, 정서적 지지, 사회적 연대일 수 있다. 급성 스트레스에 대해 공식적인 상담 또는 의학적 치료가 필요한 조건은 글상자 7-16과 같다.

글상자 7-16. 급성 스트레스에 대해 공식적인 상담 및/또는 의학적 치료가 필요한 조건

> 1. 평가 결과에 심각한 심리적 문제가 나타난다.
> 2. 심각한 음식, 쉼터, 의료적 문제가 없거나, 통제하에 있다.
> 3. 생존자가 치료 · 상담받기를 원한다.
> 4. 임상적으로 유의한 증상이 1~2주 이상 지속되었다.

　글상자 7-16에 제시된 목록은 단순히 참고를 위한 것이다. 급성 스트레스 생존자가 고통을 겪고 있는 상태에서는 조기 개입이 도움이 될 수 있을 것이다. 그러나 생존자는 증상을 부인하거나 의학적 치료 및/또는 심리상담을 적극적으로 거부할 수도 있다. 트라우마 생존자에게서는 후유증으로 정서 · 행동 회피가 빈번히 나타나기 때문이다. 압도적인 사건과 관련한 충격과 둔감화는 피해자 내면에 대한 접근을 차단할 수 있다. 일부 생존자는 부정적 정서에 압도되어 급성 스트레스 증상을 활성화하는 대화를 의도적으로 회피할 수 있다. 또한 자신의 증상과 트라우마 자체로 인해 당황스럽거나 놀랄 수 있어서, 트라우마 경험의 공개를 꺼릴 수 있다. 그런가 하면 시간이 가면 트라우마 증상은 저절로 없어질 거라고 기대할 수 있다.

　정신의학적 치료 또는 심리상담에의 참여 여부에 대한 결정권은 생존자에게 있다. 증상이 현저한 사람이라도 치료나 상담을 원치 않는다면, 강요는 바람직하지 않다. 그렇지만 최소한 정신건강 전문가가 생존자와 증상의 정도, 의학적 치료/심리상담의 이점, 치료와 상담의 저해 요소를 해소할 방안 등을 조심스럽게 논의하는 건 적절하다. 만일 트라우마 생존자가 치료/상담 참여를 거부한다면, 강요하지 않는 대신, 고려할 수 있는 대안은 글상자 7-17과 같다.

글상자 7-17. 트라우마 치료/상담 서비스 제공에 대한 대안

> 1. 구두 또는 문서로 트라우마로 인해 발생할 수 있는 영향에 대한 설명과 향후 전문적 도움에 관한 정보를 제공한다.
> 2. 1개월 이내에 면담 약속을 하고, 서면 약속을 기록하는 후속 조치를 한다.
> 3. 사전 승인 후, 적어도 1회 생존자의 근황을 묻는 후속 전화, 문자, 이메일을 보낸다.
> 4. 생존자의 허락과 서명이 날인된 정보공개 동의서와 함께 1인 또는 그 이상의 중요한 타인(배우자, 가족, 교사, 연인 등)과 만나 생존자의 근황을 알아보고, 치료/상담 서비스 제공의 가능성을 논의한다.
> 5. 가능한 약물치료에 대해 정신건강 전문의 또는 다른 의료 실무진에게 의뢰한다.

05 심리검사

심리검사[psychological test]는 개인의 심리적 특성을 파악하기 위해 도구를 사용하여 양적 또는 질적으로 측정·평가하는 일련의 절차다. 트라우마 생존자의 객관적인 트라우마 영향 평가를 위해서는 일련의 심리검사 사용된다. 이때, 트라우마 영향 평가를 위해 흔히 사용되는 심리검사로는 ① 임상가 시행 PTSD 척도(CAPS), ② 불안장애 면접계획(ADIS-IV), ③ 섭식태도검사(EAT), ④ 벡 우울척도(BDI), ⑤ 아동우울척도(CDI)가 있다.

임상가 시행 PTSD 척도

첫째, 임상가 시행 PTSD 척도[Clinician-Administered PTSD Scale](CAPS)는 블레이크 등(Blake et al., 1995)이 개발한 구조화된 임상면접 도구로, 죄책감, 해리 증상 등을 파악할 수 있다. 이 척도는 수검자가 DSM에서 정의한 트라우마로 고통을 겪고 있는지와 PTSD 진단 기준의 충족 여부를 판단하기 위한 정보를 얻을 수 있는 문항들로 구성되어 있다.

불안장애 면접계획

둘째, 불안장애 면접계획-5[Anxiety Disorders Interview Schedule for DSM-5](ADIS-5)는 브라운 등(Brown et al., 2014)이 개발한 PTSD의 공존장애(우울장애, 불안장애, 물질사용장애 등) 평가를 위한 구조화된 면접 도구다. 이 도구는 많은 시간이 소요된다는 한계가 있다. 이에 검사 소요 시간을 줄이기 위해서는 사례와 상관이 높다고 판단되는 문항만을 선별하여 사용할 수 있다. 예컨대, CAPS로 PTSD를 평가했다면, ADIS-5의 PTSD에 관한 문항은 생략해도 된다. ADIS-5는 평가 시점에 주기적으로 복용하는 처방약물이 있는지, 신체 문제가 있는지를 묻는 문항들이 있다. 해당 사항이 없는 경우, 이런 문항은 건너뛰어도 된다. ADIS-5에는 섭식장애 평가를 위한 문항은 없다. 다수의 여성 PTSD 환자들이 공존 장애로 섭식장애를 가지고 있다는 점에서 섭식장애를 평가할 수 있는 추가 도구[예 섭식태도검사(EAT)]를 사용할 수 있다.

섭식태도검사

셋째, 섭식태도검사[Eating Attitude Test](EAT)는 가너 등(Garner et al., 1988)이 섭식장애 여부를 평가하기 위해 개발한 측정 도구다. 이 검사는 실시가 쉽고 간단한 선별도구로 유용하다. 이 검사에서 점수가 높은 경우, 더 정밀한 섭식장애 평가가 요구된다.

벡 우울척도

넷째, 벡 우울척도[Beck Depression Inventory](BDI)는 벡 등(Beck et al., 1988)이 우울증을 측정하기 위

해 개발한 자기보고식 검사로 총 21개 문항으로 구성되어 있다. 각 문항은 기분, 염세주의, 실패감, 불만족, 죄책감, 수벌감受罰感, 자기혐오, 자기비난, 자벌원망自罰怨望, 울고 싶은 기분, 초조감, 사회적 위축, 미결정, 신체상, 일의 억제, 수면장애, 피로, 무식욕, 체중감소, 신체 선입감, 리비도 결여를 측정한다. BDI에서는 수검자의 기분 상태를 잘 기술하는 정도에 따라 0~3점으로 답하게 되어 있다. 총점의 범위는 0~63점이고, 점수가 높을수록 우울 정도가 심하고, 다양한 우울 증상을 보이는 것으로 해석된다. BDI는 실시가 편하고 채점과 해석이 편리하다는 이점이 있다. 이 척도는 성인용 외에, 7~17세 아동 청소년 대상의 아동우울척도(CDI)도 있다.

아동우울척도

다섯째, 아동우울척도Children's Depression Inventory(CDI)는 아동 · 청소년의 인지 · 정서 · 행동 증상을 측정하는 5개 범주(① 우울 정서, ② 행동 장해, ③ 흥미 상실, ④ 자기비하, ⑤ 생리적 증상)로, 총 27개 문항으로 구성되어 있다. 각 문항은 0~2점까지 평정하며, 채점 가능 범위는 0~54점이다. 이 척도는 성인용과 마찬가지로 점수가 높을수록 우울 정도가 심하다고 해석한다.

 ## 트라우마 상담 사례개념화

사례개념화case conceptualization는 상담 이론을 적용하여 내담자 문제를 정의하고, 발생 원인에 대해 가설적 설명을 하며, 이를 토대로 상담 목표, 계획, 전략을 수립하고, 기대 효과를 기술하는 일련의 작업이다. 이렇게 완성된 결과는 상담자가 내담자와 함께 작업을 해 나가기 위한 일종의 로드맵road map이 된다. 이 치료적 로드맵은 7개 영역(① 증상과 진단, ② 아동기 경험과 발달 특성, ③ 대인관계 문제, ④ 생물학적 · 유전적 · 의학적 요인, ⑤ 강점, ⑥ 자동사고 · 정서 · 행동 패턴, ⑦ 기본 스키마)으로부터의 정보를 통합하여 구성한다. 여기서는 트라우마 상담의 사례개념화에 흔히 사용되는 모델과 증거기반 사례개념화에 관해 살펴보기로 한다.

사례개념화 모델

트라우마 상담에서 사례개념화는 ① 법칙정립모델과 ② 개별기술모델이 사용된다. 법칙정립모델nomothetic model은 다수의 사람에게서 수집한 자료를 종합하여 보편적 법칙, 즉 문제의 공통 원인을 가정한 문제 개념화에 중점을 두는 반복 사용이 가능한 접근이다. 반면, 개별기술모델idiographic model은 개인에 관한 집중 연구를 강조하는, 반복 사용이 가능하지 않은 접근이다. 법칙정립모델은 확실한 경험적 증거가 있고, 상담전략을 제시해 주며, 상담의 방향을 제시해 준다는 이점이 있지만, 구체적인 방법을 안내해 주지 못하는 한계가 있다.

이런 이유로 이 모델만으로는 개별 내담자의 트라우마 증상을 유지하는 자극, 생각, 행동 확인이 쉽지 않다. 이에 트라우마 회복을 위해서는 개별기술모델에 근거한 개인의 독특한 트라우마 후유증에 맞춘 상담전략과 과정을 관찰할 계획 수립이 요구된다. 또한 상담이 계획대로 진전되지 않는 경우를 대비하여 상담전략 수정을 위한 개별기술공식이 필요하다. 트라우마 상담의 사례개념화는 증거기반실천(EBP)을 원칙으로 한다.

증거기반 사례개념화

사례개념화의 목적은 내담자의 문제를 설명하고, 치료(처치)목표와 계획 수립 및 기대효과를 설명하는 것이다. 복합적인 문제가 있는 경우, 내담자의 다양한 정보를 통합하는 일은 쉽지 않다. 문제의 원인 설명을 위한 가설이 많고, 사례의 제반 측면을 포괄하여 설명하기 어렵기 때문이다. 그러나 사례개념화를 체계적으로 작성한다면, 이 과정을 더 간편하게 할 수 있는데, 그 절차는 글상자 7-18과 같다.

글상자 7-18. 사례개념화 개발 절차

1. 유용한 형식으로 평가 정보를 조직화한다.
2. 작업가설^{working hypothesis}(관찰과 법칙정립모델에 기반한 내담자의 문제에 관한 잠정적 설명)을 세운다.
3. 사례개념화에 기초하여 상담목표를 설정하고, 계획을 수립한다.
4. 지속적인 평가를 통해 상담의 진전 상태 또는 사례개념화와 계획을 수정한다.

평가정보의 요소. 평가정보의 요소로는 ① 인적사항, ② 문제목록, ③ 진단, ④ 강점·자산이 있는데, 그 내용은 표 7-6과 같다.

표 7-6. 평가 정보의 구성요소

구성요소	설명
1. 인적사항	○ 이름, 나이, 성별, 인종, 결혼상태, 생활환경, 직업, 고용 상태 등
2. 문제목록	○ 증상, 대인 기능, 직업기능, 건강·재정·법적 상태 등
3. 진단	○ 기준이 충족되는 모든 진단을 내림
4. 강점·자산	○ 상담과정에서 내담자의 강점, 장점, 자산을 파악함

표 7-6에 제시된 문제목록에서 내담자가 자신의 트라우마 증상을 처음에는 문제로 보지 않았다는 것을 인식하게 할 필요가 있다. 이에 문제목록에 내담자가 처음에는 인정하지 않았던 문제를 포함한다. 또한 트라우마 자극 회피에 능숙한 내담자는 PTSD 진단 기준을 피할 수 있다. 그러므로 PTSD 증상 열거는 실행 가능한 가설로 내담자의 증상을 설명할 수 있는 단서가 되기도 한다.

작업가설 설정. 사례개념화에 기반한 작업가설^{working hypothesis} 설정 절차는 다음과 같다. 첫째, 작업가설은 경험적 연구로 입증된 법칙정립모델을 기반으로 설정한다. 이는 임상적 판단 오류 최소화에 도움을 준다. 트라우마 관련 장애가 있는 경우, 법칙정립모델, 경계성 성격장애, 신경성 폭식증, 그리고 이외의 것들을 통합적으로 사용한다. 작업가설 설정에 앞서, 관련된 법칙정립모델 모두를 참고한다. 관련된 법칙정립모델을 구체화하기 위한 첫 번째 자원은 진단 목록이다. 그러나 진단기준을 충족하는 장애가 있는 경우에만 관련된 법칙정립모델이 필요한 건 아니다. 경계성 성격장애의 생물사회모델은 이 장애의 진단 기준을 충족하지 않는 복합 PTSD 내담자 이해에 유용하다. 이런 점에서 진단 목록은 개별 사례개념화 개발에 활용할 단순한 범주다.

트라우마 생존자의 사례개념화를 개발하는 경우, 트라우마 결과에 중점을 두고 초기 가설을 세운다. 사례개념화 역시 트라우마에 근거하고, 사건에 대한 반응은 다양한 문제 이해에 핵심 역할을 한다. 예컨대, 인지행동치료(CBT)에서는 트라우마 관련 자극, 사고, 정서 회피 및/또는 트라우마에 따른 인지·행동·정서적 후유증 대처 과정에서 문제가 발생한다고 가정한다. 이 경우, 우울 증상은 불안 억제를 위한 사회적 상호작용 제한에 따른 회피행동의 결과로 개념화한다. 또는 PTSD에서 회복되지 못할 거라는 절망감이나 자신의 손상 때문에 관계 형성이 어려울 거라는 신념의 결과로 개념화할 수 있다. 마찬가지로, 트라우마 후에 나타나는 섭식장애는 자기가치^{self-worth}가 손상을 입었다고 느끼는 여성이 체중을 줄임으로써 자존감을 높이려는 것으로, 여성의 자기감^{sense of self} 증진을 위한 문화적 대처 방법으로 개념화할 수 있다. 만일 섭식장애 행동이 트라우마 사건에 대한 기억 같은 단서 회피를 가능하게 한다면, 회피 전략으로 개념화한다.

트라우마 사건에 따라서는 다른 장애의 발생 후에 일어난다. 이 경우, 다른 장애는 PTSD로 이어질 가능성을 높일 수 있다. 게다가, 이 장애로 나타난 회피 대처는 PTSD를 유발할 수 있다. 더욱이, PTSD는 이전부터 있었던 장애의 유지에 기여할 수 있다. 예컨대, 우울증이 있었던 트라우마 생존자는 심각한 교통사고를 당한 후, 트라우마 경험에 관한 질문을 피하기 위해 사회적 접촉을 회피했고, 더 고립되었고, 더 우울해질 수 있다. 이 경우, 트라우마 생존자에 대한 주 진단이 PTSD이고 다른 장애가 공존한다면, 상담은 일차적으로 PTSD에 초점을 맞춘다. PTSD가 성공적으로 해소되면, 삶의 다른 영역도 개선될 수 있기 때문이다. 만일 PTSD를 먼저 다루지 않는다면, 다른 장애의 호전은 어려울 수 있다. 그러나 다른 장애가 주 진단이라면, 상담의 초기 방향은 해당 장애에 초점이 맞춰져야 한다. 작업가설은 임시적이고 초기의 법칙정립모델에 기초한다. 가설의 정확성을 검증하고 자료에 근거해 수정하려면, 상담을 진행하면서 수시로 평가해야 한다.

처치계획 수립과 작업가설 검증. 증상이 명확한 내담자는 법칙정립모델을 적용한다. 즉, 법칙정립모델에 따라 가설을 수립하고, 효과가 검증된 방법을 적용한다. 처치계획^{treatment plan}(흔히 '치료계획'으로 불림)에는 ① 내담자가 명시한 목표, ② 내담자가 동의한 초기목표, ③ 장기목표가 포함된다. 내담자는 종종 자신에게 트라우마가 있음을 인식하지 못한다. 이들은 단지 자신이 겪고 있는 문제만을 설명할 수 있다.

이에 초기상담 목표는 정서조절 기술 습득을 비롯한 상담의 진전을 방해하는 장애물 제거에 초점을 둔다. 예컨대, 부부 갈등이 있는 내담자의 경우, 트라우마 증상이 부부관계에 미치는 영향에 관해 말하기를 주저할 수 있다. 이 경우, 초기상담 목표는 부정 정서(분노) 조절 기술 학습과 심리교육으로 세울 수 있다. 장기목표는 처리할 트라우마 목록을 작성하여 평가 결과에 따라 수립한다. 내담자의 트라우마(심각한 교통사고) 처리를 위한 목록의 예는 그림 7-1과 같다.

☐ 인적사항
- 김○○, 여, 41세, 기혼(재혼), 대졸
- 남편(43세, 중소기업 회사원, 대졸) · 아들 1명(중 3)과 함께 거주
- 타인(남편 포함) 불신
- 여가 활동(걷기, 대부분 중단했고 혼자 시간을 보냄)

☐ 문제목록
- 침습사고와 기억 관련 증상 재경험
- 타인(남편 포함) 불신
- 불안전감으로 인해 외출을 꺼림
- 의심(편집증적 사고, 감시받는 느낌, 타인 불신, 통화 내역 등)에 많은 시간을 보냄
- 잦은 기분 변화
- 외로움, 고립감(말동무가 없음), 배신 외상으로 관계 형성에 대한 예기불안

☐ 진단
- 외상후 스트레스장애(PTSD)
- 사회불안장애(SAD)
- 경계성 성격장애(BPD)

☐ 법칙정립 공식
- 변증행동치료(DBT)를 위한 경계성 성격장애(BPD)의 생물사회모델
- PTSD와 사회불안장애(SAD) 해소를 위한 인지행동치료(CBT)

☐ 작업가설
내담자는 수치심/죄책감으로 아동기 트라우마에 관해 밝히기를 꺼리는 것으로 추정됨. 이전에 해당 사건에 관해 말한 후, 부당한 반응을 경험했을 수 있고, 이 경험이 트라우마에 관한 이야기를 주저하게 되는 데 영향을 주는 걸로 판단됨. 트라우마 사건 관련 사고, 기억, 자극 회피는 증상 재경험과 과각성의 원인이 되었을 것임. 또한 트라우마 사건과 관련된 부정사고(자기가치에 대한 부정 평가, 자기비난 등)가 사회불안의 원인이 되었고, 트라우마 기억의 회피에 영

향을 주었을 것임. 감정이 자신의 통제권 밖에 있는 것 같다는 내담자의 설명을 고려하면, 정서조절장애는 아동기의 역기능적 가정환경에서 비롯되었고, 이는 트라우마와 관련된 수치심과 자기비난에 영향을 주었을 것으로 보임. 또한 편집증적 사고는 과각성과 배반 트라우마의 상호작용으로 발달했을 수 있음. 외출을 꺼리는 이유는 범불안이 원인일 것으로 추정됨.

상담자는 내담자와 상담을 위한 작업가설을 협의했고, 타인의 부적절한 반응이 고통의 원인일 수 있다고 설명했음. 또한 내담자가 밝히기를 꺼리는 어린 시절의 경험을 비롯하여 '나쁜 일'을 경험했기 때문에 세상이 안전하지 않다고 느끼고, 사람을 믿기 힘들어하는 것은 이해할 수 있으며, 어린 시절에 겪은 나쁜 일이 강한 정서반응을 유발할 수 있다고 설명했음. 내담자의 감정반응이 안전하지 않다고 느끼거나, 어떻게 대처해야 하는지 사람들이 가르쳐 주지 않는다면, 감정반응은 지속할 수 있다는 점도 설명해 주었음.

또한 지금처럼 그대로 있게 된다면, 내담자의 감정은 계속해서 극단적인 상승·하락 패턴으로 이어질 수 있고, 스스로 감정기복이 심한 사람이라는 느낌이 들게 될 것임을 말해 주었음. 이에 내담자는 감정기복 완화와 PTSD 치료가 자신에게 필요한지 알아보기 위해 심리교육을 받는 것에 동의했음. 상담자는 내담자의 사회불안장애(SAD)가 PTSD와 관련된 죄책감과 수치심이 매개한다고 보고 있음. 이런 이유로 내담자의 SAD가 PTSD의 치료적 개입에 효과가 있을 것으로 기대함. 따라서 SAD 치료를 위한 CBT 적용은 PTSD 치료 이후 재평가 시점으로 연기했음.

☐ 상담계획

PTSD 치료 시, 3단계로 목표를 세우는 것이 유용함. 첫 번째 목표는 "상담에서 얻고자 하는 것이 무엇인가요?"라는 평가 중의 질문에 내담자가 답한 것임. 두 번째 목표는 평가와 작업가설에 기초하여 내담자와 함께 결정한 초기상담 목표임. 여기에는 장기목표로의 진전에 도움이 되는 기술이 포함됨. 목표와 관련된 상담전략을 참고할 수 있도록 목표와 함께 관련 상담전략을 적어 놓았음. 세 번째 장기목표는 상담자가 작업가설에 기초하여 상담에 수반될 필요가 있다고 믿는 걸로 구성함(*장기목표에 대한 동의는 초기상담 목표를 설명하는 동안 이뤄지는 경우가 일반적임).

☐ 평가 중 내담자가 밝힌 목표

- 편집증적 사고 감소
- 혼자 운전하여 쇼핑 가거나 가족과 함께 더 먼 여행하기
- 외로움 감소
- 정서조절(특히, 분노)

☐ 초기상담 목표와 관련된 전략

상담 목표	상담 전략
1. 정서가 '통제를 벗어나는' 방식 이해 및 정서 조절 방법 습득	1. 심리교육, 생물사회모델, 정서·이성의 균형, 정서의 기능, 정서조절 기술 습득, 자기타당화, 마음챙김, 수용, 주의전환, 이완, 즐거운 활동 계획 등
2. PTSD의 정의와 지속 요인 이해 및 상담 결정 돕기	2. PTSD에 관한 심리교육
3. 트라우마 경험에 더 많이 노출하고, 상담자 신뢰 돕기	3. 교육, 타당화, 고통 해소를 위한 기술 학습에 중점을 둔 개인·집단 회기 진행

☐ 장기목표 성취를 위한 상담 전략

상담 목표	상담 전략
1. 사회기능 향상(평가: 여가활동, 관계 만족감 추적)	1. 비합리적 신념에 대한 인지재구성
2. 여가활동 증진을 통한 사회접촉 기회 확대(평가: 여가활동 추적)	2. 활동 계획(우울 해소를 위한 CBT)
3. 트라우마에 따른 고통 감소(평가: 확인, 실제 자극과 기억습관화 도표)	3. 심상노출, 실제노출, 죄책감 또는 수치심 관련 사고의 인지재구성
4. 활동성 증가(평가: 1주간 운전 관련 불안 추적)	4. 운전 중 실제노출(불안장애 해소를 위한 CBT)

그림 7-1. 트라우마 처리를 위한 사례개념화 예시

사례개념화 기반 상담방향 설정

내담자가 다양한 문제를 보인다면, 개입을 어디서부터 시작해야 할지, 회기 내/회기 사이의 상담전략을 어떤 순서로 배정해야 할지를 결정한다. 상담 초기에는 개입전략을 소개하고, 몇 회기 동안 그 전략을 연습한다. 상담자와 내담자가 사례개념화에 합의하면, 상담은 더 부드럽게 진전되고, 내담자의 중도 포기 위험이 감소한다.

확인문제

다음 빈칸에 들어갈 말을 써 보세요.

1. 트라우마 영향 평가 대상의 하나인 _________은/는 평가과정에서 수집되는 내담자의 행동 특성을 말하는데, 이는 보통 활성반응, _________, ______________, 그리고 관계 문제로 구분된다.

2. 낮은 수준의 활성은 다양한 방어기제로 인해 발생할 수 있는데, 그 예로는 __________, 해리성 이탈, _________, _____, 그리고 중독 증상을 수반하지 않는 불안 완화제 사용 등이 있다.

3. _________은/는 해리 또는 기타 회피에 의존하지 않는 고통을 내면적으로 감내하는 개인의 능력이다. 이 문제는 초기 또는 극심한 트라우마 재경험 시에 발생하고, 흔히 __________ 증상으로 이어진다.

4. 중요한 타인이 자신을 버리거나 떠날 것에 대한 두려움을 _________(이)라고 한다. 이런 상태에 있는 사람들은 흔히 상담자에게 들러붙거나 의존/집착하는 등의 애착을 보인다.

5. 트라우마 평가과정에서 내담자가 나타내는 신체적 문제 또는 정신장애의 특징적 상태를 ___________(이)라고 한다.

6. 신체화장애는 트라우마 관련 증상에 대한 평가 면접에서 고려해야 할 탐색 영역 중 하나다. 이 영역에 포함되는 마비, ___________, 시력 또는 청각 소실을 ___________(이)라고 한다.

7. 임상 면담에서 "멀리 떨어진 곳에 있음을 깨닫고, 어떻게 그곳에 왔는지 몰라 당황한 적이 있나요?" "의식하지 못한 채, 집에서 멀리 떨어진 곳에 있었던 적이 있나요?"와 같은 질문은 _____ 증상확인을 위한 탐색 질문이고, "트라우마 이미지가 갑자기 머릿속에 떠오른 적이 있나요?" "트라우마 사건을 재경험하는 것 같은 느낌이 든 적이 있나요?"와 같은 질문은 _________ 증상 확인을 위한 탐색 질문이다.

8. 트라우마 상담의 사례개념화를 위한 _________모델은 다수의 사람에게서 수집한 자료를 종합하여 보편적 법칙, 즉 문제의 공통 원인을 가정한 문제 개념화에 중점을 두는 반복 사용이 가능한 접근이다. 반면, _________모델은 개인에 관한 집중 연구를 강조하는 반복 사용이 가능하지 않은 접근이다.

9. ________________척도는 블레이크 등(Blake et al., 1995)이 개발한 구조화된 임상면접 도구로, 수검자가 DSM에서 정의한 트라우마로 고통을 겪고 있는지와 PTSD 진단 기준의 충족 여부를 판단하기 위한 정보를 얻을 수 있는 문항들로 구성되어 있다.

10. 브라운 등(Brown et al., 2014)이 개발한 PTSD의 공존장애(우울장애, 불안장애, 물질사용장애 등) 평가를 위한 구조화된 면접 도구를 _________________(이)라고 한다. 이 도구는 검사 소요 시간을 줄이기 위해서는 사례와 상관이 높다고 판단되는 문항만을 선별하여 사용할 수 있다.

학습활동

트라우마 지수 체크리스트

오늘날 트라우마, 외상, 마음의 상처 등의 용어는 여러 의미로 쓰인다. 어떤 때는 충격을 준 사건으로, 어떤 때는 그 사건으로 인해 생긴 반응을 말할 때 쓰이기도 한다. 그러나 본래 트라우마는 사람에게 심리적 충격을 준 사건 그 자체를 의미하는 말이다. 그렇지만 정신건강 측면에서는 심리적 충격을 준 사건보다는 그 사건으로 생겨난 후유증이 더 중요하다. 트라우마를 경험한 많은 사람은 자신이 트라우마 후유증으로 고통받고 있다는 사실을 인식하지 못하는 경우가 많다. 종종 이유도 모른 채, 단지 자신이 마음이 약해서 힘들어한다고 여기며 지낸다.

그러나 트라우마 후유증으로 인해 고통받는 경우는 마음이 약한 것과는 전혀 다르다. 이는 트라우마의 기억이 뇌의 신경 회로에서 통합 처리되지 않아 나타나는 증상이다. 자신이 현재 겪는 심리적 고통이 과거에 경험한 트라우마의 영향인지 아닌지를 이해하는 것은 중요하다. 다음의 사건 충격 척도는 특정 사건을 경험하고 난 후, 그 사건으로 인해 얼마나 큰 영향을 받고 있는지를 알아볼 수 있는 척도다. 자신이 어떤 충격적인 트라우마를 경험했다고 생각된다면, 확인해 보자.

※ 다음 문항은 삶에서 충격적인 사건을 경험했을 때 생길 수 있는 문제의 목록이다. 자신이 겪은 어떤 사건의 영향으로 최근 7일 동안 아래에 제시된 문제로 얼마나 고통받았는지 3단계(① 전혀 문제 없음, ② 조금 있음, ③ 상당히 심함)로 표시하시오. 당신이 경험한 충격적인 사건은 아주 오래전에 일어난 사건일 수도 있고, 아주 최근에 일어난 사건일 수도 있다.

____ 1. 그 사건을 생각나게 하는 것들이 그 사건에 대한 감정을 다시 불러일으켰다.
____ 2. 숙면에 어려움이 있다.
____ 3. 다른 일들이 그 사건을 계속 생각나게 했다.
____ 4. 안절부절못하고 화가 났다.
____ 5. 그 사건이 생각나거나 떠오르면, 기분이 상할 것 같아 회피했다.
____ 6. 의도하지 않아도 그 사건에 대한 생각이 들었다.
____ 7. 경험한 사건이 과거에 일어나지 않았거나 사실이 아닌 것처럼 느껴진다.
____ 8. 그 사건을 떠오르게 하는 것들을 피했다.
____ 9. 그 사건에 대한 장면이 내 마음속에 문득 떠올랐다.
____ 10. 쉽게 예민해지고 잘 놀랐다.
____ 11. 그 사건에 대해 생각하지 않으려고 노력했다.

_____ 12. 여전히 그 사건에 대해 복잡한 감정이 많다는 걸 알지만 다루고 싶지 않았다.

_____ 13. 그 사건에 대한 나의 감정은 일종의 무감각 상태였다.

_____ 14. 사건 당시로 돌아간 것같이 행동하거나 느끼는 나 자신을 발견했다.

_____ 15. 잠들기가 힘들었다.

_____ 16. 그 사건에 대해 요동치는 강렬한 감정을 경험했다.

_____ 17. 내 기억에서 그 사건을 지우려 노력했다.

_____ 18. 주의집중이 잘 안 됐다.

_____ 19. 그 사건을 생각하면 땀이 나거나, 숨쉬기가 힘들거나, 속이 울렁거리거나, 심장이 빨리 뛰거나 하는 등의 신체 반응이 일어났다.

_____ 20. 그 사건에 관한 꿈을 꿨다.

_____ 21. 주위에 대해 조심스럽고 경계하게 되었다.

_____ 22. 그 사건에 관해 이야기하지 않으려고 노력했다.

채점

○ 침습 하위척도: 1, 2, 3, 6, 9, 16, 20

○ 회피 하위척도: 5, 7, 8, 11, 12, 13, 17, 22

○ 과각성 하위척도: 4, 10, 14, 15, 18, 19, 21

소감

※ 이 활동을 통해 무엇을 알게 되었고, 무엇을 깨달았으며, 무엇을 느꼈고, 어떤 생각이 들었나요? 잠시 생각하면서, 마음에 떠오르는 것을 자유롭게 글로 써 보고, 글의 제목을 붙여 보자.

Chapter **8**

트라우마 상담의 기초

개요
01 트라우마 상담의 정의와 목표
02 트라우마 상담의 원칙
03 트라우마 상담의 치유 요인
04 트라우마 상담자의 역할
05 트라우마 상담의 단계
06 트라우마 생존자 집단상담
07 트라우마 생존자 가족상담
☐ 확인문제
☐ 학습활동

학습목표
1. 트라우마 상담의 정의와 목표를 이해 · 설명할 수 있다.
2. 트라우마 상담의 원칙을 이해 · 설명할 수 있다.
3. 트라우마 상담의 치유 요인을 이해 · 설명할 수 있다.
4. 트라우마 상담자의 주요 역할을 이해 · 설명할 수 있다.
5. 트라우마 상담의 4단계를 이해 · 설명할 수 있다.
6. 트라우마 생존자 집단상담과 가족상담의 의의를 이해 · 설명할 수 있다.

본질!

트라우마의 본질은 생존자를 압도하여 무너뜨리는 사건이다. 이는 생존자의 감정을 마비시켜 삶을 단조롭고 무미건조하게 만든다. 생존자는 종종 자극 상황을 피하려고 삶을 제한하고 일상을 반복하는 등 소극적인 생활을 한다. 또한 삶의 주도권을 포기하고, 의욕이 없는 사람처럼 살아가기도 한다. 그러나 이런 수동적인 생활의 반복은 삶의 의미를 찾을 수 없고, 무기력한 삶의 늪에서 헤어나지 못하는 자신에 대한 혐오감도 점차 더해질 뿐이다. 무미건조한 삶은 트라우마의 해결책이 될 수 없다. 트라우마의 영향력을 완화해 줄 긍정 경험의 기회, 삶의 새로운 즐거움, 기쁨, 성취감의 기회를 제한하기 때문이다.

트라우마에 대한 반응은 반복되는 침습 증상(플래시백), 이로 인한 통제되지 않는 압도감(격분, 불안, 공포)으로 나타난다. 이런 감정을 반복해서 느껴야 한다면, 정신은 버티기 힘들다. 이에 뇌는 불안 완화를 위해 방어기제를 사용하거나, 감정을 마비시키거나 무의식이라는 어두운 공간으로 내려보내 은폐하려 한다. 감정 마비라는 방어기제는 트라우마 생존자에게 일시적으로 안정감을 주지만, 트라우마의 영향을 영속시킨다는 점에서 양날의 칼이다. 그렇다면 과연 트라우마 후유증은 치유가 가능한가? 실낱 같은 가능성이라도 있다면, 어떤 원리가 적용되어야 하는가? 트라우마의 진정한 해결책은 다양한 긍정 경험이다. 이에 이 장에서는 과학적·경험적 연구를 기반으로 트라우마 후유증 치유에 필요한 상담의 기본 원리와 절차를 비롯한 포괄적인 접근방법에 관해 살펴보기로 한다.

01 트라우마 상담의 정의와 목표

트라우마로 인한 장애는 복잡하고, 형태는 다양하며, 개인차가 있다. 이에 그동안 트라우마로 인한 문제, 증상, 장애치료를 위해 다양한 형태의 치료적 접근이 적용되었다. 이런 치료적 접근 중 하나가 심리상담이다. 트라우마 상담은 각 내담자의 필요와 욕구에 적합한 치료적 접근을 중시한다. 이를 위해 개인, 집단, 가족 등 다양한 형태의 치료적 방법을 복합적으로 적용한다. 동시에, 심각한 트라우마 생존자의 경우, 정신건강 전문의와 협력치료를 진행하기도 한다. 그렇다면 트라우마 상담이란 무엇이고, 그 목표는 무엇인가?

트라우마 상담의 정의

트라우마 상담^{trauma counseling}은 전문적인 교육과 수련을 받은 상담자가 트라우마로 어려움을 호소하는 사람의 치유·회복·성장을 돕는 과정이다. 이 과정을 촉진하는 상담자는 안전하고 효과적인 트라우마 상담을 진행할 수 있게 훈련된 정신건강 전문가다. 트라우마 상담의 핵심은 신뢰관계(작업동맹)를 기반으로 내담자에게 트라우마에 관해 이야기(언어화)할 기회를 제공함으로써, 트라우마 기억을 인지적 · 정서적으로 처리하여 트라우마 후 성장[Posttraumatic Growth](PTG)을 돕는 것이다.

트라우마 후 성장(PTG)을 위한 핵심 작업은 생존자의 자기이해(가치감, 효능감, 응집감 등)를 돕는 것이다. 자기이해[self-understanding]는 생존자의 자기수용과 자기가치감[sense of self-worth] 회복을 촉진한다. 특히, 애착 트라우마는 생존자의 정신 탐색 능력을 저해하여 자기 이해를 어렵게 한다. 자기를 구성하는 자전적 이야기를 재구성하려면 기억의 복구 작업이 필요하다. 이 과정에서 생존자의 강한 감정, 충동, 갈등의 근거를 평가한다. 평가는 통합감[sense of integration] 회복을 촉진한다.

트라우마 상담에서는 원활한 기억 처리와 심리/정신 기능을 회복하려는 내담자의 내재적 경향성을 중시한다. 트라우마 재경험 증상은 트라우마 노출에 따른 반응이다. 재경험은 고통스러운 사고, 감정, 기억을 내부적으로 해결하려는 내재적 기능이다. 이런 점에서 트라우마 후 증상은 적응 시도이며, 회복에 초점을 두는 증상으로 재인식될 필요가 있다. 트라우마 사건을 다양한 측면에서 조망해 보는 것은 트라우마 극복에 도움을 준다.

트라우마 상담자는 내담자를 과거의 아픔을 반복하면서 운명에 갇혀 사는 존재가 아니라, 변화를 위한 새로운 방법을 학습하고, 시도를 통해 원하는 미래를 창조해 갈 수 있는 존재로 본다. 삶의 만족도와 성장의 관계에 관여하는 한 가지 변인은 삶의 의미 부여다. 트라우마 후 성장(PTG)은 삶의 의미 부여에, 삶의 의미는 삶의 만족도에 유의한 영향을 준다(Triplett et al., 2012). 즉, 트라우마 후 성장(PTG)을 경험한 사람은 삶의 목적과 의미를 깨달을 가능성이 더 크고, 삶의 의미는 보편적인 삶의 만족도와 높은 연관성이 있다는 것이다. 이런 관점에서 트라우마 생존자는 증상을 겪는 수동적 존재가 아니라, 능동적으로 회복을 시도하는 존재다. 이에 상담자는 내담자가 삶을 되돌아봄으로써 정서적 고통을 감소하고 더 나은 존재로 성장해 가는 과정으로 이해할 수 있도록 돕는다.

트라우마 상담의 목표

트라우마 상담의 궁극적인 목표는 삶의 질 개선과 성장이다. 목표 성취를 위한 첫걸음은 내담자가 안전한 환경에서 트라우마 경험을 말로 표현(언어화)할 수 있게 돕는 일이다. 이를 토대로 상담자는 내담자가 심리적 안정을 회복하고, 마음의 상처를 치유하며, 트라우마 후 성장(PTG)을 돕는다. 이를 위해 상담과정에서 처리[processing]와 포용[containing]의 균형을 유지한다. 목표 성취를 위해 트라우마 상담의 세부목표를 요약 · 정리하면 표 8-1과 같다.

표 8-1. 트라우마 상담의 세부목표

목표	설명
1. 안전한 환경 제공	○ 안전하고 지지적인 환경에서 경험을 표현하고 감정을 나눌 수 있게 함

2. 트라우마 이해와 통합	○ 트라우마 경험을 이해하고, 삶과 정체성의 일부로 수용·통합하여 성장의 계기로 삼을 수 있도록 도움
3. 정서처리와 조절	○ 트라우마로 인한 강렬한 감정(불안, 공포, 분노 등)을 처리·조절하는 방법 습득을 돕고, 긍정 감정 상태로의 전환에 중점을 둠
4. 대처전략 개발	○ 트라우마에 대한 건강한 대처전략(스트레스 관리 기술, 자기돌봄 방법, 사회적 지원망 구축 등) 개발을 적극 지원함
5. 삶의 질 향상	○ 트라우마의 피해자로 남기보다 삶을 더 주도적으로 이끌어 갈 수 있도록 전반적인 삶의 질 향상을 도움

트라우마 상담에서는 안전한 환경 제공을 우선시한다. 삶에서 위기를 겪은 사람에게 안정감은 상담초기의 목표가 아니라 궁극적인 목적이 될 수도 있다. 이에 트라우마 상담은 두 가지 차원에서 접근한다. 하나는 내담자에게 신속하고 안전하며 효과적인 개입방법을 적용하는 것이다. 즉, 내담자의 필요에 맞춘 심리적 서비스를 제공하는 것이다. 다른 하나는 애착관계와 관계 트라우마가 내담자의 성격과 현재의 삶에 미치는 영향의 이해를 도모함으로써, 적응적인 성격 변화와 현실 검증을 통한 삶의 변화를 돕는 것이다.

이런 과정을 통해 트라우마 상담에서는 내담자가 과거를 반복하지 않고, 업業(선악의 원인이 된다는 몸·입·마음으로 짓는 선악의 소행을 뜻하는 불교 용어)을 탓하지 않으며, 운명에 갇혀 사는 게 아니라, 안전한 환경에서 새롭게 시도할 방도를 찾고, 선택방법을 배우며, 새로운 시도를 통해 원하는 미래를 창조해 나가도록 돕는다. 이런 일련의 과정을 통해 트라우마로부터 회복되는 증거가 나타난다(글상자 8-1 참조).

글상자 8-1. 트라우마 회복의 증거

1. 트라우마 기억을 의식적으로 기억해 내고 떨칠 수 있다(즉, 최소한의 침습, 악몽, 회상).
2. 기억과 관련된 감정에 이름을 붙이고 수용할 수 있다.
3. 우울, 불안, 슬픔, 성적 장애 문제를 극복하고 감소·제거할 수 있다.
4. 자존감, 즐거움, 삶의 의미를 되찾는다.
5. 모든 감정(긍정, 부정, 중립)을 편안하게 느낄 수 있다.
6. 미래의 창조적인 삶에 전념할 수 있다.

02　트라우마 상담의 원칙

트라우마 상담자는 상담과정에서 위기가 오더라도 안전하고 안정감 있게 상담할 수 있도록 준비되어 있어야 한다. 이를 위해 상담자가 유념해야 할 트라우마 상담을 위한 기본 원칙은 ① 안전, ② 안정, ③ 긍정적 치료관계, ④ 치료적 균형, ⑤ 가족의 지지와 협력이다.

안전

첫째, 안전^{safety}은 최소한의 신체적 위험 및 심리적 학대·착취·거부가 없는 상태다. 신체적 안전^{physical safety}은 폭행, 건물 붕괴, 또는 화재의 위험이 없는 상태다. 반면, 심리적 안전^{psychological safety}은 오해, 비판, 비난, 조롱당하는 느낌이 들지 않고, 이야기에 대한 비밀이 유지될 것으로 인식하는 상태다. 상담에서 내담자가 상처받은 일을 떠올리는 동안 안전하다는 느낌이 드는 것은 아주 중요하다. 안전하다는 느낌은 마음의 방어를 내려놓고 진솔한 생각과 감정에 귀 기울일 여유를 준다. 안전은 내담자가 상담실 밖에서도 신체적·심리적 위험 상황에 놓이지 않도록 돕는 것이다. 허먼(Herman, 1992b)은 안전 확보를 위한 잠재적 비용에 관해 언급했다(글상자 8-2 참조).

글상자 8-2. 안전 확보를 위한 잠재적 비용에 관한 논의

> 안전한 환경을 조성하려면 개인의 삶에 큰 변화가 필요하다. 안전 확보에는 어려운 선택과 희생이 수반된다. 다수의 사람이 그랬듯이, 사람들은 물질적 생활 여건에 대해 책임을 떠맡고 나서야 비로소 안전 확보와 회복할 수 있음을 깨닫는다. 자유가 없다면, 어떤 안전과 회복도 있을 수 없다. 자유는 종종 큰 비용을 치른 후에야 누리게 된다. 트라우마 생존자는 자유를 얻기 위해 다른 모든 걸 포기해야 할지 모른다. 배우자 학대 피해 여성은 가정, 친구, 생계를 잃어버릴 수 있다. 정치적 난민은 가정과 조국을 잃어버릴 수 있다. 이런 희생은 좀처럼 잘 인식되지 않는다.

안정

둘째, 안정^{stability}은 마음이 일정하게 평안한 상태다. 안정된 삶에서 일상은 의식에 별다른 자국을 남기지 않고 흘러간다. 그러나 트라우마 경험은 정서불안의 원인이 되고, 고통에 대한 민감성을 높여 생존자의 생활과 정서 안정을 해친다. 이에 내담자는 최소한 생활이 안정되어야 한다(삶이 평안하게 유지되는 상태). 생활 안정^{life stability}은 기본 욕구 돌봄에 기반한다(안전한 생활 공간, 적절한 식사와 수면, 필요한 의료 서비스, 재정적 안정 등). 트라우마 상담은 안전과 신뢰를 선택할 수 있는 사회적·신체적 능력을 지닌 사람들에게 효과가 있다. 이런 능력이 부족하다면, 생존자에게 적절한 음식, 주거지, 신체적 안전을 제공하는 사회복지 차원의 개입과 지원이 필요하다.

안정에 대한 우려는 트라우마 생존자의 상담 과정에서 종종 나타난다. 트라우마 생존자에게는 정서 안정('심리적 항상성^{psychological homeostasis}')이 요구된다("당신은 지금 안전해요."). 하지만 안정감을 느끼게 하는 건 쉬운 일이 아니다. 정신에 지속적인 영향을 주는 격렬한 정서적 충격이 시도 때도 없이 나타나기 때문이다. 이에 급성 정신병 증상, 높은 자살경향성^{suicidality}, 극심한 트라우마 후유증으로 고통받는 사람은 상담에 앞서, 정서적으로 안정될 때까지 다른 형태의 개입(예 안정화, 심리교육, 지지상담) 또는 사회적 지지망 구축이 필요하다

(배우자, 연인, 친구, 가족, 자조집단, 정신건강 전문가 등).

그렇지 않으면, 트라우마 경험의 활성은 증상 악화뿐 아니라, 새로운 고통과 역기능으로 인해 생존자의 정서조절 능력을 압도할 수 있다(Briere, 2002). 이런 증상은 회피행동(예 물질 사용, 자살충동)과 상담의 중도 포기 가능성을 높인다. 하지만 트라우마 상담을 위한 안전 확보는 쉽지 않다. 다수의 생존자가 가해자에게 경제적으로 의존해야 하는 상황에 있다는 점에서 안전 확보는 고비용을 수반할 수 있다.

긍정적 치료관계

셋째, 긍정적 치료관계는 상담자와 내담자 두 사람이 서로 신뢰할 수 있고, 따뜻함이 느껴지며, 감정교류가 잘 되는 느낌이 드는 상태다('치료동맹' '작업동맹'으로도 불림). 상담의 성과는 흔히 고급 기술보다는 관계의 질에 달려 있다. 내담자가 상담자의 존중 · 공감 · 연민, 그리고 상담자가 자신을 좋아하고 있고 진지하게 수용하고 있음을 느낀다면, 트라우마 상담의 성과는 높아진다. 긍정적 치료관계는 내담자로 하여금 상담자를 신뢰할 수 있는 전문가로 간주하게 하는 한편, 관계를 상담의 가치 있는 치료적 요소로 인식하게 한다. 상담에서의 안전한 학습환경은 견고한 치료관계를 토대로 조성된다. 그러나 상담자의 사소한 부주의 행동은 치료관계를 해칠 수 있는데, 그 예는 글상자 8-3과 같다.

글상자 8-3. 상담자의 부주의 행동 예시

1. 약속 불이행/지각	12. 상담 중 전화/문자메시지 확인
2. 일방적인 예약 취소/변경	13. 상담/전화 통화에의 집중 결여(딴짓)
3. 규정의 임의 변경	14. 중요 정보(이름, 관련 이력/정보) 망각
4. 문자메시지/전화에 무응답/늦은 회신	15. 자기 말 반복 또는 말한 사실 망각
5. 서류/파일/메모 분실	16. 피곤해 보이거나 지친 모습
6. 내담자가 준 메모/서류 읽지 않기	17. 졸음 또는 잦은 시계 보기
7. 전문가답지 못한 치장/복장	18. 시선 접촉 회피
8. 위생 상태 불량	19. 다른 내담자에 관한 언급
9. 비위생적/청결하지 않은 상담실 환경	20. 상담 회기의 조기 종료
10. 흡연 또는 껌 씹기	21. 성차별적/가부장적/모성주의적 언사
11. 상담 중 상담실 문 개방	22. 우월성 과시 행동 또는 태도

긍정적 치료관계는 상담자가 믿을 만하고, 전문적 도움을 제공할 능력을 기반으로 형성된다. 신뢰관계는 상담자의 이론적 성향, 교육 · 훈련 정도, 내담자의 성격과 상담에 대한 동기 수준과 관계없이 상담의 성과에 영향을 미친다. 상담자와 내담자 사이의 연결감[sense of connection]은 트라우마로 산산조각이 난 존재감과 가치감을 회복하면서 트라우마가 조금씩 치유되게 한다. 공고히 연결되어 있던 유대감의 붕괴와 그로 인한 극도의 무력감과 고립감이

트라우마의 후유증이라면, 이에 언제든지 편들어 주고 어려움을 이해해 주는 사람과 연결되어 있다는 느낌의 회복은 트라우마 상담의 핵심 경험 중 하나다. 긍정적이고 지지적인 관계의 치료적 효과는 글상자 8-4와 같다.

글상자 8-4. 긍정적 · 지지적인 관계의 치료적 효과

1. 상담의 중도 포기율 감소	5. 개인적 내용 개방 증가
2. 상담에 대한 신뢰성 증가	6. 상담자의 제안 · 해석에 대한 개방성과 수용 증가
3. 상담 참여율 증가	7. 고통스러운 감정 · 사고 감내력 증가
4. 상담 참여 수준 증가	

치료관계의 걸림돌. 과거에 건강한 관계를 유지했던 내담자는 상담자와의 치료관계 형성이 크게 어렵지 않을 수 있으나, 애착관계 트라우마가 있는 내담자에게는 큰 도전이 될 수 있다. 애착과 관계 문제(① 불신, ② 의존성, ③ 경계 설정 곤란)가 치료관계 형성을 가로막을 수 있기 때문이다. 신뢰할 수 없다면, 치료작업을 수행할 수 없다. 치료작업을 할 수 없다면, 신뢰하는 법을 배울 수 없다. 신뢰 구축은 용기가 필요한 점진적 과정이다. 신뢰가 형성됨에 따라 더 많은 작업을 수행할 수 있다. 그러나 관계에서 상처를 입은 사람은 종종 불신에서 극단적 의존으로 바뀐다. 욕구를 충족시켜 주는 관계가 형성되면, 그 관계에만 의존하고자 하기 때문이다.

트라우마는 침습intrusion과 경계 침해boundary violence를 수반한다. 가장 심각한 형태는 정신/마음과 관련된 것으로 신체학대, 성학대, 성폭력이다. 이런 미묘한 상황은 자칫 내담자에 대한 상담자의 성 착취로 이어질 수 있다. 특히, 성학대 피해자는 이런 착취를 당할 위험성이 높다. 접촉을 갈망할수록 접촉을 경계 침해의 임박 신호로 지각하기 때문이다. 안전감은 위태로워지고, 치유를 위한 기본 조건이 와해될 수 있다. 설상가상으로, 상담자가 경계를 유지하려는 태도는 때로 내담자에게 좌절을 가져다준다. 경계가 와해되면, 그 관계는 서로에게 파괴적이다. 트라우마 생존 내담자와의 치료관계 형성은 상담자의 중요한 과업이다.

치료적 균형

넷째, 트라우마 상담에서는 처리processing(트라우마에 관한 생각과 감정 표현)와 포용containing(심리교육, 사회적 지지, 자기조절)을 통해 내담자의 기능 회복과 삶의 질 증진을 촉진한다. 처리는 그 자체가 목적이 아니며, 안정애착과 자기조절을 통해 포용력을 키울 수 있을 때 가치가 있다. 이에 트라우마 상담은 기억 활성화(처리)와 내담자의 정서조절(포용) 능력 사이의 균형이 필요하다. 트라우마 기억처리에 진전이 있으려면, 상담자와 내담자의 포용력이 뒷받침되어야 한다. 포용containment은 상담의 진전을 위한 중요한 요소다. 트라우마 상담에서 처리와 포용의 치료적 균형을 도식으로 나타내면, 그림 8-1과 같다.

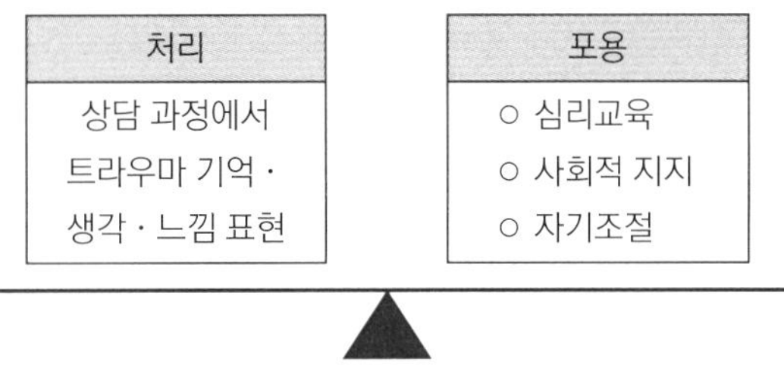

그림 8-1. 트라우마 상담에서 처리와 포용의 균형

상담에서 트라우마 경험을 말하는 이유는 억압된 감정의 발산을 돕기 위해서다. 감정발산 abreaction은 트라우마 사건에 관한 이야기 과정에서 그 경험과 결부된 감정을 방출하는 작업이다('소산'으로도 불림). 이는 트라우마를 재경험하고 강렬한 정서를 표현하는 과정으로, 대개 눈물 또는 분노와 공격성 표출 형태로 나타난다. 정신분석에서 히스테리 증상은 무의식 속에 억압되어 있던 마음의 갈등이 신체 증상으로 변형된 정신 에너지에 의해 생기는 병으로 간주한다. 이 과정은 꽉 막힌 정서를 말끔히 씻어 낸다는 카타르시스로 해석된다. 그러나 강렬한 정서 표출은 일시적인 이완 효과가 있을 뿐이다.

감정발산은 도움이 되기보다 또 다른 트라우마가 될 수 있다(재트라우마화 retraumatization). 트라우마 수준의 정서에 반복 노출되면, 트라우마 기억의 사소한 단서에도 과민 반응하게 되어 개인의 기능수준을 떨어뜨릴 수 있다. 최악의 경우, 부정확한 기억을 구성하고, 또 다른 형태의 트라우마를 추가하게 된다. 트라우마 경험을 말하게 하는 목적은 단순히 억눌려 있던 정서 방출이 아니라, 건설적인 정서 통제력을 확보하는 데 있다.

그러므로 내담자는 정서적으로 더 쓸모 있는 방식으로 트라우마 경험에 관한 이야기를 할 필요가 있다. 그러면 종전에는 단편화되고 이해하기 어려웠던 경험이 더 의미 있는 것으로 전환된다. 이로써 내담자는 자신과 자신의 문제를 더 잘 이해하게 된다. 분리되었던 경험이 통합을 이루고, 트라우마에 관해 정서적 방식으로 이야기하는 것은 누군가가 듣고 기꺼이 그 경험의 증인이 될 기회가 된다.

트라우마 경험을 말하는 것으로부터 진전을 얻기 위해 강렬한 정서를 방출해야 할 필요는 없다. 오히려 평온한 상태에서 트라우마 경험담을 털어놓게 하는 것이 더 치료적이다. 즉, 정서적 강도보다는 경험의 진정성이 더 효과가 있다. 적절한 준비와 작업의 속도조절, 이 두 가지 안전장치는 다른 내용을 덧붙이지 않고도 트라우마 경험을 이야기할 수 있음을 보증해 준다. 즉, 여유있게 천천히 갈수록 목적지에 더 빨리 도착한다는 이치다.

가족의 지지와 협력

다섯째, 내담자 가족의 지지와 협력을 촉구한다. 트라우마 사건을 겪었을 때, 그 충격의 강도와 심각도에 영향을 주는 요소는 가장 가까운 사람들(가족, 친구, 연인, 배우자, 형제 · 자매)의 태도다. 이들의 이해 · 지지 · 공감은 트라우마 회복에 필수 자원이다. 그러나 몰이해, 비난, 외면은 재트라우마화retraumatization의 전형이다. 주 양육자의 지지, 공감, 수용에 기반한 애착 관계는 장차 자녀가 타인과 맺게 될 건강한 관계의 밑거름이 된다.

건강한 관계를 통해 뇌에서는 자신을 통제할 수 있고 믿을 수 있으며, 타인과 세상을 신뢰하는 신경회로가 생성·발달한다. 안정애착을 경험한 사람의 뇌는 스트레스와 트라우마에 대해 강한 내성과 회복력을 발휘한다. 반면, 주 양육자와의 애착관계가 불안정했던 사람의 뇌는 스트레스와 트라우마에 취약하여, 그 충격이 깊이 남게 될 수 있다(Briere & Scott, 2013). 유년기의 안정애착 관계와 주 양육자의 지지와 공감은 트라우마 극복에 큰 영향을 미친다.

트라우마의 진정한 회복에는 타인과의 소통과 교감을 통한 유대감이 필요하다. 소통communication은 뜻이 서로 통해 오해가 없는 상태다. 교감communion은 서로 접촉하면서 따라 움직이는 느낌이다. 소통과 교감은 언어 기술이나 행동 기법의 문제가 아니라, 진심으로 공감할 수 있어야 가능한 일이다. 내담자가 고립되어 절망감에 빠져 있고, 거기서 빠져나오기 위해 얼마나 간절히 도움의 손길을 바라고 있는지 가족을 비롯한 중요한 타인이 가슴으로 이해할 필요가 있다. 내담자의 원망과 분노에는 사실 절박한 도움 요청이 숨겨져 있다.

03 트라우마 상담의 치유 요인

트라우마 상담은 머리와 가슴이 동반되는 작업이다. 이 작업은 정서와 이성, 감정과 사고의 통합이 요구된다. 트라우마 상담의 치유 요인은 ① 희망, ② 무조건적인 긍정적 존중, ③ 연민, ④ 용기, ⑤ 포용, ⑥ 관계, ⑦ 긍정사고다. 이 요인들은 건전한 기대에 기반한 확신에 찬 탐색을 가능하게 한다.

희망

첫째, 희망hope은 어떤 일을 이루거나 하기를 바라는 것으로, 앞으로 잘 될 걸로 믿는 것이다. 이는 낙관성optimism과 달리 현실에 뿌리를 두고 있다. 트라우마 치유와 회복은 내담자의 희망에 달려 있다. 트라우마에서 벗어나려면, 가슴에 희망을 품어야 한다. 희망은 더 나은 미래에 이르는 길을 찾았을 때 경험하는 기운이 생기는 느낌이기도 하다. 이런 느낌은 목표 달성에 더 많은 성공뿐 아니라, 긍정 정서, 높은 자존감, 통제감, 그리고 문제해결 능력을 증진한다. 희망은 트라우마 대처와 회복을 촉진하지만, 고통스러운 감정(우울감, 적대감, 불안감, 죄책감 등)은 희망을 앗아간다. 트라우마로 인해 반복되는 고통과 무망감hopelessness은 절망을 미래의 불가피한 부분으로 받아들이게 한다.

트라우마 상담은 마음의 상처를 도전으로, 고통을 성장의 발판으로, 미래를 새로운 기회로 재구성하는 작업이다. 희망은 성공 가능성이 있는 변화 계획(이성)에 동력(정서)을 제공한다. 상담자라고 해서 내담자의 트라우마와 고통에 대해 반드시 낙관적으로 바라봐야 하는 건 아니다. 과도한 낙관적 태도는 오히려 트라우마의 무게를 고려하지 못해 내담자에게 희망을 주지 못할 수 있다. 이는 트라우마 회복 과정의 어려움을 간과하고, 그저 과거를 잊어버리라는 의미가 있어서 내담자의 사기를 떨어뜨리고 내담자를 소외시킬 수 있기 때문이다. 트라우마 회복은 일정한 시간과 노력이 필요하다. 이 과정은 트라우마의 의미 이해, 자기돌봄, 친밀관계 구축 등의 작업이 필요하다. 이에 내담자는 트라우마가 이해될 수 있고, 치유와 회복을 위한 길이 있으며, 희망은 항상 가까이 있다는 사실을 깊이 인식할 필요가 있다. 희망은 ① 소망과 ② 낙관주의로 구분된다.

소망.　소망wish은 특정 대상 또는 바람직한 것에 초점을 둔다("나는 ~을 희망합니다"라는 말 또는 생각). 이 말에는 긍정적인 의미가 담겨 있다. 소망을 촉진하는 바람want은 가치 있는 목표와 계획에 연료를 공급한다. 그러나 소망은 희망과 의미에서 차이가 있다. 희망과 낙관주의는 잘 구분되지 않지만, 세 가지 측면에서 중복된다(① 둘 다 미래에 대한 긍정적 기대를 수반함, ② 둘 다 현실적일 수 있으나, 너무 비현실적이면 부작용이 생길 수 있음, ③ 둘 다 특질 또는 상태를 가리킴). 희망을 품는다는 건 비교적 지속적인 특징이 있다.

낙관주의.　낙관주의optimism는 삶과 세상을 희망적으로 밝게 보는 생각 또는 태도다. 이 말에는 좋은 느낌, 건강, 인기, 인내, 끈기, 성공의 의미가 담겨 있다. 이와는 달리, 비관주의pessimism는 삶과 세상을 어둡게만 보면서 슬퍼하거나 절망적으로 여기는 생각 또는 태도다. 이 말에는 소외, 수동성, 실패, 건강 악화의 의미가 담겨 있다. 희망을 품는 것은 삶을 변화시킬 수 있다는 마음 상태다. 낙관적인 사람은 사랑하는 이의 상실 또는 좌절의 여파로, 절망감이 들었다가도 다시 희망을 품는 상태로 되돌아갈 수 있다. 낙관주의는 덜 심각한 문제와 관련이 있고, 희망은 더 심각한 관심사에 적용되는 실존적 상태다. 트라우마 생존자들에게는 실존적 희망이 필요하다.

실존적 희망.　희망은 비극적 상황과 고통을 전제한다. 희망과 트라우마는 보이지 않는 끈으로 이어져 있다. 일이 뜻대로 잘 풀릴 때는 소망을 빌지언정, 희망까지 필요하진 않다. 희망은 비극에 대한 반응으로, 두려움과 연관성이 있다. 위험에 초점을 맞추면 두려움이 엄습하고, 위험을 벗어나는 생각을 하면 희망이 찾아온다. 그래서 희망은 상상력이 필요하다. 반면, 우울·불안·공포는 상상력을 떨어뜨려 희망을 품지 못하게 하고, 상상의 범위만큼 최악의 상황만을 그리게 한다. 이런 점에서 희망의 토대는 사실fact이 아니라, 현실에 부여하는 의미meaning다. 이에 희망은 의미를 부여하는 적극적 과정이다.

무조건적인 긍정적 존중

둘째, 무조건적인 긍정적 존중^{unconditional positive regard}은 개인의 감정, 사고, 행동을 판단·평가 없이 있는 그대로 받아들여 주는 태도다. 트라우마 상담에서 내담자는 정신적 고통에 기꺼이 직면하고, 이를 극복하기 위해 분투하며, 후유증을 뛰어넘어 성장하려는 존재다. 상담과정에서 생각하고 싶지 않은 걸 떠올리고, 느끼고 싶지 않은 것을 재경험해야 하는 내담자에게 고통 직면과 분투, 그리고 후유증 극복은 쉽지 않다. 오히려 고통 인식을 차단하고, 반복되는 생각의 회피가 더 쉬운 선택으로 여겨질 수 있다.

회피^{avoidance}는 일리가 있는 반응이고, 내담자에게 도움이 되기도 한다. 이런 저항은 고통스러운 경험을 재논의하려는 의지가 있고, 완전한 부인과 회피의 이점에 대한 자각을 시도한다는 점에서 존중받을 만하다. 내담자의 용기를 인정해 주는 일은 상담자의 중요한 임무다. 회피할 수 있음에도 상담에 참여한 용기와 고통스러운 기억에 담대하게 직면하는 내담자의 선택은 인정받을 만하다. 감당하기 쉽지 않은 상황에서 내담자가 최선을 다하고 있다는 믿음으로 내담자를 존중하고 긍정적인 태도로 대하는 상담자의 태도는 그 자체로 치료적 효과가 있다. 이런 상담자의 태도가 즉각적인 진전을 산출하지 않더라도, 최소한 신뢰관계의 구축을 촉진한다.

연민

셋째, 연민^{compassion}은 가엾고 가련히 여기는 마음이다. 이 마음은 두 사람이 삶의 역경을 공유하고, 누구나 삶에서 고통을 겪는다는 상담자의 자각을 의미한다. 이는 단순히 측은히 여기는 동정^{pity}(힘의 불균형과 내담자의 퇴보 상태에 대한 상담자의 감정적 동조^{sympathy})과 달리, 무조건적인 긍정적 존중을 넘어 확장된 개념이다. 연민은 보편적인 삶의 고투(몹시 어렵고 힘들게 싸우거나 일함)와 취약성을 직시하게 되면서 돌봄으로 이어지게 한다. 내담자에게 연민을 느끼는 상담자는 무비판적인 돌봄을 기반으로 소통한다. 이런 돌봄을 경험한 내담자는 고통을 기꺼이 자각·수용·처리할 수 있게 된다. 이는 애착 관련 신경생리학적 기전을 활성화하고, 과거의 관계 트라우마와 관련된 부정감정을 대체할 조건을 제공한다.

용기

넷째, 용기^{courage}는 씩씩하고 굳센 기운 또는 겁내지 않는 기개다. 트라우마로 고통받는 사람은 강한 잠재력과 용기가 있음에도, 스스로 겁쟁이 또는 무력한 사람으로 여기는 경향이 있다. 용기란 두려움이 없는 상태가 아니다. 두려움이 없는 것은 무모한 것이다. 용기는 두려움을 느끼는 사람만이 가질 수 있다. 대중 앞에서 떨리는 목소리를 높이는 연설가, 불안해하며 연기에 몰입하려는 배우, 수술대 위에 생명을 맡긴 환자는 그 자체로 용기가 있음을 입증하는 것이다. 트라우마를 겪은 후, 두렵지만 꿋꿋하게 버티며, 도움을 구하고 상담을 청하는 게 바로 용기다. 용기는 2004년 VIA 연구소가 발표한 '품성 강점과 덕목(Character Strengths and Virtues)'의 6개 덕목 중 하나로 꼽혔다(24개의 품성 강점을 추출했음; 표 8-2 참조).

표 8-2. 6개 덕목과 24개 품성 강점

덕목	품성 강점
1. 지혜와 지식	① 창의성, ② 호기심, ③ 개방성, ④ 학구열, ⑤ 통찰
2. 용기	⑥ 용감함, ⑦ 인내, ⑧ 진실성, ⑨ 활력
3. 인간애	⑩ 사랑, ⑪ 친절, ⑫ 사회성
4. 정의	⑬ 시민정신, ⑭ 공정함, ⑮ 리더십
5. 절제	⑯ 용서, ⑰ 겸손, ⑱ 신중함, ⑲ 자기조절
6. 초월성	⑳ 심미안, ㉑ 감사, ㉒ 희망, ㉓ 유머 감각, ㉔ 영성

포용

다섯째, 포용[containing]은 트라우마 경험의 인지·정서처리 과정에서 너그러이 감싸고 받아들이는 것이다('간직하기' '담아두기'로도 불림). 이는 정서 및 인지 처리를 정서적으로 견딜 만하고 생산적으로 만든다. 처리[processing]는 트라우마 사건에 관해 이야기하고, 경험에 관한 생각과 느낌을 말하는 정신화[mentalizing][자기 또는 타인의 마음 상태(감정)와 과정을 헤아리는 일] 과정이다. 포용에는 두 가지 의미가 있다. 하나는 감싸 안는 것이고, 다른 하나는 제지·통제·제약을 두는 것이다. 포용은 지지적·안정적인 애착관계, 자기조절 능력, 교육, 규칙적인 일상 활동, 견고한 치료동맹을 통해 제공된다. 이는 어린아이가 떼쓸 때 안아서 위로하고, 아이의 마음을 감싸 주는 엄마의 행동이다.

트라우마 처리는 포용(안정애착 관계의 정서적·신체적 감싸주기)의 맥락에서 진전이 있다. 자기포용[self-containment]에는 자기제지[self-inhibition]가 필요하다. 자기포용이 어려운 사람에게는 외적 포용이 필요하다. 외적 포용은 지지적 관계(이상적으로는 안정애착 관계)로부터 이루어진다. 포용은 때로 정서 표현을 제지한다. 남편을 먼저 떠나보낸 부인이 눈물을 참다가 가족의 따뜻한 품속에서 울음을 터뜨리는 것처럼, 포용은 더 온전한 감정표현을 가능하게 한다. 트라우마 처리와 트라우마 관련 감정을 표출하려면, 내·외적 포용 둘 다 필요하다. 내적 포용은 자신과의 온정적인 관계와 정신화를 통해 이루어진다. 이 두 가지 모두 다양한 형태의 자기조절을 촉진한다.

트라우마 상담에서 포용은 매우 중요하다. 생애 초기에 애착 트라우마를 겪은 사람은 고통스러운 감정 대처를 극도로 어려워할 수 있기 때문이다. 이에 내·외적 포용력 개발은 트라우마 상담의 일차 목표가 된다. 또한 복합 PTSD로 정서적으로 압도된 상태에 있는 사람에게 트라우마 상담은 처리보다 포용에 초점을 맞춘다(van der Kolk, 2002). 양질의 포용은 트라우마를 점진적으로 처리할 수 있게 해 주기 때문이다. 트라우마 사건에 대한 노출로부터 자연적인 회복 과정에는 자연스럽게 계발된 자기조절 기술 활용과 함께 사랑하는 사람 또는 친구와의 친밀관계에서의 처리가 포함된다.

자연회복 과정이 충분치 않은 경우, 전문적 도움이 필요하다. 트라우마 상담의 첫 단계는 문제 이해다. 문제 이해는 포용을 가능하게 하고, 지식은 문제 이해를 촉진한다. 자신이 '미친' 게 아니라, 해리 증상을 겪고 있음을 알게 되면, 안심되고 진정할 수 있다. 트라우마 상담은 내담자의 증상 이해를 돕는 것 이상이어야 한다. 포용력 개발에는 시간이 걸린다. 포용 없는 처리는 실패할 확률이 높다. 이에 감정 표현 또는 발산에 초점을 맞춘 치료적 접근은 언뜻 매력적으로 보이지만, 문제가 있을 수 있다.

관계

여섯째, 트라우마 상담의 보편적 처방은 트라우마 경험을 이야기하는 것이다. 이런 이야기는 잘 들어 주고 믿을 만한 사람과 나눠야 한다. 이 작업은 이를수록 좋다. 트라우마 경험을 털어놓는 일은 강렬한 공포감이나 노여움을 일으킬 수 있고, 자기보호적인 방어기제들이 회상을 막기 때문이다. 트라우마 이야기를 듣는 일은 상담자에게도 쉽지 않다. 엄청난 이야기를 주의 깊게 듣는 일은 상담자의 안전감과 안정감을 동시에 위협할 수 있고, 그 자체로 트라우마가 될 수 있다. 트라우마에 관한 대화는 상담자와 견고한 치료동맹을 기반으로 할 때, 경과가 좋다. 작업관계의 핵심은 ① 긍정적인 관계와 ② 함께 작업(협력)한다는 느낌이다. 신뢰와 수용은 긍정적인 관계의 디딤돌이다. 내담자의 신뢰감은 상담자가 믿고 의지할 만하고 자신을 돕기 위해 노력한다는 인식에 기초한다.

트라우마 상담에서 상담자는 애착 대상의 역할을 떠맡게 된다. 트라우마 상담을 재양육^{reparenting}으로 여기는 것은 꽤 매력적으로 보인다. 그러나 재양육에 대한 희망은 종종 실망을 초래한다. 상담자의 시간, 돌봄수준, 가용성 모두 한계가 있기 때문이다(Allen, 2004). 이에 상담자와 내담자 사이의 경계 설정(시간, 책임, 관계의 한계를 정함)이 필요하다. 두 사람 사이의 경계는 핵막을 구성하여 세포 내 물질을 보호하고, 세포 간 물질 이동을 조절하는 세포막^{cell membrane}과 같다. 경계 설정은 핵막^{nuclear membrane}(핵의 내용을 감싸 주는 막)이 다양한 기관을 형성하게 해 주듯이, 상담자와 내담자의 사생활과 각자의 공간을 유지할 수 있게 해 준다.

긍정사고

트라우마 상담의 일곱 번째 치료적 요인은 긍정사고^{positive thinking}다. 트라우마 상담에서 상담자는 내담자의 긍정적 삶의 요소가 있는지 확인할 필요가 있다. 트라우마로 인해 삶이 고통스러운 사람들은 안타깝게도 삶과 세상이 비참한 감정의 쓰레기통이라는 생각에 사로잡혀 살아가게 된다. 이들은 삶에서 긍정 경험(좋은 일, 즐거운 일, 웃었던 일, 행복했던 일, 뭔가를 성취해 자신감을 느꼈던 일, 누군가와 함께 친밀감과 사랑을 나눈 일, 평온하고 안정감을 느꼈던 순간)을 했던 때를 잘 인식하지 못한다.

아무리 불행한 삶이라 할지라도, 때로 좋았던 순간이 중간중간 섞여 있었을 텐데도, 트라우마 생존자들은 잘 떠올리지 못한다. 긍정적인 삶의 요소를 인식하지 못하면, 뇌는 더욱 한쪽 방향으로 편향되어 부정감정과 믿음에만 익숙해진다. 그래서 시간이 지날수록, 트라우마의 기억이 점차 흐려지는 게 아니라, 오히려 더욱 압도당하게 된다. 트라우마 생존자에게 필요한 긍정적인 삶의 요소 확인을 위한 질문의 예는 글상자 8-5와 같다.

글상자 8-5. 긍정적인 삶의 요소 확인을 위한 질문의 예

> 1. 순수한 사랑을 한 적이 있나요?
> 2. 잘하는 운동 또는 호신술이 있나요?
> 3. 즐겁게 몰입해서 할 수 있는 취미생활이 있나요?
> 4. 상상으로라도 당신을 지켜 주는 수호천사가 있나요?
> 5. 소소하더라도 스스로 자랑스러운 성취감을 느껴 본 적이 있나요?
> 6. 아무런 갈등이 없었던 평화롭고 자유로운 순간을 떠올릴 수 있나요?
> 7. 중요한 시기에 마음을 이해해 주고 자기편이 되어 주었던 사람이 있었나요?
> 8. 편안하고 안전감/안정감을 느낄 수 있는 당신만의 안전지대를 떠올릴 수 있나요?

어린 시절 반복적으로 트라우마를 겪은 사람은 자기 삶에는 긍정 경험이 전혀 없었다고 믿는 경향이 있다. 만일 당신이 이런 생각에 빠져 있다면, "정말 그럴 수 있을까"라는 의구심을 가져볼 필요가 있다. 이 경우, 긍정사고 연습을 통해 긍정 경험을 기억하는 신경회로를 활성화할 수 있다.

04 트라우마 상담자의 역할

트라우마 생존자들은 심리적·신체적 어려움을 극복하는 과정에서 때로 전문적 도움을 받기 위해 정신건강 전문가를 찾는다. 이때, 상담자는 숙련된 실천적 지식과 인간적인 동반관계를 기반으로 이들의 상처 치유와 회복, 그리고 트라우마 후 성장(PTG)을 돕는다. 트라우마 상담은 종종 고통스러운 기억을 끄집어내어, 고통스러운 감정을 재활성화하여 처리하는 과정이다. 그러나 상담자가 트라우마로 인한 부정적인 결과에 초점을 맞추는 경우, 내담자는 비극과 상실감으로 인해 새로운 방식의 긍정적인 변화를 경험할 가능성을 간과할 수 있다. 그러므로 상담자는 내담자의 부정적인 경험에만 국한하기보다 이를 넘어 성장을 위한 힘과 가능성에 초점을 맞출 필요가 있다.

트라우마 상담에서 내담자는 상담자가 자신을 믿어 주고, 기억이 타당하다고 인정해 주기를 원한다. 상담자는 탐정이나 판·검사가 아니고, 기억의 정확성을 입증할 위치에 있지도 않으므로, 내담자에게 어떤 일이 일어났는지, 무엇을 믿어야 할지 말해 줄 수 없다. 단, 내담자 스스로 무엇을 믿어야 할지 결정할 수 있도록 도울 수는 있다. 이 과정에서 상담자는 내담자의 현재 경험과 그 경험을 이해하고 싶은 욕구를 타당화(인정)한다.

설령 내담자가 기억을 상상해 낸 것이라고 타인들로부터 비난받거나 스스로 비난하더라도, 상담자는 내담자가 불확실성과 알지 못하는 데서 오는 고통을 잘 견디도록 돕고 진심으로 수용한다. 내담자가 트라우마 처리를 위해 애쓰는 동안 상담자와 내담자는 확신과 회의 사이에 적절히 균형을 유지한다. 즉, 모호함을 견디되 잘 알고 있다는 착각을 피한다. 이런 일련의 작업을 위해 트라우마 상담자는 ① 동반자, ② 경청자, ③ 촉진자 역할을 한다.

동반자

첫째, 트라우마 상담자는 내담자의 치유 과정 내내 함께하는 동반자companion다. 때로 트라우마 생존자에게 함께 있어 주는 것만으로도 상당한 위로가 될 수 있다. 의사가 환자의 병을 고쳐 주기 위해 신체의 자율적 치유를 촉진하듯, 상담자는 내담자가 스스로 심리적 고통을 해소하고 더 효과적으로 기능할 수 있도록 보조한다. 상담과정에서 상담자는 다양한 방식으로 내담자와 같은 배를 타고 있음을 알게 된다. 상담자도 삶의 과정에서 생긴 마음의 상처가 있고, 또 언제든지 비슷한 일을 당할 수 있기 때문이다.

이에 상담자가 내담자를 교육, 충고, 치료하는 게 아니라, 내담자로부터 배우려는 태도를 나타내는 것은 전통적인 접근과는 다른 트라우마 상담의 특징이다. 상담자가 내담자의 언어를 배우고자 하고, 그의 세계관에 공감하며, 스트레스에 관한 이야기를 경청하고, 그 충격이 어떤 느낌을 주는지 느껴 보려 하는 것은 트라우마 상담을 위한 최상의 환경을 조성하는 것이다. 이런 일련의 과정은 내담자가 겪는 증상 완화뿐 아니라, 트라우마와 견뎌 내야 할 고통이 여전히 있음에도, 내담자가 삶의 가치를 깨닫는 데 도움을 줄 것이다.

경청자

둘째, 트라우마 상담자는 '제3의 귀'로 듣는 경청자listener다. 상담자는 내담자의 미묘한 언어·비언어 행동에 반응하여 상담자의 내면에 감정 반응, 연상, 직관, 직감 등을 일으키는 단서를 포착한다. 트라우마 처리는 강한 감정을 유발한다. 감정조절 능력과 이를 위해 전문가의 도움 추구 능력을 습득하지 못했다면, 더 그럴 수 있다. 최악의 경우, 트라우마를 떠올리게 하는 상태, 즉 두렵고 혼자라고 느끼는 상태로 되돌아갈 수 있다. 가까운 사람들이 도우려는 상황에서도 경청은 쉽지 않다.

이에 인간중심치료의 창시자 칼 로저스는 치료적 변화를 위한 '필요충분조건necessary and

sufficient condition'에 공감, 진실성, 무조건적 긍정적 존중을 포함했다. 또 조지 켈리(George Kelly)는 상담자가 내담자의 말을 듣고 의미를 파악하려는 인지적 분석을 자제하는 대신, '피질 하의 소리'와 '언어 이전의 외침'을 들을 것을 강조했다.

칼 로저스(Carl Rogers, 1902~1987)

　개방적이고 수용적으로 내담자의 이야기에 귀 기울이는 일은 정확한 이해와 신뢰 관계 형성의 토대가 된다. 이는 상담의 성과에도 긍정적인 영향을 준다. 상담자가 내담자의 뉘앙스에 집중하는 동반자 역할은 내담자의 인지를 넘어 인간적인 면으로의 접근과 확대를 촉진한다. 이에 상담자에게는 내담자에 관해 배우고자 하는 태도가 요구된다. 상담자는 실제로 내담자로부터 많은 것을 배우게 된다.

　상담자가 내담자의 이야기를 인내심 있게 경청하고, 관점을 이해하고 존중할 때, 내담자는 비로소 상담자에게 마음 문을 열고 기꺼이 협력하게 된다. 상담자는 내담자의 이야기 중에 고통스러운 사건, 미칠 것 같은 느낌, 당혹스러운 일, 죄책감을 느끼는 부분 등의 부정적인 측면에 대해 기꺼이 귀 기울일 준비를 한다. 트라우마 생존자들이 일상생활에서 만나는 사람들이 이런 이야기를 불편해할 수 있으므로, 상담자가 이런 화제에 진솔한 태도로 귀 기울이는 것은 내담자에게 감동이 될 수 있다.

촉진자

셋째, 상담자는 성장의 창조자가 아니라 촉진자^{facilitator}다. 내담자의 트라우마 경험을 잘 다루려면, 상담자는 인지 활동뿐 아니라, 누적된 다양한 감정을 다뤄야 한다. 스스로 트라우마를 극복하고 생존할 수 있을지 확신하지 못하는 사람과 편안하게 함께 하고 신뢰관계를 형성하는 일은 상담자의 전문적인 역량에 속한다. 상담의 기본 기술을 제대로 적용할 수 없다면, 트라우마 극복을 돕기 위한 전문지식과 중재전략은 한순간에 무용지물이 될 수 있다.

　전통적인 상담에서 상담자는 치료적 중립을 유지한 채 소통하고, 내담자의 이야기에 반영적이고 비지시적으로 반응한다. 그러나 학대 또는 폭력 관련 트라우마를 겪은 내담자와의 작업에서 치료적 중립은 적절치 않다. 트라우마의 특성상, 내담자를 압도할 정도의 정서적 고통을 수반한다는 점에서 트라우마 상담에서 상담자는 더 적극적이고 직접적인 상호작용이 요구된다. 때로 내담자에게 구체적인 조언을 제공하고, 직접적인 의뢰를 하며, 내담자가 일시적으로 의지할 수 있는 대상 역할을 해야 한다(Herman, 1992a). 그러나 내담자의 체계, 자원에 대한 접근성, 치료적 지침에 대한 필요성이 감소하면, 상담은 내담자의 자기결정권과 자기주도성을 존중하는 형태로 전환된다.

　내담자의 트라우마 극복과 성장 촉진을 위한 촉진자 역할은 ① 인지처리 과정을 통한 의미 구축을 강조하는 치료 방법과 개념, ② 부정 정서 스트레스가 완화되어 정서적 안정을 회복했을 때 나타난 요소, ③ 반영적·의도적 반추 등의 형태로 치료에 개입된 요소를 통합하여 이야기 재구성을 돕는 것이다. 트라우마 경험에 관한 이야기 재구성을 통해 트라우마 후 성장(PTG)의 발판으로 삼아 직접 트라우마 생존자들을 도왔던 대표적인 인물로는 실존치료의 개척자이자 의미치료의 창시자 빅터 프랑클이 있다.

빅터 프랑클(Viktor Frankl, 1905~1997)

 ## 05 트라우마 상담의 단계

트라우마 상담은 대체로 4단계, 즉 ① 작업동맹 구축, ② 안정감 회복, ③ 트라우마 기억처리, ④ 사회 네트워크 재건 순으로 진행한다. 트라우마 상담은 내담자의 세계관과 신념 체계의 틀 안에서 시작한다. 내담자의 내적 세계(세계관, 신념체계 등) 이해는 중요하다. 이는 긍정적 착각positive illusion(착각은 현실과 다르게 지각하는 것으로, 편견이 특정 형태로 일관성을 유지하는 상태임)의 관용·수용·존중에서 출발한다.

1단계: 작업동맹 구축

트라우마 상담은 상담자와 내담자의 견고한 작업동맹을 기반으로 진행된다. 작업동맹working alliance은 상담자와 내담자가 공동 목표를 성취하기 위해 협력하는 것이다('원팀one team'). 이 관계는 구조화와 심리교육을 통해 구축되고 상담 과정에서 강화된다. 내담자를 상담과정에 적극 참여하도록 돕는 일은 상담자의 중요한 과업이다. 이 과업에는 상담자가 내담자에게 홀딩holding('붙들어 주기' '버텨 주기' '잡아 주기'로도 불림), 즉 버팀목이 되어 주거나 유대감을 형성하여 치유에 도움이 되는 환경을 조성하는 능력이 필요하다.

홀딩 개념은 엄마가 아기에게 신뢰를 주면서 안전하게 돌보는 행위와 연결된다. 이는 부적응행동이 내담자가 어린 시절 겪었던 불안전에 대한 감정과 홀딩 환경이 박탈된 결과라는 가정에 기반을 둔다. 이 작업은 내담자가 궁금해할 두 가지(① 상담자는 누구인가? ② 상담자는 나를 어떻게 도울 수 있는가?)에 대한 설명('구조화')과 상담자를 자기편 협력자로 인식하게 되면서 시작된다. 내담자의 편이라는 느낌은 작업동맹의 핵심으로, 3개 요소로 구성된다(표 8-3 참조).

표 8-3. 작업동맹의 3요소

요소	설명
1. 라포	○ 내담자가 상담자와 함께 있을 때 '사이가 좋다는 느낌(친밀감)'이 듦
2. 신뢰	○ 내담자가 상담자와 생각, 감정, 실수, 실패 등의 개방에 안전·안정감을 느낌
3. 돌봄	○ 내담자의 안녕에 관심이 있고, 중요하게 여기는 사안을 돕고 싶어 한다고 느낌

관계 트라우마가 있는 내담자에게 작업동맹 구축은 큰 도전이 될 수 있다. 애착과 관계 문제는 온전히 치료 과정에 등장하게 될 것이다. 이로 인한 불신, 의존, 경계설정의 어려움은 작업동맹을 저해할 수 있다. 상담자를 신뢰할 수 없다면, 치료작업을 수행할 수 없다. 치료 작업을 수행할 수 없다면, 신뢰하는 법을 배울 수 없다. 내담자에게 신뢰구축은 용기가 필요한 점진적 과정이다. 신뢰가 형성됨에 따라 더 많은 작업을 수행할 수 있다.

2단계: 안정감 회복

트라우마 상담은 흔히 내담자의 안정화stabilization 추구로 시작한다. 이 절차는 내담자의 안정감 회복보다 트라우마 기억 처리를 우선시했던 종전의 시행착오를 개선한 결과다. 이에 트라우마 상담에서는 트라우마 기억 처리에 앞서 내담자가 안전감을 느끼고 스스로 상황을 통제할 수 있다는 자신감을 가지도록 돕는 것을 우선시한다. 트라우마 생존자는 고통을 언어로 정확히 표현하지 못하는 경향이 있다. 이들에게 트라우마 기억을 떠올리게 했을 때, 뇌의 언어중추로 가는 혈류량은 줄어드는 반면, 편도체나 변연계로 가는 혈류량은 증가한다. 또한 트라우마 기억을 이야기하면, 불안을 조율하는 자율신경계 역시 점차 흥분하는 양상을 보인다(Rauch, 2003). 이로써 생존자들은 트라우마 기억을 떠올려 이야기할수록 더 힘들어지고 더 혼란스러워지게 된다.

트라우마 상담의 목표는 내담자의 회피 전략을 효과적인 자기방어 전략으로 대치하도록 돕는 것을 포함한다. 효과적인 자기방어 전략은 자신이 덜 취약하다는 느낌이 들게 한다. 정신건강 전문가들은 일련의 시행착오를 통해 안정화 과정 없이 어떤 트라우마 상담과 치료도 성공할 수 없음을 깨달았다. 만성 트라우마 생존자는 오랫동안 위협감과 불안감 속에서 지내 왔다는 점에서 세상이 안전하다는 생각을 하지 못하며 살게 된다. 이로써 안정감을 느끼는 것 자체를 두려워하고 받아들이지 못할 수 있다. 이들이 진정으로 안정감에 대한 확신을 가지려면, 충분한 시간이 필요하다. 특히 이들에게는 신체 증상 또는 불안정한 감정에 대해 스스로 조절할 수 있다는 통제감이 필요하다. 안정감과 통제감은 생존자 스스로 터득하고 느낄 수 있어야 한다.

3단계: 트라우마 기억처리

트라우마 상담은 내담자가 안정된 상태에서 트라우마 경험을 새로운 삶의 이야기로 재구성(언어화)하도록 돕는 과정이다. 안정감이 확보되면 트라우마 기억처리(트라우마 기억을 떠올려 묘사하도록 돕는 작업)를 돕는다. 트라우마 기억은 대개 압도적인 감정과 신체 기억(암묵기억)이어서 언어로 표현하는 데 어려움이 많다. 이에 내담자는 종종 트라우마 기억을 무감동하게 이야기하거나, 반대로 감정에 압도되어 말로 표현하지 못하는 모습을 보인다. 내담자는 조금씩 힘을 얻어 가면서 얼어붙었던 이미지, 압도적인 감정, 조각난 감각의 파편을 하나하나 모아 기억에 통합한다.

트라우마 기억은 종종 과각성을 야기하고, 위험을 예상하게 하며, 곧 닥칠 위험 탐지에 자원을 소모하고, 심지어 안전한 환경과 상호작용을 잠재적으로 위험한 상황으로 오인하게 한다(Pealman & Courtois, 2005). 특히, 복합 트라우마(⑩ 아동학대, 성폭행, 배우자 학대 등) 생존자는 자신이 안전할 거라는 사실을 인식할 때까지 오랜 시간이 필요할 수 있다. 그러므로 증상 완화를 위한 치료적 작업의 시도에 앞서, 성학대 피해 아동과 배우자 학대 피해 여성은 각각 가해자의 폭력으로부터 안전할 수 있는 보호조치가 필요하다.

트라우마 생존자는 종종 트라우마 경험을 말하다가 이미지와 감정에 압도되어, 현실에서 재연 경험을 하게 된다. 이에 내담자가 감당할 만큼의 기억을 떠올리게 하는 동시에, 현재의 안전한 상황에 집중하도록 도울 필요가 있다. 견딜 수 있는 범위 내에서 트라우마 경험을 다루게 할 때, 내담자는 기억에 압도당하지 않으면서 이야기로 통합할 수 있게 된다. 이런 점에서 트라우마 상담은 트라우마 기억의 완전한 제거가 아니라, 이야기로 표현('언어화')할 수 있도록 돕는 과정이다. 즉, 트라우마 상담은 내담자의 현재 욕구에 접근하고, 욕구와 관련된 포용과 처리 활동을 제공하며, 내담자의 현재 상태를 재평가하고, 필요한 경우 각성 수준을 조정하며, 회기를 마무리하는 일련의 절차다. 이런 절차를 회기당 50분 기준으로 진행되는 4개 국면으로 요약·정리하면 표 8-4와 같다.

표 8-4. 트라우마 상담 회기의 4개 국면

국면	내용
1. 도입/ 5~15분	○ 지난 회기 이후로 생존자의 일상생활에 어떤 변화가 있었는지 탐색한다(⑩ 새로운 트라우마 또는 피해 발생 여부, 역기능적 또는 자기파괴적 행동 여부) ☛ 위와 같은 문제가 있었다면, 안정감 확인/증진을 위해 작업한다. ○ 지난 회기 이후의 내적 경험을 점검한다(⑩ 지난 회기 이후에 심각한 침습/회피 증상 발생 여부) ☛ 있었다면, 이는 정상적인 현상이고 트라우마의 일반 증상임을 설명하고, 침습/회피 반응이 심각한 수준이면, 노출·활성화 강도 낮춤을 고려한다.
2. 중간/ 20~30분	○ 생존자가 감내할 수 있는 범위 내에서 인지·정서기억을 처리한다. ○ 인지·정서기억 처리가 원만하게 진행되지 않는 경우, 심리교육, 일상적인 대화, 또는 생존자의 삶에서 불쾌감이 덜했던 사건에 초점을 둔다.
3. 후반/ 15~25분	○ 회기 내에서 발생한 기억처리과정을 보고하고 타당화한다. ○ 처리과정에서 생존자의 주관적 경험·생각·느낌을 탐색한다. ○ 처리과정에서 나타난 인지왜곡을 탐색·처리한다. ○ 생존자의 활성화 수준이 높은 상태로 남아 있다면, 비정서적 사안에의 초점, 인지처리, 안정화 등으로 정서적 각성수준을 낮춘다.

4. 종결/ 5~10분	○ 회피 활동(플래시백, 악몽, 물질 남용, 긴장감소행동 등)에 대한 욕구를 비롯한 트라우마 기억처리의 잠재적 지연 요소를 상기시킨다. ○ 확인된 위험 요인(자기파괴행동)에 대한 안전 계획을 설명한다. ○ 회기 요약과 지지·격려의 말을 건네고, 다음 회기 일정을 안내한다.

기억처리 과정에서 내담자는 종종 트라우마로 인한 상실감을 느낀다. 트라우마로 인해 소중한 사람, 쌓아 온 경력과 직업, 그리고 돈과 건강까지 잃었다면, 상실감이 매우 클 것이다. 이에 트라우마에 관한 이야기는 내담자를 깊은 슬픔과 절망감에 빠지게 한다. 이런 감정에 빠지는 것은 힘들고 견딜 수 없는 일이기 때문에 내담자는 이런 감정을 받아들이려 하지 않을 수 있다. 대신, 복수심 또는 원망으로 격분하거나 아니면 서둘러 가해자를 용서해야 한다는 강박사고를 하곤 한다. 슬픔, 절망감보다 차라리 화를 내고 원망하고 재빨리 용서하는 게 더 견딜 만하다는 이유에서다.

그러나 상실감 회피는 결국 트라우마로부터의 회복을 더디게 한다. 상실감은 결국 내담자가 감내해야 하고, 받아들일 필요가 있다. 트라우마 기억을 떠올리고 이야기할 때마다 슬퍼지고 절망스러워지겠지만, 이를 조금씩 견뎌 내고 받아들일 때 트라우마는 서서히 그 강렬함이 사라지게 된다. 상실감으로 인해 자주 슬픔을 느끼겠지만, 서서히 슬픔은 삶의 중심에서 멀어져 간다.

4단계: 사회적 네트워크 재건

트라우마 상담의 마지막 단계는 고립감에서 벗어나 사회적 연결고리를 다시 만들어 가며 새로운 삶을 발전시키는 과정이다. 트라우마로 인해 단절되고 고립된 삶을 살아왔을 생존자는 트라우마 기억처리를 통한 회복을 통해 다시 주변 사람을 신뢰하고 친밀관계[intimate relationship]를 형성할 수 있어야 한다. 이 세상에 혼자 남겨진 게 아니고 누군가와 긴밀하게 연결되어 있다는 믿음과 결속감은 트라우마 생존자의 삶에 힘이 된다.

트라우마 후유증은 생존자의 삶에 계속해서 남아 있을 수 있다. 그러나 회복 과정을 통해 생존자는 과거의 상처를 견딜 만한 것으로 인식하고, 오히려 아픔을 성장의 발판으로 삼을 수 있게 된다. 즉, 과거로 되돌아갈 수는 없지만, 트라우마 경험을 자신에게 더 쓸모 있는 기억으로 통합함으로써 성장의 길로 도약할 수 있게 된다. 사회적 네트워크[social network] 재건은 내담자의 세계관 재정립을 도움으로써 가능해진다. 세계관 재정립은 트라우마 경험 이후의 삶에서 잘 기능하게 하고, 트라우마의 의미를 더 잘 이해할 수 있게 한다.

세상에 대한 기본가정을 재고·도전하는 것은 트라우마 생존자의 성장에 도움을 준다. 이 작업의 시작은 이미 발생한 트라우마에서 생존자에게 더 이상 유용하지 않은, 세상에 대한 생존자의 기본가정을 검토하는 것이다. 트라우마 상담은 트라우마 상황을 묘사하는 이야기 재구성에 도움을 준다. 세상을 새롭게 가정하면, 미래에 대한 희망이 생긴다. 새로운 기본가정에는 어떻게 고통에서 벗어날 수 있는지, 어떻게 하면 삶에서 다시 피해 입지 않을지, 어떤 의미와 목적을 찾는 것이 가능한지 등이 포함된다.

06 트라우마 생존자 집단상담

집단상담group counseling은 자기감, 타인 신뢰, 건강한 관계 형성에 어려움이 있는 트라우마 생존자에게 도움이 된다. 집단상담의 이점은 참여자들 간의 상호작용에 있다. 집단상담은 집단 맥락에서의 개인치료가 아니다. 집단상담의 효과는 참여자 개개인과 치료자의 관계보다 '같은 배를 타고 있는' 타인들과의 관계에 기반한다(강진령, 2019). 삶에서 유사한 경험을 한 사람들과 함께하는 일은 힘을 북돋아 주고 인정받는 느낌을 준다.

　사람들은 흔히 어머니와의 관계 맥락에서 생애 초기 애착을 발달시킨다. 이렇게 형성된 애착은 양육자와 가족원들을 넘어서 다른 사람들과의 관계로 점차 확대된다. 이 과정에서 응집력 있고 안정된 집단은 개인에게 안전감, 안정감, 소속감 등을 제공한다. 이들 집단은 안정애착 관계와 마찬가지로, 안전한 피난처와 안정 기반을 제공한다. 트라우마 생존자들에게 유익한 집단의 종류는 다양하다.

집단상담자의 임무

집단상담자group counselor의 임무는 참여자들 간에 서로 돕고 협력하는 분위기를 조성하는 것이다. 이를 위해 집단상담자는 참여자들의 솔직한 자기개방을 격려하되, 참여자 개개인 또는 집단의 대처 능력이 압도되지 않도록 균형을 유지한다. 즉, 집단참여자들이 서로를 활용하고, 서로의 강점을 발견하며, 경험에 대한 인식으로 서로를 인도하고, 공통 과제 수행에 참여하는 것이다. 또한 집단의 초점을 명확하게 유지한다. 트라우마 생존자들을 위한 집단상담은 흔히 지금·여기에 초점을 두는 집단과 트라우마에 초점을 두는 집단으로 구분한다. 집단상담자는 참여자 개개인과 전체로서의 집단이라는 두 생존자를 대하게 된다. 집단경험은 생존자들에게 ① 고립감 감소, ② 타인과의 유대감 증진, ③ 자기통제감 향상, ④ 공유학습 기회 확대, ⑤ 왜곡된 인식 교정 기회를 제공한다.

집단상담의 효과

집단상담의 유용성은 트라우마의 유형에 따라 다르다(자연재해, 근친상간, 참전 등). 집단은 특이하게 보이는 증상, 특히 자신과 이질적인 것으로 느껴질 수 있는 해리장애 환자들에게 유용하다(Buchele, 1993). 그러나 집단의 유형을 회복 단계와 잘 맞출 필요가 있다. 즉, 집단

상담은 순차적으로 ① 안전, ② 트라우마 기억 이야기, ③ 지속적인 관계 발달에 초점을 둔다. 집단참여에 앞서, 트라우마 생존자들은 개인상담과 사회적 지지를 통한 안정성 회복이 선행되어야 한다. 이런 준비 없이 트라우마가 논의되는 집단에 참여하는 것은 집단 분위기에 압도되어 트라우마를 재경험하게 되어, 트라우마 둔감화보다 오히려 민감화될 수 있다.

　트라우마 생존자들을 위한 집단상담은 디브리핑debriefing(트라우마 사건에 대해 상세한 질문을 던져 개인의 경험을 이야기하게 하는 개입방법) 활동을 포함한다. 집단은 참여자들에게 각자의 이야기를 털어놓을 수 있고, 다른 참여자들의 고통스러운 이야기도 들어 볼 기회를 제공한다. 이런 기회는 그 자체로 치유 효과가 있다. 즉, 자기 이야기를 하는 것과 남의 이야기를 듣는 것은 둘 다 중요한 치유 과정이다. 집단에서 단순히 트라우마를 주제로 말하는 것뿐 아니라, 다른 참여자들의 이야기를 듣는 일은 때로 극심한 고통을 유발할 수 있다. 그러므로 트라우마를 처리하고 트라우마 관련 정서를 포용하는 능력 계발은 집단상담에서의 추가 작업을 위한 전제조건이다.

　집단에서 생존자들이 서로 마음의 상처를 공유하고, 다른 참여자들에게 증인이 되게 하는 작업은 그 자체로 치유적이다. 생존자들은 흔히 무력감, 고립감, 그리고 혼자라는 느낌을 경험하고, 스스로에 대한 수치심과 죄책감으로 고립을 자초한다. 이에 집단에서 마음의 상처를 나누는 것은 아픈 감정 치유에 도움을 준다. 특히, 다른 참여자들이 자신과 유사한 아픔을 어떻게 극복하는지를 듣는 것은 트라우마 극복을 위한 학습에 도움을 준다. 이런 과정을 통해 고립감을 극복하고, 정서적 지지의 토대를 구축하는 것은 생존자들을 위한 집단상담의 중요한 과업이다.

　집단참여를 통해 다른 생존자들 역시 유사한 문제로 어려움을 겪고 있다는 사실을 알게 되는 것('보편성universality')은 치유 효과가 있다. 더욱이, 집단참여는 생존자들에게 대인관계 학습 효과를 제공한다. 즉, 집단상담은 타인을 신뢰하고, 대인관계 갈등을 처리해 주며, 만족스러운 방식으로 상호작용하는 법을 학습하기 위한 장을 제공한다. 이에 응집력 있는 집단은 관계 문제와 갈등 탐색을 위한 안정 기반을 제공해 준다. 이런 점에서 집단은 다양한 일련의 사회적 관계와 공동체 집단과 연결될 수 있는 징검다리 역할을 한다.

07　트라우마 생존자 가족상담

가족 대상의 트라우마 상담은 복잡하다. 트라우마의 유형이 다양하고, 가족원들의 역할이 크며, 개입의 목적이 다양하기 때문이다. 가족상담에도 안전과 안정이 우선시된다. 만일 가족원(배우자, 부모, 형제, 자매 등)이 진행 중인 폭력 또는 학대와 관련되어 있다면, 어떤 치료적 시도도 막히게 된다. 지지적일 수 있는 가족원은 누구든지(현재 가족이든, 어린 시절 가족이든) 지지 요청이 필수로 요구된다. 그러나 트라우마가 양육자 역할을 하는 사람들에게 미치는 영향을 고려하는 것이 우선되어야 한다.

양육자의 중압감

가족원의 정신장애는 다른 가족원에게 중압감을 준다. 이는 트라우마로 인한 장애에도 적용된다. 해리는 다른 가족원들을 당혹스럽게 하고, 비자살성 자해는 놀라게 하며, 자살시도는 두렵게 한다. 가족원의 트라우마에 대해 자발적으로 증인이 되고자 하는 배우자는 대리 트라우마vicarious trauma를 겪기도 한다. 이들은 고통스러운 감정을 느끼거나 악몽을 꾸며, 트라우마에 대한 침습사고로 두려움을 느끼기도 한다. 이들은 대리 트라우마까진 아니라도 관계에서 발생하는 정서적 갈등에 압도될 수 있다. 가족원들에게 가장 큰 어려움을 주는 상황은 트라우마로 인해 건강한 친밀감이 상당한 부담을 줄 수 있다는 것이다. 이런 상황의 예시는 글상자 8-6과 같다.

글상자 8-6. 트라우마가 부부의 친밀관계에 영향을 주는 사례

> 성폭행을 당한 적이 있는 한 여성은 부부관계 시, 남편이 얼굴을 그녀의 얼굴 가까이 댈라치면 순간적으로 공황 상태에 빠졌고 격노 상태가 되었다. 가슴을 내리누르는 느낌은 그녀의 호흡을 방해했고, 질식해서 죽을 것 같았던 과거의 기억을 떠올리게 하곤 했다. 상담자는 이런 공포반응을 자동차 시동 거는 소리를 들었을 때 참전용사가 전투를 재경험하는 상황과 유사한 것이라고 그녀의 남편에게 설명했다. 이런 연관성을 인식하자, 이 부부는 PTSD 증상을 촉발하지 않고도 성적으로 친밀해지는 방식을 모색하기 시작했다.

정서전염emotional contagion에 대한 취약성과 학대관계 양상의 재연은 친밀관계에서 흔히 나타나는 문제다(Maltas, 1996). 트라우마 후유증은 전염성이 있고 이해하기 어려우며 상황에 적절하지 않은 것처럼 보인다는 점에서 가족원들에게 더 큰 고통이 될 수 있다. 더욱이, 재연은 친밀관계에서 흔히 발생하는데, 학대와 방임이 다시 일어나는 것 같은 느낌이 드는 것은 생존자에게 큰 고통이 된다.

전염 · 재연과 싸우는 양육자는 무력감, 짜증, 좌절감이 들 수 있다("트라우마에 신경 쓰지 않도록 다른 어떤 시도라도 해 보렴!" "미친 사람처럼 행동하는 것 좀 그만해!"). 좌절과 논쟁은 누구에게나 부담을 준다. 정신장애가 있는 가족원에 대한 비판과 적대감은 당사자에게 해롭다. 이는 트라우마가 있는 가족원에게도 적용되는데, 트라우마 생존자는 종종 다른 가족원과 적대적이고 비판적으로 상호작용하게 된다. 이는 가족관계뿐 아니라 트라우마 상담에도 부정적인 영향을 미친다.

트라우마 생존자는 혼자 버려질 것을 두려워하고, 비현실적인 죄책감을 느낄 수 있다. 이런 상황에서 양육자에게 가해지는 중압감은 생존자에게 이중삼중의 부담으로 작용한다. 그

러나 양육자의 행동과 태도는 쉽사리 변하지 않는다. 이들은 자신의 정서반응이 무력감, 관심, 염려에서 비롯될 수 있음을 쉽게 간과할 뿐 아니라, 지나치게 비판적인 상태와 위축 상태 사이를 오간다. 이에 생존자와 꾸준히 지지적인 관계를 유지하기 위해서는 이들 역시 전문적인 도움이 필요하다. 생존자에게 심리교육이 필요하듯이, 가족들 역시 그렇다. 심리교육을 통해 가족원들은 트라우마를 입은 가족원이 겪는 어려움의 원인에 관한 설명을 듣는 것만으로도 생존자에 대한 이해와 수용, 그리고 안정된 상호작용에 도움이 된다.

동반자/가족원의 지지

트라우마 생존자 지지에는 어떤 특별한 수단이나 방법이 있지 않다. 다만 인내, 끈기, 공감, 이해심, 신뢰, 애정, 자비심 등이 필요할 뿐이다. 생존자를 지지·격려하면서 지원을 아끼지 않는 사람들은 성인군자가 아니다. 설령 이들이 칭송받을 만한 특징을 가지고 있다손 치더라도, 생존자를 지원할 에너지를 무제한으로 가지고 있지는 않다. 이들의 지지는 염려, 좌절, 낙담과 뒤섞여 있고, 언제라도 참을성과 인내심은 바닥날 수 있다. 치료자와 생존자의 관계처럼, 생존자와 동반자/가족원은 경계 유지가 필요하다. 즉, 자신의 한계를 알고, 그 한계를 정해야 한다. 역량 이상으로 지지하는 동반자는 지지를 이어 가기 어려울 수 있고, 점차 소진되어 결국 중단하게 될 수 있다.

　생존자의 동반자/가족원은 다른 지지 관계 촉진에 도움을 줄 수 있다. 또한 생존자가 필요로 하는 상담/의학적 치료에 참여하도록 독려할 수 있다. 생존자의 동반자가 지지적 태도를 유지할 수 있으려면, 이들 역시 지지가 필요하다. 즉, 이들이 건강한 양육자가 되려면, 스스로를 돌봐야 한다. 이들에게 진정으로 필요한 것은 삶이 트라우마에 의해 휘둘리지 않을 거라는 확신이다. 이들에게 트라우마 이외의 것에 관심을 갖는 것과 다른 지지관계를 구축하는 일은 매우 중요하다. 다수의 트라우마 생존자의 동반자는 생존자의 치료 참여뿐 아니라, 자신을 위한 개인 또는 집단상담(지지집단 등)이 필요할 수 있다.

자기개방과 직면

자기개방은 상담의 기본요소다. 이는 주로 말과 글의 형태로 표현되는 고통스러운 정서적 정보를 공개하는 행위다. 자기개방이 없다면, 트라우마 치유는 불가능하다. 그러나 트라우마 경험은 종종 생존자를 딜레마에 빠지게 한다. 트라우마 경험을 털어놓았을 때, 주변 사람들이 공감하지 못하거나, 신뢰를 저버리거나, 비판할 수 있음이 두렵기 때문이다. 이로써 생존자는 자기개방을 힘들어하고 회피할 수 있다. 그럼에도 자기개방은 생존자의 경험 이해에 중요하다. 생존자는 이 과정에서 타인의 지지와 이해를 얻을 수 있다.

　상담에서 자기개방은 내담자의 트라우마 경험에 대한 상세한 묘사로 시작된다. 상담자는 트라우마에 초점을 두되, 사건의 영향과 내담자의 이야기 방식에 주목한다. 인지에 초점을 둔 상담에서는 생존자의 자기개방을 통해 실제로 어떤 일이 일어났는지 충분히 이해하고, 트라우마 경험에 대한 잘못된 신념을 바로잡는다. 이때, 상담자는 내담자의 트라우마 경험에 관한 이야기를 적극적으로 경청하고, 공감적으로 이해한다. 자기개방 수준이 깊어지면서 내담자는 타인과의 관계 형성·유지 방식을 재건할 수 있게 된다. 타인에게 자신을 개방하는 이유는 사실과 사건을 노출함으로써, 자신에 대한 타인의 판단에 대해 정서적으로 더 편안해지고 덜 염려하기 위해서다. 이는 즉각적으로 얻어지지 않을 수 있으므로, 상담자는 내담자에게 지지와 격려를 아끼지 않는다.

지지와 격려를 얻으려면 내담자는 자신이 겪은 트라우마를 다른 사람들에게 알려야 한다. 트라우마 사건이 사고 또는 범죄적 폭행인 경우, 개방은 그렇게 어렵지 않을 수 있다. 그러나 트라우마의 대부분은 수치심과 죄책감과 관련이 있다(예 아동학대, 성폭행). 이 경우, 개방은 쉬운 일이 아니다. 성학대를 폭로한 피해 아동은 자신뿐 아니라, 부모와 가족들에게 좋지 않은 결과를 경험할 수 있다. 이들은 아동의 말을 믿어 주지 않거나, 더 이상 지지해 주지 않거나, 심지어 가정에 문제를 일으켰다고 비난할 수 있다. 이런 결과는 아동에게 훨씬 더 심각한 트라우마로 작용할 수 있다(Roesler, 1994).

만일 트라우마가 원가족 내에서의 부당한 대우와 연관되어 있다면, 가족 내에서 트라우마를 개방하는 것은 더욱 어려운 일이다. 이에 노련한 상담자들은 가족원 목록을 작성하게 한 다음, 트라우마를 잘 받아들일 가능성이 있거나 추가 정보를 제공함으로써 타당성을 입증할 사람에게 이야기를 시작하라고 권한다(Shatzow & Herman, 1989). 이런 계획을 세우면, 생존자에게 개방은 하나의 사려 깊고 단계적인 과정이 될 수 있다. 개방은 점차 직면으로 전환된다. 학대 피해 사실을 몰랐던 가족원(예 어머니)에게 이 사실을 알리게 되면서, 보호해 주지 않은 것 또는 공모한 것에 대한 원한 또는 적개심이 표면화될 수 있다. 심지어 트라우마를 드러내는 최종 단계로서, 자신을 학대한 사람과 직면하기도 한다.

개방과 직면은 좋든 싫든 강력한 영향을 미칠 수 있다. 개방과 직면이 치료적 효과를 낼 수 있으려면 면밀한 준비가 필요하다. 개방과 직면은 치료 후기에 수행되어야 한다. 트라우마를 드러낼 준비가 되어 있는지는 상담의 진전 정도를 가늠하는 척도가 될 수 있다. 개방할 준비 여부는 정서적 압도 또는 해리 없이 트라우마에 관해 이야기할 수 있는 상태로 알 수 있다. 자연스러운 개방과 직면을 위해서는 분노를 표현하고, 이로 인한 권능감^{sense of power}에 편안해할 수 있어야 한다.

안전 우선 원칙은 이 상황에도 적용된다. 개방은 상당한 스트레스를 유발할 수 있으므로 추가적인 지지가 요구된다. 이를 위해서는 어떤 자기파괴 성향에 대해서도 통제가 가능하고, 개인의 안전을 보장할 수 있는 공간이 확보되어야 한다. 이에 현실적인 목표를 수립할 필요가 있다. 개방은 무거운 짐을 덜어 주고 비밀, 수치심, 죄책감, 트라우마에 대한 책임을 내려놓을 수 있게 해 준다. 개방과 직면은 가족원 간 의사소통의 문을 열어 주고, 건강한 관계를 형성할 수 있게 해 준다.

역효과. 트라우마 생존자의 개방과 직면은 때로 역효과를 초래한다. 복수는 직면에 대한 발생 가능한 동기다. 복수심은 일부분 의식적이기도 하나, 어느 정도는 줄곧 마음속에 남아 있는 감정이다. 만일 복수심이 응어리져 있는 상태라면, 개방과 직면은 폭발적인 상황을 유발할 수 있고, 이는 다시 생존자에게 트라우마가 될 수 있다. 생존자로서는 가해자 대상으로 감정정화의 기회를 갈구할 수 있다("내가 가해자에게 똑같은 상처를 줄 수 있다면, 내 기분이 훨씬 나아질 거야!").

그러나 '정화를 통한 치유'는 다른 유형의 치유에서와 마찬가지로, 가족상담 맥락에서도 그 결과를 장담할 수 없다. 기껏해야, 그 결과는 만족감과 실망감이 교차하는 것일 수 있다. 최소한 자기 행동은 통제할 수 있으나, 타인의 것은 통제할 수 없기 때문이다. 만일 상처 회복이 어떤 성과(예 가족원들의 믿음을 얻고, 동정심의 표현을 듣는 것)에 달려 있다면, 환멸을 경험하기 쉽다. 반면, 결과에 상관없이 진실을 터놓고 말하는 것에 만족할 수 있다면, 이런 일련의 과정에 대해 더 큰 통제력을 갖게 될 것이다.

트라우마성 유대와 자기의존

트라우마로 인한 역기능적 관계로부터 생존자를 구출하는 것은 쉽지 않다. 트라우마성 유대 traumatic bonding는 정서적 강력 접착제 같을 수 있기 때문이다. 예컨대, 부모로부터 부당한 대우 또는 학대를 받았다고 느끼는 다수의 성인 아이adult child(아이 상태에서 벗어나지 못하고 부모에게서 독립하지 못한 성인)는 부모에게 분개하면서도 의존한다('저항애착'). 이들은 가족관계가 자신의 욕구를 충족시켜 주기를 바라면서, 극심한 좌절과 환멸에 봉착한다. 부모에 대한 양가적 애착과 투쟁하는 성인은 흔히 한쪽 극단에서 다른 쪽 극단으로 치닫곤 한다. 이들은 극심한 좌절과 고통으로 가족과의 관계를 단절하고 싶은 유혹에 직면한다. 이들에게는 때로 거리를 두는 시간이 안전을 유지하고, 트라우마 가능성의 최소화를 위해 필요할 수 있다. 어떤 경우에는 장기간 접촉을 최소화하는 것이 해결책이 될 수도 있다.

그러나 가족과의 단절은 애착을 위한 삶의 욕구와 양립할 수 없다. 자기의존적이 된다는 것은 완전히 독립적이 된다는 것을 의미하진 않는다. 자기의존self-dependence은 이별과 재회 사이의 공백을 메우는 능력이다. 이는 흔히 자신을 돌봐 주는 사람과의 편안한 기억을 마음속에 간직하거나 자기 위안을 통해 이루어진다. 가족상담은 성인 아이가 더 좋은 균형을 이루는 데 도움을 줄 수 있고, 더 분리되고 자율적이 되어, 안정적이고 만족스러운 방식으로 정서적 유대를 형성·유지할 수 있게 해 준다.

확인문제

다음 빈칸에 들어갈 말을 써 보세요.

1. 트라우마 상담의 핵심은 상담자와 내담자의 ______관계를 기반으로 트라우마에 관해 이야기, 즉 _________을/를 통해 트라우마 기억을 ______ 및 _____(으)로 처리하여 트라우마 후 성장을 이루도록 돕는 것이다.

2. 트라우마 상담의 궁극적인 목표는 __________이다. 목표 성취를 위한 첫걸음은 내담자가 _______ 환경에서 트라우마 경험을 말로 표현할 수 있는 일이다. 이를 토대로 상담자는 내담자가 심리적 안정을 회복하고, 마음의 상처를 치유하며, 트라우마 후 _____을/를 돕는다.

3. 트라우마 상담의 원칙 중 하나는 최소한의 신체적 위험, 심리적 학대·착취·거부가 없는 상태, 즉 _____(이)다. _________은/는 폭행, 건물 붕괴, 또는 화재의 위험이 없는 상태인 반면, _________은/는 오해, 비판, 비난, 조롱당하는 느낌이 들지 않고, 이야기에 대한 비밀이 유지될 것으로 인식하는 상태다.

4. 허먼(J. Herman)은 안전 확보를 위한 잠재적 비용에 관해 다음과 같이 언급했다. "안전한 환경을 조성하려면 개인의 삶에 큰 _____이/가 필요하다. 안전 확보에는 어려운 _____와/과 희생이 수반한다. 다수의 사람이 그랬듯이, 사람들은 물질적 생활 여건에 대해 _____을/를 떠맡고 나서야 비로소 안전 확보와 회복할 수 있음을 깨닫는다. _____이/가 없다면, 어떤 안전과 회복도 있을 수 없다. 이것은 종종 큰 비용을 치른 후에야 누리게 된다."

5. 트라우마 상담의 원칙에서 _____은/는 마음이 일정하게 평안한 상태다. 생존자들에게는 기본 욕구 돌봄에 기반한 _________뿐 아니라, _________이/가 필요하다.

6. _______은/는 트라우마 사건에 관한 이야기 과정에서 그 경험과 결부된 감정이 방출되는 과정이다. 이는 트라우마를 재경험하고 강렬한 정서를 표현하는 과정으로, 대개 눈물 또는 ______와/과 공격성 표출 형태로 나타난다.

7. 트라우마 상담의 치료적 요인에는 __________________이/가 포함되어 있다. 이는 개인의 감정, 사고, 행동을 판단·평가 없이 있는 그대로 받아들여 주는 태도다.

8. ______은/는 트라우마 경험의 인지 · 정서처리 과정에서 너그러이 감싸고 받아들이는 것으로, '간직하기'로도 불린다. 이에 비해 ______은/는 트라우마 사건에 관해 이야기하고, 경험에 관한 생각과 느낌을 말하는 ______ 과정이다.

9. 트라우마 상담은 일반적으로 4단계, 즉 작업동맹 구축, ______ 회복, __________ 처리, 사회적 네트워크 재건 순으로 진행한다.

10. 작업동맹은 흔히 3개 요소로 구성된다. 첫째, ______은/는 내담자가 상담자와 함께 있을 때 '사이가 좋다'는 느낌(친밀감)이 드는 것이다. 둘째, ______은/는 내담자가 상담자와 생각, 감정, 실수, 실패 등의 개방에 안전 · 안정감을 느끼는 것이다. 셋째, ______은/는 내담자의 안녕에 관심이 있고, 중요하게 여기는 사안을 돕고 싶어 한다고 느끼는 것이다.

학습활동

관계 패턴 탐색

※ 다음 문항을 읽고 물음에 답해 보자.

1. 사람을 믿기 어려운가요? 그렇다면, 사람을 믿기 어려운 이유는 무엇인가요?

　　☞ ______________________________________

　　　______________________________________

　　　______________________________________

2. 믿고 의지할 수 있는 가족이나 친구가 있나요?

　　☞ ______________________________________

　　　______________________________________

　　　______________________________________

3. 연인관계/부부관계에서 어떤 어려움이 있나요? 당신이 힘들어하는 게 무엇인가요? (예 신뢰감, 친밀감, 성 문제, 재정 문제)

　　☞ ______________________________________

　　　______________________________________

　　　______________________________________

4. 어떤 유형의 사람에게 매력을 느끼나요? (예 아동기에 부모에게 학대당했던 여성의 경우, 신체적·심리적 측면에서 부모와 비슷한 사람에게 끌린다고 말하는 사람이 많음)

　　☞ ______________________________________

　　　______________________________________

　　　______________________________________

5. 다른 사람과 가까워지기 위해 어떤 노력을 하고 있나요? 반대로, 다른 사람과 거리를 유지하기 위해 어떤 노력을 하고 있나요?

  ☞ ____

    ____

    ____

6. 다른 사람이 가까이 다가오지 못하도록 거리를 두고 있지 않나요? (예 참전용사 중에는 타인과 어울리기 힘들다고 말하는 사람이 많음. 이들의 배우자/동반자 입장에서는 거리감을 느끼기 쉽고, 상대방이 만물을 닫아 버린 것처럼 인식하기 쉬움) 당신은 어떤가요?

  ☞ ____

    ____

    ____

소감

※ 이 활동을 통해 무엇을 알게 되었고, 무엇을 깨달았으며, 무엇을 느꼈고, 어떤 생각이 들었나요? 잠시 생각하면서, 마음에 떠오르는 것을 자유롭게 글로 써 보고, 글의 제목을 붙여 보자.

Chapter 9

트라우마 기억처리

개요
01 고통 감소와 정서조절
02 트라우마의 인지처리
03 트라우마의 정서처리
04 안구운동 민감소실 및 재처리
☐ 확인문제
☐ 학습활동

학습목표
1. 트라우마 기억처리 절차를 이해 · 설명 · 적용할 수 있다.
2. 트라우마의 인지처리 형식과 절차를 이해 · 설명 · 적용할 수 있다.
3. 트라우마의 정서처리 형식과 절차를 이해 · 설명 · 적용할 수 있다.
4. 안구운동 민감소실 및 재처리의 정의, 목표, 절차, 원리, 효과를
   이해 · 설명 · 적용할 수 있다.

21세기에 들어서서 인류는 정신적 트라우마 치료법의 혁신적 발달을 목격하고 있다. 트라우마 치료의 비약적인 발달은 두 가지 측면에서 두드러진다. 하나는 종전에 PTSD, 불안, 우울의 범주에 한정시켰던 것보다 훨씬 더 광범위한 증상과 문제에 관한 과학적 데이터가 축적되었다는 것이다. 다른 하나는 종래의 심리학적·정신의학적 접근뿐 아니라, 20세기 후반부터 주목을 받기 시작한 마음챙김 기반의 중재를 비롯한 다양하고 복합적인 중재 시스템이 구축되고 있다는 것이다. 특히, 마음챙김^{mindfulness} 기반의 중재는 불안, 공황, 우울, 물질남용, 섭식장애, 자해/자살, 해리, 낮은 자존감, 공격성, 만성통증, 경계성 성격장애, 트라우마 후유증의 예방 및 감소에 효능이 있음을 경험적으로 입증되었다. 그렇지만 트라우마 생존자들이 후유증을 감내하고 회복하기 위해서는 마음챙김 훈련과 수행만으론 충분치 않다. 오히려 좀 더 포괄적인 치료적 접근이 요구된다.

예컨대, 마음챙김 기반 중재는 대부분 트라우마 치료의 필수처럼 여겨지는 개인치료 환경에서 이루어지지 않고(ACT와 DBT는 예외), 만성·중증 트라우마 생존자에 대해서는 상당한 제약이 있다. 또한 비임상적 방식을 지향하는 경향이 있고, 심리 증상에 대한 특정 해결책보다는 특정 기술(마음챙김, 명상 능력)의 습득을 중시하며, 마음챙김 집단의 대부분은 단기 중심으로 이루어진다는 한계가 있다(Courtois & Ford, 2013). 심지어 침습성 플래시백, 반추, 또는 트라우마 기억이 쉽게 재연되는 내담자는 마음챙김으로 고통스러워하고, 불안정해질 수 있다(Germer, 2005).

트라우마 사건으로 인해 경험했던 강렬한 감정은 종종 양초처럼 녹았다 굳어지기를 반복하며 기억에서 사라지지 않고 들러붙어 있다('양초설'). 양초와 뒤섞인 감정은 기억에 붙어 있다가 감정을 들끓게 하곤 한다. 기억에 굳어져 있는 감정의 찌꺼기를 떼어 내려면 다시 녹여 기억 밖으로 방출해야 한다. 이것이 인지·정서 처리의 핵심이다. 이 작업을 결단하고 실행할 사람은 바로 트라우마 생존자다. 아무리 노련한 전문가라도 생존자의 변화 촉진을 도울 수 있을 뿐 대신할 수 없다. 이에 이 장에서는 트라우마 기억처리 방법과 절차에 관해 살펴보기로 한다.

01 고통 감소와 정서조절

트라우마 생존자들은 종종 예기치 않게 발생하고 감내하기 어려운 정서적 고통(만성 불안, 불쾌감, 과각성 등)을 호소한다. 이런 이유로 과각성, 정신적 고통, 극심한 감정이 수반된 기억에 직면할 때, 회피전략[해리, 물질남용, 긴장감소행동^{tension-reducing behavior}(TRB) 등]에 의존하곤 한다. 그러나 회피는 트라우마 회복을 저해한다. 트라우마에 대처하려면 강렬하고 고통을 유발하는 정서에 초점을 두어야 한다. 그러나 이런 정서에 초점을 두는 것은 정서에 대한 태도를 왜곡시킬 수 있다. 정서적 고통을 극복하려면, 정서의 억압/자제보다는 정서를 계발^cultivation(개인의 타고난 능력을 자기 힘으로 개발하게 함)해야 한다.

트라우마로 신경계가 과민해지면, 정서체계는 혼란에 빠진다. 트라우마를 극복하고 성장을 추구하려면, 정서를 정확하게 인식·경험·표현할 수 있어야 한다. 건강한 정서체계는 자극에 대해 즉각적으로 목표에 우선순위를 매기고, 적절한 반응을 위해 생각하게 하며, 행동을 동기화한다. 정서의 지혜를 이용하고 잘못된 지시를 막기 위해서는 정서에 주의를 기울여야 한다. 이를 위해서는 정서 인식이 필요하다. 사람들은 대체로 능숙하게 정서를 조절한다. 상황의 의미를 파악하고, 정서반응을 관찰하여 대처 능력을 평가한다. 이처럼 복합적인 정서반응은 상황/사건 대처에 필요한 지혜와 유연성을 제공한다.

사랑하는 사람의 안녕이 위협받으면, 사람들은 관계의 중요성을 인식하고, 지지하고 싶은 마음이 생긴다. 정서가 수반되지 않은 사고는 활력이 없다. 정서조절에는 노력이 필요하다. 몹시 화가 날 때, 이를 악물거나 눈물을 참는 것 등의 통제 메커니즘의 저항력이 작동된다. 사람들은 이런 과정을 조정한다. 정서의 초기 폭발 또는 반응성 정서 폭발을 미리 막을 수는 없으나, 강도·지속시간·대처행동에 영향을 주는 정서의 인식·경험·표현 능력을 발달시킬 수 있다('정교화^crafting'). 트라우마 생존자의 고통 감소와 정서조절을 돕기 위한 기법으로는 접지가 있다.

접지

접지^grounding는 내담자가 외부 자극 또는 기억으로 촉발된 플래시백, 공황, 침습사고, 해리, 일시적 정신병 증상을 나타내지 않도록 일정한 감정 상태를 유지하도록 돕는 것이다('현실감각' '안정화'로도 불림). 이런 증상은 내담자를 얼어붙게 하여, 상담자와의 심리적 접촉을 어렵게 만든다('심리적 부동성'). 이에 상담자는 안전한 치료환경을 조성하고, 필요한 자원을 제공해야 한다. 반면, 접지는 내담자의 이야기와 관계의 흐름을 저해할 수 있고, 응급상황을 초래할 수 있다. 그러므로 내담자를 낙인찍거나 경험을 각색하지 않는 범위에서 수행되어야 한다. 접지를 통한 정서조절은 ① 주의집중, ② 내면 경험 묘사 요청, ③ 외부로의 시선 이동, ④ 호흡 집중 순으로 진행된다.

1단계: 주의집중. 접지는 내담자의 주의를 상담자와 상담과정에 집중시키는 것으로 시작된다. 이 작업은 ① 내담자 쪽으로 다가앉기, ② 내담자의 시야 내로 이동하기, ③ 목소리 톤에 변화 주기 등으로 이루어진다. 이 작업의 목적은 내담자의 관심을 유도하는 것이다. 이 과정에서 신체접촉은 내담자에게 두려움 또는 침해당하는 느낌을 주거나, 잠재된 트라우마 기억을 촉발할 수 있으므로, 트라우마의 특성과 신뢰수준 등에 따라 결정한다.

2단계: 내면 경험 묘사 요청. 내담자에게 내면 경험의 묘사를 요청한다("지금 당신의 내면에서 어떤 일이 일어나고 있나요?" "어떤 것이 불쾌감을 주나요?" "현재 내면에서 어떤 일이 일어나고 있나요?"). 이때, 내담자가 플래시백 또는 트라우마 경험을 명명하거나 간단히 묘사하도록 돕는다. 상세한 묘사는 급격히 강도를 높이고 강화할 수 있다. 그러나 만일 내담자가 명백한 두려움 또는 내적 자극으로 인한 고통을 겪고 있음에도, 이를 묘사하지 못하거나 묘사를 거부한다면, 외부로의 시선 이동 단계로 넘어간다.

3단계: 외부로의 시선 이동.　내담자의 시선을 현재의 외부 환경으로 향하게 한다. 이는 내담자가 위험에 처해 있지 않고, 지금(트라우마를 겪은 과거에 있지 않음)·여기(트라우마 치료를 받기 위해 상담실에 있음)에 안전하게 있음을 인식하게 한다. 내담자는 재확인 진술을 통해 상황에 적응할 수 있다("당신은 현재 이 공간에 저와 함께 있으니 안전합니다."). 또 다른 방법은 내담자에게 트라우마와 관련된 환경에 대해 묘사하게 하는 것이다("그 방으로 다시 들어가 볼까요? 괜찮으신가요? 우린 지금 어디에 있나요? 지금 몇 시인가요? 그 방에 대해 묘사할 수 있나요?"). 상담자는 내담자에게 앉아 있는 의자나 소파의 느낌 또는 바닥에 닿은 바의 느낌에 집중해 보도록 요청한다. 내담자가 지금·여기에의 재적응은 빠를 수도(몇 초), 오래 걸릴 수도 있다(몇 분).

4단계: 호흡 집중.　호흡/이완 기법을 적용한다. 상담자는 내담자에게 지금·여기에 안전하게 있음을 떠올리게 하면서, 몇 분 또는 그 이상 호흡 및 이완 훈련을 하게 한다. 그런 다음, 2단계(내면 경험 묘사)를 반복하고 내담자의 자발성과 능력을 평가한 후, 다시 상담을 재개한다. 그러나 필요한 경우, 3단계(외부로의 시선 이동)와 4단계(호흡 집중)를 반복한다. 이때, 안정화 적용 후 치료가 재개되었다면, 상담자는 내담자의 재경험 또는 증상 악화가 일시적이고 일반적인 현상임을 설명해 준다. 트라우마 처리 과정에서는 때로 기억, 사고, 및/또는 감정 침습이 나타나지만, 이는 병리적 징후가 아니라, 치유 과정의 일부일 뿐이다.

정서조절 능력 증진

트라우마의 정서처리를 위해서는 내담자의 정서조절 능력 증진을 도울 필요가 있다. 정서조절은 부정 감정의 완화 및 감내 기술을 습득하게 하여 활성화된 감정에 압도되지 않게 하는 것이다. 정서조절 능력 향상을 위한 방안으로는 ① 감정 인식, ② 선행사고 확인과 대처, ③ 촉발 요인 인식과 대처, ④ 충동 파도타기, ⑤ 실존적 통찰 촉진이 있다.

감정 인식.　첫째, 정서조절은 정확한 감정 인식에서 시작한다. 아동기 트라우마 생존자는 감정이 활성화되면 부정 감정에 압도되어 다른 감정을 인식하지 못할 수 있다. 이는 해리성 단절 또는 감정표현불능증alexythymia(감정 인식 또는 언어 수용·표현 기술에 어려움이 있는 상태)을 나타내는 것일 수 있다. 내담자는 내면 상태에 대해 혼란스럽고 강렬하다고 인식하지만, 이를 비논리적이고 예측 불가의 정서임을 구별하지 못한다. 부정 정서로 압도된 내담자는 불안하다거나 두렵다는 말조차 하기 힘들어한다. 내담자에게 이런 정서는 불쑥 나타난 압도적이고 설명할 수 없는 부정 정서이기 때문이다. 이에 상담자는 내담자가 감정을 탐색하고, 편안하게 이야기할 수 있도록 돕는다.

상담자는 공감적 이해를 통해 내담자의 감정 인식·경험·표현을 돕는다. 또한 트라우마 관련 감정에 대한 가설 설정 등 내담자의 감정 탐색을 독려한다. 감정 확인과 구별은 때로 상담자의 피드백으로 향상된다("지금 몹시 화가 나신 것처럼 들려요." "뭔가를 두려워하시는 것처럼 보여요."). 이때 피드백은 내담자가 돌봄을 받고 있다는 느낌이 들어야 한다. 그러므로 내담자의 감정이 모호한 경우, 상담자는 내담자의 느낌보다는 사실적 진술에 반응한다(재진술). 트라우마 상담과정에서 상담자의 과업은 내담자의 감정 인식이 아니라, 내담자가 감정을 탐색·명명하도록 돕는 것이다(언어화). 감정 인식과 구별을 잘할수록, 내담자는 정확하게 감정을 확인·구별할 수 있게 된다.

선행사고 확인과 대처. 둘째, 감정뿐 아니라 사고도 확인한다. 이는 특정 사고/신념이 강렬한 침습적 정서 촉발 시에 더욱 그렇다. 정서조절 능력은 내담자가 트라우마 관련 정서를 상기 또는 악화시키는 사고 확인 및 대처 준비를 통해 증진된다. 이는 내담자가 트라우마로 인한 부정 정서 사이에 어떤 생각이 떠오르는지를 관찰함으로써 가능하다. 예컨대, 중요한 타인에 의한 아동학대는 내담자의 억압된 생각("나를 해칠 거야!")으로 인해 극도로 불안 또는 고통을 유발할 것이다. 또 성학대 피해 생존자는 연상인 사람과 교류하면서, 부정적인 생각이 들어 혐오, 격노, 두려움이 엄습할 수 있다. 이 경우, 기억 자체로 부정 정서가 유발된다.

그러나 이와 관련된 인지 요소(생각, 신념)는 부정 정서를 악화시킨다. 생각은 트라우마와 덜 직접적으로 관련되지만, 정서반응의 강도를 높이는 기능을 한다. 예컨대, 스트레스 상황에서 부정사고는 공황 또는 극도의 두려움에 빠지게 한다("아, 더 이상 통제할 수 없어!" "난 결국 우스꽝스러운 놀림감이 될 거야!"). 생각은 표면에 드러나지 않을 수 있어서, 이로써 촉발되는 정서 인식을 어렵게 한다. 압도되는 감정 이전 상태를 인식할수록, 사고에 변화를 줄 수 있다("아무도 내게 함부로 하게 내버려두지 않을 거야!" "난 능히 처리할 수 있어!"). 통찰의 이점은 역기능적인 행동 방식을 고통 감소 및 긍정 감정을 주는 방식으로 대체할 수 있게 해 주는 것이다.

트라우마로 인한 생각이 강렬한 정서를 촉발하는 경우, 상담자는 탐색질문을 통해 내담자의 반응에 집중한다("두려움이 엄습하기 전에 내면에 무슨 일이 있었나요?"). 만일 내담자가 트라우마 기억으로 강렬한 감정이 일어났다고 한다면, 상담자는 그 기억과 정서의 기저에 있는 생각을 묘사하게 한다. 이는 다음 네 가지 영역에 관한 탐색을 촉진한다(① 기억 촉발 자극, ② 기억 내용, ③ 기억 관련 생각, ④ 현재의 감정). 상담자의 질문을 통해 내담자는 생각의 정확성, 가능한 원인, 생각에 변화를 주기 위해 무엇을 할 수 있는지 탐색할 수 있다. 내담자가 이런 인식을 더 잘할 수 있게 되면, 강렬한 정서의 재활성화를 방지하는 역량을 높임으로써, 정서적 경험을 더 잘 조절하게 된다.

촉발 요인 인식과 대처. 셋째, 침습적인 감정을 활성화하는 환경 내에서 내담자의 촉발 요인 확인 및 대처방법의 학습을 돕는다. 트라우마에 대해 활성화된 기억은 본질적으로 부정적인 현상은 아니지만, 자기파괴행동을 유발할 수 있다. 이에 촉발 요인의 확인은 내담자가 그 요인이 발생하는 상황에 변화를 줌으로써, 통제감을 늘리고 대인관계 기능을 강화할 수 있게 한다. 이는 내담자의 정서조절과 감내력을 높인다. 촉발 요인의 자각은 다음과 같은 일련의 과제로 학습될 수 있다.

☐ **침습 사고ㆍ감정ㆍ감각을 트라우마와 연관 짓기.** 첫째, 침습 사고ㆍ감정ㆍ감각을 트라우마와 관련된 것으로 인식한다. 그러나 이 작업은 말처럼 쉽지 않다. 예컨대, 심각한 교통사고를 당한 후, 침습적 플래시백을 트라우마와 연관 짓기는 비교적 쉽다. 그러나 분노, 두려움, 또는 타인과의 상호작용에서 촉발되는 침습적 무력감의 재경험은 쉽지 않을 수 있다. 내담자가 침습적 사고ㆍ감정ㆍ감각을 트라우마와 연관 짓는 데 도움을 주는 질문의 예는 글상자 9-1과 같다.

글상자 9-1. 침습 사고ㆍ감정ㆍ감각을 트라우마와 연관 짓는 데 도움을 주는 질문

1. 지금 당신에게 촉발되는 사고, 감정, 감각이 이해되나요?
2. 촉발된 사고/감정이 트라우마와 관련된 기억을 수반하나요?
3. 현재 상황에 기반할 때, 촉발되는 사고와 감정의 강도가 지나치게 높은가요?
4. 사고, 감정, 감각이 촉발할 때, 예상치 못한 인지 변화(이인증, 비현실감)가 있나요?

☐ **촉발 요인 확인.** 둘째, 당면한 상황에서 자극을 평가하고, 트라우마 기억을 떠올리는 자극을 확인한다. 내담자가 인식할 수 있는 촉발 요인의 예는 내담자의 트라우마 과거력에 따라 다르다. 그러나 일반적인 촉발 요인은 글상자 9-2와 같다.

글상자 9-2. 내담자가 인식할 수 있는 일반적인 촉발 요인의 예

○ 대인 갈등	○ 울음소리
○ 경계 침범	○ 사이렌, 총, 헬리콥터 소리
○ 비난 또는 거부	○ 권위 있는 인물과의 상호작용
○ 성적 상황 또는 자극	○ 가해자와 유사한 신체ㆍ심리적 특성을 가진 사람

☐ **적응전략 활용.** 셋째, 적응전략을 활용한다. 이는 내담자가 극단적인 감정반응의 가능성을 줄이기 위한 '순간 향상improving the moment'(Linehan, 1993, p. 148)으로, 그 예는 글상자 9-3과 같다.

글상자 9-3. 적응전략 활용의 예

1. 고통의 순간에 의도적 회피 또는 중지(예 사람들이 술에 취하기 시작할 때 파티 장소 떠나기, 권위 있는 인물과의 의도적인 언쟁 자제, 추파를 던지는 사람들의 행동 회피 방법 습득)

2. 촉발요인이 해소될 때까지 자극/상황 분석하기(예 트라우마 후 두려움을 유발하는 사람의 행동을 검토한 후, 그가 위협적인 태도로 행동하는 게 아님을 자각하기 또는 특정인의 무시하는 듯한 행동 방식이 거북할 정도의 거부/무시를 뜻하지 않음을 이해하기)

3. 지지체계 구축(예 두려움이 들 것 같은 모임에 친구를 동반하기, 불쾌한 상황에 관해 친구와 대화하기 위해 전화 걸기)

4. 긍정 자기진술[예 위기 상황에서 자신에게 말할 내용을 미리 준비하기("난 안전해!" "내가 원치 않는 것을 할 필요가 없어!" "이는 단지 과거 이야기일 뿐, 이 생각은 진짜가 아냐!")]

5. 이완 유도 또는 호흡 조절

6. 내부 반응을 악화시키는 요소(공황 상태, 플래시백, 파국적 인식 등)로부터 주위를 돌리는 방법으로, 안전한 사람과 대화하기, 독서, 산책하기

7. 긴장감소행동^{tension reduction behavior}(TRB)을 지연시키기

충동 파도타기. 넷째, 충동 파도타기^{urge surfing}는 생존자가 트라우마로 인한 고통을 줄이고 회피행동(물질남용, 긴장완화행동 등)에 빠지지 않기 위해 서핑보드(마음챙김)를 타고 이런 파도를 타고 넘는 기법이다('충동 서핑'으로도 불림). 파도를 멈출 수는 없지만 파도 타는 법은 배울 수 있다(Kabat-Zinn, 1994). 침습사고를 놓아 버리는^{letting go} 능력이 요구되는 마음챙김 기술은 내담자가 트라우마 상담에서 경험을 압도하는 불쾌한 생각, 느낌, 기억을 경험할 때 유용하게 적용할 수 있다. 내담자의 고통과 긴장 완화 욕구는 파도타기와 같다. 이 기법에서 내담자는 고통스러운 감정을 일시적인 장애물로 여기고, 감정을 표출하기보다는 감정이 정점을 찍고 사라질 때까지 충동 파도타기를 한다. 즉, 촉발되는 생각과 감정을 억압하려 하지 않고, 자신과 생각·감정과의 관계 변화에만 집중한다.

　내담자는 마음챙김을 통해 회피행동을 줄이고, 불쾌 정서가 만연한 기억을 더 편안한 상태에서 기억에 대한 반응을 둔감화/역조건화하기 쉽고, 비판단적인 인지적 관점을 수용할 수 있게 된다(Briere, 2012). 이는 상담 과정에서 내담자에게 트라우마 사건을 기억해 내고, 동반되는 감정을 경험하며, 마음챙김 상태에 머무르게 함으로써 가능해진다. 내담자는 트라우마와 관련된 부정 감정, 인지, 기억을 현재 상황에서 단지 마음의 산물로 여기도록 권장된다. 이로써, 이런 현상이 마음 또는 뇌의 투사를 상징하고, 현실에 대한 정확한 피드백이 아닐 수 있음을 깨달을 수 있다.

실존적 통찰 촉진. 다섯째, 실존적 통찰^{existential insight}은 자기 존재가 현실에 존재하는, 서로 관련하면서 작용하는 개개의 존재 중 하나임을 깨닫는 것이다. 실존^{existence}은 주체로서의 자기 자신이고 대상 존재가 될 수 없으므로, 과학에서처럼 대상으로 설명할 수 없고, 일반적이지

않으므로 합리적으로도 설명할 수 없으며, 다만 실존과 실존 사이에서 공동 경험과 자각에 의존하여 깨닫고 해명할 수밖에 없는 현존하는 존재다.

실존적 통찰은 고통스러운 사건/상황에 대한 관점 변화를 촉진하고, 내담자의 생각·기억·감정·관계를 변화시켜 정동조절 능력을 증진한다. 이로써 내담자는 치료적으로 활성화된 트라우마 기억과 외부 현실에서 메타인지 인식을 통해 트라우마와 연관된 파국적인 생각 또는 감정에 반응할 필요를 줄일 수 있게 된다. 실존적 통찰을 촉진하는 세 가지 개념으로는 ① 애착, ② 무상, ③ 연기가 있다.

□ **애착.** 첫째, 애착愛着은 궁극적으로 영원하지 않은 것에 대한 매달림, 움켜쥠, 의존, 집착, 또는 과도한 헌신 욕구를 말한다. 이는 비영속적인 것에 매달리거나, 집착하거나, 과도하게 쏟는 욕망을 가리킨다.

□ **무상.** 둘째, 무상無常은 모든 게 흘러가는(유동) 상태에 있고, 생명과 소중히 여기는 것을 비롯하여 그 어떤 것도 영원하지 않음을 뜻한다('비영속성'으로도 불림). 불교에서는 영원하지 않거나 존재하지 않을 수 있는 것에 대해 누구나 가질 수 있는 욕망이 인간을 고통스럽게 한다고 본다. 이에 자기 또는 타인에 대한 경직된 사고/인식뿐 아니라, 부나 명예에 대한 집착을 버리라고 가르친다. 즉, 물질과 생각은 지속될 수 없고, 신뢰할 수 없으며, 결국 상실, 실망, 불행을 초래한다는 것이다(Bhikkhu Bodhi, 2005). 그렇다고 해서 지나친 집착에 대한 금기는 개인이 아무것도 소유해서는 안 된다거나, 자존심을 버리라거나, 다양한 활동을 즐겨서는 안 된다는 의미가 아니다. 다만, 이것에 집착하지 않고, 마치 영원할 것 같은 착각에 빠지지 않아야 한다는 것이다.

□ **연기.** 셋째, 연기緣起는 모든 게 다른 원인과 상태로부터 촉발되는 구체적인 상태와 지속되는 원인들로 인해 일어나는 것을 말한다(Bhikkhu Bodhi, 2005). 이는 현상의 생기소멸生起消滅 법칙으로, 모든 현상이 원인과 조건이 상호 관계하여 성립하고, 인연이 없으면 결과도 없다는 것이다. 즉, 모든 사건은 이전 사건의 영향으로 인해 발생하는 것이고, 어떤 사건도 독립적으로 또는 고립되어 발생하지 않는다는 것이다. 이런 견해는 행동과학의 기본 원리와도 일치하는 것으로, 사람들은 다른 것들의 영향으로 인해 특정한 행동을 한다는 것이다.

연기는 자신과 타인의 내재된 악, 부적응, 또는 병적 측면의 특성이 불충분한 정보로 인한 것일 수 있다고 보는 것이기도 하다. 즉, 개인의 문제와 괴로움의 역사를 안다면, 자신과 타인을 함부로 판단하거나 비난할 수 없을 거라는 것이다. 이 말의 핵심은 개인이 저지른 악행 역시 사회 기반의 특성, 신념, 부적합한 지식, 심리·신체 고통과 장애, 과거의 학대와 트라우마, 억압적이거나 소외시키는 사회적 역할에의 노출을 비롯한 선행 원인과 조건에 의해 영향을 받는다는 것이다.

02 트라우마의 인지처리

트라우마 경험을 인지적 · 정서적으로 처리할 수 있다면, 고통은 감소/해소될 수 있다. 트라우마로 인한 인지 문제는 사건/상황에 대한 구체적인 기술을 통해 처리된다. 트라우마 상담에서 내담자는 트라우마 경험의 반복 묘사를 통해 과거를 재경험한다. 즉, 당시의 기본가정과 신념을 말하고, 발생 이유를 탐색하며, 현재 알고 있는 것과 비교한다. 이를 통해 내담자는 트라우마 사건에 대해 정교한 인지모델을 구축한다.

이런 인지처리 방식은 트라우마 사건에 대한 내담자의 생각을 재해석하고, 부적절한 가정을 정확한 관점에서 조망함으로써, 자기를 긍정적으로 인식할 수 있게 한다. 예컨대, 성폭행 피해 직전의 행동을 단정치 못했다거나 자초했다고 해석했던 내담자는 실제로 어떤 일이 일어났는지 재검토하고, 자기 판단의 타당성을 확인해 볼 수 있다. 그 결과, 자신이 유혹적인 행동을 하지 않았고, 피해를 원치 않았음을 확신할 수 있다. 이처럼 내담자는 트라우마 상황에 대한 인식이 필연적이었음을 인정할 필요가 있다.

트라우마 당시, 내담자가 합리적으로 실행해야 했던 일에 대한 타당한 인식은 부적절한 감정(책임감, 자기비난, 자기비판 등)을 치유하는 해독제다. 예컨대, 아동학대 기억에 관한 진술은 당시에 생존을 위해 복종/순응 외에 다른 선택지가 없었다는 자각을 도출할 것이다. 이 과정을 통해 가해자의 비난이나 내담자의 수치심은 점차 약화된다. 친밀관계 폭력피해 경험이 있는 여성은 가해자의 일방적인 주장(합리화)을 내재화 또는 수용하는 경향이 있다(예 좋은 아내가 아니어서 맞을 만하다는 주장, 성폭행을 자초했다는 주장, 잘못에 대한 처벌이라는 주장).

그러나 실제로 내담자는 끔찍한 사건의 원인을 제공하지 않았고, 폭행은 가해자가 저지른 일이다. 아동학대 피해 내담자는 자신이 나쁘거나, 뚱뚱하거나, 못생겼거나, 쓸모없다는 가해자의 주장을 여과 없이 내재화internalization할 수 있다. 내담자는 당시 상황에 대해 상담자와 이야기를 나누는 과정에서 가해자의 주장을 숙고해 봄으로써, 그 말에 신빙성이 없음을 깨닫게 될 것이다. 이 경우, 상담자는 내담자의 과실이 아니라는 점 또는 가해자의 명백한 잔혹 행위라는 의견을 내담자에게 말해 주고 싶을 것이다. 그러나 이러한 언급은 내담자가 피해자화victimization되었다는 공식적인 형식으로 제시되어야 한다.

인지처리 형식

인지적 관점에서 트라우마는 기억을 제대로 조직화하지 못한 결과다. 이에 트라우마 상담에서는 회피행동을 체계적으로 감소하고, 사건을 정확하고 현실적인 방법으로 기술하도록 돕는 것을 중시한다. 인간의 뇌는 특정 상황을 논리적이고 이치에 맞게 이해하고자 한다.

트라우마 사건에 대해서도 어떤 일이 일어났는지 이해하고 통합하고자 한다. 플롯(여러 요소를 유기적으로 배열·서술하여 형상화하는 것)이 복잡하여 결말이 모호한 영화를 관람한 사람들은 흔히 영화의 내용을 떠올리며 새로운 정보에 비추어 세부적인 부분에 의미를 부여한다. 모순되거나 놓친 정보가 있다면, 시간이 날 때마다 생각에 잠기거나 꿈에서까지 줄거리의 퍼즐을 맞추고자 한다. 이처럼 뇌는 정서적 부담이 컸던 경험을 처리하려는 경향이 있어서 생존자는 종종 트라우마 사건을 타인과 논의하고 이해하고 싶어 한다. 그러나 사건과 정신적으로 단절되어 있거나 정서 반응을 차단한 사람은 PTSD로 이어질 위험성이 높다(Ozer et al., 2003).

트라우마의 인지처리는 내담자가 트라우마를 회상하고, 당시 가졌던 사고와 감정을 재경험하는 과정으로 진행된다. 트라우마 기억 관련 정서의 활성화 없이 단지 사건만을 논의하는 것은 인지 변화에 덜 효과적이다. 기억 활성화와 사건의 묘사는 두 가지 병행 과정에 초점을 둔다. 하나는 트라우마 사건의 세부 사항에 대한 내담자의 귀인 관찰이고("사건 발생 원인을 어떻게 추론하는가?"), 다른 하나는 사건과 연관된 감정의 활성화다. 이 과정에서 내담자는 대체로 두 가지 방법으로 트라우마 사건을 기억·재경험한다(① 트라우마 경험의 상세 묘사, ② 트라우마 경험의 각성).

트라우마 경험의 상세 묘사. 첫째, 내담자는 트라우마 경험에 관해 상세히 이야기한다(트라우마 경험 순간과 이후에 경험한 감정 포함). 상담자는 사건 경험으로 생성된 신념과 내담자가 내린 결론을 다룸으로써, 내담자의 인지처리를 돕는다. 이때 상담자는 내담자의 진술에 대해 공감적이고 수용적으로 반응하면서, 자기 비난/비판, 운명, 업, 책임 등으로 묘사되는 인지왜곡의 인식을 돕는다.

트라우마 경험의 각성. 둘째, 내담자에게 트라우마와 연관된 주제에 관한 글쓰기 과제를 부과한다. 글쓰기는 안전한 상황에서 내면 경험과의 접촉을 촉진한다. 내담자는 내면의 경험을 글로 옮기는 과정에서 자신에게 어떤 일이 일어났었는지 알아차릴 수 있게 된다. 또한 트라우마가 곧 자신이 아니라, 자신이 경험한 사건에 불과하다는 것을 인식할 수 있게 된다. 이것이 글을 쓰면서 경험하게 되는 치유 효과다.

트라우마는 개인사의 일부일 뿐이다. 내담자는 그 경험과 접촉할 수 있고, 소중히 여기는 삶의 방향으로 나아갈 수 있다. 내담자는 자신의 생각, 감정, 개인사로 정의되지 않는 다른 차원의 자신이 존재한다는 것을 기억할 필요가 있다. 자신이 원하는 삶을 살기 위해 개인사를 제거·변화시킬 필요는 없다. 내담자가 기록한 사건은 삶의 중요한 일부지만, 그게 곧 그 자신은 아니다. 비록 그것이 거대하고 강력할지라도, 내담자는 어떤 경험이나 개인사보다 훨씬 더 큰 존재임을 인식할 필요가 있다.

글쓰기 과제는 다음 회기에 소리내어 읽게 한다. 이는 트라우마 기억의 탈감각화와 트라우마 관련 추론·인식에 대한 인지적 재고를 촉진한다. 글쓰기는 심리적 고통 감소에 효과가 있다(Pennebaker & Campbell, 2000). 글쓰기를 통한 트라우마 기억의 재경험은 트라우마 사건에 대한 내담자의 기억을 활성화한다. 내담자는 상담자와의 지속적인 논의를 통해 기억을 인지적으로 처리한다. 이 과정에서 상담자는 소크라테스식 문답법을 사용하여 내담자가 피해 경험에 대해 설정한 가설과 해석을 탐색한다. 트라우마 상담과정에서 흔히 사용되는 질문의 예는 글상자 9-4와 같다.

글상자 9-4. 트라우마 상담에서 흔히 사용되는 소크라테스식 문답법 질문의 예

> 1. 사건이 발생하는 동안 어떤 생각이 들었나요?
> 2. 그 상황에서 다른 어떤 것을 할 수 있었다고 생각하나요?
> 3. 그 일에 대해 당신이 비난받을 만했다는 생각이 드나요?
> 4. 그가 당신을 폭행하기를 원했나요? 한 번이라도 원한 적이 있나요?
> 5. 폭력은 당신이 자초한 거라고 하셨는데, 타당한 증거는 무엇인가요?
> 6. 이 일이 다른 사람에게 일어났다면, 당신과 똑같은 결론에 이르게 될까요?
> 7. 이 일에 대해 그의 말을 믿는 것 같아요. 평소에 그의 말은 믿을 만했나요?
> 8. 왜 그가 그런 행동을 했다고 생각하나요? 그가 정상적이지 않은 뭔가가 있었나요?

소크라테스식 문답법Socratic method에 사용되는 질문은 많고 다양하다. 이들 질문의 목적은 내담자가 자신의 트라우마 경험에 기반하여 새롭게 이해하는 사실의 진실 여부나 내담자의 오류에 대한 상담자의 해석을 듣기 위한 게 아니다. 내담자가 상담에서 얻는 지식은 자신으로부터 습득하는 것이 가장 효과가 있다. 트라우마에 기초한 견해와 사건 회상 과정에서 새롭게 이해한 것을 비교해 봄으로써, 내담자는 압도된 상황에서 형성되어 자세히 검토해 보지 않았던 가정과 신념에 변화를 시도할 수 있게 된다. 이 접근은 미래에 대한 왜곡된 신념을 검토하는 데 사용될 수 있는데, 왜곡된 신념의 예는 글상자 9-5와 같다.

글상자 9-5. 미래에 대한 왜곡된 신념의 예

> 1. 나의 미래는 절망적이고 끝이 보이지 않는다.
> 2. 내 삶에서 추가적인 트라우마를 피하는 건 불가능해 보인다.
> 3. 힘 있는 사람들은 대개 너무 이기적이고 믿을 수 없다.
> 4. 주변 환경은 너무 위험해서 나는 또다시 피해를 당할 것이다.
> 5. 나는 완전히 망가졌고, 앞으로도 절대 나아질 수 없을 것이다.

트라우마 관련 가정에 대한 인지적 개입은 자기비난을 처리하기 위해 사용되는 것과 유사하다. 이를 위한 일반적인 질문의 예는 글상자 9-6과 같다.

글상자 9-6. 인지적 개입을 위한 질문의 예

> 1. "당신의 신념과 일치하지 않는 예가 있을까요?"
> 2. "당신의 가정이 사실이라고 믿게 하는 근거는 무엇인가요?"
> 3. "앞으로 이런 일이 다시 일어날 것 같은 상황이라면 어떤 것이 있을까요?"
> 4. "만일 그 일이 다시 일어날 것 같다면, 당신은 무엇을 할 수 있을까요?"

　상담자는 일련의 질문을 통해 내담자에게 트라우마 경험을 상세히 묘사하도록 격려한다. 인지처리의 목표는 가르침 또는 논쟁 없이 내담자가 완전하고 정확하게 자신의 신념, 가정, 믿음이 발생한 과정의 탐색을 돕는 것이다. 상담자는 트라우마 사건에 대한 인지왜곡과 사건이 내담자에게 의미하는 것을 다루는 과정에서 내담자가 경험하는 증상의 의미에 대해 내담자가 형성한 왜곡과 맞닥뜨릴 수 있다. 여기에는 침습적 재경험, 탈감각화/회피, 트라우마를 유발하는 스트레스의 과각성 요소가 통제력 상실 또는 정신병리를 대변한다는 신념이 포함된다.

일관성 있는 서술

트라우마 경험은 반복적으로 탐색·논의되면서, 내담자의 스토리텔링은 더 상세화·체계화되고, 인과적으로 구조화된다. 일관성의 증가는 트라우마 후유증 감소와 연관이 있다. 서술의 일관성과 트라우마에 대한 통합된 견해는 치료 진전과 회복의 징후다(Pennebaker, 1993). 내담자에게 일어난 사건에 관한 서술이 연대순으로, 분석적으로 서술되고, 폭넓은 상황에 놓이면서, 내담자는 시각 확대, 혼란 감소, 질서정연한 느낌이 들게 된다.

　더욱이, 내담자의 경험에서 의미를 창출하는 것은 경험이 이치에 맞는다는 점에서 반추에 마음을 빼앗기지 않게 한다. 그 결과, 조직적·체계적·복합적·일관적인 트라우마 서술은 정서·인지처리를 더 효율적으로 완수하게 한다. 트라우마 사건의 순서와 세부사항이 명확해지고, 인지적으로 처리하는 내용이 많아질수록, 어떤 일이 일어났는지 분명히 알게 된다. 대화상자 9-1은 배우자 폭력 피해를 당한 40대 여성이 진술한 내용이다.

대화상자 9-1. 상습적으로 배우자 폭력을 당한 여성의 진술 내용의 일부

> "내가 더는 이렇게 살고 싶지 않다고 하니까, 갑자기 남편이 부르르 떨면서 소파 옆에 있던 유리 장식물을 내 얼굴을 향해 던졌어요. 나는 너무 놀라 비명을 지르며 넘어졌는데, 정신을 차려 보니까 거실 바닥에 피가 흥건했어요. 내 머리에 맞아 피가 난 거예요. 피를 보니까 너무 두려웠어요. 그렇지만 그 피를 보면서 이 순간을 절대 잊지 않고, 언젠간 꼭 똑같이 갚아 주겠다고 속으로 다짐했어요."

대화상자 9-1에서 내담자의 진술에서 피에 관한 언급은 거실 바닥에 묻어 있던 피에 대한 구체적인 기억을 활성화할 수 있었다. 이는 그 순간 내담자의 인지적으로 다짐한 내용을 떠올릴 수 있는 계기가 되었다. 상담과정에서 트라우마의 반복 회상은 일관성 있는 묘사를 가능하게 한다. 이를 통해 인지적으로 처리하는 내용이 많아지고, 사건의 세부사항과 순서가 명확해지면, 내담자는 자신에게 일어난 일을 새로운 관점에서 이해할 수 있게 된다. 이 과정은 내담자의 인지왜곡을 치유하는 다량의 해독제를 생성하여 내담자에게 더 큰 안정감을 준다.

정서 활성화를 통한 인지 변화

트라우마 상담에서 인지적 개입은 트라우마 경험으로 인해 변성된 모든 사고 패턴의 재구조화를 목표로 하진 않는다. 내담자의 신념 변화는 대부분 부정 감정을 유발하는 기억을 처리하는 과정에서 일어나기 때문이다(Foa & Rothbaum, 1998). 불안장애가 있는 사람들은 대개 불안의 본질에 대해 잘못된 믿음을 가지고 있다. 이들은 두려운 상황에서 벗어나기까지 불안이 지속하는 것으로 여기는 경향이 있다. 이 경우, 불안은 신체적 · 심리적 상처를 입히고, 과도한 회피 행동으로 이어질 수 있다.

트라우마 기억처리 과정에서 내담자들은 세 가지 상태를 반복 경험한다[① 트라우마 기억에 조건화된 불안[조건화된 정서반응conditioned emotional response(CER)], ② 불안은 위험신호이므로 피해야 한다는 생각(예측), ③ 실제로는 부정적 결과가 일어나지 않음]. 위험 임박 신호로서의 불안과 위험하지 않은 경험 간의 반복적인 불일치는 시간이 지나면서 내담자의 예상에 변화를 준다. 즉, 안전한 상황에서 불안의 반복 경험은 그 자체로 트라우마 경험으로 인한 불안이 해소된다. 이는 내담자가 덜 불안해할 뿐 아니라, 이 상태를 위험의 조짐, 통제력 상실, 또는 심리적 장해가 아님을 알게 된다는 것이다. 따라서 트라우마 처리와 정서조절훈련의 연결을 통한 정서조절 능력의 향상은 부정 감정에 의해 압도될 가능성을 크게 낮춘다.

인지적 개입과 통찰

트라우마는 흔히 트라우마로 인한 스트레스, 인지왜곡, 정서조절장애를 비롯하여 정체성과 대인관계에서 만성 문제를 유발한다. 이에 정신건강 전문가들은 아동학대 피해 경험과 정체성 · 관계 문제를 성격장애의 주요 원인으로 꼽는다(Pearlman & Coutois, 2005). 특히, 트라우마 재연은 트라우마 재경험 촉발에 중요한 역할을 한다(Allen, 2001). 특히, 관계의 과잉일반화처럼, 일상적인 상호작용 역시 트라우마성 재연처럼 진행될 수 있다.

예컨대, 상대방이 무례하다는 생각이 들 때, 학대당하는 느낌이 드는 것이다. 반면, 약간 언성을 높여 말한 것뿐인데, 상대방을 학대했다는 느낌이 들 수 있다. 이런 일상적인 상호작용이 관계 형성의 암묵적 절차를 일깨운다는 점에서 이 모든 게 무의식적으로 일어날 수 있다. 그러나 트라우마가 현재 상황과 잘못 짝지어지면, 상대방은 90/10 반응의 정서적 강도에 당황하게 된다. 이에 생존자에게는 정신화가 요구된다. 이는 트라우마가 재현되어도 과거의 경험과 분리하여 현재에 초점을 맞추도록 의식적으로 노력하는 것이다.

트라우마 상담에서 인지적 개입의 목표는 내담자 자신, 과거 경험, 그리고 타인에 대한 견해를 수정하는 것이다. 이런 인지적 재고는 정신역동적 접근의 통찰insight과 유사하다. 과거에 대한 깊은 이해는 트라우마 반응을 촉발하는 현재 환경에서 자극의 영향을 줄일 수 있다. 예컨대, 친밀관계가 항상 위험한 것은 아니라는 자각은 관계에서 촉발된 불신, 두려움, 또는 분노를 감소시킨다. 효과적인 치료는 지지적 관계를 토대로 새로운 정보와 배움의 기회를 제공하는 것이다. 내담자의 자신에 대한, 그리고 현재와 과거에 대한 지식(일치하는 서술)은 트라우마 회복에 매우 유용하다.

인지적 개입에서 상담자는 내담자에게 피해자라는 사실보다 반복적인 학대 관계에서 자기보호를 하지 못한 점에 초점을 맞추게 할 수 있다. 내담자가 자기를 보호하지 못했다고 생각한다면, 해결 방안을 찾으려 할 것이다. 자기보호를 하지 못했다는 인식은 학습된 무기력으로부터 능동적 대처로 가는 통로다. 예컨대, 파티에 참석했다가 술에 취해 강간당한 여성이 죄책감을 느끼고 자신을 호되게 비난한다면, 이는 강간범이 아니라 강간당한 자신을 비난하는 잘못을 범하는 것이다. 그러나 이 경우, 이 여성의 죄책감은 향후 이런 취약성을 피하려는 그녀의 노력에 동기를 부여함으로써 유용하게 작용할 수 있다.

⓪③ 트라우마의 정서처리

트라우마를 경험한 생존자의 기억은 일반인들의 것과는 다르다. 일반인의 기억은 쉼 없이 전개되는 삶의 내용이 일련의 언어적 이야기로 뇌에 저장된다. 반면, 생존자의 트라우마 기억은 흔히 이야기의 흐름과 맥락이 끊어져 조각나 있고(파편화fragmentation), 생생한 감각과 심상 형태로 저장된다. 이에 생존자는 생각이나 의식 속에서 트라우마를 처음 겪었던 순간을 반복해서 재경험하게 된다. 그 이유는 트라우마 기억이 엔그램engram(기억흔적) 형태로 무의식에 각인되기 때문이다. 이 기억은 때로 아무런 고통을 유발하지 않은 채, 오랫동안 잠잠한 상태로 묻혀 있다. 그러다가 스트레스 누적 또는 심한 정도의 스트레스를 받으면, 갑자기 트라우마 기억이 되살아나 묻혀 있던 증상이 다시 나타나기도 한다.

트라우마 생존자들은 트라우마 사건이 일어나던 순간을 떠올리는 촉발 요인을 피하고자 애쓴다. 몸과 마음에서 자생적으로 구축된 방어 메커니즘은 시간이 갈수록 강화된다. 하지만 완벽하지 않아 사소한 자극도 트라우마의 촉발 요인이 된다. 이로써 트라우마 사건을 겪은 후, 오랜 시간이 흐르고 난 뒤에도 당시 사건을 떠올리는 자극을 받으면, 격렬한 반응을 나타낼 수 있다.

　언제까지 이런 자극을 피할 수는 없다. 이게 자라(트라우마 사건)가 아니라 솥뚜껑(재경험)에 불과하다는 걸 알아차리려면, 정면으로 확인하는 수밖에 없다. 물론 시간/세월이 상처를 치유하기도 한다. 하지만 생존자들의 시곗바늘은 움직이지만, 시간은 흐르지 않는다. 해는 수없이 뜨고 지지만, 충격의 그림자는 뇌리에 짙게 남아 있다. 과거엔 소리라도 있었지만, 이젠 침묵뿐이다. 한때 완전해 보였던 건 산산이 부서져 방치된 채, 항해 항로처럼 시간의 흐름에 따라 궤도를 따라 순환한다.

　트라우마 기억을 처리하여 무의식(뇌)에서 몰아내지 않으면, 상처를 매듭지을 수 없다. 트라우마 기억은 재활성화·직면하여 인지적·정서적으로 처리해야 한다. 이에 트라우마를 받아들이고, 그 경험에 관해 이야기하는 건 치유와 회복으로 가는 문을 여는 것이다. 이런 일련의 과정은 역경을 새로운 성장의 디딤돌로 삼는 기회가 된다. 트라우마의 정서처리는 일반적으로 ① 노출, ② 활성화, ③ 차이 인식, ④ 역조건화, ⑤ 둔감화·소거 순으로 진행된다. 그렇지만 상황에 따라 진행 순서를 바꿀 수 있다.

노출

첫째, 노출^{exposure}은 불안 감소를 위해 객관적인 해가 없는 공포자극에 실제 또는 상상을 통해 반복 직면하는 기법이다('지속노출^{prolonged exposure}'로도 불림). 객관적인 해가 없는 자극이란 트라우마 기억이고, 불안은 사건 회상으로 촉발된 정서다. 노출작업은 노출의 목적, 절차, 효과를 상세히 설명해 주고, 필요한 경우 설명동의서를 받는 것으로 시작된다. 고통을 유발할 수 있는 절차가 포함된 노출작업의 이유를 내담자가 이해한다면, 내담자의 동의와 자발적 참여를 끌어낼 수 있을 것이다. 노출작업 설명의 핵심 내용은 글상자 9-7과 같다.

글상자 9-7. 노출작업 설명의 핵심 내용

1. 재경험은 불쾌감을 유발하는 증상이고, 그 자체로 치료하려는 정신적 시도다.
2. 미해결된 트라우마 기억은 말로 표현되어야 하고 재경험이 필요하다(그렇지 않으면, 처리되지 않고 증상이 지속할 가능성이 큼).
3. 트라우마 사건에 관한 생각을 외면함으로써 불쾌감은 피할 수 있지만, 회피는 증상 지속의 원인이 된다.
4. 트라우마 사건에 대해 말할 수 있다면, 고통과 공포는 줄어든다(회복 약속은 금지).
5. 노출은 고통(플래시백, 악몽, 괴로운 느낌 등)을 수반할 수 있으나, 이는 정상적이며 나쁜 징후가 아니다.
6. 내담자를 압도하는 기억에 관한 논의를 지속할 것이고(감내하기 힘든 경우, 잠시 멈출 수 있음), 그 기억에 대해 생각하고, 느끼고, 말할수록 고통은 눈에 띄게 사라지게 된다.

　노출은 안전한 환경에서 불안에 압도되지 않고 감당할 정도로 트라우마 기억(예 교통사고, 성폭행)을 떠올리게 하여 재경험하게 한다. 노출 작업에서는 회상의 강도에 따라 등급화되고, 덜 불쾌한 감정을 유발하는 기억을 말로 표현하게 한다. 그렇지만 지속적인 노출 활동의 순서를 미리 계획하거나, 순서를 고수하진 않는다. 이는 노출을 감내하는 내담자의 능력, 생활 스트레스 요인의 기능, 타인(가족, 친구 등)의 지지 정도 등에 따라 달라질 수 있기 때문이다.

　노출은 단일 트라우마 기억에 초점을 둔다. 그러나 내담자는 때로 명확하지 않은 연상을 하거나, 한 기억에서 다른 기억으로 건너뛰기도 한다. 이는 복합 트라우마 내담자의 치료 과정에서 흔히 일어난다. 생애 초기의 트라우마 기억은 종종 단편적이고 완전하지 않다. 이에 언어발달 이전의 기억을 일관성 있게 묘사하도록 요구하지 않아야 한다. 대신, 내담자가 중요하게 여기는 트라우마 기억을 조리 있게 이야기할 수 있도록 돕는다. 이 방법은 특히 복합 트라우마 내담자에게 적합하다.

숙제. 노출은 내담자가 트라우마 기억을 글로 작성하여 상담자에게 소리 내어 읽어 주는 방식으로 진행되기도 한다. 이를 위해 종종 노출 경험을 글로 써 보게 하는 숙제 부과를 통해 트라우마 기억을 검토·처리할 수 있게 한다. 숙제 수행 과정에서 내담자는 트라우마 회상을 통해 노출을 경험한다. 또 작성한 글을 상담자 앞에서 소리 내어 읽게 함으로써 반복 효과를 가져온다. 글쓰기 숙제 부과를 위한 진술의 예는 대화상자 9-2와 같다.

대화상자 9-2. 글쓰기 과제 부과를 위한 진술 예시

> 　당시에 겪은 사건에 대해 1~2쪽 분량의 글로 작성해 보세요. 기억할 수 있는 만큼 사건에 대한 상세한 내용을 구체적으로 써 보세요. 그때 어떤 일이 일어났고, 어떤 생각/느낌이 들었으며, 누가 어떤 말을 했고, 사건 직후에 한 일을 글로 쓰는 거예요. 그렇지만 이 모든 걸 한 번에 다 쓸 수는 없어요. 어떤 사람은 여러 번 시도 끝에 글쓰기를 완성하기도 해요. 글쓰기를 마치면, 다음 회기 전까지 한 번 이상 소리 내어 읽어 보세요. 글을 읽는 게 너무 고통스럽다면, 감내할 수 있을 만큼만 읽으시고, 다음에 나머지를 읽으시면 되세요.

　글쓰기 숙제는 치료 과정 전체를 통해 필요할 때마다 부과한다. 이럴 때마다 내담자는 상담자 앞에서 자신이 쓴 글을 소리 내어 읽는다. 글쓰기와 소리 내어 읽는 과제 부과를 위한 조건은 글상자 9-8과 같다.

글상자 9-8. 글쓰기와 소리내어 읽는 과제 부과를 위한 조건

> 1. 내담자가 글로 표현할 수 있는 능력을 갖추고 있다.
> 2. 내담자가 트라우마에 직접 직면할 준비가 되어 있다.
> 3. 내담자는 현재 정서적으로 안정된 편이고, 적절한 정서조절 능력을 갖추고 있다.

　내담자가 글 읽는 소리를 들으면서, 상담자는 쉽지 않은 숙제를 수행하는 내담자의 태도를 적극 지지·인정해 준다. 글쓰기 활동은 트라우마 상담의 3~4회기 이후의 한 시점에서 시도할 수 있고, 간격을 두고 몇 차례 반복 수행하게 할 수 있다. 단, 정서처리가 필요한 다른 트라우마가 있다면 횟수를 늘릴 수 있다. 글쓰기를 통해 내담자는 정서 중심의 묘사를 더 상세한 글로 옮기게 되면서, 정서반응에 변화가 일어나고 있음을 실감하게 된다. 트라우마 상담이 효과적으로 진행되고 있다면, 노출 과정에서 활성화가 일어난다.

활성화

　둘째, 활성화^activation^는 트라우마 기억으로 인해 불안, 공포, 혐오감 같은 조건화된 정서반응 ^conditioned emotional response^(CER)과 인지적 반작용(갑작스러운 침습적·부정적 자기인식, 무력감 등)이 촉발되는 현상이다. 유년기 학대 피해 기억이 CER을 촉발하거나, 인지 침습(예 "내 몸은 이미 더럽혀졌어! 더러워!")을 떠올리거나 더 깊은 기억(예 학대 피해 기억으로 촉발된 학대의 다른 측면)을 자극한다면, 활성화가 일어난 것이다.

　최적의 활성화가 이루어지려면 노출 작업에서 회피가 최소화되어야 한다. 일례로, 해리 증상이 있는 내담자가 트라우마 기억을 상세히 회상하더라도 활성화 수준은 극히 낮은 것이다. 반면, 너무 강력한 활성화는 내담자에게 큰 고통을 유발하여 회피를 동기화한다. 그러므로 적정한 활성화 수준은 최적의 트라우마 처리를 촉진한다. 정서 활성화 증진 방안은 다음과 같다.

정서 활성화 증진 방안.　내담자에게 정서조절 능력이 있음에도 트라우마에 대한 정서반응을 차단한다면, 정서 활성이 필요하다. 스트레스 요인에 노출될 때, 과도하게 학습된 회피 반응이 자동으로 나타날 수 있다. 예컨대, 성역할이나 직업 사회화는 내담자의 정서 표현을 억제할 수 있다. 정서 활성화 증진 방안은 다음 두 가지다. 하나는 덜 회피할 상황에서 대답이 가능한 질문을 하는 것이다("그 일이 일어났을 때, 어떤 느낌이 들었나요?" "지금 어떤 느낌이 드나요?" "트라우마 경험을 이야기할 때, 어떤 생각/느낌이 드시나요?"). 다른 하나는 정서 활성화 과정에서 접촉 수준을 높일 것을 요청하는 것이다.

　내담자의 회피 또는 내담자를 압도할 수 있는 CER의 강도가 상담과정에서 주요 문제가 된다면, 다음과 같은 제안이 효과가 있다("그 감정에 잠시 머물러 보세요." "현재 불쾌하시다는 걸 알아요. 조금만 더 그 기억에 머물러 보겠어요. 단, 언제든 멈출 수 있어요."). 상담자는 인지·정서 회피를 막고, 정서 경험을 증가시킴으로써 활성화를 촉진한다. 이를 위해 트라우마 사건에 대한 세부사항을 묻거나, 내담자가 정서적으로 반응하도록 돕는다. 일반적으로 트라우마 경험을 상세히 기술할수록, 정서적으로 표현할 내용이 많아진다. 이는 내담자의 회복을 촉진하고, 트라우마 당시의 감정 경험을 높인다. 회피를 다루지 않으면서도 높은 수준의 정서 활성화를 돕는 대화의 예는 대화상자 9-3과 같다.

대화상자 9-3. 높은 수준의 정서 활성화를 돕는 대화의 예

> **상담자**: 그때 어떤 일이 일어났었나요?
> **내담자**: [고개를 떨군 상태에서 힘없는 목소리로] 차에서 내린 사람이 갑자기…….
> **상담자**: 누군가 차에서 내린 사람이 뭔가 좋지 않은 행동을 했나 보군요.
> **내담자**: [잠시 멈칫하며 말을 멈췄다가] 음, 마트에서 나오던 사람에게 흉기를 휘둘렀어요.
> **상담자**: 마트에서 나오던 사람에게 흉기를 휘둘렀다고요?
> **내담자**: 제가 알고 지내던 사람이었어요. 참 착하게 살던 사람인데…….
> **상담자**: 착하게 살던 사람이 누군가로부터 피해를 당했다는 사실에 충격을 받으셨군요.
> **내담자**: [약간 격앙된 목소리로] 네! 그분은 그때 돌아가셨어요.
> **상담자**: 아이고, 저런! 그분에게 좋지 않은 일이 일어났군요.
> **내담자**: 네, 그랬어요. [시선을 아래로 향하며] 너무나 갑작스럽게요.
> **상담자**: 피해자분이 결국 돌아가셨군요. [잠시 멈췄다가] 그때 그 장면을 목격하셨고요.
> **내담자**: 음, 네 그랬죠. 그때 그분이 비명을 질렀는데, [양쪽 귀를 손으로 막으며] 그 소리가 아직
> 도 귀에 생생하게 들리는 것 같아요. [호흡이 가빠지며] 일대가 피로 낭자했는데, 아직도
> 눈에 선해요. [숨을 몰아쉬면서] 그분이 찔리지 않게 도왔어야 했는데, [두 손으로 얼굴을
> 덮으면서] 너무 놀라서, 꼼짝할 수가 없었어요. [눈물을 글썽인다.]

대화상자 9-3에서 내담자는 사건 묘사를 꺼리고 있지만, 정서조절에 문제가 있다는 징후는 보이지 않는다. 그의 회피반응(초기의 정서반응 저하, 시선접촉 회피, 양쪽 귀를 손으로 막음, 두 손으로 얼굴을 덮음)은 비교적 경미하고, 감정에 압도되지 않은 상태에서 깊은 정서 활성화와 처리를 감내하고 있다. 이 대화에서는 내담자가 피해자를 도울 수 없었다는 죄책감과 수치감을 다루는 인지적 개입도 눈에 띈다.

정서 활성화 감소 방안. 정서 활성화 강도는 ① 노출 수준, ② 트라우마 기억에 대한 조건화된 정서반응(CER) 수준, ③ 내담자의 정서조절 능력에 따라 결정된다. 만일 상담자가 활성화를 지나치게 촉진하거나 내담자가 정서 활성화를 감내하지 못한다면, 정서처리는 어렵다. 그러므로 정서처리는 내담자의 정서조절 능력이 적정 수준에 있을 때 수행되어야 한다. 이는 내담자가 과도하게 활성화되는 경우, 불쾌감이 덜한 내용으로 조정하고 이완에 집중하게 하거나, 덜 감정적인 내용으로 옮겨갈 필요가 있음(초점 이동)을 의미한다.

트라우마 처리 과정은 조심스럽게 진행되어야 하고, 일시적으로 지연할 수도 있다. 만일 내담자가 회피가 심하거나 심한 해리를 겪는다면, 잠시 멈추고 안정화를 적용한다. 또한 활성화 수준이 지나치다고 판단된다면, 작업의 강도와 속도를 낮춰 내담자의 안전과 안정을 확보한다. 트라우마 기억이 조심스럽게 활성화되고 점진적으로 처리되면, 내담자의 전반적인 고통 감내력이 높아진다. 적정한 정서조절 능력이 있다면, 내담자는 높은 수준의 활성화

를 능히 감내할 수 있고, 트라우마 기억처리에 신속히 반응한다. 그러나 복합 트라우마 생존자에게는 활성화 수준을 낮게 유지하여, 점진적인 증상 호전을 도울 필요가 있다.

차이 인식

셋째, 내담자의 감정(트라우마 회상으로 활성화된 정서반응)과 현실 상태(명백한 위험이 없음) 사이에는 차이가 있음의 인식을 돕는다. 설령 심한 학대를 받을 것 같은 느낌이 들더라도, 내담자에게는 상담이 안전하고, 학대적이지도 거부적이지도 위험하지도 않다는 인식이 필요하다. 관계 트라우마 생존자는 이런 차이를 수용하기 힘들어하는데, 그 이유는 글상자 9-9와 같다.

글상자 9-9. 관계 트라우마 생존자들이 차이 수용을 어려워하는 이유

> 1. 만성 위험에 노출된 사람들은 흔히 위험이 불가피하다고 가정한다.
> 2. 폭력 가해자가 종종 피해자에게 접근하는 수단으로 안전, 돌봄, 지지를 약속한다는 점에서 상담자의 안전에 대한 강조는 가해자의 것과 크게 다르지 않은 공허한 약속으로 여겨질 수 있다.
> 3. 상담에서는 친밀관계 또는 내담자의 취약성 노출이 요구된다. (☞ 내담자의 관점에서 친밀관계 욕구 충족 시도는 또 다른 상처로 이어지는 과거 경험의 되풀이로 여겨질 수 있음)

트라우마 상담에서는 차이(안전)가 확보되고, 내담자가 이를 인식할 수 있어야 한다. 트라우마로 인한 CER이 약화/소거되려면, 유사자극에 대한 부정적 반응이 강화되지 않아야 한다. 이에 상담에서 안전은 두 가지 방식으로 확보되어야 한다. 하나는 상담자가 안전한 대상으로 인식되어야 한다. 이는 비판, 처벌, 경계 침범, 경험의 과소평가, 착취, 부상 등의 위험이 없는 분위기 조성으로 가능해진다. 특히 폭력·학대·착취 피해 내담자는 관계 위험에 과민하므로, 상담관계가 안전하다는 느낌이 들어야 한다. 다른 하나는 압도적인 내부 경험으로부터 보호되어야 한다. 트라우마로 괴로움을 겪는 내담자는 이런 느낌이 원래의 경험과 다름을 잘 인식하지 못할 수 있다.

압도적인 정서는 흔히 내담자의 정서조절 능력이 낮거나, 고통스러운 정서 또는 인지를 촉발하는 트라우마 기억을 적절히 노출하지 않아 발생한다. 트라우마의 인지·정서처리는 기억 회상을 통한 노출의 정도가 내담자의 감내 능력을 넘어서지 않아야 한다. 또한 이 상황에서 트라우마의 재경험으로 인해 압도적인 부정 정서, 정체성 분열, 통제력 상실감이 초래되지 않아야 한다. 안전은 내담자의 정서조절 능력에 적정한 정도의 활성화가 이루어질 때 확보되고, 치유 효과 역시 기대할 수 있다.

역조건화

넷째, 역조건화counter-conditioning는 원치 않는 조건자극과 양립할 수 없는 조건반응을 유발하는

조건자극을 연합시키는 조건형성의 원리다('역조건형성' '탈조건형성'으로도 불림). 트라우마 기억에 대한 인지·정서적 연관성의 소거(지워 없앰)를 위해서는 트라우마 기억을 활성화하고 강화되지 않게 하기 위한 역조건화(신체적/심리적 위험과 대치되는 긍정자극)가 필요하다. 역조건화에 활용될 자극으로는 ① 긍정자극과 ② 정서적 자유가 있다.

긍정자극. 긍정자극$^{positive\ stimulus}$은 특정 반응 또는 행동의 빈도/강도 증감을 위해 후속하는 요소다. 상담자의 긍정자극은 안전한 상담 환경을 조성한다. 이는 내담자의 행동, 사고, 감정에 긍정적 의미를 부여하고 부정자극을 대체함으로써, 내담자가 적극적으로 정서 활성화 작업에 참여하게 한다. 예컨대, 만성 가정폭력으로 상담자를 찾은 여성은 상담자가 자신을 비판/거부할 것으로 예상할 수 있다. 그러나 긍정자극은 이런 예상을 빗나가게 하고, 상담 관계에서 제공되는 치료적 요소(수용, 공감, 지지, 돌봄 등)를 통해 활성화된 고통의 강도를 낮춘다. 그 결과, 폭력 피해 기억에 대한 정서적 연상은 강화되지 않고 강도가 약해져, 긍정 감정으로 대체될 수 있다. 게다가 상담자의 적극적인 지지·이해·돌봄은 다른 형태의 트라우마 기억(비대인 간 사건 포함)에 관한 이야기에 대해서도 유사한 처리를 할 수 있게 한다.

정서적 자유. 정서적 자유$^{emotional\ freedom}$는 외부 요인에 구애받지 않고 느낌을 인식·표현하는 것이다. 이는 사상과 정신적 자유의 핵심 요소다. 정신적 자유는 신체 자유와 함께 인간 존엄과 가치 구현의 기본 자유로, 기본권 보장의 전제조건이다. 스스로가 원인인 것은 정서 표현이 자유롭지만, 스스로가 원인이 아닌 것은 자유롭지 않다. 그러므로 스스로 있는 그대로 느낌을 표현하는 경우, 행위에서 자유를 누릴 수 있다. 불쾌감을 주는 사건에 대한 정서 반응은 역조건화를 위한 긍정적 조건자극의 토대가 된다. 트라우마 기억의 노출에 따른 정서적 해방은 긍정 정서와 연합되어 트라우마 회복을 촉진한다. 이런 이유로, 트라우마 상담은 노출 과정에서 표현된 정서의 지지·강화에 중점을 둔다. 이 과정에서의 정서반응은 내담자의 정서조절 능력, 과거력, 사회화 기능 수준에 따라 다르다. 이에 상담자는 내담자가 노출작업을 어려워할 때 공감과 수용으로 지지해 줄 필요가 있다.

둔감화 · 소거

다섯째, 둔감화^{desensitization}는 특정 자극에 반복 노출하여 민감성을 감소시키는 조건형성 원리다. 반면, 소거^{extinction}는 이전에 보상으로 강화된 행동이 강화물 제거를 통해 나타나지 않게 하는 원리다. 안전한 분위기, 긍정 관계, 정서 표현, 최소 회피 맥락에서의 인지·정서 처리는 점진적으로 트라우마 기억으로 인한 부정 정서반응과의 연결고리를 끊는다. 즉, 상담자와의 관계로 유발된 내담자의 관계 트라우마 기억의 반복 노출은 치료관계에서 비롯되는 부정적인 기대·감정의 비강화와 역조건화의 결합으로 인해 관계와 위험 사이의 연결고리는 점차 소거된다.

둔감화는 트라우마 기억을 촉발하는 환경과 내부 사건이 부정 정서를 유발하지 않게 한다. 이로써 트라우마는 단순 기억으로 변환되어 극심한 고통을 유발하지 않게 된다. 반복적인 관계 트라우마 기억 노출, 인지·정서 활성화, 차이, 역조건화, 둔감화로 이어지는 과정은 트라우마 기억의 소거로 이어진다. 이는 여러 과정을 거치는데, 그 내용은 글상자 9-10과 같다.

글상자 9-10. 트라우마 경험 기억에 대한 노출·활성화·차이·역조건화·둔감화의 치료적 결과

> 1. 차이 인식과 체험을 통한 강화되지 않은 감정반응 소멸
> 2. 기억과 정서적 고통 사이의 연합을 기억과 긍정 감정의 연결로 대체하는 역조건화 효과
> 3. 트라우마 기억을 유발하는 관련 자극을 능히 감내하는 변화된 능력

긍정적인 상담 경험은 과도한 학대 기억을 자연스럽게 촉발하는 관계 또는 친밀관계 형성 능력을 증진한다. 관계는 더 이상 그 자체로 위험 요인으로 인식되지 않으므로, 아동학대 기억을 덜 회상하게 된다. 그러나 점진적인 활성화, 암묵적인 관계 기억, 그리고 이들의 인지·정서적 연합 관계의 영향은 관계에 대한 내담자의 반응에 변화를 유발한다. 이런 점에서 성공적인 상담은 내담자의 긍정적인 관계 형성을 촉진한다. 이는 타인과의 접촉이 더 이상 공포, 불신, 회피행동을 유발하지 않는다. 그 결과, 대인관계는 스트레스 또는 고통을 지속하기보다 더 큰 성취감을 주고, 덜 혼란스럽게 하며, 지지의 원천이 된다.

트라우마 치료와 상담에서 흔히 사용되는 트라우마 기억의 인지·정서처리 외에, 안구운동 민감소실 및 재처리법이 있다. EDMR은 다수의 연구를 통해 트라우마에 대한 효과적인 치료법임이 입증되었고, 다수의 정신건강 전문가들이 이 치료법에 대한 훈련을 받았다. 그러나 EDMR의 효과에 대해 회의적인 견해를 보이는 전문가들도 있다. 그 이유는 안구운동이 실제로 EDMR의 효과에 영향을 주는지에 관한 논쟁이 끊이지 않고 있기 때문이다. 이에 여기서는 EDMR에 관해 알아보기로 한다.

 안구운동 민감소실 및 재처리

안구운동 민감소실 및 재처리eye movement desenxitization and reprocessing(EMDR)는 1987년 미국의 프란신 샤피로(Francine Shapiro)가 우연히 발견한 치료법이다. 당시 샤피로는 고통스러운 문제로 고민하면서 공원을 산책하던 중, 눈을 움직이면서 과거의 기억을 떠올리자 기억으로 인한 고통이 사라졌다. 샤피로는 그 기억을 다시 떠올려 봤으나, 전처럼 생생하지도 고통스럽지도 않다는 걸 알게 되었다. 마치 안구운동이 고통스러운 감정과 생각을 의식 밖으로 밀어내는 것처럼 느꼈다.

그 후, 이런 현상이 타인에게도 효과가 있는지 알아보기 위해 주변 사람들에게도 시도해 보았다. 그러나 사람들 대부분이 스스로 오랜 시간 동안 안구운동을 지속하지 못한다는 사실을 알고는 손가락을 따라 안구를 움직이도록 했다. 수년에 걸친 실험을 통해 샤피로는 안구운동이 고통스러운 기억에 대한 민감도를 감소시킨다는 것을 믿게 되었고, 이를 더 세련된 기법으로 발전시켜, 결국 트라우마 치료에 통합하는 체계적인 방식을 개발했다.

EMDR의 정의

EMDR은 내담자에게 트라우마 사건을 회상하도록 한 후, 기억으로 연상된 시각적 이미지, 부정적 신념, 신체 및 정서반응과 함께, 내담자에게 시각 영역을 넘어 치료자 손가락의 움직임대로 시선을 이동하거나, 두드리는 소리, 청각 음, 빛의 움직임, 플래시에 노출하는 기법이다. 급속안구운동$^{Rapid Eye Movement}$(REM) 수면은 최근에 발생한 일들을 처리하여 그 정보를 미래에 필요시 추출할 수 있도록 뇌에 저장된다. EDMR에서는 내담자에게 트라우마 사건의 세부사항과 반응에 대해 생각하도록 지시한다. 이는 사건에 대한 이미지를 마음속에 떠올리게 한다는 점에서 노출치료와 유사하다.

EMDR의 목표와 절차

EMDR의 목표는 아동기 학대 또는 심각한 트라우마 경험으로 인한 고통을 완화하고, 내담자가 새로운 관점에서 그 경험을 처리할 수 있도록 돕는 것이다. EMDR은 PTSD를 포함해서 다양한 정신건강 문제 치료에 사용된다. 이미 일어난 일을 바꿀 수는 없지만, EMDR은 그 일에 대한 기억과 느낌을 재처리하여 긍정적 통합을 돕는다. EMDR의 절차는 총 8단계로 구성되어 있는데, 그 내용은 표 9-1과 같다.

표 9-1. EMDR의 절차

단계	설명
1. 계획 수립	○ 내담자의 병력을 조사하고 치료 계획을 수립한다(☛ 내담자의 문제와 목표 이해에 도움이 됨).
2. 준비	○ 내담자에게 EMDR의 원리와 과정을 설명하고, 치료 과정에서 사용될 이완 기법을 가르친다(☛ 내담자가 치료 과정에의 적응과 안정 유지에 도움이 됨).
3. 평가	○ 내담자가 다루고자 하는 트라우마 기억을 선택하고, 그 기억과 관련된 이미지, 감정, 신체 감각, 부정적 신념 등을 평가한다.
4. 탈감각	○ 내담자에게 트라우마 기억을 떠올리게 하는 동시에 안구운동 또는 다른 형태의 이중 주의 자극을 경험하게 한다(☛ 이 과정에서 내담자는 기억에 대한 고통이 감소되는 것을 느낄 수 있음).

5. 설치	○ 내담자의 긍정적/합리적 신념을 강화하고, 트라우마 기억의 재구성을 돕는다(☞ 내담자가 건강하고 적응적 시각에서 이 경험의 수용에 도움이 됨).
6. 신체 검사	○ 내담자가 트라우마 기억 관련 신체 반응을 평가하고, 남은 신체적 긴장 또는 불편감을 완화한다.
7. 종결	○ 매 회기를 마칠 때, 내담자가 안정감을 느끼도록 돕고, 필요한 경우 추가로 이완 기법을 적용한다.
8. 재평가	○ 이전 회기 작업의 효과를 평가하고, 추가적인 작업이 필요한지 확인한다.

EMDR의 원리

EMDR은 적응정보처리모델을 기반으로 이중주의자극기술을 사용한다. 적응정보처리adaptive information processing(AIP) 모델에서는 뇌가 자연적으로 트라우마 경험을 처리·적응할 능력이 있다고 가정한다. 그러나 트라우마가 너무 강렬하고 압도적인 경우, 이 처리 과정이 방해받아 제대로 기능하지 못한다. 이에 EMDR에서는 방해받은 정보를 재처리하여 심리적 고통을 완화하고자 한다. 이를 위해 이중주의자극Dual Attention Stimuli(DAS)이라는 기술을 적용한다. DAS에서 내담자는 트라우마에 대한 기억을 떠올리면서 동시에 이중주의자극(안구운동, 탭핑, 소리)을 경험한다. 이 자극은 뇌의 정보처리를 촉진하여 트라우마 기억의 재구성에 도움을 준다. 이들 기법에 관한 설명은 표 9-2와 같다.

표 9-2. EMDR의 주요 기법

기법	설명
1. 안구운동	○ 상담자의 손가락 움직임에 따라 두 눈을 좌우로 움직인다(☞ 이 움직임이 트라우마 기억 재처리에 도움을 줌).
2. 탭핑	○ 손 또는 손목에 가볍게 탭핑한다(☞ 이는 안구운동과 유사한 효과를 내며, 내담자의 안정화에 도움을 줌).
3. 청각 자극	○ 교대로 들리는 소리를 사용하여 이중주의자극(DAS)을 제공한다(☞ 이 역시 안구운동과 유사한 효과를 내며, 내담자의 안정화에 도움을 줌).

EDMR에서는 트라우마와 연관된 부정 신념(자기비난 사고)를 찾아내, 긍정적인 대안적 신념을 체계화한다는 점에서 인지재구성과 유사하다. 이 기법에서 둔감화는 내담자의 얼굴 앞에서 좌우로 움직이는 치료자의 손가락을 따라 눈을 좌우로 움직이는 상태에서 트라우마 기억을 떠올리는 것으로 이루어진다. 일련의 안구운동 후, 내담자는 트라우마 이미지를 내려놓고, 마음속에 떠오르는 것은 무엇이든지 말한다. 내담자가 빈번히 특정 트라우마 사건과 이전에 연관되지 않았던 기억과 생각을 떠올릴 때, 치료자는 그 트라우마의 의미에 대한 새로운 관점을 제공한다. EDMR이 진행되는 동안, 트라우마 기억으로 인한 정서적 고통은

점차 줄고, 트라우마 이미지의 침습성은 약화되며, 자신에 관한 신념은 긍정적으로 바뀐다.

EMDR의 치료 과정

인간은 오래전부터 경험을 통해 배우고 진화해 온 존재다. 다양한 경험은 뇌의 정보처리시스템을 통해 처리되면서 학습과 발달에 도움이 되는 정보 기억으로 변환되어 대뇌피질에 저장된다. 일상에서의 실수 또는 실패 경험을 통한 학습으로, 추후 유사한 문제에 봉착했을 때 더 잘 대처할 수 있게 되는 것도 정보처리시스템이 잘 작동하기 때문에 가능하다. 그러나 끔찍한 사건 또는 충격적인 경험은 뇌의 정보처리시스템을 순간적으로 교란 · 마비시킨다.

트라우마 기억은 제대로 처리되지 않은 채 변연계(주로 편도체)에 저장된다. 이렇게 처리되지 않은 고통스러운 기억은 당시의 장면, 소리, 냄새, 생각, 느낌 신체 감각 등 단편적 형태로 남아, 마치 '덫에 걸린 것'처럼 신경계에 갇히게 된다. 그 후, 외부로부터 자극을 받을 때마다 처리되지 않은 트라우마 기억은 마치 망가진 '레코드 음반^{broken record}'처럼 반복적으로 심신에 트라우마 경험을 불러일으킨다. EMDR은 처리되지 않은 채 갇혀 있는 충격적인 경험의 기억을 재처리함으로써, 고통스러운 증상을 없애고, 현재에 적응하도록 돕는다.

안구운동^{eye movement}은 기억의 정보처리시스템을 활성화한다. 즉, 다른 긍정적인 기억의 네트워크로부터 정보를 끌어내고, 이를 트라우마의 기억에 연결함으로써, 트라우마와 연관된 정보처리를 촉진한다. 샤피로는 이처럼 두 개의 기억 네트워크에서 정보의 빠른 연결이 일어나는 현상을 '가속화된 정보처리과정^{accelerated processing}'이라고 명명했다. 이 과정에서 생존자는 트라우마 기억 관련 이미지, 생각, 감정, 신체 감각에 집중한다. 이는 트라우마 기억의 단편에 집중하게 함으로써, 트라우마의 기억에 갇혀 있는 기억 네트워크를 자극한다. 생존자는 트라우마 기억을 끄집어내면서 고통을 느끼지만, 안구운동을 통해 뇌의 정보처리를 돕는다. 정보처리가 적절히 진행되면, 생존자는 트라우마 기억에 대해 거리를 두게 되고, 차츰 새로운 견해를 가지게 된다.

안구운동을 반복할 때마다 갇혀 있던 트라우마의 정보가 풀려나와 적응적인 경로로 빠르게 진행되어 나가면서 부정적인 생각, 감정, 이미지, 신체 감각 등은 사라지고, 자연스럽게 긍정적인 태도와 새로운 통찰력이 자리 잡게 된다. 처음에는 안구운동만이 가속화된 정보처리 과정을 활성화하는 걸로 생각했는데, 후에 소리라든지 두드리기에 의한 양측성 자극도 안구운동과 똑같은 효과가 있다는 것을 알게 되었다. 안구운동 또는 양측성 자극이 어떻게 정보처리시스템을 활성화하는 지는 여전히 명확히 밝혀져 있지 않다. 다만, 안구운동이나 양측성 자극에 의해 좌 · 우측 뇌가 동시에 자극받으면, 두 신경 네트워크 사이에서 연결 교류가 강화되면서 감정과 인지가 통합되는 걸로 추정하고 있다. 매일 밤 빠른 안구운동이 일어나는 REM 수면에서 뇌는 꿈을 꾸면서 몸과 마음에 남아 있는, 그날의 기억 정보를 처리한다.

그런데 문제는 트라우마와 연관된 꿈을 꾸다 보면 자꾸 중간에 잠이 깨어 정보처리가 멈추게 된다는 것이다. 정보가 완전히 처리되지 못했기 때문에 대개 악몽은 비슷하거나 똑같은 내용이 반복된다. 만일 똑같은 악몽을 꾸면서 똑같은 장면에서 잠이 깬다면, 뭔가 처리되지 않은 트라우마가 남아 있다는 의미다. 그러나 중간에 깨는 꿈과는 달리, EMDR에서는 트라우마 사건을 떠올리면서 계속해서 안구운동을 한다는 점에서 트라우마 기억이 완전히 처리·재통합되는 과정이 일어나게 된다. EMDR은 정보처리시스템을 활성화하여 갇혀 있는 트라우마 기억을 새롭게 처리하도록 돕는 것이지, 기억을 지운다거나 잊어버리게 하는 게 아니다. 트라우마 기억이 잘 처리되어 통합되면, 트라우마 기억의 잔재는 남아 있으나, 더 이상 생생하게 고통스럽지는 않게 된다. 그리고 대신 정서적 안정감과 자연스러운 편안함을 되찾게 되어 이전보다 정신적으로 더 성장하게 되기도 한다. EMDR의 적용 사례는 글상자 9-11과 같다.

글상자 9-11. 학교폭력 피해 학생의 플래시백 사례

> C군은 초등학교 5학년 때 친구들과 옆 동네에 놀러 갔다가, 그 동네 중학생 불량배들과 맞닥뜨렸다. 돈 몇 푼 빼앗고 몇 대 때리고 보내 줄 줄 알았는데, 가장 체격이 좋았던 C군만 붙들고 나머지 아이들은 놔주었다. C군은 이들에게 집단으로 폭행당한 뒤, 밤늦은 시간이 되어서야 풀려났다. 그날 이후, C군은 사람 만나는 게 두려워 학교에도 못 가고, 늘 자기 방에서만 지냈다. 창밖으로 사람 소리만 들어도 소스라치게 놀랐고, 누구도 만나려 하지 않았다. C군을 괴롭혔던 것은 그의 눈앞으로 주먹이 날아오는 플래시백이었다. 시도 때도 없이 눈앞으로 주먹이 날아오는 것 같은 증상은 그를 괴롭혔다. 플래시백이 재현될 때마다 그는 소스라치게 놀라 주저앉거나 고개를 숙이고 몸을 움츠렸다. 결국 C군은 학업을 포기했다.
>
> 성인이 된 후에도 C군은 길에서 중학생이나 고등학생 여러 명이 걸어가는 것만 봐도 여전히 두려움에 떨 정도로 대인공포가 심했다. 게다가 주먹이 눈앞으로 날아오는 플래시백 증상도 여전히 있어, 정상적인 사회생활을 할 수 없었다. 이런 절망적인 상황에서 EMDR이 효과가 있다는 소식을 듣고 치료를 신청했다. EMDR은 현재의 증상에 계속해서 영향을 미치고 있는 트라우마의 기억을 다루는 효과적인 치료방법이다. 첫 회기부터 초등학교 5학년 때의 폭행 사건에 대한 기억을 표적으로 EMDR 치료를 시작했다. 그 결과, 눈앞으로 날아드는 주먹의 모양이 점점 작아지면서 흐릿해지면서, 불안과 두려움이 점차 줄어드는 것 같았다. 플래시백 증상이 줄면서, C군은 당시 상황을 더 상세히 기억해 내기 시작했다. 누가 더 심하게 자신을 괴롭혔고, 누구의 주먹이 더 아팠으며, 누가 자신의 두 눈을 집중 가격했는지 기억해 냈다. 세 번째 회기에 주먹이 날아드는 플래시백 증상은 거의 사라졌고, 중·고등학생에 대한 막연한 공포심도 흐릿해졌다.

EMDR의 효과

EMDR은 수면 중 나타나는 REM 수면을 깨어 있을 때 적용하는 기법이다. 이 기법은 종전의 치료법과는 크게 달랐고, 치료 효과도 극적이어서 오히려 정신건강 전문가들에게 비판

받았다. 짧은 치료 기간에 비해 증상이 바르게 호전되는 치료 효과에 대해 의심하는 사람들도 많았다. 증상이 빠르게 호전되고 난 뒤, 호전된 상태가 그대로 잘 유지되는지를 입증하는 자료를 요구하는 사람들도 많았다. 그 결과, 1990년대 말경, EMDR에 대한 샤피로의 초기 연구 결과를 지지하는 다수의 사례 보고와 객관적인 연구 결과가 발표되었다(PTSD, 공포증, 공황장애, 폭행의 후유증, 사고로 인한 죄책감, 상실감/슬픔, 심리적 트라우마, 성폭행 피해자, 자연재해/인재 피해자, 불안장애, 성기능장애, 물질/도박중독, 해리장애, 작업능력 향상, 만성통증 등).

EMDR은 의식에 집중하면서 문제가 되는 기억을 불러오고, 이를 재처리하여 뇌에 다시 프로그램하는 기법이라는 점에서 최면과는 다르다. 다양한 연구 결과, EMDR은 트라우마(PTSD 포함) 치료에 효과가 있음이 밝혀졌다. 신경과학적 연구를 통해서는 EMDR이 트라우마 기억을 재구성하고, 관련된 부정 감정 감소에 뇌의 정보처리 메커니즘이 활용된다는 사실과 PTSD 환자들의 불안, 우울, 플래시백 등의 증상 감소에 효과가 있음이 입증되었다. 특히, 메타분석에서도 EMDR이 다른 형태의 심리치료에 비해 높은 효과를 보였다. 그럼에도 EMDR의 효과에 대해서는 찬반양론이 팽팽하다. 그 이유는 EMDR이 부작용이 있을 수 있고, 장기간에 걸친 연구로써 검증되지 않았다는 점에서다.

그럼에도 EMDR은 치료 효과를 입증하는 다수의 연구 결과에 힘입어 2004년, 미국정신의학회(APA)는 PTSD 치료에 EMDR을 가장 효과적인 치료법 중 하나로 인정했다. 한편, 최근 뇌영상기술brain image technique이 발달하면서 치료 효과가 실제로 뇌에서 일으키는 변화를 직접 눈으로 확인할 수 있게 되었다. 재난 발생지에서 PTSD 방지 응급치료법으로 알려지게 되면서, EMDR은 전 세계로 퍼져 나갔다. 미국의 허리케인, 태국의 쓰나미, 중국 쓰촨성 지진, 일본 고베 지진 때도 EMDR 자원봉사 팀이 직접 응급치료 활동에 참여한 것으로 알려지기도 했다.

확인문제

다음 빈칸에 들어갈 말을 써 보세요.

1. 트라우마의 정서처리는 일반적으로 노출, ________, 차이 인식, ________, 둔감화 · 소거 순으로 진행된다. 그렇지만 때에 따라 진행 순서를 바꿀 수 있다.

2. 노출작업에 관한 설명에는 다음과 같은 내용을 포함한다. 첫째, ________은/는 불쾌감을 유발하는 증상이고, 그 자체로 치료하려는 정신적 시도다. 둘째, ________ 트라우마 기억은 말로 표현되어야 한다. 셋째, 트라우마 사건에 관한 생각을 외면함으로써 불쾌감을 피할 수 있지만, ______은/는 증상 지속의 원인이 된다.

3. 활성화는 트라우마 기억으로 인해 불안, 공포, 혐오감 같은 ________ 정서반응과 ______ 반작용이 촉발되는 현상이다.

4. ______(이)란 원치 않는 조건자극과 양립할 수 없는 조건반응을 유발하는 조건자극을 연합시키는 조건형성의 원리다. 이 원리에 활용될 자극으로는 ______와/과 정서적 자유가 있다.

5. ______은/는 특정 자극에 반복 노출하여 민감성을 감소시키는 조건형성이고, ______은/는 이전에 보상으로 강화된 행동이 강화물 제거를 통해 나타나지 않게 하는 원리다.

6. 트라우마의 인지처리는 내담자가 트라우마를 회상하고, 당시 내담자가 가졌던 _____와/과 _____을/를 재경험하는 과정으로 진행된다.

7. ______을/를 통한 트라우마 기억의 재경험은 트라우마 사건에 대한 내담자의 기억을 활성화한다. 이 과정에서 상담자는 ____________법을 사용하여 내담자가 피해 경험에 대해 설정한 가설과 해석을 탐색한다.

8. 내담자가 외부 자극 또는 기억으로 촉발된 플래시백, 공황, 침습사고, 해리, 일시적 정신병적 증상을 나타내지 않도록 일정한 감정 상태를 유지하도록 돕는 것을 _____(이)라고 한다.

9. 아동기 트라우마 생존자는 감정이 활성화되면 부정감정에 압도되어 다른 감정을 인식하지 못할 수 있다. 이는 해리성 _____ 또는 감정 인식 또는 언어적 기술에 어려움이 있는 상태, 즉________증을 나타내는 것일 수 있다.

10. _____________________________법은 내담자에게 트라우마 사건을 회상하도록 한 후, 기억으로 연상된 시각적 이미지, 부정적 신념, 신체 및 정서반응과 함께, 내담자에게 시각 영역을 넘어 치료자 손가락의 움직임대로 시선을 이동하거나, 두드리는 소리, 청각 음, 빛의 움직임, 플래시에 노출하는 기법이다.

EMDR 연습

※ EMDR, 즉 안구운동 민감소실 및 재처리는 PTSD를 비롯한 스트레스 관련 정신장애 해소를 위해 광범위하게 사용되는 치료법이다. 이 치료법은 시도했던 2/3 이상의 사람들에게 효과가 있었다(Schiraldi, 2017). 다음에 제시된 EMDR 절차에 따라 자신에게 적용해 보고, 그 효과를 확인해 보자.

---

1. 몸과 마음을 편안하게 한다.
2. 고통스럽고 회복하기 어렵다고 여겨지는 상황을 떠올린다.
3. 주관적 불편감 척도(SUDs) 5~6점이 될 때까지 트라우마와 관련된 생각("난 감당할 수 없어!" "이런 일이 왜 나한테 일어났을까?" "도대체 내가 뭘 잘못했지?")을 떠올리면서 정서와 신체감각을 헤아린다(0=불편감 없이 완전히 편안한 상태, 10=고도로 불편한 상태).
4. 불편감에 압도되지 않도록 주관적 불편감 척도가 더 올라가지 않도록 생각을 조절한다.
5. 눈을 뜨고 머리를 고정한 상태로, 손가락 두 개를 펴서 눈으로부터 35cm 앞에서 5cm 간격으로 앞뒤로 25회 정도 움직인다.
6. 생각, 이미지, 신체감각, 정서에서 어떤 변화가 있는지 확인하고, 주관적 불편감 수준이 감소했는지 확인한다. 대체로 4~4.5점 정도로 감소할 필요가 있다.

※ EMDR 적용의 대안적 절차는 다음과 같다.
1. 벽 또는 무릎 같은 곳에 두 점을 찍어 놓고, 눈이 그 두 점 사이를 왔다 갔다 움직이게 한다.
2. 눈을 감거나 가린 채, 눈을 앞뒤로 움직일 수도 있다.
3. 이 방법이 불편감 수준을 낮춘다면, 일주일 동안 하루에 여러 번 연습한다.

소감

※ 이 활동을 통해 무엇을 알게 되었고, 무엇을 깨달았으며, 무엇을 느꼈고, 어떤 생각이 들었나요? 잠시 생각하면서, 마음에 떠오르는 것을 자유롭게 글로 써 보고, 글의 제목을 붙여 보자.

Chapter **10**

CBT 기반 트라우마 상담

개요
01 CBT의 기초
02 심리교육
03 노출
04 인지재구성
05 트라우마 치유를 위한 새로운 시도
☐ 확인문제
☐ 학습활동

학습목표
1. CBT의 기본가정, 특징, 핵심 개념을 이해 · 설명할 수 있다.
2. 심리교육의 정의, 기법, 내용을 이해 · 설명 · 적용할 수 있다.
3. 노출(실제 및 심상)의 정의, 시행 절차, 원칙을 이해 · 설명 · 적용할 수 있다.
4. 인지재구성의 정의, 절차, 원리를 이해 · 설명 · 적용할 수 있다.

CBT 는 Cognitive Behavior Therapy(인지행동치료)의 약자다. 지금으로부터 100여 년 전, 프로이트는 트라우마 관련 문제해결을 돕기 위해 정신분석을 창안했다. 그는 이론의 정교화 과정에서 치료의 초점을 트라우마에서 내부 갈등으로 옮겨 갔지만, 그의 통찰 지향적 접근은 트라우마 치료에서 여전히 독보적이다. 트라우마 상담은 견고한 신뢰관계를 기반으로 생존자의 트라우마 경험에 관한 이야기를 경청하고, 그 경험의 의미 이해를 돕는 맥락을 제공한다. 그 후, 일부 정신건강 전문가들은 트라우마 증상 치료에 초점을 둔 CBT를 창안했다. CBT는 트라우마 기억을 체계적으로 처리할 수 있도록 개발되어, PTSD를 비롯하여 공존장애 치료에도 효과가 있음이 입증되었다. 경험적 연구를 통해 생존자들이 피하고 싶어 하는 트라우마 자극과 기억에의 직면이 치료적 효과가 있다는 사실도 밝혀졌다.

CBT에서는 회피행동에 직면하고, 노출과 인지재구성을 통해 회피행동의 감소/소거에 중점을 둔다. 노출에서 생존자는 트라우마 관련 자극과 기억이 위험하지 않다는 사실을 인식하게 되고, 위험과 안전을 예측해 주는 단서를 구별하는 법을 학습한다. 노출은 사건의 의미에 관해 더 정확한 결론을 내리게 하는 재처리를 촉진하고, 트라우마와 연합된 부정 정서를 소거한다. 인지재구성은 생존자에게 트라우마 관련 생각을 주의 깊게 평가하고, 사건에 대한 증거를 모아 사건을 재검토해 보도록 도움으로써 회피행동을 감소시키는 효과가 있다. 또한 생존자가 트라우마 사건을 더 잘 이해('처리')할 수 있도록 트라우마 관련 사고에 체계적으로 노출하도록 교육한다. 이로써, 생존자가 사고 과정을 인식하고 기꺼이 도전할 수 있도록 돕는다. 이에 이 장에서는 트라우마 치료에 효과가 있음이 입증된 CBT에 관해 자세히 살펴보기로 한다.

01　CBT의 기초

인지행동치료(CBT)는 행동과학에 기반한 행동수정 전략(행동분석)과 정신병리의 인지모델에 기반한 인지치료가 통합된 이론이다. 이 이론에서 정서 문제는 학습된 반응으로, 새로운 학습으로 대체함으로써 행동, 사고, 정서를 변화시킬 수 있다고 가정한다.

CBT의 기본가정

트라우마 상담을 위한 CBT의 기본가정은 다음 두 가지다. 첫째, 트라우마를 비불안 증상과 연합된 불안장애로 보는 것이다. 이 모델에 따르면, 불안^{anxiety}(미래의 부정적인 사건에 대한 염려 또는 예견)과 공포^{fear}(특정 자극에 대한 투쟁/도피 반응)는 인지(공포사고), 행동(회피행동), 생리(자율신경계 각성) 요인으로 구성되고, 각 요인은 다른 요인에 영향을 미친다. 예컨대, 고소공포증이 있는 사람이 사다리를 오르려고 할 때, 두려운 생각("사다리에 오르는 일은 위험해!" "떨어지면 크게 다칠 수 있고, 잘못하면 죽을 수도 있어!"), 생리적 각성(심박수 증가, 호흡 증가, 떨림), 회피 행동(사다리를 오르다가 내려와 타인에게 도움을 청함)을 경험한다. 그러나 상황에 관한 생각 수정("친구가 별문제 없이 사다리를 올라갔잖아!" "사다리는 튼튼하고 안전해!" "불안하긴 하지만, 나도 할 수 있어!")은 회피행동과 생리적 각성을 줄일 수 있다. 마찬가지로, 두려운 상황/사물의 회피 대신, 접근은 위험에 대한 지각을 줄인다(사다리에 올라가면, 생각했던 것보다 '사다리에 오르는 것이 안전하다'는 걸 알게 됨).

　둘째, 적응적 공포를 발달시키는 메커니즘이 부적응적 공포 발달에도 적용된다는 것이다. 사람들은 특정 상황(큰소리, 높은 곳, 어둠 등)에 대한 공포를 가지고 태어난다. CBT에서는 적응적·부적응적 공포가 학습된다고 가정한다. 불안의 적응적 기능은 객관적으로 위험한 상황을 피하게 한다. 불안은 덤불 속에 독사가 있을 때 덤불에 들어가지 않게 보호해 주고, 독사를 발견하면 즉시 덤불 밖으로 피하도록 경고한다. 객관적 위험이 없는 상황에 대한 불안은 학습될 수 있고, 유사한 과정에 의해 학습되지 않을 수도 있다.

CBT의 특징

인지행동치료(CBT)는 경험주의와 과학자-임상가[scientist-practitioner](SP) 모델에 기반을 둔다. CBT에서는 장애의 원인과 유지 이유에 대한 구체적인 가설을 세우고, 가설을 토대로 구체적인 모델을 구성하며, 모델을 근거로 새로운 개입방법을 개발하여 개입 효과를 검증한다. 동시에, 사례별 가설을 세워 검증하고, 내담자를 체계적으로 관찰하며, 결과를 통합하는 과학자 역할을 강조한다.

　CBT의 특징은 구조화다. 구조화[structuring]는 새로운 행동 학습을 강조하고, 목표를 세우며, 구체적인 활동을 실행함으로써 최적의 성과를 얻게 한다. 구조화는 CBT 목표를 논리적이고 일관성 있게 진전시키고자 하는 상담자와 생존자 모두에게 도움을 준다. 그러나 트라우마 상담에서 구조화는 유연성이 요구된다. 너무 엄격하면, 상담에 대한 생존자의 관심을 떨어뜨려 중도 포기로 이어질 수 있는 반면, 너무 느슨한 접근은 불쾌하지만 해야 하는 과제를 회피하게 할 수 있다(Linehan, 1993). CBT 기법의 특징은 글상자 10-1과 같다.

글상자 10-1. CBT 기법의 특징

> 1. 가설검정, 목표설정, 자료수집을 중시한다.
> 2. 협력적 치료동맹 구축을 중시한다.
> 3. 삶의 상황에 대한 새로운 반응(기술)의 학습을 중시한다.
> 4. 구체적이고 관찰 가능한 목표에 초점을 둔다.
> 5. 현재와 미래의 반응 변화에 초점을 둔다.

CBT의 핵심 개념

인지행동치료(CBT)의 핵심 개념으로는 ① 인지, ② 정서, ③ 행동이 있다.

인지. 인지[cognition]는 지식을 습득 · 판단 · 기억 · 학습 · 생각 · 인식하는 정신 과정 또는 구조다. CBT의 인지 관련 핵심 개념으로는 ① 인지수준, ② 자동사고, ③ 인지왜곡, ④ 역기능적 인지도식, ⑤ 포괄적 인지모델이 있다. 이 개념들은 인지치료의 창시자 애런 벡이 정서장애(특히, 우울증) 치료를 위해 창안한 것이다. 이 이론에서는 인지가 행동에 영향을 미치고, 관찰을 통해 인지가 변화할 수도 있다고 가정한다. 즉, 사람들이 정보를 해석하는 관점을 바꾸도록 도우면, 감정과 행동 기능의 변화에 영향을 미치고, 그 효과는 장기간 지속되어 정신병리의 재발도 막을 수 있다고 본다.

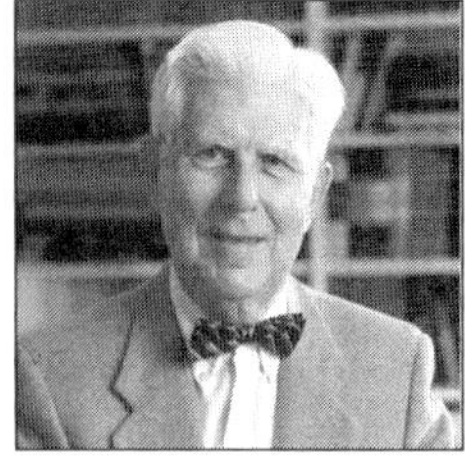

애런 벡(Aaron T. Beck, 1921~2021)

□ **인지수준.** 인지는 4개 수준(① 자동사고, ② 중재신념, ③ 핵심신념, ④ 도식)으로 구성되는데, 각 수준에 관한 설명은 표 10-1과 같다.

표 10-1. 인지수준

수준	설명
1. 자동사고	○ 자극에 대해 습관적으로 연결되어 정서 증상을 유발하여 일상생활을 어렵게 하는 일련의 생각 또는 신념
2. 중재신념	○ 자동사고를 형성하는 극단적 · 절대적 규칙과 태도를 반영함
3. 핵심신념	○ 자기, 타인, 세계, 미래에 대한 견해가 반영된, 자동사고의 바탕이 되는 믿음
4. 도식	○ 핵심신념을 수반하는 인지구조로, 정보 처리와 행동을 지배하는 규칙

우울증은 단순히 우울 기분이 지배적인 장애로 정의되지 않는다. 우울 증상은 성격, 환경 등과 상호작용하면서 증상과 고통이 다른 형태로 나타날 수 있기 때문이다. 우울 증상이 객관적으로 평가할 수 있는 증상이 아니라, 주관적으로 느껴지는 심리적 증상으로 다양한 모습으로 나타나는 것도 한 이유다. 우울 증상은 여러 측면에서 조망할 수 있다[① 정서(우울 기분), ② 행동(우울로 인해 위축과 활동량 저하), ③ 신체 · 생리(식욕 저하, 두통, 소화장애 등), ④ 인지(열등감, 부정 사고) 증상].

인지[cognition]란 정신 에너지와 능력으로 무언가를 알게 되는 일련의 과정이다. 인간은 주변 상황을 능동적으로 받아들이는 존재다. 항상 주변의 일이나 반응을 관찰 · 해석하고, 의미를 부여한다. 사람들은 때로 자신과 주변 환경에 대해 부정적이고 비관적인 생각을 한다. 그러나 의식하지 못한 채 이런 생각('자동사고[automatic thoughts]')이 계속되면 우울 증상이 유발한다. 흥미로운 사실은 우울증이 있는 사람들에게서 공통적인 인지왜곡이 나타난다는 것이다. 우울한 사람들은 ① 자기, ② 환경, ③ 미래를 부정적으로 인식·평가하는데, 이를 인지삼제 cognitive triad라고 한다. 인지삼제는 우울증이 있는 사람들의 전형적인 인지왜곡의 특징이다. 특히, 핵심신념core beliefs은 보통 생애 초기에 습득한 것으로, 종종 인지왜곡을 초래하는 세 가지 신념으로 나뉜다(글상자 10-2 참조).

글상자 10-2. 인지왜곡을 초래하는 세 가지 신념

> 1. "나는 능력이 없다." ☞ 부적절하고, 무능하고, 무력하고, 통제 불능이니까!
> 2. "나는 무가치하다." ☞ 못됐고, 아무 가치도 없고, 쓸모도 없고, 결점투성이니까!
> 3. "나는 사랑받을 가치가 없다." ☞ 어려서 사랑받지 못했으니까!

　인지치료에서는 내담자가 생활사건을 부정적 의미로 과장하거나 왜곡하는 부정사고 경향, 즉 자동사고에 초점을 둔다. 개인이 습관적으로 좋은 행동 또는 나쁜 행동을 하는 것처럼, 사고도 긍정 자동사고와 부정 자동사고가 있다. 그런데 습관처럼 자신도 모르게 작동하는 부정 자동사고는 종종 정서장해(불안, 우울) 또는 자기파괴행동을 초래한다. 정서장해에 시달리는 사람들의 자동사고의 특징은 현실을 과장 또는 왜곡된 형태로 조망하는 것이다('인지왜곡').

　예컨대, 어려서부터 학대를 일삼은 부모로부터 끊임없이 비난의 말을 듣는 내담자는 고통스러운 감정을 보상받기 위해 지나치게 성취 지향적인 사람이 될 수 있다("실패는 생각만 해도 너무 끔찍해! 절대 남들에게 나약한 모습을 보이면 안 돼! 난 정말 흠결 없이 완벽해야 해!"). 완벽을 추구한 그의 행동은 핵심신념으로 인한 정서적 고통이나 자기의심을 떨치지는 못할 수 있다. 이로써 핵심신념은 흔히 자동사고와 인지왜곡 확인을 통해 밝혀진다.

□ **자동사고.** 자동사고automatic thoughts는 생활사건을 접할 때 자동으로 유발되는 습관화된 생각이다. 이는 정서반응으로 이끄는 특별한 자극에 의해 유발된 개인화된 생각으로, 노력이나 선택 없이 자발적으로 일어나며, 경험에서 생성한 신념과 가정을 반영한다. 심리적 문제가 있는 사람의 자동사고는 흔히 왜곡되어 있고, 극단적이며, 부정확하다는 특징이 있다. 자동사고의 특징은 글상자 10-3과 같다.

글상자 10-3. 자동사고의 특징

> 1. 구체적이고 분리된 메시지로, 언어, 이미지, 또는 둘 다의 형태로 나타난다.
> 2. 비합리적이어도 거의 믿어지고, 자발적인 것으로 경험된다.
> 3. 흔히 당위성을 가진 말로 표현되며, 극단적인 관점 경향성을 내포한다.
> 4. 개인에 따라 독특하게 나타나고, 중단하기 쉽지 않으며, 학습된다.

비합리적 자동사고는 정서·행동 장해의 원인이 된다. 예컨대, 취업 시험에서 불합격 통보를 받은 두 사람이 있다고 하자. 한 명은 다음과 같은 비합리적 사고로 우울해졌다("난 실패자야! 내 미래가 캄캄해졌어. 난 절대 이 회사에 취업 못 할거야!"). 그러나 불합격 통보에 대해 좀 더 합리적인 사고를 한다면, 우울은 감소할 것이다("더 잘 준비한 사람들이 지원했나 보네. 내가 떨어졌다고 해서 완전히 실패한 건 아냐. 내겐 다시 도전할 기회가 있어.").

다른 한 명은 다음과 같은 비합리적 사고로 불안해졌다["내가 취업 시험에 떨어진 것을 남들이 알면, 날 아주 우습게 볼 거야('부정적 결과에 대한 과대평가'). 다른 회사에 지원해 봐야 결과는 마찬가지야!('자원에 대한 과소평가')."]. 그 역시 사고를 달리 한다면, 불안은 감소할 것이다("내가 시험에 떨어진 것이 실망스럽기는 하지만, 그렇다고 남들에게 얘기할 수 없을 정도는 아냐. 물론 나에 대해 실망스러워하는 사람도 있겠지만, 날 진심으로 아끼는 사람들은 누구나 실패할 수 있다는 말로 오히려 격려해 줄 거야.").

정서적 문제가 있는 트라우마 생존자들은 흔히 자기, 타인, 세상에 대해 부정적으로 사고한다. 벡은 건강한 삶을 영위하기 위해서는 긍정사고를 가져야 한다는 점을 강조했다. REBT의 창시자 엘리스가 합리적 신념의 중요성을 강조했다면, 벡은 긍정적 자동사고를 강조하면서 사람들이 우울증에 빠지는 이유를 부정적 자동사고인 다양한 인지왜곡 때문으로 보았다.

☐ **인지왜곡.** 왜 우울한 사람들은 현실을 부정적으로 바라볼까? 현실을 부정적으로 바라보면 왜 우울 해질까? 우울한 사람은 자신이 처한 상황을 실제보다 더 부정적이고, 어둡게 바라보며, 생각을 바꾸지 않는 경향이 있다. 위로의 말("상황이 그렇게 나쁘진 않아!" "내가 보기엔 그렇게 걱정할 일은 아냐!")이 우울한 사람들에게 큰 도움이 되지 않는 이유는 사건 또는 상황을 해석·평가하는 과정에서 인지왜곡이 발생하고, 이를 의심 없이 믿기 때문이다. 인지왜곡cognitive distortion은 정보처리 과정에서 생활사건의 의미를 자의적으로 해석하여 자동사고를 생성해 내는 과정이다('인지오류cognitive errors'로도 불림). 인지왜곡의 유형은 표 10-2와 같다 (강진령, 2020).

표 10-2. 인지왜곡의 유형

유형	설명
1. 임의추론	○ 적절한 근거 없이 또는 정반대의 근거로 결론을 내리는 현상[독심술/부정예측 (예) "이렇게 많은 일을 하고 있으니, 난 엄마 자격이 없어!")]
2. 흑백사고	○ 사건의 의미를 성공 아니면 실패같이 한 쪽 극단으로 범주화하는 현상(예) "이번에 대학 시험에 떨어지면 실패한 인생이야!")
3. 선택 추론	○ 부분 정보를 전체로 해석하고, 다른 정보는 무시하는 현상[정신 여과mental filtering (예) 이렇게 일을 망쳐 놓고 어떻게 취미생활을 할 수 있어!")]

4. 과잉 일반화	○ 한 가지 일로 내린 결론을 관계없는 상황에도 부적절하게 적용하는 현상(예 "남자는 모두 똑같아. 항상 젊고 늘씬한 여자만 찾잖아!")
5. 확대·축소	○ 자기 강점과 타인의 약점을 극소화하거나, 타인의 강점과 자기 약점을 극대화하는 현상[예 "난 정말 할 줄 아는 게 없어!" "그 친구는 정말 만능이야!"]
6. 개인화	○ 자신과 무관한 일을 자신과 관련지어 해석하는 현상[머피의 법칙(예 "내가 세차를 하면 항상 비가 와!")]
7. 명명 오류	○ 특정 대상의 특징/행위에 부적절한 명칭을 붙여 낙인을 찍는 현상(예 "역시 난 쓸모없는 패배자야!")
8. 파국화	○ 관심 있는 사건을 과장하여 비극적 결말을 예상하는 현상(예 "이번 일은 정말 끔찍하고 무서운 일이야!")
9. 감정논리	○ 감정이 부정적으로 말하는 것을 그대로 믿는 현상(예 그래, 난 부족하고, 자격도 없고, 혐오스럽고, 완전 패배자야! 이제 됐어?")
10. 당위사고	○ 자신과 세상에 대해 확고하게 요구하는 경직된 생각(예 부장이라는 사람이 그렇게 행동하면 안 되지!")
11. 책임 귀인	○ 자신을 실제 모습보다 더 책임감 있어야 하고, 모든 일에 관여해야 한다는 인식(예 아들이 공부 못하는 건 다 내 책임이야!")
12. 책임 외재화	○ 자신의 부정감정을 느끼게 하는 책임을 외부 환경에 돌리는 현상(예 "어릴 때 부모의 사랑을 받지 못해서 내가 이 모양 이 꼴로 살고 있는 거야!")

☐ **역기능적 인지도식.** 역기능적 인지도식^{dysfunctional cognitive schema}이란 완벽주의적·당위적·비현실적·역기능적 신념으로 구성된 인지적 요인을 말한다. 즉, 한 가지 상황에 대해 다른 사고의 틀을 갖는 것이다. 이런 인지도식은 어린 시절의 경험에 의해 형성되어 생활사건의 의미를 부정적으로 왜곡·해석하는 자동사고 활성화의 원인을 제공하게 되면서 우울 증상을 일으킨다. 예컨대, 수업시간 발표 도중 다른 학생들이 웃는 모습을 목격한 내담자가 자신의 발표가 완전히 실패했다는 자동사고를 하게 되면서 스스로 열등하고 무가치한 존재라는 생각이 들어 우울해지는 것이다. 이런 사고는 부정 감정, 자존감 상실, 대인기피 등 자기 패배행동으로 이어져서 정서 문제(우울)의 원인이 된다. 심한 경우, 다른 사람의 웃는 모습을 극단적으로 왜곡하여 자신을 감시한다거나 살해하려고 한다는 피해망상으로 나타나기도 한다.

☐ **포괄적 인지모델.** 포괄적 인지모델^{generic cognitive model}은 인지치료 원리를 통한 정신병, 물질 사용, 우울증, 불안장애 치료 모형이다(Beck & Haigh, 2014). 이 모델의 주요 원리는 글상자 10-4와 같다.

글상자 10-4. 포괄적 인지모델의 주요 원리

> 1. 심리적 고통은 인간의 정상적 적응 기능의 과도한 활동으로 인한 것이다.
> 2. 잘못된 정보 처리는 과도하게 적응적 정서와 행동반응을 하게 만든다.
> 3. 신념은 개인이 경험하게 될 심리적 고통의 결정요인이다.
> 4. 인지치료의 핵심은 '신념의 변화가 행동과 정서 변화를 수반한다'는 경험적 연구결과다.
> 5. 신념이 변하지 않으면 심리적 문제의 재발 가능성이 높아진다.

트라우마 상담에서 CBT의 목표는 트라우마 반응을 유발하고 증상을 유지하는 행동과 인지를 수정하는 것이다. 이를 위한 CBT의 세 가지 핵심 요소는 ① 심리교육, ② 노출, ③ 인지재구성이다.

정서. CBT에서 정서^{emotion}는 전체 체계의 통합 반응이다. 보통 형태의 통합은 자동으로 일어나는데, 이는 생리적으로 결정되어 있거나(기본 정서), 반복된 경험(학습된 정서) 때문이다. 즉, 한 가지 정서는 대개 3개의 하위체계[① 현상 경험(인지체계), ② 생화학적 변화], ③ 표현과 행동 경향(생리 · 운동 체계)]로 구성된다. 복잡한 정서는 1개 이상의 평가 활동(인지체계)을 포함할 수 있다. 이로써 정서는 이어지는 인지, 생리, 운동 행동에 중요한 결과물을 남긴다. 이에 정서는 본질적으로 전체 체계의 행동반응일 뿐 아니라, 전체 체계에 영향을 준다(제3장 정서에 관한 설명 참조).

행동. CBT에서 행동^{behavior}은 개인의 활동, 기능, 반응을 모두 포함하는 개념이다. 즉, 자극에 대한 행동과 반응으로써 유기체가 행하는 모든 걸 아우른다. 이는 ① 외현^{extrinsic}(공적이고 타인에 의해 관찰 가능) 행동과 ② 내현^{intrinsic}(사적이고 행위자만 관찰 가능) 행동으로 구분된다. 특히, 내현 행동은 개인의 몸 안에서 일어날 수도 있고(㉔ 복근 긴장) 몸 밖에서 일어날 수 있지만, 지극히 개인적이다(㉔ 혼자 있을 때의 행동). CBT에서는 행동을 세 가지 형태로 구분하는데, 그 내용은 표 10-3과 같다.

표 10-3. 행동의 세 가지 형태

형태	설명
1. 운동 행동	○ 근골격계의 외현행동, 내현행동, 움직임
2. 인지 언어 행동	○ 사고, 문제해결, 지각, 심상화, 발화, 쓰기, 몸짓 의사소통, 관찰 가능한 행동 (㉔ 주의, 지향, 회상, 검토)
3. 생리 행동	○ 신경계, 분비선, 민무늬근 활동 등 대체로 내현적이나 외현적일 수도 있음(㉔ 안면홍조, 울기)

행동을 범주 또는 형태로 구분하는 것은 임의적이고 관찰자의 편의를 위한 것이다. 개인

의 기능은 연속성을 띠고, 모든 반응은 전체 체계를 동원하기 때문이다. 심지어 부분 독립적인 하위체계 역시 신경망과 상호 연결된 신경 회로를 공유한다. 자연 상태에서 행동 체계가 구분 지어 발생하지 않음에도 변별하는 이유는 이를 통해 문제 되는 과정의 분석이 더 쉽기 때문이다.

02 심리교육

심리교육psychoeducation은 내담자 또는 그 가족에게 트라우마 상담의 이론적 근거에 관한 지식과 안내 지침 등의 제공을 통해 이해를 돕는 수단이다. 이는 트라우마와 관련된 정보제공을 통해 상담 과정에 대한 내담자의 이해를 돕고, 상담 과정을 예측할 수 있게 하여 불안을 줄여주는 기능을 한다. 심리교육을 통해 내담자는 정확하고 일관된 상담의 논리적·과학적 근거를 이해하고, 자신을 위한 상담에 교육받은 협력자로 참여할 수 있게 된다.

심리교육은 트라우마 기억 재처리를 위한 기초 작업이다. 이를 통해 내담자는 트라우마 사건에 대한 자신의 반응이 정상이라는 사실, 특정 증상이 지속하는 이유 등에 관한 설명을 이해하게 됨으로써, 안심할 수 있고 안정을 되찾을 수 있게 된다. 트라우마에 관한 이해를 생존자와 공유하는 것은 협력적 치료동맹 구축에 도움을 준다. 상담자는 설득력 있는 이론에 근거를 두고 치료 작업을 진행할 것이고, 생존자와의 협력적 치료동맹 구축은 트라우마에 초점을 둔 상담 과정에서 힘든 순간을 견딜 수 있게 해 준다.

심리교육의 목적은 트라우마와 그 치료에 대한 생존자의 인식을 높이고, 생존자가 자기 경험을 이해할 수 있도록 정보를 제공하는 것이다. 또한 내담자의 증상을 타당화하고, 치료 동기를 높이는 것이다. 심리교육의 구체적인 목적을 요약·정리하면, 글상자 10-5와 같다.

글상자 10-5. 심리교육의 목적

1. 내담자가 겪는 압도적인 정서적 반응('투쟁-도피-동결-긴장성 부동 반응')은 정상 기능임을 알게 한다.
2. 트라우마 경험의 전형적인 반응/증상 이해를 돕는다.
3. 자신의 반응을 확인해 봄으로써, 증상에서 한발 물러나 조망할 수 있게 한다.
4. 트라우마 경험 기억에의 노출 이유를 스스로 인식하도록 돕는다.
5. 내담자가 현재 어떤 과정을 지나고 있는지 알려 준다.

심리교육은 주로 상담 초기에 실시된다. 그러나 엄밀히 말하면 상담의 전 과정에 걸쳐 수행된다. 이에 상담자는 트라우마로 인한 즉각적인 반응뿐 아니라, 초기 경험에서 트라우마성 스트레스, 스트레스 누적, 또는 PTSD의 발달 과정 등에 관해서도 잘 이해하고 있어야 한다. 효과적인 심리교육을 위해서는 전문용어를 사용하기보다는 비유를 들어 쉽게 설명하는 것이 교육의 성과를 높일 수 있다. 더 중요한 것은 트라우마 경험이 성장의 토대가 될 수 있음을 생존자가 이해할 수 있도록 돕는 일이다. 트라우마는 생존자의 세계관 및/또는 신념 체계를 뒤흔들 수 있기 때문이다.

심리교육의 방법

심리교육은 일회성 강의보다는 교육과정^{curriculum}을 통해 접근한다. 교육과정은 CBT의 기본 개념 소개로 시작하고, 상세한 설명과 반복으로 구성된다. 정보는 동영상, ppt, 및/또는 칠판이나 화이트보드에 그림을 그려 가며 강의식으로 전달한다. 심리교육은 주로 ① 유인물, ② 서적, ③ 구두 정보제공으로 수행한다.

유인물. 첫째, 심리교육에서 내용의 길이가 길거나 읽고 이해할 수 있는 내용은 유인물을 사용한다. 상담자는 유인물에 수록할 정보가 생존자에게 개인적으로 관련이 있는지, 그리고 생존자의 실생활에 즉각적으로 적용할 수 있는 것인지를 확인한다. 유인물에는 대인 간 폭력의 빈도와 영향, 피해에 관한 근거 없는 사회적 통념, 생존자가 활용할 수 있는 지원 등의 주제에 관해 일반인들이 쉽게 이해할 수 있는 정보가 포함된다. 유인물 제작에 필요한 지침은 글상자 10-6과 같다.

글상자 10-6. 유인물 제작에 필요한 지침

1. 과학적으로 검증된 정확한 정보를 포함한다.
2. 배타적인 종교적 또는 사회적 견해는 배제한다.
3. 트라우마 생존자 또는 그의 가족들이 쉽게 이해할 수 있어야 한다.
4. 다문화권에 속하는 내담자를 위해 다양한 언어로 제작한다.
5. 교육자료로뿐 아니라, 충분한 논의를 위한 자료로 활용될 수 있도록 고안한다.

글상자 10-6에 제시된 것처럼, 유인물은 독립된 정보 자료가 아니라, 심리교육 과정의 도구로 사용될 수 있도록 고안되어야 한다. 이에 상담자는 사전에 유인물의 내용이 내담자에게 개인적으로 관련이 있는지, 그리고 내담자의 실생활에 즉각적으로 적용할 수 있는 것인지를 확인한다. 트라우마 생존자를 위한 정보지와 소책자는 다양한 관련 기관으로부터 얻을 수 있다.

심리교육은 서적 또는 인터넷 사이트 추천을 통해 수행할 수 있다. 상담자는 일반인들이 쉽게 읽을 수 있는 자료의 출처를 생존자에게 추천할 수 있다. 생존자의 지적 수준에 따라 제한될 수 있지만, 서적은 생존자가 자신의 트라우마 또는 이와 유사한 트라우마에 관해 많은 것을 알 수 있게 해 준다. 심리교육에 필요한 시간은 생존자에 따라 다르다. 그러나 심리교육의 중요한 부분은 대체로 2~3회 정도로 마무리한다. 이는 되도록 속히 심리교육을 끝내고, 다음 단계를 진행함으로써, 생존자가 노출을 꺼리는 것을 방임하지 않게 하는 효과가 있다.

서적. 둘째, 심리교육은 서적 추천을 통해 수행할 수 있다. 상담자는 일반인들이 쉽게 읽을 수 있는 서적을 내담자와 그 가족에게 추천할 수 있다. 서적은 이들에게 트라우마 또는 이와 유사한 트라우마에 관해 많은 것을 알 수 있게 해준다. 일반적으로, 내담자 또는 관심 있는 비전문가를 위해 집필된 서적들은 관련 정보뿐 아니라, 유용한 조언도 포함되어 있다. 서적에 따라서는 미해결된 트라우마로 인해 고통 속에 있는 내담자에게 상당한 감정 활성화를 초래할 수 있다.

그러므로 서적은 적어도 회복 과정에 있거나 상담 초기에 있는 사람들에게 추천한다. 트라우마에 관한 서적 중에는 잘못된 정보 또는 실제로 도움이 되지 않는 내용이 담겨 있을 수 있다. 이에 내담자에게 서적을 추천하기에 앞서, 상담자가 먼저 읽어 볼 것이 권장된다. 이는 내담자의 필요에 적합하고, 정확한 내용으로 구성되어 있는지를 확인할 뿐 아니라, 정서적 노출에 준비되지 않은 사람의 트라우마 경험을 활성화할 수 있는 잠재성을 측정하기 위해서도 필요하다.

구두 정보제공. 셋째, 심리교육은 구두로 할 수 있다. 트라우마 상담에 관한 정보는 유인물 또는 서적을 통해 전달할 수 있다. 그러나 트라우마 상담 회기에 상담자가 말로 전달하는 것이 더 일반적이다. 만일 상담을 위한 교육과정이 편성되어 있다면, 심리교육 내용은 내담자의 경험과 직접적으로 연관된 것일 수 있다는 점에서 내담자의 이해와 더 쉽게 통합될 수 있다는 이점이 있다. 게다가 이런 방식의 심리교육은 상담자가 내담자의 반응을 직접적으로 관찰할 수 있고, 혹시 발생할 오해를 즉각 해결할 수 있다는 이점이 있다.

심리교육의 기법

심리교육에서는 은유법과 소크라테스식 문답법$^{Socratic\ method}$이 자주 사용된다. 심리교육은 2개 영역, 즉 ① CBT에 관한 약식 설명(例 치료적 요소 개관), ② 트라우마 생존자의 전형적인 반응에 관한 설명으로 구성된다. 심리교육을 통해 상담자는 노출 작업과 인지재구성에 관한 사례 또는 논리적인 근거를 제공함으로써, 내담자의 치료에 대한 신뢰를 높인다. 심리교육의 효과를 극대화하기 위한 지침은 글상자 10-7과 같다.

글상자 10-7. 심리교육 효과의 극대화를 위한 지침

> 1. 내담자가 자신의 문제와 반응을 설명하기 위해 사용한 언어를 사용한다.
> 2. 정확한 정보를 제공하고, 중간중간에 잘 이해했는지 확인한다.

3. 정보전달을 위한 자신만의 스타일을 개발한다.
4. 은유법과 유머를 적극 활용한다.
5. 적극적으로 학습할 기회를 제공함으로써, 내담자의 흥미 유지와 학습에 도움을 준다.
6. 심리교육 과정에서 안정된 신뢰 관계의 기초를 다진다.
7. 강의 중심을 지양하고, 대화 형식으로 진행한다.

트라우마에 관한 정보를 기계적으로 기술적인 용어로 제공되는 경우, 내담자는 정보 이해를 어려워하는 경향이 있다. 이에 은유법^{metaphor}(사물의 상태 또는 움직임을 암시적으로 나타내는 수사법) 사용은 내담자가 트라우마와 거리두기^{distancing}를 통해 트라우마에 관한 논의를 촉진한다는 이점이 있다. 또한 은유법은 트라우마 경험을 언어로 명명할 수 있고, 자연스럽게 유머를 사용할 수 있게 해 준다. 예컨대, 투쟁/도피 반응, 즉 불안과 공포반응을 위험한 동물(곰, 뱀, 개, 거미)을 비유적으로 활용하는 것은 창의적인 은유법 사용의 예다.

심리교육의 내용

심리교육의 내용에는 상담을 어떻게 진행할 것인지에 관한 논의와 회피 행동(예 고립, 물질남용, 트라우마의 단서 회피)에 관한 설명과 대처 방안 등이 들어 있다. 그러나 심리교육의 내용은 내담자의 필요에 따라 달리 구성된다. 심리교육에서 중점을 두는 주제로는 ① 트라우마에 대한 사회적 통념, ② 가해자들의 통상적 변명, ③ 트라우마의 전형적 반응, ④ 트라우마 후유증, ⑤ 증상 재구성, ⑥ 안전 계획이 있다.

트라우마에 대한 사회적 통념. 심리교육에서 중점을 두는 첫 번째 주제는 트라우마에 대한 사회적 통념이다. 대인폭력은 종종 피해자의 행동을 비난하고 가해자의 행동을 지지하는 사회적 분위기에서 일어난다. 성폭행 피해자가 가해자에게 유혹적으로 도발을 했고, 피해를 자청한 결과로 여기는 것이 그 예다. 또한 가정폭력이 남편의 아내에 대해 적절한 지배로 정당화되거나, 학대 또는 폭행이 부적응행동 또는 불순종으로 인한 당연한 결과라는 거짓말이 난무하기도 한다. 피해자가 이런 통념에 동의한다면, 피해의 원인을 제공한 자신을 비난하게 되거나, 치료 작업이 가치 없는 것으로 여길 가능성이 크다. 따라서 상담자는 내담자에게 성폭행 또는 배우자 학대에 대한 사회적 통념이 옳지 않다고 분명히 말해 준다.

가해자들의 통상적 변명. 심리교육에서 중점을 두는 두 번째 주제는 가해자들의 통상적 변명이다. 가해자 행위에 대한 심리적 동기는 불안정과 부적절감이 드는 상황에서 힘과 지배에 대한 가해자의 욕구와 밀접한 관련이 있다. 이런 설명은 폭력 행위를 자신의 탓으로 여기는 내담자의 귀인을 바로잡고, 가해자의 역기능적ㆍ악의적 특성에 대한 인식을 높인다. 귀인의 변화는 내담자가 자기비난이 비논리적이라는 인식을 갖게 하는 한편, 자신에게 일어난 일에 대해 불필요한 죄책감으로 괴로워하지 않게 한다. 트라우마에 대한 전형적인 반응은 글상자 10-8과 같다.

글상자 10-8. 트라우마에 대한 전형적인 반응

> 1. 해리(⑩ 멍한 상태, 유체이탈 경험, 트라우마 발생 시간 왜곡)
> 2. 성적 트라우마와 관련된 성적 반응
> 3. 타인이 부상 또는 죽임을 당했을 때, 자신은 그렇게 되지 않음에 대한 안도감
> 4. 피해자가 가해자에게 애착 또는 유대감을 느낌['스톡홀름 증후군stockholm syndrome'(공포심으로 인해 극한 상황을 유발한 대상에게 도리어 긍정적인 감정을 갖는 현상)]

트라우마의 전형적 반응. 심리교육에서 중점을 두는 세 번째 주제는 트라우마의 전형적 반응이다. 트라우마 생존자는 트라우마가 발생한 시점뿐 아니라, 그 이후에도 신체적·정서적 반응을 경험한다. 이에 상담자는 이런 반응이 위협적인 상황에서 흔히 나타나는 현상임을 내담자가 이해하도록 도울 필요가 있다. 예컨대, 내담자에게 투쟁/도피 반응에 관한 간단한 설명은 내담자를 안심시킬 수 있다. 또한 내담자가 경험한 반응에 이름을 붙이거나, 그 반응을 묘사하는 작업을 한다. 이 작업을 통해 내담자는 자신이 이해받고 있고, 자신의 경험이 의미가 있으며, 그 경험이 타인의 경험과 크게 다르지 않음을 알게 된다.

트라우마 휴유증. 심리교육에서 중점을 두는 네 번째 주제는 트라우마 후유증이다. 트라우마 후유증(⑩ 플래시백, 둔감화, 과각성 반응)과 트라우마 관련 반응(물질남용, 공황발작, 친밀 공포)에 대한 공통 특성에 관한 정보는 심리교육에서 중요한 부분이다. 이를 통해 내담자는 트라우마 후유증이 비정상적 또는 유해 상황에 대한 정상반응임을 이해하게 된다. 이처럼 심리교육은 미래에 일어날 증상에 관한 설명을 통해 내담자가 예측할 수 있게 한다. 이는 내담자의 트라우마 후유증을 상당한 정도로 줄일 수 있다. 잠재적 증상 발현의 예측은 상담자에 대한 내담자의 신뢰를 강화한다. 특히, 증상의 의미에 대한 비병리적인 분석은 상담자에 대한 신뢰를 높인다.

증상 재구성. 심리교육에서 중점을 두는 다섯 번째 주제는 증상 재구성이다. 심리교육은 트라우마 후유증을 회복의 증거로 재구성하는 데 도움을 준다. 이는 증상 정상화보다 더 적극적인 치료 과정이다. 트라우마의 재경험 증상은 심리적 처리가 시도된 신호이고, 회피는 재활성화된 고통을 줄이기 위한 적응의 시도다. 트라우마 후유증을 적응적인 신호로 재구성함으로써, 상담자는 무기력, 인식된 통제 불능, 플래시백, 트라우마 기억, 또는 심리적 둔감을 동반한 비난에 반박할 수 있다.

안전 계획. 심리교육에서 중점을 두는 여섯 번째 주제는 안전 계획이다. 가정폭력 피해 여성은 다른 여성들이 유사한 상황에서 효과적으로 활용한 안전계획safety plan에 대해 배울 필요

가 있다. 이는 주로 집을 나오기 위한 준비 사항(⑩ 여행가방 마련, 탈출 방법)과 안전한 환경(⑩ 여성 쉼터, 친구/지인의 집) 확보에 관한 것이다. 내담자에 따라서는 의료, 사회적 서비스, 아동보호 요원, 경찰 지원이 필요할 수 있다.

이런 개입의 목적은 피해자의 안전 확보에 필요한 힘을 갖추게 하고, 피해 가능성을 줄이게 하여 만성 폭력에 따른 무기력을 줄이는 것이다. 트라우마 생존자, 특히 폭력 피해자들은 부정적 신념과 인식(자기비난, 죄의식, 수치심, 낮은 자존감, 위험에 대한 과대평가)을 가지기 쉽다. 성폭행 피해자는 자신이 어떤 식으로 성폭행을 자초했다거나 폭행의 원인을 제공했다고 믿을 수 있다.

배우자 학대 피해 여성^{battered women}은 자신이 맞을 짓을 했다고 생각할 수 있다. 무기력한 상황에 반복적으로 노출되거나 트라우마 노출 상황을 줄이려는 사람들은 종종 미래의 잠재된 부정적 사건에 영향을 주는 무력감을 발달시킨다. 일부 생존자는 트라우마 이후에 나타나는 증상을 결함 또는 비정상적인 증거로 간주한다. 성 관련 생존자는 트라우마 사건으로 인해 종종 수치심과 고립감을 느낀다. 트라우마 후유증에 대한 CBT에서는 생존자 자신, 타인, 트라우마 사건이 일어난 환경에 대한 부정적 인식과 신념을 재고한다.

심리교육의 기대효과

심리교육은 상담자와 생존자 사이에 차별적 위계관계 형성을 예방한다. 심리교육을 통해 상담자는 생존자가 상담 과정에서 협력 동반자 역할을 하고, 변화에 더 적극적인 참여자가 되도록 준비시킬 수 있다. 트라우마 후유증의 타당화(인정)는 증상의 의미와 변화 가능성에 대한 불길한 생각("난 미쳐 가고 있는 것 같아!" "난 나아지지 않을 거야, 절대로!")에 도전하는 인지적 개입이다. 트라우마 생존자는 자신의 해석에 변화를 주기 위해 새로운 정보를 활용하고, 이로써 고통이 완화됨을 경험하게 된다. 또한 심리교육에서 제시되는 정보는 인지재구성을 용이하게 진행할 수 있게 한다. 트라우마 생존자는 심리교육을 통해 자신의 증상을 이해하게 되고, 치료가 변화를 일궈낼 수 있다는 경험적 증거를 알게 됨으로써, 안도감과 희망을 가질 수 있다.

심리교육의 한계

많은 장점이 있는 심리교육은 개별 내담자에게 조심스럽게 적용하지 않거나, 내담자가 정보로부터 얻은 결론이 모니터링되지 않는다면, 역효과가 날 수 있다. 예컨대, 폭력에 대한 정보는 타인에 대한 두려움과 회피로 이어져, 대인관계 환경의 위험에 대한 내담자의 과대추정을 강화할 수 있다. 또한 가해자 역동에 너무 큰 비중을 두는 것은 가해자를 감싸려는 내담자의 욕구를 강화할 수 있다. 게다가, 트라우마 후 반응 기준에 관한 정보는 내담자에게 문제가 있다는 느낌이 들게 하거나, 자신이 역기능적이라는 느낌이 들게 하거나, 트라우마 환자로 인식하게 할 수 있다.

심리교육은 외부와 단절된 상태에서 진행되지 않아야 한다. 일반적으로, 정보는 도움이 되고, 왜곡된 신념과 부적응 반응에 해독제가 될 수 있다. 그러나 심리교육은 지속적인 치료적 논의·평가와 함께 수행되어야 한다. 특히, 내담자가 새로운 정보를 자신의 세계관에 어떻게 통합하는지, 그리고 정보를 일상생활에 어떻게 적용하는지에 관한 주의 깊은 관찰이 필요하다. 내담자에게 무엇을 해야 하고, 하지 않아야 하는지에 대한 교육이나 트라우마와 그 영향에 대해 어떻게 생각해야 하는지에 대한 제안은 별로 도움이 되지 않는다(Neuner et al., 2004).

03 노출

노출^{exposure}은 통제된 조건에서 공포를 유발하는 상황에 직면하여, 공포 경험과 그 상황에 둔감해지도록 돕기 위한 기법이다. 이 기법은 이미 여러 연구를 통해 트라우마 기억처리에 효과가 있음이 입증되었다. 노출에서는 안전한 상황에서 공포심과 맞닥뜨리게 한다. 예컨대, 발표불안을 극복하려면, 소수의 사람 앞에서 시작해서 점차 다수의 집단에 이르기까지, 집단 앞에서 발표 연습을 함으로써 가능할 수 있다. 이는 실제노출의 공포 둔감화 과정이다. 노출작업의 실시방법에 대한 이해와 생존자가 노출로부터 무엇을 배울 수 있는지 알아보는 것은 치료 효과를 높이고 실수를 피하기 위한 필수 절차다. 노출이 필요한 사례 예시는 글상자 10-9와 같다.

글상자 10-9. 노출이 필요한 사례 예시

> 어린 자녀가 있는 한 여성 내담자는 길을 걷던 중 몸집이 큰 개와 마주쳤다. 개는 그녀를 보자마자 그녀에게 달려들었다. 이에 놀란 그녀가 도망치려다 넘어지자, 개는 그녀의 몸을 마구 물어뜯어 심한 상처를 입혔다. 지나던 행인들이 개를 제압하고 119 구조대가 오기 전까지 그녀는 개와 사투를 벌여야 했다. 앰불런스에 실려 가는 동안 그녀는 몹시 당혹스러웠다. 개가 위험하다는 생각을 해 본 적이 없었기 때문이었다. 입원 치료를 받고 퇴원한 이후, 그녀는 모든 개가 위험하다고 믿게 되었고, 개를 만날 게 두려워 외출을 삼갔다. 내담자는 자녀를 과잉보호하기 시작했고, 반려견이 있는 친구의 집에는 얼씬도 하지 못하게 했다. 그녀는 하루에도 몇 번씩 개에게 공격당한 일이 떠올라 두려움에 몸서리를 쳤다. 심지어 샤워나 화장도 힘들어했는데, 몸에 난 상처를 볼 때마다 개에게 물어뜯겼던 기억이 떠올랐다. 밤이 되면 더욱 예민해져 해질녘이 되면, 모든 문을 잠갔고, 개가 어디선가 나타날 것 같아 문이 잘 잠겼는지 몇 번이고 두리번거리며 확인했다. 잠이 들면 몸집이 큰 동물에게 쫓기거나 물어뜯기는 악몽을 꾸곤 했다.

글상자 10-9에 제시된 내담자 상담을 위해 CBT에서는 이완훈련을 하고 트라우마와 치유에 관한 교육자료를 제공하며, 실제·심상노출을 활용하며, 인지재구성을 적용한다. 예컨대, 실제노출에서는 안전한 분위기가 조성된 상태에서 내담자에게 사건 현장에서 불안이 가라앉을 때까지 30~45분간 머무르게 한다.

노출의 목적은 많은 기억을 회상하는 게 아니라 기억에 대한 불안을 낮추는 것이다. 내담자는 더 많은 기억을 회상하려고 하거나, 트라우마의 중요한 부분을 떠올리지 못하는 자신을 질책할 수 있다. 그러므로 상담자는 트라우마 회상이 쉽지 않은 일임을 내담자에게 상기시킬 필요가 있다. 노출작업의 목표는 트라우마 기억을 반복 회상함으로써, 쓸모 있는 기억의 재구성을 도움으로써 고통을 줄이는 것이다. 트라우마 관련 정보는 사건 발생 시, 저장되지 않았을 수 있다. 이 경우, 내담자가 회상을 위해 애쓰는 일은 헛될 수 있다.

노출의 일차 목표는 실제로는 위험하지 않은 트라우마 사건에 관한 생각과 그 생각과 연합된 공포심을 줄이는 것이다. 위의 사례에서 개에게 공격당한 건 위험한 일이었지만, 공격당한 기억만큼은 위험하지 않음을 학습하는 것이 노출의 예다. 이에 내담자는 대부분의 개가 위험하지 않음을 학습하고, 불안유발 자극에 반복적으로 직면하면, 공포는 줄어든다는 것을 깨달음으로써, 공포에 대한 지각된 통제감을 높이게 된다.

불안 감소의 일반화는 상황 또는 시간을 넘어 확대될 수 있다(예 ① 공포는 참을 수 있음에 대한 학습, ② 실제노출 동안 개에 대한 공포 감소 학습, ③ 심상노출 동안 개에게 공격당한 기억에 대한 공포 감소 학습). 이를 통해 불안 반응에 대한 지각된 통제감은 높아질 수 있다. 불안에 대한 지각된 통제감 상승은 노출에 따른 변화로, 트라우마 상담에서 추구하는 목표다. 내담자는 자기 경험을 이해할 필요가 있다. 이를 위한 방법은 사건의 줄거리를 일관성 있는 정보로 통합하는 것이다. 노출을 통한 기억의 재처리는 트라우마로 인한 부정 정서(죄책감, 무력감)를 완화한다. 노출은 ① 실제노출과 ② 심상노출로 구분된다.

실제노출

실제노출[in vivo exposure]은 반복적으로 공포 상황과 직면하게 하여 덜 강렬하게 반응하고, 불안을 점진적으로 감소시키도록 돕는 기법이다.

실제노출의 시행 절차. 인지모델에 따르면, 공포에 대한 자극 간의 잘못된 연합은 학습된 결과다. 실제노출 시행을 위한 절차는 글상자 10-10과 같다.

글상자 10-10. 실제노출 시행을 위한 절차

1. 노출에 대한 이론적 근거를 검토하고, 내담자의 공포자극을 확인한다.
2. 내담자가 공포를 느끼는 순서에 따라 공포자극 목록을 만들고, 내담자가 공포자극에 대한 위계를 세울 수 있도록 돕는다.

> 3. 다양한 자극/상황에 대한 위계목록에 따라 체계적으로 노출할 수 있도록 돕는다.
> 4. 지속노출 동안 내담자는 불안자극에 주의를 집중하여 경험함으로써 불안을 감소한다.
> 5. 과제를 부과하여 가정에서도 실제노출을 반복 시행할 수 있게 한다.

실제노출은 CBT의 기본원리 소개로 시작한다. 내담자가 기본원리를 이해했는지 확인한 후, 노출 작업의 이론적 근거와 노출 과정을 설명해 준다. 그런 다음, 불안수준 설정을 위한 하위위계를 편성한다.

□ **불안위계 편성.** 내담자는 노출 전에 작성한 불안위계에 따라 노출을 수행한다. 위계 목록을 다양한 하위체계로 나누면, 불안을 더 정확하게 평가할 수 있다. 만일 하위위계 설정이 더 효과적이라고 판단된다면, 위계 목록을 검토한 뒤 수정된 형태로 하위체계를 설정한다. 불안위계 설정은 1, 2단계에서 각각 공포 상황을 선택하고, 상황을 변화시킬 수 있는 모든 방법을 브레인스토밍한다(자극 수정, 접촉 정도 등). 3, 4단계는 평가할 항목을 선택하고, 불안 정도에 따라 나열한다. 실제노출을 위한 불안위계 예시는 표 10-4와 같다(Zayfert & Beckey, 2019).

표 10-4. 실제노출을 위한 불안위계 예시

자극	SUDs
1. 이빨이 드러나지 않은 개 사진	50
2. 사람에게 친근함을 나타내는 개의 모습을 촬영한 동영상	55
3. 상자/우리 안에 있는 작은 개와 함께 방에 있기	60
4. 이빨이 드러난 개 그림	65
5. 목줄이 채워진 작은 개와 함께 방에 있기	70
6. 목줄이 채워져 있지 않은 작은 개와 함께 방에 있기	85
7. 우리 안에 갇힌 큰 개와 가까이 있기	85
8. 목줄이 채워진 큰 개와 가까이 있거나 만지기	90
9. 내담자를 물었던 개가 살고 있는 집 쪽으로 걸어가기	95
10. 목줄이 채워져 있지 않은 큰 개와 가까이 있거나 만지기	95
11. 목줄이 채워진 핏불과 가까이 있거나 만지기	100
12. 목줄이 채워져 있지 않은 핏불과 가까이 있거나 만지기	100

주. SUDs＝Subjective Units of Disturbance(주관적 불편감 척도)의 약자.

위계가 완성되면, 실제노출의 실시방법을 내담자에게 설명한다. 그리고 위계의 어떤 수준에서부터 노출을 시작할 것인지 결정한다.

☐ **실제노출의 요건.** 노출 시행에 앞서, 상담자는 실제노출의 요건(① 안전성, ② 실용성, ③ 임상적 유용성)을 고려하되, 가능하면 불안을 크게 느끼는 위계의 중간에서 시작한다.

실제노출의 첫 번째 요건은 안전성^{safety}이다. 실제노출의 목적은 현실적으로 위험하지 않은 상황에 대한 공포를 줄이는 것이다. 실제로 위험할 수 있는 상황, 대상, 또는 사람은 제외된다. 사나운 개에게 물려 트라우마를 겪고 있는 내담자를 이런 개에 직접 노출을 시도하는 건 적절치 않다. 또 아동기 성학대 생존자를 가해자에게 직접 노출하는 것도 권장되지 않는다. 이런 사람은 실제로 위험할 수 있기 때문이다. 대신, 사진 또는 동영상을 노출 자극으로 사용할 수 있다.

흉기에 대한 공포는 일상생활을 방해한다는 점에서 노출이 요구된다. 하지만 자해 위험성을 고려해야 한다. 이에 과제 부과에 앞서, 노출에 대한 반응 관찰은 노출의 위험성을 평가할 수 있게 해 준다. 또 다른 안전 문제는 자극의 속성에 의해 일어날 수 있다. 예컨대, 혈액에의 노출이 필요한 경우, 실용적인 대체물(가짜 혈액, 유리병 안의 혈액, 케첩 등)을 사용할 수 있다. 정액의 노출 역시 안전성과 실용성 문제가 있다. 정액을 두려워하는 생존자에게는 계란으로 대체한다.

실제노출의 두 번째 요건은 실용성^{practicality}이다. 임상적으로 유용한 자극이 실용성까지 갖추기는 쉽지 않다. 예컨대, 어려서 학대받던 집 근처를 지날 때면 심한 두려움을 느끼는 아동학대 피해자가 있다고 하자(특히, 집 안의 내부 장식에 공포를 느낌). 그러나 그 집이 다른 사람에게 팔렸다면, 집 안의 내부 장식에 대한 노출을 경험할 수 없을 것이다. 이 경우, 그 집과 유사한 친척 집을 노출에 활용할 수 있다. 개에게 물린 생존자는 으르렁거리는 개가 몹시 두렵지만, 일정 시간 개가 이빨을 드러내게 하기는 어려우므로, 이런 장면의 그림과 동영상을 노출에 활용할 수 있다.

실제노출의 세 번째 요건은 임상적 유용성$^{clinical utility}$이다. 자극이 임상적으로 유용하려면, 주의가 유지되고, 습관화가 촉진될 만큼 구체적이어야 한다. 사람들은 안정적이고, 변하지 않으며, 유동적이지 않은 자극 또는 상황에 쉽게 습관화된다. 시간의 흐름에 따라 변하는 자극(TV 드라마, 영화)을 사용하는 경우, 스트레스를 주는 구간을 반복 노출한다. 예컨대, 전체 30분에서 5분만 스트레스 자극에 노출되는 프로그램보다는 30분간 5분의 자극을 반복해서 6회 시청하게 하는 게 더 효과적이다.

학대 피해자는 흔히 '사람'과 '갈등'을 불안 유인자극으로 규정한다. 이때, 실제노출은 특정인(예 가해자를 닮은 사람) 또는 사람들이 모여 있는 상황(예 지하철의 승객 옆에 앉기, 사람들이 모여 있는 곳에 머물기)에서 시행할 수 있다. 대인공포는 사람에 대한 불신으로 인해 유발된다. 그러나 이는 실제노출의 적합한 자극이 될 수 없다. 타인 신뢰의 어려움은 인지재구성, 행동 실험, 신뢰에 대한 신념 확인을 통해 개선될 수 있다. 실제노출이 유용하려면, 구체적이어야 한다.

갈등에의 노출 역시 임상적으로 유용하지 않다. 학대 환경에서 자란 생존자는 큰 소리에 예민할 수 있다. 그러나 큰 소리에의 노출은 고함에 대한 불편감을 줄여 주지만, 큰 소리에 습관화되는 게 적응을 높이는지는 확실치 않다. 만일 생존자가 큰 소리로 다툼이 벌어지는 상황에서 공포심을 느낀다면, 갈등에의 노출은 동영상 활용이 적합하다. 게다가, 가족이 소리 지르지 않고 갈등을 해결하는 방법을 터득하게 하는 방법 적용이 더 적절하다.

만일 생존자의 호소 내용이 타인과의 불일치를 견디기 힘들어하는 것이라면, 노출보다는 주장적 의사소통 기술훈련이 더 효과적이다. 심상노출에 정서적 고통이 수반되는 건 좋은 소식은 아니지만 의미는 있다. 트라우마 기억 관련 감정을 경험하려는 생존자의 의지를 강화하여 가정 또는 상담 회기에서 생존자가 가정에서 일주일 동안 연습한 후에는 기억의 핵심 지점을 겨냥할 필요가 있다. 이때, 상담자는 ① 안전성, ② 실용성, ③ 임상적 유용성을 고려하되, 가능하면 불안을 크게 느끼는 위계의 중간에서 시작한다.

☐ **노출 시행.** 첫 노출은 상담자가 적절한 행동을 시범 보일 수 있는 상담실에서 시작한다. 그러나 가정에서 시작하게 할 수도 있다. 노출 시, 내담자가 집중할 조용한 머무름과 대상/상황에 접근할 수 있도록 격려하는 것 사이의 균형을 유지한다. 예컨대, 성폭행 피해자는 가해자가 사용했던 비누를 두려워하거나 회피할 수 있다. 이에 어떤 내담자는 비누를 처음 집을 때, 비누가 포장지에 싸여 있음에도 손가락 몇 개로만 잡거나, 손가락으로 잡는 것조차 주저할 수 있다.

이런 내담자에게는 비누를 한 손으로 완전히 잡고, 다른 손으로는 비누를 문지르도록 하여 피부에 비누가 더 많이 노출되게 하거나, 비누를 잡은 손으로 몸의 다른 부위(팔, 다리)를 만지게 하여 비누와의 접촉을 늘린다. 또한 내담자에게 피부 깊숙이 비누가 스며들도록 문지르는 방법을 보여 주거나, 비누를 문지른 손으로 머리카락을 쓸어 올리는 시범을 보여 준다. 내담자가 회기 내 노출을 완수하면, 함께 그래프를 살펴보면서 불안 상황에 머무른 것을 지지해 주고, 불안 수준의 변화를 확인시켜 준다. 노출 회기의 종료 시점에서 상담자는 내담자가 집에서의 실제노출 연습을 위한 지침을 설명해 주는데, 그 내용은 글상자 10-11 과 같다.

글상자 10-11. 실제노출 연습을 위한 지침

1. SUDs 점수가 50%로 감소할 때까지 상황에 머무르게 한다(지속 노출의 정의).
2. 각 노출에 대한 기록 방법을 알려 준다(기록의 중요성 참조).
3. 적어도 주당 5회 노출 과제를 반복하게 한다(매일 하면 더 좋음).
4. 수정 또는 다음 위계 항목으로의 이동 없이 일주일 동안 같은 항목에 반복해서 노출하게 한다.

노출작업을 마친 내담자는 간단한 안내만으로도 가정에서 실제노출 연습이 가능하게 된다. 그러나 적잖은 내담자는 노출 시간을 줄이거나, 전 단계를 충분히 연습하지 않고 다음 단계로 넘어가는 실수를 하기도 한다. 이에 실제노출을 가정에서 연습할 수 있도록 정확한 지침을 제공한다. 실제노출 수행을 위한 상담자 진술의 예는 글상자 10-12와 같다.

글상자 10-12. 실제노출 완수를 위한 상담자 진술의 예

> "노출작업에서 가장 중요한 건 상황에 머무르기예요. 상황 직면 연습을 시작할 때, 처음엔 심장박동이 빨라지거나 손바닥에 땀이 나고, 기절할 것 같은 불안 증상을 경험하기도 하고, 당장 그 상황에서 벗어나고 싶은 마음이 들 수도 있어요. 하지만 두려움을 극복하려면 불안이 적어도 50%로 줄어들 때까지 계속하는 게 좋아요. 보통 이렇게 되는 데는 30~45분 정도 걸리지만, 시간이 더 걸리기도 해요. 불안이 50%로 줄어들면, 노출을 끝내고 다른 활동을 시작할 수 있어요. 예를 들어, 가장 높은 SUDs 점수가 80점이었다면, SUDs 점수가 40점이 될 때까지 그 상황에 머물러야 해요. 만일 최고점이 SUDs 60점이었다면, SUDs 점수가 30점이 될 때까지 그 상황에 머물러야 해요. 불안하다고 해서 그 상황에서 벗어나면, 그 상황이 매우 위험한 것이고 끔찍한 일이 일어날 거라는 생각을 또다시 하게 될 거예요. 이로써 같은 상황에 놓이면 불안은 전보다 더 높아질 수 있어요. 하지만 그 상황에 계속 머문다면, 불안은 오늘 줄어든 것과 같은 정도로 유지될 거고, 두려움 없이 상황에 직면할 수 있을 거예요."

□ **자기진술 대처법.** 자기진술 대처법[coping self-statment]의 사용은 선택적이다. 노출에 따른 불안이 높아 수행에 어려움이 있는 내담자에게는 자기진술 대처법을 소개하여 불안 감소를 돕는다. 이 방법을 소개하는 상담자 진술의 예는 글상자 10-13과 같다.

글상자 10-13. 자기진술 대처법을 소개하는 상담자 진술의 예

> "노출 과제를 하는 것이 처음엔 부자연스러울 수 있어요. 습관적으로 오랫동안 피해 왔던 것에 접근하는 것은 낯설게 느껴지는 일이니까요. 두려운 상황에 접근하는 동안 스스로에게 말하는 건 수행에 도움을 줄 수 있어요, 예를 들어, ○○ 님께서 접근하는 것에 관해 이 상황은 안전하다고 스스로에게 되뇌며 자각하려고 노력하는 건 도움이 돼요. 또한 과거에 회피하려고 노력했던 것에 접근해서, 얻고자 하는 것을 되뇌는 것도 도움이 돼요. 여기 '자기진술 대처법'의 예가 있어요. 실제노출 연습 상황에 전념할 수 있도록 자신에게 도움이 되는 말을 할 수 있어요. 어떤 사람은 자신에게 가장 잘 맞는 말을 골라 사용하기도 해요. 원하시는 걸 골라 기록지나 메모장에 적어 연습 상황에서 참고해 보세요. 노출 연습을 하는 동안 불안 대처에 도움이 될 거예요."

실제노출 시행에서 유용한 자기진술의 예는 글상자 10-14와 같다.

글상자 10-14. 유용한 자기진술 대처법 예시

> 1. "이번이 두려움 대처법을 터득할 좋은 기회야!"
> 2. "불안에 집중해서 불안이 사라지는 걸 지켜볼 거야!"

> 3. "불안하긴 하지만, 난 이 상황에 충분히 대처할 수 있어!"
> 4. "이런 느낌은 유쾌하진 않지만, 영원히 지속되지는 않잖아!"
> 5. "두려움은 일시적으로 더 커질 수 있지만, 난 충분히 대처할 수 있어!"
> 6. "지금 이 감정은 불편하지만, 생명을 앗아 갈 만큼 위험하진 않아!"
> 7. "지금 느끼는 불안은 썩 마음에 들지 않지만, 적어도 날 해치지 못해!"

실제노출의 시행 과정. 글상자 10-9의 사례에서 내담자는 개에게 공격당한 후, 개와 위험을 강하게 연합시켰고, 개에 대한 새로운 부정적인 믿음이 생성되었다. 이런 믿음은 그녀로 하여금 이웃집 개처럼 위험한 개를 무서워할 뿐 아니라, 물 것 같지 않은 친구의 작고 귀여운 강아지에게도 일반화하여 소스라치게 놀라며 피하기에 급급하게 만들었다. 이는 내담자의 경험에서 터득한 개로부터의 안전 확보를 위한 방책이었다. 내담자의 회피는 개와의 접촉을 어렵게 했고, 새로운 학습 기회가 차단되면서 개에 대한 내담자의 공포는 계속되었다.

실제노출을 통해 내담자는 불안이 개가 접근할 때의 위험을 잘 예측하지 못한다는 것과 '개'라는 개념이 단지 위험만을 의미하는 게 아님을 학습한다. 또한 개는 종에 따라 다르고, 맥락에 따라 그 의미도 다르다는 사실도 학습한다. 이는 내담자가 안전한 활동 범위를 넓힐 수 있고, '개는 위험하다'고 생각할 때보다 자신을 더 잘 보호할 수 있게 한다. 이렇게 되면 내담자는 반려견이 있는 집에 놀러 가는 걸 피하지 않아도 되고, '개 조심'이라는 경고문구가 있는 집의 개는 피할 수 있을 것이다. 그리고 필요한 경우, 덤비려는 강아지를 발로 걸어찰 수도 있을 것이다. 위험과 안전을 구분하는 단서의 학습은 내담자의 통제감을 높이고, 안전한 상황에서의 불안 극복에 도움을 준다. 예컨대, '물리기 전에 무조건 도망쳐야 해!'라는 생각을 '난 이런 일을 잘 다룰 수 있어! 이 개를 귀여워한다면, 내 안의 공포심은 사라질 거야!'라는 생각으로 대체한다면, 내담자의 통제감은 향상된다.

심상노출

공포를 느끼기 위해 꼭 공포 상황에 있어야 하는 것은 아니다. 대신, 공포 상황을 상상하는 것만으로도 공포를 유발할 수 있다. 심상노출^{imagery}은 트라우마 기억에 대한 심상 체험을 언어로 표현하여 자기이해로 통합하게 함으로써 고통의 둔감화를 돕는 기법이다. 이 기법은 실제노출 전 또는 공포가 너무 심해 실제 상황에 직면할 수 없는 경우에 사용된다.

심상노출의 준비. 심상노출에 앞서, 상담자는 내담자에게 그 목적을 설명한다. 또한 가정에서 연습할 수 있도록 심상노출 과정을 녹음/녹화한다는 걸 내담자에게 알린다. 실제노출과 마찬가지로, 심상노출의 목적은 트라우마 기억에 대한 불안을 감소하는 것이다. 내담자가 상담에 집중·전념할 수 있게 하는 전략 중 하나는 내담자에게 노출을 시도해야 하는 이유를 글로 작성하게 하는 것이다. 내담자가 글로 작성할 '심상노출을 해야 하는 열 가지 이유'

는 글상자 10-15와 같다.

글상자 10-15. 심상노출을 해야 하는 열 가지 이유

> 1. 고통스러운 감정 제거에 도움이 된다.
> 2. 공포를 이해하면 극복해 낼 수 있다.
> 3. 성숙한 감정으로 살펴보고 평가하는 법을 학습하게 된다.
> 4. 꾸준히 시행하면, 트라우마는 기억일 뿐이고 더 이상 괴롭히지 못할 것임을 배운게 된다.
> 5. 생존자 자신과 가족에 대한 악순환을 끊을 수 있다.
> 6. 안정감을 되찾게 된다.
> 7. 사회적 관계(대인관계)가 향상된다.
> 8. 원하는 삶을 살도록 용기를 가지게 된다.
> 9. 생각과 반응에 대해 더 많은 통제력을 가질 수 있다.
> 10. 특정 기억에서 벗어날 수 있다면, 다른 기억 또한 이겨 낼 수 있게 된다.

심상노출의 목적. 심상노출의 목적은 내담자에게 트라우마 기억을 반복해서 떠올리게 하여 그 기억에 대한 불안을 감소시키는 것에 있다. 심상노출을 통해 내담자는 트라우마 경험 기억이 더 이상 위험하지 않다는 사실을 학습하게 된다. 만일 내담자가 트라우마 사건이 재발할 수 있다고 믿고, 자신의 주변 환경을 올바르게 지각하지 못한다면, 새로운 학습은 일어나지 않을 것이다. 이에 상담자는 내담자가 트라우마 경험과 관련된 감정을 경험하지만, 감정에 압도되어 현실감을 상실하지 않도록 주의한다. 또한 노출을 계속해서 시도하도록 격려한다.

심상노출의 시행 절차. 노출 시행에서 상담자는 내담자에게 트라우마가 어떻게 시작되었는지 말해 보도록 요청한다. 이때 내담자는 그 일이 지금 일어나는 것처럼 묘사한다. 당시 느꼈던 감정을 재경험하려면 세부 정보가 필요하지만, 노출 방법에 대한 지시는 삼간다. 대신, 피드백을 통해 트라우마 사건 회상에 대한 내담자의 의지를 강화하고, 감정 몰입을 돕는다. 첫 노출은 눈을 감고, 1인칭 현재시제로 사건을 묘사하게 한다. 이는 내담자가 자신의 기억에 더 잘 몰입할 수 있게 한다. 심상노출을 시행하면서 5분 간격으로 내담자의 SUDs를 평가·기록하고, 그 자료를 그래프에 표시한다. 그래프는 내담자의 시행을 강화하는 효과가 있고, 증상 호전이 현저하지 않은 경우, 계속적인 노출 시행에 도움을 준다. 첫 번째 심상노출을 위한 대화의 예는 대화상자 10-1과 같다.

대화상자 10-1. 첫 번째 심상노출을 위한 대화의 예

> **상담자**: 자, 시작할까요? 먼저, 의자에 편한 자세로 앉으세요. 잠시 눈을 감으시고요. 눈을 감으면, 기억이 더 생생하게 떠오를 거예요. 마치 그 사건이 지금 다시 일어나고 있는 것처

> 럼, 그때 기억을 최대한 자세히 떠올려 보세요. 하지만 그 일은 기억일 뿐, 실제 일어나고
> 있는 게 아니라는 것과 이제 ○○ 님은 안전한 곳에 있다는 걸 알고 있어야 합니다. 다시
> 말해, 기억만 떠올리는 거예요. 너무 기억에 몰두하여 현실감을 잃어버린다면, 제가 눈
> 을 뜨라고 말씀드릴 거예요. 물론, 원하시면 언제든지 눈을 뜰 수 있어요. 자 그럼 눈을
> 감고 시작해 볼까요?
> **내담자**: 네, 괜찮아요.
> **상담자**: 네, 좋아요. 그날 있었던 일에 대해 기억하는 것을 말씀해 보세요. 무슨 일이 있었는지 최
> 대한 자세히 말씀해 보세요. 그리고 당시에 느꼈던 감정을 느껴 보세요. 그 사건이 현재
> 다시 일어나고 있는 것처럼, 1인칭 현재시제로 말씀해 보세요.

심상노출에서 상담자는 내담자에게 기억을 반복해서 묘사하게 한다("다시 한번 설명해 주
세요."). 기억을 반복해서 말하는 것은 습관화의 비결이다. 내담자는 트라우마 사건에 관한
이야기를 수차례 반복해서 말하면서 서서히 진정된다("다 지난 일이지요. 그저 기억에만 남아
있을 뿐이고요. 저는 이게 가능할 거라고는 생각하지 못했어요.").

심상노출의 원칙. 심상노출의 원칙으로는 ① 위계 설정과 기억 선택, ② 1인칭 · 현재시제
사용, ③ 기억의 구조화, ④ 민감점 겨냥, ⑤ 새로운 기억으로의 이동이 있다.

☐ **위계 설정과 기억 선택.** 첫째, 심상노출을 시작하기에 앞서, 어떤 기억을 먼저 다룰 것인
지를 선택하여 위계를 세운다. 이때, 심상노출을 하는 이유를 설명해 주고 난 후에 위계를
설정한다. 위계 설정은 15분 이내에 마친다. 위계 설정의 목표는 주요 기억을 확인하기 위
한 것이므로, 내담자에게 과거 1개월간 자신을 가장 괴롭혀 온 기억에 관해 간단히 기술하
도록 요청한다. 그런 다음, 이를 트라우마 기억 목록에 기록하게 한다. 기록에는 발생한 사
건에 대한 상세하고 포괄적인 묘사가 포함되어야 한다(예 "지난 설날 연휴 때, 우리가 탄 승용
차가 고속도로를 주행하던 중, 트럭이 우리 차를 추돌했고, 차량이 전복되면서 조수석에 타고 있던
아내가 크게 다쳤어요.").

이때 사건 당시 내담자의 나이와 관련 인물, 그리고 그 외의 세부 사항도 기록하도록 요청
한다. 이런 정보를 수집하는 것은 노출 과정에서 기억에 대한 소통이 원활히 이루어지는 데
도움을 준다. 그런 다음, 내담자가 트라우마 사건을 묘사할 때, 어느 정도 불안감을 느꼈는
지 평가하게 한다. 심상노출을 시작하면, 내담자의 불안 수준이 증가 또는 감소한다. 이때
평가한 점수는 내담자가 심상노출 동안 느낀 불안 수준과 얼마나 일치하는지 판단하는 기
준이 된다. 만일 내담자가 다수의 트라우마 기억을 가지고 있다면, 각 기억에 대해 명칭을
붙이는 것이 도움이 된다.

☐ **1인칭 · 현재시제 사용.** 둘째, 심상노출에서는 생존자에게 1인칭과 현재시제로 묘사하게

한다("차량이 전복된 상태에서 거꾸로 보이는 트럭이 우리 차로 달려오는 게 보여요."). 3인칭과 과거시제는 사건을 감정적으로 경험하지 못하게 하기 때문이다("내가 탄 차량이 전복됐고, 거꾸로 보이는 트럭이 우리 차로 달려오는 게 보였어요."). 사람들은 과거시제로 기억을 묘사하면서 극심한 불안을 겪는다. 과거시제는 과거 경험을 되돌아볼 때 사용한다. 현재시제로 기억을 회상하는 것은 플래시백과 유사하다. 내담자가 현재시제 사용을 견딜 수 없어 분리 또는 해리를 유발한다면, 과거시제를 사용하게 한다.

☐ **기억의 구조화.**　셋째, 심상노출에서는 기억을 적절한 길이와 강도로 나눈다. 내담자에 따라서는 기억을 일관성 있게 묘사하기 어려워하거나, 주저하거나, 불쾌한 부분은 빠르게 넘어간다. 예컨대, 성폭행 피해 여성은 사건 직전과 직후는 구체적으로 묘사했지만, 정작 그 사건에 대해서는 짧게 묘사한다("제 옷을 벗기고는 나쁜 짓을 했어요."). 내담자의 트라우마 경험은 흔히 여러 개의 분리된 조각들로 기억된다. 즉, 교통사고에 관한 기억은 사고 직전, 사고 순간, 사고 후 구조작업, 병원 후송, 응급처치 순간 등 여러 조각으로 나뉜다. 이상적인 기억은 구체적이면서 한 회기 동안 반복해서 회상할 수 있는 구성이다. 습관화를 위해서는 반복 회상이 중요하다. 10분 길이의 기억은 20분 길이의 기억보다 2배 이상 반복할 수 있다. 이에 여러 기억을 4~10분에 처리할 수 있도록 구조화할 수 있다.

☐ **민감점 겨냥.**　넷째, 트라우마 기억에는 대부분 1개 이상의 정서적 정점('민감점')이 있다. 민감점[hotspot]이란 트라우마가 발생하는 동안 정서적 각성(공포)이 가장 크게 유발된 순간을 말한다('핫스팟'으로도 불림). 만일 생존자의 기억이 너무 짧다면, 민감점을 살펴볼 필요가 없을 것이다. 그러나 기억 묘사에 5~10분 이상 걸린다면, 민감점을 겨냥할 필요가 있다. 민감점은 내담자의 회상 과정에서 SUDs 점수 변화를 주시하거나, 행동(표정, 시선, 제스처, 자세 등)을 관찰하거나, 가장 고통스러웠던 부분에 관한 탐색을 통해 발견할 수 있다. 민감점을 발견하면, 즉시 이야기의 서두 부분을 건너뛰고 민감점으로 직행한다. 민감점을 서술하고 나면, 다시 민감점에 관한 이야기를 반복하게 한다. 민감점은 보통 5분 이내로 짧다. 회기의 잔여 시간 동안 민감점을 반복하는 것은 이와 관련된 불안 완화의 효과가 있다. 민감점 반복의 예는 글상자 10-16과 같다(Zayfert & Becker, 2019).

글상자 10-16. 트라우마 상담에서 민감점 반복의 예시

심상노출 회기에서 내담자는 괴한에게 추행당했던 기억에 초점을 맞추었다. 첫 회기에 내담자는 이에 관한 이야기를 총 3회 반복했고, 1회 반복에 15분 정도가 걸렸다. 첫 회기 이후, 내담자는 과제로 6회 노출연습을 했다. 2회기에서 상담자는 내담자의 불안이 이전 회기보다 현저히 감소했고, 감소 추세에 들어섰음을 인식했다. 이로써 내담자가 민감점을 다룰 준비가 되었다고 판단했다. 이에 상담자는 내담자가 이야기를 1회 묘사한 후, 그녀가 귀가하는 도중에 무슨 생각을

> 했고, 무엇을 보았는지 등에 관한 세부사항은 건너뛰고, 골목에서 남자와 마주쳤던 시점부터 이
> 야기를 시작하게 했다. 또한 추행당했을 때, 흉기를 보고 들었던 생각과 느낌에 대해 상세히 기
> 술하게 했다. 민감점 이후, 이야기를 중단시킨 상담자는 내담자가 어떻게 구조되어 병원으로 이
> 송되었는지 회상하게 하기보다 괴한과 마주쳤던 시점으로 되돌아가 이야기를 계속하게 했다. 처
> 음엔 민감점에 집중하면서 내담자의 불안이 급증했다. 그러나 민감점을 반복해서 다루자, 내담
> 자의 불안은 점차 감소했다.

심상노출에서 질문은 민감점 정교화에 도움이 된다. 성폭행 피해자들은 종종 자신의 민
감점을 단순화하거나 모호하게 표현하면서 실제 강간 당시의 상황에 대해 상세히 묘사하는
걸 주저한다("그 남자가 저에게 나쁜 짓을 했어요."). 이 경우, 내담자의 민감점 탐색을 위한 질
문의 예는 글상자 10-17과 같다.

글상자 10-17. 내담자의 민감점을 겨냥하기 위한 유용한 질문의 예

○ "그 남자가 삽입했을 때, 어떤 느낌이 들었나요?"	○ "그 사람의 손은 어디에 있었나요?"
○ "어떤 생각이 들었나요?"	○ "당신은 손을 어디에 두고 있었나요?"
	○ "그 남자에게서 어떤 냄새가 났나요?"

내담자는 자신의 민감점을 더 구체적이고 상세히 기술하게 하는 상담자를 매몰차다고 생
각할 수 있다. 다른 치료에서는 이처럼 상세히 기술하도록 요구하는 경우가 드물기 때문이
다. 그러나 민감점을 겨냥한 일련의 질문은 내담자의 온전한 기억처리와 충분한 노출에 매
우 유용하다. 또한 이를 통해 상담자는 내담자에게 정확하게 어떤 일이 있었는지 알 수 있
고, 내담자에게 주의를 기울이고 있음을 알릴 수 있다("눈을 뜨면, 선생님이 저를 이상한 사람
으로 보고 있을 것 같아 두려웠어요. 그런데 이전처럼 저를 대해 주시는 것 같아 수치심을 덜어 낼 수
있었어요."). 이때 상담자는 기억을 반복해서 묘사하도록 격려한다. 교통사고로 가족을 잃은
내담자의 민감점 처리를 위한 대화의 예는 대화상자 10-2와 같다.

대화상자 10-2. 민감점 처리를 위한 대화의 예

내담자: 차에서 튕겨 나온 상태에서 정신을 차려보니까 차에 불이 났어요. 차에 탄 사람들을 구하
려고 차 문을 열려고 손잡이를 잡아당기려고 했는데, 문은 잠겨 있었고, 손잡이는 너무
뜨거웠어요. 그때 저는 차에 타고 있던 사람들이 불에 타고 있었을 거라는 생각이 들었
어요. 그래서 손잡이를 있는 힘껏 잡아당기면서 울고 있었던 거 같아요. 그래서 이렇게
화상을 입은 거고요.

상담자: 현재 정말 잘하고 있어요. 현재 시제로 표현해야 한다는 것을 잘 기억해 주세요. ○○ 님
은 자동차 문손잡이를 잡아당기고 있어요.

> **내담자**: 네, 알겠어요. 문손잡이를 있는 힘껏 잡아당기지만, 손잡이가 너무 뜨거워서 손으로 잡을 수가 없어요. 손이 타고 있는 게 느껴질 정도예요. 차에 탄 사람들이 비명을 지르고 있는 소리가 들리는 것 같은데, 제가 할 수 있는 일이 아무것도 없다는 사실이 너무나 기가 막혀요. [과호흡이 시작됨]
>
> **상담자**: ○○ 님, 괜찮아요. 잘하고 있어요. 깊게 숨을 들이쉬시고, 잠시 참았다가 천천히 내쉬어 보세요.
>
> **내담자**: 네. [몇 차례 심호흡하자 긴장이 풀리고 진정되어 보임] 이젠 괜찮아요. 정말이에요.
>
> **상담자**: 네, 좋아요. 아주 훌륭해요! (…) 그래서 ○○ 님 손이 화상을 입고, 차 문은 여전히 닫혀 있어요.
>
> **내담자**: 네. 근데 저를 정말 힘들게 하는 건 차에 타고 있는 사람들의 비명소리예요. [흐느끼기 시작함]

□ **새로운 기억으로의 이동.**　다섯째, 심상노출은 대부분 1개 이상의 기억에 노출을 시행한다. 이에 상담자는 특정 기억에 대한 노출을 완료하고, 새로운 기억으로 이동할 시점을 계획할 필요가 있다. 노출 작업은 여러 기억의 SUDs를 0점까지 낮춘다. 내담자가 불안해했던 기억에 대해 '이젠 더 이상 전혀 불안하지 않아요.'라고 보고한다면, 그 기억에 대한 작업은 완수된 것이다.

심상노출의 과정.　심상노출에서 내담자는 트라우마 사건을 처음부터 끝까지 회상하며 마치 그 일이 재현되는 상상을 한다. 이를 통해 당시 느꼈던 감정을 재경험하되, 트라우마는 기억일 뿐, 현재는 안전하다는 사실을 깨닫게 된다. 심상노출의 반복 시행을 통해 내담자는 더 이상 피해가 발생하지 않음을 깨달음으로써, 여전히 안전하다는 것을 인식함으로써, 불안이 점차 줄게 된다. 심상노출에서 트라우마 처리를 위한 3요소는 글상자 10-18과 같다.

글상자 10-18. 트라우마 처리를 위한 3요소

> 1. 트라우마 기억에 대한 정서적 개입
> 2. 트라우마 이야기에 대한 조리 있는 구성
> 3. 트라우마 관련 부정 신념("세상은 위험하고 자신은 무능하다." 등) 수정

심상노출에서 내담자는 트라우마가 현재 발생하는 것처럼, 사건의 세부 사항을 반복해서 이야기한다. 회기는 녹음되고, 내담자는 녹음된 내용을 가정에서 다시 들으면서 노출을 계속할 수 있다. 노출이 반복되는 경우, 내담자의 불안은 점차 가라앉고 이야기는 더 조직화된다. 세상의 위험에 대한 내담자의 관점은 점차 현실적인 것으로 바뀌고, 덜 무능하고 덜 비난받는 느낌이 들게 된다. 그러나 노출의 효과는 고통스러운 감정을 느끼는 것에 달려 있다. 정서조절을 통해 두려움과 위협감을 극복하는 방법을 습득하려면 정서를 경험해야 한

다. 정서는 관리 가능한 수준에서 가장 잘 유지된다. 이런 점에서 정서 조절에 큰 어려움이 있는 사람들에게 노출은 최선의 치료적 접근은 아닐 수 있다. 이에 대한 대안적인 기법은 체계적 둔감화다.

체계적 둔감화systematic desensitization는 이완 상태에서 불안 또는 공포를 덜 일으키는 자극에서 시작하여 점차 더 강한 불안/공포를 일으키는 자극을 심상으로 유발하여 역조건화함으로써, 특정 자극에 대한 비정상적인 불안 또는 공포반응을 제거하는 행동치료 기법이다. 이 기법은 특정 자극/상황에 대해 비정상적으로 강한 불안 또는 공포를 보이는 사람의 치료에 주로 사용된다. 이 기법을 트라우마 상담에 적용하는 경우, 이완 상태에서 트라우마 상황을 상상하게 한다. 체계적 둔감화는 노출만큼 광범위하게 연구되지는 않았지만, 트라우마 상담에 유용할 수 있다는 증거는 있었다(Blake & Sonnenberg, 1998). 이런 점에서 체계적 둔감화는 표준화된 노출치료를 감당하기 어려워하는 내담자들을 위한 대안적 치료법으로 사용되고 있다.

노출의 효과성에 관한 논의

트라우마 관련 불안과 공포는 고전적 조건화와 조작적 조건화에 의해 형성된다. 고전적 조건화classical conditioning가 자극과 반응 연합을 통해 반사행동 변화를 유발하는 원리라면, 조작적 조건화operational conditioning는 반사적인지 않은 행동에 보상(강화와 벌) 작동을 통해 행동 변화를 유발하는 학습원리다. 고전적 조건화로 학습된 공포는 조건자극(개)이 무조건 자극(물기) 없이 반복적으로 제시될 때, 새로운 학습에 의해 소거/교체된다.

고차조건화 vs. 자극일반화. 트라우마의 특징은 일반화된 공포다. 고차조건화와 자극일반화 원칙은 공포자극이 폭넓게 조건화되는 이유에 대한 설명을 제공한다. 고차조건화higher order conditioning는 본래 중립적이었던 자극이 조건화된 자극과 연합됨으로써 조건화 반응을 유발할 때 생겨난다. 예컨대, 개에게 물린 사람이 사건 장소를 두려워한다고 하자. 그 장소는 공격행동(무조건자극)이 아니라, 개(조건자극)와 연합된다('자극일반화'). 자극일반화stimulus generalization는 조건화된 자극과 유사한 자극에 대한 반응이다. 예컨대, 몸집이 큰 개에게 물린 사람이 작은 개도 두려워하게 되는 것이다. 이처럼 고차조건화와 자극일반화를 통해 공포자극이 급속히 확대되어 의미 없는 자극에 공포를 느끼게 되는 일은 매우 흔하다.

습관화. 습관화habituation란 공포 경험에 대한 생리적 반사 반응이 자극의 반복 제시를 통해 약화되는 현상을 말한다. 예컨대, 큰 소리가 나면 심장박동, 혈압, 땀샘 분비 같은 신체활동이 변하지만, 반복해서 같은 소리가 들리면 신체활동은 원상 회복된다는 것이다. 종전에는 습관화를 통해 트라우마 후유증이 약화된다고 보았다. 그러나 습관화만으로는 노출 과정에서 발생하는 공포반응이 감소/소거되지 않는다는 사실이 밝혀졌다. 그 이유는 모우어의 조건화 모델로 이해될 수 있다.

모우어의 조건화 이론.　모우어(Mowrer, 1947)는 위험이 지속하지 않는 사물/상황에 대해 비합리적인 공포가 지속하는 이유를 조작적 조건화로 설명했다. 조작적 조건화는 행동 결과에 기초하여 학습된다(긍정 결과를 초래한 행동은 강화 · 반복되고 자주 발생하는 반면, 처벌처럼 부정 결과를 초래한 행동은 반복되지 않음). 그는 두려운 사물/상황에서 벗어나게 하는 회피행동이 공포를 신속하게 감소시킴으로써 오히려 강화된다고 보았다. 이로써 회피행동이 재발하고, 공포가 유지되어 소거가 일어나지 않는다는 것이다.

　모우어의 이론은 트라우마 사건과 연합되는 상황을 회피하거나 관련 상황에 접촉해야 할 때 극심한 불안을 나타내는 생존자에게 적용할 수 있다. 즉, 생존자는 인지 및 행동 방식으로 트라우마 회상을 피하기 때문에 조건화된 공포 소거에 실패한다(예 강도에게 야구 배트로 폭행당한 사람은 강도 생각은 물론, 좋아하던 야구 경기 참여를 피하게 됨). 이로써 생존자는 트라우마 기억이 실제로 해를 주지 못한다는 사실을 학습하지 못하게 된다는 것이다.

해리와 무감각.　노출에서 해리 또는 무감각은 치료를 저해한다. 노출의 성공을 위한 필수 요소를 경험할 수 없게 하기 때문이다. 해리는 내담자가 특정 기억에 과몰입(예 플래시백)하게 하여 현재 자신이 안전하다는 걸 인식하지 못하게 하거나, 트라우마 기억에 집중하지 못하게 한다. 마찬가지로, 무감각은 내담자가 불안을 느끼지 못하게 하고, 제한된 모습을 보이게 한다. 심상노출에서 해리 또는 무감각 상태에 빠지곤 하는 내담자를 돕기 위한 전략은 글상자 10-19와 같다.

글상자 10-19. 해리 또는 무감각 상태에 빠지곤 하는 내담자를 돕기 위한 전략

1. 노출 시행에 앞서, 변증행동치료(DBT) 또는 마음챙김 훈련을 시행한다.
2. 기억을 묘사하는 동안 내담자의 불안이 적절히 유지되게 한다(예 눈을 뜨고 있게 함).
3. 실제노출로 시작한다. ☞ 실제노출은 해리/무감각을 덜 경험하게 한다.
4. 내담자가 현재에 머무를 수 있게 하는 기법을 사용한다[예 차가운 물체(음료수 캔 또는 금속으로 된 의자 손잡이)를 만지게 함으로써, 내담자의 현재에 대한 인식 유지를 도움].
5. 역기능 또는 퇴행 행동(예 몸을 공처럼 움츠리거나 귀를 막음)을 중단시킨다.
6. 약물치료의 도움을 받는다. ☞ 약물 처방은 노출에 도움이 된다.

　만일 내담자가 퇴행행동을 보인다면, 상담자는 온화하고 침착한 어조로 행동 교정을 요청한다(“치료 중에는 다리를 바닥에 다시 내려놔 주세요.” “좀 전에 앉았던 것처럼, 의자에 등을 기대로 앉아 주세요.”). 이와 같은 상담자의 지시에 잘 따르게 하는 방법은 우선 SUDS 점수를 평가해 보게 하는 것이다. 특히, 탁자 아래 구석에 몸을 둥글게 움츠리고 있거나, 펜으로 자신을 찌르는 등의 위험 행동은 단호히 금지하고 주의시킨다.

일반적으로, 약물사용은 해리 증상을 유발할 교감신경계 각성의 완화를 위한 것으로, 불안 차단이 아니라, 정신증적 증상을 줄이기 위한 것이다. 첫 노출 회기 후 어려움을 겪을 것 같은 내담자에게는 수일 이내로 전화를 걸어 상태를 확인한다. 대부분의 경우, 내담자는 큰 어려움을 겪지 않지만, 일부 내담자에게서는 물질사용(술, 담배 등), 구토, 자해 등의 부적응 행동이 나타나기도 한다. 이에 상담자는 이런 양상을 보이는 내담자를 도울 준비를 해야 하고, 내담자의 안전이 문제가 될 상황에 대비해야 한다.

04 인지재구성

인지재구성^{cognitive restructuring}은 도움되지 않는 생각을 현실적이고 쓸모 있는^{workable} 생각으로 수정하도록 돕는 일련의 절차다('인지재구조화'로도 불림). 이 활동은 사람들이 주변에서 일어나는 사건을 해석하는 방법에 따라 그 사건에 대한 정서반응이 달라진다는 가정(Beck, 1976)에 기초한다. 인지재구성은 내담자가 불필요한 생각을 깨닫고 수정할 수 있도록 교육하는 작업이다. 이 작업을 통해 생존자는 생각 또는 신념을 관찰·확인하는 법을 배우고, 부적절한 생각에 체계적으로 도전하며, 적절한 반응을 형성하는 법을 배우게 된다. 이런 점에서 트라우마 상담에서 인지재구성은 트라우마와 관련된 주제들을 조직화하는 작업이다. 이 작업은 트라우마로부터 형성된 고통스러운 생각에 적용할 수 있다.

예컨대, 만일 친구가 약속 시간이 30분이나 지났는데도 나타나지 않는다면, 다양한 생각을 할 수 있다("① 사고가 났나?" "② 어떻게 아무런 연락도 없이 30분이나 늦을 수 있지? 정말 기본 예의도 없군." "③ 내가 약속 장소를 잘못 알려 줬나? 엉뚱한 곳에서 기다리고 있으면 어쩌지?"). 만일 첫 번째처럼 생각한다면, 초조해질 것이다. 두 번째라면 분노를 느낄 것이고, 세 번째라면 죄책감을 느끼게 될 것이다. 객관적인 상황은 똑같지만, 상황을 어떻게 받아들이느냐에 따라 정서반응은 달라진다.

인지재구성은 매사에 긍정적이고 낙관적으로 생각하도록 가르치는 게 아니다. 대신, 평소 습관적인 생각보다 더 쓸모 있고 정확한 생각을 하도록 가르친다. 세상의 위험에 대한 비현실적인 생각은 위협감, 염려, 불안, 두려움을 유발한다. 일련의 연구에 따르면, 자신과 세상에 대한 부정 신념(인지)을 가진 사람이 트라우마를 겪으면, PTSD 발병에 더 취약할 뿐 아니라 PTSD를 영속시킨다. 자신에 대한 부정 사고는 무력감과 죄책감을 유발한다. 트라우마 상담에서는 흔히 부정적인 신념을 다루는데, 인지재구성은 이런 신념에 일차적으로 초점을 둔다. CBT에서 사고는 특정 상황에 대해 갖는 실제 생각이고, 신념은 일반적인 추측('침습사고')이다. 이런 구분은 생존자가 자신과 세상에 대한 신념이 상황에 대한 사고를 뒷받침하는지 확인이 필요한 경우에 유용하다.

인지재구성의 필요성

트라우마 기억에의 노출을 통해 비불안 정서의 변화를 경험한 환자는 정서와 관련된 신념의 변화도 경험한다. 예컨대, 강간 피해 여성은 노출 작업을 진행하는 동안, 가해자의 힘이 자신보다 훨씬 강했기 때문에 저항하면 할수록 더 크게 다쳤을 거라는 사실을 깨달을 수 있다. 그 결과, 죄책감을 훨씬 덜 느끼게 될 수 있다. 그러나 노출만으로는 신념이 수정되지 않는 생존자도 있다. 이런 생존자에게는 비불안 정서(죄책감, 수치심, 분노 등)가 일으키는 신념에 초점을 맞춘 인지재구성이 효과적이다. 인지재구성이 필요한 경우는 글상자 10-20과 같다.

글상자 10-20. 인지재구성이 필요한 경우

> 1. 노출작업에 앞서 불필요한 신념을 다룰 필요가 있는 경우
> 2. 내담자의 정서가 노출을 통한 불안 유발에 방해된다고 생각되는 경우
> 3. 노출작업에 앞서 수치심 또는 죄책감 감소가 효과적일 거라고 판단되는 경우
> 4. 내담자의 증상이 적거나, 사건에 대해 제한된 기억만이 남아 있는 경우

예컨대, 글상자 10-9의 사례(p. 326)에서 상황을 다른 관점에서 살펴보면, 이웃집 개가 성질이 사납긴 해도 당시 초조한 상태였기 때문에 더 위험했을 수 있다. 더구나 개의 위험성에 대한 그녀의 신념은 개가 흥분 상태였다는 것을 자신이 충분히 알아채지 못했다는 사실보다는 자신이 위험을 예측할 수 없었다는 것과 더 관련이 있다. 이런 정보의 통합은 '모든 개는 위험하다'는 생각에서 '흥분 상태의 개는 공격적인 행동을 할 수 있다'로 수정할 수 있게 해준다. 인지재구성을 통해 내담자의 '나는 위험한 개와 온순한 개를 구별할 수 없다'는 믿음은 '나는 개의 위험신호를 인식할 수 있다'로 수정될 수 있다.

인지재구성의 절차

트라우마 생존자들은 종종 인지재구성 과정에서 좌절(분노)을 겪는다. 좌절과 분노는 무력감으로 이어질 수 있다("내가 얼마나 멍청한지 방금 보셨잖아요?"). 설령 마음의 준비가 되었다고 하더라도, 적잖은 생존자는 인지재구성을 위한 숙제 완수에 어려움을 겪는다("이 정도의 숙제조차 할 수 없다니 바보가 따로 없어요!"). 이에 생각에 변화를 주는 것은 쉽지 않은 일이라는 사실을 미리 알려 준다. 상담자는 비교적 수행이 쉬운 사고를 택하여 생존자가 자기효능감을 느낄 수 있도록 배려할 필요가 있다. 생각은 정서반응에 영향을 준다는 가정에 의하면, 생각을 바꾸면 정서도 의미 있게 바뀔 것이다. 하지만 생각을 의미 있게 바꾸는 것은 쉽지 않다.

예컨대, '몸이 더럽혀졌다'는 사고 전환에 어려움을 겪는 생존자의 경우, 탐색을 통해 부

도덕한 사람에게만 나쁜 일이 생긴다는 신념을 확인할 수 있다. 생존자는 성폭행으로 인해 몸을 더럽혀졌을 뿐 아니라, 자신이 '가치 없고' '부도덕하며' '더러워서' 가해자가 자신을 유혹한 거라는 신념으로 고통받고 있을 수 있다. 극심한 분노는 노출을 방해할 수 있다. 이 경우, 상담자는 노출 시행을 중단하고, 인지재구성을 통해 내담자의 분노와 관련된 생각을 먼저 다룰 필요가 있다. 인지재구성의 절차는 글상자 10-21과 같다.

글상자 10-21. 인지재구성의 절차

> 1. 내담자가 트라우마 사건의 상황을 이야기한다.
> 2. 내담자는 이런 상황에서 발생한 정서를 표현하고, 노출치료에 사용되는 0~100점 척도를 통해 자신의 정서를 평가한다.
> 3. 부정 정서를 느꼈을 때의 자동사고(의도 없이 무의식적으로 생성되는 빠른 생각)를 확인하고, 그 사고를 얼마나 믿고 있는지 평가한다.
> 4. 자동사고를 지지하는 증거('지지증거')와 지지하지 않는 증거('반대증거')를 탐색한다.
> 5. 지지증거와 반대증거를 기록한 것의 연결을 통해 내담자는 합리적이고 도움이 될 만한 반응을 나타낸다.
> 6. 내담자는 자신의 모든 부정 정서를 재평가한다.

인지재구성의 원리

인지재구성의 핵심은 내담자가 도움되지 않는 생각을 쓸모 있는 생각으로 바꾸는 게 가치 있음을 인식하도록 돕는 것이다. 인지재구성의 원리를 설명할 때 필요한 요점은 글상자 10-22와 같다.

글상자 10-22. 인지재구성의 원리 설명 시 필요한 요점

> 1. 사고방식은 감정과 행동에 영향을 준다.
> 2. 트라우마 경험은 개인 자신과 세상에 관한 생각에 영향을 준다.
> 3. 사람들은 보통 자기 생각과 그 영향과 결과를 알아차리지 못한다.
> 4. 많은 생각이 자동적/습관적으로 떠오른다.
> 5. 사람들은 대개 생각을 인지하지 못하지만, 생각은 스트레스 누적에 영향을 준다.
> 6. 생각이 사실이라고 믿는 것은 그 생각이 사실임을 의미하진 않는다.
> 7. 트라우마 사건과 관련된 생각은 도움이 되지 않는 경향이 있다.
> 8. 사람들 대부분은 자동사고에 주목하기보다 회피한다.
> 9. 생각에 주의를 기울이면, 생각에 어떤 문제가 있는지 알 수 있다.
> 10. 균형 있고 도움 되는 방식으로 생각하는 것은 학습할 수 있다.

특정 유형의 생각은 특정 정서를 유발한다. 위험하거나 나쁜 일을 생각하면, 두려움을 느

긴다. 다르게 행동했어야 했다는 생각은 죄책감을 유발한다. 스스로를 낮게 평가하거나 비하하는 생각은 수치심이 들게 한다. 상황이 불공정하다거나 공평하지 않다는 생각은 분노를 유발한다. 무언가를 잃었거나 앞으로 나아질 가능성이 없다는 생각은 슬픔 또는 무력감이 들게 한다. 죄책감과 수치심은 트라우마 생존자의 일반적인 정서 반응으로 자기비난과 관련이 있다.

예컨대, 수치심 관련 사고("난 더러워!" "난 나빠!" "난 괴물이야!")를 하는 내담자에게는 '더러운' '나쁜' 사람에 대한 정의를 탐색한다. 그런 다음, 그 정의와 일치하는 내담자의 특성과 일치하지 않는 점을 질문한다. 그리고 '나쁜 일'을 한 사람이라고 해서 꼭 '나쁜 사람'이 아닐 수 있음을 탐색한다. 이처럼 인지 변화는 특정 사고와 감정의 연결고리의 이해가 선행된다. 그렇지 않으면, 다음 두 가지 문제를 야기할 수 있다.

첫째, 한 가지 생각에 도전하고 나서 모든 부정 정서가 완화되기를 기대하는 내담자는 실망하여 치료 작업에 협조하지 않을 수 있다. 이에 생각에 따른 특정 정서를 도출하는 것이 중요하다. 즉, 상황이 불공평했다는 생각에 성공적으로 도전한 후, 수치심은 줄지 않더라도 분노는 급감할 수 있다. 이처럼 구체적인 생각과 정서의 연결은 트라우마 생존자에게 더 중요한 문제일 수 있다. 예컨대, 공황장애 환자는 자신이 적절히 기능할 수 없다는 사실에 대해 수치심을 느낄 수 있지만, 공황장애에 대한 인지재구성의 주된 목표는 불안 관련 생각에 도전하는 것이다. 공황장애 내담자는 한 가지 상황에 대해 극심한 불안, 분노, 수치심, 죄책감을 동시에 느끼는 것은 극히 드물다. 그러나 트라우마 생존자에게 이런 현상은 매우 흔하다.

둘째, 부정 정서를 모두 합한 전반적인 고통의 강도를 보고하게 되면, 특정 정서가 감소하는 것을 확인하기 어렵다. 예컨대, 한 내담자는 "교통사고가 난 건 다 내 잘못이야!"라는 생각을 인지재구성을 통해 도움이 되는 생각("조금 더 천천히 운전했더라면, 신속하게 대응할 수 있었겠지만, 도로가 얼어 있어서 다른 운전자들도 사고가 났잖아. 내가 잘했더라도 사고는 피할 수 없었을 거야!")으로 대체했다고 하자. 내담자는 이 생각을 100% 믿는다고 했지만, 그의 죄책감은 줄지 않았다. 그 이유는 분노와 슬픔이 합쳐져 평가되었기 때문이었다. 죄책감과 분노를 분리하자, 내담자의 죄책감은 SUDs 100점에서 20점으로 줄었다. 하지만 분노는 시청에서 주의도 주지 않았고, 빙판길도 해빙하려는 노력조차 하지 않았다는 생각에 여전히 100점이었다. 인지재구성 작업기록지 예시는 그림 10-1과 같다.

344 Chapter 10 CBT 기반 트라우마 상담

이름	○ ○ ○	날짜	2025. 5. 15.

1. 상황	3. 자동사고	4. 자동사고에의 도전	5. 반응
• 불쾌감을 유발하는 사건, 기억, 사고	• 정서에 선행하는 자동사고 기록 • 신념이 정서에 미치는 영향 탐색하기 • 변화가 필요한 사고/신념을 택하고, 이것이 사실이라고 믿는 정도 평가(0~100%)	• 신념을 뒷받침하는 증거와 반대 증거 제시 • 대안적 관점 고려 • 신념 고수에 따른 결과 검토	• 증거/대안적 관점을 정리하고, 자동사고에 대한 반응 기록 • 증거가 사고/신념을 지지하거나, 더 많은 정보가 필요한 경우, 수행 계획 수립하기 • 반응을 믿는 정도 평가(0~100%)

1. 상황	3. 자동사고	확신(%)	4. 자동사고에의 도전	5. 반응	확신(%)
• 노출 과제 수행	진전이 너무 느림 절대 나아지지 않을 것이다. 진전이 훨씬 더 빨라야 한다. 난 너무 마음이 약해서 성공하지 못할 것이므로, 지금이라도 포기하는 게 나을 것이다.	89	지지 증거 • 아주 느리게 호전되고 있다. • 이전에 했던 일을 하지 않는다. • 좀처럼 기분이 나아질 만한 일이 일어나지 않는다. 반대 증거 • 계속해서 상담에 참여하고 있다. • 상담이 시작된 지 얼마 되지 않았다.	• 변화는 느리게 진행되지만, 상담에 참여하고 있고, 불안이 줄고 있다.	100

2. 정서		
• 정서 확인(슬픔, 불안, 분노, 수치심, 죄책감) • 정서의 강도 평가 (0~100%)		
• 절망감 • 수치심	SUDS	70 50

6. 정서	
• 3단계에서 확인한 정서 강도 평가(0~100%)	
• 슬픔/절망감	SUDS 60

그림 10-1. 인지재구성 작업기록지 예시

05 트라우마 치유를 위한 새로운 시도

트라우마 치유를 위한 인지적 접근법으로는 CBT 외에도, 패트리샤 레식(Patricia Resick)이 창안한 인지처리치료Cognitive Processing Therapy(CPT)가 있다. 이 접근법은 다양한 치료적 요소들을 조합한 것으로, 트라우마 치료 효과에 대한 확실한 증거가 있다는 점이 주목할 만하다. CPT에서는 참여자에게 부적응적 사고가 PTSD에서 담당하는 역할에 관한 교육을 통해 자신의 경험이 갖는 의미를 균형된 방식으로 다시 생각해 보게 한다. 그런 다음, 내담자에게 트라우마 사건과 반응을 상세히 글로 작성하게 하고, 자신과 상담자에게 큰 소리로 읽게 한다. 이 과정을 통해 내담자가 자신의 부정사고를 체계적으로 탐색하여 도전하여 쓸모 있는 사고로 대체하도록 돕는다.

확인문제

다음 빈칸에 들어갈 말을 써 보세요.

1. 인지행동치료는 행동과학에 기반한 _________ 전략, 즉 _________와/과 정신병리의 인지모델에 기반한 _________이/가 통합된 이론적 접근이다.

2. _____은/는 지식을 습득 · 판단 · 기억 · 학습 · 생각 · 인식하는 정신 과정 또는 구조를 뜻하며, _________, 중재신념, ________, 그리고 도식으로 구성된다.

3. 정보처리 과정에서 생활사건의 의미를 자의적으로 해석하여 자동사고를 생성해 내는 과정을 __________(이)라고 한다. 일례로, _________은/는 적절한 근거 없이 또는 정반대의 근거로 결론을 내리는 현상이다.

4. 머피의 법칙, 즉 자신과 무관한 일을 자신과 관련지어 해석하는 인지적 오류(예 "내가 세차를 하면 꼭 비가 오더라!")를 _________(이)라고 한다.

5. '어릴 때 부모의 사랑을 받지 못해서 내가 이 모양 이 꼴로 살고 있는 거야!'와 같은 생각처럼 자신의 부정감정을 느끼게 하는 책임을 외부 환경에 돌리는 인지적 오류를 __________(이)라고 한다.

6. 애런 벡(A. Beck)은 자신이 창안한 인지치료모델에서 완벽주의적 · 당위적 · 비현실적 · 역기능적 신념으로 구성된 인지적 요인을 의미하는 _______________ 개념과 인지치료 원리를 통한 정신병, 물질사용, 우울증, 불안장애 치료를 위한 __________ 모델을 창안했다.

7. CBT에서 _________은/는 내담자 또는 그 가족에게 트라우마 상담에 관한 지식과 안내 지침 등을 제공하는 수단으로, 은유법과 _____________법이 자주 사용된다. 특히, 은유법 사용은 내담자가 트라우마와 _________을/를 통해 트라우마에 관한 논의를 촉진한다는 이점이 있다.

8. _________은/는 반복적으로 공포 상황과 직면하게 하여 덜 강렬하게 반응하고, 불안을 점진적으로 감소시키도록 돕는 기법인 반면, _________은/는 트라우마 기억에 대한 심상 체험을 언어로 표현하여 자기 이해로 통합하게 함으로써 고통의 둔감화를 돕는 기법이다.

9. ＿＿＿＿＿은/는 트라우마가 발생하는 동안 정서적 각성(공포)이 가장 크게 유발된 순간을 말하는데, ＿＿＿＿＿＿(으)로도 불린다. 이는 보통 ＿＿＿분 이내로 짧은데, 이에 관한 이야기를 반복하는 것은 이와 관련된 불안 완화의 효과가 있다.

10. ＿＿＿＿＿＿＿은/는 도움되지 않는 생각을 현실적이고 ＿＿＿＿＿＿＿ 생각으로 수정할 수 있도록 체계적으로 가르치는 활동이다. 이 활동은 사람들이 주변에서 일어나는 사건을 해석하는 방법에 따라 그 사건에 대한 ＿＿＿＿반응이 달라진다는 가정에 기초한다.

학습활동

인지왜곡의 대안사고 연습

※ 인지왜곡은 자동적·습관적으로 떠오른다. 인지왜곡을 이해하고 대안사고를 알고 필요할 때마다 적용할 수 있음은 건강한 심리적·정신적 면역체계를 갖추고 있는 것과 같다. 일상에서 스트레스를 받을 때, 인지왜곡을 알아차리고, 합리적이고 쓸모 있는 사고로 대체할 수 있다면, 정서적 고통을 줄이고 정서적 안정을 유지할 수 있다. 다음에 제시된 '인지왜곡과 대안사고 예시'를 참조하여, 자신의 인지왜곡에 해당하는 생각을 적고, 인지왜곡의 유형을 쓰고, 이에 대한 대안사고를 써 보자.

□ 인지왜곡과 대안사고 예시

생각	인지왜곡	대안사고
1. "사람들은 항상 날 무시해!"	☛ 과잉 일반화(비관주의와 불신으로 이어질 수 있음)	○ "사람들은 나를 무시할 정도로 고 노력하는 사람이 있을 거야."
2. "나를 부당하게 대우했던 사람에게 앙갚음했어야 했어!"	☛ 당위사고(가능하지 않은 통제력에 대한 환상을 심어 줌)	○ "최선을 다하는 게 내가 할 수 있는 전부일 수 있어!"
3. "나는 내 동료만큼 능력도, 용기도 없어!"	☛ 축소(남과의 비교는 열등감을 일으켜 지치게 함)	○ "나에게는 다른 강점이 있어. 최고보다는 최선을 다하는 것에 집중하는 게 더 의미가 있어!"
4. "내 절친의 죽음을 생각하면 정말 견디기 힘들어!"	☛ 파국화(상실에 대한 애도와 회복이 어려워질 수 있음)	○ "난 능히 견뎌 낼 거야! 시간이 가면, 내 마음도 좀 나아질 거야!"
5. "신은 내가 저지른 일을 절대 용서하지 않을 거야!"	☛ 독심술(무기력으로 이어질 수 있음)	○ "그 말이 어디에 쓰여 있어?"
6. "왜 이리 기분이 안 좋지? 내가 뭔가 잘못해서 그런 거야!"	☛ 감정논리(비합리적인 죄책감을 불러일으킬 수 있음)	○ "일이 뜻대로 안 된 것이 속상하긴 하지만, 난 나름 최선을 다했어!"
7. "실수는 바보들이나 하는 짓이야!"	☛ 흑백사고(실수하지 않거나 남의 기분을 상하지 않게 하는 것은 불가능함)	○ "실수는 나를 사람답게 해! 최선을 다하겠지만, 결과에 너무 집착하진 않을 거야!"

☐ 대안사고 연습

생각	인지왜곡	대안사고
1.	☛	○
2.	☛	○
3.	☛	○
4.	☛	○
5.	☛	○
6.	☛	○
7.	☛	○
8.	☛	○
9.	☛	○
10.	☛	○
생각	인지왜곡	대안사고

소감

※ 이 활동을 통해 무엇을 알게 되었고, 무엇을 깨달았으며, 무엇을 느꼈고, 어떤 생각이 들었나요? 잠시 생각하면서, 마음에 떠오르는 것을 자유롭게 글로 써 보고, 글의 제목을 붙여 보자.

Chapter **11**

DBT 기반 트라우마 상담

개요
01 DBT의 치료적 토대
02 DBT의 목표
03 DBT의 과정과 절차
04 DBT 상담자의 역할과 특성
05 DBT 처치 전략
06 BPD에 대한 DBT의 관점
07 DBT에 대한 평가
☐ 확인문제
☐ 학습활동

학습목표
1. DBT의 핵심 개념, 특징, 원리를 이해·설명할 수 있다.
2. DBT의 과정과 절차를 이해·실행할 수 있다.
3. DBT 상담자의 역할과 특성을 이해·실천할 수 있다.
4. 경계성 성격장애(BPD)에 대한 DBT의 관점을 이해·설명할 수 있다.
5. DBT에 대한 평가를 이해하고 논평할 수 있다.

DBT

DBT 는 Dialectical Behavior Therapy(변증행동치료)의 약자다. 변증법이라고 하면, 언뜻 마르크스와 엥겔스(Marx & Engels, 1970)의 사회경제 이론을 떠올릴 수 있지만, 이 이론은 모순/대립을 근본원리로 사물/인식을 설명하려는 논리다. 지난 수십 년 동안 트라우마 치료에 효과가 있는 마음챙김 훈련과 수행에 기반을 둔 중재법들이 속속 개발되었다[예] 마음챙김기반 스트레스감소$^{\text{Mindfulness Based Stress Reduction}}$(MBSR) 프로그램, 변증행동치료(DBT), 수용전념치료$^{\text{Acceptance and Commitment Therapy}}$(ACT), 마음챙김기반 인지치료$^{\text{Mindfulness Based Cognitive Therapy}}$(MBCT)]. 이 방법들은 광범위한 트라우마 후유증 완화와 예방에 효과가 있고, 심리학과 정신의학 모델을 넘어서는 것을 다룰 수 있다는 사실이 속속 입증되었다(Briere & Scott, 2013).

마샤 리네한(Marsha M. Linehan, 1943~현재)

DBT는 1993년 리네한이 동양의 마음챙김(선불교)과 경험을 중시하는 서양의 심리학적 변화 원리(CBT)에 기반하여 창안한 치료 프로그램이다. 이 프로그램은 본래 경계성 성격장애(BPD) 진단을 받은 만성 자살충동 여성 치료를 위해 고안되었다. 리네한은 어려서 자살행동을 동반한 경계성 성향을 나타냈고, 청소년기에는 조현병으로 정신병원에 격리되어 약물치료(토라진^{Thorazine}, 리브리엄^{Librium})와 전기충격치료(ECT)를 받은 적이 있는 것으로 알려져 있다. DBT에서는 정서조절 문제$^{\text{emotional dysregulation}}$가 아동기 트라우마에서 기인한다고 가정하면서, 문제해결을 위해 변증법적 치료 전략을 적용한다. 이에 이 장에서는 트라우마 치유와 회복을 위한 DBT의 치료 전략에 관해 살펴보기로 한다.

01 DBT의 치료적 토대

DBT는 변증법, 생물사회이론$^{\text{Biosocial theory}}$, 교류이론$^{\text{Transactional theory}}$에 이론적 기반을 둔다(Fruzzetti & Worrall, 2010). 이 접근의 치료적 토대는 ① 변증법적 세계관, ② 생물사회이론에 기반한 정서조절 문제와 ③ 비타당화 환경, 그리고 ④ 마음챙김이다.

변증법적 세계관

첫째, 변증법^{dialectics}은 지속적인 통합(정반합) 과정에서 반대 사이의 타협을 의미한다. 변증법적 세계관, 즉 현실에 대한 세계관(근본 성질)과 인간 행동에 대한 변증법적 관점은 다음의 세 가지 원리(① 상호연관성·전체성 원리, ② 양극성 원리, ③ 정반합 원리)로 요약된다.

상호연관성·전체성 원리. 첫째, 변증법은 상호연관성^{interrelatedness}과 전체성^{wholeness}을 강조한다('체계론 관점$^{\text{systems perspective}}$'). 체계론 관점에 따르면, 자기^{self}는 사회관계의 총체이고, 정체성

identity은 관계적이며, 부분 사이의 경계는 일시적이고, 전체whole와의 관계 속에서 존재한다. 또 부분과 전체는 이 두 관계의 결과로 발달하고, 관계도 발달하므로, 하나는 다른 하나 없이 존재할 수 없고, 이 두 가지의 특징은 해석의 결과로 발달한다(예 성별과 사회계층은 스스로를 어떻게 정의·경험하는지에 영향을 미침). 따라서 관계 안에서 완전히 분리된 자기란 존재하지 않는다.

양극성 원리.　둘째, 변증법은 양극성 원리에 기반한다. 양극성 원리에 따르면, 현실은 고정되어 있지 않고, 상반된 내부 세력(정·반)으로 구성되며, 이들의 통합(합)은 새로운 반대 세력으로 전개된다. 이에 대상/체계에는 양극성polarity이 존재한다(예 단일 원자에는 양전하와 음전하가 있고, 모든 세력에는 반대 세력이 있으며, 물질의 가장 작은 요소조차 반물질과 균형을 이룸). 모든 명제에는 그것의 반대가 있다. 모든 지혜의 조각은 그 자체의 반대를 담고 있고, 진리truth('참' '진실')는 나란히 서 있다. 모순되는 진리는 서로 상쇄하지도 지배하지도 않는다. 다만, 나란히 존재하며 참여와 실험을 기다린다.

정반합 원리.　셋째, 변증법은 개인의 인식이 정·반·합을 거쳐 계속해서 변해 간다고 가정한다. 정thesis은 자신 속의 모순을 알아채지 못하는 단계, 반antithesis은 그 모순이 자각되는 단계, 그리고 정과 반의 모순 충돌로 제3의 합synthesis 단계로 전개된다. 트라우마 생존자 역시 변증법적 상태(특정 행동을 하고 싶지 않은 마음과 동시에 원하는 목표를 성취하려면 그 행동을 해야 함을 알고 있는 상태)의 이해를 바탕으로, 양극단(수용 지향과 변화 지향)의 통합을 통해 정서·행동 조절 방법을 습득할 수 있다.

정서조절 문제

둘째, 생물사회이론에 따르면, 정서조절 문제emotional dysregulation는 생물학적 불균형, 역기능 환경, 그리고 이 두 요인의 상호작용과 교류를 통해 발달한다. 행동은 정서 각성과 기분 상태에 영향을 받는다(자기귀인, 통제지각, 과업수행, 자기보상, 만족지연 등). 정서조절은 트라우마(BPD 포함) 생존자가 해결하려는 문제이자, 또 다른 문제의 시발점이다. 정서조절 문제를 이해하려면, ① 정서 취약성과 ② 정서조정의 이해가 선행된다.

정서 취약성.　정서 취약성emotional vulnerability의 특징은 ① 고도 민감성, ② 정서 강도, ③ 정서 기저선으로의 더딘 복귀다.

☐ **고도 민감성.**　첫째, 고도 민감성high sensitivity은 신속하게 반응하고, 정서반응의 역치가 낮음을 의미한다. 이는 약한 자극에도 정서반응이 촉발된다는 것이다. 사람들이 거의 자극받지 않는 일에도 정서적으로 취약한 사람은 건드려진다. 이는 민감한 아이가 약한 좌절 또는 불허에도 정서적으로 반응하는 것과 같다. 경계성 성향이 있는 사람의 상담자나 가족은 이들

에 대해 '살얼음판을 걷는 느낌'이 든다고들 말한다.

☐ **정서 강도.**　둘째, 정서 강도emotional intensity는 정서반응이 극도extreme임을 뜻한다. 경계성 성향의 사람들에게 이별은 고통스러운 비탄을, 조금 창피할 수 있는 일은 심한 모욕감을, 성가심은 격분을, 사소한 죄책감은 수치심을, 우려는 공황발작 또는 통제할 수 없는 공포로 증폭될 수 있다. 다른 한편으로, 이들은 이상주의자여서, 첫눈에 사랑에 빠지고, 즐거움을 더 잘 느끼고, 영적 체험에도 더 쉽게 빠진다. 연구에 의하면, 정서 각성과 강도가 높을수록, 주의의 폭은 좁아져, 정서 관련 자극이 더 우세해지고 자극에 더 가까이 주의하게 된다. 또한 각성이 강하고 강도가 셀수록, 주의의 폭은 더 좁아진다. 이런 현상은 경계성 성향 사람들의 전형적인 특징이다. 그렇지만 이런 경향성 자체는 병리적 증상은 아니다.

☐ **정서 기저선으로의 느린 복귀.**　셋째, 정서 기저선으로의 느린 복귀는 정서반응이 오래 지속된다는 뜻이다. 정서는 몇 초에서 몇 분 정도로 짧게 유지된다. 정서가 오래 지속되는 느낌이 드는 이유는 정서 각성 또는 기분이 복잡한 인지 과정에 영향을 주고, 인지과정은 다시 정서의 활성화·재활성화에 영향을 주기 때문이다. 정서는 ① 정동affect이 스며든 자료를 선택적으로 편향 회상하게 하여, 회상 시 정서가 학습 시의 상태와 일치할 때, 기억의 우세가 일어나고, ② 기분 일치 자료의 학습을 증진하며, ③ 현재 기분에 일치하도록 해석, 환상, 투사, 자유연상, 기대, 사회적 판단에 편향을 줄 수 있다(Gilligan & Bower, 1984).

정서조정.　정서조절능력 향상을 위한 정서조정emotion modulation에는 두 가지 역설적 전략이 필요하다. 하나는 신경생리, 행동-표현, 감각-느낌 체계의 개별 정서를 경험하고, 그 정서에 이름 붙이는 법을 배우는 것이다. 다른 하나는 부정 정서가 재활성화되면 나타나는 기분과 일치하는 자극(심상, 생각, 평가, 기대, 행동 등)의 조정방법을 습득하는 것이다. 기본 정서는 순간적으로 활성화되고 적응에 도움을 준다. 그러나 정서를 계속 억제/차단하면 두 가지 기능 이상dysfunctions(① 문제상황의 인식 불가, ② 정서 회피 증가)이 발생한다.

　첫째, 억제는 정서를 유발하는 문제상황을 인식할 수 없게 만든다. 불의 앞에서 분노를 느끼지 못하는 사람은 불의한 상황을 잘 기억하지 못하는 게 그 예다. 위험한 상황에서 두려움을 느끼지 않는다면, 실제로 위험한 상황조차 피하지 않을 것이다. 대인관계에서 죄책감/수치심을 사전에 차단한다면, 사과하지 않고 관계도 회복하지 않은 채 남게 될 것이다.

　둘째, 정서 회피가 늘어난다. 부정 정서에 대한 2차 정서 반응을 학습했다면, 1차 정서는 억제되고 재학습 기회는 사라진다. 비타당 환경의 가족은 '탈출학습 실험'에서 전기충격 장치와 같다. 왜냐하면 부정 정서를 몸소 체험하지 않고서는 스스로 감정을 감내할 수 없고, 정서를 표현해도 처벌이 따르지 않는다는 사실을 배우지 못하기 때문이다. 정서조정을 위한 활동은 글상자 11-1과 같다(Gottman & Katz, 1990).

글상자 11-1. 정서조정을 위한 활동 네 가지

> 1. 강한 부정 또는 긍정 정동과 관련된 부적절한 행동 억제
> 2. 정동과 연관된 생리적 각성의 자기조절
> 3. 강한 정동 상태에서 주의 재집중
> 4. 기분에 의존하지 않고 외부 목표를 향해 자율적 정비를 통한 행동 조율

상담에의 시사점. 생물학적 기질과 부적절한 학습 경험에서 기인하는 정서조절문제를 고려할 때, DBT에서는 다음 두 가지 방법을 가르치는 데 중점을 둔다(① 극단적 정서조정과 부적응적 기분의존행동 감소 방법, ② 자기 정서·사고·활동의 신뢰 및 타당화 방법). 이를 위한 기술은 네 가지로, 그 내용은 글상자 11-2와 같다.

글상자 11-2. 정서조절 능력 증진에 필요한 네 가지 기술

> 1. 갈등 상황에서 대인관계 효과성을 높이고, 부정 정서와 연관된 환경자극을 줄일 수 있다고 약속하는 기술
> 2. 정동 문제(우울, 불안, 두려움, 분노)와 행동치료 문헌에서 추출한 전략으로, 실제 또는 지각하는 부정 정서 자극 앞에서 원치 않는 정서의 조절능력 증진 기술
> 3. 변화가 나타나기 전까지 정서 고통을 감내하는 기술
> 4. 정서체험 능력을 높이고, 정서억제를 피하게 하는 마음챙김 수행

비타당화 환경

셋째, 생물사회이론에 따르면, 비타당화 환경^{invalidating environment}은 사적 경험을 소통하고자 할 때, 개인을 존중하지 않고 욕구·감정·소통을 위한 노력을 무시 또는 하찮게 여기거나, 변덕스럽고 부적절하며, 심지어 극단적·처벌적으로 반응하는 사회적 조건 또는 상황이다('인정해 주지 않는 환경'으로도 불림). 이런 환경은 아이가 각성된 정서를 어떻게 명명하고, 조절·감내하며, 해석한 것을 신뢰해야 할지 가르쳐 주지 못하고, 발달 왜곡과 기능 부적응 및 BPD 발달을 촉진한다.

비타당화 환경의 특징. 비타당화는 다음 두 가지 특징이 있다. 하나는 개인의 자기 경험에 대한 설명 또는 분석(특히, 정서의 원인에 대한 관점, 생각, 행동)이 다 틀렸다고 반응하는 것이다. 다른 하나는 개인의 경험을 사회적으로 받아들일 수 없는 것으로, 그의 성격 또는 특질에 원인이 있다고 반응하는 것이다. 이처럼 비타당화 환경은 어떤 경우에라도 개인의 사적 경험과 정서 표현이 사건에 관한 자연스럽고 적절한 반응이라는 타당성을 인정해 주기는커녕 개인의 필요에 반응하지 않는다는 특징이 있다. 비타당화 환경의 특징을 요약·정리하면 글상자 11-3과 같다.

글상자 11-3. 비타당화 환경의 특징

1. 사적 경험에 대한 설명/분석, 정서의 원인에 대한 관점, 생각, 행동 모두 틀렸다고 한다.
2. 정서 경험은 사회적으로 받아들일 수 없는 성격/특질에 원인이 있다고 한다(☞ 부정 정서 표현은 과잉반응, 과민성, 편집증, 관점 왜곡, 긍정적인 태도 형성 실패가 원인이라면서 비난함).
3. 느낌이 없다고 해도 느꼈다고 하고("너 화났는데 왜 인정 안 해?"), '노'라고 해도 '예스'로 받아들이고("'노'라는 말은 '예스'라는 말이야."), 또는 안 했다고 해도 했다고 한다.
4. 의도치 않게 타인에게 부정적인 결과를 초래한 행동에 대해 적대적이고 조종하려는 동기가 있는 것으로 해석한다.
5. 실패 또는 사회가 정의한 성공에서 벗어나면 동기 결여, 규율 결여, 또는 노력하지 않는 게으른 사람이라는 꼬리표를 붙인다.
6. 긍정 정서 표현, 신념, 행동 계획은 무분별, 허술함, 과잉 이상화, 미성숙으로 간주한다.

비타당화 환경은 부정 정동의 표현을 감내하지 않는다("너는 모든 일을 너 스스로 감당하고 일어나야 해!" "열심히 최선을 다하면 다 이룰 수 있어!"). 개인의 숙달과 성취가 높이 평가받는 경우는 정서 표현을 자제하고, 환경에 대한 요구를 제한하려는 측면에 한해서다. 특히 과잉 단순화^{oversimplification}는 비현실적인 목표를 세우게 하고, 목표 추구에서 보상보다는 처벌을 사용하게 하며, 목표 달성 실패에 대해 강한 자기혐오와 수치심을 느끼게 한다. 이런 사회 환경과 비타당화를 일삼는 사람의 특징은 글상자 11-4와 같다.

글상자 11-4. 비타당화를 일삼는 사람의 특징

1. 자기 관점을 열렬히 드러내고, 이를 따르지 않는 사람에게 대놓고 실망을 표출한다.
2. 행복에 높은 가치를 매기고 역경 속에서도 최소한 웃을 줄 알아야 한다고 강조한다.
3. 열심히만 하면 어떤 목표도 달성할 수 있다는 믿음, 희망이 없을 때도 절대로 포기하지 않음, 모든 문제를 극복할 수 있는 긍정적 정신 상태의 힘에 높은 점수를 부여한다.
4. 기대 부응의 실패에 대해 못마땅하게 여기고, 비난하며, 태도 변화를 시도/강요한다.

가정과 사회에서는 흔히 행복, 역경 속에서도 최소한 웃을 줄 앎, 어떤 목표 달성도 마음먹기에 달려 있다는 믿음, 희망이 없어 보일 때도 절대로 포기하지 않음, 어떤 문제도 해결할 수 있다는 긍정적 정신 상태에 높은 가치가 매겨진다. 그러나 문제는 이런 기대에 부응하지 못하는 경우, 종종 못마땅함과 비난으로 이어지고, 개인의 태도를 바꾸려고 시도하거나 강요하려 한다는 것이다. 이런 양상은 재발률이 높은 우울장애 또는 조현병이 있는 사람의 가족에게서 나타나는 높은 수준의 '표현된 정서^{expressed emotion}' 양상과 흡사하다. 이런 환경의 구성원은 개인의 경험을 비타당화할 뿐 아니라, 그의 필요에 반응하지 않거나 부적절하게 반응한다. 이런 양상의 예는 글상자 11-5와 같다.

글상자 11-5. 표현된 정서 양상 예시

1. 적잖은 사람들이 가족의 반대로 상담 또는 심리치료를 받지 못한다.
2. 자해를 일삼다가 상담을 받게 된 10대 청소년은 회기를 마칠 때마다 부모로부터 상담 따위는 필요 없고, 스스로 알아서 일어서야 한다는 말을 반복해서 듣는다.
3. 자살시도로 상담실에 온 중2 여학생은 어릴 때 놀다가 다쳐서 울면, 아버지는 진짜 울 만한 이유를 주겠다고 위협했고, 울음을 그치지 않으면 사정없이 때렸다고 한다.
4. 알코올 중독과 잦은 자살시도 과거력이 있는 경계성 여성의 가족치료 회기 동안, 그녀의 남편은 왜 아내가 자신, 자매, 아버지처럼 문제를 그냥 내려놓으라고 퉁명스럽게 말한다.
5. 잦은 자살시도로 상담을 받는 중학생의 아버지는 아들에게 "자기 문제는 스스로 해결해야지, 남에게 의존하는 건 심신미약자들이나 하는 일이야! 문제를 말하기 시작하면, 더 악화될 뿐이야!"라는 말을 되풀이한다.

비타당화 환경의 영향. 개인의 특징은 환경과 상호작용하여 결과(문제행동, 정신장애)를 산출한다('개인-환경 체계'). 소인-스트레스 모델$^{Diathesis-Stress\ Model}$에서 정신장애는 질환을 일으키는 장애-특이적 선천성이 일반 또는 특정 환경 스트레스 조건에서 발현된 결과다. 소인^{diathesis}은 병에 걸리기 쉬운 내적 요인을 지닌 신체 상태를 말한다('소질' '특이체질'로도 불림). 이는 보통 체질 또는 생리적 선천성을 뜻하지만, 장애를 유발할 확률을 높이는 모든 특질을 포함한다. 이 모델에 따르면, 특정 양의 스트레스(해롭거나 불쾌한 환경 자극)는 소인 관련 장애를 유발하는데, 스트레스에 대처할 수 없으면 행동 기능이 와해된다. 반면, 교류모형$^{Transaction\ Model}$은 개인과 환경이 전체 체계로, 서로 영향을 주고받는 상호의존 관계에 있다고 가정한다.

개인의 성장·발달을 위해서는 최소한 자기를 믿는 능력이 필요하다. 적어도 자기를 믿지 말자는 자기결정이라도 믿을 수 있어야 한다. 그러나 어려서부터 타당성을 인정받지 못한 사람은 비타당화 환경을 떠나거나, 환경의 기대에 맞춰 자기 행동 변화를 시도하거나, 자기의 타당성을 증명하여 환경의 비타당화를 감소시키고자 한다. 환경을 떠나지 못하고 환경이나 자기 행동을 환경의 요구에 맞춰 바꿀 수 없는 경우, 경계성 딜레마$^{borderline\ dilemma}$가 발생한다.

정서적으로 취약하고 타당화되지 못한 사람의 경계성 딜레마는 비만으로 고통스러워하는 사람의 경험과 유사하다. 이들에게 사회(매체에 등장하는 다이어트 광고 포함)는 살 빼는 건 쉽고, 의지만 있으면 얼마든지 뺄 수 있음을 강조한다. 동시에, 사회는 표준체중을 설정해 놓고 이를 초과하는 사람을 게으르고, 탐욕스러우며, 의지가 약하고, 자기관리 능력이 없는 사람으로 규정한다. 다이어트하는 사람이 겪는 요요 현상은 트라우마 후유증으로 고통받는 사람에게서 나타나는 정서 동요와 유사하다. 비타당화 환경의 결과는 글상자 11-6과 같다.

글상자 11-6. 비타당화 환경의 결과

1. 정서 표현의 비타당화로, 사적 경험 또는 정서에 이름 붙이는 법을 학습하지 못함
2. 정서 · 인지 반응이 개별 사건/상황에 따른 타당한 해석임을 신뢰하는 법을 배울 수 없음
3. 문제가 드러나지 못해, 문제해결 노력이 거의 이루어지지 않음
4. 방법을 배우지 못한 채, 정서통제 요구를 받음(☞ 다리가 없는 아이에게 의족조차 주지 않고 걸으라는 것과 같음)
5. 과잉 단순화("삶의 문제는 쉽게 해결할 수 있어!") 환경에서 관심, 지지, 연습 경험 기회가 박탈되어 고통 감내, 현실적 목표 · 기대를 설정하는 법을 배우지 못함
6. 비타당화 환경에서 도움을 받기 위해 극단적 정서반응을 발달시킴(☞ 부정 정서 표현을 일관성 없게 벌하고, 극단적 정서 표현을 간헐적으로 강화하여 정서억제와 극단적 정서를 오가게 함)
7. 정서 · 인지 반응이 개별 사건/상황에 따른 타당한 해석임을 신뢰하는 법을 터득할 수 없음 (☞ 자기 경험을 타당하지 않게 여기게 하고, 사고 · 감정 · 행동 방법의 단서를 환경에서 찾게 함)

비타당화 환경의 양상.　유아의 정서표현 행동을 반영해 주는 부모의 경향성은 유아의 정서 발달에 중요하다. 반면, 이런 경향성의 결여 또는 일관성 없는 반응은 비타당화로 이어지며, 정서성과 사회기술 발달 지체의 원인이 된다. 비타당화 환경(가정, 사회)의 피해자 비율은 여성이 더 높다. 이는 성차별주의 영향의 가능성을 추정하게 하지만, 여성이 어떤 형태로든 성차별주의에 노출되더라도 모두 경계성 성향을 나타내진 않는다.

성차별주의^{sexism}는 사람을 성별에 따라 차이를 두는 태도다. 가장 극단적 형태의 성차별주의는 성학대$^{sexual\ abuse}$다. 여성이 성학대를 겪는 위험은 남성보다 2~3배 높다(Finkelhor, 1979). 학대는 기질이 취약한 사람의 중추신경계에 영향을 주어 정서 취약성을 유발하고 정신병리를 초래할 수 있다. 특히 지속적인 트라우마는 변연계의 생리를 변형시킬 수 있다. 성학대 사례에서 피해자는 전형적으로 성추행/성행위가 "괜찮다"는 말뿐 아니라, "아무에게도 말하면 안 돼!"라는 말도 듣는다. 이에 다른 가족원은 학대 피해 사실을 거의 알아채지 못한다.

설령 아이가 학대 피해 사실을 말한다고 하더라도 믿어 주지 않거나 오히려 비난받을 위험이 있다. 반면, 가해자는 피해 아동에게 학대를 사랑의 행위라며 정당화한다. 성학대의 은폐는 종종 경계성 성격장애(BPD)로 이어진다. 성학대를 겪은 적이 있는 정신건강의학과 입원 환자의 44%는 누구에게도 이 사실을 털어놓은 적이 없었다(Jacobson & Herald, 1990). 성학대 피해자에게 수치심은 학대를 외부로 알리지 못하게 하는 주요인이 된다.

비타당화 가족의 유형.　비타당화 가정에서 자란 아이는 성인이 되어서도 인지 · 정서 처리가 서툰 성인아이$^{adult\ child}$로 남게 된다. 그 결과, 정서 경험을 스스로 타당하지 않다고 여기고, 외부 현실을 지각하기 위해 타인에게 의지하며, 삶의 문제해결에 드는 노력을 과잉 단순화하게 된다. 이런 비타당화 가족의 유형은 3개 유형(① 혼돈형, ② 완벽형, ③ 전형적 가족)으로 구분된다.

☐ **혼돈형 가족.**　첫째, 혼돈형 가족^{chaotic families}은 물질남용, 재정문제, 부모/보호자가 자주 집을 비우는 등의 문제가 있는 것이 특징이다. 이 유형의 가정에서는 자녀를 위한 시간이나 관심이 없다. 성격장애 연구의 선구자 밀란(Millon, 1987)은 혼돈형 가족의 증가가 BPD 유병률 증가의 원인일 수 있음을 지적했다. 혼돈형 가족의 사례는 글상자 11-7과 같다.

글상자 11-7. 혼돈형 가족의 예

> 　부모가 대부분 오후와 저녁 시간에 동네 술집을 드나드는 가족이 있었다. 아이들은 매일 부모가 없는 텅 빈 집으로 하교하여 저희끼리 식사를 챙기고 저녁 시간이 되면, 스스로 문단속을 해야 했다. 가끔 밥 먹으러 근처에 사는 할머니 집으로 가곤 했다. 부모는 집에 있을 때도 매우 불안정해 보였다. 아버지는 거의 온종일 술에 취해 지냈고, 아이들의 요구를 거의 채워 주지 못했다.

☐ **완벽형 가족.**　둘째, 완벽형 가족^{perfect families}에서 부모는 아이의 부정 정서 표현을 인정·수용하지 않는다. 여기에는 여러 요인이 원인으로 작용한다(① 다른 요구가 너무 많음, ② 부모의 부정 정서 감내력 부족, ③ 자기중심적, ④ 까다로운 기질의 자녀를 버릇없이 키울지 모른다는 막연한 두려움). 이 유형의 가족은 비타당화 태도를 고수한다(예 자기감정을 통제하지 못한다고 꾸짖거나 벌주거나 놀라워함). 게다가 아이가 기도를 더 열심히 한다면 나아질 거라고 말한다.

☐ **전형적 가족.**　셋째, 전형적 가족^{typical families}은 정서의 인지적 통제를 강조하고, 성공의 척도로 성취와 숙달을 강조하는 특징이 있다. 비타당화에 대한 아동의 반응은 가족의 비타당화 행동을 강화한다. 아이에게 너의 느낌이 바보 같거나, 적절치 않다고 말하면, 아이는 때로 조용해진다. 통제 환경은 점차 자녀의 행동을 자녀의 장단기 요구보다는 가족의 선호와 편의성에 맞도록 조성한다. 이런 상황은 그 자체로 타당한 자녀의 행동을 인정하지 않는다. 아이가 자라면서 힘 다툼은 불가피하고, 환경은 때로 아이를 달래다가 포기하거나, 경직되게 주도권을 쥔다. 그 결과, 아이는 폭군이 되거나, 부정 수동성^{negative passivity}을 발달시키거나, 둘 다의 모습을 보일 수 있다. 전형적 가족의 특징을 요약·정리하면 글상자 11-8과 같다.

글상자 11-8. 전형적 가족의 특징

> 1. 자녀가 할 수 있는 행동이 아니라, 터무니없는(이상적인) 행동을 기대·요구한다.
> 2. 과도하게 처벌하고 본보기, 지도, 코칭, 응원, 강화가 불충분하다.
> 3. 자녀에게 힘든 환경을 조장하여 필요한 도움을 받지 못한 채, 벌을 받게 한다.
> 4. 자녀의 부정 정서 표현 행동을 증가시킨다(☛ 양육자의 통제 시도에 부정적인 결과를 초래하여 처벌과 통제를 멈추게 함).
> 5. 극단적 표현 행동의 기능을 강화하고, 적절한 표현 행동의 기능을 소거한다.

개별화된 자기^{individualized self}는 자기와 타인 사이의 분명한 경계를 기준으로 정의되고, 성숙한 사람은 내적인 힘을 통해 행동을 통제한다. 이 맥락에서 자기조절^{self-regulation}은 내적 단서와 자원을 활용하여 행동을 통제할 줄 아는 능력이다. 부정적 결과에 대해 타인 비난보다 스스로 행동을 통제할 수 있다는 믿음은 더 좋은 결과를 초래한다. 정서 취약 아동은 환경에 더 많이 요구할 수 있다. 이에 부모는 더 부지런하고, 더 인내하며, 더 이해하고, 더 유연해야 하며, 자녀의 능력을 넘어서는 소망은 잠시 내려놓을 줄도 알아야 한다.

마음챙김

마음챙김^{mindfulness}은 현재의 경험(내면 상태와 외부 세계 포함)을 판단 없이 수용적 태도로 인식하고, 열린 자세를 유지하는 상태다. 이는 DBT의 핵심 기술로, 노출 치료를 활성화하고 회피를 차단하며 수용을 증가시켜 정서조절과 개인이 원하는 삶의 구축을 돕는다.

CBT 마음챙김과의 비교.　DBT에서의 마음챙김은 공적(행위), 사적(사고, 감정, 감각) 행동에 대한 관찰과 자기 모니터링을 강조한다는 점에서 CBT의 것과 유사하다. CBT에서 마음챙김의 핵심은 ① 목적에 따른 의도적 주의집중, ② 판단 없는 주의집중, ③ 현재 순간에의 주의집중이다. 반면, DBT에서의 마음챙김은 다음 두 가지에서 CBT 접근과 차이가 있다. 하나는 DBT가 내적 경험에 대한 알아차림과 '지혜 마음'으로의 행동을 더 강조한다는 것이다. 다른 하나는 행동(공적 또는 사적)에 대해서도 마음챙김 수행을 권장하여 일상생활에의 통합을 돕는다는 점이다(단, 명상은 강조되지 않거나, 필요한 걸로 여기지 않음). 마음챙김의 유용성은 글상자 11-9와 같다.

글상자 11-9. 마음챙김의 유용성

1. 현재 순간에 대한 알아차림과 수용으로 이끌며, DBT의 필수 변화(⑩ 노출)에 대한 강조의 균형을 잡아 준다.
2. 중도포기율을 낮춘다(☞ 실제노출은 효과적이지만 적용이 어렵고 중도포기율이 높음).
3. 역량에 초점을 유지하고, 알아차림과 경험의 주목 · 설명 · 전달 능력을 높인다.
4. 다양한 기술의 학습과 적용 능력을 강화한다(☞ 회피했던 의미 있는 활동 참여를 촉진함)

세 가지 마음상태.　마음챙김에서 지녀야 할 마음 상태는 다음 세 가지다(① 이성 마음^{reasonable mind}, ② 정서 마음^{emotion mind}, ③ 지혜 마음^{wise mind}). 특히, 지혜 마음은 보편적인 인간 능력으로 개념화한다. 이는 마음의 균형을 유지하고, 정서와 이성을 변증법적으로 통합하는 마음 상태로, 지식과 직관을 포함한다. 마음챙김은 정서와 인지의 안정/완화를 통해 효과적인 행동의 촉진을 돕는다. 이에 DBT의 궁극적인 목표는 이성 마음과 정서 마음의 균형과 조화를 이루는 지혜 마음 형성이다(표 11-1 참조).

표 11-1. 마음챙김 수행을 위해 지녀야 할 세 가지 마음 상태

마음	설명
1. 이성 마음	○ 지성·이성·논리·경험·계획의 관점에서 알아차림 또는 '앎'에 접근하는 상태(☛ 사실을 인지하고 계획을 세우며 문제를 해결하려는 마음)
2. 정서 마음	○ 높은 정서 각성 상태가 사고·행동을 통제하는 상태(☛ 타인을 돕고, 안전을 위협하는 일을 감수하거나, 창조·예술 활동 촉진 등을 동기화함)
3. 지혜 마음	○ 이성 마음과 정서 마음의 통합 상태(☛ 이성과 감정의 통합·합의 명제를 기반으로, 더 순수한 알아차림과 직관적 앎의 상태)

마음챙김과 트라우마 치유. DBT에서 가르치는 마음챙김은 트라우마 기억과 강렬한 감정 경험을 통해 쉽게 동요되는 내담자의 주의집중을 돕고, 과거 사건에 대한 과각성/반추에의 집착을 줄이는 효과가 있다. 주의집중 능력은 알아차림을 높이고, 부정 감정에 대한 2차 반응을 감소시키며, 감각과 감정의 자연스러운 노출을 유도한다는 이점이 있다. 이는 노출을 더 효율적이고 관리하기 쉽게 하고, 효과를 극대화하여 트라우마 사건의 재경험을 감소시킨다. 또한 피해 방지에 필수인 위험 관련 단서를 비롯하여 대인관계 단서의 알아차림을 증대시켜 회피 행동(자해/자살 충동, 물질남용 등) 감소에 효과가 있다(Fruzzetti & Lee, 2011).

 **DBT의 목표**

DBT의 목표는 변증법 사고와 행동 양상을 늘려, 늘릴 행동을 늘리고, 줄일 행동을 줄이는 것이다. 즉, 변증법 사고 양상과 인지 기능을 토대로, 매 순간 전형적인 극단 행동을 더 균형 있고 통합된 반응으로 대응하고, 부적응 행동을 줄이며, 적응 행동을 늘리는 걸 목표로 한다.

변증법 사고

변증법 사고[dialectic thinking]는 보편주의 사고와 상대주의 사고의 중간에 있다. 보편주의 사고[universalistic thinking]에서는 절대적인 고정불변의 진리와 사물의 보편 질서가 존재한다고 가정한다. 만일 불일치가 생기면, 한 사람은 맞고 다른 사람은 틀린다. 반면, 상대주의 사고[relativistic thinking]는 보편 진리란 존재하지 않고, 사물의 질서는 전적으로 누가 정하느냐에 달렸다고 가정한다. 진리는 상대적이므로, 불일치에서 진리를 찾기란 무의미하다. 진리는 개인의 시각에 달렸기 때문이다.

변증법 사고는 진리와 질서가 시간에 따라 진화·발달한다고 가정한다. 불일치가 있다면, 양측이 사건을 정리하는 방식에서 무엇이 빠졌는지를 발견하려는 노력을 통해 진리('참' '진실')를 발견한다. 진리는 이전에 양측에 의해 배제된 것을 포함하는 새로운 질서를 통해 창조된다(Basseches, 1984). 이런 점에서 변증법 사고는 구성주의 사고constructivistic thinking와 유사하다. 이는 개인이 환경과 상호작용함으로써 근본적인 변화가 일어난다고 가정한다.

변증법 사고는 양극성을 초월하여 현실을 복잡하고 다면적으로 보는 시각을 요구한다. 또한 모순된 생각과 관점을 받아들이고, 끊임없는 연결·통합·변화·불일치에 편안해하며, 모든 관점이 나름의 모순이 있음을 인정할 것을 요구한다. 만일 문제에 봉착한다면, 무엇이 빠졌는지, 또는 어떻게 인위적으로 문제의 경계를 좁히거나 단순화했는지 살펴볼 것을 요구한다.

삶의 질을 저해하는 행동 줄이기

DBT에서는 양호한 삶의 질을 위태롭게 하는 부적응행동을 다룬다. 상담에서 어떤 문제를 선택할지에 대한 지침은 다음과 같다(① 긴급한 행동, ② 쉬운 문제, ③ 내담자 삶의 목적과 연관된 기능행동). DBT가 지목한 삶의 질을 저해하고, 그 결과 자살 충동을 부추기는 역기능행동은 글상자 11-10과 같다.

글상자 11-10. 삶의 질을 저해하고 자살 충동을 부추기는 역기능행동

1. 물질남용	6. 고용/학교 관련 역기능행동
2. 안전장치 없는 고위험 성행위	7. 질병 관련 역기능행동
3. 극단적 재정 곤란	8. 주거 관련 역기능행동
4. 수감 위기를 초래하는 범죄행동	9. 정신건강 관련 역기능행동
5. 심각한 역기능성 대인관계행동	10. 정신의학적 질환 관련 역기능 양상

삶의 질을 높이는 행동 기술 늘리기

DBT에서 가르치는 행동 기술은 줄여야 할 행동 문제를 늘려야 할 행동 기술(① 핵심 마음챙김, ② 정서조절, ③ 고통감내, ④ 대인관계 효과성)로의 대체를 목표로 한다. 상담자는 내담자가 이미 어느 정도 능숙한 행동을 하도록 이끌거나, 새로운 행동을 가르쳐서 일반화하는 데 에너지를 집중한다. 이를 위한 DBT 행동 기술훈련의 목적은 표 11-2와 같다.

표 11-2. DBT 기술훈련의 목적

□ 전반적 목적	○ 고통과 괴로움을 유발하는 삶의 문제와 관련된 행동·정서·사고 양상 변화를 위한 기술 습득과 연마	
□ 구체적 목적	줄일 행동	늘릴 행동
	1. 정서조절 문제	1. 핵심 마음챙김 기술
	2. 대인관계 조절 문제	2. 정서조절 기술
	3. 인지행동 조절 문제	3. 고통감내 기술
	4. 자기조절 문제	4. 대인관계 기술

03 DBT의 과정과 절차

DBT는 통상적으로 ① 평가, ② 현재 행동에 관한 자료수집, ③ 치료목표의 정교한 조작적 정의, ⑤ 내담자를 상담 프로그램에 준비시키기, ⑥ 치료목표에의 공동 전념을 위한 협력관계 구축, ⑦ 표준 CBT 기법(문제해결, 노출기법, 기술훈련, 수반성 관리, 인지조정 등) 적용 순으로 진행된다. DBT에서 변증법은 2개 맥락을 의미한다. 하나는 현실의 근본 성질로서의 변증법이고, 다른 하나는 설득하는 대화와 관계에서의 변증법이다.

　DBT에서는 두 가지 개입 기술을 가르치는 데 중점을 둔다. 하나는 극단적 정서성을 조정하여 부적응적 기분 의존 행동을 줄이는 기술이고, 다른 하나는 자신의 정서, 생각, 활동을 타당화(인정)하는 기술이다. 이에 상담 과정에서 기술훈련과 행동 변화에 초점을 두고, 내담자의 현재 능력과 행동의 타당화에 집중한다. 이를 위해 네 가지 기술(① 핵심 마음챙김[core mindfulness], ② 정서조절[emotional regulation], ③ 고통감내[distress tolerance], ④ 대인관계 효과성[interpersonal effectiveness])을 가르친다. 이 기술의 훈련 모듈은 2회씩 거친다(Kuo & Fitzpatrick, 2015). 기술훈련은 최소한 1년이 소요되고, 개인 심리치료와 집단 기술훈련으로 진행된다. DBT의 기술훈련 모듈은 표 11-3과 같다.

표 11-3. DBT의 기술훈련 모듈

기술	설명
1. 핵심 마음챙김	○ 비판적이지 않으면서 순간을 인식하는 능력 증진을 통해 정서 인식과 체험 능력을 높이고, 부정 정서를 유발하는 환경 자극의 감소 기술
2. 정서조절	○ 감정을 규명하고 감정이 자신/타인에게 미치는 영향을 인식함으로써 부정 감정 상태를 바꾸고, 긍정 감정을 일으키는 행동을 늘리는 기술
3. 고통감내	○ 스트레스 상황 대처법과 자기위로 방법을 습득하여, 변화가 나타나기까지 정서적 고통을 감내할 수 있는 기술
4. 대인관계 효과성	○ 대인관계 갈등을 효율적으로 해결하고, 자신의 요구·욕구를 적절히 충족시키며, 자신이 원치 않는 타인의 요구를 적절히 거절하는 기술

핵심 마음챙김 기술

첫째, 마음챙김 훈련에서는 어떤 감정이 일어나더라도 침착하게 반응하도록 가르친다. 고통에 저항하거나 억누르기보다 긴장을 풀고 마음을 편안히 하여 고통을 향해 천천히 몸을 돌려 부드럽게 인식하는 훈련을 한다. 부드럽고 유연한 반응은 고통을 경험하는 방식을 바꿀 수 있다. 핵심 마음챙김 기술은 ① 핵심 '무엇을' 기술과 ② 핵심 '어떻게' 기술로 구분된다.

핵심 '무엇을' 기술. 마음챙김 '무엇을' 기술^{mindfulness 'what' skills}은 참여자의 주의로 무엇을 하는지를 확인하기 위한 것으로, ① 관찰, ② 기술, ③ 참여가 있다.

☐ **관찰.** 관찰^{observing}은 현재 순간의 내적 경험(생각, 감각, 정서, 충동 등)과 외적 경험(소리, 환경, 냄새 등)을 무시 또는 벗어나지 않은 채, 주의를 기울이고 알아차리는 것이다('관찰하기'로도 불림). 즉, 부정이든 긍정이든 실패든 성공이든 현재 순간의 경험을 알아차리는 것이다. 이 과정에서 쾌감을 연장하려거나 불쾌감을 중지하려 하지 않는다. 다만, 그 순간의 경험과 사건을 변경하려는 시도에 관여하지 않고, 다만 떠오르는 것에 주목하고 주의를 기울인다. 주의를 지속하고, 내적 경험을 감내할 수 있게 되면, 사고·감각·감정의 알아차림이 발달한다. 이 수행은 고통 수준과 상관없이 순간을 경험하는 능력을 강화한다. 순간 경험의 초점은 자동회피와 공포반응의 소거를 촉진하고 습관화를 증대한다. 또 강화되지 않은 노출을 촉진하고, 경험을 분리하여 조망하는 능력을 발달시킨다.

☐ **기술.** 기술^{describing}은 관찰한 경험을 있는 그대로 언어로 표현하는 것이다('기술하기'로도 불림). 즉, 경험하는 생각 또는 느낌의 사실 여부를 따지지 않고, 알아차림에 초점을 두고 말로 기술하는 것이다. 이를 위해서는 서술에 필요한 단어들이 필요한데, 이는 사고와 감정조절을 촉진한다. 사고를 사고로, 감정을 감정으로 명명하는 것은 현재 경험에 대한 글자 그대로의 해석과 중요성을 감소시킨다. 예컨대, 생각("나는 학대를 받을 만한 잘못을 한 게 틀림없어!")과 감정(죄책감, 수치심)은 각각 사고와 감정으로 관찰·설명될 수 있고, 실제로 학대당할 만했다는 것과 구별될 수 있다.

이런 사고와 감정은 실제 내용으로 '부여되는' 게 아니라 고통스럽고 부당하지만, 학대 결과로 타당성을 확인할 수 있다(자기타당성 확인). 언어로 내·외부 상황을 명명하는 것은 자기조절에 중요하다. 감각·감정·욕구를 관찰·기술할 수 있는 건 자신이 행동의 원인 제공을 하지 않았다는 사실과 발생 맥락의 이해에 도움을 준다. 경험 이해를 위한 정확한 어휘 사용은 정서조절과 효과적인 소통에 유용하다. 이는 사고/감정이 자동으로 부적응 과정으로 흘러가는 경향을 줄이는 효과가 있다.

☐ **참여.** 참여^{participating}는 자의식 없이(참여하면서 관찰과 기술 또는 더 높은 인지 활동에 초점을 맞추지 않고) 자발적으로 현재 순간에 활동을 완전하게 수행하는 것이다('참여하기'로도 불림). 즉, 자기비판("내가 참 어리석었어!" "참으로 수치스러운 일이야!") 없이 주의가 산만해지지 않은 채 온전히 활동에 참여하는 것이다. 이는 현재 순간에 상황·과정·활동과의 진솔한 연결 및 과도하게 자동화·습관화된 반응의 감소를 장려한다. 실행은 어려울 수 있지만, 생각은 단순하다. 즉, 걸으면서 감각에 완전히 주의를 기울이고, 샤워하면서 샤워에 주의를 기울이고, 먹으면서 먹는 것에 주의를 기울이고, 운전하면서 운전에 주의를 기울이는 것 등이다(판단/평가하거나, 산만해지지 않고, 활동에 몰입함). 마음챙김 수행 절차는 글상자 11-11과 같다.

글상자 11-11. 마음챙김 훈련의 지시문

1. 편안하고 꼿꼿이 앉은 상태에서 발을 바닥에 평평하게 붙이고 손은 무릎에 얹습니다.
2. 자비, 수용, 유머, 포용의 자세를 취합니다.
3. 호흡에 주의를 집중합니다.
4. 판단하거나 바꾸려 하지 않고, 몸의 모든 느낌과 들어오고 나가는 감각을 알아차립니다.
5. 마음이 어수선해졌다는 것을 발견할 때마다 이를 알아차린 자신을 격려해 줍니다.
6. 어려운 상황을 회상하고, 올라오는 감정(무가치감, 슬픔, 염려 등)을 회상합니다.
7. 몸에서 감정이 느껴지는 부분에 주의를 기울입니다.
8. 자비가 느껴지는 신체 부분에 숨을 들이쉽니다.
9. 친절함으로 고통을 품을 수 있는 깊고 넓은 포용력이 있음을 기억합니다.
10. 몸의 부위 안으로 숨을 들이마시고 내뱉으면서 신체 전체로 초점을 옮깁니다.
11. 조용히 결심을 되뇝니다("내가 인자함이 무엇인지 기억하기를, 행복하기를, 완전해지기를").
12. 지금 경험하는 것에서부터 마음챙김을 합니다.

핵심 '어떻게' 기술. 핵심 '어떻게' 기술core 'how' skills은 마음챙김의 관찰·기술·참여 방법에 관한 기술이다. 이 기술은 마음챙김 수행을 ① 비판단적으로nonjudgmentally, ② 한 가지씩 마음챙김하며one-mindfully, ③ 효과적으로effectively 해야 함이 강조된다.

☐ **비판단적으로.** 비판단적으로nonjudgementally 행동하는 태도는 현재 경험에 대해 '좋은' '나쁜', '옳은' '그른'으로 평가하지 않는 것이다. 즉, 경험에 대한 부정적 판단을 긍정적으로 바꾸는 게 아니라, 좋은 것이든 싫은 것이든 현재 순간의 모든 경험을 있는 그대로 수용하는 것이다. 마음챙김에는 과거에 '했어야 했던' 또는 '하지 말았어야 하는' 건 존재하지 않고, 다만 경험·상황·사람을 향한다(과거의 '현실과의 다툼'에 에너지를 허비하지 않음).

이처럼 판단하지 않는 것을 배우는 것(대신, 경험과 스스로에 대해 관찰·기술·참여함)은 자기비난 패턴의 대안으로, 다른 행동의 변화를 촉진한다. 이는 트라우마와 연관된 자기낙인, 자기무력화, 자기비난의 감소를 촉진하여 내담자의 변화를 돕는다. 트라우마 생존자는 흔히 자신과 특정 행동 수용에 어려움을 겪는다. 이에 비판단적 태도는 생존자의 자기수용뿐 아니라, 내적 고통 감소와 사랑하는 이와의 강력한 연결을 촉진한다.

가해자에 대한 비판단적인 태도(가해자가 나쁘거나 사악한 사람이 아니었다고 말하는 것)는 가해자가 좋은 사람임을 뜻하진 않는다. 다만, 선/악이 존재하지 않는다는 것이다. 즉, 가해자는 폭력적이었고(소행을 상세히 기술함), 이는 오래 지속되는 부정적 결과를 가져왔다고 기술하는 것이다. 이런 방식의 기술은 생존자로 하여금 가해자가 사악했다거나 생존자가 당할 만했다는 판단의 입장 사이를 오가는 '학대 이분법abuse dichotomy'에 사로잡히기보다 학대의 현실을 수용하고, 결과 회복에 초점을 맞추게 한다(Linehan, 1993).

☐ **한 가지씩 마음챙김.** 한 가지씩 마음챙김$^{one-mindfulness}$은 현재 순간 한 번에 한 가지에 주의를 기울이는 것을 말한다. 이는 과제 사이에서 행동·인지적으로 주의를 분산시키거나 산만해지는(목적의식이 없는 주의) 대신, 한 번에 한 가지에 초점을 맞추는 것이다. 트라우마 생존자들은 반추, 자기무력화와 수치심, 부정 정서 집착 또는 미래에 대한 염려와 함께 트라우마 후유증 관련 사고와 심상의 영향을 받을 가능성이 크고, 기민하고 각성된 방식으로 한 번에 한 가지 활동에 주의를 집중하는 기술이 필요하다. 이런 기술은 식사, 운전, 대중교통 수단 탑승, 취미 활동, 친구/배우자와 시간 보내기 같은 일상생활에서 연습할 수 있다.

☐ **효과적으로.** '효과적으로^{effectively}' 행동하는 태도는 특정 상황에서 개인의 장기 목표, 그리고 가치관과 일치하는 방식(지혜 마음)으로 일이 되도록 행동하는 것이다. 이런 태도로는 개인적 선호/의견만 내세우기보다 목적 확인, 상황의 실제 인식, 성취에 필요한 방법 모색, 실질적인 행동(실행)이 있다. 이는 개인의 목표성취를 위해 전적으로 균형 있는 원칙지향 방식으로 행동하는 것을 의미한다. 이 정의를 토대로 자기파괴 행동을 하는 건 불가능하다. 트라우마 생존자는 자신의 지각, 판단, 결정의 신뢰에 어려움을 느낄 수 있고, (효과적이기보다) '옳다'고 가정하는 것에 집중할 수 있다. 효과적인 마음챙김은 생존자가 자신의 '지혜 마음'에 따른 결정을 내리는 데 도움을 준다.

고통감내 기술. 고통감내 기술$^{distress\ tolerance\ skills}$(DTS)은 변화시킬 수 없는 것을 변화시키려는 (쓸데없는) 노력을 그만두고, 비판단 방식으로 자신과 현재 상황을 있는 그대로 받아들이는 능력이다. 이는 환경이 달라지길 요구하지 않으면서 환경을 지각하고, 현재의 정서 상태를 바꾸려는 시도 없이 경험하며, 멈추거나 통제하려는 시도 없이 자기 생각과 행동 양상을 관찰하는 능력이다. 고통은 피할 수 없는 삶의 일부다. 따라서 고통을 잘 견디는 방법의 습득은 중요하다.

고통 감내와 수용 능력이 필요한 이유는 다음 두 가지다. 하나는 고통과 괴로움은 삶의 일부이고, 이 둘을 완전히 피하거나 제거할 수 없기 때문이다. 다른 하나는 단기적으로 자신의 변화 시도로 가는 일부라는 점이다. 이 기술이 없다면, 원하는 변화 노력에 충동행동이 방해할 수 있다. 고통감내행동은 ① 위기를 감내하고 살아남고, ② 그 순간의 삶을 있는 그대로 수용하는 것이다. 이를 위해 DBT에서 가르치는 위기 생존 전략은 다음 네 가지다 [① 주의 전환(활동, 기여, 비교, 반대되는 감정 느끼기, 고통스러운 상황 밀쳐내기, 다른 생각하기, 다른 감각 느끼기), ② 자기 위안(시각, 청각, 후각, 미각, 촉각을 통한), ③ 순간 살리기(상상, 의미 추구, 기도, 신체 위안, 한 가지에 주의 두기, 휴식, 자기 격려), ④ 장단점 찾기].

정서조절 기술. 정서조절$^{emotional\ regulation}$은 자신의 감정을 이해·인식하여 사회적으로 용인되는 형태로 유연하게 반응하는 것이다. 이 능력은 자신의 감정을 상하게 하지 않으면서 상대방의 생각·감정·의도를 이해하여 유연하게 대처하는 능력이다. 정서조절 능력은 개인의 감정 상태 강도와 지속시간을 조정하고, 필요한 경우 감정 표출을 지연할 수 있게 하며, 사회적으로 용인되는 방식으로 반응하여 상황에 효과적으로 대처할 수 있게 한다. 정서조절 기술은 부정 정서를 바람직한 형태로 표현하여 감소시킬 뿐 아니라, 타인의 정서변화도 유발한다. 이 기술은 긍정 정서를 극대화하고 부정 정서를 조절하여 정서 균형을 유지할 수 있게 한다. 이는 개인의 사회 적응력을 예측하는 주요 변인으로, 정서조절 능력이 낮으면 자기파괴 행동, 대인관계 문제, 심지어 정신병리의 원인이 되기도 한다.

정서조절에는 두 가지 역설적 전략이 필요하다. 하나는 신경생리, 행동-표현, 감각-느낌 체계에 새겨진 개별 정서를 경험하여 명명하는 법을 배우는 것이다. 다른 하나는 부정 정서를 재활성화하여, 2차 반응을 촉발하는 정서 자극의 완화 방법을 습득하는 것이다. 즉, 정서가 활성화되면, 이어 발생하는 감정과 일치하는 심상, 생각, 평가, 기대, 행동 등에 개입하여 정상화^{normalization}하는 것이다. 대표적인 정서조절 기술로는 ① 정서 인식과 명명, ② 정동 변화의 장애 요인 확인이 있다.

☐ **정서 인식과 명명.** 정서조절의 첫 단계에서는 현재 지속되는 정서를 찾고, 이름 붙이는 법을 가르친다. 정서는 복합 행동 반응이다. 정서를 인식하려면, 자신의 반응을 관찰할 뿐 아니라, 정서가 발생한 맥락을 정확하게 기술하는 능력이 필요하다. 정서반응 탐색을 위해 관찰과 기술이 필요한 요인은 다음과 같다(① 정서의 촉발 사건, ② 정서 촉발 사건의 해석, ③ 신체감각을 비롯한 정서의 현상 경험, ④ 정서와 관련된 표현 행동, ⑤ 기능에 영향을 주는 정서의 잔존 효과).

☐ **정동 변화의 장애 요인 확인.** 정동^{affect}에는 기능이 있어서 정동에 강화 결과가 뒤따른다면 바꾸기 어렵다. 이에 특정 정동의 기능과 강화물을 탐색할 필요가 있다. 정서는 타인과 소통하고 개인의 행동에 동기를 부여하는 기능 외에도, 다음 두 가지 기능이 있다. 하나는 타인의 행동에 영향을 주고, 조절하는 기능이다. 다른 하나는 사건에 대한 자기 지각과 해석을 타당화하는 기능이다.

이 외에도 정서조절 기술로는 ① 정서 취약성 줄이기, ② 긍정 정서 경험 늘리기, ③ 현재 정서에 대한 마음챙김 늘리기, ④ 반대로 행동하기 등이 있다. 사람은 누구나 신체 또는 환경 스트레스 상황에 있을 때, 정서 반응성에 취약해진다. 이에 균형 있는 영양과 식습관, 충분한 수면, 적절한 운동, 신체질환 치료, 물질사용 자제, 자기효능감과 역량 증진 활동 참여를 통해 정서 취약성을 줄일 수 있다. 또한 삶에서 긍정 경험의 수를 늘림으로써, 긍정 정서를 높일 수 있다. 장기적으로는 긍정 사건이 더 자주 발생하도록 삶을 변화시킬 필요가 있다.

대인관계 효과성 기술

효과적인 사회기술에 어떤 행동 양상이 필요한지는 구체적인 상황에서 행위자의 목적에 달려 있다. 대인관계 효과성 기술interpersonal effectiveness skills 모듈은 이 문제의 설명으로 시작한다. 효과적인 사회성은 ① 습관적으로 마주하는 상황에 대한 자동 반응 형성 기술, ② 상황에서 필요할 때, 새로운 반응 또는 반응의 조합을 만드는 기술로 구성된다. 이 기술은 대인관계 문제해결과 자기주장훈련과 유사하다. DBT에서는 이 과정을 통해 내담자가 원하는 변화를 얻고, 관계를 유지하며, 자기존중(자신의 생각, 감정, 행동 양상을 비롯하여 자신을 가치 있게 여기고, 타당화하며, 신뢰하고, 아끼는 능력)을 늘리도록 돕는다.

자기관리 기술

마음챙김 기술, 정서조절 기술, 고통감내 기술, 대인관계 효과성 기술 외에, DBT에서는 자기관리 기술을 가르친다. 자기관리 기술self-management skills은 새로운 행동을 습득 · 지속 · 일반화하고, 원치 않는 행동을 억제 · 소거하며, 행동 변화에 적용된다. 이 기술은 자기조절/목표지향 같은 행동 범주를 포함한다. 넓은 의미에서 자기관리는 사건에 대한 행동 · 생각 · 정서 반응을 조절 · 관리 · 변화시키려는 모든 시도다. 자기관리 기술은 ① 행동 변화와 유지 원리에 관한 지식, ② 현실적인 목표 설정, ③ 환경/행동분석 기술, ④ 수반성 관리 기술, ⑤ 환경 통제 전략, ⑥ 재발 방지 계획, ⑦ 진전이 안 될 때의 감내 능력을 포함한다. 그 밖에 DBT의 치료 형태로는 ① 개인 외래 심리치료, ② 기술훈련, ③ 지지과정 집단치료, ④ 전화코칭, ⑤ 상담자를 위한 사례자문회의, ⑥ 보조치료가 있다.

04 DBT 상담자의 역할과 특성

DBT는 전체에 초점을 두지만, 모든 전체의 복잡성도 강조한다. 치료는 병리를 캐내고 변화를 위한 조건을 제공하도록 설계되어 있다. 그러나 DBT는 역기능 속에 기능이 있고, 왜곡 속에 정확성이 있으며, 파괴 안에서 건설을 찾을 수 있음을 강조한다. 즉, 상담자는 '지혜 속 모순'을 '모순 속 지혜'로 바꾸어 생각함으로써, 현재 내담자가 보이는 행동의 타당성을 과거 학습에 근거하여 찾기보다 현재 순간에서 찾는다.

　DBT 상담자는 형식적인 일률적 논리를 적용하지 않는다. 대신, 대화와 관계의 관점에서 설득을 통해 변화와 상담 관계의 대립성을 활용한다. 변증법에서 합은 정 · 반 요소를 포함한다. 이에 양측의 어떤 견해도 절대적으로 옳거나 그르다고 보지 않는다. '합'은 언제나 새로운 '반'을 제안함으로써 새로운 '정'으로 작용한다. DBT 상담자의 내담자와 상담에 대한 가정은 글상자 11-12와 같다.

글상자 11-12. DBT 상담자의 내담자와 상담에 대한 가정

> 1. 내담자는 최선을 다하고 있고, 더 나아지길 원한다.
> 2. 내담자는 더 잘하고, 더 노력하며, 변화의 동기를 더 가질 필요가 있다.
> 3. 내담자가 겪는 모든 문제는 그가 일으킨 건 아니지만, 해결은 그에게 달려 있다.
> 4. 지금처럼 살아야 한다면, 자살경향성 내담자의 삶은 견디기 어려울 정도로 힘들다.
> 5. 내담자는 모든 관련 맥락에서 새로운 행동을 배워야 한다.
> 6. 내담자는 상담에서 실패할 수 없다.
> 7. 상담자도 지지가 필요하다.

DBT 상담자는 진리('참' '진실')가 절대적이지도 상대적이지도 않고, 다만 시간에 따라 진전·발달·구성된다고 가정한다. 변증법의 관점에 따라 상담자는 자명한 건 없고, 최종 진리 또는 논박할 수 없는 사실은 절대 받아들이지 않는다. 이에 상담에서 상담자와 내담자는 "우리가 아직 무엇을 이해하지 못했는가?"라는 질문을 다룬다. DBT 상담자의 역할은 다음과 같다.

DBT 상담자의 역할

DBT 상담자는 현재 또는 과거의 유사 자살이나 역기능행동을 직시하거나(불손함), 온정, 유연성, 내담자에 대한 반응, 전략적 자기개방을 번갈아 적용한다. 그리고 역기능행동(자해/자살 행동 포함)을 내담자의 학습된 문제해결 레퍼토리로 재정립하고, 문제해결에 중점을 두며, 내담자의 현재 정서·인지·행동 반응을 있는 그대로 인정해 줌으로써 균형을 유지한다. 상담 과정 내내 상담자는 내담자와 긍정적·인간적·협력적 관계 구축을 위해 노력한다. 타당화^{validation}는 내담자의 반응에 담긴 지혜와 진리를 탐색·발견하고, 이 지혜를 내담자와 공유하는 것이다. 성장하고 나아가려는 내담자의 본질적 욕구와 내재된 변화 능력에 대한 믿음은 DBT의 바탕이 된다.

내담자와의 신뢰관계 구축. 트라우마 생존자는 자신이 피해를 당했던 과거의 관계 시각을 통해 상담자를 조망하는 경향이 있다. 상담자와의 치료적 관계 발달은 보통 관계에서 상처 입은 사람에게는 쉽지 않은 과정이다. 이들의 눈에는 상담자를 두려워해야 하고, 요구해야 하고, 테스트해야 하고, 멀리해야 하고, 격노 또는 성적 대상으로 지각될 수 있다. 또는 신뢰할 수 없고, 폭력적인 권위적 인물의 대리인, 열망하던 좋은 부모, 또는 매달리고 따르고 돌봄받을 수 있는 구원자^{rescuer}로 지각될 수 있다. 이런 상황에서 내담자와의 관계 형성에 도움이 되지 않는 상담자 반응의 예는 글상자 11-13과 같다.

글상자 11-13. 도움이 되지 않는 상담자 반응 예시

> 1. 트라우마 경험에 관한 논의 회피
> 2. 트라우마 경험의 불신 또는 축소
> 3. 트라우마 경험 개방에 대한 불편감 표출
> 4. 피해 사실(특히, 성학대, 성폭행 사례)의 세부 사항에 대한 부적절한 반응 또는 과도한 관심

성학대·성폭행 피해자는 정신건강 전문가에게 성적 피해를 입을 위험성이 높다. 이들은 권위 있는 인물의 말 또는 요청을 거부하는 한계 설정을 어려워하고, 돌봄, 배려, 성적 관계에 관한 관심을 쉽게 혼동하는 경향이 있기 때문이다(Knight, 2016). 이는 치료자들의 착취적 접근에 대한 이들의 특이한 취약성을 설명하는 것이다. 상담자의 부주의로 인한 내담자의 2차 피해 예시는 글상자 11-14와 같다.

글상자 11-14. 상담자의 부주의로 인한 내담자의 2차 피해 예시

> 내담자는 초등학교 저학년 때부터 의붓아버지로부터 성학대를 당했다. 의붓아버지는 그녀가 자신의 요구에 불응하면, 여동생도 똑같이 해 주겠다고 으름장을 놓곤 했다. 내담자가 대학에 진학하면서, 자해를 일삼던 여동생은 자살을 시도했다. 이 사건으로 인해 여동생은 정신건강의학과 병동에 입원했다. 내담자는 상담자에게 의붓아버지의 성학대와 협박 사실을 알렸다. 그러자, 상담자는 몹시 놀란 표정을 지으며, "왜 진작 그 사실을 알리지 않았나요? 그때 바로 신고했으면, 이런 일은 일어나지 않았을 텐데. 동생도 정신과 병동에 입원할 필요도 없었을 거예요."라고 매우 안타까운 표정으로 말했다.

트라우마 상담에서 내담자에게 가장 도움이 되는 상담자의 반응은 공감적 이해, 그리고 내담자의 트라우마 관련 감정에 효과적으로 대처할 수 있도록 돕는 일이다. 이는 개인적인 판단을 내려놓고, 이해해 주며, 내담자의 자존감을 높여 주고, 고통스러운 경험을 인정해 줌으로써, 힘과 용기를 북돋워 줌으로써 가능해진다. 어린 시절 트라우마를 겪은 사람은 흔히 자기·타인·세상에 대해 왜곡된 시각을 가지게 된다. 이런 인지 변화는 자기·타인·세상을 적대시하게 되어, 건강한 관계 형성에 어려움을 겪게 한다. 그렇지만 타당화를 통한 지지적이고 배려하는 관계 체험은 내담자에게 누군가 자신의 이야기에 귀 기울이고, 이해·수용해 주는 교정적 정서 체험corrective emotional experience이 된다. 이런 점에서 내담자와의 치료적 관계 형성은 트라우마 상담의 목적이자 과정이다. 이와 관련하여 상담자와 내담자의 대화 예시는 대화상자 11-1과 같다.

대화상자 11-1. 상담자와 트라우마 생존자의 대화 예시

> **상담자**: 아라 씨, 아주 잘하고 계세요. 지금처럼 하시면, 머잖아 아이들과 시간을 보내실 수 있을 거 같아요. 혹시 다른 하실 말씀 있으세요?
>
> **내담자**: 네, 한 가지 드릴 말씀이 있어요. 음, 사실 아빠도 지금의 저처럼 술에 빠져 지냈어요. 아빠는 직업도 없었고, 아무것도 가진 게 없어서 어린 저를 술값 버는 데 이용했어요.
>
> **상담자**: 원 저런! 정말 끔찍한 이야기네요! 저한테 이 이야기를 하시는 데, 엄청난 용기가 필요하셨겠어요. 아버지께서 아라 씨께 하신 행위에 대해 슬픔, 분노, 혼란 같은 느낌이 드셨을 것 같아요. 무엇보다도 이 이야기는 왜 아라 씨가 술을 마시는지 이해하는 데 큰 도움이 될 것 같아요. 과거의 사건 기억을 잊기 위해서겠죠.
>
> **내담자**: 네, 바로 그거예요. 저는 아주 말할 수 없이 비참한 느낌이 들었어요. 술은 많이 마셨을 때도 그때 그 일을 떠오르게 만드는 일이 생기곤 했어요. 머릿속에서 그때 그 일이 너무도 생생히 떠올라요.
>
> **상담자**: 아라 씨가 아주 힘든 시간을 보내고 있다는 걸 알겠어요. 이런 일이 아라 씨가 아주 어렸을 때 일어났다는 점에서 지금 그 일에 대해 생각하지 않는 건 아주 어려운 일일 거예요. 제가 하는 일이 아라 씨가 아이들을 되찾을 수 있도록 돕는 일이라는 걸 잘 알고 계시죠? 저는 아라 씨가 저를 믿고 이 일을 말씀해 주신 것에 대해 무척 고맙게 생각해요.

경계성 내담자와의 관계 형성. 리네한(Linehan, 1993)은 자살 충동이 있는 BPD 환자를 치료할 때의 어려움을 '그랜드 캐니언 사이를 연결한 줄 위에 놓인 대나무 장대에서 균형을 잡으며 위태롭게 서 있는 상황'에 비유했다. 환자가 장대에서 뒤로 움직이면, 그녀 역시 균형을 맞추기 위해 뒤로 물러서고, 그러면 또 환자는 균형을 잡기 위해 뒤로 움직인다. 그렇게 계속하다 보면 결국 둘 다 계곡 아래로 추락할 위험에 처한다는 것이다. 따라서 상담자에게는 균형 유지뿐 아니라, 둘 다 물러서는 쪽보다는 가운데로 움직이도록 균형을 유지해야 하는 과제가 있다는 것이다. 이에 상담자의 민첩한 접근과 물러섬이 DBT의 핵심임을 강조했다. 그러면서 DBT 치료 과정을 글상자 11-15와 같이 묘사했다.

글상자 11-15. 리네한이 묘사한 DBT 상담 과정

> 나는 치료법의 명칭으로 '변증법'이 떠올랐다. 치료법 명명은 심각하게 고통받고, 만성적인 자살 충동이 있는 사람들과 치료를 진행한 경험에서 얻은 나의 직관에서 시작되었다. 이 경험은 이미지 형태로 가장 잘 설명할 수 있다. 나와 환자가 서로 시소의 반대편에 타고 있고, 시소로 서로 연결되어 있다. 치료는 오르락내리락하는 과정이다. 우리 둘 다 시소에서 앞뒤로 미끄러지면서 균형을 찾고, 중간 지대를 찾아 더 높은 수준으로 오른다. 더 높은 수준이란 성장과 발달을 나타내고, 전 단계의 통합이라고 생각할 수 있다. 그리고 이 과정을 다시 시작한다. 우리는 새로운 시소에 올라타, 다음 단계로 나아가기 위해 다시 중간 지점을 찾고자 노력한다. 이 과정에서 환자는 끝에서 가운데로, 가운데서 다시 끝으로, 계속 앞뒤로 움직이고, 나 역시 그렇게 움직여 균형을 유지하고자 한다.

　글상자 11-15에서 시소의 양 끝은 반대(정 ↔ 반)를 나타낸다. 가운데로 움직여 더 높은 단계로 오르는 것은 반대되는 것들의 '통합(합)'을 의미한다. 그러나 이 둘은 즉시 서로 반대 쪽으로 흩어진다. 변증법이라는 말에 내포된 반대되는 것끼리의 치료관계는 이미 프로이트 초기의 저서에서 자주 언급되었다(Seltzer, 1986). DBT 상담자의 특성은 다음과 같다.

DBT 상담자의 특성

DBT에서 '상담자 특성'이란 상담자가 내담자와의 관계에서 취하는 태도와 전반적인 관계의 위치를 말한다. DBT 상담자는 3개 차원(① 수용 지향 vs. 변화 지향, ② 흔들림 없는 중심성 vs. 연민 어린 유연성, ③ 양육 vs. 자애로운 요구)에서 균형을 유지하는 방식을 취한다(그림 11-1 참조).

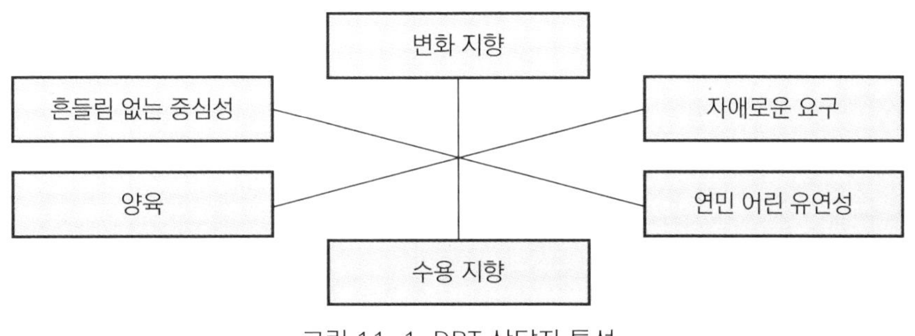

그림 11-1. DBT 상담자 특성

　상담자는 DBT 전략의 모호함과 역설에 편안할 수 있어야 한다. 만일 그렇지 않고, 이분법적 개념화와 목표/방법을 추구한다면, 상담자는 내담자의 파괴적 행동을 통제하고 싶어지게 되고, 이들의 성장과 자립을 촉진해야 한다는 변증법에 대해 혼란스러워질 수 있다.

　수용 지향 vs. 변화 지향.　상담자 특성의 첫 번째 차원은 수용 지향[oriented to acceptance]과 변화 지향[oriented to change] 사이의 균형 유지다. 수용[acceptance]은 순간순간 내담자와 상담자, 그리고 상담 관계와 과정을 있는 그대로 받아들이는 것이다. 이는 온정과 통제력을 동시에 표현하면서 내담자의 지혜와 선함을 탐색하고, 판단·비난·조종 없이 순간순간의 경험에 온전히 집중 하는 것이다. 현실은 변하고, 관계의 특성은 상호 영향을 주고받는다. 특히, 상담관계는 변 화할 필요성과 변화 과정에서 전문적 도움이 필요한 내담자의 바람에서 비롯된다.

　이에 상담자는 상담의 영향력이나 변화가 내담자에게 이롭게 할 책임이 있다는 점에서 적극적이고 자기 의식적으로 행동변화 원리를 체계적으로 적용해야 한다. 수용 지향 vs. 변화 지향의 차원에서 DBT 상담자는 수용 기술(인간중심치료)과 변화 기술(행동치료) 사이에 균형을 유지한다. 상담자는 수용과 변화를 통합하는 본보기가 될 뿐 아니라, 이런 삶의 자세를 내담자에게 제안한다. 또한 내담자가 자신과 상황에서 원치 않는 부분의 변화/완화와 감내·수용을 지지한다. 마음챙김과 고통감내 기술훈련은 갈등 상황에서 정서조절과 대인관계 효과성 기술 교육과 균형을 유지한다.

흔들림 없는 중심성 vs. 연민 어린 유연성. 흔들림 없는 중심성^{unwavering centeredness}은 상담자 자신·상담·내담자를 향한 믿음의 질로, 태풍의 중심처럼 혼돈 속 고요함을 의미한다. 이는 장기적으로 내담자에게 무엇이 필요한지 명료하게 아는 마음과 함께, 단기적으로 동요 없이 내담자가 겪는 강렬한 고통을 감내하는 것이다. 중심성^{centeredness}은 일률적인 경계 유지를 뜻하지 않는다. DBT에서는 일률적 경계나 일관성을 중시하지 않는다.

연민 어린 유연성^{compassionate flexibility}은 내담자가 처한 상황에 관한 적절한 정보를 수집하고, 이를 토대로 자기 위치를 적절히 조절하는 능력이다. 즉, 이전에 고수했던 위치를 자유롭게 변경해 주는 능력이다. 두 발을 땅에 고정하는 게 중심을 잡는 거라면, 몸을 움직여 내담자가 지나갈 수 있게 해 주는 게 연민 어린 유연성이다. 따뜻한 상담자의 미소에 자신을 비웃었다고 분노로 반응하는 내담자에게 기꺼이 자기 잘못으로 인정하는 게 그 예다.

양육 vs. 자애로운 요구. 양육^{nurturing}은 가르치기, 코칭, 보조, 강화, 지지 등을 통해 학습·변화하는 내담자 능력을 강화하는 것이다. DBT에서 자비와 민감성은 감정표현 억제, 타인(상담자 포함)의 언행, 내·외부 환경의 단서에 미묘하게 반응하는 내담자에게 필수요건이다. 상담 초기에 내담자 마음을 읽어 주지 못하는 상담자는 내담자가 변덕스러운 행동으로 고의로 상담을 방해한다고 여기거나, 공포와 무력감을 느끼는 내담자를 적대적이고 공격적으로 여기기 쉽다. 이에 자애로운 요구^{benevolent demanding}에서 DBT 상담자는 내담자의 능력을 인정하고, 적응 행동과 자기통제력을 강화하며, 스스로 돌볼 수 있는 내담자는 돌봄을 거절한다. DBT에서 상담자의 단호한 태도는 필수 덕목으로, 내담자의 변화 촉진을 위해서는 당근과 채찍 둘 다 사용한다.

05 DBT 처치 전략

DBT 처치 전략^{treatment strategies}은 목표 달성을 위해 상담자의 조율된 활동·책략·절차를 말한다. 전략은 내담자가 제시하는 문제해결을 위해 필요한 상담자의 역할, 중점을 둬야 할 사안, 상담자가 보여야 할 조율된 반응에 관한 책략이다(다른 상담이론에서는 '절차' '기법' '프로토콜'로 불림). DBT에서 전략이라는 용어를 채택한 이유는 행동 계획과 계획을 실행하는 수완을 함축하기 때문이다. DBT의 처치 전략은 크게 4개 범주(① 변증법 전략, ② 핵심 전략, ③ 스타일 전략, ④ 사례관리 전략)로 구분되는데, 그 내용은 표 11-4와 같다.

표 11-4. DBT 처치 전략의 4개 범주

전략	설명
1. 변증법 전략	○ 치료 전반에 걸쳐 있고, 치료 전체를 이끎

2. 핵심 전략	○ 타당화와 문제해결 전략으로 구성되어 있음
3. 스타일 전략	○ 치료에 어울리는 대인관계 · 의사소통 양식을 구체적으로 제시함
4. 사례관리 전략	○ 내담자의 사회 연결망에서 상담자의 상호작용과 반응 방법으로 구성됨

변증법 전략

첫째, 변증법 전략^{dialectic strategies}은 DBT의 모든 과정에서 작용한다. 변증법의 관점에서 현실^{reality}은 지속적인 발달과 변화 상태의 전체 과정인 동시에 다른 전략의 토대다. 변증법 전략은 개인 내면, 그리고 개인-환경 체계에서 일어나는 모순된 감정, 반대되는 사고 양상 · 가치 · 행동 전략이 생성하는 창조적 긴장을 강조한다. 이 전략은 현실을 있는 그대로 수용하는 맥락에서의 변화에 초점을 둔다. 변증법 전략의 3요소는 ① 처치 전략의 균형 유지, ② 변증법적 행동 양상 가르치기, ③ 구체적인 변증법 전략이다.

처치 전략의 균형 유지. 상담자는 치료적 상호작용에서 구체적인 전략과 치료적 태도를 균형 있게 적용한다. 이 전략은 수용과 변화, 유연성과 안정성, 돌봄과 도전, 역량과 한계 · 결여의 강조를 결합하는 것이다. 이 전략의 목표는 상담 과정과 내담자의 삶에서 대립이 드러나게 하고, 통합을 위한 조건을 제공하는 것이다. 이에 변화^{change}는 수용을 강조함으로써 촉진되고, 수용^{acceptance}은 변화를 강조함으로써 촉진된다. 치료적 상호작용에서 변증법적 태도 유지의 특징은 표 11-5와 같다.

표 11-5. 치료적 상호작용에서 변증법적 태도 유지의 특징

요인	설명
1. 속도	○ 내담자가 과거 행동, 정서, 인지에서 경직성을 유지할 수 있었던 견고한 발판을 찾을 수 없게 해 내담자가 균형을 잃게 만듦(☞ 빠르고 가벼운 움직임이 핵심)
2. 관찰	○ 내담자의 모든 움직임을 관찰 · 감지하고 깨어 있어야 함(☞ 두 사람이 그랜드 캐니언 사이에 놓인 장대의 양쪽 끝에 마주 서 균형을 맞추듯 기민해야 함)
3. 요구	○ 내담자에게 확신, 힘, 전념하여 실행하도록 요구함(☞ 재능 있고 카리스마 넘치는 상담자의 자세를 유지함)

　상담관계에서 변증법은 두 사람이 함께 추는 춤에 비유된다. 상담자는 자기 위치에서 내담자에게, 내담자와 함께 반응한다. 이때 핵심은 내담자가 살짝 균형을 잃게 하되, 단단히 잡고 버텨줌으로써, 스스로 이완된 상태에서 음악의 선율에 몸을 맡기게 하는 것이다. 내담자는 때로 통제를 벗어나 빙글빙글 돌기도 하지만, 상담자는 재빠르게 내담자가 선 밖으로 벗어나지 않게 힘 있게 버텨 준다. 내담자와 치료적 춤을 추기 위해 상담자는 순간순간 수용과 변화, 내려놓기와 통제, 지지와 직면, 당근과 채찍, 날카로움과 부드러움 사이를 번갈

아 이동해야 한다.

치료적 춤의 목적은 두 사람이 한가운데로 움직여 함께 한층 더 높은 장대에 서는 것이다. 이에 한쪽 편에서 물러서면, 반대편도 뒤로 물러서서 균형을 맞춰야 한다. 그러나 둘 다 계속 물러서기만 하면, 함께 떨어져서 상담은 종료되고 만다. 내담자의 호소("참을 수 없어요." "못할 것 같아요.")와 상담자의 반응("할 수 있어요.") 사이에서 긴장은 변증법 갈등의 전형이다. 따라서 내담자가 살짝 뒤로 물러설 때, 상담자는 살짝 가운데 쪽으로 움직여, 내담자도 가운데 쪽으로 발을 내딛기를 바라야 한다("어려운 일이라는 걸 알아요. 혼자서 해내기 힘들 거예요. 그래서 제가 도울 거예요. 저는 당신을 믿어요.").

변증법 행동 양상 가르치기. 변증법 행동 양상은 DBT 상담자의 자질이면서 내담자에게 가르치는 사고 양상이다. 변증법 추론은 지적·논리적 추론이 진리에 닿는 유일한 길이라는 생각을 내려놓는 것으로, 경험을 통해 습득한 지식의 수용이 요구된다. 내담자에게 전달할 가장 중요한 메시지는 모든 주제에 대해 반대되는 진술이 가능하다는 것이다. 이로써 상담자는 대립하는 주장의 한쪽에 대한 입증에 초점을 두기보다 대립에서 통합을 이루도록 돕는다. 이에 진술에는 내재한 반대 진술이 밀접하게 뒤따라야 하고, 상담자는 그 진술에 존재하는 모호성과 비일관성을 내담자에게 직접 보여 준다. 이때, 다음 생각을 강조한답시고 최초 생각이나 양극성을 비타당화하지 않아야 한다("맞아요. 아, 아니네요. 내가 착각했네요." 보다는 "맞아요. 그렇지만 또한.").

여기서는 두 가지 생각이 중요하다. 하나는 개인과 사회 변화는 체계 외부가 아니라, 사회 맥락에 존재하는 모순에서 시작된다는 것이다. 즉, 도전과 한계를 통한 현재 역량의 개선과 전환에서 온다는 것이다(Mahoney, 1991). 다른 하나는 극단과 경직된 행동 양상은 변증법이 달성되지 않았다는 신호라는 것이다. 이에 중도를 옹호하고 본보기로 삼는다. 깨달음으로 향하는 길을 걸으려면 극단에 치우치거나 얽매이지 않고 중도를 걸어야 한다(Kyokai, 1966). 이는 두 사람 모두에게 해당한다. 이에 상담자는 경직된 방식으로 융통성을 고수하거나 극단을 피하려고 해서도 안 된다.

구체적인 변증법 전략. 상담자-내담자 관계와 변증법적 행동 양상을 목표로 하는 구체적인 변증법 전략을 요약·정리하면, 표 11-6과 같다.

표 11-6. 상담자-내담자 관계와 변증법적 행동 양상을 목표로 하는 구체적인 변증법 전략

변증법 전략	설명
1. 역설로 들어서기	○ 이중구속의 자기모순에 균열을 내고, 위기를 통찰력 있게 재구성하기 위해 붙들고 있던 것을 내려놓는 것으로, 참/거짓 둘 다 가능하고, 답은 '그렇다' '아니다' 둘 다일 수 있음을 강조하는 전략(☞ 내담자를 문제의 수렁에서 건져내기 위한 지적/논리적 설명을 거부하는 데 유용함)

2. 은유 사용	○ 새롭게 행동할 가능성을 여는 대안 수단으로, 간단한 비유, 일화, 우화, 신화, 이야기를 사용하는 전략(☛ 내담자 행동이 타인에게 미치는 해로운 영향을 전달할 때 유용함)
3. 악마의 속삭임	○ 극단적 명제를 제시하고 내담자에게 그 진술을 믿는지 물어봄으로써, 그 명제에서 오류를 입증하려는 내담자의 시도에 반박하는 전략(☛ 상담자는 '정'을 제시하고, 내담자에게서 '반'을 끌어내어 논박을 통해 '합'에 도달함)
4. 확장	○ 내담자가 자신을 받아들이는 수준보다 상담자가 내담자를 더 심각하게 받아들이는 전략(예 "나와 추가 회기를 예약하지 않으면, 자살해 버릴 거예요.")
5. 지혜 마음 활성화	○ 들숨 날숨에 주의를 집중하게 하여 들숨의 바닥, 즉 중심('지혜 마음')에 자리 잡게 함으로써 내담자에게 내재한 지혜 마음을 활용하게 하는 전략
6. 레몬으로 레모네이드 만들기	○ 문제를 자산으로 탈바꿈하여 관점의 변화를 유도하여 문제해결을 위한 새로운 정보를 적극 받아들이게 하는 전략(☛ 짙은 먹구름이 드리워 있음을 부정하지 않은 채, 구름의 빛나는 가장자리를 찾아내는 기술임)
7. 자연스러운 변화 허용	○ 과정, 발달, 변화가 현실의 본성이라고 가정하는 변증법에 따라 모든 환경에 내재한 변화, 발달, 비일관성이 자연스럽게 진행하도록 허용하는 전략
8. 변증법적 평가	○ 기존의 상담 이론과 달리, 상담 규칙 또는 양상에서 억압 또는 상담이 오히려 해롭게 하는 특성이 있는지 열린 자세로 검토하는 전략(☛ 개인이 속한 사회의 인간/사회관계 구조에 치명적 결함이 있을 수 있음을 고려함)

핵심 전략

둘째, DBT의 핵심 전략$^{core\ strategies}$은 ① 타당화와 ② 문제해결이다. 타당화 전략은 DBT의 핵심으로, 다른 모든 전략은 이를 중심으로 구축되어 있다. 이 전략은 DBT에서 가장 분명하고 직접적인 수용 전략이다. 반면, 문제해결 전략은 DBT의 가장 분명하고 직접적인 변화 전략이다. 이 전략에서 상담자는 내담자가 자기 행동을 분석하고, 변화에 전념하며, 행동 변화를 위해 적극 실행하도록 돕는다. 내담자의 관점에서 부적응행동$^{maladaptive\ behavior}$은 해결 또는 소거하기를 원하는 문제의 해결책이다. 그러나 상담자의 관점에서는 해결해야 할 문제다. 즉, 타당화 전략은 내담자 관점의 지혜를 강조하고, 문제해결 전략은 상담자의 지혜를 강조한다.

타당화. 타당화^{validation}는 내담자가 처했던 상황에서 보인 그의 행동이 충분히 이해할 만했고, 현재 맥락에서도 이해할 수 있다는 걸 언어적·비언어적인 분명한 방식으로 인정해 주는 반응이다. 이는 치료관계 구축에 유용한 DBT의 핵심 도구로, 신뢰관계 구축에 어려움을 보이는 내담자에게 도움을 준다(Linehan, 1993). DBT에서는 내면의 지혜에 주목하면서, 변화와 성장의 자원과 잠재력('지혜 마음$^{wise\ mind}$')이 현재 내담자 안에 존재한다고 믿는다. 타당화를 통해 상담자는 내담자의 모든 반응에 깃든 일말의 지혜와 진리를 찾아내고, 이 지혜를 내담자에게 전달한다. 성장하고 나아가려는 내담자의 본질적 욕구에 대한 믿음과 내재한 변화 능력에 대한 믿음은 바로 DBT의 치료적 토대다. 상담 과정 내내 상담자는 내담자와의 긍정적 · 인간적 · 협력적 관계 형성을 추구한다. 타당화는 3단계(① 적극적 관찰, ② 반영, ③ 직접 타당화)로 수행된다.

☐ **적극적 관찰.** 첫째, 적극적 관찰$^{active\ observation}$은 내담자에게 어떤 일이 일어났는지 또는 그 순간에 무엇이 일어나고 있는지에 관한 정보를 수집하는 작업이다. 동시에 내담자가 무엇을 생각하고, 느끼고, 행동하는지 경청 · 관찰하는 일이다. 타당화를 위해 상담자는 내담자에게 어떤 일이 있었는지 관찰하고, 관찰한 것을 반영해 주며, 내담자의 반응이 이해할 만한 것이었음을 말해 준다. 적극적 관찰의 핵심은 깨어 있기$^{staying\ awake}$다. 상담자는 내담자의 실제 정서, 생각, 행동 관찰을 저해하는 이론, 편견, 편향을 내려놓는다. 특히, 기관(상담센터, 병원)에서 상담자는 내담자에 관한 소문 또는 다른 전문가의 의견을 내려놓는 대신, '제3의 귀'로 잘 드러나지 않는 정서, 생각, 신념을 듣고, '제3의 눈'으로 잘 드러나지 않는 내담자의 행동을 관찰한다.

☐ **반영.** 둘째, 상담자는 내담자의 감정, 생각, 행동, 기본가정을 다른 참신한 말과 행동으로 내담자에게 되돌려준다('반영^{reflection}'). 이 단계에서는 판단하지 않는 태도가 필수다. 상담자는 내담자에게 들을 수 있는 방식으로, 깨어 있고 귀 기울이고 있음을 전달한다. 반영을 위해서는 정확한 정서적 공감, 신념, 예측, 가정에 대한 이해, 행동 양상에 대한 인식이 필요하다. 이 과정에서 상담자는 "제가 잘 이해했나요?" "이게 맞나요?"라는 질문을 통해 내담자에게 진술을 확인 · 수정할 기회를 제공한다.

☐ **직접 타당화.** 셋째, 상담자는 내담자의 반응에서 지혜와 타당성을 찾아 반영함으로써, 반응을 이해할 수 있음을 전달한다('직접 타당화$^{direct\ validation}$'). 동시에, 상담자는 현재 환경에서 내담자의 반응을 뒷받침하는 자극을 탐색한다. 즉, 아주 사소하더라도 맥락에 합당하거나 적절한 행동을 찾아내어 반응한다. 그런 다음, 내담자 반응의 역기능적 특성을 고려한다. 이 단계에서는 상담자가 내담자의 반응에서 타당성을 찾아내야만 내담자의 자기 타당화에 진술하게 지지할 수 있게 된다. 타당화는 ① 정서 타당화 전략, ② 행동 타당화 전략, ③ 인지 타당화 전략, ④ 응원 전략으로 구분되는데, 이 범주에 따른 구체적인 타당화 전략은 표 11-7과 같다.

표 11-7. 타당화 범주별 구체적인 타당화 전략

타당화 범주	구체적인 타당화 전략	
1. 정서 타당화 전략	① 정서 표현 기회 제공	③ 정서 읽기
	② 정서 관찰 및 명명 기술 가르치기	④ 정서 타당화 전달

2. 행동 타당화 전략	① 행동 관찰 및 명명 기술 가르치기 ② 당위 탐색 ③ 당위에 맞서기	④ 당위 수용 ⑤ 실망으로 옮겨 가기
3. 인지 타당화 전략	① 사고 및 가정 도출·반영 ② 사실과 해석 구별 ③ '진리의 일면' 탐색	④ '지혜 마음' 인정 ⑤ 가치 차이 존중
4. 응원 전략	① 최선을 가정하기 ② 격려 ③ 내담자 가능성에 초점 두기 ④ 외부 비난 반박 및 조절하기	⑤ 칭찬 및 안심시키기 ⑥ 현실적이기, 솔직하지 않을 거라는 두려움 직접 다루기 ⑦ 가까이 있기

문제해결. 문제해결 전략^{Problem-Solving Strategies}은 DBT의 핵심 변화 전략이다. DBT에서는 회기 안팎의 모든 역기능행동을 해결해야 할 문제로 간주한다. 또 다른 관점에서는 삶의 문제에 대한 잘못된 해결책으로 보기도 한다. 특히 DBT의 문제해결 전략은 내담자들이 흔히 나타내는 수동적이고 무기력한 대응반응에 대처할 수 있도록 3수준으로 고안되었는데, 그 내용은 표 11-8과 같다.

표 11-8. 문제해결 전략의 3수준

수준	과업
□ 1수준	○ 내담자의 삶 전체를 해결할 문제로 간주하고, 해결책을 DBT 구현으로 설정함
□ 2수준	○ 내담자가 이 순간 당면한 문제에 적용해야 할 전략과 절차를 파악함
□ 3수준	○ 내담자의 일상생활에서 일어나는 구체적인 문제를 다루고 해결함

문제해결은 보통 2단계 과정으로 진행된다. 즉, 1단계에서는 당면한 문제를 이해·수용한다(수용 단계). 이 단계에서는 ① 행동분석 전략, ② 통찰(해석) 전략, ③ 교육 전략을 적용한다. 2단계에서는 유사한 문제 상황에서 사용했거나 향후 사용할 수 있는 대안 해결책을 고안·평가·실행한다(변화 단계). 이 단계에서는 ① 해결분석 전략, ② 방향 잡기 전략, ③ 전념 전략이 적용된다. 문제해결 전략을 요약·정리하면, 표 11-9와 같다.

표 11-9. 문제해결의 단계별 구체적인 전략

□ 1단계(수용 단계)		
1. 행동분석 전략	① 문제 행동 정의 ② 체인 분석	③ 행동 통제 요인에 대한 가설 설정
2. 통찰(해석) 전략	① 조명 ② 반복되는 양상 관찰·기술	③ 행동에 담긴 의미 언급 ④ 가설 수용/기각의 어려움 평가

3. 교육 전략	① 정보제공 ② 읽을 자료 제공	③ 가족구성원에 대한 정보제공
□ 2단계(변화 단계)		
1. 해결분석 전략	① 목표 · 요구 · 소망 탐색 ② 해결책 생성 ③ 해결책 평가	④ 수행할 해결책 선택 ⑤ 해결책에서 걸림돌 제거
2. 방향잡기 전략	① 역할로 인도하기	② 새로운 기대 재정리
3. 전념 전략	① 전념 판촉: 장단점 평가 ② 악마의 속삭임 ③ '문 안에 발 들여놓기/문 안에 얼굴 들이밀기' 기법 ④ 과거 전념과 현재 전념 연결	⑤ 선택의 자유와 대안 선택지 부재 조명 ⑥ 조성 원리 적용 ⑦ 희망 생성(응원) ⑧ 숙제 협의

스타일 전략

셋째, 스타일 전략[Stylistic Strategies]은 상담자의 의사소통 방식과 형식에 관한 전략이다. 이 전략은 의사소통 내용보다는 상담자의 치료 전략 사용 방법에 초점을 둔다. 여기서 스타일은 ① 어조(온정 vs. 냉정/직면), ② 시작과 끝(유연성/흘러감 vs. 경직성/비예측성), ③ 강도(유머/가벼움 vs. 매우 진지함/무거움), ④ 속도(빠름/신속함/끼어듦 vs. 느림/사려 깊음/반성적), ⑤ 반응성(영향 받음 vs. 휘둘리지 않음)과 관련이 있다. 상담자 스타일에서 태도는 존중/애정 vs. 우월성/거만함으로 나타낼 수 있다.

DBT에서는 의사소통 스타일을 두 가지(① 상호적[reciprocal] 의사소통, ② 불손한[irreverent] 의사소통)로 구분한다. 전자는 반응적, 자기개방, 온정, 진정성으로 정의되는 반면, 후자는 정제됨 없고, 뜬금없으며, 조화롭지 않다는 특징이 있다. 전자는 기꺼이 약함을 드러내는 데 비해, 후자는 직면적이다. 이 두 스타일은 변증법의 양극에 위치하는데, 서로 균형을 맞출 뿐 아니라, 합을 이뤄야 한다. 이에 상담자는 이 두 스타일을 신속하게 오가며, 혼합 스타일이 잘 기능하게 한다. 상호적 의사소통과 불손한 의사소통의 구체적인 전략을 요약 · 정리하면, 표 11-10과 같다.

표 11-10. 상호적 의사소통과 불손한 의사소통의 구체적인 전략

의사소통 스타일	구체적인 의사소통 전략	
1. 상호적 의사소통	① 반응적 ② 자기개방	③ 따뜻한 관계 ④ 진정성

2. 불손한 의사소통	① 비껴 나간 방식의 재구성	④ 내담자의 엄포에 올라타기
	② 불길에 뛰어들기	⑤ 강도의 강약 조절 및 침묵 사용
	③ 직면적 어조 사용	⑥ 전능함과 무능함 표현

사례관리 전략

넷째, 사례관리 전략Case Management Strategies은 상담자가 내담자와의 관계 밖 환경에 대한 반응 및 상호작용 방법에 관한 전략이다. 이 전략은 상담자가 다른 전문가와 가족을 비롯하여 내담자와 관련 있는 사람에게 어떻게 반응하는지에 초점을 둔다. DBT의 사례관리 전략에는 문제해결 전략, 타당화 변증법 철학의 적용방법 등에 관한 지침을 제공한다. 사례관리는 내담자의 물리적 · 사회적 환경 관리를 도와 그의 삶 전반의 기능과 안녕을 증진하고, 삶의 목적을 향한 진전을 촉진 · 가속화하는 기능이 있다. 사례관리를 위한 구체적인 전략은 표 11-11과 같다.

표 11-11. 사례관리를 위한 구체적인 전략

사례관리 전략	구체적인 사례관리 전략
1. 환경개입 전략	① 내담자 없이 단독 정보제공
	② 내담자 권리 옹호
	③ 도움 제공을 위해 내담자 환경으로 들어가기
2. 내담자 자문 전략	① 내담자 · 관계망 접근 방향 잡아 주기
	② 다른 전문가 대면 방법에 관한 내담자 자문
	③ 가족과 친구를 대하는 방법에 관한 내담자 자문

06　BPD에 대한 DBT의 관점

BPD 성인의 기질은 '까다로운 아이difficult child(① 생물학적 기능조절 문제, ② 새로운 자극에 대한 회피, ③ 변화에의 부적응 또는 더딘 적응, ④ 강한 부정 감정 표출)'의 전형이다. 물론 이런 기질의 아이가 성인이 되면 다 BPD로 진단되는 건 아니다. DSM에서는 BPD의 진단 기준에 행동 · 정서 · 인지 불안정과 조절부전 양상을 반영했다. 이를 5개 범주(① 정서, ② 관계, ③ 행동, ④ 인지, ⑤ 자기감)에서 불안정과 조절 문제가 있는 걸로 요약 · 정리하면 표 11-12와 같다.

표 11-12. DSM-5-TR 경계성 성격장애의 진단 범주

범주	특징
1. 정서	○ 사소한 자극에도 극도로 민감한 정서로 반응함(삽화성 우울, 불안, 성마름, 분노, 분노표현 곤란)
2. 관계	○ 관계가 혼란스럽고, 강렬하며, 현저한 어려움(유기불안)이 있음
3. 행동	○ 문제를 일으키는 극단적 충동 행동과 자살 행동 양상(빈번한 자해 · 자살 시도)
4. 인지	○ 단기 정신병 형태의 사고 조절 문제(해리, 이인증 등), 스트레스 상황에서의 간헐적 망상(스트레스가 감소하면 완화됨)
5. 자기감	○ 자기감이 없고 공허감을 호소하며, 자기가 누구인지 모르겠다는 말을 자주 함

경계성 성향의 내담자

과거에 경계성 환자에 대한 의학적 치료는 종종 달램과 처벌이 반복되고, 치료자가 무력감에 빠져 결국 치료를 포기하거나 환자를 입원시키는 악순환이 계속되곤 했다("버림받느니 차라리 죽는 게 나아요!"). 이런 상황은 내담자가 어려서부터 익숙하게 경험했던 비타당화 가정의 연장선일 뿐이었다. 경계성 환자의 태도에 대한 치료자의 비난과 방임은 비타당화 가정에서의 처벌 양상과 크게 다를 바 없었다. 심지어 유사 상황에서 여성은 더 심한 비난을 받곤 했다(Linehan, 1993). 과거에 경계성 환자 치료 상황의 특징은 글상자 11-16과 같다.

글상자 11-16. 종전의 경계성 환자 치료 상황의 특징

> 1. 환자는 보통 여성이다.
> 2. 치료자는 내담자의 고통에 관심이 있다.
> 3. 치료법이 고통 중단/감소에 그리 효과적이지 않다.
> 4. 다른 문제가 있는 환자치료에 성과가 좋았던 치료자라도 경계성 환자치료 과정에서 고통과 무력감이 반복된다.
> 5. 더 노력했음에도 진전이 없어 보이면, 치료자는 부진한 치료 성과의 책임을 환자에게 돌리기 시작한다(☞ 치료에 임하는 환자의 태도가 너무 불성실하다거나, 저항이 심하다거나, 너무 많은 걸 요구한다거나, 변화에 관심이 없다거나, 심지어 고통을 즐기는 것 같다고 말하기 시작함).
> 6. 치료자는 자신의 눈에 비친 환자의 외현 행동을 내적 동기로 보는 인지오류를 저지른다.
> 7. 치료자는 좌절하고, 미묘하게 환자를 내치면서 마땅한 도움을 제공하지 않는다(처벌).
> 8. 환자에 대한 처벌성 조치는 문제해결에 도움 되지 않고, 서로의 부정 정서를 높여, 힘의 다툼을 벌이다가 끝내 조기 종결한다.

과거의 경험을 고려할 때, 내담자의 내담자 비난은 정서적 거리감과 부정 정서를 유발하고, 처벌 가능성을 높이며, 기꺼이 도우려는 마음을 감소시킨다는 점에서 상담관계에 치명

적이다. 내담자 처벌은 문제해결에 도움을 주지 않고, 서로의 부정
정서만 높일 뿐이다. 그 결과, 상담자와 내담자 누구도 이길 수 없는
치킨게임[chicken game](1950년대 미국 젊은이들 사이에 유행했던 자동차 게임
으로, 도로의 양쪽에서 두 대의 차가 마주 보고 돌진하다가 충돌 직전에 핸
들을 꺾어 피하는 쪽이 패배하는 겁쟁이 가려내기 게임) 같은 힘의 다툼
이 이어질 뿐이다. 더욱이, 상담자의 비난은 내담자가 문제에 대한

그림 11-2. 치킨게임

경험 타당화를 할 수 없게 만듦으로써, 더 큰 피해를 초래할 뿐이다. 또다시 자기 경험 불신
을 학습하게 되어 설령 시간이 지나면서 상담자의 관점을 수용하는 반응을 보이더라도, 이
는 자기 관찰을 믿지 못하거나 상담자 관점을 믿어 주는 반응에 따른 강화의 결과일 수 있
다.

BPD의 행동 양상

DBT에서는 경계성 행동 양상을 3개의 변증법 차원(① 정서 취약성[emotional vulnerability] vs. 자기 비
타당화[self-invalidation], ② 끊임없는 위기[unrelenting crisis] vs. 애도 억제[grieving inhibition], ③ 적극적 수동성[active
passivity] vs. 능숙한 겉모습[apparent competence])으로 구분한다. 이를 도식화하면, 그림 11-3과 같다.

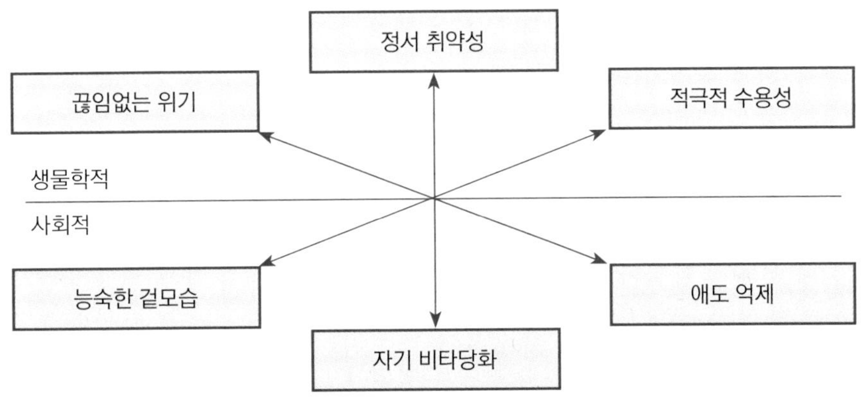

그림 11-3. 경계성 행동 양상의 변증법 딜레마 차원

　　그림 11-3에서 각 차원이 개념상 상하로 양분한다면, 윗부분의 ① 정서 취약성, ② 적극
적 수동성, ③ 끝없는 위기 특성은 발달 과정에서 정서조절에 관여하는 생물학적 기질에 더
많은 영향을 받는다. 반면, 아랫부분의 ① 자기 비타당화, ② 능숙한 겉모습, ③ 애도 억제
특성은 정서 표현의 사회화로부터 더 많은 영향을 받는다. 여기서 핵심은 경계성 사람은 각
차원의 극단에서 겪는 불편감으로 인해 양극단을 반복적으로 오간다는 점이고, 이것이 경
계성 내담자 치료의 핵심 딜레마이기도 하다(Linehan, 1993). 변증법 딜레마의 세 가지 차원
에 관한 세부 설명은 표 11-13과 같다.

표 11-13. 경계성 성격장애(BPD)의 행동 양상

범주	행동 양상
1. 정서 취약성	○ 만성 부정 정서조절 문제 양상(☞ 부정 정서 자극에의 과민성, 높은 정서 강도, 정서 기저선으로의 느린 복귀, 정서 취약성 자각과 경험의 만성 곤란, 사회 환경이 비현실적 기대와 요구를 한다는 비난 경향성이 포함됨)
2. 자기 비타당화	○ 자신의 정서 반응·생각·신념·행동 타당화와 인식 실패 경향성(☞ 자기에 대한 비현실적으로 높은 기준과 기대, 강렬한 수치심과 자기혐오, 자기를 향한 분노에서 기인함)
3. 끊임없는 위기	○ 빈번하게 스트레스를 유발하는 열악한 환경 사건, 혼란, 장해물(☞ 일부는 개인의 역기능적 생활 양상과 부적절한 사회 환경 때문이고, 대부분은 운명/우연 때문임)
4. 애도 억제	○ 부정 정서 반응을 억제/과잉 통제하려는 성향(☞ 애도와 상실 관련 슬픔, 분노, 죄책감, 수치심, 불안, 공황 포함)
5. 적극적 수동성	○ 수동적인 대인관계 문제해결 성향(☞ 삶의 문제를 적극 해결하지 못하고, 주변의 타인에게 대신 해결해 줄 것을 청하는 시도, 학습된 무기력, 무망감 동반)
6. 능숙한 겉모습	○ 실제보다 더 기만적일 만큼 능숙해 보이는 성향(☞ 대부분 예상되는 기분, 상황, 시간에 걸쳐 일관적으로 능숙함을 발휘하지 못하거나, 정서적 고통의 적절한 비언어 단서를 표현하지 못하는 데에 기인함)

　　DBT에서는 생물사회모델에 따라 BPD를 ① 생물학적 특성(정서조절 문제)과 ② 사회학습(비타당화 환경)이 상호작용한 결과로 본다(Linehan, 1993). 이에 DBT에서는 치료의 초점을 ① 정서조절 문제, ② 비타당화 환경('DBT의 치료적 토대' 참조), ③ 유사 자살에 둔다.

정서조절 문제

생물사회모델(BSM)의 관점에서 BPD는 정서조절체계장애다. 이 장애는 높은 정서 취약성과 빈약한 정서조절 능력에 기인한다. 이는 생물학적으로 선천적이고, 특정한 환경 경험에 의해 가속화된다. 이들은 만성 부정 정동에 만연되어 있고, 부적응적이며, 기분 의존적 행동 제어에 어려움을 겪는다. 또한 대인관계에서 오는 스트레스 반응으로 매우 강렬하고 불안정한 정서 반응(초조, 긴장, 공황)을 보인다. 그리고 늘 화가 나 있고 자주 분노를 표출하며, 뚜렷한 이유 없이 폭언을 일삼고, 흔히 신체적 싸움으로까지 번지곤 한다('걸어 다니는 시한폭탄'으로 불림). 경계성 내담자의 정서조절 문제는 ① 경계성행동, ② 충동행동, ③ 정체성장해, ④ 관계혼돈의 대가를 치르게 한다.

경계성행동. 첫째, 정서조절 문제는 경계성행동을 초래한다. 경계성 행동은 신경증과 정신증을 넘나드는 행동이다. 정서 각성과 기분 상태에 영향을 받지 않는 행동은 거의 없다. 경계성 행동의 대부분은 강도 높은 정동을 조절하거나 정서조절 문제에서 야기된 결과를 조절하기 위한 시도다. 이에 정서조절 문제는 개인이 해결하려는 문제인 동시에, 다른 추가적인 문제의 시발점이다.

충동행동. 둘째, 정서조절 문제는 충동행동을 유발한다. 경계성 사람은 충동을 효과적으로 통제하지 못해 결과를 고려하지 않은 채 위험한 자기파괴 활동에 참여한다(㉖ 과소비, 절도, 폭식, 무분별한 성관계, 부주의하고 위험한 운전, 약물남용 등). 이들은 언제 어떻게 행동할지 예상하기 어려워, 직장생활과 대인관계에 많은 어려움을 겪는다. 가장 문제가 되는 충동행동은 예고 없이 시도되는 자해와 자살이다.

　경계성 사람은 미래의 부정적인 결과를 상상하고, 한순간 극심한 공포감을 경험하며, 자신의 사소한 실수나 타인의 거절에 대해 우울반응(수치심, 죄책감, 무력감 등)을 보인다. 또한 이런 강렬한 감정반응에 압도되어 충동적인 자해/자살(또는 유사자살) 시도를 한다. 이는 타인에 대한 분노, 타인의 마음을 움직여서 버림받지 않으려는 절박함 표현의 수단, 비참하고 절망적인 느낌에 대한 대안으로 표출된다. 이들의 반복적인 자해행동의 이유는 다를 수 있으나, 근본적으로는 극심한 자기비난과 불안정한 정체성과 연관이 있다.

정체성 장해. 셋째, 정서조절 문제는 불안정한 자기감을 유발한다. 사람들은 보통 자신에 대한 관찰과 타인의 반응을 통해 정체성('나는 어떤 존재인가'에 대한 자신의 답)을 형성한다. 정체성 발달을 위해서는 시간과 유사 상황에 걸쳐 정서가 일관성 있고, 예측이 가능해야 한다. 모든 정서는 선호 또는 접근-회피의 속성이 있다. 정체성은 여러 속성을 포함하고, 뭔가를 계속 선호하거나 좋아하는 결과다. 그러나 정서 불안정은 예측할 수 없는 행동과 일관되지 않은 인지로 이어져, 안정적인 자기개념 또는 정체성 발달을 저해한다.

　정서반응 억제 또는 억제 시도는 정체성 형성에 악영향을 준다. 자기감과 정체성 부재는 자신이 무엇을 원하고 어떻게 살아가야 할지에 대한 생각이 불분명하게 하고, 삶의 목적을 잃고 방황하게 하며, 잠재력을 발휘하지 못하고 여러 직업을 전전하거나 진로를 자주 변경하게 한다. 설령 의미 있게 여겨진 것이라도 억제 정동과 연결된 둔감화는 시간이 지나면서 무의미하다는 느낌이 들어 만성적 공허감을 느끼게 한다("텅 빈 것 같고, 빈껍데기 같으며, 허전하고 허무해서 견딜 수가 없어요."). 비타당화 가정에서 사건에 대한 자기 느낌이 맞은 적이 없고, 맞는지 예측할 수 없다면, 타인에 대한 과잉의존을 발달시킨다. 특히 선호, 생각, 견해에 과잉 의존하는 경우, 정체성 문제는 악화되고, 악순환 고리가 형성된다.

관계 혼돈. 넷째, 정서조절 문제는 불안정한 관계 양상을 발달시킨다. 원만한 대인관계 형성은 안정된 자기감과 자연스러운 정서표현 능력이 있을 때 가능하다. 생산적인 관계는 적절한 방식으로 정서를 조절하고, 충동행동을 제어하며, 고통을 유발하는 자극의 감내력이 필요하다. 그러나 경계성 사람은 타인의 감정 이해 능력, 즉 공감력이 현저히 부족하다. 또한 사람을 이분법적이고 극단적인 방식으로 평가한다. 예컨대, 구세주라도 된 듯 찬사와 존경을 표현하던 대상을 형편없고 무능한 사람으로 무시하고 비하한다. 이렇듯 동일인은 과대 이상화된 존재가 되었다가, 한순간에 최악의 형편없는 존재가 되어 버린다.

경계성 사람은 친밀관계가 있는 대상에게 거절 또는 무시에 대해 상당한 아픔과 두려움을 갖고 있어서, 상대가 자신을 어떻게 대하는지 또는 자신을 버리지 않을지 끊임없이 걱정하며 확인한다('유기 불안'). 예컨대, 흔히 있을 법한 사소한 갈등 상황(의견의 불일치로 인한 말다툼, 애정 표현을 해 주지 않음, 약속 시간에 늦음)에 대해 과민하게 반응한다(심한 우울감, 불안한 집착, 분노 폭발 등). 이에 몹시 당황스럽고 억울한 상황을 초래하여, 누구와도 안정된 대인관계를 유지할 수 없게 된다. 이런 형태의 관계 혼돈은 일시적이고 순간적인 정신병적 증상으로 나타난다. 이들은 또한 스트레스와 연관된 피해사고("누군가가 나를 해칠 것 같아요.")와 심한 해리 증상("내가 나로부터 떨어져 나와 있는 것 같아요." "어떤 것도 진짜 같은 느낌이 들지 않아요.")을 경험한다. 이런 증상은 시간이 지나면 진정된다는 점에서 극심한 스트레스로 인한 일시적인 현상으로 이해된다.

유사자살

유사자살parasuicide은 비자살성 자해행동으로, 실질적 조직 손상/질환이 야기되거나, 죽음의 위험이 있거나, 신체 손상과 죽음을 유도할 의도로 과도한 물질을 투여하는 행동이다. 자살(의도적으로 죽음을 유발함)과 달리, 유사자살은 ① 자살사고, ② 자살 위협(자해/자살하겠다고 하지만 말대로 행동하지 않음), ③ 자살에 가까운 행동[스스로 위험에 빠뜨리지만 행위를 완성하지 않음(예 다리 난간에 매달림, 입안에 약을 넣지만 삼키진 않음)]을 포함한다. 경계성 환자와 유사 자살 환자는 치료의 조기 종결로 악명이 높다. 이들은 종종 두 가지 유형(① 나비 환자, ② 찰거머리 환자)으로 나뉜다. 나비 환자는 치료에 애착을 갖게 하는 데 상당한 어려움을 준다. 이런 환자들은 치료자 손에 날아들었다가 이내 날아가 버리곤 한다. 회기 참석은 일시적이고, 임의로 약속을 어기며, 치료를 우선하지 않는 특징이 있다(Gunderson, 1984).

유사자살은 보통 자살 제스처suicide gesture 또는 조종성 자살시도manipulative suicide attempts 행동을 포함한다. '유사자살'이라는 용어는 경멸이 덜 담긴 용어라는 점에서 더 자주 사용된다. 남을 '조종하려는' 사람이라고 명명된 사람을 좋아하긴 어렵다. 이 용어는 상담에서도 이들을 비난하기 쉽게 만들고, 이들을 미워하게 만들 수 있다. 내담자를 좋아해야 이들에게 도움을 줄 수 있다는 점에서 용어의 선택은 중요하다. 아무리 효과적인 상담이나 의학적 치료도 죽은 사람에게는 효과가 없다. 누군가의 생명이 즉각적인 위험에 처해 있다면, 어떤 치료도 그를 살리는 노력을 하는 데 초점을 두어야 한다. 유사자살을 일삼는 사람들은 BPD 못지않게 다양한 범주에서 어려움을 겪는다. BPD와 유사자살의 특징을 비교해 보면 표 11-14와 같다(Linehan, 1993).

표 11-14. BPD와 유사자살의 특징 비교

조절 문제	BPD	유사자살
1. 정서	○ 분노, 정서불안정	○ 분노, 성마름, 적대성, 만성 불쾌 정동
2. 행동	○ 자살위협, 충동행동, 자기파괴행동, 물질남용	○ 자살위협, 물질남용, 무분별한 성행위
3. 인지	○ 인지장해	○ 인지 경직성, 이분법 사고
4. 대인관계	○ 불안정한 관계, 상실 회피 시도	○ 관계 갈등, 관계문제 중시, 빈약한 사회 지지, 수동적 관계 문제 해결
5. 자기감	○ 불안정한 자기상, 만성 공허감	○ 낮은 자기존중감

자살위기행동.　자살위기행동suicide crisis behavior은 곧 자살할 위험이 크다고 암시하는 행동이다 [신빙성 있는 자살 위협 근거, 자살에 대한 언급, 자살 계획과 준비, 치명적 수단 마련(약 수집, 총기 구입), 높은 자살 의도 등]. DBT 상담자는 실제로 자살이 일어날 가능성이 있다고 믿든 믿지 않든 이런 행동은 절대 간과하지 않는다. 현재 삶을 감당하기 어렵다는 점에 비춰 봤을 때, 죽기를 원하는 사람에게는 그만한 이유가 있다고 본다. DBT에서는 자살위기행동을 일삼는 사람들이 긍정 상황을 부정 왜곡하는 문제는 거의 없다고 가정한다. 그렇지만 DBT 상담자 는 고통의 삶에 직면할 때 자살로 인한 죽음보다는 삶의 편에 선다. 내담자의 문제는 대개 너무 많은 삶의 위기, 환경적 스트레스 요인, 대인관계 문제, 고용 상황 악화, 삶을 즐기거나 의미를 찾기 어렵게 하는 신체 문제가 주를 이룬다. 또한 내담자의 습관적인 역기능 행동 양상은 자신에게 스트레스를 주고, 삶의 질 개선을 가로막는다.

　자살 생각/충동/욕구는 삶이 나아질 수 없다거나 나아지지 않을 거라는 생각에 근거한다. 그러나 이는 참일 수도 있지만 항상 그렇진 않다. 죽음은 희망을 배척하기 때문이다. 죽은 자가 산 자보다 더 나은 삶을 영위한다는 근거는 없다. 내담자가 자기 관점에서 자살이 최 선임을 설득하는 이야기가 일리 있게 들리더라도 상담자는 자살에 관한 타협은 불가하다는 확고한 결단을 내려야 한다. 자살은 타협이 가능한 선택지가 아니므로, 결국 내담자가 질 수밖에 없다. 자살 생각은 그 순간 죽으려는 어떤 욕구와도 연관되지 않을 수 있는 습관적 인 반응이다. 자살할 수 있다는 생각은 상황이 너무 나빠지면 빠져나갈 방법이 있다고 안심 을 준다. 극심한 긴장에 시달릴 수 있는 비밀 첩보원은 청산가리 캡슐을 소지함으로써, 언 제든 체포되면 자살로 모진 고문을 피할 수 있다는 생각으로 안심할 수 있는 게 그 예다. 이 에 DBT 상담자는 내담자를 비난하기보다 타당화할 맥락을 만들고, 그 맥락 안에서 내담자 의 좋지 않은 행동을 막거나 없애고, 좋은 행동을 이끈다. 또 내담자의 좋은 행동을 강화하 고, 내담자가 안 좋은 행동을 멈추는 대신, 좋은 행동을 계속하게 하는 방법을 탐색한다.

DBT의 BPD 개념화

DBT에서는 BPD를 변증법 부재의 결과로 본다. 이 이론에서는 삶에서 변증법이 부재한 경우, ① 경계성 분열, ② 자기와 정체성 혼미, ③ 대인관계 고립과 소외가 발달한다고 개념화한다.

경계성 분열.   첫째, 변증법 부재는 경계성 분열^{borderline splitting}을 유발한다. 변증법 부재 상태의 사람들은 모순되는 관점의 경직된 양극단을 오가며 두 관점의 합으로 나아가지 못하고, 현실을 전체보다는 극화된 범주와 극단적으로 고정된 틀을 통해 조망한다('흑 또는 백' '모 아니면 도'). 아주 사소한 결점에도 그것 때문에 좋은 사람이 될 수 없다는 생각이 그 예다. 경직된 인지 양상은 미래의 변화에 관한 사고 능력을 제한하고, 고통스러운 상황이 계속될 거라는 느낌을 촉발한다. 게다가 한번 정의 내린 생각은 바뀌지 않고, 누군가에게 결함이 있다는 생각은 영원한 게 된다.

　분열^{splitting}은 본래 심리적 표상을 상반된 성질에 따라 정신을 조직화하는 작업이다. 심리적 경험이 거의 분화되지 않고 불안정한 긴장 상태인 초기 유아기에 분열은 심리적 경험을 긴장 수준의 차이에 따라 구분하기 시작한다('완전히 좋음^{all-good}' 또는 '완전히 나쁨^{all-bad}'). 이 단계에서 분열은 균형을 유지하고, 자극 장벽을 세우게 하여 원시적 조절 기능을 수행한다. 그 후, 욕구좌절로 인해 긴장 상태가 발생하는 경우, 분열은 유아의 욕구가 만족되는 방식에 따라 이런 경험의 구별을 돕는다. 그 결과, 표상적 경계들이 공고화되고, 자기와 대상은 표상적 범주들로 정교화된다. 통합을 이룬 자기와 대상들이 욕구충족의 차원을 초월할 수 있게 될 때, 분열은 방어를 위해 사용된다. 능동적·선택적 과정으로서의 분열은 경험을 구별하고, 이를 통해 이들의 종합^{synthesis}이 야기하는 불안을 방어할 수 있다.

　그러나 이런 일련의 발달 과정이 실패/중단/역전(병리적 퇴행')하는 경우, 분열 방어는 병리적 증상[정신증, 경계성/자기애성 성격, 변태성욕(물품음란증^{fetishism}), 기억상실 등]으로 나타난다(Kernberg, 1984). 병리적 분열에 따른 이분 사고^{dichotomous thinking}는 정 또는 반에 고착되는 경향으로, 합으로 나아가지 못하게 한다. 예컨대, 자살경향성이 있는 사람은 하나의 명제("살고 싶다")와 반대 명제("죽고 싶다")가 동시에 참일 수 있음을 생각하지 못한다. 변증법에서 갈등의 원인은 변증법 부재다. 갈등 해소에는 양극의 인지에서 시작하고, 양극이 모두 참 또는 모두 참이 아니라는 역설적 현실의 조망 능력이 필요하다. 양극단을 초월한 합(통합)에서 역설은 스스로 해소된다.

자기와 정체성 혼미.   둘째, 변증법 부재는 자기와 정체성 혼미^{identity confusion}를 초래하고, 삶의 길잡이를 환경에서 찾는 경향성을 발달시킨다. 이런 혼란은 타인과의 연결감, 그리고 한 순간과 다른 순간의 관계 경험 부재로 인해 유발된다. 이에 각기 고립된 상태로 경험하는 상호작용에 따라 정체성이 정의되어, 정체성은 안정되지 못하고 예측할 수 없는 상태로 변동한다. 즉, 현재 순간의 자극(충격)을 조절해 주는 다른 시간의 순간이 없게 된다. 예컨대, 누군가 화를 내면, 그 순간의 충격("넌 내게 화를 냈어!")이 절대 현실이 되어, 자신에게 화내지 않는 다른 관계 또는 사람과의 다른 시간으로 완충하지 못한다(부분이 전체가 됨). 현재를 완충하고 현재와 통합하려면, 이전 사건/관계가 기억에 떠올라야 한다.

대인관계 고립과 소외. 셋째, 변증법 부재는 개인과 환경을 분리시킨다(고립, 소외, 비접촉, 소속감 결여). 자기-타인-환경의 분리는 자기 정체감 부재로 인해서도 나타난다. 이런 결속감과 통합감의 결여는 자기 정체성 억제 또는 미발달로 인해 발생한다. 사람(부분)과 환경(전체)의 대립은 각각의 존재는 다르지만, 전체의 일부라는 역설의 몰이해로 인해 지속된다.

# DBT에 대한 평가

DBT는 아동기 트라우마로 인한 정서조절문제 관련 자해/자살 시도, 우울, 물질남용, BPD 치료에 효과가 있다(Feigenbaum, 2007). 이 접근은 처음에는 자해/자살 문제를 가진 BPD 환자의 치료를 위해 창안되었으나, 동기 강화, 대처 기술 증진, 강점 강화 등의 목적으로 확대되어 적용되고 있다(Follette et al., 2015). DBT는 경험적 연구를 통해 그 효과가 검증된 몇 안 되는 BPD 치료법 중 하나다. 이는 DBT가 과학적으로 탄탄하고 평가나 비하하는 어조가 없는 이론으로 발전시키고자 노력한 결과다(Linehan, 1993).

  BPD 치료에서 겪게 되는 어려움, 치료법에 관한 문헌, 이 장애에 관한 관심도를 고려하면, BPD 치료의 표준으로 인정받고 있는 DBT가 트라우마 생존자 중재에서 핵심 위치를 차지하고 있다는 주장은 그리 놀라운 일이 아니다. 심각한 트라우마 과거력이 있는 사람들에 대해 DBT는 노출 기반 중재를 통해 안정화를 촉진함으로써, 트라우마 상담과 치료의 효과성을 극대화한다. 또한 물질남용, 관계 문제, 우울, 불안, 낮은 자존감, 섭식장애를 비롯하여 트라우마 경험과 관련된 문제를 넘어 확대되는 복잡한 장애들을 다루기에 적합하다는 평가를 받고 있다.

확인문제

다음 빈칸에 들어갈 말을 써 보세요.

1. 변증행동치료(DBT)는 불교의 __________와/과 심리학적 변화 원리, 즉 _________치료에 기반하여 __________이/가 창안한 다면적 치료 프로그램이다. 이 프로그램은 본래 다수의 복잡하고 중증 심리장애인 _______ 성격장애 진단을 받은 만성 ________ 여성 치료를 위해 고안되었다.

2. DBT는 _________에 기초한다. 이는 모순 또는 대립을 근본원리로 사물 또는 인식을 설명하려는 논리다. 이에 DBT에서는 인식이 ____ · ____ · ____을/를 거쳐 계속해서 변해 간다고 가정한다.

3. 생물사회이론에 따르면, ____________ 환경은 사적 경험을 소통하려 할 때, 개인을 존중하지 않고 욕구 · 감정 · 소통을 위한 노력을 무시 또는 하찮게 여기거나, 변덕스럽고 부적절하며, 심지어 극단적 · 처벌적으로 반응하는 사회적 조건 또는 상황으로, ________________ 환경으로도 불린다.

4. DBT에서 마음챙김 수행을 위해 내담자가 지녀야 할 마음 상태는 ________ 마음, 정서 마음, ________ 마음이다. 특히, 세 번째 마음은 _________ 상태를 유지하고 정서와 이성을 변증법적으로 통합하는 종합적인 마음 상태로, 지식과 _________이/가 포함되어 있다.

5. DBT에서는 내담자에게 두 가지 개입 기술을 가르치는 데 중점을 둔다. 하나는 극단적인 _________을/를 조정하여 부적응적 기분 의존 행동을 감소시키는 기술이고, 다른 하나는 자신의 정서, 생각, 활동을 __________하는 기술이다.

6. DBT에서는 _____ 훈련과 _____ 변화에 초점을 두고, 내담자의 현재 능력과 행동의 타당화에 집중한다. 이를 위해 네 가지 기술, 즉 ① ______________, ② 정서조절, ③ 고통감내, ④ ________________을/를 가르친다.

7. 마음챙김 기술은 참여자의 ______로 무엇을 하는지를 확인하기 위한 것으로, ① 관찰, ② 기술, 그리고 자의식 없이 자발적으로 현재 순간에 활동을 완전하게 수행하는 ③ ______이/가 있다.
    (주의, 참여)

8. DBT에서는 BPD의 행동 양상을 ① ______ 취약성, ② 자기 __________, ③ 끊임없는 ______, ④ ______ 억제, ⑤ ______ 수동성, ⑥ 능숙한 __________(으)로 요약 · 정리한다.

9. 생물사회모델의 관점에서 BPD는 ____________ 장애다. 정서조절 문제는 흔히 ① ______행동, ② 충동행동, ③ ______ 장해, ④ ______ 혼돈의 대가를 치르게 한다.

10. 비타당화 가족의 유형에서 ________ 가족은 정서의 ______적 통제를 강조하고, 성공의 척도로 ______와/과 숙달을 강조하는 특징이 있다. 그 결과, 자녀는 폭군이 되거나, ____________을/를 발달시키거나, 둘 다의 모습을 보일 수 있다.

학습활동

심리적 양극성

1. 다음에 제시된 표의 좌측 빈칸에 당신의 특성을 써넣은 후, 우측 빈칸에 반대되는 특성을 써 넣어 보자.

나의 특성	반대 특성
예시: 좋은	예시: 나쁜
1.	○
2.	○
3.	○
4.	○
5.	○
6.	○
7.	○
8.	○
9.	○
10.	○

2. 당신 자신이 어떤 사람인지를 잘 묘사하는 세 가지 특징을 적어 보자.

① ________________________________

② ________________________________

③ ________________________________

3. 다음에 제시된 표의 좌측 빈칸에 다른 사람들이 알아 줬으면 하는 당신의 특성을 써넣은 후,
우측 빈칸에 반대되는 특성을 써넣어 보자.

나의 특성	반대 특성
예시: 좋은	예시: 나쁜
1.	○
2.	○
3.	○
4.	○
5.	○
6.	○
7.	○
8.	○
9.	○
10.	○

소감

※ 이 활동을 통해 무엇을 알게 되었고, 무엇을 깨달았으며, 무엇을 느꼈고, 어떤 생각이 들었나
요? 잠시 생각하면서, 마음에 떠오르는 것을 자유롭게 글로 써 보고, 글의 제목을 붙여 보자.

소감

Chapter 12

ACT 기반 트라우마 상담

개요
01 ACT의 기초 개념
02 ACT의 원리
03 ACT의 기법과 과정
04 ACT의 원칙
05 ACT에 대한 평가
☐ 확인문제
☐ 학습활동

학습목표
1. ACT의 정의, 기본가정, 주요 개념을 이해 · 설명할 수 있다.
2. ACT의 원리를 이해하고 실제에 적용할 수 있다.
3. ACT의 기법과 과정을 이해하고 실제에 적용할 수 있다.
4. ACT의 원칙을 이해하고 실천할 수 있다.
5. ACT의 평가를 이해하고 논평할 수 있다.

スティブン 해이즈(Steven C. Hayes, 1948~현재)

ACT 는 Acceptance and Commitment Therapy(수용전념치료)의 약자다. 이 치료법은 행동치료, 인지치료, 가치명료화, 마음챙김, 구성주의, 담화, 여성 심리학 등의 철학에 기반하여 스티븐 해이즈가 창안한 인지를 중시하는 행동치료다(Hayes et al., 2004). 이 접근에서는 고통의 기저에 원치 않는 사고와 감정을 회피/통제하려는 시도가 있다고 가정한다. ACT에서는 마음챙김을 중시하고, 마음챙김에서는 수용을 중시한다.

일찍이 칼 로저스(Rogers, 1961)는 사고와 감정을 변화시키는 방법으로, 수용을 시도할 때 일어나는 내면의 갈등에 관해 설명하면서, "신기한 역설은 내가 나를 받아들일 때 비로소 내가 바뀔 수 있다."라고 강조한 바 있다. 허먼(Herman, 1992b)은 저서 『트라우마와 회복(Trauma and Recovery)』의 서문에서 말한다("끔찍한 사건을 부정하려는 의지와 이에 맞서 싸우려는 의지 사이에서 벌어지는 갈등은 심리적 트라우마가 초래하는 변증법적 긴장이다.").

트라우마 생존자는 흔히 자신이 겪었던 불쾌한 기억, 생각, 감정을 회피하기 위해 애쓴다. 트라우마 이후의 삶은 종종 수치심, 모멸감, 공포감, 죄책감을 견뎌야 하고, 갈등하는 양극의 의지 사이에서 줄타기하게 된다. 회피는 일시적으로 효과가 있는 것 같지만, 장기적으로는 전혀 도움이 되지 않고 심지어 해롭기까지 하다. 이에 이 장에서는 트라우마 치유에 효과가 있다고 밝혀진 수용전념치료(ACT)에 관해 살펴보기로 한다.

01 ACT의 기초 개념

수용전념치료(ACT)는 내적 경험의 관찰과 기술을 통해 트라우마에 대한 반응방식을 새로운 관점에서 조망할 수 있도록 돕는 치료적 접근이다. 이를 위해 ACT에서는 트라우마 사건에 대한 내담자의 반응이 자신에게 유용한지를 따진다. 또한 내담자가 소중히 여기는 삶을 확인하고, 이런 삶을 영위하지 못하게 방해하는 반응의 중단을 돕는다. ACT의 기초 개념으로는 ① 고통과 괴로움, ② 통제, ③ 언어의 양면성, ④ 기술과 평가가 있다.

고통과 괴로움

삶에는 두 가지 형태의 불편감이 있다. 하나는 아무리 주의를 기울이고, 심사숙고하며, 올바르게 행동해도 겪을 수밖에 없는 일로 인한 고통으로, 본질적으로 피할 수 없는 불편감이다. 다른 하나는 고통을 회피하기 위해 애쓰는 과정에서 더해지는 괴로움으로, 본질적으로 피할 수 있는 불편감이다. 즉, 고통은 피할 수 없지만, 괴로움은 피할 수 있다. 트라우마의 고통과 심리적 요인으로 인해 발생하는 괴로움은 흔히 거의 동시에 두 개의 화살을 맞은 사람에 비유된다. 첫 번째 화살은 역경, 트라우마, 상실을 마주할 때 느끼는 실제 고통이다. 이는 거의 동시에 맞게 되는 두 번째 화살은 철저히 고수해 온 기대, 욕구, 세계관을 위협하는 괴로움으로 더 복잡한 상태(저항, 회피 등)를 초래한다. 이에 트라우마 상담에서는 내담자가 자신의 트라우마와 연관된 '두 번째 화살' 문제를 직접적으로 다룰 기회를 제공한다. 이는 상담자와 대화를 나누거나 명상하는 동안 내담자가 경험, 삶의 가정, 고통 역설의 측면을 탐구하면서 일어난다.

고통. 삶에서 고통^{pain}은 필연이다. 사람들은 종종 죽음과 이별을 남의 일처럼 여긴다. 그러나 죽음과 이별은 삶의 일부이고, 언젠간 누구에게나 일어날 일이다. 이는 시기의 문제이지 선택의 문제가 아니다. 고통과 괴로움에 대한 현자와 제자의 대화 예는 대화상자 12-1과 같다.

대화상자 12-1. 고통과 괴로움에 대한 현자와 제자의 대화 예

> 현자가 함께 걷던 제자에게 묻는다.
> **현자**: 만일 누군가의 화살에 맞으면 어떻겠는가?
> **제자**: 아프겠지요.
> **현자**: 그렇겠지! 그러면 만일 똑같은 자리에 두 번째 화살을 맞으면 어떻겠는가?
> **제자**: 훨씬 더 아프겠지요.
> **현자**: 그렇지! 사람은 살아 있는 한 화살을 피할 수 없단다. 그렇지만 그 일로 인한 감정적 괴로움은 각자의 선택에 달려 있단다. 첫 번째 화살은 실제로 일어나는 사건이요. 두 번째 화살은 그 사건에 대한 감정적 반응이란다. 상실, 실패, 재난은 누구나의 삶에서 일어난단다.

괴로움. 괴로움^{suffering}은 인간이기 때문에 겪게 되는 고통을 피하거나 없애려고 노력하는 과정('경험 회피')에서 생긴다. 괴로움의 대부분은 실제 사건 그 자체보다 그것에 대한 감정적 반응으로 한층 심화된다. 삶이 고통이라고들 하지만, 실제로 사람들이 더 자주 맞는 화살은 스스로 자신에게 쏘는 두 번째 화살이다. 첫 번째 화살을 맞을 때마다 사람들은 즉각 자신에게 두 번째 화살을 쏘기 시작하기 때문이다. 두 번째 화살은 첫 번째 것의 고통을 배가시킨다. 삶에서 고통(1차 화살)은 피할 수 없지만, 괴로움(2차 화살)은 피할 수 있다. 이미 잃어버린 것에 집착하는 것은 지금 가지고 있는 것마저 잃는 지름길이다. 이런 맥락에서 두 번째 화살에는 ① 애착, ② 무상, ③ 연기가 있다(p. 286, '실존적 통찰 촉진' 참조).

해소 방안. 개인이 통제할 수 있는 건 지금부터 고통에 대처하는 방식이다. 이 방식은 종전과 달라야 한다. 오늘부터 술을 끊거나 몇 년 뒤에 끊더라도, 폭음하기 시작했던 최초의 이유(예 이혼/이별의 고통)는 그대로 남아 있다. 아니면, 거기에 몇 가지 괴로움(예 질병)이 덧붙었을 것이다. 이처럼 최초의 고통은 밀물과 썰물처럼 밀려왔다 빠져나가기를 반복하며, 영

원히 제거되지 않는다['양초설'(트라우마 사건으로 인해 경험한 강렬한 감정은 양초처럼 녹았다 굳어지기를 반복하며 기억에서 사라지지 않고 들러붙어 있음)]. 과거를 잊으려고 애쓸수록 더 큰 괴로움에 사로잡힌다. 두 번째 화살에 관한 탐색질문의 예는 글상자 12-1과 같다.

글상자 12-1. 두 번째 화살에 관한 탐색질문의 예

1. 생존자는 트라우마 이전에 자기, 타인, 삶에 대해 무엇을 믿었는가? ☞ "삶이 영원히 지속될 것이고, 사랑하는 사람들이 절대 떠나지 않을 것이며, 정의^{justice}는 세상의 특징이고, 현재의 긍정 경험은 미래의 행복을 위해 희생되어야 한다"는 믿음이 포함되어 있을 것이다.
2. 어떤 사회적 메시지와 습득된 요구들이 생존자의 현재 고통을 더하거나 복잡하게 만드는가? ☞ "타인에게 사랑받거나 가치를 인정받으려면 신체적 매력이 필요하고, 상처를 입었거나 장애가 있는 사람은 타인보다 부족하거나 못하고, 보복은 마무리를 제공하고 유용한 것이며, 돈·재산·지위는 행복을 위해 중요하다."라는 메시지와 요구가 작용했을 것이다.
3. 생존자는 트라우마와 그 후유증에 대해 어떤 것을 거부하는가? 저항하지 않으면, 어떤 일이 초래되는가? ☞ 돌이킬 수 없는 상실, 지속적인 통증, 장애, 임박한 죽음 같은 것을 받아들이는 일은 포기 또는 굴복하는 것처럼 보일 수 있지만, 부정적 상태와 인식을 거부하거나, 이에 저항하는 것은 부정적인 면을 줄여 주지 않으며, 종종 고통을 악화시킬 수 있다. 또한 수용은 절망이나 거부를 바탕으로 하지 않기 때문에 고통스러운 경험을 인정하는 것은 더 큰 안정과 행복을 포함하는 긍정적인 상태로 이어질 수 있다.

밖에서 날아오는 화살은 피하거나 도망치면 그만이다. 그러나 안에서 쏘는 화살은 피할 길이 없다. 고통스러운 기억의 반추는 독화살과 같다. 첫 번째 화살을 맞는 건 사실 큰일이 아니다. 이는 선택에 달린 게 아니기 때문이다. 하지만 첫 번째 화살 때문에 자신에게 두 번째 화살을 쏘는 게 큰일이다. 두 번째 화살을 피하는 건 선택에 달려 있다. 선택에는 외부의 일에 자신의 짧은 삶을 허비하지 않겠다는 강한 의지가 필요하다. 고통을 다루는 방법을 알고 있으면, 고통을 성장과 행복을 위한 에너지로 활용할 수 있다. 이 방법은 자신이 지금 자기에게 화살을 쏘고 있음을 알아차리는 일이다. 알아차리는 순간, 화살 쏘기를 멈추게 된다. 이것이 알아차림(깨달음)^{awareness}의 기적이다.

통제

ACT에서는 정말로 문제가 되는 것을 통제^{control}라고 전제한다. 고통을 통제하려고 노력하는 과정에서 오히려 괴로움이 증폭된다는 것이다. 사람들은 흔히 어려서부터 고통은 잘못된 것, 나쁜 것, 이상한 것, 바람직하지 못한 것, 수치스러운 거라는 메시지를 들으며 자란다. 이 과정에서 불쾌한 기억과 감각, 불편감과 부정 생각도 통제해야 한다는 메시지가 전달된다. 그 결과, 고통이 찾아올 때, 부정 감정·생각·기억·감각을 통제하기 위해 애쓴다. 그러나 아무리 노력해도 생각과 감정은 잘 제어되지 않는다. 예컨대, '절대로 고통을 느껴서는 안 돼!'라는 생각으로 고통 회피를 위해 필사적으로 노력하지만, 이는 해결책이 아니라 문제의 일부일 뿐이다. 이런 새로운 관점에서 자신을 조망하는 것은 옴짝달싹하지 못하는 상태에서 벗어날 수 있다. 이를 위해 ACT에서는 내담자의 직관에 반하는 전략(의외로 여겨지는 전략)을 사용한다. 불편한 생각과 감정을 수용하지 않으려고 애쓸수록 오히려 그것에 사로잡히기 때문이다(Hayes et al., 2016).

통제 시도. ACT에 따르면, 통제하려는 시도는 모든 문제의 근원이다. 트라우마 치유는 부적절한 통제 시도를 내려놓는 것이다("당신은 지금 무엇을 통제하고자 하나요?" "그것을 통제하려는 이유는 무엇인가요?"). 이 두 질문은 통제 시도의 건강성 여부를 판가름하는 기준이다. 불편한 감정을 회피하지 않고 기꺼이 경험하면 수용할 수 있게 된다. 통제하려고 할수록 오히려 대가를 치를 뿐이다. 특히 내면 통제는 거의 언제나 유익하지 않다. 트라우마로 인한 괴로움의 악순환에서 벗어나지 못하는 이유는 내면의 생각, 감정, 기억, 감각을 통제하려는 시도 때문이다. 이에 이 작업을 제대로 하려면, 아인슈타인의 말처럼, '새로운 수준의 사고'가 필요하다. 이 작업은 지식이 아니라 깨달음이고, 이성적인 생각이 아니라 감성적으로 느껴야 하는 문제다.

고통은 물리쳐야 하는 적이 아니다. 이는 과거에 볼 수 없었던 것을 볼 수 있게 해 주고, 과거와는 다른 방식으로 살 수 있게 동기를 부여한다. 또 내·외면에 존재하는 새로운 것을 알아차리게 해 준다는 점에서 고통은 적이 아니라 친구다. 내면의 경험에 대한 부적절한 통제 시도 때문에 그동안 어떤 대가를 치렀는지를 인식하고, 과도한 통제 시도를 중단하는 훈련은 트라우마 치유를 위한 ACT의 핵심이다.

트라우마로 어려움을 겪고 있는 사람들은 왜 자신의 감정, 생각, 기억, 감각을 통제하고자 할까? 그 이유는 통제하고 있다는 착각이 적어도 일시적으로 위안을 주기 때문이다. 그러므로 건강한 통제가 무엇인지 인식할 필요가 있다. 이 작업은 오직 생존자 본인만 할 수 있다. 과도하게 집착하지 않으면서도 삶을 통제할 방법은 많다. 사람들은 흔히 외부 사건을 통제할 수 없을 때, 내면을 지나치게 통제하고자 애쓰게 된다. 부적절한 통제 시도는 내면의 불편감에서 벗어나기 위한 노력과 관련이 있다.

트라우마는 불쾌한 기억, 생각, 감정, 감각과 연합되어 있다. 이는 트라우마 생존자 대부분이 나타내는 반응이다("다른 사람들에겐 일어나지 않는 일이 나한테 일어난 걸 보면, 나한테 뭔가 문제가 있는 게 분명해!"). 경험 회피는 피부로 둘러싸인 내면(몸과 마음)에서 벌어지는 일을 피하려는 시도다. 이런 시도는 갖가지 문제를 겪게 되는 대가를 치르게 한다. 사람들은 흔히 직접 위협이 되지 않는 경험(원치 않는 생각, 감정, 기억, 감각)을 어떻게든 통제·억제·제거하고자 한다. 그렇게 하지만 않는다면, 감정이나 생각("난 나쁜 사람이야!") 그 자체는 생존자에게 위협이 되지 못한다.

과거의 기억을 없애려는 시도는 뇌절제술 시행과 같다. 트라우마와 연합된 기억, 감정, 감각을 떨쳐 내기 위한 시도는 오히려 뇌의 기억영역에 여러 겹의 괴로움 층을 덧붙일 뿐이다. 사람들은 종종 불쾌한 기억을 떨쳐 내기 위해 음주, 주의 분산, 해리를 동원한다. 해리 상태에서는 불쾌한 기억, 생각, 감정으로부터 일시적으로 벗어날 수 있지만, 시간이 흐르면 더욱 강력한 괴로움이 엄습한다(Hayes et al. 2016). 뇌는 더하기만 할 뿐, 의도적으로 빼내기는 불가능하다. 삶의 역사는 더해질 뿐, 빼 버릴 수 없다. 무언가가 머릿속에 들어오면, 아무리 밀어내려고 노력해도 밀려나지 않는다. 수업 시간에 공부한 내용이나 해야 할 일의 목록을 무심코 잊어버리기는 쉽다. 그렇지만 뭔가를 잊으려고 의도적으로 노력하면, 오히려 기억이 더 선명해진다(Wegner, 1994). 이에 ACT에서는 다른 관점으로 이해하는데, 그 내용은 글상자 12-2와 같다.

글상자 12-2. 트라우마 생존자에 대한 ACT의 관점

<table>
<tr><td>1. 특별한 문제를 가지고 있지 않다.</td><td>3. 망가진 게 아니다.</td></tr>
<tr><td>2. 충만하게 살아갈 수 있는 온전한 사람이다.</td><td>4. 고쳐야 할 필요는 없다.</td></tr>
</table>

트라우마 생존자에 대한 관점.　트라우마 기억으로 인해 생존자들은 흔히 자신이 누구인지, 무엇을 원하는지 인식하기 힘들어한다. 이는 자연스러운 현상이다. 경험은 때로 개인이 무엇을 원하지 않는지 알려 준다. 그러나 그것이 꼭 개인에게 무엇을 원하는지 알려 주는 건 아니다. 트라우마 생존자들은 자신의 내부에서 일어나는 일보다는 외부에서 일어나는 일에 민감하게 반응하도록 길러진다. 이렇게 하는 것이 생존에 유리했기 때문이다. 트라우마 생존자들의 가치 예시는 글상자 12-3과 같다.

글상자 12-3. 트라우마 생존자들의 가치

1. 안전하지 못한 가정에서 자라났다면? ☞ 살아남기 위해 타인이 당신에게 무엇을 원하는지 유심히 살폈을 것이다(이렇게 해서 물질에 의존하는 부모를 진정시킬 수 있었다면, 저녁 시간을 무탈하게 보낼 수 있었을 테니까!).

2. 자연재해/교통사고를 겪었다면? ☞ 외부에서 벌어지는 사건을 예상·통제하려는 성향이 유난히 발달했을 것이다(언제나 일기예보에 귀를 기울인다면, 태풍이 닥쳐온다는 소식을 누구보다 빨리 알 수 있었을 테니까!).

3. 참혹한 전쟁을 겪었다면? ☞ 진정으로 원하는 것보다는 일단 목숨을 부지하기 위해 무엇을 해야 하는지를 살피는 것이 더 유익했을 것이다(숲속에서 바스락거리며 움직이는 물체를 신속히 찾아야 적군이 총을 쏘기 전에 먼저 총을 쏠 수 있었을 테니까!).

4. 폭행/강간을 당했다면? ☞ 외부 자극에 주의를 기울이는 것이 왜 유익한지 잘 알고 있을 것이다(주변 환경이 안전한지 예민하게 살핀 뒤에야 안정감을 느낄 수 있었을 테니까!).

> 5. PTSD 진단을 받았다면? ☛ 과각성과 해리가 내면의 고통스러운 감정을 느끼지 못하게 도왔
> 을 것이다(이 과정에서 진정 소중히 여기는 게 무엇인지 잘 알 수 없게 되었을 테지만!)

고통과 가치는 동전의 양면과 같다. 예컨대, 사회불안장애(SAD)는 타인에게 창피를 당하거나 거절당할 것에 대한 두려움이 특징이다. 이 장애가 있는 사람이 간절히 원하는 것은 역설적이게도 관계다. 이 경우, 동전의 앞면은 관계이고, 뒷면은 거절에 대한 두려움이다. 관계를 맺지 않고 사회적 상황을 회피하면, 거절에 대한 두려움이 덜 느껴질 것이다. 그러나 이런 식으로 계속 회피한다면, 관계욕구도 충족시킬 수 없게 된다. 동전을 던져 버렸기 때문이다.

회피행동과 트라우마 반복.　트라우마는 염려한다고 해서 반복 위험성이 감소하진 않는다. 오히려 트라우마 반복에 관한 생각에 사로잡혀 외부 환경에 주의를 기울이기 어려울 때, 트라우마 반복 위험성은 더 커진다. 안전을 위해 삶의 범위를 제한하면, 소중히 여기는 가치 추구는 불가능해진다. 아무도 만나지 않으면 관계에서 상처받는 일은 없을 거라는 생각에 융합되면, 사회적 고립^{social isolation}이라는 대가를 치른다. 또한 정서적 상처 또는 신체적 위험을 피하려고 가까운 사람들과 연락을 끊거나, 취미활동을 중단하거나, 물질남용 같은 행동을 할 수도 있다. 아무리 의도가 좋더라도, 회피행동은 안전과 만족을 실질적으로 보장해 주지 않을뿐더러, 소중히 여기는 가치에 전념하는 행동을 저해한다.

회피행동은 트라우마 사건에의 노출 가능성을 높이고, 트라우마 사건에의 대처 능력을 떨어뜨린다. 이로써 한 번 트라우마 사건을 겪은 사람은 또다시 트라우마 사건을 겪을 취약성이 높다(Cloitre & Rosenburg, 2006). 트라우마 사건은 다양한 방식으로 영향을 미친다. 경미한 고통을 겪는 정도로 그치는 사람도 있지만, 심각한 정신장애 또는 신체질환을 유발하기도 한다. 1회 이상 트라우마 사건을 경험한 사람은 또다시 트라우마 사건을 경험할 취약성이 높다('트라우마 반복' 또는 '피해 반복'이라고 함).

언어의 양면성

사람들이 '생각은 생각일 뿐'이라는 진실을 자주 망각하는 이유는 언어를 사용하기 때문이다. 언어가 유용하다는 것은 의심의 여지가 없지만, 언어에는 어두운 면도 있다. 때로 끔찍한 미래를 꿈꾸며, 도달하지 못한 이상적 기준과 비교하게 만들며, 마음에만 존재하는 착각의 현실을 창조하게 만드는 게 바로 언어다. 언어^{language}는 의견 전달의 도구이자, 지식 축적의 수단으로 몸짓, 신호, 심상, 그림, 기호를 비롯한 모든 형태의 상징적 행동을 포함한다. 언어가 없으면 어떤 생각도 만들어질 수 없다.

그러나 언어에서 문제가 시작된다. 트라우마 생존자가 부질없이 씨름하는 생각과 소통의

대부분은 내면의 메시지와 자기에 관한 판단과 비판으로 이루어져 있다. 이들이 부질없는 괴로움을 겪게 되는 근본적인 이유는 언어 때문이다. 고통을 괴로움으로 변질시키는 건 언어를 통해 과거와 미래를 현재로 경험하기 때문이다. 괴로움을 생성하는 언어는 ① 시점을 이동시키고, ② 예상치 못하게 연합한다는 특징이 있다.

시점 이동.　언어는 과거나 미래 시점으로 순간 이동할 수 있게 한다. 지금 무엇을 경험하고 있는가? 사람을 괴롭히는 생각과 감정 중 지금 순간에 실제로 존재하는 사건에 관한 건 거의 없다. 특별히 위험 요소를 떠올리지 않는 한, 몸과 마음은 편안하다. 과거의 불쾌했던 경험을 떠올리거나 미래의 두려운 상황을 예상하면 불편감이 든다. 대부분의 괴로움은 과거나 미래 사건과 연관되어 있다("그때 그 친구의 말을 듣지 말아야 했어!" "돈이 없는데 이번 달 방세를 어떻게 내지?"). 과거에 일어났거나 미래에 일어날 일에 대한 반응으로 현재 택하는 행동(예 불면, 갈등, 폭음, 걱정, 물질남용, 자해, 자살)은 삶의 질을 떨어뜨릴 수 있다.

　트라우마는 때로 자살을 부추긴다. 이는 언어가 그 위력을 나타내는 가장 강력한 경우다. 자살은 더 이상 여지를 남기지 않는 최후의 선택으로, 당사자는 물론 주변 사람들에게까지 돌이킬 수 없는 참담한 결과를 초래한다. 자살 시도자들은 종종 미래를 예측한다("나만 없어지면 다른 사람이 편해질 거야!" "죽으면 더 이상 고통스럽지 않을 거야!" "죽으면 고통 없는 곳에 가게 될 거야!"). 그러나 사후의 일은 아무도 모른다. 그럼에도 이들은 마치 과거에 경험해 본 것처럼, 미래 사건을 예측해 댄다. 이것이 바로 언어의 작용이다.

예상치 못한 연합.　트라우마 사건이 벌어지는 동안 혐오 경험은 중립 경험과 시공간적으로 짝지어진다. 이 경우, 사건(예 화상) 이전에는 중립적이었던 경험(착용했던 의복)이 사건 이후, 혐오 경험으로 변질된다. 참전용사는 전투 경험과 큰 소리가 연합되어 큰 소리를 들을 때마다 공황에 빠질 수 있다. 강간 피해자는 그 경험과 가해자의 냄새가 연합되어 유사한 냄새로 공포/분노에 휩싸일 수 있다. 지진 경험과 개 짖는 소리가 연합되어, 생존자는 개 짖는 소리에 공포를 느낄 수 있다. 충격적인 경험을 하는 동안 사건은 이런 식으로 연합된다. 유사 사건이 아니고 다른 시점에 발생한 사건임에도, 그 사건이 피해자에게 영향을 미치는 ('기능적 동등성$^{functional\ equivalence}$') 이유는 바로 언어 때문이다.

　언어는 논리적으로 관련이 없는 사건도 심리적으로 트라우마 사건과 연합시킨다. 생명의 위협을 느끼면서 좁은 공간에 숨어 지냈던 내담자가 상담 과정에서 결혼생활이 얼마나 갑갑한지 이야기하던 도중 공황발작을 겪는 것이 그 예다. 그 후, 그는 엘리베이터를 타거나 비좁은 공간에 있을 때도 공황발작을 겪는다. 결혼생활과 비좁은 공간 사이에 어떤 공통점이 있을까? 언어적 개념('갑갑하다' '질식할 것 같다'는 인식) 말고는 공통점이 없다. 언어(생각과 말)의 힘은 강력해서 과거의 기억을 무관한 사건과도 연합시킨다. 그러므로 트라우마를 떠올리게 하는 상황/대상을 회피하는 것만으로는 불쾌한 트라우마 경험을 제거할 수 없다. 언어로 인해 그 수가 기하급수적으로 늘어나기 때문이다. 이에 언어의 영향력을 초월하는 방법('마음챙김')을 활용할 필요가 있다. 이를 통해 불필요한 괴로움을 생성하는 언어의 역기능을 최소화할 수 있다.

기술과 평가

어떤 현상에 대해 사람들은 무심코 기술과 평가를 혼용하지만, 이 두 개념은 수용에 서로 다른 영향을 미친다.

기술. 기술^{description}은 대상 또는 과정을 있는 그대로 말로 표현하는 것이다. 이는 '언제, 어디서, 누가, 무엇을, 어떻게'에 해당하는 내용으로 구성되고, 모든 사람이 대부분 동의한다는 특징이 있다. 또한 정서가 담기지 않고, 특정 관점이 반영되지 않는다는 점에서 기술은 변하지 않는다(예 "그는 서른 살이다."). 기술에는 감정이 섞여 있지 않고, 유익한 정보를 제공한다.

평가. 평가^{evaluation}는 대상 또는 사물의 가치나 수준을 헤아리는 일이다("나는 나이가 많아!"). 사람들은 누군가를 이상적인 사람('천사') 또는 혐오스러운 사람('악마')으로 평가할 수 있다. 심지어 사람의 마음은 무언가를 끊임없이 평가 · 비교 · 비판 · 분류한다. 그러나 어떻게 평가하더라도 그 사람 자체는 달라지지 않는다. 물론 평가의 이점도 있으나(예 피드백), 맥락이 달라지면 이점은 사라진다. 특히, 불쾌한 생각과 감정을 토대로 한 자기평가는 유익하지 않다. 평가의 문제점은 글상자 12-4와 같다.

글상자 12-4. 평가의 문제점

1. 대상의 속성보다 말하는 사람의 견해를 반영한다.
2. 판단의 의미로 들린다.
3. 말하는 사람이 누구인지, 어떤 관점으로 세상을 조망하는지에 따라 달라진다.
4. 동의하는 사람이 있지만, 관점이 다른 사람도 있다.
5. 일정하게 유지되지 않고, 여러 요인에 의해 끊임없이 변한다.
6. 개인의 생각, 감정, 기억, 감각에 융합되고 얽매인다.
7. 내용과 관계없이 대부분 과거의 강렬한 반응과 연합되어 있어 감정을 유발한다.
8. 기술과 달리, 정보가 거의 포함되어 있지 않다.
9. 문제를 지적할 뿐, 극복 방안을 제공하지 않는다(예 여자친구를 소개하자, 부모님이 "나이가 좀"이라고 한다면, 그렇게 평가하는 진정한 이유가 무엇인지 알아차리기 어려움).
10. 개인이 타인 또는 상황과 맺는 관계에 큰 영향을 미친다.

트라우마 생존자(특히 아동기 트라우마)는 자신에 관한 판단(비판)과 씨름하며 살아간다.

이들 중 상당수가 불행하고 판단적 · 비판적인 가정에서 성장했다는 사실은 그리 놀라운 일이 아니다. 이들은 심각한 언어 학대를 겪었고, 뇌리를 맴도는 언어는 이들을 괴롭힌다. 어려서부터 다양한 평가 메시지를 들은 사람들 대부분은 평생 이런 꼬리표를 붙인 채 살아간다. 트라우마 생존자들 역시 크게 다르지 않다. 평가에 영향을 주는 요인은 글상자 12-5와 같다.

글상자 12-5. 평가에 영향을 주는 요인

> 1. 의도와 목적에 따라 달라진다. ☞ "나이가 많다는 기준은 무엇인가?"
> 2. 다른 대상/사람과 비교하는 과정에서 달라진다. ☞ "사람들 대부분이 서른 살이면 젊다고 보는데, 고작 서른 살이 왜 나이가 많다고 생각하는 거지?"
> 3. 평가자의 기분에 따라 달라진다. ☞ "기분이 좋을 때는 자신이 아직 젊다고 생각하다가도, 울적할 때면 자신이 늙었다고 생각한다."

　평가로부터 벗어날 수 있는 사람은 거의 없다. 그러나 평가가 언제 어떤 상황에서 생기는지 알아차릴 수 있다면, 평가를 곧이곧대로 받아들이지 않을 수 있다. 언어로 자신과 타인을 판단하고 있음을 알아차리고, 그 판단을 내려놓는다면, 홀가분함과 함께 진정한 자유를 선물로 얻게 된다. 평가로부터 탈융합하려면, 다음 두 가지 방식으로 평가를 기술로 바꾸면 된다.

　하나는 평가가 객관적 기술이 아니라 주관적 관점에서 이루어진다는 점에 주목하는 것이다. 다른 하나는 평가를 적절한 기술로 대체하는 것이다(예 "나는 멍청해!"를 "나는 이번 시험에서 65점을 받았어. 건강관리를 못해서 시험 준비에 충분한 시간을 할애하지 못했기 때문이야!"). 만일 "나는 멍청해"라는 평가를 곧이곧대로 받아들여 거기에 융합된다면, 수업 출석 또는 과제 수행을 회피할 것이고, 결국 충동적인 자퇴로 이어질 수 있다. 그러나 기술은 과거의 감정적 경험과 연합된 말의 영향력을 감소시킨다. 평가로부터의 탈융합은 유연한 반응을 선택할 수 있게 해 준다(시험공부에 더 많은 시간을 할애하거나, 담당 교수를 찾아가 조언을 구할 수 있을 것임).

02　ACT의 원리

수용전념치료(ACT)에서는 사고나 정서에 따라 행동하지 않아도 된다고 가르친다. 언어의 내용에 깊이 빠져드는 것은 고통으로 이어질 수 있기 때문이다(Hayes et al., 2011). 이에 내담자가 지나간 말을 너무 오래 생각하고 있다면 그것에서 떨어질 것을 권한다. 동시에 은유, 역설, 경험 훈련을 통해 내담자가 집착하는 사고를 와해시키고 인지, 감정, 기억, 신체감각을 재확인하는 학습을 돕는다. 두문자 ACT가 의미하는 핵심 내용은 글상자 12-6과 같다.

글상자 12-6. 두문자 ACT의 핵심 내용

> ☐ A=Accept / 수용하라[사고와 감정(특히, 불안, 고통)을 수용함].
> ☐ C=Choose / 선택하라(내담자의 진정한 모습을 반영하는 삶의 방향을 선택함).
> ☐ T=Take action / (전념행동)하라(행동에 이르는 단계를 밟음).

수용

수용[accept]은 현재 순간의 자기와 경험을 '좋다' '나쁘다'는 판단 없이 있는 그대로 포용하려는 적극적인 시도다. 이는 내면에서 일어나고 있는 감각, 느낌, 생각을 솔직하게 인정하는 것이고, 현재 순간의 삶에 있는 그대로 경험하려는 용기 있는 선택이다. 이는 "단순히 인내가 아니라, 지금 여기에서의 경험을 무비판적으로 마주하는 것"(Hayes et al., 2004, p. 32)이다. 또 상담을 수행하는 마음 자세이자 삶을 영위하는 자세이며, 내적 경험에 반응하는 대안적 방법이다. ACT에서는 현재 경험을 온전히 수용하고, 장애물을 온전히 내려놓는 것에 초점을 둔다. 판단, 비판, 회피 등을 수용으로 대체하면, 적응 기능이 향상된다(Antony & Roemer, 2011). 이러한 점에서 마음챙김과 수용은 상담 과정에 영성을 통합하는 방법이다.

　삶을 변화시키는 첫 단계는 현재 순간에 경험하는 것을 세밀하게 알아차리는 작업이다. 특히, 트라우마 경험을 다루는 힘겨운 작업을 해내려면, 내면과 외면에서 지금 어떤 일이 벌어지고 있는지 잘 알아차릴 수 있어야 한다. 오히려 고통을 회피하고 밀어내려고 필사적으로 노력할 때, 부질없는 괴로움이 찾아온다. 대부분의 괴로움은 미래를 예측하거나 과거를 반추하는 과정에서 발생한다. 현재 시점에 엄청난 고통이 실재하는 경우는 거의 없다. 대개 괴로움은 과거 또는 미래에 관한 것이다. 마음챙김의 목표는 글상자 12-7과 같다.

글상자 12-7. 마음챙김의 목표

> 1. 내·외적 경험에 주목하면서 현재의 삶을 살기
> 2. 주의를 기울이는 대상이 아니라, 주의 그 자체를 통제하기
> 3. 과거/미래가 아닌 현재 순간에 존재하기
> 4. 판단/회피하지 않으면서 경험을 인식·자각하기

선택

선택[choose]은 가치명료화[values clarification]를 통해 진정 소중히 여기는 삶의 방향을 택하는 것이다. ACT에서는 과거에 집착하기보다 현재의 소망과 미래 지향적인 목표 설정을 돕는다. 과

거는 변화시킬 수 없지만, 현재의 소망에 따라 미래 지향적인 목표를 설정할 수는 있다. 진정 소중히 여기는 것, 삶에서 가치 있게 여기는 것에 주의를 집중하는 순간, 삶은 달라진다. 감당하기 힘든 트라우마가 있더라도, 내담자에게 자유를 선사하는 것은 죄책감 회피나 타인을 기쁘게 하는 게 아니라, 내재 동기에 따라 선택한 가치다. 가치를 추구할 때, 삶은 활기를 띠게 된다.

전념행동

전념행동^{commitment}은 내담자가 가치 있게 여기는 삶의 방향으로 재조정된 행동 실행에 몰두하는 것이다. 삶은 과정이지 한순간에 완성되는 결과가 아니다. ACT에서는 수용, 마음챙김, 가치를 이해하고, 이를 현재 순간의 훈련을 통해 내담자의 행동도 바람직한 방향으로 재조정할 수 있다고 믿는다. 가치에 부합하는 행동이 늘고, 전념행동이 단계적으로 증가하면, 삶은 더욱 활기차고 열정적으로 바뀐다. 이를 위해 삶은 또 다른 순간에, 또 다른 상황에서 스스로에게 질문을 반복해서 던질 것이다("때로 불편감이 들더라도, 원하는 열정적 삶을 위해 바람직한 행동을 기꺼이 실행하시겠어요?").

03　ACT의 기법과 과정

수용전념치료(ACT)의 핵심 목표는 통제 대상이 아닌 인지와 정서를 수용하고, 내담자가 가치를 두고 있는 삶에 전념하도록 격려하는 것이다. 이에 ACT에서는 생각의 내용을 바꾸는 것을 강조하지 않는 대신, 수용(비판단적 자각)을 중시한다. 부적응적 인지와 싸우는 것은 오히려 이를 강화할 수 있다는 이유에서다. 이에 생각을 대하는 태도를 바꾸는 법과 부인하려고 했던 모호한 생각과 감정을 수용하는 법을 가르치는 것으로 상담을 시작한다.

　또 생각에 도전하게 하기보다는 그 생각을 받아들이고, 가치관을 명료하게 하며, 행동 변화를 위한 기술 습득을 돕는다. 이 과정에서 생존자는 자신을 사랑하고 보살피면서 온전한 전체를 자비롭게 드러내는 삶에 관해 이야기를 나누게 된다. ACT 상담 과정은 상담자가 마음챙김 훈련을 통해 내담자가 지금 순간을 자각하고, 신체에 집중하며, 수용하도록 돕는 것으로 진행되는데, 이 과정에서 주로 사용되는 기법은 ① 마음챙김, ② 기꺼이 경험하기, ③ 경험 수용, ④ 가치, ⑤ 용서, ⑥ 목표, ⑦ 언어습관 교체, ⑧ 자기연민이다.

마음챙김

첫째, ACT에서 마음챙김^{mindfulness}은 현재의 순간에 주의를 기울이면서 마음에 떠오르는 것을 판단 없이 그대로 바라보는 방법이다. 이는 대상에 주의를 집중하되, 주관을 개입하지 않고, 현재 순간을 있는 그대로 수용·자각하는 것이다. 마음챙김 수련을 통해 내담자는 다음과 같은 사실을 알아차리게 된다("생각은 그저 생각일 뿐이고, 감정은 그저 감정일 뿐이고, 기억은 그저 기억일 뿐이며, 신체 반응은 그저 신체 반응일 뿐이다."). 이는 체험 회피와 정반대의 과정이고, 삶을 효과적으로 살아갈 수 있도록 도와주는 안전한 토대다.

마음챙김은 순간의 주의집중을 통해 심신을 관찰하고, 순간의 느낌을 있는 그대로 받아들이는 과정이다. 이런 점에서 마음챙김은 순수한 주의bare attention라 불리는 특수한 주의집중 방법이다. 이 방법은 생각과 욕구의 개입 없이 주의를 기울이는 것으로, 흔히 '바라보기만 하기' 또는 '비판단적으로 바라보기'로도 불린다. 이는 과거의 기억을 떠올리지도 않고, 미래의 공상/계획도 내려놓으며, 현재·과거·미래의 일에 명칭을 부여하지 않고, 비교·분석·평가·판단하지 않고 있는 그대로 바라보는 것이다. 생각과 욕구를 내려놓는다는 것은 '나'의 작용, 즉 '나'와 동일시했던 생각과 욕구를 멈추는 것이고, 동일시를 탈조건화deconditioning 또는 해체dissociation하는 것이다. 즉, 초월transcendence(마음의 고통에서 벗어나 아무런 왜곡 없는 순수한 마음 상태로 되돌아가는 것)을 실천하려는 행위다.

현재 순간에 집중하고, 자신과 세상을 무비판적으로 바라보는 능력은 과거의 부정적인 사건에 사로잡히거나 미래를 걱정하지 않게 하여, 심리적 고통 감소·처리를 촉진한다. 마음챙김은 트라우마에서 벗어나 삶으로 돌아가기 위해 거치는 첫 단계다. 잘 알아차리려면, 속도를 충분히 늦추고 행동에 영향을 주는 요소들을 온전히 인식할 수 있어야 한다. 트라우마 생존자는 각자의 방식대로 트라우마에 대처한다. 이렇게 다른 대처방식(접근-회피, 억제-폭발)을 번갈아 구사하면, 트라우마의 온전한 소화는 어려워진다. 이는 전형적으로 트라우마가 초래하는 변증법적 긴장dialectic tension이다. 즉, 트라우마로 인해 고통에 무감각해지는 사람이 있는가 하면, 과민해지는 사람도 있다.

예컨대, 전투 중인 병사는 작은 소리에도 예민해야 위험을 미리 발견하여 대응할 수 있을 것이다. 그러나 전투 상황이 아닌 일상생활에서 이렇게 과민해진다면, 적응에 어려움을 겪게 된다. 적에게 발견되기 전에 적의 동태를 먼저 파악하는 것이 생존에 유리한 것처럼, 과잉경계는 생존에 도움이 되고, 통제감을 느낄 수 있었을 것이다. 반면, 사소한 자극에도 극도로 예민하게 반응하는 것은 심신에 상당한 부담을 준다. 심리적 측면에서 사소한 세부사항에 지나치게 몰두하면, 전체적인 조망을 잃어버리기 쉽다.

만일 밤중에 집 안에서 나는 작은 소리를 모두 위험신호로 해석한다면, 불안해서 숙면을 취할 수 없을 것이다. 주변 사람의 미세한 행동 변화에 극도로 예민해진다면, 사소한 변화에 대해서도 이들이 흥분해서 화를 내고 있다는 잘못된 해석을 내릴 가능성이 높아진다. 신체적 측면에서 극도의 스트레스 상태에서 오랫동안 과잉 각성이 지속되면, 신체건강에 문제(심장병, 고혈압, 당뇨병 등)가 생길 수 있다. 트라우마와 씨름하는 사람은 자신의 고통스러운 생각과 감정에 접촉하지 않고 회피할 방법을 잘 찾아낸다. 이런 성향은 사소한 촉발자극에도 회피반응이 유발되어 현재의 삶과 단절되는 일이 벌어질 수 있다. 이는 진정한 치유가 아니라, 일시적인 눈속임에 불과하다. 그 결과, 회피하고 싶은 고통스러운 생각과 감정의 덫에 자주 빠지게 되기 때문이다. 주의를 기울이는 대상이 아니라, 주의 그 자체를 통제하는 것이 진정한 마음챙김이다.

기꺼이 경험하기

둘째, '기꺼이 경험하기willingness'란 의도적이고 적극적으로 가치에 부합하는 삶의 방향으로 나아감의 경험 과정에서 자신의 경험 전체에 대해 개방적인 태도를 갖는 것을 말한다. 피부 안쪽 세상에서는 심리적 현상(생각, 감정, 기억, 감각)이 잘 통제되지 않는다. 그럼에도 이를 통제하려는 시도는 고통을 괴로움으로 변질시키는 올가미다. 트라우마의 장기 후유증(예 물질남용, 우울, 자살, 자해, 관계 문제 등)은 트라우마와 연합된 감정, 생각, 기억을 통제하려는 시도로 인해 발생한다. 그러므로 오히려 내면에서 벌어지는 경험을 있는 그대로 수용하는 개방적인 태도가 필요하다. 불편감을 기꺼이 경험하는 순간, 역설적으로 그것으로부터 자유로워진다(글상자 12-8 참조).

글상자 12-8. 기꺼이 경험하기와 공황발작 사례

> 귀가 중, 집 근처 골목에서 폭행과 강도를 당한 후 외출을 삼가던 30대 여성이 남편과 함께 상담실을 찾았다. 그녀는 그 사건 이후 수개월 만에 동창회 모임에 갔다가 갑자기 정신이 혼미해지면서 처음으로 공황발작을 경험했다. 그 후, 공황발작이 다시 발생할 것 같았고, 이 일이 벌어지면 그 상황에서 벗어나지 못할 것 같은 두려움 때문에 마비 상태에 빠졌다. 그때부터 외출을 피하기 시작했고, 회피 대상은 계속 늘어났다. 사람들로 붐비는 장소(마트, 쇼핑센터, 영화관)에 갈 수 없었고, 공황발작이 일어났을 때 즉각적인 도움을 받기 힘든 상황(낯선 곳에서의 운전과 보행)을 피했다. 그녀는 쇼핑 또는 장보기를 거부했고, 남편이 동승할 때만 근거리 운전을 했으며, 남편이 곁에 없으면 매우 불안해했다.

공황발작panic attack은 트라우마 생존자들이 흔히 겪는 증상이다. 한 번 공황발작을 경험한 사람은 또다시 공황발작이 발생할 것을 두려워하고, 공공장소에 가는 것에 대한 공포와 회피가 특징인 광장공포증agoraphobia을 함께 겪는다. 광장공포증 동반 공황장애는 개인의 일상생활을 심각하게 제한하여 괴로움을 초래한다. 이에 공황장애를 겪는 사람은 공황발작 발생을 막고자 애쓰고 공황발작 관련 생리적 반응을 없애려고 함으로써, 삶은 급격히 위축된다. 이로써 공황장애는 '공포에 대한 공포fear of fear'로 불린다.

공포에 대한 공포를 느끼는 사람은 불편한 상황을 적극 회피하거나 안전을 보장해 줄 사람을 동반하면 공포를 없애거나 견딜 수 있을 거라고 믿는다. 그러나 이런 방법은 오히려 더 강렬한 두려움과 대상/상황에 대한 두려움을 증폭시킨다. 이는 새끼 사자를 잘 돌보면

장차 덜 위협적인 존재가 될 거라고 믿는 것과 같다. 다양한 상황을 회피함으로써 공포를 누그러뜨리려는 시도는 오히려 더 강력한 공포를 만들어 낼 뿐이다. 그렇다면 바람직한 해결책은 무엇인가? 생각·감정·기억·감각을 통제하려는 시도가 이길 수 없는 전략이라면, 어떤 대안이 가능한가? 부질없는 씨름을 중단하고, 기꺼이 경험하는 작업부터 시작하는 것이다(글상자 12-9 참조).

글상자 12-9. 감정·생각·기억·감각의 통제 시도에 대한 바람직한 해결책

1. 경험의 개방적 수용	4. 행동 또는 행동 준비
2. 통제하려는 시도 내려놓기	5. 하겠다고 마음만 먹는 게 아니라, 실제로 실천하기
3. 반응 선택	

경험 수용

셋째, 경험 수용은 트라우마 기억으로 인한 불편감을 기꺼이 있는 그대로 경험하는 것이다. 언어는 삶에 큰 영향을 미친다. 만일 자신에게 어리석고, 서투르고, 역기능적이라는 꼬리표를 늘이면 그 꼬리표는 마치 진실인 것처럼 여겨지기 시작해서 의사결정에 영향을 준다. 꼬리표는 실제로 뒷받침할 만한 증거가 없음에도 계속해서 위세를 떨치게 된다. 이는 학습된 꼬리표에 불과하지만, 사람들은 무심코 꼬리표의 명령에 따른다. 행동에 미치는 감정, 생각, 기억, 감각은 트라우마 생존자가 운전하는 버스에 탄 승객에 비유된다. 내담자는 승객들이 쏟아 놓는 요구(기존의 언어습관)를 새로운 언어습관으로 변화시킬 필요가 있다. 즉, 생각, 감정, 기억, 감각을 부정적인 것이 아니라, '부정적이라고 판단한'이라는 용어로 대체하는 언어습관이 필요하다. 이로써 내담자는 승객들이 쏟아 내는 이야기에 휘둘리지 않게 된다.

사람들은 종종 부정적 판단("나는 완전히 실패했어!")에 사로잡힘으로써, 괴로움을 증폭시킨다. 이는 사자에게 계속 먹이를 줌으로써, 사자가 더욱 강력하고 설득력 있는 목소리를 내게 하는 이치와 같다. 우울증도 마찬가지여서, 슬픈 노래를 듣고, 외출을 삼가며, 세상 떠난 이의 사진을 들여다본다면, 슬픔이 깊어지면서 더 우울하게 된다. 물론 감정에 붙여진 명칭(우울, 불안, 분노)은 자의적이고 단순화된 측면이 있기는 하다. 삶의 과정에서 사람들은 때로 이런 감정을 느낀다. 그러나 트라우마가 생겼을 때, 주로 어떤 감정이 느껴지는지 알아차릴 필요가 있다. 왜냐하면 승객들이 말하는 대로 믿고 휘둘리는 게 문제이지, 승객들은 문제가 아니기 때문이다. 즉, 분노나 우울 자체는 문제가 되지 않는다. 이는 타당한 이유로 경험하는 자연스러운 감정(피할 수 없는 승객)일 뿐, 이들이 버스를 운전하도록 방임할 필요는 없다.

트라우마의 수용은 두렵고 불쾌한 승객들을 태운 채, 내담자가 선택한 가치에 따라 방향을 전환하는 등 주도적으로 버스를 운전하는 것이다. 내담자는 새로운 견해(불편한 생각과

감정은 외양과는 달리, 아무런 영향을 미치지 못함)를 경험을 통해 깨달을 필요가 있다. 내담자의 생각과 기억은 환상 속의 승객일 뿐, 오직 마음속에서만 존재하고 강력하며, 스스로 부여한 만큼의 중요성을 갖고 있을 뿐이다. 트라우마 생존자의 알아차림을 촉진하기 위한 진술의 예는 글상자 12-10과 같다.

글상자 12-10. 트라우마 생존자의 알아차림을 촉진하기 위한 진술의 예

1. "난 어떻게 해도 안 돼! 이미 글렀어!" 같은 생각은 부모에게서 늘 들었던 이야기의 변형일 수 있다. 그러나 이들이 항상 옳은 말만 한 것은 아니므로, 이 생각도 다른 것과 마찬가지로 하나의 생각일 뿐이다.
2. 지진으로 아수라장이 되어 버린 마을을 바라보면, 심장이 빨리 뛰고, 호흡이 가빠지며, 속이 울렁거릴 수 있다. 그러나 이는 불안과 연합된 감각일 뿐이다. 불쾌할 수는 있지만, 이런 감각을 느끼더라도 능히 견뎌 낼 수 있다.
3. 전쟁터에서 경험한 사건의 이미지가 계속 떠오를 수 있다. 그러나 이는 전쟁 그 자체가 아니라, 단지 마음이 만들어 낸 이미지에 불과하다. 이것이 때로 정확할 수 있지만, 실제로 벌어지지 않은 일을 포함하고 있는 악몽처럼 정확하지 않을 수도 있다.

트라우마와 관련된 경험을 수용한다는 것은 무엇을 뜻하는가? 이는 내담자가 중단해야 할 행동을 인식하고, 진정으로 갈망하는 삶의 모습과 부합하는 행동을 파악하는 것이다. 사람들은 때로 감당하기 어려운 생각과 감정을 부인하려고 애쓴다. 언어에는 상반된 두 가지 속성이 있다. 언어는 세상에서 개인을 독특한 존재로 만들어 주지만, 부질없는 괴로움을 겪게 하기도 한다. ACT에서 강조하는 수용과 변화는 내담자의 자기 대한 평가 또는 주변 사람이 내담자에게 붙인 꼬리표가 아니라, 자기를 있는 그대로 바라보는 것의 중요성을 강조한다. 이를 통해 개인사와의 접촉을 권한다. 이 이론에서는 트라우마를 지워 버리거나, 변화시켜야만 원하는 삶을 살 수 있는 게 아님을 강조한다. 비교·평가·판단 작업은 진정한 자기와의 연결을 방해한다. 인지 융합은 온갖 위험으로 가득 찬 세계를 구성하면서 위협적인 생각을 쏟아내지만, 융합된 개념이 개인을 해칠 수는 없다. 이는 오직 언어에 의해 지배되는 가상 현실의 세계에서만 맹위를 떨칠 수 있을 뿐이다. 따라서 수용과 변화 작업은 현재의 자신을 소중히 여기는 과정인 동시에, 과거의 자신과 미래의 자신을 소중히 여기는 노력이다.

가치

넷째, 가치^{value}는 관계에서 대상의 중요한 정도다. 이는 옳고 그름이 아니라 선택으로, 삶에 존엄과 의미를 부여한다. 이런 점에서 가치는 개인이 선택한 삶의 방향이다. 가치는 지속적이다. 간절히 원하는 결과를 얻지 못했을 때라도 삶의 어떤 시점에서든지 다음 질문에 답할

수 있다("나는 어떤 삶을 살기를 원하는가?" "지금 나는 내가 소중히 여기는 가치에 부합하는 방향으로 살고 있는가"). 가치에 부합하는 행동을 한다고 원하는 결과가 보장되는 건 아니다. 그러나 목표 도달 가능성은 크다. 게다가 이 과정에서 진정으로 소중하게 여기는 게 무언지 깨달을 수 있다.

가치(소중히 여기는 것)는 좋아하는 색깔과 유사하다. 왜 그 색깔을 좋아하는지는 설명하거나 방어할 필요가 없다. 가치는 결과가 아니라 과정으로, 삶을 의미 있고 활기차게 만들고, 삶에 존엄과 의미를 준다. 진정으로 배움의 가치를 추구한다면, 학위를 받는 데 얼마나 시간이 걸리는지는 중요한 문제가 아니다. 스노보드를 타면서 추구하는 목표는 단순히 산 밑으로 내려오는 게 아니라, 스노보드 타기 자체를 즐기는 것이다. 바람을 가르면서 턴하거나 점프할 때 느껴지는 감각을 경험하며 자연과 함께하는 것이다.

사람들은 때로 과정과 결과를 혼동한다. 자녀를 갖고 싶지만, 양육이 부담스러워 망설이는 부부가 있다고 하자. 마법사가 요술을 부려 장성한 자녀를 주었다면, 이 부부는 자녀가 성인이 되기까지 양육 과정에서 자녀와 함께한 경험은 없을 것이다. 자녀를 원하는 건 자녀 양육이 쉽지 않아도 기꺼이 그 과정에서 자녀와 함께하는 경험을 원하기 때문이다. 이런 어려움이 있더라도 가치에 부합하는 행동을 하고 있다면 큰 문제는 없다.

가치 있는 삶. 가치 있는 삶^valuable life^은 특정 결과에 도달하는 게 아니라 꾸준히 추구하는 과정이다. 가치에 부합하는 삶은 선택한 길을 가는 것이다. 길을 가다 보면, 경로를 변경해야 할 때도 있고, 감정과 경험을 기꺼이 감내해야 할 때도 있다. 원하는 결과를 얻지 못하더라도, 가치에 부합하는 길을 간다는 것만으로도 존엄을 추구하고 의미를 부여할 수 있다. 트라우마 생존자가 소중히 여기는 가치에 부합하는 삶을 사는 게 어렵게 느껴지는 데는 이유가 있다. 두려움의 대상을 회피하는 게 불편한 감정, 생각, 감각, 기억에서 벗어날 손쉬운 방법으로 여겨지기 때문이다. 트라우마에 동반되는 두드러지는 감정은 두려움이다. 트라우마로 인한 공포심은 정상적인 반응이고, 회피 행동은 위협으로부터 보호해 준다는 점에서 적응적이다.

가치명료화. 가치명료화^values clarification^는 삶을 찬찬히 돌이켜 보며, 소중히 여기는 것을 헤아려 봄으로써, 원하는 삶의 방향을 선택하는 과정이다. 이 과정은 과거나 미래를 위한 것이 아니라, 바로 이 순간의 삶에 대한 작업이다. 가치가 명료해지면, 자신이 못나 보이지 않고, 나쁘게 느껴지지도 않으며, 스스로를 채찍질해야 할 이유도 없어진다. 자신이 소중히 여기는 가치를 명료하게 인식하면 힘이 솟기 때문이다. ACT에서는 삶의 7개 영역(① 가정생활, ② 학교/직장생활, ③ 교우관계, ④ 연인관계, ⑤ 여가활동, ⑥ 영성, ⑦ 자기)에서 내담자가 추구하는 핵심 가치를 탐색한다. 가치명료화 작업은 자신의 마음에 부드럽게 감사를 표현한 후에 시작한다. 간디의 말처럼, 마치 내일 죽을 사람처럼 오늘을 산다면, 많은 걸 얻을 수 있다.

용서

다섯째, 용서[forgiveness]는 지은 죄나 잘못에 대해 꾸짖거나 벌하지 않고 덮어 주는 것이다. 이는 트라우마 생존자가 옴짝달싹할 수 없는 궁지에 몰려 아무것도 선택할 수 없는 것 같은 느낌이 들 때, 선택 가능한 한 가지 전략이다. 용서는 사건과 연관된 사람에게 더 이상의 책임을 묻지 않는 게 아니라 기꺼이 내어 주는 것이다(Hayes & Smith, 2005). 즉, 용서는 자신에게 건네주는 선물이다. 이는 고통을 회피하는 게 아니라, 고통에 다가서는 것이다. ACT의 관점에서 진정한 용서와 진정한 용서가 아닌 것은 표 12-1과 같다.

표 12-1. 진정한 용서 vs. 진정하지 않은 용서

☐ 진정한 용서	☐ 진정하지 않은 용서
1. 트라우마와 씨름하지 않기	1. 트라우마를 잊어버리기
2. 고통스러운 경험에 자비와 연민 베풀기	2. 아무렇지 않은 척하거나, 고통스러운 경험을 폄훼하거나, 자기를 비난하기
3. 관련자에게 행동을 해명할 기회를 제공하기	3. 관련자의 부적절한 행동을 묵인하기
4. 가치에 부합하는 삶을 영위하기	4. 트라우마 피해자임을 드러내며 살아가기
5. 고통스러운 경험을 가치 있는 삶의 원동력으로 활용하기	5. 고통스러운 경험을 가치 있는 삶을 영위하지 못하는 핑계로 활용하기

자기용서. ACT에서는 자기용서를 본질적인 용서로 간주한다. 자기용서[self-forgiveness]는 트라우마 경험, 자신이 했거나 하지 못한 행동, 트라우마 사건 전·중·후에 말했거나 말하지 못한 것에 대해 꾸짖거나 벌하지 않고 덮어 주는 것이다. 이 과정에서는 일시적으로 자기비난이 증가할 수 있다("진작에 했어야 했는데, 어리석게도 이제껏 못했다니!" "결국 평생을 허송세월한 거야!"). 그러나 충만한 삶을 위해서는 자기용서를 넘어 타인용서로 나아가야 한다. 트라우마 사건의 가해자를 용서하는 것은 피해자인 자신을 용서하는 것이다. 이런 점에서 용서는 생존자가 자신에게 주는 선물이다.

자신이 상처받았다는 걸 입증할 유일한 증거는 고통뿐이다. 그러므로 앞으로도 계속 고통스러워야 한다는 생각을 내려놓는 게 진정한 용서다. 트라우마를 겪었음에도, 가치에 전념하는 모습을 주변 사람들이 목격함으로써, 트라우마 경험이 꼭 나쁜 것은 아니라는 결론을 내릴 수 있게 하는 게 진정한 용서다. 사람들은 종종 용서를 고려하는 과정에서 강렬한 감정을 경험한다. 이런 감정을 적절히 다루려면, 고통스러운 경험을 자애로운 태도로 받아들여야 한다. 감정은 물리쳐야 하는 적이 아니기 때문이다. 용서도 마찬가지여서, 용서는 여러 번 반복해서 자신에게 베풀어야 하는 선물이다.

목표

여섯째, 목표는 가치추구 과정에서 전념하고자 결심한 구체적인 행동이다. 목표 설정을 위해 확인해야 할 질문은 다음 세 가지다.

첫째, 목표와 가치가 부합하는가? 만일 그렇지 않다면, 목표가 삶에 어떤 의미가 있는지 살펴본다. 이 경우, 목표를 수정하는 게 나을 수 있다. 그러나 목표가 가치와 부합하지 않더라도 의미 있다고 여겨진다면, 목표에 어떤 가치가 있는지 파악한다. 좋은 부모가 되기를 원하면서 가족을 부양할 재원 마련을 위해 시간의 대부분을 직장에서 보내는 사람들이 있다. 이들은 자녀와 함께 의미 있는 시간을 보내는 게 진정한 가치가 있다는 사실을 뒤늦게 깨닫곤 한다.

둘째, 통제가 가능한 것과 그렇지 않은 것을 구분하는가? 삶에서 통제할 수 있는 건 과감히 변화를 추구하고, 통제할 수 없는 건 기꺼이 수용하는 지혜가 필요하다. 모든 걸 통제할 수는 없다. 다만, 자기 행동 변화만 가능할 뿐이다. 좋은 성적을 받기 위해 통제할 수 있는 것은 수업에 열심히 참여하고, 숙제를 제시간에 제출하며, 최상의 성과를 올리기 위해 노력하는 것이다. 그러나 문제 출제와 채점, 수행평가, 대학입시, 친구가 날 좋아하게 만드는 일은 통제 범위를 벗어난다. 단, 성적 향상에 필요한 행동의 질과 빈도를 높이거나, 친구에게 관심을 나타내는 문자메시지나 카드를 보내거나, 힘들어할 때 따뜻한 말로 위로의 말을 건넬 수는 있다. 그렇지만 이렇게 한다고 해서 성적이 올라가고, 원하는 대학에 합격하며, 친구가 좋아하라는 법은 없다. 이런 점은 그저 겸허히 받아들여야 한다.

셋째, 목표 달성을 위해 다음 단계에 수행해야 할 일은 무엇인가? 목표 달성을 촉진하는 행동을 찾아내는 것이다. 모호한 목표로 필요한 행동을 찾아내기는 어렵다. 언제 무엇을 해야 하는지 알 수 없기 때문이다. 목표를 달성하려면, 구체적인 중간목표를 설정하여 달성 여부를 확인할 수 있게 해야 한다. 매달 1회 친구와 만나겠다는 목표가 그 예다. 그러나 좋은 친구가 되겠다는 목표는 그렇지 못하다. 마음속에는 삶이 가치에 부합하는 방향으로 가고 있는지를 알려주는 나침반이 있다. 좋은 친구가 되는 건 종착점(목표)이 아니라 지향점(가치)이다. 이에 가치(나침반)와 목표(다음 단계) 둘 다 필요하다.

사소한 행동이라도 회피하던 행동을 실행에 옮기면 자신감이 생긴다. 반면, 실행한 행동보다 실행하지 못한 행동에 주목하면서 자책하는 사람이 있다. 어떤 경우든, 가치에 부합하는 행동을 실행하는 동안 마음속에 어떤 감정, 생각, 기억, 감각이 나타나는지 알면 유익한 정보를 얻을 수 있다. 가치에 부합하는 방향으로 나아가고 있음은 전념하고 있다는 것이지 완벽해졌다는 뜻은 아니다. 행동 변화 시도는 유익하지만, 그 과정에서 어떤 생각, 감정, 감각을 경험하는지를 알아차리는 일 또한 유익하다. 행동 변화 실행을 위한 탐색질문은 글상자 12-11과 같다.

글상자 12-11. 행동 변화 실행을 위한 탐색질문

> 1. 어떤 일을 완수했거나 미룰 때 드는 생각, 감정, 감각을 과거에도 경험한 적이 있는가?
> 2. 이런 생각, 감정, 감각은 어떤 일을 해야 할 때 나타나는 현상인가?
> 3. 이런 생각, 감정, 감각이 나타날 때, 어떻게 대응하는가?
> 4. 생각, 감정, 감각에 대한 대응이 쓸모 있는가?
> 5. 만일 쓸모가 없다면, 과거와는 다른 방식으로 대응하겠다고 결단할 수 있는가?
> 6. 만일 생각, 감정, 감각이 불편해진다면, 어떻게 대응할 작정인가?

언어습관 교체

일곱째, 언어습관은 학습의 결과다. 삶은 평소의 언어습관과 일치하는 방향으로 흘러간다. 사람들은 종종 자기 존재가 단정적인 말("나는 겁쟁이예요." "나는 멍청해!")을 통해 규정되는 것처럼 말하곤 한다('언어 융합'). 언어적으로 융합되는 순간, 개인은 그것이 현재 실재하는 것처럼 행동하기 시작한다. 그러나 이런 말은 자신에 관한 생각, 평가, 판단일 뿐, 그 자신이 아니다. 언어습관의 변화는 나비 효과처럼 큰 차이를 만들어 낸다. 즉, 융합과 탈융합을 변별함으로써, 언어의 영향력을 극복할 수 있고, 똑같은 상황을 다른 관점으로 조망할 수 있으며, 경험 수용을 촉진할 수 있다.

언어습관은 새로운 언어방식으로 대체할 수 있다("나는 두려움이라는 감정을 느끼고 있어요." "나는 멍청하다는 생각이 들어요."). 긍정/부정 감정의 명명 역시 경험에 부여한 평가일 뿐이다. 이에 행복감조차 '긍정적으로 평가된 감정'이라는 표현이 더 정확하다. 이러한 새로운 언어습관은 생각과 감정에 사로잡히지 않을 수 있고, 탈융합에 도움을 준다. 언어가 만들어 내는 덫에 빠지지 않고 마음챙김을 통해 알아차릴 수 있다면, 개인의 가치와 목표에 부합하는 삶의 방향으로 나아갈 수 있다. 언어습관의 변화를 위한 방법은 다음과 같다.

그러나 vs. 그리고. 첫째, '그러나' 대신 '그리고'를 사용한다. '그러나(but)'라는 말은 '있다(be)'와 '바깥(out)'이 합쳐진 말로, 이전의 말을 부정하는 용도로 사용된다(예 "나는 밖에 나가고 싶다. 그러나 두렵다."). 이 말에는 두 가지 함의가 있다. 하나는 밖에 나가지 않는다는 것이고, 다른 하나는 밖에 나가지 않는 이유가 두렵기 때문이라는 것이다. 이 말에는 두렵지 않았다면, 밖에 나갔을 거라는 의미가 담겨 있다. '그러나' 대신 '그리고'를 사용한다면, 행동의 원인은 생각과 감정이 아니라, 행동이 생각·감정과 함께 일어난다는 게 명확해진다.

사람들은 흔히 원하는 행동을 하지 못하는 이유로 원치 않는 내면의 경험을 거론하곤 한다("학교에 가려고 했어요. 하지만 너무 무서워서 그냥 집에 있었어요."). 이 말의 핵심은 이런 경험이 서로 배타적이지 않다는 것이다. 사람들은 두려운 감정을 느낄 수 있고, 학교에 가는 행동을 할 수 있다. 그런데 '그러나'는 전체 문장의 첫 번째 또는 두 번째 부분만 옳고, 두 부분이 동시에 옳을 수는 없음을 내포하고 있다. '그러나' 대신 '그리고'를 사용하면, 경험이 동시에 존재할 수 있음을 인식하게 해 준다. 즉, 두려움을 제거해야만 학교에 갈 수 있는 게 아니라는 것이다.

탈융합. 둘째, 언어로부터 탈융합한다. 탈융합^{defusion}은 언어의 문자적 의미로부터 거리를 두거나, 언어의 문자적 내용에 사로잡히지 않는 것이다. 반면, 융합^{fusion}은 언어의 내용과 거리를 두지 못하고 사로잡히는 것이다. 이는 선글라스를 쓰고 자신이 바라보는 모든 것을 진실로 여기는 것과 같다. 탈융합은 선글라스를 벗는 것이고, 거리를 두고 선글라스를 바라보는 것이다. 이는 그동안 선글라스가 진실을 어떻게 왜곡했는지 알아차리는 것이다. 사람들은 저마다 삶에 강력한 영향을 미치는 금기 단어$^{taboo\ words}$를 지니고 있으면서, 이를 떨쳐 내기 위해 많은 시간과 에너지를 낭비한다. 성학대 생존자는 종종 가해자로부터 경멸적인 말로 비난을 받는다. 가해자는 생존자를 욕보이고 통제하려는 의도로, 성적 비난을 남발하곤 하는데, 이와 관련된 사례는 글상자 12-12와 같다.

글상자 12-12. 성학대 생존자의 피해 사례

> 내담자 A는 어릴 적 가까운 친척으로부터 성학대를 당했다. 그녀는 가해자에게서 '문란한 X'이라는 말을 자주 들었다. 가해자가 세상을 떠났음에도, 그녀의 귀에는 그의 경멸적인 목소리가 또렷이 들리곤 한다. 상담 과정에서 그녀는 가해자가 남발했던 성적 낙인이 그녀의 삶에 엄청난 영향을 미쳤다는 사실을 깨달았다. 청소년기가 되자, 그녀는 도발적인 의상을 입었고, 야하게 화장했으며, 여러 남성과 성관계를 맺었다. 그러나 이는 성적 욕구를 충족하기 위한 것이라기보다는 고통 회피를 위해, 그리고 스스로 대상을 선택했다는 통제감을 느끼기 위한 것이었다. 그녀는 가해자가 자신에게 '문란한 X'이라고 빈정댈 때마다 그렇지 않다는 걸 꼭 보여 주겠다는 마음을 품었다. 어느 순간, 그녀의 성적 패턴은 극단적으로 달라졌다. 모든 형태의 신체 접촉을 거부했고, 매력적인 여성으로 보이지 않기 위해 애썼으며, 심지어 남편과의 성관계마저 회피했다. 과거의 성적 탐닉과 현재의 성적 회피는 오래된 금기 단어와 관련되어 있었다. 그녀는 언어적 내용에 의해 통제당하고 있었다.

하고 싶다 vs. 기꺼이 하겠다. 셋째, '~하고 싶다' 대신 '기꺼이 ~하겠다'를 사용한다. 사람들은 흔히 특정 대상 또는 활동에 호의를 드러내면서 '~하고 싶다' 같은 소망 표현에 익숙하다 ("학교에 가고 싶어요. 그러나 너무 두려워요."). 이런 말을 하는 경우, 대개 눈을 내리깔고 한숨을 쉬는데, 그 이유는 사실이 아닌 내용이 포함되어 있기 때문이다. 즉, 사실은 '하고 싶지 않다'는 의도를 우회적으로 표현한 것이다. 그러므로 새로운 언어습관을 사용해서 말할 필요가 있다("나는 기꺼이 학교에 가겠어요. 그리고 나는 두려움을 느껴요."). 이렇게 표현하고 행동하는 과정에서 사람들은 소중히 여기는 가치에 한 발짝 더 가까이 갈 수 있다.

자기대화. 넷째, 자기대화$^{self-talk}$를 분리하여 말한다. 생각의 내용이 아니라 생각의 과정을 강조해서 이야기하는 새로운 언어습관을 활용하면, 대안적 조망이 수월해진다. 예컨대, 트라우마 생존자 중에는 스트레스를 받으면 과민해져서 주변 사람을 신뢰하지 못하는 사람들이 있다. 특히, 배신 트라우마를 겪은 사람들이 그렇다. 이와 관련된 사례는 글상자 12-13과 같다.

글상자 12-13. 배반 트라우마를 겪은 내담자 사례

안정적으로 직장 생활을 하던 내담자가 있었다. 그런데 승진 심사에서 탈락한 후부터 동료들의 평판을 염려하기 시작했다. 절친했던 동료들에게 두려움을 느꼈고, 이들과 어울릴 때도 행동이 부자연스러워졌다("이들은 나를 더 이상 동료로 생각하지 않는 것 같아!" "내가 없으면 분명 나에 대해 이러쿵저러쿵 내 흉을 볼 거야!"). 이런 생각과 감정에 융합되자, 그는 동료들을 피하기 시작했고, 거리감이 느껴지는 행동을 하곤 했다. 그 결과 긴장감이 고조되었다. 그는 예전처럼 동료들을 신뢰할 수 없었고, 누군가가 자신을 모함해서 승진 심사에서 탈락했음을 확신했다. 내담자는 과거에도 스트레스를 받으면 의심이 많아지곤 하는 패턴이 있었고, 그 배경에는 가족의 배신이 자리 잡고 있었다. 그의 원가족은 그가 없을 때, 그에 대한 험담을 늘어놓았던 것이었다.

글상자 12-13에 소개된 사례에서 주목할 점은 의심하는 생각의 진위를 따지려는 노력보다 이에 사로잡히지 않으려는 과정적 탈융합 노력이 효과적이라는 것이다. 설령 의심하는 생각과 감정이 어느 정도 진실을 반영하고 있더라도, 언어 융합은 참혹한 결과를 초래한다("경험하지 않으려고 노력할수록, 경험하게 된다."). 자기대화의 소리를 분리하여 말하는 언어습관을 활용하면, 생각의 내용이 아니라 과정에 주목할 수 있다. 특히 고통스러운 생각과 감정이 솟구칠 때, 자기대화의 소리를 분리할 필요가 있다.

자기연민

여덟째, 자기연민self-compassion은 자신을 가엾고 딱하게 여기는 마음이다. 자신에게 자비를 베풀지 않고 가슴에 연민을 품지 않으면, 트라우마 치유와 회복은 불가능하다. 자기에 대한 가혹한 판단과 비판이 꼬리에 꼬리를 문다면, 현재 자신에게 얼마나 자비와 연민을 베풀고 있는지 헤아려 봐야 한다. 자신에게 자비와 연민을 베풀기 어려운 이유는 죄책감과 수치심 때문이다. 겹겹이 쌓인 이런 감정의 층 때문에 문제도 꼬여 있는 것이다.

　사람들은 병을 앓는다는 이유로 자기 자신을 비난하지 않을 뿐 아니라 타인의 비난을 염려하지 않는다. 그러나 심리적 문제를 겪을 때는 자신에 대한 타인의 판단을 염려한다. 그런데 실제로 가장 먼저 판단하고 비난하는 사람은 바로 자기 자신이다. 사람들이 자신에게 자비와 연민을 베풀지 못하는 이유는 자신과 타인의 평가를 곧이곧대로 믿어 버리기 때문이다. 개인을 넘어뜨려 일어나지 못하게 만들고, 잡아끌어서 앞으로 나아가지 못하게 하는 주요 문제는 표 12-2와 같다.

표 12-2. 개인을 넘어뜨리거나 나아가지 못하게 하는 문제

문제	설명
1. 비난 내재화	○ 자신에 관한 판단(비난)이 눈덩이처럼 불어남("난 모든 게 엉망진창이야!" "진작에 했어야지, 엉뚱한 일에 너무 많은 시간을 허비했어!")
2. 이유 설명	○ 자신이 비난받지 말아야 할 이유를 설명하는 일에 매달림
3. 비난 외재화	○ 삶을 엉망진창으로 만든 비난받을 사람과 대상을 생각하는 일에 몰두함
4. 희망 포기	○ 희망이 없다는 생각과 모든 게 엉망진창이고 무가치하다는 생각에 융합되어 삶을 포기하고 싶은 유혹에 시달리게 됨("나로서는 이게 최선이야! 달라질 수 있다는 기대를 모두 접어 버리자!")

자신과 타인을 가혹하게 비난하고, 끊임없이 이유를 설명하며, 희망을 잃고 포기하는 낡은 방법으로는 트라우마를 극복할 수 없다. 언어는 삶의 이야기를 스스로 써나갈 수 있도록 돕는 수단일 뿐이다. 사람들은 이런저런 사건에 대해 후회하곤 한다("혹시 ~하면 어떡하지?" "꼭 ~했어야 했는데!" "분명히 ~할 수 있었는데!"). 이런 후회는 개인이 실수했다고 판단하거나, 상당히 나쁜 사람이라고 판단하는 추가적인 근거가 된다.

자기에게 자비와 연민을 갖게 하는 좋은 방법은 열린 마음으로 자신과 서로 마음을 헤아려 주는 관계를 맺고, 그 연민을 경험하고 수용하는 것이다. 가엾고 불쌍한 사람에게 자비와 연민을 베풀었던 것처럼, 자신에게도 똑같이 베푸는 것이다. 자비와 연민은 이렇다 할 목적 없이 그저 베푸는 것이다. 자신에게 자비와 연민을 베풀어야 할 이유를 찾기보다 어떤 이유나 설명 없이 그냥 그렇게 하는 것이다. 자신에게 자비와 연민을 베풀어야 하는 타당한 명분을 찾으려는 순간, 이런 노력은 변질되고 만다. 자기에 대해 자비와 연민을 가질수록 타인으로부터 받는 연민에 더 열린 마음을 갖게 되고, 타인에게 자비를 베풀고 연민을 보이는 일도 더 능숙해진다. 이런 상승효과가 있는 선순환이 정신화의 핵심이다.

04 ACT의 원칙

수용전념치료(ACT)의 원칙으로는 ① 중도포기 금지, ② 공약, ③ 세부목표 설정, ④ 행동 관찰, ⑤ 광범위한 행동패턴 구축, ⑥ 쓸모 있는 선택, ⑦ 비난 대신 책임, ⑧ 가치에 부합하는 삶 추구가 있다.

중도포기 금지

첫째, 절대 포기하지 않는다. 전념행동은 한 번 선택하면 시작부터 종결까지 순조롭게 전개되는 과정이 결코 아니다. 이는 중도에 실패하더라도 포기하지 않고, 지속적으로 다시 결심하고 노력하는 것이다. 절대 실패하지 않는 것보다는 실패하더라도 다시 일어나는 것이 중요하다. 연구에 의하면, 특정 목표를 달성하겠다고 결심하는 것보다는 목표를 달성하려고 꾸준히 노력하는 것이 더 많이 성취하게 된다(Hinsz & Ployhart, 1998). 예컨대, 금연/금주에 성공한 사람들은 적어도 수차례 금연/금주를 시도했다고 실패한 전력이 있다. 금연/금주를 하려면 실패해도 끊임없이 끊으려는 노력 끝에 목표를 달성한 것이다. 행복한 부부는 절대 다투지 않는 부부가 아니라, 서로를 존중하면서 갈등을 해결해 나가는 부부다.

공약

둘째, 과거와 달라지겠다는 결심을 여러 사람에게 알린다. 그 이유는 많은 사람에게 공약할수록, 그 약속을 지키려는 노력을 더 많이 하게 되기 때문이다. 이 방법은 행동 변화를 촉구하는 프로그램에서 널리 활용된다(예 체중감량 프로그램, 금연 프로그램, 12단계 프로그램 등). 공약이란 결심한 내용을 1명 또는 그 이상의 주변 사람들에게 알리는 것이다. 공약의 효과는 당사자가 처한 생활 환경과 지지 세력의 특성에 따라 달라진다.

세부목표 설정

셋째, 목표 달성 가능성은 장기목표를 잘게 세분하여, 달성 여부를 파악할 수 있는 작고 쉬운 목표를 설정함으로써 높아진다. 목표 달성 여부를 파악할 수 없는 경우, 행동을 지속하기 어렵다. 이에 목표의 달성 여부를 객관적·구체적으로 파악할 수 있는 행동을 계획하는 것이 바람직하다. 새롭고 유익한 행동 결정이 까다로운 경우, 시험적으로 시도해 본다. 그리고 도전적인 목표를 설정해야 성과를 극대화할 수 있다. 목표 달성을 위해 중도 포기하지 않고 전념할 수 있다면, 쉬운 목표보다 조금 더 어려운 목표를 설정할 때 더 큰 노력을 기울일 것이기 때문이다.

행동 관찰

넷째, 변화를 위한 실행은 자기 행동에 대한 정확한 관찰에서 시작된다. 예컨대, 스마트폰 사용 시간을 줄이고자 한다면, 우선 현재의 스마트폰 사용 시간부터 정확하게 측정한 후(기저선 설정), 대안행동을 계획해야 할 것이다.

광범위한 행동패턴 구축

다섯째, 광범위한 행동패턴을 구축한다. 이로써 과거의 부적응행동을 개선하여 새롭고 쓸모 있는 행동으로 변화시킬 수 있다. 설령 변화를 시도하다가 중도에 실패하더라도, 재차 노력한다면, 바람직한 변화를 일궈 낼 확률이 높아진다. 이는 변화를 시도하고, 중간에 실패하고, 다시 변화를 시도하는 광범위한 행동패턴이 구축되었을 때, 가능한 일이다.

쓸모 있는 선택

여섯째, 쓸모 있는 선택^{workable choice}을 하면, 개인이 소중히 여기는 삶의 방향으로 나아갈 수 있다. 그러나 사람들은 때로 옳고 그름을 따지느라 정작 중요한 본질("무엇이 자신에게 쓸모 있는 선택인가?")을 망각하곤 한다. 각자의 관점에서 보면, 항상 옳다. 그러나 쓸모 있는 선택을 하려면, 옳고 그름을 따지기보다는 전혀 다른 차원에서 접근해야 한다. 사람들은 종종 무엇이 옳은가를 따지는 일("내 생각이 옳고, 저 사람의 생각은 잘못되었어!")에 집착하느라 심각한 대가를 치르곤 하는데, 이에 관한 일화는 글상자 12-14와 같다.

글상자 12-14. 옳고 그름을 따지는 일과 쓸모 있는 선택에 관한 일화

> 일가족 4명이 탄 승용차가 고속도로를 달리고 있었다. 이때 멀리서 1차선으로 달려오는 트럭이 보였다. 이유야 어찌 됐든 그 트럭은 분명 역주행하는 잘못을 범하고 있음이 분명했다. 그럼에도 운전대를 잡은 가장은 속도를 늦추지 않았다. 조수석에 앉은 그의 아내는 놀라서 남편에게 "위험한데 옆으로 비켜 주지 않을 거예요?"라고 물었다. 그러자, 남편은 "우리 잘못은 없어! 저런 사람은 정신 차리게 해서 다른 사람의 권리를 침범하는 나쁜 버릇을 고쳐 줘야 해!"라며 격앙된 어조로 말했다. 그렇다. 남편의 말이 옳다. 하지만 남편이 핸들을 옆으로 꺾지 않으면, 승용차와 트럭은 정면으로 충돌할 것이고, 동승한 가족의 운명은 달라질 것이다.

글상자 12-14에 제시된 일화에서 암시하는 것처럼, 옳고 그름의 문제는 트라우마 생존자와 논의하기에 매우 민감한 주제다. 트라우마 중에는 명백히 그릇된 사건이 있기 때문이다. 사람들에게는 삶의 방향을 안내하는 도덕적 나침반이 있고, 이를 토대로 옳고 그름을 판단하는 것이 대체로 유익하다. 그러나 생존자가 끊임없이 괴로움을 겪는 이유는 지속적인 도덕적 판단 때문이다. 그냥 내버려둬도 자존감이 훼손되지 않는 문제를 도덕적 판단에 에너지를 쏟으면 엄청난 대가를 치러야 한다. 이에 특정 사건이 생존자의 자존감에 얼마나 영향을 미치는지를 마음챙김으로 알아차릴 필요가 있다.

트라우마 생존자 중에는 주위 사람으로부터 강요당하는 사람들이 많다("너 때문에 여러 사람이 불편해지니까 그만 잊어버려!"). 가족들이 불편해질 것이 두려워 가해자를 고소하지 말라고 종용하는 것이 그 예다. 그럼에도 가해자를 고소하면, 가족과 단절될 위험이 있고, 변호사 비용에 대한 재정적 부담을 감수해야 하므로, 생존자는 이중고를 겪게 된다. 그렇다고 해서 소송을 포기한다면, 생존자의 자존감에 영향을 미치고, 문제의 본질을 비켜 가는 선택을 하게 될 것이다. 그러므로 상황을 주의 깊게 헤아려 보면서 무엇이 생존자에게 최선의 이익이 될 것인지 꼼꼼히 따져 봐야 할 것이다.

비난 대신 책임

일곱째, 책임과 비난은 다르다. 트라우마 생존자들은 현재의 삶을 변화시킬 능력이 없다는 무력감에 빠지곤 한다. 이로써 자신 또는 타인 비난의 망령에 사로잡힌다. 비난에 몰두하는 것은 스스로 옴짝달싹할 수 없게 만들어, 트라우마를 수용하는 방향으로 나아가기 힘들게 한다. 책임^{responsibility}이란 말은 반응^{response}과 능력^{ability}이 합쳐진 것으로, 반응 능력 또는 반응 선택 능력을 뜻한다. 즉, 반응 선택 능력은 삶을 통제하는 사람이 바로 자신임을 일깨워 주는 개념이다. 비난^{blame}은 유익하지 못한 반응이다.

　반면, 사람들은 대개 비난이 잘못된 행동을 교정하거나 방지하는 기능이 있다고 믿는다. 그러나 이런 반응 선택 능력 역시 개인의 삶을 바람직한 방향으로 변화하도록 구체적으로 어떻게 행동할 것인지를 결정 · 실천할 수 있도록 돕는 기능이 있다. 비난은 대부분 타인을 판단 · 정죄하는 내용으로 구성된다. 법정에서의 비난은 효과적이고 적절한 선택일 수 있지만, 관계에서의 비난은 불필요한 괴로움을 초래할 뿐이다. 분노에 찬 타인 비난은 그가 죽기를 바라면서 스스로 독극물을 마시는 행위다. 비난 대신 반응 선택 능력을 회복하는 것이 절실한 과제이지만, 트라우마 생존자에게 이렇게 말하는 것은 쉽지 않다. 왜냐하면 이들은 원치 않았음에도 끔찍한 트라우마를 겪었고, 그 후유증에 시달리고 있기 때문이다. 이에 과거의 트라우마 사건에 대한 책임과 현재의 반응 선택 능력을 구별할 필요가 있다.

가치에 부합하는 삶 추구

여덟째, 가치명료화 작업은 한 번에 한 가지씩 길을 밝혀 주는 불빛이다. 누구도 항상 자신이 추구하는 가치에 부합하는 삶을 살지는 못한다. 이는 불가능하다. 사람들은 때로 자신이 추구하는 가치와 어긋나게 자신과 타인을 비난한다. 그러나 가치는 개인이 어떤 방향으로 향하고 있는지 꾸준히 알려 주는 나침반 역할을 한다("왜 잘못된 길로 들어섰는가?" "왜 좀 더 일찍 방향을 틀지 않았는가?" "왜 시간과 돈을 낭비했는가?"). ACT의 관점에 의하면, 아직 늦지 않았다. 오직 현재 순간만 존재할 뿐이고, 바로 지금 자신이 소중히 여기는 가치에 부합하는 삶을 선택할 수 있다.

　ACT에서는 좋은 감정을 느끼는 것보다는 감정을 더 잘 느끼는 것을 중시한다. 즉, 내면에서 벌어지고 있는 일에 주의를 기울이고 접촉하는 것을 중시한다. 가치에 부합하는 행동을 하기 위해 반드시 바람직한 감정을 느껴야 하는 것은 아니다(낙관주의×). 아무리 동반자에게 화가 나더라도, 그에게 사랑스럽게 행동할 수 있다. 직장생활에 불만을 느끼는 사람도 여전히 출근할 수 있다. 사람들은 직장이 제공해 주는 것(예 의식주, 이타심, 성취감, 대인관계, 사회공헌)을 가치 있게 여기기 때문에 다소 불만이 있더라도 직장에 나간다. 이는 개인이 추구하는 다른 가치에도 똑같이 적용된다. 만일 특정 행동의 이유가 사람들이 인정해 줄 것 같아서 또는 자신에게 화를 내지 않을 것 같아서라면, 이는 진정으로 소중한 가치를 추구하고 있는 게 아니라 단순히 감정을 따르고 있는 것이다.

가치는 목표와 다르다. 목표는 언젠간 달성될 수 있는 것, 종결될 수 있는 것, 완성될 수 있는 것이다. 반면, 가치는 영원히 성취되지도 않고, 완전히 달성되지도 않는 것이다. 가치는 지금·여기에서 시작된다. 하지만 목표는 종종 계획, 준비, 기다림이 요구된다. 이처럼 목표가 목적지라면, 가치는 방향이다. 상위목표를 성취하기 위해서는 몇 개의 하위목표를 먼저 성취해야 한다. 각각의 목표는 성취되고 종료될 수 있다. 모든 목표는 동일한 가치에 의해 추구된다. 즉, 대인관계와 유대관계라는 가치는 앞으로 추구해 나아갈 방향이다.

05 ACT에 대한 평가

수용전념치료(ACT)는 수용과 마음챙김을 전념과 행동수정 전략과 결합하여 심리적 유연성 증진을 강조함으로써, 트라우마 치유에 효과가 있는 것으로 검증된 증거기반 치료법이다. ACT는 다양한 범위의 문제에 적용될 수 있고, 내담자의 상황에 따라 변화 전략을 적용할 수 있다는 장점이 있다. ACT의 경험적 훈련(예 외재화, 회피 감정에의 노출, 수용 등)은 공포증, PTSD, 강박장애, 공황장애 등 회피로 강화되는 불안장애(Hayes et al., 2011)와 물질남용, 우울, 불안, 공포증, PTSD, 만성통증 치료에 효과가 있다(Batten & Cairrochi, 2015). ACT는 우울, 불안, 물질남용, 만성통증, 심지어 다양한 심리적 문제(정신증 포함) 개선에 유용하다고 입증되었다(Hays & Strosahl, 2004). 또한 언어가 체험 회피를 야기하고, 대부분의 심리적 문제를 초래한다는 기본가정 역시 다양한 실험연구를 통해 경험적으로 입증되었다.

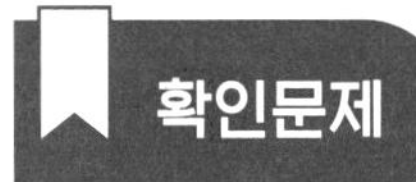

확인문제

다음 빈칸에 들어갈 말을 써 보세요.

1. ACT에서는 정말로 문제가 되는 것을 _____(이)라고 전제한다. 고통을 통제하려고 노력하는 과정에서 오히려 ________이/가 증폭된다는 것이다.

2. 삶에는 두 가지 형태의 불편감이 있다. 하나는 아무리 주의를 기울이고 심사숙고하고 올바르게 행동해도, 겪을 수밖에 없는 일로 인한 _____으로, 본질적으로 피할 수 없는 불편감이다. 다른 하나는 전자의 불편감을 회피하기 위해 애쓰는 과정에서 더해지는 ________(으)로, 본질적으로 피할 수 있는 불편감이다.

3. 두문자 ACT에서 A는 _____(으)로, 현재 순간의 자기와 경험을 '좋다' '나쁘다'는 판단 없이 있는 그대로 포용하려는 적극적인 시도다. C는 선택으로, __________을/를 통해 내담자가 진정 소중히 여기는 삶의 방향을 택하는 것이다. T는 ________(으)로, 가치 있게 여기는 삶의 방향으로 재조정된 행동 실행에 몰두하는 것이다.

4. ________은/는 현재의 순간에 주의를 기울이면서 마음에 떠오르는 것을 판단 없이 그대로 바라보는 방법이다. 이 방법은 ______ 주의라 불리는 특수한 주의집중 방법이다.

5. 트라우마 생존자는 각자의 방식대로 트라우마에 대처한다. 이렇게 다른 대처방식, 즉 _____-회피, 억제-_____을/를 번갈아 구사하면, 트라우마의 온전한 소화에 어려움이 있다. 이는 전형적으로 트라우마가 초래하는 ____________(이)다.

6. __________하기란 내면의 불편감에 주의를 기울이면서 머무르는 작업을 말한다. 피부 안쪽 세상에서는 심리적 현상(생각, 감정, 기억, 감각)이 잘 통제되지 않는다. 그럼에도 이를 통제하려는 시도는 _____을/를 ______(으)로 변질시키는 올가미다.

7. ________은/는 트라우마 생존자들이 흔히 겪는 증상이다. 이 증상은 공공장소에 가는 것에 대한 공포와 회피가 특징인 ____공포증을 함께 겪는다. 이런 이유로, 이 장애는 '공포에 대한 ____'(으)로도 불린다.

8. 자신의 삶을 찬찬히 돌이켜 보며, 소중히 여기는 것을 헤아려 봄으로써, 원하는 삶의 방향을 선택하는 과정을 ___________(이)라고 한다. ______은/는 개인이 선택한 삶의 방향을 의미한다. 이것이 명료해지면, 자신이 못나 보이지도 않고, 나쁘게 느껴지지도 않으며, 스스로를 채찍질해야 할 이유도 없어진다.

9. ______은/는 언어의 문자적 의미로부터 거리를 두거나, 언어의 문자적 내용에 사로잡히지 않는 과정을 말한다. 반면, ______은/는 언어의 내용으로부터 거리를 두지 못하고 사로잡히는 것이다.

10. ACT의 원칙으로는 ① ________ 금지, ② 공약, ③ ____목표 설정, ④ ____ 관찰, ⑤ _________ 행동패턴 구축, ⑥ _______ 선택, ⑦ 비난 대신 ____, ⑧ ____에 부합하는 삶 추구가 있다.

학습활동

자기 인식

※ 당신은 자신에 대해 어떤 생각을 가지고 있는가? 그리고 주변 사람들은 당신에 대해 어떻게 이야기하는지 생각해 보고, 다음의 빈칸을 채워 보자.

1. 나의 신체적 특징(성별, 인종, 신장, 몸매, 체중, 근육 등)

   ☞ ____

   ____

2. 나의 출생지/성장 배경(도시, 지역, 이웃 등)

   ☞ ____

   ____

3. 나의 바람직한 특성

   ☞ ____

   ____

4. 나의 바람직하지 못한 특성

   ☞ ____

   ____

5. 나의 역할(학생/교사, 아들/딸, 엄마/아빠)

   ☞ ____

   ____

6. 나의 삶[지금까지 살아온 개인사 또는 행동패턴('나는 ~한 사람이다')]

> ____

____

____

____

____

○ 활동지에 기록한 내용에는 당신이 자신을 특정 사건의 피해자 또는 트라우마 생존자로 묘사된 것이 포함될 수 있다. 당신은 여러 측면을 그 경험과 관련지었을 수 있다. 이 활동의 목적은 수용전념치료(ACT)에서 강조하는 '개념으로서의 자기'에 사로잡히지 않고 탈융합하도록 돕기 위한 것이다. 만일 당신이 개념으로서의 자기를 '반드시 정확할 필요는 없는 당신에 관한 여러 명칭'으로 거리를 두고 바라볼 수 있다면, 이런 개념을 가지고 살아가는 것 자체가 심각한 문제를 일으키지는 않을 것이다. 하지만 개념으로서의 자기와 관련된 평가에 집착하여 곧이곧대로 믿어 버린다면 위험해질 수 있다.

※ 이 활동을 통해 무엇을 알게 되었고, 무엇을 깨달았으며, 무엇을 느꼈고, 어떤 생각이 들었나
　요? 잠시 생각하면서, 마음에 떠오르는 것을 자유롭게 글로 써 보고, 글의 제목을 붙여 보자.

PART 3

트라우마 치유와 성장

Chapter 13 트라우마 후 성장

Chapter 14 트라우마 치유와 상담의 쟁점

Chapter **13**

트라우마 후 성장

개요
01 트라우마의 부정성
02 트라우마의 긍정성
03 트라우마의 실존적 의미
04 트라우마의 영적 · 종교적 의미
05 PTG의 촉진 요소
06 PTG의 촉진을 위한 이야기
07 PTG와 영성
☐ 확인문제
☐ 학습활동

학습목표
1. 트라우마 후 성장의 정의 및 주요 개념을 이해 · 설명할 수 있다.
2. 트라우마의 부정성과 긍정성을 이해 · 설명할 수 있다.
3. 트라우마의 실존적 의미를 이해 · 설명할 수 있다.
4. 트라우마 후 성장의 촉진 요소를 이해 · 설명할 수 있다.
5. 트라우마 후 성장 촉진을 위한 이야기를 이해하고 실제에 적용할 수 있다.
6. 트라우마 후 성장과 영성을 이해하고 실제에 적용할 수 있다.

PTG는 Posttraumatic Growth(트라우마 후 성장)의 약자다('외상 후 성장'으로도 불림). 이는 극심한 스트레스를 유발하는 위기(트라우마) 사건 또는 상황을 견뎌냄으로써, 더 나은 방향으로 변화하는 것을 말한다. 이 말은 트라우마에 직면하여 기꺼이 감내한 결과로 경험하는 긍정적인 변화다. 성장은 미숙한 상태에서 성숙한 상태로 옮겨가는 것이다. 어려움을 극복하면 긍정적인 변화가 일어난다는 사실은 희망의 싹이 되어 용기를 갖게 한다. 트라우마 후 성장(PTG)은 흔히 ① 자기 변화, ② 타인과의 관계 변화, ③ 삶의 철학에 변화된 느낌으로 경험된다.

삶은 출생 트라우마$^{birth\ trauma}$로 시작해서 죽음 트라우마$^{death\ trama}$로 끝난다. 또한 삶에서 가장 안전할 것으로 생각되는 대상으로 인해 겪는 마음의 상처는 평생 지워지지 않을 수 있다. 트라우마는 생존자를 고통스럽게 한다("왜 하필 이런 일이 내게 일어났을까?"). 이 실존적 질문에 대한 답을 찾지 못하면, 고통^{pain}에 괴로움^{suffering}이 추가된다. 트라우마 생존자가 삶의 의미를 되찾는 과정이 상담이라면, 상담자는 삶의 의미를 찾아 떠나는 생존자의 동반자다. 삶에서 위기는 필연이다. 위기를 피할 수 없는 것이라면, 어떻게 극복해야 하는가?

고대 그리스 시대보다 훨씬 더 이전부터 수많은 선각자는 고난 후에 좋은 일이 온다('고진감래$_{苦盡甘來}$')고 강조했다. 심지어 고난 극복은 개인을 더 강하게 만들고, 삶의 지혜와 혜안(사물을 꿰뚫어 보는 안목과 식견)을 선물한다고도 했다. 사람들은 비극적인 삶의 경험을 극복하기 위해 애쓰는 과정에서 놀라운 변화를 체험하곤 한다. 이는 바로 변증법 상태를 경험하는 것이다. 예기치 않은 삶의 위기는 종종 고통처럼 다가오지만('정'), 그 안에 모순(잠재력)이 있음을 깨닫게 되어('반'), 고통과 잠재력의 충돌로 제3의 '합'으로 전개되곤 한다. 이것이 PTG의 핵심이다. 이에 이 장에서는 트라우마와 PTG과 관련 쟁점을 중심으로 살펴보기로 한다.

01 트라우마의 부정성

트라우마 후 성장(PTG)은 흔하지만, 보편적이진 않다. 트라우마는 양면성이 있다. 사람들이 흔히 생각하는 부정성이 그 하나이고, 긍정성이 다른 하나다. 트라우마 생존자들에게서는 종종 부정적인 반응이 나타난다. 부정성^{negativity}이란 바람직하지 않은 특성 또는 성질이다. 분명, 트라우마에는 부정성이 있다. 생존자들에게 감당하기 힘든 고통을 주기 때문이다. 아무리 심리적 회복력이 높은 사람이라도 트라우마는 ① 고통, ② 재경험, ③ 회피, ④ 신체 증상으로 생존자를 고통스럽게 한다.

고통

첫째, 트라우마는 생존자에게 심신의 아픔과 괴로움을 준다. 트라우마에의 노출 시간이 길고, 상황이 부정적일수록 이들이 겪는 고통의 정도는 더 심하다. 또 생명을 위협하는 사건을 경험한 사람일수록, 불안과 공포의 정도는 더 크다. 이런 감정은 향후 비슷한 일이 이들에게 일어날 수 있다는 가능성에 불을 붙인다. 배우자의 상습적인 폭력으로, 잠시 피신한 여성은 신체적 안전을 염려한다. 태풍 피해를 당한 사람은 바람이 불라치면 걱정부터 앞선다. 홍수 피해를 당한 사람은 구름이 껴 하늘이 어두워지면, 비가 올까 두려워진다.

고통은 사람과 환경에 따라 다양하게 나타난다. 특히, 사랑하는 사람이 세상을 떠났을 때 나타나는 반응은 슬픔이다. 사고로 사랑하는 사람을 저 멀리 떠나보낸 사람은 슬픔뿐 아니라 죄책감을 느낀다. 죄책감은 사고와 감정으로 이루어져 있다. 트라우마 생존자들에게 죄책감은 주로 감정 형태로 나타난다. 이와 같은 생존자 죄책감^{survivor guilt}은 트라우마 사건에서 함께 있던 사람을 구하지 못하고 살아남은 사람에게 주로 나타난다. 많은 사상자를 낸 수학여행 관광버스 전복 사고에서 살아남은 아이는 자신이 무사함에 안도감을 느끼는 것에 죄책감을 느낄 수 있다.

죄책감은 했을 수도 있는, 해야 했던, 하지 말았어야 했던 일에 대한 반추로 인해 생긴다. 트라우마는 때로 생존자를 허구한 날 분노로 들끓게 하고 안절부절못하게 한다. 분노는 사건에 책임이 있다고 생각되는 사람에 대해 직간접적으로 표출되곤 한다. 회사의 재정난으로 갑작스럽게 해고된 남성이 확실한 근거도 없이 자신에 관해 험담하고 다녔다고 생각되는 사람에게 앙심을 품고 해코지하려고 하기도 한다.

재경험

둘째, 트라우마는 생존자가 사건 경험을 반복하게 한다. 트라우마 기억은 침습사고 또는 플래시백 형태로 되살아나 의식을 혼란스럽게 하고 두려움에 떨게 만들곤 한다. 침습사고^{intrusive thinking}는 트라우마 사건을 겪은 사람이 그 상황을 더 이상 생각하고 싶지 않음에도, 마음속에 계속해서 반복적으로 떠오르는 현상이다. 이에 비해 플래시백^{flashback}은 예기치 않게 과거의 트라우마 사전의 장면 또는 기억이 갑작스럽게 떠올라 고통스럽게 재경험하게 하는 현상이다.

플래시백. 플래시백^{flashback}은 트라우마 생존자가 트라우마를 떠올리는 단서에 노출되는 순간 발생한다. 이런 촉발 요인을 파악하기 쉽지 않다는 점에서 두려움과 당혹스러움이 순간적으로 엄습한다. 또 트라우마 기억은 수면 중 악몽^{nightmare}으로 침습하기도 한다. 극심한 공포를 동반하는 플래시백은 이해하기 힘든 이미지의 콜라주^{collage}(그림, 종이, 잡지, 사진 등을 찢거나 오려붙여 만드는 미술 기법)처럼 전형적인 악몽과 유사하다('낮에 꾸는 악몽'). 플래시백과 악몽은 트라우마의 직접적인 재연일 수 있다. 어떤 트라우마 사건은 어떤 일이 일어났었는지 분명히 알 수 있고, 세부 내용 전체가 명확히 회상되기도 한다. 또 강렬한 트라우마 정서가 동반되는데, 이는 개인 사건기억(IEM)의 전형적인 특징이다. 이와는 달리, 플래시백은 과거 사실에 대한 정확성의 정도가 다양하고, 기억·정서·심상·환상과 뒤섞여 있다(Frankel, 1994).

더욱이, 다발성 플래시백은 현재 상황에 트라우마 이미지가 겹치면서 현실 접촉을 어렵게 한다. 이런 상태는 개인의 모든 게 트라우마와 연결되게 할 수 있다. 심지어 작은 단서로도 플래시백으로 연결될 수 있다. 예컨대, 외적 자극(소리, 냄새)과 내적 자극(신체 감각, 생리적 각성)은 유사한 작용을 한다. 이 연결은 아주 견고하고 반복적인 플래시백을 통해 더욱 강력해진다. 이런 기억을 억제하고자 하면 오히려 더 활성화되는데, 스트레스 상태에서는 더 그렇다. 게다가 침습기억에 대한 취약성은 알코올, 약물, 수면 부족으로 악화된다. 이런 점에서 트라우마 기억 회로는 블랙홀black hole(극단적으로 강한 중력으로 어떤 물체든지 빨아들이는 검은 공간/별)이다(Pitman & Orr, 1990). 그러므로 상담에서 트라우마 사건을 떠올리게 하고 이에 관해 말하는 게 플래시백을 촉발할 수 있다는 사실은 그리 놀랄 일은 아니다.

트라우마 기억의 활성화에는 현재의 상호작용이 중요한 역할을 한다. 그러므로 과거의 관계를 떠올리게 하는 현재의 대인관계 패턴에 주의를 기울일 필요가 있다. 예컨대, 어린 시절, 아버지의 폭력으로 인한 플래시백으로 고통받는 여성이 매일 밤 자신을 폭행하는 남편에게 돌아가야 한다면, 상담으로 플래시백을 차단하려는 노력은 헛수고가 된다. 또 만성 불안과 긴장 상태에 있는 사람은 스트레스가 큰 일상생활로 인해 트라우마 기억이 활성화되기도 한다. 이처럼 정서 상태만으로도 트라우마 기억을 불러일으킬 수 있다. 따라서 현재의 생활 스트레스에 효과적으로 대처하고, 대인관계에서의 갈등을 적극 해결하는 것은 트라우마 대처(플래시백 포함)의 핵심 방법이다.

플래시백 차단. 어떤 것을 기억한다는 것은 이전 경험을 재연하는 것이다. 기억은 정서 경험을 동반한다. 정서의 영향력이 충만한 상태에서 트라우마를 회상하는 것은 트라우마를 재경험하는 것과 같다. 이러한 경험은 트라우마 기억을 계속 자극한다는 점에서 일종의 실연rehearsal이다. 실연이 반복될수록 트라우마 기억은 더 쉽게 촉발된다. 트라우마 사건에 반복적으로 노출되면, 신경계가 민감해져 스트레스에 더 민감하게 반응하게 된다. 플래시백은 민감화sensitization(반복적이고 통제 불능의 스트레스에의 잦은 노출로 인해 스트레스 자극에 대한 정서 반응이 증가하는 현상) 과정을 촉진한다는 점에서, 이 과정을 차단할 필요가 있다. 이에 PTSD 내담자에 대한 중요한 목표에는 플래시백 차단이 포함되어 있다.

플래시백 차단을 위한 목표는 다음 두 가지다. 하나는 플래시백 차단 방법의 습득을 돕는 것(단기목표)이고, 다른 하나는 플래시백 발생을 예방하는 것(장기목표)이다. 플래시백을 예방하려면 트라우마에 대한 전반적인 중재가 요구된다. 약물치료는 침습 증상 완화에 도움을 준다. 플래시백, 악몽, 공황, 신경계 민감화로 이어지는 악순환을 막기 위해서는 신속한 개입이 요구된다.

☐ **대화.** 대화는 현실에 함께 하는 타인과의 관계 형성뿐 아니라 이를 통해 정서적 지지를 얻을 수 있다. 그러나 플래시백 상태에 접어드는 경우, 주의를 현실로 돌리는 일은 쉽지 않다. 그러므로 플래시백 차단은 예방이 최고의 치료제다. 플래시백을 예고하는 불안이 고조됨을 인식함으로써, 정신상태에 대한 통제력을 상실하기 전에 접지 기법을 사용할 수 있다. 일단 통제력이 상실되면, 접지 기법의 적용은 거의 불가능해지기 때문이다.

☐ **정신화.** 플래시백 차단을 위한 첫 과업은 정신화^{mentalization}다. 플래시백은 트라우마 기억을 정신상태로 인식하기보다 트라우마 사건의 재현처럼 느껴진다는 점에서 정신화가 제대로 이루어지고 있지 않음을 나타낸다. 정신화가 제대로 이루어지지 않으면, 내적 상태와 외적 현실을 혼동하게 된다. 이는 악몽이 현실처럼 느껴지는 것과 같다. 그러나 악몽이 단지 꿈이었다는 정신화가 시작되면, 트라우마 생존자는 안심할 수 있다. 이처럼 정신화는 개인의 정서 상태를 의도적 · 건설적으로 조절할 수 있게 해 준다.

☐ **접지.** 플래시백 차단에는 다양한 접지 기법이 사용된다. 접지^{grounding}는 트라우마 기억 또는 해리 증상을 감소/제거하기 위해 현재 상황(감각 입력)에 주의를 기울이게 하는 기법이다. 이 기법은 ① 주위 둘러보기, ② 방 안의 물건 이름 대기, ③ 자신의 무게감 느껴 보기, ④ 일어나 걷기, ⑤ 얼굴에 찬물 튕기기, ⑥ 대화 나누기(가장 효과적임) 등으로 구성되어 있다.

☐ **긍정 회상.** 생각은 정서 경험을 조절한다. 부정 사고나 기억은 강력해서 불안을 촉발하고 우울을 심화하여 마음시간^{mind time}을 허비하게 한다. 반면, 긍정 사고나 기억은 긍정 감정(기쁨, 즐거움, 안전감, 평안함, 자신감 등)을 유발한다. 그러므로 상담 과정에서 내담자에게 긍정 사고나 기억에 주의를 기울이는 법을 가르칠 수 있다. 각각 긍정 감정을 느꼈던 기억을 떠올리도록 돕는 것은 긍정 회상의 힘을 기르게 하여, 부정 사고/기억의 대체 방법으로 활용할 수 있게 할 수 있다.

회피

셋째, 트라우마는 생존자에게 자기파괴 행동을 하게 하거나 회피행동을 강화한다. 또는 다른 사람들이 자기 이야기를 듣고 싶어 하지 않고, 이해하지 못하며, 자기를 도울 수 없을 것으로 추측하게 만든다(Kaynak et al., 2011). 이로써 타인과 거리를 두거나, 지원받기 위한 노력을 하지 않게 한다. 그런가 하면, 불특정 다수에게 공격적 행동으로 분노를 표출하게 하기도 한다. 이런 행동이 물질 사용과 결합하여 더 심각한 결과를 초래하기도 한다.

신체 증상

넷째, 트라우마는 생존자의 심리적 고통과 정신장애의 발병 가능성을 높인다. 설령 질병이 발생하지 않더라도, 이들은 통증, 피로감, 호흡곤란, 근육긴장, 신경과민, 소화계 불편감, 수면장애, 불안정한 기분 등 다양한 형태의 신체적 불편감을 호소하게 만든다. 이는 스트레스 상황에 반응하여 나타나는 신체의 활성화 현상, 즉 전형적인 투쟁/도피 반응^{fight-or-flight response}(FFR)으로, 트라우마 발생 후 일정 기간 지속된다. 이 기간에 생존자는 다양한 신체 증상을 호소하는데, 이는 개인의 유전적 소인 또는 습관과 연관이 있다.

02 트라우마의 긍정성

긍정성^{positivity}은 바람직한 성질 또는 특성이다. 트라우마에는 두 가지 긍정성이 있다. 하나는 삶에서 소소한 일상이 지니는 의미가 커지는 것이고, 다른 하나는 예전에는 당연시했던 관계의 소중함을 깨닫게 하는 것이다. 트라우마는 종종 삶의 위기를 견뎌내는 과정에서 생존자를 이전과는 다른 사람, 더 나은 사람이 되기 위해 노력하게 만든다. 이처럼 삶에서 극히 어려운 일을 겪은 사람은 삶을 보는 방식과 삶에서 가장 중요한 것에 관한 생각에 변화가 생긴다. 이로써 생존자는 이전에 생각한 것보다 자신이 훨씬 더 강하다는 사실을 깨닫게 된다. 이런 깨달음은 ① 자기 변화, ② 관계 변화, ③ 태도 변화로 알 수 있다.

자기 변화

첫째, 삶의 위기를 겪은 사람은 더 이상 예전의 자신이 아니라고 느낀다. 사람은 고통을 통해 변화한다. 변화는 삶이 예측·통제할 수 없음을 깨닫게 되면서 생긴다(Janoff-Bulman, 2006). 이런 깨달음은 트라우마에 직면했을 때, 더 두렵고 불안하게 할 수 있다. 안 좋은 일이 일어날 수 있다는 생각은 역설적으로 사람을 더 긍정적으로 생각하게 한다("난 이전보다 강해졌어요. 이걸 이겨 낸다면, 난 어떤 일이라도 헤쳐 나갈 수 있을 거예요. 이런 고통을 잘 견뎌 냈으니, 이젠 이보다 더한 일도 잘 감내할 수 있을 거예요.").

　성장의 역설은 '더 취약하나 더 강한^{more vulnerable, yet stronger}'이라는 말로 요약된다(Calhoun & Tedeschi, 2013). 삶에서 상실과 고통은 사람들에게 교훈을 준다. 사람들은 때로 안 좋은 일이 예고 없이 찾아오고, 이를 통제하거나 피할 수 없음을 깨달음으로써 교훈을 얻는다. 그러면서 자신에게 극복할 힘이 있음을 깨닫는다. 그러나 상황이 좋을 때는 이런 사실을 깨닫지 못했을 것이다. 프랑스의 무신론적 실존철학자 알베르 카뮈는 "겨울의 한복판에서 나는 마침내 내 안에

알베르 카뮈(Albert Camus, 1913~1960)

굴복하지 않는 여름이 있다는 걸 알았다."라고 고백했다.

관계 변화

둘째, 삶의 위기는 관계의 질을 검증하고, 불필요한 관계를 솎아 내 준다. 위기는 사람들과의 관계를 더 깊고 강하게 만든다. 희귀병 진단은 자기 내면에 집중하고 사람들과 더 의미 있게 대화하고 교류하게 만든다. 또 자신을 더 자유롭게 표현할 수 있게 한다("내 감정을 표현하는 게 훨씬 자유로워졌어요. 속에 담아 두고 살 수 없는 시간을 보냈으니까요. 이젠 믿을 수 있는 사람들에게 내 감정을 표현할 수 있게 돼서 기뻐요."). 고통은 생존자를 더 진솔하게 만들어 감정과 생각을 믿을 수 있는 사람에게 기꺼이 표현할 수 있게 한다. 이 경험은 특정인과의 관계가 더 깊어지는 느낌이 들게 하고, 타인(특히, 고통을 겪고 있는 사람)에게 연민을 느끼게 한다(Bauwens & Tosone, 2010). 자녀를 잃은 부모는 비슷한 일을 겪은 사람의 심정을 더 잘 이해하게 되고, 그들에게 공감적 연민을 느끼게 된다. 때로는 헌신적 행동을 함으로써 이들의 고통 완화를 돕기도 한다.

태도 변화

셋째, 삶의 위기를 경험한 후, 사람들은 종종 삶에 더 많이 감사한다. 생사가 달린 상황에서 살아남은 사람은 아기에게 사랑스러움을 느끼고, 저녁노을에 깊이 감동하며, 가족과 함께하는 기쁨을 더 소중히 여기게 된다. 트라우마는 사랑이 한시적이고 유한하며, 삶의 소소한 기쁨이 어디에나 있고 무한하다는 깨달음을 준다. 심각한 사고에서 살아남은 사람은 삶을 더 이상 당연한 것으로 여기지 않게 된다. 이들에게는 삶의 우선순위에 변화가 생긴다. 무한한 성공을 추구하던 삶의 우선순위가 하루하루를 충만하게 살아가는 것으로 바뀐다. 말기암에서 겨우 살아난 사업가는 가족들과 더 많은 시간을 보내기 위해 일정을 대폭 조정한다("잔인하게 들릴 수 있지만, 삶의 철학이 변하려면 암에 걸려 봐야 합니다.").

일련의 사례들은 생존자의 두 가지 전형적인 변화를 시사한다. 하나는 삶에서 소소한 일상이 지니는 의미가 커지는 것이고, 다른 하나는 예전에는 당연하게 여겼던 관계의 중요성을 깨닫는 것이다. 즉, 트라우마를 경험한 사람은 일상의 삶과 타인과의 관계가 중요하며, 이것에 우선순위를 두어야 한다는 것을 깨닫게 된다. 다른 한편으로 트라우마를 겪게 될 때, 사람들은 종종 신에게서 버림받았다는 생각과 감정을 경험한다(Herman, 1992b). 심지어 무신론자들도 트라우마 후에 느끼는 황망함을 이런 식으로 표현하기도 한다. 트라우마를 겪는 과정은 실존적 측면에서 긍정적인 변화의 토대가 되기도 하지만 때로는 그동안 진리로 여겨졌던 종교적 신앙에 대해 의문을 품게 하기도 한다. 동시에, 말로 형용하기 힘든, 평온하고 초월적인 어떤 존재와 맞닿은 느낌이 들게 하기도 한다.

이처럼 고통 또는 생사를 넘나든 경험은 영성에 관심을 잘 갖게 한다. 이로써 삶의 의미에 대해 근원적인 질문을 하거나, 실존에 깊은 관심을 보이기도 한다. 종교적 교리로 위기를 극복했다고 해서 종교에서 인정하는 방식으로 성장하는 것은 아니다. 종교를 가진 사람들의 성장 경험은 때로 종교적 의미를 간직한다. 그러나 특정한 믿음은 교리적 정통성에서 벗어나거나, 이들이 원래 수용하던 종교적 신념을 버리는 양상으로 변하기도 한다. 또는 본래의 종교적 신념의 일부는 유지하지만, 더 깊이 성찰하고 더 만족스럽게 생활하는 방식, 즉 덜 교리적 믿음의 형태로 바뀌기도 한다.

이들이 직면하는 것은 절대적인 신에 대한 의문 또는 고통에 대한 종교적 의미가 아니라, 종교적 세계관에 국한하지 않는 실존적 의문에 대한 것이다("나에게 무슨 일이 일어났는가?" "나는 여생을 어떻게 살아가야 하는가?" "앞으로 일어날 일에서 나는 어떤 의미를 찾아야 하는가?" "내게 벌어진 일에는 어떤 의미/목적이 있는 것인가?"). 트라우마를 겪은 사람들은 때로 이전에는 분명치 않았을 수 있는 삶의 의미와 목적에 의문을 품게 된다. 트라우마로 인한 고통과 스트레스를 다루면서 이러한 의문점과 씨름하고, 종교적·영적·실존적 영역에 관한 의미를 깊이 이해하게 된다.

03　트라우마의 실존적 의미

삶의 만족도와 성장의 관계에 영향을 주는 변인은 삶의 의미 부여다(Linley & Joseph, 2011). 트라우마 후 성장(PTG)은 삶의 의미 부여에, 삶의 의미는 삶의 만족도에 유의한 영향을 준다. PTG를 경험한 사람은 삶의 목적과 의미를 깨달을 가능성이 더 크고, 삶의 의미는 보편적인 삶의 만족도와 높은 연관성이 있다(Triplett et al., 2012). 실존치료^{Existential Therapy}에서는 인간의 삶이 유한하고 삶의 의미와 목적에 대한 믿음의 중요성을 강조하면서, 트라우마의 실존적 의미를 세 가지로 전제한다(① 삶의 유한성, ② 삶을 창조할 책임, ③ 삶의 목적과 의미 추구).

삶의 유한성

첫째, 인간의 삶은 유한하여 언젠간 예외 없이 죽음에 직면하게 된다. 어떻게 죽음에 직면할 것인가는 어떻게 살 것인가에 영향을 미친다. 삶의 의미와 목적을 찾는 것은 개인의 책임이며, 삶에 영향을 준다. 트라우마를 극복하려는 사람들은 종종 이런 실존적 주제에 관한 질문을 던진다. 트라우마는 삶이 결국 유한한 존재임을 깨닫게 한다. 실존치료의 관점에서 보면, 유한한 존재로서 인간의 운명은 심리적 문제의 원인을 제공하는 원동력이 될 수 있다. 설령 그렇지 않더라도 개인의 문제, 유한성, 사랑하는 이의 유한함을 깨닫게 될 때, 사람들은 종종 실존적인 질문을 던진다.

삶에서 비극적인 사건 또는 상실을 겪게 되면, 사람들은 실존적 질문에 대한 답을 찾고자 한다. 삶의 예측성, 통제 가능성 같은 경험적 신념과는 달리, 실존적 가정에 대한 경험적 반증disconfirmation은 쉽지 않다. 사람들은 사고나 상황을 예측할 수 없음을 알게 되지만, 그렇다고 그것이 삶의 무의미성meaninglessness을 입증하는 것은 아니다. 경험적 반증을 하지 않음으로써, 사람들은 종종 영적 또는 종교적 가정을 통해 비극적인 사건과 상실을 이해하게 된다. 그러나 비극적인 사건이 일어날 때, 사람들은 때로 중요한 실존적 가정조차 질문에 대한 답을 찾지 못하곤 한다.

삶을 창조할 책임

둘째, 개인은 우주에서 혼자이고, 자기 삶을 창조하고 운명을 개척해 나갈 책임이 있다. 트라우마를 겪는 사람은 종종 타인과 분리된 느낌이 든다. 타인과 연결되어 있다는 유대감bond은 이들에게 심리적 안정감을 준다(Yuval & Adams, 2011). 실존치료에 의하면, 인간이 궁극적으로 혼자임을 인정 · 수용하는 것은 삶을 긍정적으로 변화시킨다. 생존자가 말하는 트라우마 이야기와 PTG 경험의 관계는 밀접하다. 즉, 트라우마는 좋은 결과와 나쁜 결과 둘 다를 초래할 수 있다(Schuettler & Boals, 2011). 고난에 맞서 분투하는 것을 삶의 긍정적 전환점으로 여기는 사람은 삶의 철학과 목적이 더 명확해진다. 반면, 트라우마 경험을 삶의 부정적 전환점으로 여기는 사람은 부정적인 결과에 초점을 맞추게 되면서 삶이 불만족스럽고 심각한 스트레스를 겪게 된다.

트라우마 경험에 대한 서로 다른 해석은 크게 두 가지로 창조된다. 하나는 상처로 날개가 꺾여 낙담하는 희생자의 이야기이고, 다른 하나는 고난을 성장의 계기로 승화시킨 승리자의 이야기다. PTG를 경험한 사람은 후자, 즉 고난을 통해 새롭게 창조한 삶의 이야기로 표현한다. 이들은 트라우마 경험에 맞서 분투한 결과, 의미 있는 삶의 지혜를 얻었다고 믿는다. 즉, 예기치 않은 위기 경험을 삶의 지혜와 성장의 발판으로 삼은 것이다. 더 중요한 점은 이후에도 삶의 위기에 직면할 때 PTG의 기회는 많아질 수 있고, 이로써 삶의 지혜는 더 깊어질 수 있다는 것이다.

삶의 목적과 의미 추구

실존적 관점의 세 번째 가정은 삶의 목적과 의미 추구의 중요성에 관한 것이다("삶의 목적은 무엇인가?"). 이는 실존치료의 관점에서 개인이 던지는 가장 중요한 질문으로, 트라우마 생존자들에게는 필연적인 질문이다(Frankl, 1963). 이 질문과 관련된 쟁점이 트라우마 상담과정에서도 드러난다("도대체 왜 이 사건이 내게 일어났을까?" "이 일이 내 삶에 일어난 의미는 무엇인가?"). 이런 질문은 세상에 대한 생존자의 믿음이 도전받고 있고, 자신에게 일어난 사건과의 만족스러운 수준의 화해 방법을 미처 찾지 못한 사람이 경험하는 심리적 불편감을 반영한다. 트라우마의 원인, 이유, 더 큰 의미에 대한 의구심을 직접 다루는 것은 생존자의 미래에 일어날 또 다른 스트레스 요인을 극복할 힘을 제공하는 것이고, 세상에 대한 더 만족스러운 가정을 계발할 기회를 제공한다(Janoff-Bulman, 2006).

트라우마 생존자들은 흔히 이런 보편적인 실존적 질문과 씨름한다. 트라우마 이전에는 개인의 믿음과 종교적 믿음이 실존적 질문에 대해 답을 제공했을 수 있다. 그러나 더 이상 그 믿음이 답을 주지 못한다면, 트라우마 상담의 초점은 삶의 목적과 삶을 영위하는 방법에 대한 믿음이 어때야 하는지 재건하는 작업에 맞춰져야 할 것이다. 이를 위해 상담자는 변증법적 탐색dialectical inquiry을 통해 내담자와 상담자에게 일어난 사건에 대한 대안적 사고방식을 제공할 수 있다. 이 기법은 상반되는 것들에 대한 불편한 감정을 덜 갖게 하고, 이런 상반되는 것의 사용 능력을 증진하는 효과가 있다. 고통에의 직면은 상반되는 것에 대한 불편감을 줄이고, 상반되는 것의 사용 가능성을 높여 준다. 잃는 게 있으면 얻는 것도 있다. 트라우마 생존자는 트라우마에 따른 제한점뿐 아니라, 새로운 가능성이 생겼음을 인식할 필요가 있다. 트라우마 경험은 삶을 제한하지만, 새로운 가능성을 제시한다.

04 트라우마의 영적 · 종교적 의미

영성과 종교는 트라우마와 어떤 관련이 있는가? 종교religion는 유일신 또는 유사한 초월적 존재에 대한 구조화된 믿음, 가치, 실천 방식 등이 합쳐진 체계다. '종교적religious'이라는 말은 신적 존재에 대한 믿음을 말하지만, 특정 종교에 소속된 것을 의미하진 않는다. 반면, 영성spirituality은 초월적 존재 또는 자기초월적 실존 상태와 연결되는 주관적 경험을 말한다. 이는 종교보다 더 추상적인 믿음과 경험을 의미한다.

정신의학과 심리학 분야에는 종교와 신앙에 대해 부정적 견해를 보인 인물들이 꽤 있었다(지그문트 프로이트, 앨버트 엘리스 등). 특히 미국의 정신건강 전문가들은 일반인들보다 덜 종교적이었다(종교적 믿음과 신앙, 종교집회 출석, 종교의식 실천 등). 일반인들은 90% 이상이 기독교인이었지만(Gallup, 2011.6.3), 심리학자는 고작 32%에 불과했다. 게다가, 정신건강 전문가들은 한때 기독교의 유일신을 믿었지만, 더 이상 믿지 않게 되었다는 점에서 일반인들과 달랐다(Delaney et al., 2007). 종교에 대한 견해차에도 불구하고, 정신건강 전문가들은 내담자의 영적 · 종교적 믿음에 대해 수용적이었고, 상당수는 삶에서 영성이 중요하게 여겼다(Hill & Pargament, 2008).

영성과 종교 관련 사례

내담자 A(28세, 여)는 상담을 전공하는 대학원생으로, 남자친구의 죽음에 따른 상실감과 우울감으로 상담실을 찾았다. 그녀가 대학 진학을 앞두고 있던 시기에 어릴 적부터 친하게 지냈던 친구가 병으로 세상을 떠났다. 당시 친구의 죽음이 몹시 슬펐지만, 그녀는 잘 견뎌 냈다. 대학원 졸업을 앞두고 남자친구와 결혼을 약속했는데, 그와 5년간 교제하면서 종교, 성격, 취미 등이 잘 맞는다고 생각했기 때문이었다. 두 사람은 같은 교회에 다니며, 신앙생활이 삶의 중요한 나침반으로 여겼다. 여름방학을 맞아 두 사람은 시골의 한 미자립 교회에서 봉사활동을 마치고 돌아오고 있었다. 그런데 이들이 타고 있던 승합차가 운전자의 졸음운전으로 마주 오던 트럭과 정면으로 충돌했다. 이 사고로 조수석에 앉아 있던 남자친구는 그 자리에서 사망했고, 내담자는 크게 다쳤다. 퇴원 몇 주 후, 내담자는 상담에서 몇 가지 질문을 던졌다("믿음으로 사는 자녀들에게 이런 일이 벌어지게 한 하나님은 과연 선하고 사랑 많은 분이라고 믿을 수 있을까?" "평생 하나님을 믿고 섬기겠다고 맹세한 저와 남자친구에게 하나님은 어떻게 이런 일이 일어나게 했을까?").

신학자 니부어^{Reinhold Niebuhr}의 '평온의 기도문(Serenity Prayer)'에는 이처럼 상반되는 것과 더불어 살아가는 삶을 함축하는 내용이 담겨 있다("제가 바꿀 수 있는 것에는 바꿀 힘을 허락하시고, 바꿀 수 없는 것은 수용할 수 있는 평온함을 허락하시며, 이 둘을 구별할 수 있는 지혜를 허락하소서!"). 트라우마는 실존적 문제를 일으키고, 때로 종교적 신념에 이의를 제기하게 한다. 게다가 장차 경험할 삶의 도전에 더 탄력적으로 대처할 수 있는 믿음을 수정할 가능성을 제시한다. 어떤 생존

라인홀트 니부어(Reinhold Niebuhr, 1892~1971)

자는 트라우마를 경험하게 되면서 새로운 사고방식을 통해 상실을 수용해야 함을 역설적으로 인식하게 되고, 새로운 깨달음을 얻게 된다. 이것이 PTG의 핵심 경험이다. 이와 관련하여 상담에서의 대화 예시는 대화상자 13-1과 같다.

대화상자 13-1. PTG에 관한 상담 예시

상담자: 저는 선아 님처럼 기독교 가정에서 자라지 않았지만, 선아 님의 신앙생활에 관해 함께 이야기해 보려고 해요.

내담자: 예기치 않은 일을 겪으면서 믿음에 대해 다시 생각해 보게 됐어요. 어려서부터 부모님은 항상 신앙생활을 중시했는데, 지금 생각하면 부모님의 믿음은 내 믿음과 조금 다르다는 생각이 들어요. 어떤 교리는 저한테 맞지 않는 것 같아서 고민하다가 이 얘기를 엄마한테 했더니 갑자기 안색이 안 좋아지셨어요.

상담자: 남자친구가 사고로 세상을 떠나게 되면서 믿음에 대해 의구심을 갖게 됐군요.

내담자: 네, 바로 그거예요. 남자친구에게 생긴 일 때문에 하나님의 뜻에 의심이 들기 시작했는데, 부모님은 전혀 이해하지 못했어요. 그래서 너무 슬펐고 가슴이 답답했어요.

상담자: 신실하게 신앙생활을 잘 해 왔던 남자친구를 하늘나라로 데려가신 하나님의 뜻을 이해할 수 없게 되면서 부모님으로부터 받은 신앙 교육에 대해 회의감이 들게 됐군요.

내담자: 그런 것 같아요. 대학에서 좋은 친구를 많이 사귀었는데, 친구들 대부분이 교회에 다니지 않았어요. 교회에 다니지 않는 사람들은 너무 세속적일 거라고 생각했는데, 실제로는 대

부분이 순수하고 착했어요. 그중에서도 제일 착했던 친구가 병으로 죽었어요. 그때 저는 울면서 생각했어요("어떻게 사랑의 하나님은 이처럼 착한 친구를 일찍 죽게 하셨을까?" "교회에 다녔다면 더 살 수 있지 않았을까?" "하나님은 정말 심판날에 이렇게 좋은 친구들을 단지 하나님을 구주로 영접하지 않았다는 이유만으로 지옥 불에 던지실까?"). 친구들이 천국에 못 간다면 너무 슬플 거 같아요. 남자친구가 세상을 떠났을 땐 정말 충격이 컸어요. 적어도 우리 두 사람은 하나님의 품 안에서 보호받을 거라고 굳게 믿고 있었거든요. 그런데 하나님은 왜 우리 둘 사이를 갈라놓았을까요? (손수건을 꺼내 눈물을 닦는다.)

상담자: 하나님을 믿는 사람만이 죽어서 천국에 갈 거라고 믿었는데, 선한 친구들이 천국에 가지 못할 거라는 생각이 들면서 신앙에 회의감이 들었군요.

내담자: 네, 맞아요. 엄마는 친구가 하나님을 믿지 않았기 때문에 지옥 불에 떨어졌을 거라고 했어요. 그 말을 듣고 저는 너무 마음이 아팠어요. 화도 나고… 친구가 천국에 갔으면 좋겠어요.

상담자: 친구가 천국에 갈 방법은 없나요?

내담자: 그래서 기도하고 있는데, 기도가 응답되면 좋겠어요. 엄마는 이런 기도는 소용이 없대요. 그건 하나님만이 결정하실 일이어서요.

상담자: 이런 문제는 해결하기 참 힘들겠어요. 그래서 남자친구가 세상을 떠나자, 하나님의 뜻이 무엇인지 이해하기가 더 어려워졌군요. 선아 님과 남자친구는 더 일찍 세상 떠난 친구와는 달리 잘 믿는 사람들이었잖아요.

내담자: 네, 그랬죠! 왜 우리에게 이런 일이 생겼는지 아직도 잘 이해되지 않아요. 이전에 믿음이 확고했던 때로 되돌아가고 싶어요. 하나님을 믿지 않는 사람이 되어 가는 것 같아 불안해요.

상담자: 제가 보기에 선아 님은 진정으로 하나님의 뜻을 헤아리고 싶어 하고, 삶을 하나님의 뜻대로 살려면 어떻게 해야 하는지 알고 싶어 하는 것 같아요.

대화상자 13-1에서 상담자는 내담자(선아)의 종교에 대해 잘 알지는 못했지만, 내담자에게 도움을 청함으로써, 내담자를 공감적으로 이해·지지하고 있다. 내담자는 다양한 상실을 겪고 있다. 절친한 친구가 세상을 떠났을 때, 그녀는 자신의 믿음을 의심했다. 아무리 착했어도 그 친구는 교회를 다니지 않았기 때문에 그런 일을 당했을 것으로 여겼다. 그런데 남자친구의 죽음은 그녀에게 또 다른 형태의 큰 충격을 주었다. 그의 갑작스러운 죽음으로 두 사람의 계획도 사라졌고, 믿는 자를 보호하고 선한 것만 주신다고 믿었던 하나님에 대한 믿음도 크게 흔들렸다.

내담자의 관점에서 보면, 그녀와 남자친구는 약속을 지켰지만, 하나님은 그렇지 못했다. 이는 예전에 자신이 믿었던 것과 달리, 하나님은 더 이상 믿을 만하지도, 의지할 만하지도 않음을 암시했다. 내담자가 자신의 믿음에 직면하는 것이 치료적 효과를 산출할 수 있고, 상황의 특정 측면을 수용하는 것이 내담자에게 새로운 가치를 형성하게 할 수 있음이 암시되고 있다. 내담자 친구와 남자친구의 죽음을 통해 내담자의 신앙과 세계관에 어떤 도전을 받았는지 살펴보는 과정에서 상담자는 가족의 믿음으로 대표되는 세계관을 거부하게 하거나, 이전의 믿음으로 되돌아가도록 내담자를 종용하지 않아야 한다. 대신, 마음의 문을 열고 내담자를 그가 속한 집단의 일원으로만 보기보다는 내담자 경험의 고유성과 사회문화적 환경의 맥락을 고려하여 이해할 필요가 있다.

05 PTG의 촉진 요소

호메로스[Homēros,
BC 800(?)~BC 750]

그리스신화에 나오는 영웅이자 이타카의 왕, 오디세우스^{Odysseus}의 긴 여행 이야기 『오디세이(Odessey)』에서 호메로스는 힘주어 외쳤다 ("힘써 행하고 견뎌 낸 걸 기억하는 자는 슬픔조차 먼 훗날 기쁨으로 기억하리!"). "거친 바다가 뱃사람을 노련하게 만든다"라는 말과 맥을 같이하는 말이다. 예로부터 종교에서뿐 아니라, 철학자들은 삶에서 위기는 긍정적인 변화의 계기가 될 수 있고, '고난 후에 좋은 일이 온다'는 것을 강조했다.

트라우마 후 성장(PTG)은 삶을 잘 살아가기 위해 무엇이 중요한지를 깨닫게 해 준다. 성장 경험은 고난을 극복함으로써, 더 의미 있는 삶의 이야기가 만들어지고, 삶의 지혜가 풍부해지는 만큼 상실의 고통이 사라지지 않을 수 있다. 그러나 성장 경험은 더 바람직한 방식으로 개인의 우선순위를 재정비하고, 삶의 소소한 기쁨에 더 깊이 감사하며, 현재 삶의 중심이 되는 질문에 대해 더 분명하고 만족스러운 답을 찾게 한다. PTG의 정도를 측정하는 척도로는 5개 요소(① 자기 자신의 변화, ② 삶의 우선순위 변화, ③ 삶에 대한 더 많은 감사, ④ 타인과의 관계 변화, ⑤ 영적/실존적 문제에서의 변화)가 있다. 이는 사람들이 트라우마를 극복함으로써 얻게 되는 긍정적인 변화의 영역이기도 하다. 이 척도는 개인이 어떻게 성장하고 있는지를 이해할 수 있는 지침이 된다.

그림 13-1. 오디세우스

신약성서에서 사도 바울은 "우리가 고난을 기뻐함은 고난은 인내를, 인내는 연단(쇠붙이를 불에 달군 후 두드려서 단단하게 하듯이 심신을 굳세게 함)을 이뤄 냄을 알기 때문"이라고 했다. 성장의 열매는 ① 개인적인 힘, ② 타인과의 관계, ③ 삶의 새로운 가능성, ④ 삶에 대한 감사, ⑤ 영성이다(Bruner et al., 2010). 개인의 성격 특질(외향성, 경험 개방성 등)은 PTG 가능성에 영향을 준다(Shakespeare-Finch et al., 2005). PTG의 결과는 심리적 안녕과 삶의 만족으로 나타난다. 트라우마 상담에서 PTG의 촉진 요소는 ① 적극적 경청, ② 촉진적 관계, ③ 성장에 대한 믿음, ④ 경험의 언어화, ⑤ 개방적 태도, ⑥ 적절한 용어 사용, ⑦ 자기 모니터링이 있다.

적극적 경청

첫째, 적극적 경청은 상대방의 언어·비언어 메시지를 귀담아 듣고 상담자의 참신한 말로 되돌려 주는 일련의 과정으로, PTG의 핵심적 촉진 요소다. 트라우마 상담에서 가장 강력한 치료적 요인은 경청listening이다(Norcross & Wampold, 2011). 이는 문제해결보다 경청에 집중해야 함을 의미한다. 비극을 겪은 내담자의 이야기에 귀 기울이는 일은 안정과 위안에 도움을 준다. 경청은 내담자의 말을 방해하지 않고, 감정을 침해하지 않는 상태에서 물리적·심리적으로 함께하는 것이다. 그러나 트라우마 사건과 경험에 관한 이야기는 종종 듣는 이로 하여금 공포와 격노를 유발하여 이들의 경청을 저해할 수 있다. 성폭행 피해 여성이 남편에게 그 사건에 관해 이야기하는 경우, 분노가 치밀어 당장이라도 가해자에게 복수하고 싶게 되어, 남편이 아내의 감정에 집중하기 힘들게 되는 것이 그 예다. 이처럼 트라우마 이야기는 사태를 악화시킬 수 있다는 점에서 이 과정을 도울 중재자, 즉 상담자가 필요하다.

상담자는 경청을 통해 피해자의 증인 역할을 하지만, 두려움과 격한 감정을 경험할 수 있다. 그러나 이들은 교육, 훈련, 경험, 전문적 역할로 객관적인 태도를 유지함으로써, 전문적 분리와 정서적 관여 사이에서 적절한 균형을 유지할 수 있다. 이처럼 트라우마 생존자에 대한 공감은 지적 이해와 정서적 동정심의 미묘한 혼합이 요구된다. 상담자는 내담자에게 섣불리 해결책을 제시해 주려는 유혹에 빠지지 않아야 한다(전문지식 제공, 충고, 조언 같은 심리적 처방전). 상담자는 이런 유혹을 과감히 물리치고, 내담자가 전개하는 이야기, 설명, 감정에 귀 기울여야 한다. 중학교에 다니던 아들이 또래 학생들의 괴롭힘으로 자살하자, 아들을 잃은 상실감이 컸던 아버지는 상담자를 찾았다. 그가 상담자와 나눈 대화의 예는 대화상자 13-2와 같다.

대화상자 13-2. 자살한 아들의 아버지와의 대화 예시

> **내담자**: 내가 전생에 무슨 죄를 지었길래, 이런 일이 생겼을까요? 이런 생각이 수도 없이 들어요. 내가 아이 엄마와 화해하고 관계를 회복했어야 했는데…, 아니, 내가 일을 조금만 덜 했어야 했어요. 아니면 내가 그동안 잘못 살아온 것에 대한 대가일 거예요! 내가 더 좋은 사람이었어야 했는데…….
>
> **상담자**: 마음을 짓누르는 질문들 때문에 몹시 힘드시군요. 한 가지 큰 질문은 "이제 난 어떻게 살아야 하나?"인 것 같고요.

아들을 먼저 떠나보낸 아버지에게 상담자가 해 줄 수 있는 말에는 정답이 없다. 내담자는 폭넓은 의미의 실존 문제, 즉 삶을 어떻게 살 것인가에 대한 견해를 간접적으로 표출하고 있다. 대화 자체는 종교적이지는 않지만, 상담자는 내담자의 말에 담겨 있는 실존적 주제에

귀 기울이고 있다. 이 사례에서 상담자는 내담자가 PTG의 한 측면인 보편적인 주제("어떻게 삶의 우선순위를 바꾸고, 새로운 결정을 할 것인가?")에 초점을 맞출 필요가 있다.

촉진적 관계

둘째, 촉진적 관계는 치료적이면서 성장의 촉매 역할을 한다. 이는 뒤늦게 애착관계 구축을 위해 노력하기보다 양육자의 돌봄, 위로, 애정 결여에 대한 슬픔을 표현하도록 도움으로써 형성된다. 어떤 치료방법도 트라우마를 완전히 해소해 주지 못한다. 다만, 상담에서 형성되는 촉진적 관계는 내담자의 트라우마 직면과 극복에 도움을 주고, 성장을 촉진한다. 상담자와의 안정 애착은 내담자가 트라우마 경험에 새로운 의미를 부여할 수 있게 한다. 그러나 결국 트라우마를 직면하여 극복해야 할 사람은 내담자다.

상담관계를 통해 구축되는 안전감과 안정감은 타인과의 관계로 일반화된다. 내담자는 상담자가 제공한 수용과 존중을 자기수용과 자기존중으로 변환할 수 있게 된다. 상담자는 내담자가 자신에 대해 너그럽게 생각하도록 도움으로써 내담자의 모델로 기능한다. 내담자는 자신을 더 많이 수용할수록, 문제, 갈등, 한계를 더 잘 직면할 수 있게 된다. 처음에는 상담자의 도움이 필요하지만, 내담자는 점차 독자적으로, 때로 타인의 도움을 받아, 더 많은 치유 작업을 할 수 있다. 이런 점에서 상담은 자연스럽고 건강한 욕구 충족을 위한 관계로 연결해 주는 다리다. 상담은 타인들에게 훨씬 더 깊이, 그리고 더 친밀한 의존성을 적정하게 촉진하는 매개 수단이다. 트라우마 생존자는 상담이라는 다리에 올라서기 위한 신뢰 형성을 어려워할 수 있다. 그러나 일단 형성되면, 이 다리에서 내려서는 게 더 어려울 수 있다. 상담 과정에서 애착이 형성되면, 내담자는 상담이라는 안전하고 안정된 다리를 떠날 수 있다.

성장에 대한 믿음

셋째, 트라우마가 자신의 성장을 촉진할 수 있을 거라는 믿음이다. 역경과 고통은 상처와 아픔을 이겨 냄으로써, 인간적 성장을 이루게 한다. 이는 회복력, 생존 기술, 자기 이해와 수용, 살아있음에 대한 감사, 공감 능력, 삶에 대한 태도를 한층 더 높인다. 남편을 잃은 전업주부는 독립심을 키우고, 사고 생존자는 살아 있음의 소중함을 느끼게 하며, 천재지변을 겪은 사람은 회복력의 의미를 실감할 수 있다.

삶에서 불행한 일이 생겼을 때, 그 사건이 필연적으로 삶에 부정적인 결과를 초래하진 않는다. 고난을 극복하는 과정은 개인의 잠재력을 깨우고, 삶의 지혜를 더하며, 거듭 성장하게 하기 때문이다. 이런 시각은 회피 강화를 의미하지 않는다. 대신, 삶이 회복 불능 상태로 보이더라도, 아직 끝난 게 아니고, 극복을 통해 더욱 풍성한 삶을 누릴 수 있게 됨을 뜻한다.

삶의 과정에서는 개인의 의지와 상관없이 때로 압도적이고, 감당하기 힘든 상실감을 유발하는 일(극심한 아동학대, 납치·고문, 화상 흉터 등)이 생길 수 있다. 이런 일을 겪은 사람들은 흔히 고통 회피나 생존 같은 당면한 목적 외에는 생각할 수 없게 하는 위축/방어를 나타낸다. 이런 경우, 상담자는 상담 목표를 증상 감소에만 두지 않고, 자각과 통찰에 기반한 새로운 이야기로 대체하도록 도울 필요가 있다.

경험의 언어화

넷째, 내담자의 트라우마 경험에 관한 이야기 속에 존재하는 성장 요소를 명확한 언어로 표현해 주는 것이다. 이 작업은 민감하게 언어로 반응하되, 상투적인 말은 삼감으로써 이루어진다. 이 작업의 목표는 인지, 행동, 감정, 신체 등 모든 요소가 포함된 통합적인 이야기를 경청하는 것이다. 내담자는 이해할 수 없는 비극적인 사건 또는 상실 후의 성장 경험을 배신 또는 도덕규범이 결여된 신호로 해석할 수 있다. 이 상황에서 상담자는 내담자의 성장 경험을 확인하고, 내담자의 표현 중 '~했을 때' 또는 '비록 ~할지라도'라는 문구가 포함된 언어적 표현에 민감할 필요가 있다. 그러나 내담자의 이야기에서 성장 증거가 드러난 경우, 내담자의 성장 증거에 초점을 맞춘다.

개방적 태도

다섯째, 상담자는 내담자의 성장 가능성에 대해 개방적 태도를 유지한다. 개방적 태도는 내담자가 주도적으로 트라우마 경험을 털어놓을 때, 그 뒤를 따라가며 경청한 것을 참신한 말로 되돌려 주는 것으로 나타낸다. 그리고 적절한 시점에서 다음과 같은 질문으로 성장 가능성을 탐색한다("어떤 사람은 무척 힘든 상황, 때로 트라우마를 겪게 되었을 때, 자신이 긍정적인 방향으로 변했다고 말합니다. 당신은 자신이 겪어 온 일이나 현재의 일, 그리고 앞으로 거쳐 갈 일을 통해 자신에게 그러한 변화가 가능하다고 생각하시나요?"). 다수의 내담자가 자신의 성장 가능성을 이야기하거나, 성장을 이루어 낸 사실을 보고하더라도, 상담자는 트라우마 경험을 통한 성장이 흔하긴 해도 필연적이거나 보편적인 것은 아니라는 점을 강조한다.

적절한 용어 사용

여섯째, 내담자와 성장에 관한 이야기를 나눌 때, 상담자는 사건 자체보다 사건에 대처하고 생존을 위한 분투 과정에서 성장이 일어난다는 사실을 반영하는 적절한 용어를 사용한다. 이때, 사건 자체보다 발생한 사건에 대해 개인이 극복을 위해 분투하는 것에 의미를 부여한다. 예컨대, 자녀를 잃고 비통해 하는 부모를 변화·성장하게 하는 것은 자녀의 죽음이 아니라, 부모가 그 사건으로 인한 고통을 극복하기 위해 견뎌 낸 길고도 힘든, 고통스러운 분투다. 이 분투는 결국 성장의 발판으로 작용한다. 이에 상담자는 트라우마 경험을 통한 성장 가능성을 반영·명명·강조·질문 등의 방식을 신중하게 선택한다.

자기 모니터링

일곱째, 트라우마 생존자뿐 아니라 상담자 역시 실존적 · 영적 쟁점에 대해 의구심을 가질 수 있다. 트라우마 상담에서 영성 또는 종교적 믿음을 다루는 경우, 상담자는 이와 관련된 자신의 문제를 해결하거나, 적어도 아직 해결되지 않았음을 진술하게 자각할 필요가 있다. 내담자가 트라우마로 실존적 고뇌와 불안을 겪을 때, 미처 해결하지 않은 상담자의 실존적 딜레마가 수면 위로 떠오를 수 있다(역전이). 역전이^{countertransference}는 내담자와의 관계에서 무의식적 갈등이 전개되는 과정을 의미한다. 영성 또는 종교처럼 가치가 두드러지는 영역에서 상담자는 자신의 욕구 또는 불안에 근거를 둔 반응을 하지 않도록 유의한다. 이를 위해 영적 · 종교적 쟁점에 관한 자신의 편견을 인식하는 한편, 궁극적인 실존적 문제에 대한 답을 깨달아야 한다.

내담자가 종교적 · 영적 문제로 고뇌할 때, 상담자는 자신이 내담자에게 보이는 개인적 · 주관적 · 경험적 반응을 알아차릴 필요가 있다. 좋은 상담자는 상담과정에서 매 순간 진정한 경험을 온전히 진술하게 자각한다(Rogers, 1961). 이 주장은 내담자가 바람직하지 못한 종교적 견해를 신봉하거나, 바람직하지 않은 종교적 경험을 털어놓는 경우, 특히 적절하다. 상담자는 내담자에게 무엇이 최선인가를 염두에 두고 반응해야 한다. 트라우마 후 성장의 여부, 중요도, 긍정성 여부를 결정하는 사람은 내담자다. 만일 트라우마 경험의 극복 과정에서 영적 문제를 더 잘 인식하게 되었거나, 자기 의사에 따라 선택한 영적 영역에 대한 헌신이 더 강화되었거나, 삶의 목적과 의미를 더 깊이 인식하게 되었거나, 이전과는 다른 영적인 길을 걷게 되었다면, 긍정적인 성장이 있다고 볼 수 있다(Calhoun & Tedeschi, 2013). 상담자의 개인적 관점에서는 결과가 그리 좋은 것으로 여겨지지 않더라도, 내담자가 좋은 것으로 생각한다면, PTG가 있다고 할 수 있다.

05 PTG 촉진을 위한 이야기

트라우마 후 성장(PTG) 촉진을 위한 방안은 변화와 성장을 확인할 이야기(시공간에서 일어나는 인과관계로 엮어진 실제 또는 허구적 사건의 설명)를 만드는 것이다. 여기서 이야기는 개인의 본성, 심리(마음), 문화 정체성을 이해 · 구성 · 창조한 기억의 내용으로 '내러티브^{narrative}' 또는 '서술'로도 불린다. 트라우마 경험으로 인한 일관성 있고 긍정적인 이야기의 파편화 또는 붕괴는 해리, 기억상실, 또는 정신장애로 이어진다. 이야기를 구성하는 작업은 트라우마의 부정성을 건설적인 내용으로 엮는 계기가 된다. 고난 극복을 통해 성장을 일궈 낸 건설적인 이야기는 삶의 만족과 목적을 구축하는 기본 토대로, 내담자의 트라우마 후의 삶에 적용될 수 있다.

　이야기는 성장 경험의 5개 요소 중 적어도 1개 또는 그 이상의 것을 통합·기술한다. 이는 내담자가 향후 삶의 문제에의 탄력적인 대처에 도움이 될 건전한 가치 개발을 돕는다. 이야기는 트라우마 이전의 삶에도 초점을 둔다. PTG를 촉진하려면, 내담자가 어떤 상태로부터 변화되었는지를 알아야 하기 때문이다. PTG 촉진을 위한 이야기 구성은 ① 자전추론, ② 삶의 연대표 작성, ③ 공동 편집, ④ 검토 및 수정 단계를 거친다.

자전추론

첫째, PTG 촉진을 위한 이야기 구성은 자전추론으로 시작한다. 자전추론$^{autobiographical\ reasoning}$이 여러 사건을 자기감을 제공할 수 있는 이야기로 연결하는 능력을 말한다. 이 능력은 자아정체성$^{ego\ identity}$이 형성되는 청소년기에 발달한다. 자전추론을 통해 개인은 고통에 의미를 부여하는 속죄 과정$^{redemption\ sequences}$을 거처 역경을 성장의 촉매제로 활용한다. 이야기는 삶의 특정 부분이 강조되긴 하지만, 분명 삶의 통합적인 이야기다. 상담자가 주목해야 할 부분은 내담자가 상담받기 전에 다른 스트레스 요인으로 인해 고통받아 왔을 가능성이다. 어떤 내담자는 평생 반복적인 트라우마로 점철된 삶을 살아왔을 수도 있다. 그러므로 일련의 사건에 초점을 맞추는 작업이 필요하다. 삶의 이야기는 각 사건이 어떻게 내담자를 취약하게 했는지 또는 강해지게 했는지 등 다양한 사건들이 서로 얽혀 있다.

삶의 연대표 작성

둘째, 삶의 연대표를 작성한다. 상담자는 내담자에게 삶의 연속선상에서 시간 순서에 따라 묘사해 보게 하고, 긍정적 또는 부정적인 주요 사건들을 시간대별로 표시함으로써 이야기를 만들어 보도록 격려한다. 이때 상담자는 내담자의 이야기 틀 구성을 돕는다. 그런 다음, 내담자와 함께 연대표를 살펴본다. 이로써 내담자는 다양한 사건에 어떤 의미가 담겨 있는지 알게 될 것이다.

　삶의 연대표를 살펴보는 과정에서 내담자는 힘들었던 사건들이 삶의 방향, 정체성, 자기감, 가치관에 어떤 영향을 주었고, 변화를 주었는지를 파악하게 된다. 이 과정에서 상담자는 탐색을 통해 내담자가 이런 변화를 선명하게 알 수 있도록 돕는다("이 사건을 겪으면서 어떤 변화가 있었나요?" "이 사건이 일어나지 않았다면, 삶이 어떻게 달라졌을까요?" "이 일이 있고 나서 삶이 어떻게 바뀌었나요?"). 내담자가 질문에 답할 때, 상담자는 건강한 대처방식 또는 새로운 가치 같은 PTG의 단서에 주목한다.

공동 편집

셋째, 내담자가 작성한 삶의 이야기를 공동 편집한다. 이 단계에서 내담자는 트라우마 경험을 이야기 형식으로 써 내려가면서 ('저술^{authoring}')사건과 관련된 요소를 탐색하고, 새롭게 대체할 이야기를 구상하게 된다('재저술[re-authoring]'). 내담자가 자기성찰이 어려운 경우, 상담자는 질문을 통해 이야기 도출을 돕는다("사건이 끔찍했지만, 사건을 통해 무엇을 얻게 되었나요?"). 이 과정에서 내담자는 트라우마의 부정적 측면(자신에게 얼마나 상처가 되었고, 삶을 파괴했으며, 많은 걸 잃게 했는지 등)에 초점을 맞추기 쉽다.

내담자는 시련을 어떻게 헤쳐 나가야 할지, 치유가 가능한지, 앞으로 얼마나 더 많은 고통을 겪어야 하는지 등에 대해 확신을 갖지 못할 수 있다. 그러므로 이야기는 내담자가 경험하는 모든 면이 포함되어야 한다. 성장 경험은 부인을 통해서는 할 수 없다. 다만, 트라우마 경험을 기꺼이 타인과 나눔으로써 얻을 수 있다. 이에 내담자는 전체 이야기를 염두에 두고, 트라우마 경험의 세부 사항과 미묘한 차이를 감지함으로써 트라우마 전문가가 되어야 할 것이다. 더욱이 잘 드러나지 않던 자신의 다양한 면을 이야기를 통해 발견하게 될 것이다.

검토 및 수정

넷째, 내담자가 저술·재저술한 이야기를 검토·수정한다. 이 과정에서 내담자의 삶에 다양한 시기 또는 다양한 정체성이 존재한다는 사실이 명확해진다. 내담자는 자신의 정체성에 다른 측면이 있음을 인식하고, 한 측면은 취약하거나 위협받더라도 다른 측면은 여전히 건재함을 깨달으면서, 트라우마 경험을 더 잘 관리할 수 있게 된다(Showers & Ryff, 1996). 내담자는 상담자 또는 다른 사람의 조언을 듣는 것보다 스스로 자신의 길을 찾으려고 분투하게 되면서 트라우마 전문가가 된다.

예컨대, 상실감으로 고통스러워하는 내담자에게 주변 사람들이 충고하더라도("이젠 잊어버리세요."), 내담자는 상실감을 외면하지 않는 게 더 나은 방식임을 스스로 깨달을 수 있다. 그러므로 상담자는 내담자의 선택에서 무엇이 옳았는지 함께 검토하고, 내담자가 자신의 힘과 능력, 그리고 본능적인 움직임(직관, 직감, 느낌 등)을 신뢰할 수 있도록 지지·격려한다. 편집[editing]·재편집[re-editing]을 통해 새롭게 만들어진 이야기를 통해 내담자는 자신을 더 자기주장적이고 자신감 넘치는 사람으로 인식하게 된다.

만일 이야기에 담긴 변화·성장에 관한 주제가 너무 미세하다면, 상담자는 이를 드러내어 준다. 특히, 자신이 약하지 않다거나 강하다고 믿는 내담자일수록 더 그렇게 해 준다. 이들은 사건 이전의 모습으로 되돌아가고자 하는 마음이 앞선 나머지, 취약성과 강함의 역설, 즉 사람이 약함에 직면할 때 더 강해질 수 있음을 받아들이기 어려워할 수 있기 때문이다. 취약성 인식에 관한 사례는 글상자 13-1과 같다.

글상자 13-1. 취약성 인식에 관한 사례

> 항암치료를 받던 내담자는 남편에게 고통을 호소한 것에 심한 죄책감을 느꼈다. 남편은 헌신적으로 아내의 병간호를 하고 있음에도, 자신은 늘 불평만 한다는 생각이 들었기 때문이다. 이에

상담자는 내담자가 원하는 대로 말할 수 있음을 언급하면서 내담자 자신의 취약함을 기꺼이 드러내도록 했다. 약함을 삶의 이야기에 통합하는 것은 삶의 위기를 넘긴 내담자와의 상담에서 사용하는 특징의 하나다. 그러나 취약성 인식이 어떻게 치료적 요인으로 작용할 수 있는지를 이해하는 것은 PTG의 일부다.

트라우마를 겪은 다수의 사람은 비극적 상황을 미리 막지 못했다는 이유로 자신을 의지가 약한 사람 또는 실패자처럼 여긴다. 이로써 트라우마 사건을 막지 못했고, 되돌릴 수도 없어서 때로 솟구치는 부정 감정으로 인해 어떻게 앞으로 나아가야 할지 막막해한다. 그러나 이때 이전에는 자신의 약점이라고 여겼던 인내, 끈기, 수용, 감정 표현, 도움 요청 등이 사실은 자신의 강점이라는 사실을 깨닫게 된다.

평소 자신이 약하다고 여기던 내담자는 생존자survivor라는 말 자체가 강함을 내포한다는 사실을 인식할 수 있게 된다. 약하다는 것은 실제적이고, 내담자는 트라우마를 통해 이런 받아들이기 힘든 진실에 직면하도록 떠밀려진다. 개인이 자신의 약함을 직시하려면 죽음에 직면하여 살아갈 수 있는 실존적 용기가 필요하다(Maddi, 2012). 이렇듯 진실을 외면하지 않은 새로운 이야기 작성을 통해 내담자는 궁극적이고 불가피한 삶의 과제인 죽음을 의연하게 직면할 수 있게 된다.

PTG에 관한 이야기 예시

트라우마 경험을 통해 성장을 경험한 사람은 삶에 대한 관점이 변한다. 즉, 삶에서 우선순위, 소소한 일상에 대한 더 큰 감사, 실존적 · 영적 · 종교적 차원의 변화가 그것이다. 성장을 경험한 사람은 이런 변화를 매우 바람직하게 여기고, 삶이 바뀌는 경험으로 여길 수 있다. 그러나 새로운 삶의 이야기와 변화된 우선순위는 일차 준거집단의 무엇이 훌륭한 삶인가에 대한 판단규범과 상충할 수도 있다. 치명적 질병으로 삶의 이야기를 다시 쓴 내담자의 사례는 글상자 13-2와 같다.

글상자 13-2. 질병으로 삶의 이야기를 다시 쓴 내담자 사례

내담자 A(53세, 여)는 국영기업에서 성공적인 삶을 살아왔다. 어느 날 자궁암 진단을 받은 그녀는 심한 충격을 받았고 죽음의 공포에 휩싸였다. 그녀는 끝이 보이지 않고 감내하기 쉽지 않았던 항암치료의 터널 속에서 암세포가 퇴치되었다는 소식을 들었다. A는 심사숙고 끝에 남은 생애 동안 할 일을 과감히 바꾸기로 했다. 그동안 사회적으로 소외된 사람들에게 도움 되는 일을 하는 것에 대해 생각해 왔지만, 구체적으로 그들을 위해 뭔가를 해 본 적은 없었다. 그래서 그녀는 보육원 아이들을 지원하는 비영리 단체에 취업했다. 보수는 자신이 이전에 받던 금액에 훨씬 미치지 않았지만, 그녀는 자신이 느껴 오던 소명에 응답하고 있음을 느꼈고, 삶에 변화가 찾아왔다.

그렇지만 가족들은 그녀의 결심에 몹시 당혹스러워했고 심한 말을 하기도 했다. 사회적 통념

으로 볼 때, 성공적인 삶이란 사회적으로 높은 신분과 부를 함께 성취하는 것으로 생각했기 때문이었다. 국영기업 간부라는 직업은 그녀를 사회적으로 우위에 서게 했다. 그렇지만 비영리 단체에서 적은 월급을 받고 일하려는 그녀의 결심은 가족이 그녀가 잘살고 있다고 믿게 하는 징표를 버리는 것이었다. 그녀의 결심은 삶의 방식에 대한 가족 내 규범을 깨뜨렸다. 이로써 그녀의 결심은 가족의 지지를 받지 못했던 것이었다. 그러나 마침내 남편과 부모님은 그녀가 원하는 일을 하려는 결정을 수용하고 지지해 주었다.

06 PTG와 영성

트라우마 경험은 때로 신에게 저주 또는 버림받았다는 생각과 느낌이 들게 한다(Herman, 1992b). 심지어 무신론자들도 트라우마 사건 후에 느끼는 황망함을 이렇게 표현하기도 한다. 그럼에도 다수의 생존자는 이 과정이 삶과 세상에 대한 관점 변화의 계기가 되었다고도 말한다. 이들 중에는 자신이 믿어 왔고 진리로 여겼던 신앙에 의문을 품는 사람들도 있지만, 말로 형용하기 힘든, 오히려 초월적 존재와 평온하게 접촉하는 느낌이 든다는 사람들도 있다. 삶에서 고통과 죽음이 맞닿은 경험은 종종 영성을 더 잘 알아차릴 수 있게 한다.

영성^{spirtuality}은 진정한 자기초월$^{self-transcendence}$('자기존재$^{self-being}$'라는 경험적인 유한적 존재를 뛰어넘어 궁극적 존재로 올라감)을 향하는 역동성 통합을 위해 추구하는 가장 높고 선한 본질적 부분을 뜻한다(신성, 초자연적·초월적 존재, 자연, 우주, 인간 존재를 뛰어넘는 신성한 존재, 자기초월적 실존에 관한 관심이 고조되면서 종교라는 용어를 대체하곤 함). 트라우마 생존자들은 종종 삶의 의미에 대해 근원적인 질문을 하거나, 실존^{existence}[인간의 본질, 즉 태어날 때 이미 주어진 본질이 아니라, 개인이 스스로 자기의 존재(본질)를 규정하는 방식으로 존재하는 것]에 관심을 가지기도 한다.

트라우마 생존자들은 때로 절대적인 신의 의도에 대한 의문 또는 고통에 대한 종교적 의미 해석보다는 실존적 의문에 직면하게 된다("나에게 무슨 일이 일어났는가?" "남은 삶에서 나는 어떻게 살아가야 하는가?" "앞으로 일어날 일에 대해 나는 어떤 의미를 찾아야 하는가?" "내게 벌어진 일에는 어떤 의미가 있는가?"). 트라우마 생존자는 때로 이전에는 분명치 않았을 수 있는 삶의 의미와 목적에 의문을 품게 된다. 트라우마 사건으로 인한 고통과 괴로움에 직면하면서 이러한 의문점과 씨름하고, 종교적·영적·실존적 영역에 관한 의미를 깊이 이해하게 되는 경험은 종종 PTG의 발판이 된다.

영성과 상담자

상담자는 내담자의 영적·종교적 신앙에 대한 충분한 지식이 없다는 이유로 내담자를 포기해선 안 된다. 전형적인 임상 훈련 프로그램은 영적·종교적 쟁점에 많은 관심을 두지 않는다. 이에 상담자는 내담자의 영적·종교적 문제에 대해 당혹스러워할 수 있다. 영적 문제를 중시하는 내담자를 돕기 위해 상담자는 영적·종교적 체계에 관한 지식을 갖출 필요가 있다. 그러나 아무리 노련한 상담자라도 모든 영적·종교적 쟁점에 관한 지식을 갖출 수는 없다. 다만, 내담자에게서 기꺼이 배울 준비가 되어 있는 상담자라면, 삶의 위기를 극복하려는 내담자에게 큰 힘이 될 수 있다.

상담자는 내담자가 꺼내 놓는 영적·종교적 쟁점에 귀 기울이면서 더 잘 이해하기 위해 질문할 수 있다("당신은 얼마나 영적/종교적인 사람이라고 생각하나요?" "지금까지 겪어 온 일들을 통해 영적·종교적 문제에 대해 얼마나 생각하게 되셨나요?"). 단, 상담 초기부터 내담자의 영적·종교적 쟁점을 평가할 필요는 없다. 다만, 영적 쟁점과 관련된 징후와 관점 탐색은 권장할 만하다. 상담자는 필요한 경우 내담자에게 종교적 믿음, 경험, 가치 등에 관해 질문할 수 있다. 내담자의 종교적 쟁점에 대해 갖게 되는 상담자의 참조틀은 네 가지 유형(① 순진한 무비판적 수용형, ② 반종교적 태도형, ③ 신실한 신앙인/종교적 배타자형, ④ 실용적 종교 구성주의형)으로 나뉜다(Calhoun & Tedeschi, 1999).

순진한 무비판적 수용형. 첫째, 영적·종교적 쟁점에 대해 순진할 정도로 무비판적으로 인정하는 상담자는 상담에서 종교 관련 문제의 탐색을 주저하거나, 내담자가 토로하는 종교 관련 호소 내용을 여과 없이 받아들인다. 내담자의 세계관을 수용하고, 그 세계관 내에서 치료적 작업을 하는 것은 상담자의 기본 태도다. 그러나 문제는 잘못된 종교적 해석이 내담자의 안녕뿐 아니라 타인에게까지 해를 입힐 수 있다는 점이다. 즉, 단지 종교적 쟁점이라는 이유로 내담자의 호소 내용을 전문지식과 임상 경험의 필터링 없이 받아들이고 인정하는 것은 정신건강 전문가의 태도로 적절하지 않다.

반종교적 태도형. 둘째, 반종교적[antireligious] 태도를 나타내는 유형의 상담자는 절대적인 신의 존재를 부정하는 무신론자로, 종교는 인간에게 해롭고 필요하지 않다고 여긴다. 이로써 종교적 쟁점은 상담/치료의 대상이 아니라고 가정한다. 이 유형에 속하는 대표적인 인물은 지그문트 프로이트다. 그는 종교를 내담자가 극복해야 할 일련의 신경증적 방어기제로 보면서, 치료자는 종교적 자원을 활용하지 않아야 함을 강조했다.

신실한 신앙인/종교적 배타자형. 셋째, 신실한 신앙인[true believer] 또는 종교적 배타자[religious exclusionist] 유형에 속하는 상담자는 영적 문제에서 유일한 진리만이 존재한다고 믿는다. 이에 상담자는 이런 진리를 알아야 하고, 상담자의 반응이 이 진리에 토대를 두고 수행되어야 한다는 태도를 가지고 있다. 그러나 오늘날 정신건강 분야의 전문가들은 윤리강령을 제정하여 이런 태도를 비윤리적·비치료적인 '가치관 주입'이라고 규정하는 한편, 이와 관련한 행위를 금지하고 있다.

실용적 종교 구성주의형. 넷째, 실용적 종교 구성주의pragmatic religious constructivism(PRC) 유형은 가장 호소력이 있고, 다수의 정신건강 전문가가 이 유형에 속한다. 구성주의constructivism는 세상에는 유일한 진리만이 존재하지 않는다는 철학적 토대에 기반을 두고 있다. 이 유형에 속하는 상담자는 자신이 진리에 대해 특정한 가정을 하고 있어도, 내담자의 주관적 세상에 대한 기본 가정 내에서 치료적 작업을 한다('실용적pragmatic'). 이 접근이 내담자에게 실용적인 유익이 되기 때문이다. 만일 영적 · 종교적 문제가 내담자가 겪고 있는 비극과 트라우마 이해에 꼭 필요하다고 판단된다면, 상담자는 존중을 기반으로 내담자의 종교적 세계관을 다루고, 긍정적인 변화를 촉진하며, 영적 성장을 돕기 위해 상담 기술과 전략을 활용한다.

실용적 종교 구성주의(PRC) 관점에 의하면, 상담자는 세상에 대한 내담자의 종교적 · 영적 구성(무신론, 불가지론 포함)을 존중하는 태도로 내담자를 대하고, 이런 구성이 내담자에게는 타당한 것임을 수용하며, 실용적 종교 구성주의의 틀 안에서 작업한다. 절대적인 종교적 참조틀에 갇힌 상담자는 문제에 봉착할 가능성이 크고, 특정 내담자에게 문제가 될 가능성이 더 크기 때문이다. 이들은 내담자의 영적 성장에 관한 주제를 경청할 기회를 놓치게 될 수도 있다. 이 유형에 속하는 상담자는 해야 할 일을 하지 않거나 하지 않아야 할 일을 함으로써 내담자에게 해를 입힐 가능성을 줄이는 한편, 내담자의 삶에 대한 이해 범위와 삶의 의미에 대한 틀 안에서 상담하도록 돕고, 영적 PTG 가능성을 높여 줄 수도 있다는 이점이 있다.

반면, 반종교적 또는 종교적으로 배타적인 상담자는 삶의 스트레스를 겪는 내담자 상담에서 특정한 절대적 가정의 영향을 받을 것이다. 양자택일의 관점을 취하는 상담자는 주로 자신의 철학적 · 종교적 신념을 공유하는 내담자를 상담하게 될 것이고, 특별한 문제가 발생하지 않을 가능성이 크다. 그러나 내담자의 철학적 · 종교적 신념이 상담자의 것과 다른 경우, 갈등 또는 문제가 발생할 수 있다. 더욱이, 특정 종교를 중시하는 국가에서 반종교적 상담자는 심각하게 관점의 대립을 초래할 수 있다.

영성과 상처

영성은 상처가 될 수도 있다. 많은 경우, 영적 대처가 심리적 적응에 도움을 주지만, 그렇지 않을 때도 있다. 종교적인 사람이 부정적인 사건 해석에 초점을 맞출 때, 특히 그렇다. 종교는 다음 두 가지 측면에서 트라우마 생존자의 심리적 적응을 저해하기도 한다. 하나는 생존자가 속한 종교 집단이 그가 택한 문제해결 방안에 반대하거나 강하게 비난하는 것이다. 다른 하나는 트라우마를 신에게 버림받음의 증거, 죄에 대한 대가, 신앙심 부족의 결과 등으로 해석하도록 방임하는 것이다. 만일 선하고 바르게 살았다면, 신이 자신을 돌봐 주셨을 것이고, 매사가 순조로웠을 것으로 생각하는 것이 그 예다. 이처럼 트라우마 생존자는 스트레스 또는 부적응 문제에 관해 바람직하지 않은 종교적 해석을 내릴 때도 있다. 그러나 문제는 상담자가 어떤 것이 영적 · 종교적으로 바람직한지 구별할 수 없다는 것이다.

영성과 생존자

내담자의 비극적 상황에 대한 견해는 상담자마다 다를 수 있다. 상담자는 자신의 관점에 따라 내담자의 종교적 관점에 대해 좋고 나쁨을 판단할 수 있다. 그런가 하면 절대적 신에 대한 내담자의 의구심 또는 질문 자체가 부적절하고 불신앙적이라고 생각할 수도 있다. 상담의 원리 중 하나는 상담자가 도덕, 가치, 영성 관련 쟁점에 대해 중립적인 태도를 보여야 한다는 것이다. 이는 실제에서 완벽하게 지켜지기 불가능하지만, 대체로 바람직하다. 즉, 내담자의 세계관 관련 문제에 대해 중립을 유지하고 공감적으로 이해하는 것이 상담자의 바람직한 태도다["심리학자는 개인의 안녕을 심각하게 위협하는 믿음을 수용하거나 묵과하지 않아야 한다"(APA, 2002)].

상담자는 내담자의 관점과 선택을 암묵적으로 영향을 주지 않기 위해 노력해야 한다. 그러나 상담에서 다루는 쟁점은 개인의 가치 또는 믿음과 관련 없는 것이 없다. 특히, 내담자가 심각한 비극적 사건 또는 상실을 겪은 후, 영적·종교적 문제와 씨름할 때만큼 가치가 중요하게 다뤄지는 상황은 없을 것이다. 특정한 영적 해석이 내담자에게 해가 될 수 있음을 고려할 때, 한 가지 쟁점이 수면 위로 떠오른다("내담자가 믿는 종교가 그에게 도움이 될 것인지 상담자가 어떻게 판단할 수 있는가?"). 이에 내담자의 영적 해석과 경험을 평가하기 위한 네 가지 윤리 원칙은 글상자 13-3과 같다(Calhoun & Tedeschi, 2013).

글상자 13-3. 내담자의 영적 해석과 경험 평가를 위한 윤리 원칙 체크리스트

> 1. 정신병리가 종교적 해석 또는 경험의 기초가 되는가?
> 2. 선의와 공익에 도움이 되는가?
> 3. 내담자의 개인 발달과 심리적 안녕에 유익한가?
> 4. 양극단 사이에 중립적 태도를 유지하는 것인가?

정신병리. 내담자의 종교적 해석 또는 행동을 판단하는 첫 번째 원칙은 정신병리^{psychopathology}가 종교적 해석 또는 경험의 기초가 되는지다. 정신건강 전문가는 내담자의 심리적·신체적 상태를 확인하고, 증상과 징후를 관찰하며, 진단 기준을 적용하여 감별진단을 하도록 훈련받는다. 정신병리 상태(망상, 환각 등)로 인해 내담자의 종교적 해석이 나타난다고 판단되는 경우, 전문가는 그 해석 내의 종교적 내용을 병리적 증상을 반영하는 것으로 보고, 더 큰 그림 속에서 정신의학적 상태의 일부로 다룰 필요가 있다. 이런 상황에서는 내담자의 종교적 해석을 받아들이지 않을 필요가 있다.

선의와 공익. 두 번째 원칙은 선의와 공익에 관한 것이다. 선의^{benevolence}는 박애, 자비심, 선행 등의 좋은 뜻을 의미한다. 이에 비해 공익$^{common\ good}$은 개인의 안녕이 필연적으로 전체의 이익과 연결되어 있다는 포괄적 조망 능력, 다양성 인정, 사회 비전 같은 요소들을 말한다

(Daloz et al., 1996). 이들은 다문화사회에서는 한마디로 정의하기 어려운 개념들이다. 그럼에도 윤리에 관한 폭넓은 질문("내담자의 해석 또는 일련의 행동은 공익에 얼마나 기여하는가? 또는 얼마나 해치는가?"), 내담자의 종교적 해석 또는 영적 이해가 공익에 기여할 가능성이 큰 인지적 개념화와 행동으로 이어진다면, 상담자는 그 해석과 이해를 바람직한 것으로 여길 수 있다.

호의성. 세 번째 원칙은 호의성^{favor}에 관한 것이다. 내담자의 종교에 대한 이해가 그의 발달과 심리적 안녕에 유익한가? 힘든 상황을 이해하는 내담자의 방식이 정상적 발달과 심리적 안녕에 긍정적으로 기여하는가? 예를 들어, 평소에 죄를 많이 지어서 하나님이 벌로 암에 걸리게 한 것으로 생각한다면, 이런 해석이 내담자의 심리적 안녕에 도움이 되는가? 부모의 사망이 자신의 믿음이 부족해서 받게 된 벌이라고 믿는다면, 상담자는 내담자의 이런 종교적 해석을 수용하고 지지해야 하는가? 삶의 불행을 자신의 죄 때문이라든가 신의 벌 또는 저주로 돌리는 종교적 대처는 심리적으로 부정적인 스트레스를 증가시킬 가능성이 크다. 공익 원칙처럼 종교적 해석이 긍정적으로 기여하는지의 결정은 경험적으로 원칙을 정하기가 쉽지 않다. 그렇지만 내담자가 자신이 처한 상황을 영적으로 이해할 때는 상담자와 내담자의 안녕에 미치는 영적 해석의 영향력을 고려할 필요가 있다.

중립적 태도. 네 번째 원칙은 아리스토텔레스가 주장한 중도$^{golden\ mean}$의 원리다. 이 개념은 바람직한 길 또는 도덕적으로 올바른 선택은 양극단의 중앙에 있다는 것이다. 그는 양극단을 악덕^{vices}으로 간주하면서, 중도는 과함과 부족함의 극단보다 나은 것으로 보았다. 영성과 종교의 맥락에서 중도는 광신^{fanaticism}의 한 극단과 적대적 거부라는 다른 극단의 중간이다. 그렇지만 여전히 다른 3개 원칙과 마찬가지로, 중도의 원리를 적용하기에는 상담자의 현명한 분별력이 요구된다.

확인문제

다음 빈칸에 들어갈 말을 써 보세요.

1. ______은/는 유일신 또는 유사한 초월적 존재에 대한 구조화된 믿음, 가치, 실천 방식 등이 합쳐진 체계다. 이에 비해 ______은/는 초월적 존재 또는 자기초월적 실존 상태와 연결되는 주관적 경험을 말한다.

2. 트라우마는 흔히 생존자들에게 ① 고통, ② ______, ③ ____, ④ 신체 증상을 가져다준다. 이런 부정적인 측면에 직면하여 분투한 결과 개인이 경험하는 긍정적인 변화를 _______________(이)라고 한다.

3. 많은 사상자를 낸 수학여행 관광버스 전복 사고에서 살아남은 아이는 자신이 무사함에 안도감을 느끼는 것에 부정감정을 느낄 수 있다. 이런 감정을 ___________(이)라고 한다.

4. _________은/는 트라우마 사건을 겪은 사람이 그 상황을 더 이상 생각하고 싶지 않음에도, 마음속에 계속해서 반복적으로 떠오르는 현상이다. 반면, _________은/는 트라우마 사건의 장면이 반복적으로 예기치 않은 순간에 떠오르곤 하는 현상이다.

5. 트라우마 생존자들은 다양한 형태의 신체적 불편감을 호소하게 된다. 이는 _______ 상황에 반응하여 나타나는 신체의 활성화 현상, 즉 전형적인 ___________(으)로, 트라우마 발생 후 일정 기간 지속된다.

6. 트라우마 후 성장의 결과는 ___________와/과 삶의 만족이다. 성장은 대체로 ① 개인적인 힘, ② 타인과의 관계, ③ 삶의 새로운 가능성, ④ 삶에 대한 ____, ⑤ ____(으)로 이루어진다.

7. 삶의 이야기는 각 삶의 사건이 어떻게 내담자를 취약하게 했는지 또는 강해지게 했는지 등 다양한 사건들이 서로 얽혀 있다. 이처럼 여러 사건을 ______을/를 제공할 수 있는 이야기로 연결하는 능력을 _________(이)라고 한다.

8. 트라우마에는 두 가지 긍정성이 있다. 하나는 삶에서 소소한 _____이/가 지니는 의미가 커지는 것이고, 다른 하나는 예전에는 당연시했던 _____의 소중함을 깨닫게 하는 것이다.

9. 타인과 연결되어 있다는 ________은/는 이들에게 심리적 안정감을 준다. 실존치료에 의하면, 인간은 궁극적으로 혼자임을 인정하고 ____하는 것은 삶을 긍정적으로 변화시킨다.

10. 트라우마 상담에서 트라우마 후 성장(PTG)의 촉진 요소는 ① ___________, ② 촉진적 관계, ③ ____에 대한 믿음, ④ 경험의 _____, ⑤ 개방적 태도, ⑥ 적절한 용어 사용, ⑦ ___________ 이/가 있다.

학습활동

마음여행

※ 다음의 글을 읽고 실천해 본 다음, 소감을 적어 보자.

○ 매일 몸과 마음에 평온, 휴식, 힘을 주는 것을 시도해 보라(심호흡, 명상, 산책, 조깅, 악기 연주, 노래 부르기 등). 그리고 눈을 감고, 이전에 이렇게 평온, 휴식, 힘을 느꼈던 때가 있었는지 헤아려 보라. 그때를 머릿속에 떠올리면서 그 순간을 음미해 보라. 당시의 모습, 감각, 소리, 냄새, 체온, 감정에 집중해 보라.

○ 규칙적인 산책, 조깅, 등산, 요가, 스트레칭은 상처 치유에 효과가 있다. 항우울제/항불안제보다도 땀 흘릴 수 있는 활동이 마음의 안정 회복에 더 도움이 될 수 있다. 몸의 움직임에 집중하면 잡념에서 벗어날 수 있고, 에너지를 활성화하며, 마음도 편안해진다. 마음이 건강하면 몸도 건강해진다는 말도 맞지만, 몸이 건강해지면 마음도 건강해진다는 것이 더 맞는 말이다. 잘 먹고, 잘 자고, 운동으로 몸을 튼튼히 하는 건 마음의 상처 치유의 첫걸음이다.

○ 가까운 숲이나 나지막한 산에 올라 보라. 평화로운 자연 속에 빠져들 때, 심장박동과 호흡은 차분하고 깊어지며, 근육도 쉴 수 있다. 자연은 몸과 마음을 안정시키고, 상처를 자연스럽게 치유한다. 자연 속에서 고통스러웠던 기억을 떠올리고 재경험하며, 누군가(상담자)에게 이야기하고 이해받는 경험은 치유의 중요한 과정이다. 온갖 부정감정은 평화로운 자연 속에서 서서히 특유의 민감성이 소실되고, 고통스러운 기억은 이야기하면서 재처리된다.

소감

※ 이 활동을 통해 무엇을 알게 되었고, 무엇을 깨달았으며, 무엇을 느꼈고, 어떤 생각이 들었나요? 잠시 생각하면서, 마음에 떠오르는 것을 자유롭게 글로 써 보고, 글의 제목을 붙여 보자.

Chapter 14

트라우마 치유와 상담의 쟁점

개요

01 트라우마 상담의 쟁점
02 상담자의 자기돌봄
03 상담자의 마음챙김
04 트라우마 상담 수퍼비전
05 상담자의 간접 PTG
06 트라우마 상담과 약물치료
07 트라우마 상담과 병원치료
08 트라우마 상담의 다문화적 쟁점
☐ 확인문제
☐ 학습활동

학습목표

1. 트라우마 상담의 쟁점을 이해하고 논평할 수 있다.
2. 상담자의 자기돌봄을 이해하고 실제에 적용할 수 있다.
3. 트라우마 상담 수퍼비전에서 수퍼바이저의 역할을 이해하고 실천할 수 있다.
4. 상담자의 간접 트라우마 후 성장을 이해하고 실제에 적용할 수 있다.
5. 트라우마 상담의 다문화적 쟁점을 이해 · 논평하고, 실제에 적용할 수 있다.

$\large 쟁점$ 이란 서로 논의할 필요가 있는 논점 또는 관심사를 말한다. 트라우마 상담자는 상담에서 내담자의 용기 있는 싸움과 극복에 관한 이야기에 귀 기울임으로써 변화·성장한다. 내담자가 극심한 도전에 맞서 보여 주는 용기는 상담자에게 강한 영감을 준다. 그러나 비극적인 상실, 극심한 고통이나 공포를 겪은 내담자의 상담은 큰 도전이다. 일부 상담자의 경우, 트라우마 사건을 전문적으로 다룬다고 하더라도, 상담자 대부분은 트라우마 사건을 겪은 내담자를 상담할 경우는 많지 않다. 그러나 때로 심각한 비극적인 사건 또는 상실 문제로 호소하는 내담자를 만날 수도 있다.

그렇다면 트라우마 상담은 상담자에게 어떤 영향을 미치는가? 선행연구를 통해 얻을 수 있는 답은 다음 두 가지다. 하나는 트라우마 생존자 대상의 임상 작업은 상담자에게 부정적인 영향을 미칠 수 있다는 것이다. 다른 하나는 일부 상담자만이 부정적인 영향을 받는다는 것이다. 그렇다면 만일 상담자가 초심자이거나, 강렬하고 생생한 비극적인 내담자의 이야기에 반복 노출되거나, 상담자 자신이 트라우마 생존자이거나, 내담자가 토로하는 트라우마 경험이 상담자가 이전에 경험한 것과 유사하다면, 상담자는 소진과 연민피로를 경험할 위험이 증가할 것이다.

그렇지만 위험 요인을 지녔다고 하더라도, 상담자 대부분은 부정적인 심리적 반응을 경험하지 않는다. 따라서 상담을 통해 부작용이 생기더라도, 상대적으로 심각하지 않을 수 있다(Brady et al., 1999). 게다가 상담자에게 부정적 반응을 불러일으킬 수 있는 내담자 경험은 긍정적 변화 가능성도 제공할 수 있다. 이에 이 장에서는 트라우마 상담자의 정신건강과 관련된 쟁점, 그리고 삶의 위기를 경험한 사람들과의 상담에서 수반되는 제반 쟁점에 관해 하나씩 살펴보기로 한다.

01 트라우마 상담의 쟁점

트라우마는 어떻게 하면 극복하고 치유될 수 있을까? "그건 내 잘못이 아니야!"라는 외침, 가족의 헌신적인 지지와 사랑, 교감 속의 소통, 예술의 힘, 진실한 고백의 힘 등은 트라우마 회복과 치유의 원천이다. 트라우마 상담의 쟁점으로는 ① 평행과정과 역전이, ② 상담자의 역활성화, ③ 트라우마와 우울증, ④ 트라우마와 사악성, ⑤ 트라우마와 희망, ⑥ 트라우마와 번영 추구를 꼽을 수 있다.

평행과정과 역전이

트라우마 치유와 회복을 돕는 상담자는 평행과정의 역동을 인식하고, 자신이 내담자와 유사한 감정과 반응을 경험할 수 있음을 예상해야 한다. 평행과정$^{parallel\ process}$이란 상담자의 감정과 반응이 내담자의 감정과 반응을 반영하는 현상을 말한다('병행과정'으로도 불림). 상담자가 내담자의 트라우마 경험에 관한 이야기를 들을 때, 유사한 느낌이 들고 반응한다면 평행과정이 일어나는 증거다. 평행과정은 내담자 고통의 간접 경험으로 인한 불가피한 결과라는 점에서 역전이와는 다르다.

역전이^{countertransference}는 내담자가 자신에게 중요한 인물과의 관계에서 느껴지는 감정을 상담자에게 투사하는 전이가 상담자에게서 나타나는 현상이다. 트라우마 상담에서는 역전이를 개인의 해결하지 못한 문제에서 온 비정상 반응으로 여기지 않는다(Calhoun & Tedeschi, 2013). 트라우마 상담에서 역전이가 나타나는 이유는 트라우마 치유 작업이 어렵고, 내담자의 고통스러운 경험이 상담자의 인간적이고 자연스러운, 이해될 만한 반응으로 간주되기 때문이다.

상담자의 역활성화

역활성화^{counteractivation}란 상담자가 과거의 경험에 강한 영향을 받았던 인지 · 정서 처리 과정(기대, 신념, 감정 등)으로 인해 생존자에게 감정적으로 반응하는 현상을 말한다('역전이'로도 불림). 이 현상의 촉발 요인으로는 과거에 상담자에게 상처가 되었던 사건이다. 모든 행동은 과거의 영향을 받지만, 역전이 반응이라고 해서 모두 부정적이지는 않다. 설령 긍정적인 역전이 반응이더라도 상담자는 예의 관찰해야 한다. 왜냐하면 이는 실제로 문제가 있는 생존자의 행동 또는 증상을 정상으로 간주하려고 하거나 성적 · 로맨틱한 감정같이 치료에 도움되지 않는 반응을 유발할 수 있기 때문이다. 트라우마 상담에서 종종 나타나는 역활성화의 예는 글상자 14-1과 같다.

글상자 14-1. 트라우마 상담에서 종종 나타나는 역활성화의 예

> ○ 수개월 전 의도치 않게 유산 경험을 한 상담자는 임신 사실을 밝히며 기뻐하는 생존자의 이야기를 들으며, 분노와 고통이 느껴질 수 있다.
> ○ 얼마 전 배우자가 암으로 세상을 떠난 상담자는 사고로 배우자를 잃은 생존자의 이야기를 들으며, 형언할 수 없는 슬픔과 공허감이 들 수 있다.
> ○ 매사에 비판적이고 신체학대를 일삼던 폭력 가정에서 자란 상담자는 상담에 대해 불평을 늘어놓는 생존자에 대해 분노와 죄책감을 느낄 수 있다.
> ○ 어릴 적 성격이 불같았던 아버지가 자신을 벌하려고 할 때마다 어머니가 감싸 주곤 했던 상담자는 어머니와 비슷한 연배의 상냥한 생존자에게 명백한 증상이 있음에도 불구하고, 심리적 문제가 있는 것으로 보이지 않을 수 있다.

글상자 14-1에 제시된 상담자의 역활성화의 또 다른 형태는 상담 과정에서 특정 주제 다루기를 무의식적으로 회피/부인하는 것이다. 미해결된 트라우마 기억을 회피하려는 상담자

는 내담자가 트라우마 관련 기억과 감정 탐색을 무의식적으로 막고자 할 수 있다. 이 경우, 상담자는 내담자가 회피된 기억이나 감정을 재자극하는 것에 관해 내담자에게 분개하거나, 그가 과거에 직면하려는 적절한 시도를 히스테리, 자기방종, 또는 관심 탐색으로 간주할 수 있다.

생존자의 고통으로부터 거리를 두려는 무의식적 갈망의 징후로는 ① 생존자의 트라우마 과거력에 대한 논의 회피와 ② 생존자에 대한 정동조절 능력의 저하가 있다. 이런 징후의 기저에는 상기된 정서적 고통을 줄이기 위해 치료적 접촉을 줄이려는 욕구가 깔려 있다. 이런 욕구가 강렬할 때, 상담자는 내담자가 트라우마 노출을 줄임으로써, 상담 진행 속도를 줄이거나 중립적으로 임하게 된다. 상담자의 거리 두기나 치료적 조율은 내담자의 유기 문제를 활성화하여 치료를 지연시키게 된다.

상담자 역활성화의 영향 감소 방안. 트라우마 상담에서 상담자는 누구나 어느 정도의 역전이를 경험한다. 그러나 역활성화가 상담에 지장을 초래한다면, 그 영향의 최소화를 위해 조치해야 한다. 역활성화의 예방책 중 하나는 트라우마 상담에 경험이 풍부한 상담자에게 주기적으로 자문/수퍼비전을 받는 것이다. 자문/수퍼비전의 초점은 상담자의 개인적 문제가 상담 과정과 결과에 부정적 영향을 주는 방식에 대한 탐색에 둔다. 많은 경우, 부적절한 동일시 또는 잘못된 귀인은 자신의 역활성화와 취약성에 주의를 기울이는 상담자의 노력으로 예방·개선될 수 있다.

상담자가 삶에서 트라우마의 영향을 인식한다면, 해결법은 다른 상담자에게 상담 또는 분석 받는 것이다. 상담자가 트라우마 상담을 진행하면서, 자신이 상담/분석 받는 걸 회피하거나 수치스러워하는 건 모순이다. 상담은 상담자에게도 유익하다는 점에서 이런 이중잣대의 적용은 심각한 자기모순을 자처하는 것이다. 상담자가 상담/분석 받는 건 트라우마로 인한 어려움을 해소하고, 인간의 복잡성을 이해하며, 개인 문제로 인한 상담 과정과 성과 저해를 막을 수 있다.

트라우마와 우울증

우울증^{depression}은 희망과 번영을 저해하는 심리적 요소다. 희망^{hope}은 목표 달성을 위한 긍정 정서(보상 감정)에 대한 기대다. 그러나 우울증의 핵심은 긍정 정서 능력의 감소다. 이로써 우울증은 계속해서 난제에 부딪히게 한다. 우울증은 보상에 대한 기대감, 희망감, 상상력, 창의성을 떨어뜨린다. 또한 모든 주의를 부정적인 측면에 기울이게 하고, 헛된 노력을 반추하게 만든다. 이로써 의지력(동인)과 해법을 찾는 능력 모두를 서서히 파괴한다.

그루프만(Groopman, 2004)은 암 환자들을 치료하던 중, 절망감과 희망감의 근거가 신체에 기반한다는 사실을 깨달았다. 암의 전이는 신체조직과 기관에 영향을 미치고, 생명 유지에 필요한 기능(호흡·순환·소화 등)을 위협한다. 그는 뇌가 이처럼 위태로운 상태에 놓인 신체 상태를 절망감 속에 새기는 것으로 추정했다. 조직과 기관의 기능이 치료를 통해 회복되기 시작하면, 희망감이 되돌아온다는 것이다. 이런 원리는 우울증에 적용될 수 있다.

만성 스트레스는 신체 기관에 영향을 미치고, 건강하지 못한 상태를 초래한다. 뇌는 이런 상태를 절망감 속에 새긴다. 그렇지만 신체 건강을 개선하기 위해 할 수 있는 모든 선택이 희망을 불러일으키게 하는 데 강력한 영향을 줄 수 있다. 우울증이 완화되기 시작하면, 개인의 감정과 사고는 더 희망적이 된다. 이는 더 많은 대처 에너지를 생산하게 된다. 절망적인 상태에서는 상상조차 하지 못했던 문제처리 방식을 하나씩 발굴해 낸다. 외부 현실은 변하지 않았으나, 현실에 대한 이들의 경험에는 변화가 생긴 것이다.

희망을 다시 불어넣는 방법으로는 신체 건강뿐 아니라, 합리적인 목표설정이 있다. 우울증에서 회복하고 희망을 고취하는 방법으로는 작은 목표를 설정하여 성취하는 것이다. 침대를 박차고 일어나 현관문을 열고 밖으로 나가는 일은 우울하지 않은 사람들에게는 사소한 일로 보일 수 있다. 그러나 우울증 환자에게는 대단한 일이고, 이를 토대로 스스로 일어설 수 있는 동인을 마련할 수 있다. 성공은 또 다른 성공과 희망을 낳는다.

트라우마와 사악성

사악성$^{diabolical\ evil}$은 도리에 어긋난 악한 상태로, 희망을 위협하는 실존적 요소다. 악^{evil}이란 비난받을 만하고 견디기 힘든 상처를 남기는 나쁜 행위를 말한다. 심리학자 야노프-불만(Janoff-Bullman, 1992)의 저서 『산산이 부서진 기본가정(Shattered Assumptions)』에 따르면, 심리적 안녕감$^{psychological\ well-being}$은 세 가지 가정에 기초한다(① 세상은 의미 있고, ② 자비롭고, ③ 자기는 가치 있는 존재다.).

트라우마는 이 기본가정을 한순간에 파괴할 수 있다. 특히, 사악성으로 인한 트라우마의 파괴력은 엄청나다. 인간의 사악성은 오래전부터 철학, 신학, 종교의 끊임없는 관심사였다("어찌하여 선한 신께서는 아무 잘못 없는 사람들이 이토록 고통받는 세상을 방관하신단 말인가?"). 얼마나 많은 트라우마 생존자가 이런 의문에 괴로워하고 있는가? 사악성 문제는 모순된 세 가지 명제(① 사악성은 실재한다. ② 신은 자비롭다. ③ 신은 전능하다.)를 주장할 때 발생한다(Neiman, 2002).

트라우마는 부당하게 찾아온다. 사악성으로 인한 트라우마는 생존자의 삶을 뿌리째 흔든다. 트라우마로 인해 종교적 신앙이 흔들리는 사람이 있는가 하면, 오히려 더 강해지는 사람도 있다. 종교와 영성은 회복력^{resilience}(불행이 닥쳤을 때 능히 대처하는 능력)을 촉진하여, 질환^{illness}(의지만으로 회복하기 어려운 상태)으로부터 보호하기도 한다. 회복력은 안정애착과 정신 이해를 통해 증진된다. 다수의 트라우마 생존자가 영적 상담으로부터 회복을 위한 힘을 얻는다는 사실은 그리 놀라운 일이 아니다.

　　사악성은 비난받아 마땅한 부당행위가 초래한 예견 가능한 참을 수 없는 상해다. 이처럼 견디기 힘든 상해는 트라우마 생존자로부터 삶의 지탱에 필요한 기본요소(오염되지 않은 물과 음식, 만성통증과 공포로부터의 자유, 타인과의 정서적 유대, 선택의 자유, 가치감 등)를 앗아 간다. 나치 추종자들이 강제수용소에서 유대인들에게 자행한 가혹행위는 극악무도한 사악성의 한 예다. 당시 유대인들은 남녀노소 할 것 없이 생존을 위해 혐오스러운 행위에 강제로 참여하는 등 도덕적 타락을 감수해야 하는 상황에 있었다. 가장 치명적인 트라우마 후유증은 극심한 수치심과 죄책감, 즉 자신이 사악하다는 인식이다.

그림 14-1. 아우슈비츠 수용소
모습

　　악행을 일삼은 사람들을 연구한 로이 바우마이스터(Roy Baumeister, 1997)는 이들의 5% 정도만 가학적 학대자로 추정했다. 이런 가학적 행위보다 더 흔한 것은 무관심^{indifference}에서 초래되는 악행이다(피해자에 대한 정서적 공감력 결여). 그는 악행의 비가학적 동기로 탐욕, 욕망, 야망, 복수심, 자기중심주의를 꼽았다. 정당성을 주장하는 테러리스트들이 입증하듯, 이상주의^{idealism}도 악행을 저지르게 한다. 이는 가해자와 피해자의 사악성에 대한 지각은 차이가 있음을 가리킨다(Baumeister, 1997). 이에 피해자는 가해자의 악의를 과대 추정하는 반면(가해자를 악인^{villain}으로 봄), 가해자는 상해 정도를 최소화한다(피해자의 정신적 충격 등).

　　악행자^{evildoer} 대부분이 악인이 아니라는 바우마이스터(Baumeister, 1997)는 악행$^{evil\ deed}$이 일탈이 아니라, 그저 인간의 일부임을 강조했다. 그의 주장에 따르면, 누구라도 사악한 행위를 저지를 수 있다는 것이다. 악행자는 타인을 악행으로 이끎으로써, 사악성은 사악성을 영속시킨다는 것이다. 이런 주장에 반박하려면, 사악성의 의미를 이해하고, 사악성의 평범성과 악행에 대한 개인의 취약성에 직면해야 할 것이다.

트라우마와 희망

트라우마는 자신이 가치 있는 존재이고, 삶이 의미가 있으며, 세상이 살 만한 곳이라는 개인의 믿음을 한순간에 파괴할 수 있다. 트라우마는 이런 기본가정을 파괴함으로써 희망의 실존적 토대를 무너뜨린다. 의미성^{meaningfulness}과 자비심^{mercifulness}을 발견하고, 자기가치감$^{sense\ of\ self-worth}$을 확립한다면, 희망의 싹을 틔울 수 있다. 트라우마 치유는 트라우마 생존자의 마음을 돌보는 사람과의 안정적인 관계에서 시작한다. 이 관계는 트라우마 경험을 의미 있게 채색해 주는 기능을 한다. 삶의 의미성과 자기가치감은 안정된 애착관계에서 회복되고, 희망은 ① 의미성, ② 이타심, ③ 자기가치감에서 싹튼다(Allen, 2004).

의미성. 의미성$^{meaning\ fulness}$란 어떤 행위/현상이 지닌 뜻 또는 실존적 가치를 말한다. 아무 잘못 없이 겪어야 하는 고통은 악의 단면으로서, 선뜻 이해하기 어렵다. 이 상황은 미덕^{virtue}이

번영의 토대라는 기본가정을 무너뜨리기 때문이다. 잘 살기 위한 노력은 번영에 도움은 되나 보증해 주진 않는다. 한 사람의 무책임한 행위로 여러 사람이 죽거나 다치게 되는 상황을 어떻게 받아들여야 하나? 또 이 비통함을 어떻게 이해해야 하는가? 사람들은 트라우마 사건의 원인을 누군가에게 돌리고 싶어 한다. 이 과정에서 생존자를 탓하고, 생존자는 자신을 비난한다("난 이런 일을 당해도 싸!" "이번 일은 그동안 내가 알게 모르게 저지른 잘못에 대한 벌이야!"). 아이들은 당연한 듯이 이렇게 받아들이고, 성인이 되어서도 자신을 비난한다. 종교가 있는 사람은 신이 자신을 벌하고 있다거나 버렸다는 생각으로 깊은 좌절에 빠지기도 한다.

자기비난^{self-condemnation}으로는 악의 무의미성^{meaning lessness}을 깨닫기 어렵다. 충분한 이유의 원칙^{principle of sufficient reason}('세상의 모든 것에는 이유가 있다'는 원칙)을 알아야 한다. 이치에 맞지 않는 세상을 받아들이기를 거부하는 데에 희망이 있다(Neiman, 2002). 희망은 세상에 대한 이해 가능성^{understandability}에 기초하고, 이해 가능성은 통제 가능성^{controllability}을 촉진한다. 악행은 분노를 촉진하고, 분노는 악행 예방과 저지의 연료가 된다. 트라우마는 용서, 화해, 도전, 이해 문제뿐 아니라, 정서적 위기(원한, 증오, 복수심, 수치심, 죄책감)를 초래한다. 이런 문제는 종종 심리학, 정신의학, 상담/심리치료 영역을 넘어서서 실존 문제로까지 이어진다. 이런 고통스러운 작업에는 희망이 수반되어야 한다. 희망은 고통에 의미를 부여하는 능력에 근거한다. 이 작업에는 머리 이상의 것이 필요하다.

이타심. 이타심^{altruism}은 남을 위하거나 이롭게 하는 마음이다. 이 마음은 경쟁심·공격성과 함께 진화했다(Sober & Wilson, 1998). 이 진화적 유산은 사랑하는 관계를 희망의 원천으로 만든다. 이처럼 중요한 관계가 트라우마로 깨졌다면, 안정애착의 형성과 유지는 어려워진다. 희망은 고양에서 싹튼다. 고양^{elevation}은 도덕적 선함을 보면서 경험하는 팽창되고 따뜻한 느낌이다. 타인을 자비심으로 돌보는 일은 공존공영의 길이라는 점에서 자기자비^{self-mercy}도 기를 필요가 있다.

경쟁에서 생존과 번영에 필요한 요소는 무엇인가? 그건 바로 자기·타인·세상에 대한 기본 신뢰^{basic trust}다. 사람들은 자신과 타인의 가치, 그리고 사회질서의 신뢰를 통해 삶을 지탱할 힘을 얻는다. 신뢰는 긍정 자기감^{sense of self} 형성의 필수 요소다. 자기감은 타인과의 관계에, 타인과의 관계는 자기감에 영향을 준다. 에릭슨(Erikson, 1963)은 기본 신뢰를 심리사회 발달의 첫 과업으로 꼽았다. 그는 희망을 기본 신뢰에서 파생되는 미덕으로 보았다.

희망은 세상에 자비가 있다는 믿음에 기초한다. 신뢰는 굳게 믿고 의지하는 것이다. 타인 신뢰와 의지의 원형^{prototype}은 중요한 타인과의 애착관계다. 과거의 상처와 좌절의 치유는 타인에 대한 의지가 필요하다. 트라우마에만 초점을 두는 것은 인간 본성에 대한 관점을 왜곡시킬 수 있다. 이는 사람들이 자비와 선량하다는 증거들을 쉽게 가려 버리기 때문이다. 희망의 토대는 애착관계에서 찾을 수 있다. 희망은 타인에 대한 의존 능력에 달려 있다. 트라우마 생존자는 희망 고취를 위해 타인에게 의지할 필요가 있다. 이들은 심한 우울증으로 죽고 싶어 하거나, 자신을 살리려는 노력에 대해 노여워하느라 희망을 품기조차 힘들 수 있다. 위기의 한가운데서는 때로 어디로 가야 하는지 잘 알 수는 없지만, 어떤 길이든 찾아낼 거라고 믿는 힘은 희망에서 찾을 수 있다. 매킨타이어(MacIntyre, 1999)는 저서 『의존적인 이성적 동물(Dependent Rational Animals)』에서 의존의 의미를 글상자 14-2와 같이 정리했다.

글상자 14-2. 의존의 의미

> 인간은 여러 종류의 고통에 취약하고, 대부분은 심각한 병으로 고통받는다. 이를 어떻게 대처할 것인지에 대한 선택은 극히 일부만 우리에게 달려 있다. 우리는 질병, 상해, 영양결핍, 정신장애, 공격성, 방임에 노출되어 있다. 이 상황에서 번영은 물론, 생존 역시 종종 타인의 신세를 지곤 한다.

자기가치감. 트라우마 치유에는 자기자비self-mercy와 자기사랑이 필요하다. 이 두 요소는 자기가치감sense of self-worth을 촉진한다. 자기사랑self-love은 제 몸과 마음을 스스로 아끼는 것이다. 이는 자신과의 정서적 유대로 강점, 생명력, 희망이 샘솟게 한다. 이 개념은 자기애narcissism(자신의 행위나 특성에 부적절하게 큰 가치를 부여하는 성격 특질)와는 다르다. 자기가치감 유지를 위해서는 이런 내부의 연료가 필요하다. 이는 개인의 내면으로부터 오는 자비로운 성향으로, 희망 유지에 중요한 역할을 한다. 자기자비가 없으면, 괴로움이 끊이지 않는다. 자기사랑이 고난 극복을 돕지만, 애착관계를 대체할 수는 없다. 즉, 외부로부터의 연료도 필요하다.

자기가치감 증진에는 삶의 이야기에 대한 인정·수용·이해가 요구된다. 이는 생존자의 혼란감, 무력감, 무망감 강화를 의미하지 않는다. 대신, 고통은 인정·공감하되, 징후sign는 강점, 적응력, 미래에 대한 희망을 내포하고 있음을 언급하는 것이다. 상담에서 희망을 말하는 건 성공적인 결과를 보장하는 게 아니라, 미래에 대한 긍정적 태도는 성공적인 회복 가능성을 높인다는 가정에 기반한 것이다.

공식적인 치료를 받지 않더라도, 트라우마 후유증은 시간이 지나면서 상당한 정도로 완화된다. 이는 내재된 상태적 치유 기능에 의한 것이다. 이에 상담자는 낙관적인 태도로 내담자의 진전을 확인시켜 줄 필요가 있다. 희망은 무력감helplessness과 무망감hopelessness에 대한 강력한 해독제다. 상담에서 희망의 주입은 강력한 치료제로 작용한다. 이는 전문지식과 임상 경험에 입각한 상담자의 권위와 신뢰를 바탕으로, 잘 회복될 거라고 소통하는 것이라는 점에서 더욱 그렇다.

트라우마와 번영 추구

트라우마 생존자는 피해자/희생자victim가 아니라 생존자survivor로 생각하도록 격려되어야 한다. 그러나 생존만으론 충분치 않고 번영이 필요하다. 번영flourishing은 한창 성하게 일어나 퍼지는 것으로, 삶의 의미 발견이 그 토대다. 번영은 세상에 대한 적극적인 탐색과 함께, 열정적인 활동 참여에서 유래된다(Nakamura & Cskiszentmihalyi, 2003). 열정적인 활동 참여는 목표 달성을 넘어선 가치가 있다. 이런 활동은 개성을 표현한다는 점에서 번영을 촉진한다. 자기표현은 창의적 예술 활동 또는 다양한 언행에 부여하는 개인적인 스타일 등 다양한 방식을 통해 이루어진다. 번영을 촉진하는 활동 영역으로는 ① 친밀성, ② 생산성, ③ 영성이 있다. 이 모든 영역에는 타인과 세상과의 연대감이 필요하다.

친밀성. 첫째, 친밀성^{intimacy}은 관계가 매우 친하고 가까워서 서로 공감 · 이해 · 존중하고, 타당성과 진가를 인정하며, 신뢰감이 형성된 상태다. 이는 안정애착 관계에서의 정신화^{mentalization}(자신과 타인의 정신상태를 이해하려는 노력)로, 상대방의 마음을 고려하면서 연대감을 창출하는 것이다(⑩ 느낌에 대해 생각하기, 대인관계에서 상대의 마음을 헤아려 보기).

생산성. 둘째, 생산성^{productivity}은 에릭슨(Erikson, 1963)의 심리사회발달단계의 과업 중 하나로, 친밀성을 뛰어넘어 미래 세대에 대한 투자를 수반하며, 가르치기, 멘토링, 상담, 리더십, 또는 지속적인 이익을 주게 될 생산물의 창조로 표현된다.

영성. 셋째, 영성^{sprituality}은 경외심으로 초월적 대상과의 관계성을 인식하는 품성 또는 성질이다. 이는 연속선상에서 자아중심성^{egocentrism}의 반대편 극단에 위치한다. 영성은 자연 또는 신 같이 자기초월적 존재와 연대감을 느끼는 것이다. 이런 의미에서 타인을 아끼고 사랑하는 것은 영성과 관련이 있다. 친밀성, 생산성, 영성에 대한 열정적인 참여는 번영을 촉진한다. 이와는 달리 신체적 매력, 물질적 풍요, 사회적 인정, 막강한 권력 등의 목표 추구는 번영을 훼손하고, 불만족감, 불안, 우울로 이어질 수 있다(Emmons, 2003).

트라우마와 젠더

트라우마는 남녀 모두 경험하고, 대부분 같은 방식으로 고통을 겪는다. 그러나 다른 한편으로, ① 어떤 트라우마 사건은 특정 성별에서 더 흔하고, ② 성역할 사회화는 트라우마 사건이 어떻게 경험 · 표출되는지에 영향을 준다. 이런 차이는 트라우마 상담의 내용과 처리 과정에 영향을 준다. 예컨대, 여성은 친밀관계에서 남성보다 피해자가 될 위험성이 더 높고, 성적 피해자가 되기 쉽다. 반면, 남성은 개인적인 관계와 관련 없는 신체적 공격을 경험하기 쉽다(Briere & Scott, 2013).

남성과 여성은 트라우마 사건과 관련된 고통을 다른 방식으로 경험 · 표현 · 처리하는 경향이 있다. 물론 문화와 성적 지향성에 따라 차이가 있지만, 일반적으로 여성은 두려움과 슬픔을 더 직접적으로 표현하고, 분노는 회피/약화하도록 사회화된다. 반면, 남성은 분노 표현이 더 허용되지만, 슬픔이나 두려움을 표현하지 않도록 사회화된다. 게다가, 느낌과 필요에 따른 행동방식에도 차이가 있다. 남성은 불쾌감을 어느 정도 인지적으로 억제/표출하도록 사회화되고, 고통 감소를 위해 환경에 대해 행동하는 데 비해, 여성은 신뢰할 만한 사람에게 고통을 표현하도록 사회화되고, 환경에 대해 행동하지는 않는 경향이 있다(Renzetti & Curran, 2012).

성역할과 관련된 증상표출과 행동반응의 성차는 종종 트라우마 상담에서도 나타난다. 예컨대, 남성은 분노를 표출하거나 트라우마 후 고통을 전적으로 부인할 가능성이 더 큰 반면, 여성은 감정(슬픔, 공포, 무력감 등) 표현에 더 개방적이다. 이런 사회문화적 영향을 고려할 때, 상담자는 트라우마 생존자가 사회화된 성역할에서 탈피하여 트라우마 사건과 관련된 느낌과 생각을 적극 표현하도록 지지·격려해야 할 것이다. 온전한 감정 표현은 생존자의 심리적 회복을 촉진하기 때문이다.

상담자는 생존자의 트라우마에 대한 인지처리 과정에서 성차를 어떻게 인식하는지 알 필요가 있다. 남성은 흔히 자신이 강해서 스스로 방어할 수 있어야 한다고 사회화되어 있다는 점에서 피해자가 되었다는 사실이 여성보다 더 충격이 클 수 있다(Mendelsohn & Sewell, 2004). 이런 사회적 기대는 트라우마에 대해 다른 기대를 하게 할 수 있다. 예컨대, 트라우마 피해 남성은 학대에 대항하지 못했다는 무능감이 남성성 또는 능력 부족이라는 사회적 인식으로 인해 자존감 하락, 부적절감, 수치심으로 고통을 겪을 수 있다. 게다가, 폭행 또는 성학대를 받은 남성은 트라우마와 연관된 성적 취향 문제를 염려할 수 있다. 예컨대, 아동기 성학대의 경우, 이성애자 남성은 다른 남성에 의한 성추행이 잠재적 동성애자가 되게 할 수 있다는 두려움을 느낄 수 있다.

02 상담자의 자기돌봄

트라우마 생존자를 돕는 상담자는 자신을 돌볼 수 있어야 한다. 트라우마 상담에서 상담자는 극도의 상실과 고통에 관한 이야기를 자주 접하게 되기 때문이다. 상담은 자기보상적이면서 동시에 스트레스가 될 수 있다. 비극적 사건을 겪은 내담자를 돕는 일은 상담자에게 부정적인 영향을 미칠 수 있다. 이에 상담자는 자신을 돌보고, 주도적으로 간접 트라우마의 조짐, 징후, 증상을 알아차리고 대처할 책임이 있다.

상담자는 직무의 피해자가 아니라 수혜자가 되려고 노력해야 한다. 트라우마 생존자들과의 만남을 통해 상담자가 더 강해지고, 더 지혜로워지는 것이 그 예다. 이는 상담자가 내담자에게 원하는 것과 크게 다르지 않다. 이에 상담자는 스스로 "나는 지금 어떻게 하고 있는가?"라는 질문을 스스로에게 던져볼 필요가 있다. 상담자 자기돌봄의 방안으로는 ① 심신의 건강 유지, ② 한계 인정, ③ 내담자 분포의 균형 유지가 있다.

심신의 건강 유지

첫째, 심리적 · 신체적 건강을 유지하는 것이다. 소진, 연민피로, 대리 트라우마 등은 훈련 또는 경험 정도와 상관없이, 상담자라면 누구나 겪을 수 있다(Meichenbaum, 2003). 이런 가능성을 인식하고, 지속적인 자기모니터링은 잠재적 문제를 조기에 확인 · 예방할 수 있는 디딤돌이 된다. 자신이 무력하다거나 몸, 마음, 정신에 문제가 있다는 태도는 적절한 자기돌봄을 저해할 수 있다. 그러므로 상담자는 내담자의 고통과 연합된 현실에서 벗어나 즐거움과 감각적 기쁨을 위한 시간을 내고, 삶의 균형 유지를 위한 방법을 모색해야 한다(例 공상, 상상, 예술, 창작 등). 그리고 내담자에게 권유한 방법을 자기 삶에 같은 원칙으로 적용 · 실행해 볼 필요가 있다.

한계 인정

둘째, 상담자로서 촉진해 줄 수 있는 내담자의 변화와 성장에는 한계가 있고, 내담자에게 스스로 극복할 힘이 있음을 인정하는 것이다. 이는 가장 효과적이라는 증거가 뒷받침된 치료법을 적용하더라도 거의 또는 아무런 성과가 없는 것처럼 보일 수 있다. 그러나 이를 인정하는 것이 상담자에게는 더 적응적인 생각일 수 있다. 최소목표수준^{minimal goal level}(MGL) 개념은 내담자에게 기대하는 긍정적인 변화 또는 성과에 대해 상담자가 현실적일 필요가 있음을 나타내는 말이다. 이 개념은 개인이 만족스럽다고 지각하는 최소 수준의 수행을 가리킨다.

그렇다면 당신이 좋은 상담자임을 나타낼 수 있는 내담자의 진전 정도는 어떠한가? 상담자에게서 부정적인 반응이 일어날 위험은 상담자가 성공적이라고 생각하는 긍정적인 변화의 최소 수준이 높아지면서 함께 높아진다. 기대가 비현실적으로 높아질수록, 상담자의 실망과 부정적인 자기평가도 높아진다. 부정적인 자기평가가 지속되면, 상담자의 스트레스 수준은 높아지고, 직업에 대한 소진 발생 가능성은 커진다. 이 경우, 유용한 반향판은 동료 상담자들이다. 이는 상담자가 주기적인 수퍼비전과 또래자문이 필요한 이유이기도 하다. 특히, 소진, 연민피로, 대리 트라우마에 취약한 초심상담자와 과거에 겪은 중대한 삶의 위기로 인해 트라우마 증상을 보이는 내담자를 주로 대하는 상담자라면, 경험이 풍부하고 신뢰할 수 있는 상담자에게서 주기적으로 수퍼비전을 받을 필요가 있다(Horrell et al., 2011).

내담자 분포의 균형 유지

셋째, 내담자의 분포를 고르게 유지하는 것이다. 상담자의 소속기관 또는 개인에 따라 차이가 있겠지만, 상담자 1인이 효과적으로 상담할 내담자의 수는 한계가 있다. 일반적으로, 사례 수가 많아지면, 상담자의 수행력에 부정적인 영향을 미칠 수 있다. 이에 사례 수가 증가하면, 상담자는 직업 스트레스 수준을 주의 깊게 살피는 한편, 예방적인 자기돌봄이 필요하다.

내담자의 문제 유형을 다양화하는 방안도 검토할 필요가 있다. 극심한 트라우마 사건을 겪은 내담자를 주로 담당하는 상담자는 상대적으로 트라우마 사례 수가 적은 상담자에 비해 직무관련 소진에 더 취약할 수 있다. 따라서 상담자는 내담자의 문제 유형이 고르게 분포되도록 하고, 자신에게는 최선의 상태이면서 소속 기관에게는 해가 되지 않는 선에서 균형을 유지할 필요가 있다.

상담자는 내담자의 문제해결과 성장을 촉진할 수 있는 최선의 방법에 관한 정보를 꾸준히 업데이트할 필요가 있다. 효과적이면서 경험적으로 입증된 치료법의 사용은 트라우마 생존자를 돕는 상담자에게 중요한 보호 요인이 될 것이다(Craig & Sprang, 2010). 상담자 교육과 훈련, 지속적인 수퍼비전, 공식적/비공식적인 자격 갱신 과정 이수는 효과적인 치료법에 관한 지식을 습득·유지하는 방법이다. 증거 기반 치료(EBP)의 수행은 트라우마 생존자 상담에 필요한 자신감과 상담의 효과를 높여 준다.

03 상담자의 마음챙김

상담자가 내담자에게 효과적으로 기술을 가르치고, 강력한 치료관계를 구축하기 위해서는 마음챙김에 따른 경험이 필요하다. 마음챙김에는 교육적인 훈련과 함께 경험적 활동이 포함된다. 특히, 상담자의 마음챙김 수행은 내담자의 문제 이해를 돕고, 학대 피해 경험이 있는 생존자 상담에서 초점과 방향 유지를 도움 수 있다. 초점유지 능력의 증대는 생존자가 광범위한 문제를 호소할 때, 도움을 준다.

상담자의 마음챙김 수행

마음챙김^{mindfulness} 수행은 상담자가 생존자와의 상담에 대응하여 자신의 신체·인지·정서 경험의 관리를 돕는다. 상담자는 주기적으로 내담자에 의해 민감한 학대 내용에 노출됨으로써, 2차 트라우마 반응을 경험하게 될 수 있다. 상담자는 DBT에서 가르치는 마음챙김 기술을 적절한 주의, 정서조절, 균형 유지를 위해 상담 과정에서 사용할 수 있다. 마음챙김은 상담자가 자신의 부정적 자기평가 대처에도 사용할 수 있다.

학대 피해 경험이 많은 생존자는 때로 변화가 쉽지 않은 만성 행동 양상을 가지고 있다는 점에서 상담자는 자기 능력에 의구심이 들 수 있고, 무력감 누적으로 인해 상담을 포기하고 싶은 충동을 느끼게 될 수 있다. 이는 생존자에게 변화의 동기를 부여하고, 목표 지향 활동에 초점을 유지하는 상담자의 역량에 부정적인 영향을 미칠 수 있다. 이에 마음챙김 수행은 상담자가 목표를 향한 지속적 상담과 결과에 대한 집착 발달 사이에서 균형을 유지하는 데 도움이 된다. 상담자는 목표를 달성하지 못하거나 원하는 수준에 도달하지 못했을 때, 비애착을 유지함으로써 괴로움과 소진을 방지·개선할 수 있다.

상담 과정에서의 마음챙김

상담자는 생존자의 노출^{exposure} 촉진을 위해 마음챙김을 상담 과정에서 활용할 수 있다. 노출은 '반대로 행동하기'라는 명칭의 중재에 따라 더 비공식적으로 활용된다. 이 활동의 목표는 역기능적 회피와 연관된 부정 감정을 감소시키고, 새로운 적응행동을 증가시키며, 이런 행동과 연관된 긍정 정서를 구축하는 것이다(Rizvi & Linehan, 2005). 단서 노출에 따라 상담자는 도피/회피 행동과 감정(죄책감, 수치심, 분노)을 차단하고, 생존자가 정서조절 전략에 집중하도록 돕는다.

상담자는 마음챙김을 통해 생존자가 정서 상태를 관찰·명명하도록 도울 수 있다(내·외적으로 촉발되는 상황, 상황에 관련된 사고와 해석, 정서 경험과 연관된 신체·감각 반응, 정서와 행위 경향과 연관된 바람/욕구, 정서의 여과에 대한 알아차림). 이를 위해 내담자에게 표정, 자세, 동작, 그리고 특정 정서의 경험에 반하는 다른 행동 등, 특정 정서를 반영하는 명시적 반응에 주의를 기울이게 한다. 학대 생존자들은 보통 정서를 정확히 명명하는 것을 어려워한다는 점에서 마음챙김은 정서에 대한 지식과 알아차림을 개선하는 효과가 있다.

반대로 행동하기 같은 변화 기반 전략들의 균형 유지를 위해 DBT 상담자는 수용 지향 기술로, 마음챙김, 고통감내, 타당화 확인(자기타당화 포함)에 초점을 맞춘다. 마음챙김은 생존자가 '근본 수용' 또는 자신과 학대 자체를 포함하는 상황을 향한 비판단적 태도를 적용할 때 필수적이다. 또한 상담자는 생존자의 관점에서 세상에 대한 이해를 반영하고, 생존자 정서, 사고, 행동의 정당성을 전달하는 생존자의 경험을 확인한다. 타당화의 핵심 목표는 생존자의 자기감 증대, 그리고 자기비판과 2차 정서(수치심, 죄책감) 감소를 위한 자기타당화 방법의 습득을 돕는 것이다.

상담자는 생존자가 자신의 정서와 기타 경험의 정확한 관찰·명명을 돕기 위해 마음챙김의 원칙과 빈번한 수행을 활용한다. 판단과 평가 없이 사적 경험(사고, 감정, 욕구 등)과 명시적인 행동을 기술하는 법을 배움으로써, 생존자는 자기무력화 반응을 차단·방지할 수 있게 된다. 또한 자기부여 행동 요구, 수용 가능한 행동에 대한 비현실적 기대, 불필요한 고통 증가를 초래하는 비효과적 전략인 죄책감과 수치심 관련 경험에의 주목·기술에 집중한다. 상담자는 생존자가 자신의 사고 과정, 자신과 세상에 대한 기본가정, 자신의 사회/세계에서 '미치게 만드는' 경험을 적극적으로 관찰·기술하도록 돕는다. 이런 노력은 궁극적으로 생존자가 자신을 있는 그대로 수용하는 것을 촉진한다.

04　트라우마 상담 수퍼비전

트라우마 상담에서 상담자로서 트라우마 생존자의 치유와 회복을 돕는 일은 쉽지 않다. 상담자는 이 일을 혼자 처리할 수 없음을 인지해야 한다. 상담자들에게는 종종 수퍼비전 또는 동료 상담자의 자문을 통해 지지, 격려, 조언이 필요하다.

수퍼바이저의 역할

수퍼바이저는 상담자의 사례뿐 아니라, 직무에 대한 개인적인 반응을 다루어 줄 필요가 있다. 왜냐하면 이 두 가지는 서로 관계가 있고 깊이 연결되어 있기 때문이다. 수퍼비전은 수퍼바이지(상담자)를 위한 상담이 아니다. 대신, 사례에 관한 논의에서 드러나는 상담자의 반응을 비롯한 제반 요소들과의 평행과정이다. 상담자의 직무, 내담자, 그리고 내담자의 상황과 이야기에 대한 상담자의 감정과 행동이 수퍼비전의 초점이 되어야 한다. 상담자의 직무와 내담자에 대한 감정은 실무 상황에서의 행동에 영향을 주고, 행동은 감정에 영향을 미친다('감정-행동 연결성feeling-doing connection'). 그러므로 수퍼바이저는 수퍼바이지가 개방적이고, 건설적이며, 개인적인 감정을 논의할 수 있는 공간이 될 수 있도록 해야 한다.

　트라우마 상담에서 수퍼비전의 목적 중 하나는 상담자의 간접 트라우마를 완전히 없애는 게 아니라, 그 영향을 최소화하고 자신을 주도적으로 돌볼 수 있도록 돕는 것이다. 이에 수퍼바이저와 상담자는 상담자의 개인적 · 정서적 반응, 그리고 내담자와 상담자의 관계에 지속적으로 관심을 가진다. 상담자의 감정은 상담 과정에서 항시 존재한다. 그러므로 수퍼바이저는 상담자에게 그 감정을 인식 · 표현할 기회를 제공하고, 용기를 북돋아 주며, 의미 있는 논의 주제를 기꺼이 드러내도록 지지 · 격려한다. 이를 위해 수퍼바이저는 상담자의 감정과 반응이 일반적이고, 예상되며, 이해할 만하다는 반응을 나타낸다. 상담자의 감정에 관심을 보이는 것만으로도 수퍼바이저는 상담자에게 감정 경험과 표현은 자연스러운 일이라는 메시지를 보내는 것이다.

수퍼비전에서의 정서적 체크인

트라우마 상담 수퍼비전에서의 정서적 체크인은 상담자 감정의 정상화normalization와 타당화validation에 중요한 기능을 한다. 정서적 체크인emotional check-in이란 상담자의 사고와 감정이 그의 삶에 어떤 영향을 주고 있는지에 관한 탐색으로 수퍼비전 회기를 시작하는 것을 말한다. 이 작업은 경계 위반이 아니라, 상담 관련 문제를 다루고, 대처방법 모색과 실행에 도움을 준다.

　이때, 수퍼바이저는 상담자에게 특정 내담자 또는 작업에 대한 반응의 변화를 기록으로 남기도록 제안한다. 상담자의 물리적·심리적 고립감은 간접 트라우마의 위험성을 높인다. 이에 수퍼바이저는 상담자의 상담에 대한 감정 정상화를 촉진하고, 논의와 지지를 위한 분위기를 조성한다. 이는 일부 상담자에게 어려운 사례가 편중되거나 사례 수가 불균형 상태가 되지 않도록 하는 한편, 최대한 담당 사례 수의 균형을 유지함으로써 가능해질 수 있다.

수퍼비전에서 상담자의 감정 정상화와 타당화는 상담자의 수행력에 영향을 준다. 상담과정을 저해하는 점에 관해 말로 표현하는 것만으로도, 상담자는 자신의 감정과 반응에 더 잘 대처하게 될 것이다. 즉, 내담자가 자신의 문제가 되는 생각과 증상을 잘 다루도록 돕는 임상 기술은 상담자가 자신의 직무에 대한 반응에 잘 대처하는 데에도 도움이 된다. 상담자는 내담자의 감정과 반응을 현실화·타당화할 수 있도록 이를 말로 표현할 수 있도록 도와야 하기 때문이다.

만일 그렇지 않고, 기관이 구성원들의 안녕에 투자하지 않는다면, 기관 감염^{organizational contagion}(집단 역전이 가능성과 위험성)이 급증할 수 있다. 그러나 트라우마 상담에서 내담자 또는 상담자의 무분별한 감정 표출은 도움이 되지 않는다. 과거에 내담자에게 일어난 일 또는 그 결과로 현재 겪는 어려움에 대한 감정을 표현하도록 북돋아 주려면 적절한 이유가 있어야 한다. 수퍼비전에서도 내담자 또는 상담자의 감정에 관한 논의는 목적이 분명해야 하고, 그 작업에 대한 반응을 다루는 데 도움이 되도록 준비되어야 한다.

05 상담자의 간접 PTG

트라우마 생존자를 돕는 상담자는 간접 트라우마 후 성장(PTG)을 경험할 수 있다. 생존자의 고통스러운 이야기를 듣는 일은 상담자에게 고통의 간접 경험뿐 아니라, 다양한 긍정적 변화의 토대가 되기도 한다. 내담자의 용기 있는 결단과 극복 과정에 관한 이야기는 상담자에게 변화에 대한 영감과 활력을 줄 수 있다. 내담자가 삶에 예기치 않은 사건이 생겼고, 그 상황에 굴복하지 않고 극복해 나가는 과정에서 성장을 일궈 낸 경험은 듣는 것만으로도, 상담자는 자신이 연약한 존재가 아니고, 상상 이상으로 난제도 능히 해결할 수 있다는 자신감을 가질 수 있다. 이에 상담자는 내담자의 스토리텔링을 통해 내담자가 스스로 학습하게 되는 역설적 변증법적 원리를 이해할 수 있게 된다.

상담자의 간접 트라우마

트라우마 생존자를 돕는 상담자는 간접 트라우마^{indirect trauma}를 경험할 가능성이 상존한다. 이들은 때로 삶에서 일어난 일 때문이 아니라, 내담자의 트라우마 경험 또는 고통스러운 이야기로 인해 간접 트라우마를 겪을 수 있다. 트라우마에의 간접 노출은 평행과정을 통해 세상이 안전하고 예측 가능하다는 상담자의 기본가정을 산산조각 낼 수 있다. 이에 상담자는 자신의 개인적·전문적 삶에 어떤 일이 일어나고 있는지 수시로 점검할 필요가 있다.

　간접 트라우마는 고정적이거나 영구적이지 않지만, 상담자의 생활변화량에 따라 언제라도 심해질 수 있다. 생활변화량 증가로 인한 스트레스는 상담자를 간접 트라우마의 영향에 취약하게 한다. 간접 트라우마는 전문적으로 고립되어 있다는 느낌이 덜하거나, 들지 않거나, 실무 환경에서 지지받는 느낌이 드는 상담자는 덜 경험한다. 간접 트라우마는 트라우마 생존자의 고통스러운 이야기에 반복적이고 지속적으로 노출되면서 서서히 발달함으로써, 상담자의 개인적·전문적 삶을 무너뜨릴 수 있다.

　간접 트라우마의 발생은 ① 상담자의 나이, ② 임상 교육·훈련 정도, ③ 전문적 경험 정도의 영향을 받는다. 즉, 젊고, 교육·훈련량이 적고, 트라우마 상담 실무 경험이 적은 상담자일수록 간접 트라우마의 위험성이 더 높고, 더 많은 증상이 나타난다(Baird & Kracen, 2003). 한 가지 흥미로운 점은 트라우마 생존자 상담 경험이 가장 많거나, 가장 적은 상담자가 가장 큰 영향을 받고(Meyers & Cornille, 2002), 여성 상담자가 남성 상담자들보다 간접 트라우마의 징후를 겪을 가능성이 크다는 사실이다. 그 이유는 여성 상담자가 내담자의 반응을 더 잘 인정하려고 하기 때문이다(Baird & Kracen, 2006).

　트라우마 후 성장(PTG)의 출발점은 삶의 철학과 세계관에 심각하게 도전받는 시기다. 내담자가 겪은 트라우마의 간접 경험은 상담자 세계관의 근간을 뒤흔들 수 있다. 내담자의 트라우마 이야기는 상담자에게 세상에 대한 대리 트라우마 후 성장의 발판이 된다. 내담자의 트라우마 후 성장을 확인·이해·공감·명명·강화·격려하는 것처럼, 상담자는 자신에게도 그래야 한다.

상담자의 간접 트라우마의 부정적 효과

트라우마 상담이 상담자의 심리적 안녕에 부정적인 영향을 미치는 방식은 네 가지 형태(① 소진, ② 이차 트라우마 후 스트레스, ③ 대리 트라우마, ④ 연민 피로)로 나타난다.

소진. 첫째, 소진[burnout]은 가장 포괄적인 개념으로, 고갈, 상담 직업에 대한 냉소적이고 무심한 감정, 비효율감, 성취감 결여 등을 포함한다. 트라우마 상담자의 소진에는 세 가지 위험 요인이 존재한다.

　첫째, 초심 상담자는 경험이 많은 상담자에 비해 위험 요인이 더 크다(Elwood et al., 2011). 이들은 흔히 소속기관에 적응하는 문제 외에도 낮은 직급에서 맡은 일을 수행해야 하는 문제 등 다양한 스트레스 요인에 직면할 수 있다.

　둘째, 트라우마 생존자에게 적용되는 보편적인 원칙, 즉 트라우마 경험이 강하고 심각할수록, 트라우마 사건에 노출된 기간이 길수록, 증상 발생 가능성은 더 크다는 원칙은 상담자에게도 적용된다. 내담자의 이야기가 생생하고 끔찍하고 강렬할수록, 이런 이야기에 더 많이 노출될수록, 상담자가 자신의 업무에서 부정적인 심리적 반응을 발달시킬 가능성은 더 크다(Brady et al., 1999).

셋째, 상담자가 트라우마를 겪은 경우, 자신의 직업으로 인해 부정적인 심리적 반응이 유발될 가능성은 더 커진다(Baird & Kracen, 2006). 내담자의 경험이 상담자에게 미해결 문제를 불러일으키는 경우는 특히 그렇다. 성폭행을 당한 경험이 있는 상담자는 내담자의 이야기를 통해 자신의 피해 경험과 관련된 힘들었던 기억과 강렬한 정서가 되살아날 경우, 심각한 영향을 받을 수 있다.

이차 트라우마 후 스트레스.　둘째, 이차 트라우마 후 스트레스^{secondary posttraumatic stress}(SPTS)란 내담자로 인해 경험하는 PTSD와 유사한 거슬리는 증후군을 말한다. 이 증후군에는 상담 회기 밖에서도 내담자의 호소 내용 생각에 사로잡힘, 회상과 꿈을 통한 내담자의 트라우마 재경험, 수면장해 또는 과민반응 등의 지속적인 과각성 증상이 포함된다. 이 외에도 부정, 불신, 거리감, 친밀관계의 단절, 내담자의 트라우마를 상기시키는 것에 대한 회피나 무감각 반응을 통해 트라우마와 거리를 두려는 시도가 있다. 이로써, 트라우마 생존자에게 전문적 도움을 제공하는 상담자는 대리 트라우마를 겪게 될 수 있다.

대리 트라우마화.　셋째, 대리 트라우마화^{vicarious traumatization}란 내담자의 트라우마 경험에 대한 감정이입의 결과, 상담자의 내적 경험에서 누적되는 변화를 말한다('대리 외상'으로도 불림). 이는 인지 요인에 초점을 맞추고, 트라우마 생존자를 상담한 결과로 상담자가 경험할 수 있는 변화(세상에 대한 상담자의 기본가정, 특히 자신, 타인, 세계에 대한 부정적 변화 등)를 말한다. 즉, 트라우마 생존자에게 전문적 도움을 제공하는 상담자의 사회 세계에 대한 관점이 왜곡되고, 내담자의 왜곡된 사고와 같은 특징이 있는 패턴이 반영될 것이다. 게다가 상담자는 트라우마 생존자와의 작업 관계 형성·유지와 관련된 어려움의 결과로 인한 연민 피로를 겪을 수 있다.

연민 피로.　넷째, 연민 피로^{compassion fatigue}란 직무의 다양한 측면에 대해 부정적이거나, 냉담하거나, 극도로 분리된 반응을 말한다('공감 피로'로도 불리나, 엄밀히 말하면 'compassion'은 '공감^{empathy}'이 아니라 '연민'을 의미함). 이는 탈진 또는 소진과 유사한 개념이다. 연민 피로는 내담자의 정신적 고통에의 노출에 대한 반응으로 일어나고, 상담자의 감정이입 능력을 저해한다. 연민 피로는 특히 대하기 어려운 내담자를 상담하거나, 내담자가 자신에게 제공되는 상담 서비스를 감사히 여기지 않을 때 발생하기 쉽다.

상담자의 간접 PTG 지표

트라우마 후 성장(PTG)의 출발점은 삶의 철학과 세계관에 심각하게 도전받을 때다. 내담자가 겪은 트라우마의 간접 경험은 상담자에게 세계관의 근간을 흔들어 놓을 수 있다. 상담자는 내담자의 이야기를 통해 세계에 대한 대리 트라우마 후 성장의 발판을 마련한다. 내담자의 PTG를 확인·명명·강화·격려하는 것처럼, 상담자는 자신에게도 그래야 한다.

자기의 변화 인식. 트라우마 상담을 통해 상담자는 공감적 이해를 바탕으로 사람은 누구나 비극과 상실에 취약한 존재이지만, 상상 이상으로 강한 존재임을 깨닫게 된다. 누구나 위험에 처할 수 있다는 진리는 때로 상담자에게도 현실이 될 수 있다. 자녀가 목숨을 잃는 사고를 경험한 상담자는 감내하기 어려울 정도로 애통했으나, 자녀를 먼저 떠나보낸 부모들을 상담했던 경험을 통해 자신도 극복할 수 있을 거라는 희망을 품게 된 것이 그 예다.

　도저히 극복할 수 없을 것 같은, 고통스러운 비극적 사건을 경험한 사람의 이야기를 듣는 일은 상담자의 인생관과 세계관에 영향을 준다. 내담자가 전하는 사별·상실, 애도·슬픔, 불안·공포에 관한 이야기는 세상에 대한 상담자의 기본가정이 긍정적으로 변화되는 계기가 된다. 이처럼 트라우마에의 대리 노출은 상담자의 삶과 세상에 대한 믿음을 되돌아보게 한다. 삶의 철학과 세계관을 되돌아보는 과정은 대리 성장으로 이어질 수 있다.

실존 문제 재인식. 트라우마 생존자의 경험은 상담자에게 유쾌하지만은 않은 실존 문제를 자극할 수 있다. 마음을 사로잡는 소설을 읽는 독자나 감동적인 영화를 관람한 관객은 자신이 보고, 듣고, 느낀 것을 변화와 성장의 발판으로 삼는다. 이 과정에서 독자나 관객은 기존의 철학과 견해를 재고한다. 마찬가지로, 상담자는 내담자가 전하는 트라우마 극복에 관한 이야기를 통해 정서적으로 영향을 받게 된다. 내담자의 이야기는 그동안 별문제가 없던 상담자의 삶에 관한 근원적 관점을 되돌아보게 한다. 게다가, 왜 유사한 사건을 경험했음에도 트라우마 경험을 하는 사람이 있는가 하면, 그렇지 않은 사람이 있는지 생각해 보기도 한다.

삶의 우선순위 재점검. 트라우마 경험과 상담을 통해 얻게 되는 성과로는 삶의 우선순위 재평가 또는 우선순위 변경이다. 내담자뿐 아니라 상담자도 자신이 잃지 않은 것이 무엇이고, 삶의 우선순위가 어떠해야 하는지 새겨 볼 수 있다. 트라우마 상담은 상담자에게 대리 트라우마 가능성이 있지만, 상담자에게 삶의 우선순위를 재점검하고, 자신의 상황을 더 소중히 여기며 감사할 수 있게 하는 계기가 된다. 또한 내담자의 위기 극복을 돕는 과정에서 상담자는 타인과의 결속감과 유대감을 경험한다. 대리경험을 통해 사랑하는 사람들과 결속감을 유지하는 게 얼마나 소중한 것인지를 더 온전히 깨닫게 된다.

　대리경험은 양날의 칼이다. 매일 새로운 하루가 새로운 시작의 가능성을 열어 주지만, 비극적 상실의 발생 가능성의 문을 여는 것이기도 하기 때문이다. 그러므로 오늘을 온전히 살면서 사랑하는 사람들에게 사랑한다는 말을 내일로 미루지 말아야 할 것이다. 섬처럼 고립된 사람은 아무도 없다. 상담자는 본연의 업무에 충실하면서 고통받는 사람과 자신이 연결되어 있음을 더 잘 이해하게 된다.

매 순간을 소중히 여겨야 한다는 교훈은 삶의 우선순위 변경과 밀접한 관련이 있다("저는 이번 일을 통해 살아 있음에 더 감사히 여기는 법을 배웠어요."). 이 고백은 극복하기 힘든 상황을 경험한 사람들의 공통 주제다. 배우자 학대로 힘들어하는 내담자는 지지적이고 상호 배려하는 부부관계를 더 감사히 여기게 될 수 있다. 어려서 학대받았던 내담자는 원가족의 긍정적인 면을 떠올리며 감사함을 느끼게 할 수 있다. 노숙하는 내담자는 그리 크지 않은 집을 더 소중히 여기게 할 수 있다. 상담자 역시 내담자의 이야기를 통해 삶의 요소를 더 소중히 여기게 될 수 있다. 이런 경험은 새롭게 변화와 성장으로 점철된 삶으로 연결하는 통로가 된다.

동료 인간에 대한 연민

동료 인간에 대한 연민은 생존자의 이야기를 들으면서 더 커질 수 있다. 중대한 삶의 위기에 봉착한 사람을 돕는 일은 상담자에게 중요한 실존적 의문점을 던져 준다. 이 과정은 고통받는 사람과의 유대감을 더해 준다. 실존적 자각과 유대감 증진은 상담자가 사회활동에 더 적극적으로 참여하게 하는 계기가 될 수 있다. 어린 시절 학대받은 성인을 돕는 상담자는 아동학대 예방 프로그램을 확대하는 공공정책 수립 또는 성소수자 옹호 활동에도 앞장설 수 있다. 결국, 상담자는 타인의 삶을 증진하는 활동에 참여함으로써, 삶의 의미와 목적을 의미 있게 변화시킬 수 있다.

공감 만족

트라우마 상담에서 상담자는 내담자가 고통스러운 경험을 털어놓는 과정에서 만족, 영예, 특권 같은 느낌을 경험한다(Horrell et al., 2011). 누구에게도 함부로 털어놓을 수 없는 이야기를 들을 때, 상담자는 내담자의 이야기를 들을 수 있게 선택받았다는 영예를 느낄 수 있다. 공감 만족은 내담자와의 상담 또는 상담하면서 얻게 되는 즐거움이다. 공감 만족은 상담이 상담자에게 긍정적인 효과를 주었을 때 산출되는 결과 중 하나다. 공감 만족은 상담에 대한 부정적 반응보다 더 일반적이고, 상담 경력이 많은 상담자가 초심자보다 공감 만족 수준이 더 높다(Craig & Sprang, 2010).

06 트라우마 상담과 약물치료

약물치료pharmacotherapy는 치료약물 투여를 통해 정서·행동 개선을 추구하는 방법이다. 이 치료법은 주로 불쾌감 또는 트라우마 경험이 감내할 수 없을 정도로 극심한 경우에 사용된다. 그러나 정서 불안(과각성 등) 감소/해소를 위한 향정신성 약물은 트라우마 후유증 감소에 도움을 줄 뿐, 치료제는 아니다. 치료약물 투여는 생존자로 하여금 정신장애가 단기간에 회복될 수 있는 질환 정도로 여기게 하는 부작용도 있다.

치료약물의 효과

치료약물의 효능은 개인차가 있고, 때로 부작용이 있다는 점에서 잘 권장되지 않는다. 치료약물로는 항불안제, 항우울제, 항정신병제, 항경련제는 있으나, '항외상후 스트레스장애제' '항해리장애제'는 없다. 그동안 정신장애 또는 의학적 상태(신체질환) 해소를 위해 다수의 치료약물이 개발되었다. 뇌는 자율적으로 기능하며, 체내에 투입된 약물명을 신경 쓰지 않고, 약물의 처리방법만을 결정할 뿐이다. 예컨대, 항우울제는 공황발작 예방과 범불안장애 치료에 효과가 있다. 항신경과민성antinervousness 약물로 간주되는 선택적 세로토닌 재흡수 억제제 Selective Serotonin Reuptake Inhibitor(SSRI) 계열의 설트랄린sertaline(졸로프트Zoloft)과 파록세틴paroxetine(팍실Paxil)은 대표적인 항우울제로, PTSD 치료에 효과적이라고 알려져 있다.

정신약물학(치료약물로 심리증상을 해소하는 학문영역) 분야는 빠른 속도로 발전하고 있다. 새로운 치료약물이 개발되고 있고, 기존의 치료약물은 새로운 방식으로 사용되고 있다. 정신건강 전문의들은 PTSD 치료를 위해 치료약물 사용에 많은 임상 경험을 축적하고 있다. 그러나 이 장애에 대한 치료약물의 효과를 검증한 연구는 비교적 적은 편이다(Mellman, 2002).

지금까지 수행된 연구에는 두 가지 한계가 있다. 하나는 다수의 트라우마 생존자가 다양한 장애를 가지고 있지만, 연구에서는 PTSD에만 초점을 맞추는 경향이 있다는 점이다. 다른 하나는 다수의 환자가 복합적인 치료약물을 처방받는데도 불구하고, 연구에서는 한 가지 치료약물만을 다루고 있다는 것이다. 더욱이, 정신건강 전문의들은 다른 장애의 치료를 위한 치료약물보다는 PTSD 특유의 생물학 또는 증상에 초점을 둔 치료약물의 필요성을 인식하고 있었다(Mellman, 2002). 치료약물은 흔히 생존자 자신과 담당 의사가 결정한다.

치료약물의 종류

트라우마 치료에 사용되는 약물로는 ① 항우울제, ② 항불안제, ③ 항고혈압제, ④ 항정신병제가 있다(Kendall et al., 2010).

항우울제. 항우울제antidepressant는 억울감, 불안, 의욕/활동성 저하, 불편감, 자살 염려 등의 증상 호전을 위해 사용되는 치료약물이다. 이 약물은 우울을 수반하는 신경증, 경계성 증상, 또는 트라우마의 우울 상태에 사용되기도 한다. 우울증은 트라우마의 흔한 결과로, 생존자가 항우울제를 처방받는 것은 매우 흔한 일이다. 항우울제라는 명칭은 이 약물이 우울증 치료에 한정된 것 같은 인상을 주지만, 오히려 항PTSD제에 더 가까운 효능이 있다(Allen, 2004).

PTSD에 동반되는 증상 해소를 위해 다른 유형의 치료약물이 사용되지만, 항우울제는 이미 표준 치료약물로 자리매김했다. PTSD 치료에 사용된 초기의 항우울제로는 이미프라민(토프라닐), 아미트립틸린(엘라빌), 그리고 모노아민산화억제제(MOI)가 있다. SSRI 계열의 새로운 항우울제[설트랄린(졸로프트)과 파록세틴(팍실)]는 미국식품의약품안전청(FDA)으로부터 PTSD 치료제로 그 효능을 인정받은 치료약물이다.

세로토닌^{serotonine}은 뇌 활동의 전반적인 조절에 관여하며, 웰빙과 행복감을 느끼게 하는 신경전달물질이다. SSRI는 세로토닌의 작용을 종결하는 재흡수 메커니즘을 억제함으로써, 세로토닌의 가용성을 증가시킨다. 이로써 SSRI 계열의 치료약물은 항우울제 기능뿐 아니라, 과도한 각성, 침습 증상, 회피, 감정 마비 등 전반적으로 PTSD 증상 완화에 도움을 준다(Yehuda et al., 1998). 게다가, 충동행동 조절에도 효과가 있어서 자신에 대한 공격성, 폭발성, 트라우마의 행동 재연 등의 증상 치료에도 효과적이다(Friedman & Southwick, 1995).

항불안제. 항불안제^{anxiolytics}는 근심, 걱정, 두려움, 공포, 긴장, 초조 등의 증상 완화를 위해 사용되는 치료약물이다. PTSD는 일종의 불안장애다. 항불안제는 불안 완화 및 수면 촉진을 위해 사용된다. 대표적인 항불안제로는 벤조디아제핀 계열의 ① 디아제팜(발리움), ② 알프라졸람(자낙스), ③ 로라제팜(아티반), ④ 클로나제팜(클로노핀)이 있다. 항불안제는 PTSD 치료에 합리적인 선택으로 보이지만, 그 효과에 관한 연구는 혼재된 결과를 보여 왔다. 게다가, 벤조디아제핀 계열 항불안제의 신경생리적 효과는 내성과 중독성이 있어서 같은 효과를 얻으려면 점점 더 높은 용량이 요구된다.

항고혈압제. 항고혈압제^{antihypertensive drugs}는 원인 미상의 본태성 고혈압증에 대해 사용되는 치료약물이다. 스트레스는 교감신경계를 활성화하여 투쟁 또는 도피 반응을 유발한다. 고혈압 치료에 사용되는 약물은 교감신경계를 활성화하는 효과가 있어서, PTSD 치료에 사용되기도 한다. 예컨대, 베타 억제제^{beta inhibitor}는 생리적 각성을 감소시킨다. 이로써 고통이 경감되고, 공황발작을 유발하는 생리적 촉발 자극이 약화된다. 다수의 다른 정신의학적 약물처럼, 항고혈압제는 심각한 부작용을 일으킬 수 있으므로, 처방과 상태 확인에 주의를 기울여야 한다.

항정신병제. 항정신병제^{antipsychotics}는 환각/망상을 제거/감소시키며 정신운동성 흥분을 억제하여 사회적응을 돕는 치료약물이다('항정신병약' 또는 '항정신병 약물'로도 불림). 이 약물은 보통 PTSD 치료에 사용되지는 않지만, 소량의 항정신병제는 관련 정신병 증상 치료에 도움을 준다. 전형적인 항정신병제로는 클로르프로마진, 플루페나진, 할로페리돌, 치오리다진, 치오칙센이 있다. 비전형적 항정신병제로는 아리피프라졸, 클로자핀, 올란자핀, 리스페리돈, 쿠에티아핀, 지프라시돈 등이 있다. 오늘날 비교적 부작용이 적은 항정신병제들이 널리 사용되고 있다. 양극성장애(조울증) 치료에 사용되는 항조증제(리튬) 또는 항뇌전증제(항경련제)

역시 기분 안정에 효과가 있다.

개인차

약물치료는 환자의 증상과 조화를 이루어야 한다. 증상이 유사하더라도 치료약물의 효과는 개인마다 다를 수 있다. 개인차는 체질적 요인(유전적 기질, 신진대사 등)과 관련이 있다. 유전적 요인으로 인해, 약물 반응에 대한 가족력은 유용한 단서가 될 수 있다. 만일 부모 또는 형제가 특정한 치료약물로 효과가 있었다면, 다른 가족원들도 그 약물에 효과적으로 반응할 가능성이 크다. 개인차를 고려한 약물치료를 위한 지침은 글상자 14-3과 같다(Davidson, 1992).

글상자 14-3. 약물치료를 위한 지침

> 1. 증상 패턴과 약물에의 반응 방식은 개인별로 다르다.
> 2. 적정한 치료약물의 선택과 최적의 용량을 알기 위해서는 시행착오와 시간이 필요하다.
> 3. 치료약물은 반드시 적정한 임상시험을 거친 것이어야 한다.
> 4. 치료약물의 적정한 효과가 나타나려면, 수주/수개월이 걸린다.
> 5. 증상이 완화/제거되었어도, 재발을 막으려면 상당 기간 약물 투여가 필요할 수 있다.
> 6. 약물 투여의 필요는 개인의 상태와 치료에 대한 반응에 따라 달라진다.

병행치료

트라우마 상담의 경우, 치료약물은 포괄적인 치료의 일부에 속한다. 그러나 약물치료는 상담 또는 다른 치료의 대안은 아니다. 상담과 약물치료는 상호보완 역할을 할 수 있다. 트라우마로 인한 증상이 극심하고 통제 불능 상태라면, 상담 작업은 거의 불가능할 수 있다. 이때, 상담이 가능하도록 정서적 안정성을 제공하려면 약물치료가 필요하다. 게다가 상담에서 트라우마 기억을 탐색하는 경우, 이런 시도는 일시적으로 불안과 각성을 고조시킬 수 있다. 이 경우, 약물치료는 각성 상태가 일정한 수준으로 유지해 주는 역할을 한다.

 **07　트라우마 상담과 병원치료**

트라우마와 심각한 증상을 나타내는 사람들이 위기에 처하는 경우, 병원치료가 필요하다. 입원은 자기조절과 사회적 지지가 충분하지 않을 때, 외적 포용을 부가적으로 제공해 준다는 이점이 있다. 다양한 요인은 입원이 필요한 트라우마 관련 위기를 촉발할 수 있다. 스트레스 누적은 압도되는 느낌을 준다. 이는 결국 자해 행동으로 이어져, 환자 보호를 위해 입원이 필요할 수 있다. 게다가 파괴적 행동을 보이는 사람의 경우, 타해 가능성을 막기 위해

입원이 필요할 수도 있다. 오래 잊고 있었던 트라우마의 재연^{reenactment}(무의식적으로 과거의 트라우마성 패턴이 현재의 대인관계에서 반복되는 현상)은 종종 입원으로 이어질 위기를 촉발하는 스트레스 요인이 된다.

아동기의 트라우마에 대해 별생각 없이 지냈던 사람이 성인기 스트레스 촉발 요인(예 사고, 폭행, 상실, 이혼)으로 그 트라우마가 의식의 수면 위로 떠오를 수 있다. 이런 소인이 있는 사람들에게는 사소하게 보이는 정서적 위기조차 해리(극심한 스트레스에 대한 반응으로 의식이 변성되는 현상) 삽화를 초래할 수 있다. 해리는 일종의 자기보호적인 방어로, 결국 적응과 대처 능력을 저해한다. 반복되는 플래시백, 통제가 어려운 해리 상태로의 전환, 기억상실로 인한 경험이 반복해서 중단되는 증상은 사실상 일상생활을 불가능하게 만든다. 이 경우, 일상생활로 돌아가기 위해서는 입원치료가 필요하다(Kluft, 1991). 트라우마 상담에서 안전 우선 원칙은 병원치료에도 적용된다. 병원치료의 기능은 글상자 14-4와 같다.

글상자 14-4. 병원치료의 기능

1. 안전한 피난처 역할을 한다.
2. 약물치료의 관리가 용이하다.
3. 환자들의 자기통제력 증진이 용이하다.
4. 주기적인 의학적 처치 제공이 용이하다.
5. 수면·각성의 건강한 사이클 유지가 용이하다.
6. 건설적인 활동으로 구성된 일과에 따라 생활할 수 있다.
7. 24시간 환자의 상태를 관찰할 수 있어서, 즉각적인 위기 대처가 가능하다.

응급실

응급실^{emergency room}(ER)은 급성 트라우마를 겪는 사람들이 흔히 거치는 첫 번째 정거장이다. 이곳은 주로 심각한 질병 또는 부상의 안정화에 초점을 두지만, 다수의 생존자가 심리적 영향을 경험하기 시작하는 곳이다. 그렇지만 응급실은 적절한 치료를 제공하기 위해 우선순위를 정하고, 분류하는 일에 초점을 둔다는 점에서, 생존자의 개인적 고통을 확인하거나 전문적 개입을 제공하기에는 부족한 곳이기도 하다.

응급실 환자가 중환자실로 옮겨지는 경우, PTSD 발생 확률이 증가한다. 중환자실 입실, 정신건강 관련 병력, 부상 성격은 ASD 또는 PTSD 발달에 영향을 줄 수 있다. 응급실에서 트라우마 생존자들을 위한 치료적 개입은 응급의학과 상황에 맞게 조절된다. 그러나 급성 스트레스 대처방안과 유사할 필요가 있다. 이를 위한 기본 지침은 글상자 14-5와 같다(Allen, 2014).

글상자 14-5. 급성 스트레스 환자 진료를 위한 기본 지침

1. 환자에 대한 존엄성과 연민을 가지고, 지지적이고, 공감적인 임상적 태도를 보인다.
2. 심각한 부상, 화상, 출혈, 외모 손상, 죽음이 임박한 상황에서 겁에 질려 하거나, 혐오감을 보이거나, 무시하는 듯하게 보이지 않는 임상적 태도를 보인다.
3. 비현실적인 회복에 대해 장담하지 않고, 안심시키고 낙관적인 태도를 보인다.
4. 치료계획에 대한 일정과 환자의 부상, 질병, 장애에 관한 심리교육을 제공한다.
5. 인지치료를 통해 죄책감, 수치심, 자책감, 또는 가까운 미래에 대한 파국화를 다룬다.
6. 환자의 필요와 동의에 따라, 트라우마 사건과 주변 상황에 대한 적절한 설명같이 압도적이지 않고, 시의적절한 기회를 통해 트라우마 처리를 촉진한다.
7. 생존자 가족을 비롯한 중요한 타인의 개입을 통해 생존자에 대한 지지 역량을 증대한다.
8. 퇴원 후 환자에게 적절한 안내를 제공한다(⑩ 외래 환자로 진료받기, 가족/부부 치료, 지지집단, 사회 서비스 연계).

08　트라우마 상담의 다문화적 쟁점

문화^{culture}란 일정한 목적 또는 이상 실현을 위해 구성원들에 의해 습득·공유·전달되는 행동양식 또는 생활 과정에서 생성된 물질적·정신적 소득 일체를 말한다. 즉, 문화는 생물학적 요소들의 직접적인 산물이 아니라, 사회적 산물이면서 구성원들 간의 사회적 과정과 상호작용의 결과물이다.

문화의 특징

문화의 특징은 다음 두 가지로 요약·정리할 수 있다. 하나는 개인이 무엇을 하는지와 타인과 어떻게 상호작용하는지는 그가 성장·발달하는 환경에 내재한 사회적 힘에 따라 결정된다는 것이다. 다른 하나는 환경의 영향을 받아, 한 세대에서 다음 세대로 전수된다는 것이다. 문화는 공동체의 역사, 가치관, 세상과 공동체에 대한 신념, 구성원에게 기대되는 역할에 대한 신념, 공동체에서의 위치, 특정 사회적 상황에서의 행동규범, 바람직한 생동의 일반 기준, 바람직하거나 바람직하지 않은 삶의 목표, 성공의 정의, 잘 산다는 것의 의미 등으로 구성된다. 그러나 이것이 전부는 아니다. 문화의 관점에서 볼 때, 공동체 문화의 신념과 행동에 충실하면, 사회적 승인을 얻을 수 있지만, 공동체 문화 요소에서 벗어나면 어떤 형태로든 사회적으로 구속받을 수 있다.

문화의 중요성

트라우마 상담에서 상담자는 다문화적 역량을 점검해 봐야 한다. 상담자는 자신과 타인의

문화적 인식과 지식 축적, 그리고 문화적으로 윤리적인 상담 수행을 위해 노력해야 한다(APA, 2002). 그 이유는 내담자가 처한 문제의 원인이 문화적 요소 때문일 수 있고, 문화가 최적의 상담 방법과 목표, 그리고 성과에 영향을 미칠 수 있기 때문이다. 또한 내담자가 만족스러운 상담을 받은 후, 다양한 문화 속에서 일상생활에서 문화적 조화를 이루는 긍정적인 변화를 일으키는 경우, 문화적 요인은 내담자의 안녕에 긍정적인 역할을 하기 때문이다.

PTG의 사회적 · 다문화적 요인

일차 준거집단primary reference group이란 개인이 속한 모든 집단 중에서 그에게 가장 중요한 사회적 영향을 미치는 사람들을 말한다. 사회적 집단은 스포츠팀처럼 공식적으로 구성될 수 있고, 부부처럼 법적으로 구성될 수도 있으며, 또래 집단처럼 비공식적으로 구성되기도 한다. 내담자의 일차 준거집단을 확인하기 위한 탐색 질문의 예는 다음과 같다("어떤 집단을 기쁘게 하고 싶어 하는가?" "누구의 의견을 소중히 여기는가?" "누구의 인정을 받고 싶어 하는가?" "어떤 집단과 동일시하는가?"). 사람들은 때로 가족, 친구, 동호회 회원, 종교단체 구성원들에게 인정받고 싶어 한다. 인구통계학적으로 소수집단에 속하거나, 사회정치적으로 영향력이 없는 사람은 자신이 특정 민족, 사회계층, 종교 등 더 폭넓고 추상적인 집단에 속한다고 생각할 수 있다. 그러므로 상담자는 내담자가 밝히는 개인 또는 집단 관련 단서에 귀 기울이고, 이들이 내담자에게 미치는 사회적 영향력을 파악할 필요가 있다.

트라우마 생존자는 자신이 겪는 위기와 유사한 고통을 겪는 사람들의 집단에 자신도 속한다고 생각할 수 있다. 이런 이유로, 생존자는 유사한 경험을 한 타인의 지지와 도움을 더 가치 있게 여길 수 있다. 사별을 겪은 가족이 사람들을 2개 범주(유사한 상실을 경험한 사람들 집단과 그렇지 않은 사람들 집단)로 나누려는 경향성을 보이는 것이 그 예다. 생존자는 자신과 유사한 경험을 한 사람들의 지지를 더 유용한 것으로 여긴다(Tedeschi et al., 2018). 이는 일차 준거집단이 내담자에게 미치는 단순한 영향력 이상의 것임을 알 수 있다. 개인의 사회적 세계에는 중요한 타인들이 있다. 이에 상담자는 내담자가 트라우마를 통해 어떤 경험을 했고, 그에게 중요한 타인들이 누군지 파악할 필요가 있다. 생존자의 일차 준거집단이 사회적 지지를 제공하는 중요한 자원일 가능성이 크기 때문이다("내담자에게 유용한 서비스, 물질적 지원, 정서적 지지, 도움이 되는 정보를 제공하는 사람은 누구인가?").

개인이 삶의 위기를 겪을 때, 사회문화적 집단은 강력한 위로의 원천이 된다. 이에 상담자는 내담자에게 가장 필요한 도움을 제공하는 집단을 파악할 필요가 있다. 사회문화적 집단은 트라우마 치유 · 회복 · 성장과 깊은 관련이 있다. 가정폭력을 경험한 사람과 암 진단을 받은 사람 중 트라우마를 통해 성장을 경험한 사람을 알고 있다고 답한 사람은 그렇지 않은 사람보다 더 높은 수준의 성장을 나타냈다(Weiss, 2002). 단, 참여자가 자기노출을 했을 때, 일차 준거집단의 구성원이 이를 수용 · 지지해 주는 반응이 수반된 경우에 한해서다. 즉, 일차 준거집단은 트라우마 경험 후 성장에 영향을 미친다는 점에서 문화적으로 민감한 상담 장면에서는 내담자의 일차 준거집단에 관한 정보를 충분히 수집할 필요가 있다.

다문화상담에서 상담자의 자세

사회 규칙$^{social\ rule}$과 규범^{norm}은 개인이 무엇을 할 수 있고, 무엇을 해야 하며, 무엇을 하지 말아야 하는가와 관련된 기대를 나타내는 개념이다. 규칙^{rule}은 여러 사람이 다 같이 지키기로 작정한 법칙이다. 규범^{norm}은 행동 또는 판단할 때 마땅히 따르고 지켜야 할 가치 판단의 기준이다. 상담자는 내담자에게 영향을 미치는 일차 준거집단의 사회 규칙과 규범을 알고 있을 필요가 있다. 이에 내담자의 문화적 배경의 특성을 이해할 필요가 있다.

　그러나 기억해야 할 점은 과거와 미래를 포함해서 세상에 오직 하나뿐인 존재로서 내담자를 이해하는 것이다. 즉, 내담자의 신념, 삶의 철학, 세계관 등을 이해할 필요가 있다. 내담자의 PTG와 경험은 대부분 삶의 철학에서 이루어진다. 트라우마 경험을 극복하려는 내담자에게서 점차 두드러지는 요소는 삶의 유한성과 의미에 관한 실존적 탐구와 관련될 가능성이 크다. 이런 질문에 대한 내담자의 답을 이해할수록, 상담자는 내담자의 트라우마 후 성장(PTG)을 더 잘 도울 수 있다.

확인문제

다음 빈칸에 들어갈 말을 써 보세요.

1. __________(이)란 상담자의 감정과 반응이 내담자의 감정과 반응을 반영하는 현상을 말하고, 내담자가 자신에게 중요한 인물과의 관계에서 느껴지는 감정을 상담자에게 투사하는 전이가 상담자에게서 나타나는 현상을 _______(이)라고 한다.

2. 트라우마 생존자들에게 부정 감정을 유발할 수 있는 인간의 __________(이)란 도리에 어긋난 악한 상태이고, ___은/는 비난받을 만하고 견디기 힘든 상처를 남기는 나쁜 행위를 말한다.

3. 야노프-불만(Janoff-Bullman)은 저서 『산산이 부서진 기본가정』에서 ____________은/는 세 가지 가정, 즉 ____은/는 의미 있고, 자비롭고, ____은/는 가치 있는 존재에 기초한다고 썼다.

4. 종교와 영성은 불행이 닥쳤을 때 능히 대처하는 능력, 즉 회복력을 촉진하여, 의지만으로 회복하기 어려운 상태, 즉 ____(으)로부터 보호하기도 한다. 회복력은 ____애착과 ____ 이해를 통해 증진된다.

5. 악행을 일삼은 사람들을 연구한 바우마이스터(R. Baumeister)는 이들의 5% 정도만 가학적 학대자로 추정하면서, 이런 가학적 행위보다 더 흔한 것은 _______에서 초래되는 악행이라고 했다. 그는 악행이 ____이/가 아니라, 그저 인간의 ____임을 강조했다.

6. 철학자 니먼(S. Neiman)은 __________(으)로는 악의 무의미성을 깨닫기 어렵고, '세상의 모든 것에는 이유가 있다'는 __________의 원칙을 알아야 하고, 이치에 맞지 않는 세상을 받아들이기를 거부하는 데에 _____이/가 있다고 강조했다.

7. ______은/는 남을 위하거나 이롭게 하는 마음으로, ______, 공격성과 함께 진화했다. 이 진화적 유산은 사랑하는 관계를 ____의 원천으로 만든다.

8. 타인 신뢰와 의지의 원형은 중요한 타인과의 _____관계다. 과거의 상처와 좌절의 치유는 타인에 대한 _____이/가 필요하다.

9. _______은/는 제 몸과 마음을 스스로 아끼는 것이다. 이는 자신과의 정서적 유대로 강점, 생명력, 희망이 샘솟게 한다. 이 개념은 자신의 행위나 특성에 부적절하게 큰 가치를 부여하는 성격적 특질을 뜻하는 _____와/과는 다르다.

10. 번영을 촉진하는 활동 영역으로는 _______, 생산성, ____이/가 있다. 이 모든 영역에는 타인과 세상과의 _______이/가 필요하다.

학습활동

장기목표 vs. 단기목표

※ 장기목표와 단기목표를 구분하여 작성해 보자. 목표 달성에 필요한 시간은 목표의 조류에 따라 달라진다. 예컨대, '아버지와의 관계 개선'이라는 목표를 달성하려면 상당한 시간이 필요할 것이고, 여러 중간단계를 거쳐야 할 것이다. 이를테면, 중간단계의 작은 목표로 '일주일에 한 번씩 아버지에게 전화하기'를 설정할 수 있다. 상대적으로 큰 목표뿐 아니라, 작은 목표까지도 계획적으로 수립해야 한다. 장기목표를 잘게 쪼개서 단기목표를 설정하면 실천 가능성이 높아지고, 목표에 압도당하지 않을 수 있다. 그러므로 장기목표보다 빨리 달성할 수 있는 단기목표를 수립해 보자.

장기목표	단기목표
1.	○
	○
	○
	○
	○
2.	○
	○
	○
	○
	○
3.	○
	○
	○
	○
	○

4.
- ○
- ○
- ○
- ○
- ○

5.
- ○
- ○
- ○
- ○
- ○

소감

※ 이 활동을 통해 무엇을 알게 되었고, 무엇을 깨달았으며, 무엇을 느꼈고, 어떤 생각이 들었나
요? 잠시 생각하면서, 마음에 떠오르는 것을 자유롭게 글로 써 보고, 글의 제목을 붙여 보자.

확인문제 해답

PART 1 트라우마 상담의 디딤돌

Chapter 01 트라우마 탐구

1. 트라우마, 전쟁공포증
2. 성폭력, 근친상간, 히스테리
3. 재연
4. 큰 트라우마, 작은 트라우마
5. 기술
6. 복합, 재발성
7. 재난, 천재, 인재
8. 아동학대, 재피해자화
9. 성폭행, 강간미수, 3, 성희롱
10. 대리

Chapter 02 트라우마의 신경과학적 이해

1. 가소성
2. 전전두피질
3. 변연계, 변연계 공명
4. 편도체, 해마
5. 암묵, 외현, 일화, 의미
6. 부호화, 응고화
7. 경계, 동결, 방어, 긴장성 부동
8. 자전, 자전서술
9. 각성, 과각성, 과잉반응성
10. 수면 무호흡증

Chapter 03 아동 · 청소년기 트라우마

1. 애착, 애착욕구
2. 애착상처, 볼비
3. 에인스워스, 낯선 상황, 안정, 불안정
4. 안정, 접근가능성, 충분히 좋은 엄마
5. 회피, 저항
6. 혼돈, 비일관적, 양가
7. 아동학대, 신체학대, 17, 3
8. 정서학대, 가학적 학대
9. 성학대, 배반
10. 성격, 마늘, 우울, 자갈

Chapter 04 트라우마 생존자의 이해

1. 회피, 괴로움 역설
2. 정서, 역겨움, 혐오감
3. 슬픔, 분노, 공격성
4. 맥락 부적절, 90/10
5. 수치심, 죄책감, 자의식, 2
6. 주관적, 객관적
7. 자기가치감, 자기효능감, 자기가치감
8. 자기연속성, 연속감, 자기능동성
9. 반복강박, 피학증
10. 트라우마성 유대, 부인

Chapter 05 트라우마와 정신장애

1. 생물심리사회, 고통, 기능 이상
2. 우울장애, 파괴적 기분조절부전
3. 우울, 불안, 비탄
4. 보존-철수, 우울
5. 트라우마성 비탄, 사별관련
6. 해리장애, 해리성 정체성
7. 구획화, 분해
8. 진정제, 불안, 자극제, 우울
9. 비자살성 자해, 고의적 자해
10. 경계성, 정서조절장애, 성학대, 비타당화

Chapter 06 외상후 스트레스장애

1. 불안, 범불안, 공황발작
2. 트라우마성 단순 공포증
3. 재경험, 회피
4. 마비, 과각성, 무통, 엔도르핀
5. 재연
6. 회복력, 면역력
7. 트라우마 주변
8. 급성 스트레스, 급성 외상후 스트레스, 지연성 외상후 스트레스
9. 급성 스트레스, 혼돈
10. 복합 외상후 스트레스, 달리 명시되지 않는 극도 스트레스

PART 2 임상 개입

Chapter 07 트라우마 평가

1. 과정반응, 회피반응, 정서조절 문제
2. 감정 둔감화, 사고 억제, 부인
3. 정서조절, 고통 회피
4. 유기불안
5. 증상반응
6. 무감각증, 전환반응
7. 둔주, 플래시백
8. 법칙정립, 개별기술
9. 임상가 시행 PTSD
10. 불안장애 면접계획-5

Chapter 08 트라우마 상담의 기초

1. 신뢰, 언어화, 인지적, 정서적
2. 삶의 질 개선, 안전한, 성장
3. 안전, 신체적 안전, 심리적 안전

4. 변화, 선택, 책임, 자유
5. 안정, 생활 안정, 정서 안정
6. 감정발산, 분노
7. 무조건적인 긍정적 존중
8. 포용, 처리, 정신화
9. 안정감, 트라우마 기억
10. 라포, 신뢰, 돌봄

Chapter 09 트라우마 기억처리

1. 활성화, 역조건화
2. 재경험, 미해결된, 회피
3. 조건화된, 인지적
4. 역조건화, 긍정자극
5. 둔감화, 소거
6. 사고, 감정
7. 글쓰기, 소크라테스식 문답

8. 접지

9. 단절, 감정표현불능

10. 안구운동 민감소실 및 재처리 또는 EMDR

Chapter 10 CBT 기반 트라우마 상담

1. 행동수정, 행동분석, 인지치료

2. 인지, 자동사고, 핵심신념

3. 인지왜곡, 임의추론

4. 개인화

5. 책임 외재화

6. 역기능적 인지도식, 포괄적 인지

7. 심리교육, 소크라테스 문답, 거리두기

8. 실제노출, 심상노출

9. 민감점, 핫스팟, 5

10. 인지재구성, 쓸모 있는, 정서

Chapter 11 DBT 기반 트라우마 상담

1. 마음챙김, 인지행동, 리네한, 경계성, 자살충동

2. 변증법, 정, 반, 합

3. 비타당화, 인정해 주지 않는

4. 이성, 지혜, 균형, 직관

5. 정서성, 타당화

6. 기술, 행동, 핵심 마음챙김, 대인관계 효과성

7. 주의, 참여

8. 정서, 비타당화, 위기, 애도, 적극적, 겉모습

9. 정서조절체계, 경계성, 정체성, 관계

10. 전형적, 인지, 성취, 부정 수동성

Chapter 12 ACT 기반 트라우마 상담

1. 통제, 괴로움

2. 고통, 괴로움

3. 수용, 가치명료화, 전념행동

4. 마음챙김, 순수한

5. 접근, 폭발, 변증법적 긴장

6. 기꺼이 경험, 고통, 괴로움

7. 공황장애, 광장, 공포

8. 가치명료화, 가치

9. 탈융합, 융합

10. 중도포기, 세부, 행동, 광범위한, 쓸모 있는, 책임, 가치

PART 3 트라우마 치유와 성장

Chapter 13 트라우마 후 성장

1. 종교, 영성

2. 재경험, 회피, 트라우마 후 성장

3. 생존자 죄책감

4. 침습사고, 플래시백

5. 스트레스, 투쟁/도피 반응

6. 심리적 안녕, 감사, 영성

7. 자기감, 자전 추론

8. 일상, 과제

9. 유대감, 수용(인정)

10. 적극적 경청, 성장, 언어화, 자기 모니터링

Chapter 14 트라우마 치유와 상담의 쟁점

1. 평행과정, 역전이
2. 사악성, 악
3. 심리적 안녕감, 세상, 자기
4. 질환, 안정, 정신
5. 무관심, 일탈, 일부
6. 자기비난, 충분한 이유, 희망
7. 이타심, 경쟁심, 희망
8. 애착, 의지
9. 자기사랑, 자기애
10. 친밀성, 영성, 연대감

참고문헌

강진령. (2019). 집단상담과 치료: 이론과 실제. 학지사.

강진령. (2020). 상담심리학. 학지사.

강진령. (2023). 쉽게 풀어 쓴 심리학 개론. 학지사.

국가정신건강서비스포털. 국가정신건강서비스포털 의학정보 http://www.mentalhealth.go.kr 2025. 01.04 인출

대한신경정신의학회. (2017). 신경정신의학. 아이엠이즈컴퍼니.

서울대학교병원. 서울대학교병원 의학정보 http://www.snuh.org/ 2025.01.20. 인출

장화, 불가살이, 김민지, 정인, 희망, 최예원, 엘브로떼, 명아, 푸른나비, 평화, 조제. (2021). 죽고 싶지만 살고 싶어서: 친족 성폭력 생존자들의 기록. 글항아리.

하지현. (2015). 정신의학의 탄생: 광기를 합리로 바꾼 정신의학사의 결정적 순간. 해냄출판사.

Acierno, R., Resnick, H. S., Kilpatrick, D. G., Saunders, B. E., & Best, C. L. (1999). Risk factors for rape, physical assualt, and posttraumatic stress disorder in women: Examination of differential multivariate relationships. *Journal of Anxiety Disorders, 13*, 541−563.

Adam, K. S., Sheldon, C., Keller, A. E., & West, M. (1995). Attachment organization and vulnerability to loss, separation, and abuse in disturbed adolescents. In S. Goldberg, R. Muir, & J. Kerr (Eds.), *Attachment theory: Social, develomental, and clinical perspectives* (pp. 309−341). Analytic Press.

Ahmad, S. (2024). *Kaplan and Sadock's pocket handbook of clinical psychiatry* (7th ed.). Wolters Kluwer.

Ainsworth, M. D. S. (1989). Attachments beyond infancy. *American Psychologist, 44*, 709−716.

Ainsworth, M. D. S., Biehar, M. C., Waters, E., & Wall, S. (1978). *Patterns of attachment: A psychological study of the strange situation.* Erlbaum.

Allen, J. G. (2001). *Traumatic relationships and serious mental disorders.* Wiley.

Allen, J. G. (2004). *Coping with trauma: Hope through understanding.* American Psychiatric Publishing, Inc.

American Psychiatric Association. (1980). *Diagnostic and statistical manual of mental disorders* (3rd ed.). Author.

American Psychological Association. (2002). Ethical principles of psychologists and code of conduct. *American Psychologist, 57*, 1000−1073.

American Psychiatric Association. (2022). *Diagnostic and statistical manual of mental disorders*, text revision (5th ed.). American Psychiatric Association Publishing.

Amstadter, A. B., Elwood, L. S., Begle, A. M., Gudmundsdotir, B., Smith, D. W., Resnick, H. S., ...

Kilpatrick, D. G. (2011). Predictors of physical assault victimization: Findings from the national survey of adolescents. *Addictive Behaviors, 36,* 814–820.

Antony, M. M., & Roemer, L. (2011). Behavior therapy: Traditional approaches. In S. B. messer & A. S. Gurman (Eds.), *Essential psychotherapies: Theory and practice* (3rd ed., pp. 107–142). Guilford Press.

Ashe, A., & Rampersad, A. (1993). *Days of grace.* Ballantine Books.

Baars, B. J. (1988). *A cognitive theory of consciousness.* Cambridge University Press.

Baird, K., & Kracen, A. C. (2006). Vicarious traumatization and secondary traumatic stress: A research synthesis. *Counseling Psychology Quarterly, 19,* 181–188.

Batten, S. V., & Cairrochi, J. V. (2015). Acceptance and commitment therapy. In E. Neukrug (Ed.), *The Sage encyclopedia of theory in counseling and psychotherapy,* (Vol. 1., pp. 7–10). Sage.

Baird, K., & Kracen, A. C. (2006). Vicarious traumatization and secondary traumatic stress: A research synthesis. *Counseling Psychology Quarterly, 19,* 181–188.

Barclay, C. R., & Wellman, H. M. (1986). Accuracies and inaccuracies in autobiographical memories. *Journal of Memory and Language, 25,* 93–103.

Basseches, M. (1984). *Dialectical thinking and adult development.* Ablex.

Baumeister, R. F. (1990). Suicide as escape from self. *Psychological Review, 97,* 90–113.

Baumeister, R. F. (1997). *Evil: Inside human violence and cruelty.* W. H. Freeman.

Bauwens, J., & Tosone, C. (2010). Professional posttraumatic growth after a shared traumatic experience: Maanhattan clinicians' perspectives on post-9/11 practice. *Journal of Loss and Trauma, 15,* 498–517.

Beahrs, J. O. (1994). Why dissociative disordered patients are fundamentally responsible: A master class commentary. *International Journal of Clinical and Experimental Hypnosis, 42,* 93–96.

Beck, A. T. (1976). *Cognitive therapy and the emotional disorders.* International Universities Press.

Beck, A. T., & Haigh, E. A. P. (2014). Advances in cognitive therapy and therapy: The generic cognitive model. *Annual Review of Clinical Psychology, 10,* 1–24.

Beck, A. T., Rush, A. J., Shaw, B. F., & Emery, G. (1979). *Cognitive therapy of depression.* Guilford.

Beck, A. T., Steer, R. A., & Garbin., M. G. (1988). Psychometric properties of the Beck Depression Inventory twenty-five years of evaluation. *Clinical Psychology Review, 8,* 77–100.

Bernet, C. Z., & Stein, M. B. (1999). Relationship of childhood maltreatment to the onset and course of major depression in adulthood. *Depression and Anxiety, 9,* 169–174.

Bernstein, D. M., & Loftus, E. F. (2009). The consequences of false memories for food preferences and choices. *Perspectives on Psychological Science, 4,* 135–139.

Bifulco, A., & Moran, P. (1997). *Wednesday's child research into women's experience of neglect and abuse in childhood and adult depression.* Routledge.

Black, M. C., Basile, K. C., Breiding, M. J., Smith, S. G., Walters, M. L., Merrick, M. T., & Stevens, M. R. (2011). *The national intimate partner and sexual violence survey (NSVS): 2010 summary report.* National Center for Injury Prevention and Control Centers for Disease Control and Prevention.

Blake, D. D., Weathers, F. W., Nagy, L. M., Kaloupek, D. G., Gusman, F. D., Charney, D. S., & Keane, T. M. (1995). The development of a clinician-administered PTSD scale. *Journal of Traumatic Stress, 8,* 75–90.

Blake, D. D., & Sonnenberg, R. T. (1998). Outcome research on behavioral and cognitive-behavioral treatments for trauma survivors. In V. M. Follette, J. I. Ruzek, & F. R. Abueg (Eds.), *Cognitive-behavioral therapies for trauma* (pp. 15-47). Guilford.

Boland, R., & Verduin, M. L. (2024). *Kaplan and Sadock's comprehensive textbook of psychiatry* (11th ed.), Vol. 1. Wolters Kluwer.

Boman, B. (1990). Are you all Vietnam veterans like John Rambo? In M. E. Wolf & A. D. Mosnaim (Eds.), *Posttraumatic stress disorder: Etiology, phenomenology, and treatment* (pp. 80-93). American Psychiatric Press.

Bowlby, J. (1973). *Attachment and loss: Separation, Vol. 2.* Basic Books.

Bowlby, J. (1982). *Attachment and loss, Vol. 1: Attachment* (2nd ed.). Basic Books.

Bowlby, J. (1988). *A secure base: Parent-child attachment and healthy human development.* Basic Books.

Brady, J. L., Guy, J. D., Poelstra, P. L., & Brokaw, B. F. (1999). Vicarious traumatization, spirituality, and the treatment of sexual abuse survivors: A national survey of women psychotherapists. *Professional Psychology: Research and Practice, 30*, 386-393.

Bremner, J. D., Southwick, S. M., Johnson, D. R. et al. (1993). Childhood physical abuse and combat-related porttrumatic stress disorder in Vietnam veterans. *American Journal of Psychiatry, 150*, 235-239.

Breslau, N., Roth, T., Rosenthal, L. et al. (1991). Sleep disturbance and psychiatric diagnosis: A longitudinal epidemiological study of young adults. *Biological Psychiatry, 39*, 411-418.

Brewin, C. R., & Andrews, B. (1998). Recovered memories of trauma: Phenomenology and cognitive mechanisms. *Clinical Psychology Review, 18*, 949-970.

Briere, J. N. (2002). Treating adult survivors of severe childhood abuse and neglect: Further development of an integrative model. In J. E. B. Myers, L. Berliner, J. Briere, C. T. Hendrix, T. Reid, & C. Jenny (Eds.), *The APSAC handbook on child maltreatment* (2nd ed., pp. 175-202). Sage.

Briere, J. N., & Hodges, M. (2010). Assessing the effects of early and later childhood trauma in adults. In R. Lanius, E. Vemetten, & C. Pain (Eds.). *The impact of early life trauma on health and disease* (pp. 207-216). Cambridge University Press.

Briere, J. N., & Scott, C. (2013). *Principles of trauma therapy: A guide to symptoms, evaluation, and treatment* (DSM-5 Update, 2nd ed.). SAGE Publications, Inc.

Brown, G. W. (1998). Loss and depressive disorders. In B. P. Dohrenwend (Ed.), *Adversity, stress, and psychopathology* (pp. 55-79). Oxford University Press.

Brown, T. A., DiNado, P. A., & Barlow, D. H. (2014). *Anxiety and related disorders interview Schedule for DSM-5 (ADIS-5)*. Oxford University Press.

Bruck, M., & Ceci, S. J. (1999). The suggestibility of children's memory. Annual Review of Psychology, 50, 419-439.

Bruck, M., & Ceci, S. J. (2004). Forensic developmental psychology: Unveiling four common misconceptions. *Current Directions in Psychological Science, 15*, 229-232.

Bruner, J., McDonough, M. H., Hadd, V., Crocker, P. R. E., & Sabiston, C. M. (2010). The posttraumatic growth inventory: An examination of the factor structure and invariance among breast cancer survivors.

Psycho-Oncology, 19, 830-838.

Buchele, B. J. (1993). Group psychotherapy for persons with multiple personality and dissociative disorders. *Bulletin of the Menninger Clinic, 57*, 362-370.

Bureau, J. F., Martin, J., & Lyons-Ruth, K. (2010). Inadequate early caregiving and psychopathology. In R. Lanius & E. Vermetten (Eds.), *The hidden epidemic: The impact of early life trauma on health and disease* (pp. 45-56). Cambridge University Press.

Calhoun, L. G., & Tedeschi, R. G. (1999). *Facilitating posttramatic growth: A clinician's guide.* Lawrence Erlbaum Associates.

Calhoun, L. G., & Tedeschi, R. G. (2013). *Posttraumatic growth in clinical practice.* Taylor & Francis LLC.

Campbell, J. C., & Soeken, K. L. (1999). Forced sex and intimate partner violence: Effects on women's risk and women's health. *Violence Against Women, 5*, 1017-1035.

Cannon, W. B. (1927/2016). *Bodily changes in pain, hunger, fear, and rage: An account of recent researches into the function of emotional excitement.* Martino Fine Books.

Cardena, E., & Spiegel, D. (1996). Diagnostic issues, criteria, and comorbidity of dissociative disorders. In L. K. Michelson & W. J. Ray (Eds.), *Handbook of dissociation: Theoretical, empirical, and clinical perspectives* (pp. 227-250). Plenum.

Ceci, S. J., & Bruck, M. (1993). Child witnesses: Translating research into policy. *Social Policy report (Society for Research in Child Development, 7(3),* 1-30.

Ceci, S. J., & Bruck, M. (1995). *Jeopardy in the courtroom: A scientific analysis of children's testimony.* American Psychological Association.

Cloitre, M., & Rosenburg, A. (2006). Sexual revictimization: Risk factors and prevention. In V. M. Pollette & J. Ruzek (Eds.), *Cognitive behavioral therapies for trauma* (2nd ed., pp. 321-361). Guilford Press.

Cloitre, M., Cohen, L. R., & Koenen, K. C. (2006). *Treating survivors of childhood abuse: Psychotherapy for the interrupted life.* Guilford Press.

Coates, S. W., Rosenthal, J. L., Schechter, D. S. (Eds.) (2003). *September 11: Trauma and human bonds.* Analytic Press.

Courtois, C. A., & Ford, J. D. (2013). *Relational integrated treatment of complex trauma: A practical guide for therapists.* Guilford.

Craig, C. D., & Sprang, G. (2010). Compassion satisfaction, compassion fatigue, and burnout in a national sample of trauma treatment therapists. *Anxiety, Stress, & Coping, 23*, 319-339.

Dalai Lama, & Goleman, D. (2003). *Destructive emotion: How can we overcome then? A scientific dialogue with the Dalai Lama.* Bantam Books.

Daloz, L. A. P., Keen, C. H., Keen, J. P., & Parks, S. D. (1996). *Common fire: Lives of commitment in a complex world.* Beacon.

Davidson, J. R. T. (1992). Drug therapy of post-traumatic stress disorder. *British Journal of Psychiatry, 160*, 309-314.

Davidson, J. R. T. (1993). Issues in the diagnosis of posttraumatic stress disorder. In J. M. Oldham & M. B. Riba, & A. Tasman (Eds.), *American psychiatric press review of psychiatry*, Vol. 12 (pp. 141-155).

American Psychiatric Press.

Davidson, J. R. T., Tupler, L. A., Wilson, W. H. et al. (1998). A family study of chronic posttraumatic stress disorder following rape trauma. *Journal of Psychiatric Research, 32*, 301-30.

Davies, J. M., & Frawley, M. G. (1994). *Treating the adult survivor of childhood sexual abuse*. Basic Books.

Delaney, H. D., Miller, W. R., & Bisono, A. M. (2007). Religiously and spiritually among psychologists: A survey of clinician members of the American Psychological Association. *Professional Psychology: Research and Practice, 38*, 538-546.

Dietrich, A. M. (2007). Childhood maltreatment and revictimization: The role of affect dysregulation, interpersonal relatedness difficulties and posttraumatic stress disorder. *Journal of Trauma and Dissociation, 8*, 25-51.

Dubo, E. D., Zanarini, M. C., Lewis, R. E. et al. (1997). Childhood antecedents of self-destructiveness in borderline personality disorder. *Canadian Journal of Psychiatry, 42*, 63-69.

Dubovsky, S. L. (1997). *Mind-body deceptions: The psychosomatics of everyday life*. W. W. Norton.

Duckworth, M. P., & Follette, V. M. (2011). *Retraumatization: Assessment, treatment, and prevention*. Routledge.

Dunn, J. (1996). The Emanuel Miller memorial lecture 1995: Children's relationships: Bridging the divide between cognitive and social development. *Journal of Child Psychology and Psychiatry, 37*, 507-518.

Egeland, B. (1997). Mediators of the effects of child maltreatment on developmental adaptation in adolescence. In D. Ciccetti & S. L. Toth (Eds.), *Developmental perspectives on trauma theory, research, and intervention* (Vol 8, pp. 403-434). University of Rochester press.

Elwood, L. S., Mott, J., Lohr, J. M., & Galovski, T. A. (2011). Secondary trauma symptoms in clinicians: A critical review of the conduct, specificity, and implications for trauma-focused treatment. *Clinical Psychology Review, 31*, 25-36.

Emmons, R. A. (2003). Personal goals, life meaning, and virtue: Wellsprings of a positive life. In C. L. Keyes & J. Haidt (Eds.), *Flourishing: Positi e psychology and the life well-lived* (pp. 105-128). American Psychological Association.

Emmons, R. A., & McCullough, M. E. (2003). Counting blessing versus burdens: An experimental investigation of gratitude and subjective well-being in daily life. *Journal of Personality and Social Psychology, 84*, 377-389.

Erikson, E. (1963). *Childhood and society*. W. W. Norton.

Fallon, P., & Wonderlich, S. A. (1997). Sexual abuse and other forms of trauma. In D. M., Gamer & P. E. Garfinkel (Eds.), *Handbook of treatment for eating disorders* (2nd ed., pp. 394-414). Guilford.

Feigenbaum, J. (2007). Dialectical behaviour therapy: An increasing evidence base. *Journal of Mental Health, 16*(1), 51-68.

Flach, F. (1990). The resilience hypothesis and posttramatic stress disorder. In M. E. Wolf & A. D. Mosnaim (Eds.), *Posttramatic stress disorder: Etiology, phenomenology, and treatment* (pp. 36-45). American Psychiatric Press.

Flett, G. L., Hewitt, P. L., Oliver, J. M. et al. (2002). Perfectionism in children and their parents: A developmental analysis. In G. L. Flett & P. L. Hewitt (Eds.), *Perfectionism: Theory, research, and treatment* (pp. 773−786). American Psychological Association.

Foa, E. B., & Rothbaum, B. O. (1998). *Treating the trauma of rape: Cognitive-behavioral therapy for PTSD*. Guilford.

Follette, V. M., Briere, J., Rozelle, D., Hopper, J. W., & Rome, D. I. (2015). *Mindfulness-oriented interventions for trauma: Integrating contemplative practices*. The Guilford Press.

Fonagy, P., & Targer, M. (1997). Perspectives on the recovered memories debate. In J. Sandler, & P. Fonagy (Eds.), *Recovered memories of abuse: True or false?* (pp. 183−237). International Universities Press.

Fonagy, P., Gergely, G., Jurist, E. L. et al. (2002). *Affect regulation, mentalization, and the development of the self*. Other Press.

Foy, D. W., Resnick, H. S., Sipprelle, R. C. et al. (1987). Premilitary, Military, and postmilitary factors in the development of combat-related posttraumatic stress disorder. *Behavior Therapist, 10*, 3−9.

Frankel, F. H. (1994). The concept of flashbacks in historical perspective. *International Journal of Clinical and Experimental Hypnosis, 42*, 321−336.

Frankl, V. (1963). *Man's search for meaning*. Beacon.

Freud, A. (1946). *The ego and the mechanisms of defense* (1936). International University Press.

Freud, S. (1961). *Civilization and its discontents* (1929). Translated and edited by Strachey, J. W. W. Norton.

Freud, S. (1964). *Beyond the pleasure principle* (1920), in The standard edition of the complete psychological works of Sigmund Freud, Vol. 18. Translated and edited by Strachey J. Hogarth Press, pp. 7−64.

Freyd, J. J. (1996). *Betrayal trauma: The logic of forgetting childhood abuse*. Harvard University Press.

Friedman, M. J., & Southwick, S. M. (1995). Towards pharmacotherapy of post-traumatic stress disorder. In M. J.Friedman, D. S., Charney, & A. Y. Deutch (Eds.), *Neurobiological and clinical consequences of stress: Fromm normal adaptation to post-traumatic stress disorder* (pp. 465−481). Lippincott-Raven.

Fruzzetti, A. E., & Lee, J. E. (2011). Multiple experiences of domestic violence. In M. P. Duckworth & V. M. Folette (Eds.), *Retraumatization: Assessment, treatment, and prevention* (pp. 345−376). Routledge Press.

Fruzzetti, A. E., & Worrall, J. M. (2010). Accurate expression and validation: A transactional model for understanding individual and relationship distress. In K. Sullivan & J. Davila (Eds.), *Support processes in intimate relationships* (pp. 121−150). Oxford University Press.

Gallup.com (2011.6.3.). More than 9 in 10 Americans continue to believe in God. Retrieved from http://www.gallup.com/poll/147887/americans-continue-believe-god.aspx

Gardener, H., Wright, C. B., Dong, C., Cheung, K., DeRosa, J., Nannery, M., Stern, Y., Elkind, M. S. V., & Saco, R. L. (2016). Ideal cardiovascular health and cognitive aging in the northern Manhattan study. *Journal of the American Heart Association, 5*:e002731.

Garner, D. M., Olmsted, M. P., Bohr, Y., & Garfinkel, P. E. (1988). The Eating Attitude Test: Psychometric features and clinical correlates. *Psychological Medicine, 12*, 871−878.

Gergely, G., & Watson, J. S. (1999). Early social-emotional development: Contingency perception and the social biofeedback model. In Rochat P. Hillsdale (Ed.), *Early social cognition: Understanding others in the first months of life* (pp. 101–137). Earlbaum.

Germer, C. (2005). Teaching mindfulness in therapy. In C. K. Germer, R. D. Siegel, & P. R. Fulton (Eds.). *Mindfulness and psychotherapy* (pp. 113–129). Guilford.

Gilbert, D. T. (2006). *Stumbling on hypnosis.* Knopf.

Gilligan, S. G., & Bower, G. H. (1984). Cognitive consequences of emotional arousal. In C. E. Izard, J. Kagan, & R. B. Zajone (Eds.), *Emotion, cognition, and behavior* (pp. 547–588). Cambridge University Press.

Glodich, A., Allen, J. G., & Arnold, L. (2002). Protocol for a trauma-based psychoeducational group intervention to decrease risk-taking, reenactment, and further violence exposure: Application to the public high school setting. *Journal of Child and Adolescent Group Psychotherapy, 11,* 87–107.

Goodwin, J. M. (1991). Sadistic abuse: Definition, recognition, and treatment. *Dissociation, 6,* 181–187.

Gottman, J. M., & Katz, L. F. (1990). Effects of marital discord on young children's peer interaction and health. *Developmental Psychology, 25,* 373–381.

Groopman, J. (2004). *The anatomy of hope: How people prevail in the face of illness.* Random House.

Groossmann, K. E., Groossmann, K., & Zimmermann, P. (1999). A wider view of attachment and exploration: Stability and change during the years of immaturity. In *Handbook of attachment: Theory, research, and clinical application* (pp. 760–786). Guilford.

Grostein, J. S. (1987). The borderline as a disorder of self-regulation. In J. S. Grostein, M. F. Solomon, & J. A. Lang (Eds.), *The borderline patient: Emerging concepts in diagnosis, psychodynamics, and treatment* (pp. 347–384). The Analytic Press.

Gunderson, J. G., Kolb, J. E., & Austin, Y. (1981). The diagnostic interview for borderline patients. *Journal of Personality and Social Psychology, 138,* 896–903.

Haidt, J. (2003). The moral emotions. In R. J. Davidson, K. R. Scherer, & H. H. Goldsmith (Eds.), *Handbook of affective sciences* (pp. 852–870). Oxford University Press.

Hardt, O., Einarsson, E. O., & Nader, R. (2010). A bridge over troubled water: Recommendation as a link between cognitive and neuroscientific memory research traditions. *Annual Review of Psychology, 61,* 141–167.

Harned, M. S., Korslund, K. E., Foa, E. B., & Linehan, M. M. (2012). Treating PTSD in suicidal and self-injuring women with borderline personality disorder: Development and preliminary evaluation of a dialectical behavior therapy prolonged exposure protocol. *Behavior Research and Therapy, 50,* 381–386.

Harter, S. (1999). *The construction of the self: A developmental perspective.* Guilford.

Hartmann, E. (1998). Nightmare after trauma as a paradigm for all dreams: A new approach to the nature and functions of dreaming. *Psychiatry, 61,* 223–238.

Hayes, S. C., & Smith, S. (2005). *Get out of your mind and into your life.* New Harbinger.

Hayes, S. C., & Strosahl, K. D. (2004). *A practical guide to acceptance and commitment therapy.* Springer.

Hayes, S. C., Follette, V. M., & Linehan, M. M. (Eds.). (2004). *Mindfulness and acceptance: Expanding the cognitive behavioral tradition*. Guilford Press.

Hayes, S. C., Gelso, C. J., & Hummel, A. M. (2011). Management of countertransference. In J. C. Norcross (Ed.), *Psychotherapy relationships that work: Evidence-based responsiveness* (2nd ed., pp. 239–258). Oxford University Press.

Hayes, S. C., Strosahl, K. D., & & Wilson, K. G. (2016). *Acceptance and commitment therapy: The process and practice of mindful change* (2nd ed.). Guilford.

Herbert, R., & Schultz, R. (2009). Positive and negative religious coping and well-being in women with breast cancer. *Journal of Pallitative Medicine, 12*, 537–545.

Herman, J. L. (1981). *Father-daughter incest*. Harvard University Press.

Herman, J. L. (1992a). Complex PTSD: A syndrome in survivors of prolonged and repeated trauma. *Journal of Traumatic Stress, 5*, 377–391.

Herman, J. L. (1992b). *Trauma and recovery*. Basic Books.

Hill, P. C., & Pargament, K. I. (2008). Advances in the conceptualization and measurement of religion and spirituality: Implications for physical and mental health research. *Psychology of Religion and Spirituality, 5, 3–17*.

Hinsz, V. B., & Ployhart, R. (1998). Trying, intentions, and the processes by which goals influence performance: An emprical test of the therapy of goal pursuit. *Journal of Applied Social Psychology, 28*, 1051–1066.

Horrell, S. C. V., Holohan, D. R., Didion, L. M., & Vance, G. T. (2011). Treating traumatized OEF/OIF veterans: How does trauma treatment affect the clinician? *Professional Psychology: Research and Practice, 42, 79–86*.

Horwitz, M. (2006). Work-related trauma effects in child protection social workers. *Journal of Social Service Research, 32, 1–18*.

Howes, D. (1999). Attachment relationships in the context of multiple caregivers. In *Handbook of attachment theory: Theory, research, and clinical application* (pp. 671–687). Guilford.

Innocence Project. (2015). Eyewitness misidentification: Retrieved from http://www.innocenceproject.org/understand/Eyewitness-misidentification.php

Innocent project. (2015). Eyewitness misidentification: Retrieved from http://www.innocenceproject.org/understand/Eyewittness-Misidentification.php

Jacobson, A., & Herald, C. (1990). The relevance of childhood sexual abuse to adult psychiatric inpatient care. *Hospital and Community Psychiatry, 41, 154–158*.

Janet, P. (1907). *The major symptoms of hysteria: Fifteen lectures given in the Medical School of Harvard University*. Macmillan.

Janoff-Bulman, R. (1992). *Shattered assumptions: Towards a new psychology of trauma*. Free Press.

Janoff-Bulman, R. (2006). Schema-change perspectives on posttraumatic growth. In L. G. Calhoun & R. G. Tedeschi (Eds.), *Handbook of posttraumatic growth* (pp. 81–99). Erlbaum Associates.

Kabat-Zinn, J. (1990). *Full catastrophe living: Using the wisdom of your body and mind to face stress, pain, and illness*. Delta.

Kagan, J. (2003). Behavioral inhibition as a temperamental category. In R. J. Davidson, K. R. Scherer & H. H. Goldsmith (Eds.), *Handbook of affective sciences* (pp. 320–331). Oxford University Press.

Kagan, J. (2003). Behavioral inhibition as a temperamental category. In R. J. Davidson, K. R. Scherer, & H. H. Goldsmith (Eds.), *Personality structure in the life course essys on personology in the Murray tradition* (pp. 320–331). Oxford University Press.

Kardiner, A. (1941). *The traumatic neuroses of war*. Hoeber.

Kaynak, O., Lepore, S. J., & Kliewer, W. L. (2011). Social support and social constraints moderate the relation between community violence exposure and depressive symptoms in an urban adolescent sample. *Journal of Social and Clinical Psychology, 30*, 250–269.

Kemperman, I., Russ, M. J., Clark, W. C. et al. (1997). Pain assessment in self-injurious patients with borderline personality disorder using signal detection theory. *Psychiatry Research, 70*, 175–183.

Kendall, T., Burbeck, R., & Bateman, A. (2010). Pharmacotherapy for borderline personality disorder: NICE guideline. *British Journal of Psychiatry, 196*(2), 158–159.

Kendall-Tackett, K. A., Willams, L. M., & Finkelhor, D. (1993). Impact of sexual abuse on children: A review and synthesis of recent empirical studies. *Psychological Bulletin, 113*, 164–180.

Kernberg, O. F. (1984). *Severe personality disorders: Psychotherapeutic strategies*. Aronson.

Kessler, R. C., Sonnega, A., Bromer, E., Hughes, M., & Nelson, C. (1995). Posttraumatic stress disorder in the national comorbidity survey. *Archives of General Psychiatry, 52*, 1048–1060.

Kluft, R. P. (1991). Hospital treatment of multiple personality disorder. *British Journal of Psychiatry, 160*, 309–314.

Kluft, R. P. (1993). Basic principles in conducting the psychotherapy of multiple personality disorder. In R. P. Kluft & C. G. Fine (Eds.), *Current perspectives on multiple personality disorder* (pp. 19–50). American Psychiatric Press.

Knight, C. (2016). *Introduction to working with adult survivors of childhood trauma: Techniques and strategies*. Wadsworth.

Kreitman, N. (1977). *Parasuicide*. Wiley.

Kulka, R. A., Schlenger, W. E., Fairbank, J. A. et al. (1990). *Trauma and the Vietnam War generation: Report of findings from the National Vietnam Veterans Readjustment Study*. Brunner/Mazel.

Kuo, J. R., & Fitzpatrick, S. (2015). Dialectical behavior therapy. In E. Neukrug (Ed.) *The Sage encyclopedia of theory in counseling and psychotherapy* (Vol. 1, pp. 292–297). Sage.

Kyokai, B. D. (1966). *The teachings of Buddha*. Author.

Leff, J. P., & Vaughn, C. (1985). *Expressed emotion in families: Its significance for mental illness*. Guilford Press.

Lewinsohn, P., & Essau, C. A. (2002). Depression in adolescents. In I. H. Gotlib & C. Hammen (Eds.), *Handbook of depression* (pp. 541–559). Guilford.

Lewis, D. O. (1992). From abuse to violence: Psychophysiological consequences of maltreatment. *Journal of the American Academy of Child and Adolescent Psychiatry, 31*, 383–391.

Linehan, M. M. (1993). *Cognitive-behavioral treatment of borderline personality disorder*. Guilford Press.

Linley, P. A., & Joseph, S. (2011). Meaning in life and posttraumatic growth. *Journal of Loss and Trauma, 16*, 150–159.

Loftus, E. F. (1993). The reality of repressed memories. *American Psychologist, 48*, 518–537.

Loftus, E. F., & Loftus, G. R. (1980). On the permanence of stored information in the human brain. *American Psychologist, 35*, 409–429.

Lykes, M. G. (1985). Gender and individualistic vs. collectivist based for notions about the self. *Journal of Personality, 53*, 356–383.

Lyubomirsky, S., & Nolen-Hoeksema, S. (1993). Self-perpetuating properties of dysphoric rumination. *Journal of Personality and Social Psychology, 65*, 339–349.

MacIntyre, A. (1999). *Dependent rational animals: Why human beings need the virtues*. Open Court.

Mahoney, M. J. (1991). *Human change processes: The scientific foundation of psychotherapy*. Basic Books.

Main, M. (1999). Attachment theory: Eighteen points with suggestions for future studies. In *Handbook of attachment: Theory, research, and clinical applications* (pp. 845–887). Guilford.

Main, M., & Hesse, E. (1990). Parents'unresolved traumatic experiences are related to infant disorganized attachment status: Is frightened and/or frightening parental behavior the linking mechanism? In M. T. Greenberg & D. Ciccetti (Eds.), *Attachment in the preschool years: Theory, research, and intervention* (pp. 161–182). University of Chicago Press.

Mallinckrodt, B., McCreary, B. A., & Robertson, A. K. (1995). Co-occurrence of eating disorders and incest: The role of attachment, family environment, and social competencies. *Journal of Counseling psychology, 42*, 178–186.

Maltas, C. P. (1996). Reenactment and repair: Couples therapy with survivors of childhood sexual abuse. *Harvard Review of Psychiatry, 3*, 351–355.

Mann, J. J., Oquendo, M., Underwood, M. D. et al. (1997). The neurobiology of suicide risk: A review for the clinician. *Journal of Clinical Psychiatry, 60* (suppl 2): 7–11.

Marx, K., & Engels, F. (1970). *Selected works* (Vol. 3). International.

McCraty, R., & Childre, D. (2004). The grateful heart: The psychophysiology of appreciation. In R. A. Emmons & M. E. McCullough (Eds.), *The psychology of gratitude* (Series in affective science) (pp. 230–259). Oxford University Press.

McEwen, B. S. (2002). *The end of stress as we know it*. Joseph Henry Press.

Meichenbaum, D. (2003). *A clinical handbook/practical therapist manual for assessing and treating adults with post-traumatic stress disorder*. Institute Press.

Mellman, T. A. (2002). Rationale and role of meditation in the comprehensive treatment of PTSD. In R. Yehuda (Ed.), *Trauma survivors with PTSD* (pp. 63–74). American Psychiatric Publishing.

Mendelsohn, M., & Sewell, K. W. (2004). Social attitudes toward traumatized men and women: A vignette study. *Journal of Traumatic Stress, 17*, 103–111.

Menninger, K. A. (1963). *The vital balance*. Viking.

Meyers, T. & Cornille, T. (2002). The trauma of working with traumatized children. In C. Figley (Ed.), Treating compassion fatigue. Brunner-Routledge, 39–56.

Millon, T. (1987). On the genesis and prevalence of the borderline personality disorder: A social learning thesis. *Journal of Personality Disorders, 1*, 354–372.

Millon, T. (1996). *Disorders of personality: DSM–IV and beyond*. Wiley.

Morange, M. (2001). *The misunderstood gene*. Harvard University Press.

Najavits, L. M. (2002). Seeking safety: A treatment manual for PTSD and substance abuse. Guilford Press.

Nakamura, J., & Cskiszentmihalyi, M. (2003). The construction of meaning through vital engagement. In C. L. Keyes & J. Haidt (Eds.), *Flourishing: Positive psychology and the life well-lived* (pp. 83–104). American Psychological Association.

Nathanson, D. L. (1992). *Shame and pride: Affect, sex, and the birth of the self*. W. W. Norton.

Neiman, S. (2002). *Evil in modern thought: An alternative history of philsophy*. Princeton University Press.

Nelson, A. D. (Ed.). (2008). *Improving memory: Understanding age-related memory loss*. Harvard Health Publications.

Neuner, F., Schauer, M., Klaschik, C., Karunakara, U. K., & Elbert, T. (2004). A comparison of narrative exposure therapy, supportive counseling, and psychoeducation for treating posttraumatic stress disorder in an African refugee settlement. *Journal of consulting and Clinical Psychology 72*, 579–587.

Nijenhuis, E. R. S., Vanderlinder, J., & Spinhoven, P. (1998). Animal defensive reactions as a model for trauma-induced dissociative reactions. *Journal of Traumatic Stress, 11*, 243–260.

Nishith, P., Mechanic, M. B., & Resick, P. A. (2000). Prior interpersonal trauma: The contribution to current PTSD symptoms in female rape victims. *Journal of Abnormal Psychology, 109*, 20–25.

Norcross, J. C., & Wampold, B. E. (2011). Evidence-based therapy relationships: Research conclusion and clinical practice. *Psychotherapy, 48*, 98–102.

O'Donnell, M. L., Creamer, M., McFarlane, A. C. Silove, D., & Maeda, H. (2011). Posttraumatic symtoms in Japanese bereaved family members with special regard to suicide and homicide cases. *Death Studies, 35*, 525–535.

Ogata, K., Ishikawa, T., Michiue, T., Nishi, Y., & Maeda, H. (2011). Posttraumatic symptoms in Japanese bereaved family members with special regard to suicide and homicide cases. *Death Studies, 35*, 525–535.

Ohman, A., & Wiens, S. (2003). On the automaticity of autonomic responses in emotion: An evolutionary perspective. In R. J. Davidson, K. R. Scherer, & H. H. Goldsmith (Eds.), *Handbook of affective sciences* (pp. 256–275). Oxford University Press.

Oliver, J. E. (1993). Intergenerational transmission of child abuse: Rates, research, and clinical implications. *American Journal of Psychiatry, 150*, 1315–1324.

Ortman, D. (2009). *Transcending post-infidelity stress disorder: The six stage of healing*. The Crown Publishing Group.

Osuch, E. A., Noll, J. G. & Putnam, F. W. (1999). The motivations for self-injury in psychiatric inpatients. *Psychiatry, 62*, 334–346.

Ozer, E. J., Best, S. R., Lipsey, T. L., & Weiss, D. S. (2003). Predictors of posttraumatic stress disorder and symptoms in adults: A meta-analysis. *Psychological Bulletin, 129*(1), 52–73.

Pearlman, L. A., & Courtois, C. A. (2005). Clinical applications of the attachment framework: Relational treatment of complex trauma. *Journal of Traumatic Stress, 18*, 449–459.

Pennebaker, J. W. (1993). Putting stress into words: Health, linguistic, and therapeutic implications. *Behaviour Research and Therapy, 31*, 539–548.

Pennebaker, J. W., & Campbell, R. S. (2000). The effects of writing about traumatic experience. *National Center for PTSD Clinical Quarterly, 9*, 17–21.

Pitman, R. K., & Orr, S. P. (1990). The black hole of trauma. *Biological Psychiatry, 27,* 469–471.

Post, R. M. (1992). Transduction of psychosocial stress into the neurobiology of recurrent affective disorder. *American Journal of Psychiatry, 149*, 999–1010.

Raphael, B. Wilson, J., Meldrum L. et al. (1996). Acute preventive interventions. In B. A. van der Kolk, A. C. McFarlane, & L. Weisaeth (Eds.), *Traumatic stress: The effects of overwhelming experience on mind, body, and society* (pp. 463–479). Guilford Press.

Rauch, S. L. (2003). Neuroimaging and the neurobiology of anxiety disorders. In R. J. Davidson, K. R. Scherer, & H. H. Goldsmith (Eds.), *Handbook of affective sciences* (pp. 963–975). Oxford University Press.

Rees, S., Silove, D., Chey, T., Ivancic, L., Steel, Z., Creamer, M.,…Forbes, D. (2011). Lifetime prevalence of gender-based violence in women and the relationship with mental disorders and psychosocial function. *Journal of the American Medical Association, 306,* 511–521.

Renzetti, C. M., & Curran, D. J. (2012). *Women, men, and society* (6th ed.). Allyn & Bacon.

Resnick, H. S., Yehuda, R., & Aciemo, R. (1997). Acute post-rape plasma cortisol alcohol use, and PTSD symptom profile among recent rape victims. In R. Yehuda & A. C. McFarlane (Eds.), *Psychobiology of posttraumatic stress disorder* (Annals of the New York Academy of Sciences, Vol. 821, pp. 433–436). New York Academy of Sciences.

Rizvi, S. L., & Linehan, M. M. (2005). The treatment of maladaptive shame in borderline personality disorder: A pilot study of "Opposite Action."*Cognitive and Behavioral Practice, 12,* 437–447.

Roesler, T. A. (1994). Reactions to disclosure of childhood sexual abuse: The effect on adult symptoms. *Journal of Nervous and Mental Disease, 182*, 618–624.

Rogers, C. R. (1961). *Becoming a person.* Houghton Mifflin.

Rose, D. S. (1993). Sexual assault, domestic violence, and incest. In D. E. Stewart, & N. L. Stotland (Eds.), *Psychological aspects of women's health care* (pp. 447–283). American Psychiatric Association.

Rose, S., & Bisson, J. (1998). Brief early psychological interventions following trauma: A systematic review of the literature. *Journal of Traumatic Stress, 11*, 697–710.

Russell, D. E. H. (1986). *The secret trauma: Incest in the lives of girls and women.* Basic Books.

Ruzek, J. I., Polusny, M. A., & Abueg, F. R. (1998). Assessment and treatment of concurrent posttraumatic stress disorder and substance abuse. In V. M. Follette, J. I. Ruzek, & F. R. Abueg (Eds.), *Cognitive-behavioral therapies for trauma* (pp. 226–255). Guilford.

Ryff, C. D., & Singer, B. (2003). Flourishing under fire: Resilience as a prototype of challenged thriving. In C. L. Keyes & J. Haidt (Eds.), *Flourishing: Positive psychology and the life well-lived* (pp. 15–36)

American Psychological Association.

Schacter, D. L. (1999). The seven sins of memory: Insights from psychology and cognitive neuroscience. *American Psychologist, 54*, 182–203.

Schiraldi, G. R. (2017). *The resilience workbook: Essential skills to revover from stress, trauma, and adversity*. New Harbinger Publications, Inc.

Showers, C. J., & Ryff, C. D. (1996). self-differentiation and well-being in a life transition. *Personality and Social Psychology Bulletin, 22*(5), 448–460. doi:10.1177/0146167296225003

Schuettler, D., & Boals, A. (2011). The path to posttraumatic growth versus posttraumatic stress disorder: Contributions of event centrality and coping. *Journal of Loss and Trauma, 16*, 180–194.

Scott, J. P. (1987). The emotional basis of attachment and separation. In J. L. Sacksteder, D. P. Schwartz, Y. Akabane, & C. T. Madison (Eds.), *Attachment and the therapeutic processes: Essays in honor of Otto Allen Will, Jr., M.D.* (pp. 43–62). International Universities Press.

Seligman, M. E. P. (1975). *Helplessness: On depression, development, and death*. W. H. Freeman.

Seltzer, L. F. (1986). *Paradooxical strategies in psychotherapy: A comprehensive overview and guidebook*. Wiley.

Shakespeare-Finch, J., Gow, K., & Smith, S. (2005). Personality, coping and posttraumatic growth in emergency ambulance personnel. *Traumatology, 11*, 325–334.

Shakespeare-Finch, J., & Morris, B. (2010). Posttraumatic growth in Australian populations. In T. Wess & R. Berger (Eds.), *Posttraumatic growth and culturally competent practice* (pp. 157–182). John Wiley & Sons.

Shalev, A. Y. (2002). Treating survivors in the immediate aftermath of traumatic events. In R. Yehuda (Ed.), *Treating trauma survivors with PTSD* (pp. 157–188). American Psychiatric Publishing.

Shatzow, E., & Herman, J. L. (1989). Breaking secrecy: Adult survivors desclose to their families. *Psychiatric Clinics of North America, 12*, 337–349.

Shear, M. K., & Smith-Caroff, K. (2002). Traumatic loss and the syndrome of complicated grief. *PTSD Research Quarterly, 13*, 1–7.

Simpson, J. A., & Rholes, W. S. (1994). Stress and secure base relationships in adulthood. In K. Bartholomew & D. Perlman (Eds.), *Attachment processes in adulthood* (pp. 181–204). Jessica Kingsley.

Sober, E., & Wilson, D. S. (1998). *Unto others: The evolution and psychology of unselfish behavior*. Harvard University Press.

Soloff, P. H., Lynch, K. G., Kelly, T. M. et al. (2000). Characteristics of suicide attempts of patients with major depressive episode and borderline personality disorder: A comparative study. *American Journal of Psychiatry, 157*, 601–608.

Solomon, D. A., Keller, M. B., Leon, A. C. et al. (1997). Recovery from major depression: A 10 year perspective follow-up across multiple episodes. *Archives of General Psychiatry, 54*, 1001–1006.

Southwick, S. M., Yehuda, R., & Morgan, C. A. I. (1995). Clinical studies of neurotransmitter alterations in post-traumatic stress disorder. In M. J. Friedman, D. S. Charney, & A. Y. Deutch (Eds.), *Neurobiological and clinical consequences of stress: From normal adaptation to post-traumatic stress disorder* (pp. 335–

349). Lippincott-Raven.

Stein, D. J., Davidson, J., Seedat, S., & Beebe, K. (2003). Paroxetine in the treatment of post-traumatic stress disorder: Pooled analysis of placebo-controlled studies. *Expert Opinion on Pharmacotherapy, 4,* 1829–1838.

Stein, H., Allen, J. G., & Hill, J. (2003). Roles and relationships: A psychoeducational approach to reviewing strengths and difficulties in adulthood functioning. *Bulletin of the Menninger Clinic, 67,* 281–313.

Stern, A. (1938). Psychoanalytic investigation and therapy in the borderline group of neuroses. *Psychoanalytic Quarterly, 7,* 467–489.

Stern, D. N. (1985). *Positive illusions: Creative self-deception and the healthy mind.* Basic Books.

Stern, D. N. (1985). *The interpersonal world of the infant: A view from psychoanalysis and developmental psychology.* Basic Books.

Strentz, T. (1982), The Stockholm syndrome law enforcement policy and hostage behavior. In F. M. Ochberg, D. A. Soskis, & C. O. Boulder (Eds.), *Victims of terrorism* (pp. 149–163). Westview Press.

Tedeschi, R. G., Shakespeare-Finch, J., Taku, K., & Calhoun, L. G. (2018). *Posttraumatic growth: Theory, research, and applications.* Routledge.

Teicher, M. H., Polcari, A., Anersen, S. L. et al. (2003). Neurobiological effects of childhood stress and trauma. In S. W. Coates, J. Rosenthal, D. S. Schechter (Eds.), *September 11: Trauma and human bonds* (pp. 211–237). Analytic Press.

Terr, L. (1991). *Unchained memories: True stories of traumatic memories, lost and found.* Basic Books.

Thase, M. E., Jindal, R. M., & Howland, R. H. (2002). Biological aspects of depression. In I. H. Gotlib & C. Hammen (Eds.), *Handbook of depression* (pp. 192–218). Guilford.

Thomas, L. (1983). *Late night thoughts on listening to Mahler's ninth symphony.* Viking.

Thompson, R. A. (1999). Early attachment and later development. In *Handbook of attachment: Theory, research, and clinical applications* (pp. 265–286). Guilford.

Triplett, K. N., Tedeschi, R. G., Cann, A., Calhoun, L. G., & Reeve C. L. (2012). Posttraumatic growth, meaning in life, and life satisfaction in response to trauma. *Psychological Trauma: Theory, Research, Practice, and Policy, 4,* 400–410.

van der Kolk, B. A. (1989). The compulsion to repeat the trauma re-enactment, revictimization, and masochism. *Psychiatric Clinics of North America, 12,* 389–411.

van der Kolk, B. A. (2002). Assessment and treatment of complex PTSD. In R. Yehuda (Ed.), *Treating trauma survivors with PTSD* (pp. 127–156). American Psychiatric Publishing.

van der Kolk, B. A., Perry, J. C., & Herman, J. L. (1991). Childhood origins of self-destructive behavior. *American Journal of Psychiatry, 148,* 1666–1671.

van Dijke, A., Ford, J. D., van der Hart, O., van Son, M., van der Heijden, P., & Buhring, M. (2012). Complex posttraumatic stress disorder in patients with borderline personality disorder and somatoform disorders. *Psychological Trauma Theory, Research, Practice, and Policy, 4,* 162–168.

Walker, L. E. (1979). *The battered woman.* Harper & Row.

Waller, N. G., Putnam, F. W., & Carlson, E. B. (1996). Types of dissociation and dissociative types: A taxometric analysis of dissociative experiences. *Psychological Methods, 1*, 300−321.

Watkins, P. C., Cruz, L., Holben, H., & Kolts, R. L. (2008). Taking care of business? Grateful processing of unpleasant memories. *Journal of Positive Psychology, 3*, 87−99.

Wegner, D. M. (1994). *White bear and other unwanted thoughts: Suppression, obsession, and the psychology of mental control*. Guilford.

Weiner, H. (1992). *Perturbing the organism: The biology of stressful experience*. University of Chicago Press.

Weiss, T. (2002). Posttraumatic growth in women with breast cancer and their husbands: An intersubjective validation study. *Journal of Psychosocial Oncology, 20*, 65−80.

Westlund, E. (1992). *Women's sexuality after childhood incest*. W. W. Norton.

Williams, M. (1997). *Cry of pain: Understanding suicide and self-harm*. Penguin.

Winnicott, D. W. (1958). *Collected papers: Through paediatrics to psycho-analysis*. Tavistock.

Yehuda, R., Marshall, R., & Giller E. L. (1998). Psychopharmacological treratment of posttraumatic stress disorder. In P. E. Nathan & J. M. Gorman (Eds.), *A guide to treatments that work* (pp. 377−397). Oxford University Press.

Yehuda, R., Marshall, R., & Giller, E. L. (1998). Psychopharmacological treatment of posttraumatic stress disorder. In P. E. Nathan & J. M. Gorman (Eds.), *A guide to treatments that work* (pp. 377−397). Oxford University.

Yuval, N., DiGrande, L., & Adams, B. G. (2011). Posttraumatic stress disorder following the September 11, 2001 terrorist attacks: A review of the literature among highly exposed populations. *American Psychologist, 66*, 429−446.

Zanarini, M. C., Frankenburg, F. R., Henmen, J., & Silk, K. R. (2004). Mental health service utilization by borderline personality disorder patients and Axis II comparison subjects followed prospectively for 6 years. *Journal of Clinical Psychiatry, 65*(1), 28−36.

Zanarini, M. C., Gunderson, J. G., Frankenburg, F. R., & Chauncey, D. L. (1989). The Revised Diagnostic Interview for Borderlines: Discriminating BPD from other Axis II disorders. *Journal of Personality Disorders, 3*, 10−18.

Zayfert, C., & Becker, C. B. (2019). *Cognitive-behavioral therapy for PTSD: A case formulation approach* (2nd ed.). Guilford Press.

Zerbe, K. J. (1999). *Women's mental health in primary care*. W. B. Saunders.

Zinzow, H. M., Rheingold, A. A., Hawkins, A. O., Saunders, B. E., & Kilpatrick, D. G. (2009). Losing a loved one to homicide: Prevalence and mental health correlates in a national sample of young adults. *Journal of Traumatic Stress, 22*, 20−27.

찾아보기

인명

B

Baumeister, R. F. 467

Bowlby, J. 20, 76, 80, 138

C

Cannon, W. B. 53

Charcot, J.-M. 17

D

Dubovsky, S. L. 160

F

Frankl, V. 264

Freud, S. 18

H

Hayes, S. C. 397

Herodotos 16

Hippocrates 52

Homēros 444

J

Janet, P. 17

K

Kardiner, A. 18

L

Larrey, D. 16

M

MacIntyre, A. 469

Mowrer, O. H. 339

Myers, C. 18

O

O., Anna 18

R

Rogers, C. 263

S

Schopenhauer, A. 75

Seligman, M. E. P. 160

Stevenson, R. 166

W

Winnicott, D. W. 82

내용

9·11 테러 20
90/10 반응 55, 196

A
ACT의 기법과 과정 407
ACT의 원리 405
ACT의 원칙 418

D
DBT의 과정과 절차 364
DSM-5-TR 15
DSM-III 19

H
HPA 축 43

P
PTSD 증상 197
PTSD의 경과 203
PTSD의 발병 원인 200
PTSD의 예방 204
PTSD의 증상군 193

ㄱ
가소성 39
가속화된 정보처리과정 303
가스라이팅 111
가정폭력 93
가치 411
가치명료화 406, 412
가치에 부합하는 삶 추구 421
가학적 학대 88
가해자 144
각성 54
간접 PTG 476

간직하기 259
갈망 139
감기 56
감정 둔감화 224
감정논리 318
감정발산 255
감정표현불능증 283
감정-행동 연결성 475
갑상선 질환 62
강간 27
개방적 태도 447
개별기술모델 235
개인사건기억 48, 52
개인화 318
거리두기 323
거짓기억증후군 재단 50
격노 121
경계 침해 111
경계 53
경계성 딜레마 358
경계성 분열 388
경계성 성격장애 170, 171, 172
경계성행동 384
경청자 262
경험 수용 410
경험의 언어화 447
고립 139
고문 28
고소해하기 120
고슴도치 딜레마 75
고양 468
고양감 122
고의성 자해 179
고전적 조건화 338
고차조건화 338

고통 157, 397, 434
고통감내 364
고통감내 기술 367
고통의 울부짖음 178
고혈압 62
공감 99, 119, 263
공격성 140
공격자와의 동일시 140
공익 455
공적 자기 130
공포 124, 313
공포에 대한 공포 409
공포조건화 42
공황발작 192, 409
공황발작 증상 목록 192
공황장애 192
과각성 54, 196
과소각성 147
과잉 단순화 357
과잉 일반화 318
과잉 활성화 44
과잉각성 147
과잉반응 197
과잉반응성 54, 55
과정반응 224
과학자-임상가 모델 314
관계 문제 142, 226
관계 트라우마 111, 138
관계도식 100
관계모델 137
관계적 자기가치감 131
관계혼돈 385
관찰 365
광장공포증 409
괴로움 역설 112
괴로움 397
교감신경계 55
교류모형 358

교육적 방임 92
교통사고 28
구강 성행위 127
구성주의 사고 363
구원자 144
구조화 314
구조화된 면접 231
구획화 64, 168
권능감 122, 272
권한부여 133
극복 방안 168
근친상간 17, 94
글쓰기 290
글쓰기 숙제 295
급성 스트레스 환자 485
급성 스트레스장애 203
급성 외상후 스트레스장애 203
급속안구운동 수면 304
급행 회로 42
긍정 정서 118
긍정사고 260
긍정성 437
긍정자극 299
긍정적 착각 264
긍정적 치료관계 253
기관 감염 476
기꺼이 경험하기 409
기능 이상 157
기능적 동등성 403
기본 신뢰 78, 468
기본 정서 118
기본 지침 222, 485
기분 117
기분장애 117, 157
기술 365
기술기억 46
기술재해 25
기억 45

기억구성 오류 49
기억망 45
기억상실/시간 감각 상실 231
기억처리 과정 267
기억혼적 293
기질 97, 118
긴장 감소 활동 230
긴장성 부동 164
긴장이완행동 206

ㄴ

나비효과 73
낙관주의 257
낯선 사람의 폭행 27
낯선 상황 실험 80
낯선 상황 실험 절차 81
내재기억 46
내적작동모델 138, 142
노르에피네프린 41
노출 294, 326
노출 시행 330
노출의 목적 327
노출의 일차 목표 327
노출이 필요한 사례 326
뇌 건강 58
뇌 유리 신경성장요인 59
뇌의 정보처리시스템 39
뇌하수체 43
느낌 117
니코틴 61

ㄷ

다문화적 쟁점 485
다발성 플래시백 435
단일 트라우마 25
달리 명시되지 않는 극도 스트레스장애 206
당위사고 318
대구 지하철 방화 사건 21

대뇌피질 40
대리 트라우마 29, 478
대인관계 효과성 364
대인관계 효과성 기술 369
도덕정서 119
도리마 27
도리마 범죄 27
도식 315
도파민 41
도피반응 55
독심술 317
돌봄 264
동결(얼어붙기) 164
동결반응 53, 55
동반자 262
동정 258
동정심 119
두려움 123, 139
둔감화 · 소거 299
둔주 230
디브리핑 269
디아제팜 482

ㄹ

라포 264
로라제팜 482
리스페리돈 482
리튬 482

ㅁ

마비 199
마비 증상 165
마음시간 436
마음챙김 57, 361, 407
마음챙김 '무엇을' 기술 365
마음챙김 훈련의 지시문 366
마음챙김기반 스트레스감소 353
마음챙김기반 인지치료 353

마음챙김의 목표 406
만성 외상후 스트레스장애 204
망각의 가치 65
머피의 법칙 318
메스암페타민 61
명료한 의식 166
명명 오류 318
모노아민산화억제제 482
모성 결핍 91
모순관계 135
목격자 회상 오류 50
목적 능동성 134
몰입 166
무력감 78, 132
무망감 177
무반응성 167
무조건적인 긍정적 존중 258, 263
무통각증 180
문제목록 238
문제해결 전략 379
문화 485
문화특이적 반응 230
묻지마 범죄 27
물리적 방임 92
물질남용 175, 229
물질사용장애 174, 175
미국정신의학회 15, 19
미러링 91
미해결 과제 해결 143
민감점 335
민감화 56, 158, 435

ⓗ

바람 257
반복강박 143
반응 활성화 221
발리움 482
발화 195

방임 91
방임 재경험 195
방임의 유형 92
배반 트라우마 89, 94
번영 469
범불안(일반화된 불안) 191
범불안장애 191, 192
범죄 27
법칙정립 공식 238
법칙정립모델 235
베타 억제제 482
베트남전 19
벡 우울척도 234
변비약 176
변연계 41
변연계 공명 41
변증법 353
변증법 사고 362
변증법 전략 375
변증법적 긴장 408
변증행동치료 353
변화 지향 373
병행과정 464
보이지 않는 트라우마 91
보존-철수 가설 160
보편성 269
보편주의 사고 362
복합 206
복합 외상후 스트레스장애 171, 205, 206
복합 외상후 스트레스장애의 진단적 특징 206
복합 외상후 스트레스증후군 171
복합 트라우마 25
본태성 고혈압증 482
부교감신경계 55
부러움 120
부신 43
부신피질 43
부인 144, 224

부정 수동성 360
부정 정서 118
부정 정서성 118
부정성 433
부정예측 317
부정적 정동성 99
부호화 47
분개 121
분노 120, 140
분리 166
분리불안장애 192
분열 165
분해 168
불안 157, 313
불안 감소 327
불안 완화제 224
불안위계 예시 328
불안위계 편성 328
불안장애 192
불안장애 면접계획-5 234
불안정애착 81
붙들어 주기 264
비관주의 257
비난 내재화 418
비난 외재화 418
비자살성 자해 180
비자살성 자해장애 178, 179
비타당화 172
비타당화 환경 356
비탄 120, 158
비현실감 55, 164, 166, 167, 198, 230
빅 트라우마 24

ㅅ

사고 163
사고 억제 224
사례개념화 235
사례개념화 개발 절차 236

사례관리 전략 381
사별관련장애 161
사악성 466
사적 자기 130
사회 능동성 134
사회감각기관 41
사회불안 130
사회불안장애 192
사회적 네트워크 267
사회적 네트워크 재건 267
사회적 지지 219
사회적 피드백 80
사회정서 119
살인 28
삶의 연대표 449
삼풍백화점 붕괴 사고 21
상담계획 239
상담자 특성 373
상대주의 사고 362
상상 효과 50
상실 120
상호연관성 353
생물사회이론 353
생산성 470
생존자 111, 140
생존자 죄책감 434
서술기억 47
선의 455
선택 406
선택 추론 317
선택적 세로토닌 재흡수 억제제 481
설트랄린 481, 482
섭식장애 176, 177
섭식태도검사 234
성 문제 229
성격 97
성격장애 98
성범죄 20

성인 아이 143, 273
성인기 트라우마 159
성장에 대한 믿음 446
성차별주의 359
성폭력 17, 20
성폭력범죄의 처벌 및 피해자 보호 등에 관한
    법률 20
성폭행 27, 147
성폭행 생존자 148
성학대 19, 89, 176, 179
성희롱 27
세로토닌 41, 482
세월호 참사 21
세포막 260
소망 257
소산 255
소인 358
소인-스트레스 모델 358
소진 477
소크라테스식 문답법 290, 322
속죄 과정 449
수면 무호흡증 62
수면 문제 195
수용 406
수용 지향 373
수용전념치료 353, 397
수치심 125
수치심-격노 악순환 126
숙제 295
순수한 주의 408
스몰 트라우마 25
스타일 전략 380
스톡홀름 증후군 144, 324
스트레스 55
스트레스 누적 22, 158, 160
스트레스 사건 15, 191
스트레스 호르몬 40
스트레스로 유발된 무통각 56

습관 98
습관기억 46
습관화 338
시상하부 43
시행 절차 327
신경계 39
신경내분비 과정 39
신경쇠약 219
신경의학 17
신경학적 증상 17
신뢰 264
신체 안전 218
신체 능동성 134
신체적 방임 92
신체적 안전 220
신체적 안전 수준 평가 220
신체학대 87
신체화장애 229
실제노출 327, 328
실존 452
실존 트라우마 204
실존적 희망 257
실존치료 264
심각도 23
심리검사 234
심리교육 320, 322
심리교육의 내용 323
심리교육의 목적 320
심리사회적 방임 92
심리외상 15
심리적 부재 92
심리적 안녕감 466
심리적 안정 221
심상노출 332
심상노출의 목적 333
심상노출의 원칙 334
심상시연 195
쓸모 있는 선택 420

ㅇ

아동기 성학대 후유증 90
아동기 우울증 159
아동복지법 26
아동우울척도 235
아동학대 26, 87, 96
아리피프라졸 482
아미트립틸린 482
아세틸콜린 62
아티반 482
악몽 15, 195, 230
악성종양 56
악순환 142
안구운동 민감소실 및 재처리법 300
안전 252
안전계획 324
안정 81, 252
안정감 회복 265
안정애착 81, 82
안정화 265
알코올 61
알프라졸람 482
암묵기억 46, 47
암페타민 175
애착 74
애착 외상 85
애착 트라우마 85, 159, 168
애착관계 74
애착단절 76
애착상실 99
애착상처 76
애착욕구 75
애착유형 80, 81
애착의 기능 78
애착이론 76, 80
야간공황 192
약물치료 480, 483
양극성장애 157

양육 374
양초설 399
언어 402
언어화 265
엄마 역할 79
엔그램 293
엔도르핀 164
엘라빌 482
역겨움 89, 127
역기능적 인지도식 318
역전이 464
역조건형성 299
역활성화 464
연결감 253
연민 258
연민 어린 유연성 374
연민 피로 478
영성 441, 452, 455, 466, 470
오기억 재인 50
오디세이 444
오정보 효과 50
올란자핀 482
완벽주의자 160
완벽형 가족 360
완행 회로 42
외관상 정상 인격 165
외상 15
외상후 스트레스장애 19, 191, 193
외현기억 47
요가 57
용기 258, 259
용량-반응 관계 22
용불용설 63
용서 122, 413
우연성 22
우울 157, 158
우울장애 157
원팀 264

원한 122
월경전불쾌감장애 157
웰빙 57
유기 92
유기불안 195, 227
유대감 112, 253
유사자살 386
유전자 200
은유법 322, 323
응고화 47
응급실 484
의도적 회피 225
의뢰 219
의료 트라우마 29
의료적 방임 92
의미 467
의미기억 47
의미치료 264
의분 121
의식 변형 198
의존 139
의존적인 이성적 동물 469
의학력 평가를 위한 질문의 예 223
이미프라민 482
이분 사고 388
이상동기 범죄 27
이상자기 131
이성 마음 361
이야기 기억 47
이완법 57
이인성/비현실감 장애 163
이인증 55, 164, 166, 167, 198, 230
이중 부담 86
이중주의자극 302
이차 트라우마 후 스트레스 478
이타심 468
인간애 259
인재 26

인지 문제 230
인지 증상 219
인지 · 정서 이탈 231
인지 113
인지구조 113
인지삼제 316
인지수준 315
인지오류 317
인지왜곡 316, 317
인지왜곡의 유형 317
인지재구성 340
인지재구성 작업기록지 344
인지재구성의 원리 342
인지재구성의 절차 341
인지처리 288
인지처리 형식 288
인지처리치료 313, 315, 344
인출 47
일반화 327
일빙 57
일차 준거집단 486
일화기억 47
일회성 트라우마 25
임상가 시행 PTSD 척도 234
임의추론 317
입력 119
잇몸 질환 62

ㅈ

자가면역질환 55
자극일반화 338
자극제 175
자긍심 126
자기 129, 353
자기 경험 131
자기 모니터링 448
자기 변화 437
자기가치 237

자기가치감 126, 131, 469
자기감 134, 468
자기개념 131
자기개방 271
자기관리 기술 369
자기능동성 134
자기대화 130, 416
자기사랑 469
자기성찰 135
자기애 469
자기연민 130, 417
자기연속성 133
자기용서 127, 413
자기의존 273
자기자극 180
자기제지 259
자기조절 361
자기존재 452
자기주도성 99
자기진술 대처법 331
자기초월 452
자기파괴행동 175
자기포용 259
자기혐오 130
자기효능감 133
자낙스 482
자동사고 315, 316, 342
자동사고의 특징 316
자살 28, 177
자살 충동성 218
자살시도 270
자살위기행동 387
자아 이질적 사고 231
자아중심성 470
자애로운 요구 374
자연재해 25
자의식 135
자전기억 47, 48

자전서술 49
자전적 개요 129
자전추론 449
자책성 반추 110
자해 179
작업가설 236, 238
작업가설 검증 237
작업가설 설정 237
작업동맹 253, 264
작업동맹 구축 264
작업동맹의 3요소 264
작은 트라우마 24
작화된 거짓기억 52
잡아주기 82
장소 애착 85
재경험 194, 434
재난 26
재발성 트라우마 25
재양육 112, 260
재연 23, 142, 199, 484
재외상화 255
재응고화 50
재트라우마화 80, 256
재피해자화 24, 26, 227
저각성 55
저장 47
저항애착 81, 82
저활성화의 원인 225
적극적 경청 445
적대감 121
적대성 99
적응정보처리 모델 302
적자생존의 법칙 52
전념행동 407
전장신경증 18
전쟁 27
전쟁 트라우마 신경증 18
전쟁 트라우마 치료 205

전쟁공포증 16
전쟁신경증 18, 205
전전두피질 40
전체성 353
전투신경증 18
전투피로증 18
전형적 가족 360
전형적인 반응 324
절제 259
절차기억 46
접근가능성 82
접지(현실감각) 169, 180, 436
정교화 282
정동 둔마 55
정보처리시스템 41
정상화 475
정서 115, 319
정서 강도 355
정서 마음 361
정서 인격 165
정서 취약성 354
정서기억 46, 48
정서마비 180
정서성 128
정서적 자유 299
정서적 체크인 475
정서전염 270
정서조절 225, 283
정서조절 86, 364, 367
정서조절 문제 225, 353, 354
정서조정 355
정서학대 88
정신도피 166
정신병리 455
정신병적 경향성 99
정신병적 반응 230
정신병적 증상 219
정신약물학 481

정신여과 317
정신외상 15
정신화 79, 80, 111, 259, 436, 470
정의 259
정체성 변화 231
정체성 장해 385
정체성 혼미 388
정체성 99, 353
정화를 통한 치유 273
제1차 세계대전 18
제2차 세계대전 18
제2형 당뇨병 62
제거 176
조건화 이론 339
조건화된 정서반응 48, 292, 296
조기 개입 31
조기 치료 205
조작적 조건화 338
졸로프트 481, 482
종교 441, 466
좌절 121
죄책감 125, 126
주관적 자기 129
주요우울장애 157, 158
죽음 트라우마 433
중도 456
중독 225
중독 증상 동반 224
중립적 태도 456
중재신념 315
즐거움 163
증거기반 사례개념화 236
증거기반실천 217
증상 재구성 324
증상반응 229
증오심 121
지속노출 294
지속성 우울장애 157

지연성 외상후 스트레스장애 204
지침 322, 483
지킬 박사와 하이드 씨의 기이한 사례 166
지프라시돈 482
지혜 마음 361
지혜와 지식 259
직감 116
직면 271
진실성 263
진정제 175
질병 52, 55
질투심 120
질풍노도 증후군 172
질환 466
집단상담 268
집단상담자 268

ㅊ

차이 인식 298
참여 365
책임 귀인 318
책임 외재화 318
책임 421
처리 254, 259
처치계획 수립 237
천재 26
청반 41
청소년기 우울증 159
체계적 둔감화 338
체벌 140
초월 408
초월성 259
촉발요인 48
촉진자 263
촉진적 관계 446
최소목표수준 472
최후의 결정타 160
추동 134

출력 119
출생 트라우마 433
출처 기억상실 50
충동행동 385
충분한 이유의 원칙 468
충분히 좋은 엄마 82
치료 전략 374
치료동맹 253
치료적 변화를 위한 필요충분조건 262
치명적 질병 28
치오리다진 482
치오칙센 482
치킨게임 383
친밀감 99
친밀관계 139, 160, 267
친밀성 470
침습 111
침습기억 48
침습사고 230, 231, 434

ㅋ

코르티솔 40, 41
코카인 61, 175
콜레스테롤 62
쿠에티아핀 482
큰 트라우마 24
클로나제팜 482
클로노핀 482
클로르프로마진 482
클로자핀 482

ㅌ

타당화 377, 475
타해 가능성 218
탈억제 99
탈융합 416
탈조건화 408
탈학습 119

테러 27

테러발작 192

토프라닐 482

통각상실증 180

통제 140, 399

통찰 80

통합 170

투쟁/도피 반응 54, 437

투쟁-도피-동결 반응 320

트라우마 15, 45, 52, 288, 324

트라우마 기억처리 265

트라우마 노출 수준 평가 221

트라우마 및 스트레스 요인 관련 장애 191

트라우마 상담 249, 485

트라우마 상담에 대한 미신과 오해 32

트라우마 상담의 단계 264

트라우마 상담의 목표 250

트라우마 상담의 원칙 251

트라우마 상담의 치료적 요인 256

트라우마 상담자 261

트라우마 상태 219

트라우마 생존자 가족상담 269

트라우마 생존자 집단상담 268

트라우마 생존자 평가면담 222

트라우마 신경증 18

트라우마 연구의 역사 16

트라우마 주변 고통 29

트라우마 주변 증상 203

트라우마 평가면담 220

트라우마 회복의 보호 요인 202

트라우마 후 성장 250, 433

트라우마 후 스트레스 증상 229

트라우마 후 요인 201

트라우마 후유증 24, 160

트라우마성 단순 공포증 193

트라우마성 비탄 161

트라우마성 유대 143, 273

트라우마와 생존자의 인지 113

트라우마와 회복 397

트라우마의 고통 109

트라우마의 생물심리사회적 영향 157

트라우마의 원인 26

트라우마의 유형 24

트라우마의 정의 16

트라우마의 특징 21, 22

ⓟ

파괴적 기분조절부전장애 157

파국화 318

파록세틴 481, 482

팍실 481, 482

펠라치오 127

편도체 42

평행과정 463

폐쇄 158

포괄적 인지모델 318

포괄적 인지모델의 주요 원리 319

포용 254, 259

포탄충격증 18

폭력 26, 27, 140

폭식 176

표현된 정서 357

품성 강점과 덕목 259

플래시백 15, 112, 194, 230, 434

플루페나진 482

피학증 143

피학증자 143

피해자 140

피해자 작동모델 140

피해자화 288

필로폰 61

ⓗ

하제 176

학대 26, 206

학대 이분법 366

학대관계 139
한 가지씩 알아차림 367
할로페리돌 482
항경련제 482
항고혈압제 482
항뇌전증제 482
항불안제 482
항스트레스 호르몬 43
항스트레스제 59
항신경과민성 약물 481
항우울제 481
항정신병 약물 482
항정신병약 482
항정신병제 482
항조증제 482
항콜린제 62
해결책 없는 공포 160
해리 164, 165, 180, 198, 225, 270, 324
해리반응 229
해리성 기억상실 163
해리성 둔주 163
해리성 이탈 224
해리성 정체성장애 163
해리장애 163, 168
해마 42
해체 408
핵막 260
핵심 마음챙김 364
핵심 마음챙김 기술 364
핵심 '어떻게' 기술 366
핵심 전략 377

핵심신념 315, 316
행동 319
행동억제체계 124
헤로인 175
현실 375
현실감각 169
현실자기 131
현실적 자기가치감. 132
혐오감 127
호의성 456
혼돈애착 81, 83
혼돈형 가족 360
홀딩 264
화상 28
화재 28
확대·축소 318
활성반응 224
활성화 296
회복력 84, 159, 201, 466
회복력의 구성요소 202
회피 197, 436
회피 징후 225
회피반응 224
회피애착 81, 82
회피행동 56
흑백사고 317
흔들림 없는 중심성 374
흡입제 61
히스테리 17
히스테리의 원인 17

저자 소개

강진령(姜鎭靈/Jin-ryung Kang, Ph.D. in Counseling Psychology)

인디애나 대학교 상담심리학 석사(M.S.) · 박사(Ph.D.)
일리노이 주립대학교 임상 인턴
한국청소년상담원 상담교수
연세대학교 강사 및 사례 수퍼바이저
플로리다 대학교 초빙교수
경희대학교 대학원 및 교육대학원 상담심리전공 교수 역임
현재 강진령심리상담센터(www.kjrcoinst.com) 대표

〈주요 저서〉
특수아 상담(2023, 학지사)
쉽게 풀어 쓴 심리학개론(2023, 학지사)
쉽게 풀어 쓴 상담이론과 실제(2023, 학지사)
학생 생활지도와 상담(2022, 학지사)
상담연습: 치료적 대화 기술(2판, 2022, 학지사)
상담과 심리치료: 이론과 실제(2판, 2022, 학지사)
상담과 심리치료: 이론과 실제(초판, 2021, 학지사)
상담심리학(2020, 학지사)
집단상담의 실제(3판, 2019, 학지사)
집단상담과 치료: 이론과 실제(2019, 학지사)
상담연습: 치료적 의사소통 기술(2016, 학지사)
학교상담과 생활지도: 이론과 실제(2015, 학지사)
학교 집단상담(2012, 학지사)
상담자 윤리(공저, 2009, 학지사)
상담심리 용어사전(2008, 양서원) 외 다수

〈주요 역서〉
DSM-5-TR 평가문항집(2024, 학지사)
DSM-5-TR 임상사례집(2024, 학지사)
APA 논문작성법(7판, 2022, 학지사)
DSM-5 아동 · 청소년 정신건강 가이드북(2018, 학지사)
DSM-5 노인 정신건강 가이드북(2018, 학지사)
DSM-5 진단사례집(2018, 학지사)
DSM-5 가이드북(2018, 학지사)
학교상담 핸드북(2017, 학지사)
상담심리치료 수퍼비전(2017, 학지사)
DSM-5 Selections(전 6권, 2017, 학지사)
학교에서의 DSM-5 진단(2017, 시그마프레스)
DSM-5 평가문항집(2017, 학지사)
DSM-5 임상사례집(2016, 학지사)
APA 논문작성법(6판, 2013, 학지사)
간편 정신장애진단통계편람/DSM-IV-TR: Mini-D(2008, 학지사) 외 다수

트라우마 상담과 치유
– 외상 심리학
Trauma Psychology
– A Practical Guide to Trauma Counseling and Healing

2025년 9월 5일 1판 1쇄 인쇄
2025년 9월 10일 1판 1쇄 발행

지은이 • 강진령
펴낸이 • 김진환
펴낸곳 • (주) **학지사**
　　　　　　04031 서울특별시 마포구 양화로 15길 20 마인드월드빌딩 4층
대 표 전 화 • 02)330-5114　　팩스 • 02)324-2345
등 록 번 호 • 제313-2006-000265호

홈 페 이 지 • http://www.hakjisa.co.kr
인스타그램 • https://www.instagram.com/hakjisabook/

ISBN 978-89-997-3495-3 93180

정가 27,000원

출판미디어기업 **학지사**

간호보건의학출판 **학지사메디컬** www.hakjisamd.co.kr
심리검사연구소 **인싸이트** www.inpsyt.co.kr
학술논문서비스 **뉴논문** www.newnonmun.com
교육연수원 **카운피아** www.counpia.com
대학교재전자책플랫폼 **캠퍼스북** www.campusbook.co.kr